SVENJA GOLTERMANN

DIE GESELLSCHAFT DER ÜBERLEBENDEN

SVENJA GOLTERMANN

DIE GESELLSCHAFT DER ÜBERLEBENDEN

Deutsche Kriegsheimkehrer und ihre Gewalterfahrungen im Zweiten Weltkrieg

Deutsche Verlags-Anstalt

FSC
Mix
Produktgruppe aus vorbildlich
bewirtschafteten Wäldern und
anderen kontrollierten Herkünften

Zert.-Nr. SGS-COC-1940
www.fsc.org

Verlagsgruppe Random House FSC-DEU-0100
Das für dieses Buch verwendete FSC-zertifizierte Papier *EOS*
liefert Salzer, St. Pölten.

1. Auflage

Typografie und Satz: DVA/Brigitte Müller
Gesetzt aus der Minion
Druck und Bindung: GGP Media GmbH, Pößneck
Printed in Germany
ISBN 978-3-421-04375-7

www.dva.de

Für Lukas und Jascha

Inhalt

Einleitung

Das Folgende liest sich wie eine vertraute Geschichte: Als sich Hans H. im Frühjahr 1949 anschickte, aus seinem bisherigen Leben zu erzählen, lagen bereits Monate einer aufreibenden inneren Unruhe hinter ihm.[1] Genau genommen dauerte diese sogar schon mehrere Jahre an. In den letzten Tagen aber hatte sich alles zugespitzt. Mehrere Nächte hatte er nicht mehr geschlafen. Achtunddreißig Jahre war er alt, und sein Leben schien zerrüttet.

Dabei war er einst sehr erfolgreich gewesen, ein ehrgeiziger junger Mann – das hatte sich bereits in der Schule abgezeichnet, auch wenn er sie seinerzeit vor der Oberprima verlassen hatte. Der Dienst bei der Polizei war verlockender für ihn gewesen. Tatsächlich entwickelte sich daraus eine Karriere. Hans H. hatte diese in ihren einzelnen Stationen knapp in einem handschriftlichen Lebenslauf skizziert. Sein Rückblick war schnörkellos, fast nüchtern. Die Beförderung zum Polizeiwachtmeister datierte auf das Jahr 1932. Nach Auflösung der Landespolizei und der Wiedereinführung der Allgemeinen Wehrpflicht 1935 sei er dann als Unteroffizier in die Luftwaffe übernommen worden. Von einer weiteren Beförderung zum Feldwebel im darauffolgenden Jahr berichtete er ebenfalls nur kurz. Es handelte sich offenbar eher um einen untergeordneten Punkt in seinem Leben, denn Hans H. hatte neue und andere Herausforderungen gesucht – und ergriffen.

Der Spanische Bürgerkrieg bot ihm eine erste Gelegenheit: Sofort hatte er sich damals freiwillig gemeldet. Er war der Legion Condor beigetreten, mehr als zwei Jahre hatte er dort gekämpft. Auch zehn Jahre später noch zeigte Hans H. sich erkennbar stolz darüber, dass er im Stab des Generals von Richthofen hatte tätig sein können. Doch der eigentliche Karrieresprung erfolgte nach der Rückkehr. Man habe ihm »durch die inzwischen erfolgte Aufstellung neuer Polizeitruppenverbände die Möglichkeit geboten, unter günstigen Beförderungsaussichten Polizeioffizier zu werden«, erläuterte er, und tatsächlich hatte Hans H. die ihm gebotene Gelegenheit ergriffen. (Nur nebenbei erwähnte er, dass er selber bei seiner Rückkehr aus Spanien überzeugt gewesen war, »dass die Polizei wichtiger sei u[nd] die Wehrmacht eine Gefahr für das Volk darstelle«.) Im November 1939 jedenfalls bat er um seine Entlassung aus der Wehrmacht, um von der Schutzpolizei übernommen zu werden. Sein Einsatz sollte nicht umsonst sein: Bereits acht Monate später konnte Hans H. nicht nur seine Beförderung zum Leutnant der Schutzpolizei feiern; auch sein gutes Prüfungsergebnis zahlte sich aus. Mittlerweile im Rang eines SS-Untersturmführers und in das SS-Führerkorps aufgerückt, wurde Hans H. »sofort vom Lehrkörper« übernommen, wo er als Lehr- und Ausbildungsoffizier an verschiedenen Polizeioffiziersschulen seinen Dienst tat. Im Januar 1942 schien ihn dies jedoch nicht länger zufriedenzustellen. Was Hans H. reizte, war der Krieg, genau genommen der direkte Einsatz an der Front, zu dem er sich freiwillig meldete. Als Zugführer in einem Polizei-Reservebataillon ging es nach Südrussland.

Was Hans H. über die nachfolgenden Jahre bis zum Kriegsende berichtete, war immer noch nicht viel. Vor allem rekapitulierte er Ehrungen: seine Ernennung zum Oberleutnant der Schutzpolizei und Kompaniechef in einem Polizeiregiment im Februar 1942 und die fast zeitgleich erfolgte Beförderung zum SS-Obersturmführer; dazu die Vielzahl an Kriegsauszeichnungen. So macht alles einen geordneten Eindruck, nur die Bemerkung, dass er viel Alkohol im Krieg getrunken habe, fügt sich nicht so recht ein. Darüber aber ließ sich Hans H. nicht genauer aus. Wie er überhaupt – jedenfalls den Krieg selbst betreffend – offenbar nur von einem Erlebnis ausführlicher erzählte: von seiner Granatsplitterverletzung. Hans H. erwischte es im Januar 1944. Es war das einzige von ihm erwähnte Ereignis, das die zerstörerische Kraft des Krieges zum Ausdruck brachte. Seinem aktiven Einsatz in diesem Vernichtungskrieg hatte sie damals ein jähes Ende gesetzt. Hans H. war in ein Lazarett gebracht worden, das er erst nach Monaten wieder verlassen konnte. Auch vier Jahre nach Kriegsende waren ihm die eigenen Schmerzen, die kaum zu ertragen gewesen seien, äußerst präsent. In seiner Erzählung nahmen sie vergleichsweise viel Raum ein. Oftmals habe er wegen der Schmerzen sogar »Tobsuchtsanfälle« bekommen, berichtete er; das viele Morphium habe ihm nur vorübergehend Erleichterung verschafft. Mehrmals habe er damals sogar »Selbstmordgedanken« gehabt. In der Tat war die Verletzung am linken Bein erheblich. Nach zwei Monaten sahen die Ärzte keinen anderen Ausweg mehr: Sie mussten das Bein amputieren.

Seitdem trug Hans H. eine Prothese. Doch er klagte nicht darüber; jedenfalls tat er es nicht laut. In seinem Lebenslauf verwies er stattdessen darauf, dass sein beruflicher Status und seine soziale Lage auch nach der Verletzung ungebrochen gewesen seien. Immerhin, seine Frau wurde im Spätsommer 1944 zum ersten Mal schwanger, und beruflich ging es weiter aufwärts: Im Dezember 1944 wurde ihm der Rang eines SS-Hauptsturmführers zugesprochen. »Wegen besonderer Bewährung vorm Feinde«, wie es damals hieß, erfolgte obendrein die Beförderung zum Hauptmann der Schutzpolizei, mit der dann auch seine Versetzung zum Kommando der Schutzpolizei Dresden verbunden war. Es war ein verantwortungsvoller Posten, den man ihm übertragen hatte. Allein: Die Zeit, die Hans H. dort noch tätig sein konnte, war begrenzt. Nur einige Monate später kapitulierte das Deutsche Reich. Schon Wochen zuvor hatte sich Hans H. von neuem in einem Lazarett wiedergefunden, dieses Mal in Bayern. Man hatte ihn rechtzeitig dorthin abgeordnet, wie er erläuterte, »um der Gefangennahme durch sowjetische Truppen und damit dem sicheren Tode zu entgehen«.

Hans H. hatte also Glück gehabt, die amerikanischen Besatzungsbehörden nahmen ihn nicht einmal gefangen; sie genehmigten sogar seine Entlassung in die britische Besatzungszone, in die er sich »ungehindert« begab. Und dennoch: Hans H.

machte seither, so verrieten seine Schilderungen, schwierige Zeiten durch. Er war bedrückt, auch unruhig. Gegenüber seinem Arzt, den er vier Jahre nach dem Ende des Krieges aufsuchte, formulierte er es folgendermaßen: Er befinde sich in einer »krankhaften Anspannung«, ja, er fühle sich »für die gesamte deutsche Misere verantwortlich«. Hans H. quälte zudem der Gedanke, dass »man sich wieder durch Passivität schuldig« mache. Er selber habe »als SS-Mann geschwiegen«, nun aber »wolle er nicht mehr schweigen«, ja, er fügte hinzu, keiner solle »mehr weinen«, »alle sollten lachen und glücklich sein«.

Folgt man den Erzählungen von Hans H., war er im Frühjahr 1949 fest davon überzeugt, zu Freude schon lange keinen Anlass mehr gehabt zu haben. Auch er hatte zu leiden, genau genommen seit er in die britische Besatzungszone gereist war. Prompt hatte man ihn damals doch noch festgenommen und in ein Internierungslager für NS-Führungskräfte und mögliche Kriegsverbrecher gebracht. Fünf Monate blieb er dort inhaftiert und wurde angeblich während »zahlreiche[r] nächtliche[r] Verhöre« auch »sehr gequält«. Schließlich aber sei er als »Amputierter entlassen worden«, allerdings »mit dem Vermerk, dass er sich in keiner Weise betätigen dürfe«, da er andernfalls »wegen seiner Tätigkeit als SS-Mann in Russland« den »Russen« ausgeliefert würde. So war Hans H. zwar frei, doch Fuß fassen konnte er nicht. Es ging ihm schlecht. Beruflich hatte er zu kämpfen, in der Ehe, im Entnazifizierungsverfahren. Gerade in seiner Ehe, die kaum sechs Jahre alt war, gab es beträchtliche Spannungen. Hans H. sprach in diesem Zusammenhang von »Hass«, der sich immer weiter vertiefte. Angeblich gebrauchte seine Frau ihm gegenüber »dauernd harte Ausdrücke, wie dass er kein Offizier mehr sei, Geld verdienen sollte etc.«. Vier Jahre versuchte er nun schon, in seinen Beruf als Polizist zurückzukehren. Überall sei er auf Ablehnung gestoßen. Was blieb, war ein Nachtwächterposten, und auch der war nur vorübergehend. Finanziell ging es somit schlecht. Bei seiner letzten Beschäftigung sei sein Monatseinkommen so gering gewesen, dass er »davon kaum den allernotwendigsten Lebensaufwand« seiner Familie habe bestreiten können. Seit einigen Wochen war er sogar wieder einmal ganz ohne Einkommen. Für Hans H. gab es erkennbar nur eine Option: Er klammerte sich daran, womöglich doch noch in den Polizeidienst wiedereingestellt zu werden. Für ihn selbst verband sich damit eine höhere Aufgabe, schließlich wolle er mithelfen, erklärte er, »eine solche Polizei aufzubauen, dass wenn die Besatzungsmächte einmal abzögen, wir gegen den Osten gewappnet seien, wo die Wehrmacht unter dem Deckmantel der Polizei wieder aufgebaut worden sei«. Hans H. stand eines dabei deutlich vor Augen: Seine Rückkehr in den Polizeidienst war vom Ausgang seines Entnazifizierungsverfahrens wesentlich mit abhängig.

Als Hans H. in die Psychiatrie kam, war sein Verfahren noch nicht abgeschlossen. Doch der ehemalige SS-Hauptsturmführer hatte gekämpft, wie er seinem Arzt nach einigen Tagen der Behandlung mitteilte: Bis zum »obersten Spruchgericht« war er gegangen, er habe sein Verfahren »durchgepaukt« und den Nachweis führen können, »dass er nicht freiwillig zur SS gegangen sei«. Kurze Zeit später stellte sich heraus, dass Hans H. damit überzeugt hatte. Der »Freispruch vom Entnazifizierungsgericht« lag ihm vor. Seine Stimmung war wie gewandelt; der Arzt sprach von einem »kolossalen Aufschwung«. »Nicht die leiseste psychische Abnormität« sei an ihm festzustellen, notierte er weiter, nachdem er von Hans H. außerdem erfahren hatte, dass ihm nicht nur eine neue Anstellung angetragen worden sei, sondern er zudem eine Aufforderung erhalten habe, »bei der Polizeibehörde ein erneutes Gesuch einzureichen«. Hans H. bewarb sich umgehend, und schon für den darauffolgenden Monat wurde ihm eine Stelle in Aussicht gestellt, die er auch antrat. Nunmehr fühlte er sich »vollkommen belastungsfähig«, aus ärztlicher Sicht ergab sich kein anderer Eindruck. Für Hans H., der auf Außenstehende jetzt wirkte, als sei er »voller Schwung und Unternehmungslust«, schienen der Krieg und seine Verbrechen keine weiteren Spuren mehr hinterlassen zu haben.

*

Als der Zweite Weltkrieg in Europa im Frühjahr 1945 zu Ende ging, blickten die Menschen in diesem »zerstörten Kontinent« auf die Folgen einer Gewalt- und Vernichtungseskalation, die unter dem nationalsozialistischen Regime eine einzigartige Dimension angenommen hatte.[2] Rund fünfzig Millionen Menschen hatten in diesem Krieg, der von deutscher Seite im September 1939 entfesselt worden war, den Tod gefunden, mehr als die Hälfte von ihnen waren Zivilisten.[3] Allein die Sowjetunion verzeichnete über 25 Millionen Tote. In Polen belief sich die Zahl der Todesopfer auf etwa sechs Millionen, unter ihnen waren mit zirka drei Millionen Menschen mehr als die Hälfte aller ermordeten Juden in Europa. Die Deutschen hatten im Osten einen barbarischen Vernichtungskrieg geführt. Die Verbrechen, die sie vor allem dort, aber auch in anderen Teilen Europas mehrheitlich an den Juden verübten, waren in dieser Form in der Geschichte ohne jede Parallele.[4]

Wie die Menschen nach 1945 mit dieser massenhaften Gewalt und der Erinnerung an die begangenen Verbrechen umgingen, ist mittlerweile keineswegs mehr nur eine Frage, die allein mit Blick auf die deutsche Gesellschaft diskutiert wird.[5] Wie die vergangenheitspolitischen Debatten zeigen, befinden sich die Deutschen allerdings bis heute in einer besonders prekären Situation, wenn sie auch die eigenen Opfer und die selbst durchgemachten Leiden thematisieren. In jüngster Zeit ist das wiederholt zu beobachten gewesen, wenn Deutsche ihren Blick auf den Bombenkrieg, auf die Flucht und die Vertreibung aus dem Osten, aber auch auf die deutschen Kriegsheimkehrer aus sowjetischer Gefangenschaft richteten.[6] Der Argwohn ist groß – leider auch nicht durchweg unberechtigt[7] –, die Deutschen betrieben mit der Thematisierung der eigenen Opferrolle eine Selbstviktimisierung, mit der die von ihrer Seite begangenen Verbrechen während des Nationalsozialismus relativiert, womöglich auch die deutsche Täterschaft in den Hintergrund gedrängt werden sollen.[8] Es ist sogar argumentiert worden, die deutsche Gesellschaft laufe Gefahr, eine »Rhetorik der Viktimisierung« und eine hochgradig selektive Erinnerung an den Krieg fortzuschreiben, aus der die Opfer der nationalsozialistischen Verbrechen ausgeklammert würden, wie man es bereits für die Phase unmittelbar nach der totalen Niederlage im Mai 1945 und bis weit in die 1960er Jahre hinein beobachten könne.[9]

Tatsächlich scheint vorderhand nicht viel für die Behauptung zu sprechen, es handele sich bei dem jüngsten Sprechen über die eigenen Opfer um den Bruch eines seit Kriegsende bestehenden Tabus. In der öffentlichen Erinnerungskultur der Nachkriegszeit lassen sich bereits zahlreiche Beispiele dafür finden, in denen die Deutschen ihren eigenen Opferstatus betonten – in Ost und West je unterschiedlich ideologisch überformt und durch den Kalten Krieg geprägt.[10] Auf den offiziellen Gedenkfeierlichkeiten etwa, die in der DDR seit 1950 in Erinnerung an die Bombardierung Dresdens und seiner Zivilbevölkerung ausgerichtet wurden, beklagte man die eigenen Opfer, für die man »westliche Imperialisten« verantwortlich machte.[11] Umgekehrt fehlte es auf dem politischen Parkett der Bundesrepublik nicht an Äußerungen, die das Leiden der Flüchtlinge und Vertriebenen aus dem Osten, aber auch der deutschen Kriegsheimkehrer aus den sowjetischen Lagern, vor allem dem sowjetischen Terror zur Last legten.[12] Auf beiden Seiten der Grenze war schließlich sogar das offizielle Zugeständnis zu hören, die meisten Deutschen – auch ihre Soldaten – seien im Grunde nur ein Opfer Hitlers und seiner »kriminellen« Elite gewesen. Sie hätte diesen zerstörerischen Krieg begonnen, den »aber jeder verloren« habe.[13] In diesem Sinne formulierte die SED-Führung bereits im Jahr 1946 an die Kriegsheimkehrer das Angebot, ihre innere Verweigerungshaltung gegenüber diesem verbrecherischen Krieg durch eine Hinwendung zum neuen Regime unter Beweis zu stellen.[14] Im Zuge der Bündnisbildung im Westen bauten die höchsten Vertreter der Alliierten den bundesdeutschen Heimkehrern ähnliche Brücken.[15]

Diese politischen Bemühungen um die Schaffung »neuer Staatsbürger«[16] lassen erkennen, welches Gedächtnis an den nationalsozialistischen Krieg und seine Massenmorde seinerzeit für politisch nützlich und gesellschaftlich notwendig erachtet wurde. Doch der Blick auf die Frage, in welchem Maße persönliche Leiden als eine Folge dieses zerstörerischen Krieges überhaupt öffentlich wahrgenommen und anerkannt wurden, ist dadurch weitgehend verstellt. Offen bleibt auch, auf welche Weise die Gräuel dieses Krieges und seiner Verbrechen in der ganz persönlichen Erinnerung und privaten Imagination der deutschen Nachkriegszeit präsent waren. In der äußerlich fassbaren Geschichte der westdeutschen Nachkriegsgesellschaft und der frühen Bundesrepublik fällt sogar eine fast reflexhafte »Normalisierung« der Lebensverhältnisse auf. Schon bei manchen Zeitgenossen, aber auch bei vielen Historikern, hinterließ diese Beobachtung über lange Zeit den Eindruck, als sei diese Gesellschaft kaum nachhaltig durch den Krieg erschüttert, als seien die von deutscher Seite verübten Gewalttaten und Verbrechen aus der individuellen Erinnerung getilgt worden. Das prompte Verlangen nach Unterhaltung und Vergnügen etwa schien dafür ebenso zu sprechen wie die rasante Geschwindigkeit, mit der diese Gesellschaft den Wiederaufbau ihres Landes und die eigene Wohlstandssteigerung vorantrieb.[17] Weitet man den Blick auf andere europäische Länder, fällt allerdings ins Auge, dass es sich dabei nicht allein um ein deutsches, sondern um ein gemeineuropäisches Phänomen handelte. Auch in Großbritannien, Frankreich und Italien waren die Trümmer noch nicht beseitigt, als die Menschen in Scharen die Kinos aufsuchten. Von einer regelrechten »Welle der Hoffnung und Aufbaubegeisterung« angetrieben, wurden insbesondere im westlichen Europa die materiellen Schäden in einem derart schnellen Tempo beseitigt, dass es nach wie vor in Staunen versetzen kann.[18] Dennoch: Trotz dieser allseits beobachtbaren Bemühungen, sich wieder in einen »normalen« Alltag einzufinden, geht die Geschichtswissenschaft in jüngster Zeit vermehrt davon aus, dass die extreme Gewalt des Krieges und das Grauen des Nationalsozialismus in all diesen Gesellschaften, die in den Krieg verwickelt gewesen waren, fortdauernde immaterielle Trümmer hinterließen, die den Wiederaufbau überdauerten.[19]

Diese Annahme bildet den Ausgangspunkt des vorliegenden Buches mit seinem Fokus auf die in die westdeutsche Gesellschaft zurückkehrenden Wehrmachtssoldaten. Sie hatten den Krieg keineswegs einheitlich erfahren, auch die Dauer und die Härte ihrer Kriegsgefangenschaft waren ausgesprochen unterschiedlich.[20] Während sich zum Jahreswechsel 1944/1945 die Zahl der Kriegsgefangenen noch auf zwei Millionen belief, schnellte sie mit der Kapitulation auf etwa elf Millionen hinauf. Mehr als zwei Drittel von ihnen befanden sich im Gewahrsam der Westmächte, der andere Teil im Osten, überwiegend bei den Sowjets. Bis zu Beginn des Jahres 1947 waren die deutschen Kriegsgefangenen von den Alliierten jedoch bereits mehrheitlich wieder entlassen worden. Die etwa zwei Millionen deutschen Soldaten, die weiterhin in den Gefangenenlagern verblieben waren, kehrten nahezu vollständig bis zum Jahresende 1949 wieder in das zivile Leben zurück. Nur die Sowjetunion hielt noch etwa dreißigtausend Gefangene fest. Erst 1956 wurden die letzten von ihnen nach Deutschland entlassen.[21]

Wie das vorliegende Buch zeigen wird, war das »normale« Leben von unzähligen dieser Kriegsheimkehrer prekärer, als der gängige Eindruck über die deutsche Nachkriegsgesellschaft vermuten lassen würde.[22] Nach der Verdichtung und der Eskalation der extremen Gewalt in den 1940er Jahren ist zwar von einem »Schock der Ereignisse« gesprochen worden, der die Menschen außerstande gesetzt habe, »sich ernsthaft mit Krieg und Tod zu beschäftigen«.[23] Doch wird man eher sagen müssen, dass sich die »Normalität« der westdeutschen Gesellschaft gerade *nicht* dadurch auszeichnete, dass sich der vergangene Krieg und Völkermord hätte »verdrängen« lassen. Vielmehr waren der Tod und die Toten – so meine erste These – in der persönlichen Erinnerungs- und Vorstellungswelt eines erheblichen Teils dieser Nachkriegsgesellschaft immer wieder gegenwärtig. Das Streben der westdeutschen Gesellschaft nach Wiederaufbau und erneuter sozialer Sicherheit war von tiefsitzenden Schrecken und quälenden Alpträumen durchsetzt, die der häufig konstatierten Nüchternheit der Nachkriegsgesellschaft deutlich widersprechen.

Über diese verdeckte Unterseite jenseits der Oberfläche der »Normalisierung« und der vermeintlich unbeschadeten Rückkehr ins »bürgerliche Leben« weiß man nach wie vor nur wenig. Das gilt allerdings für alle Nachkriegsgesellschaften nach 1945. Jahrzehntelang, so scheint es, schien sich die Frage, wie die Gewalt des Krieges auch nach dessen Ende das persönliche Leben der Menschen durchdrang, kaum zu stellen. Das ist kein Zufall, wie deutlich werden wird. Erst in jüngster Zeit trifft man in der neueren Historiografie zunehmend häufiger auf die Behauptung, dass diese Gesellschaften nach 1945 traumatisiert gewesen seien. Auch für die deutschen Kriegsheimkehrer wird das vermehrt angenommen.[24] Doch eine solche Mutmaßung behebt das beschriebene Kenntnisdefizit nur scheinbar. Denn die Behauptung einer Traumatisierung gibt ein Wissen über die Bedeutung von Krieg, Gewalt und Tod für die Verhaltensweisen dieser Kriegsgeneration sowie über die persönlichen Verarbeitungsweisen ihrer Erlebnisse während dieser Zeit vor, ohne dass diese Zusammenhänge konkret historisch belegt würden. Tatsächlich ist die heutige Vermutung einer Traumatisierung der Kriegsteilnehmer selbst das Produkt eines Phänomens, das überhaupt erst einmal zu erklären wäre. Denn die wissenschaftliche Entstehung und gesellschaftliche Etablierung des Trauma-Konzepts, die einer solchen Interpretation zugrunde liegen, müssen – das ist die nächste Grundannahme des vorliegenden Buches – selbst historisiert werden.[25]

Wissenschaftsgeschichtliche Arbeiten stützen eine solche Position mittlerweile hinreichend. So haben Studien über die Entstehung, die Transformation und das Verschwinden psychiatrischer Diagnosen verschiedentlich herausgearbeitet, dass derartige fachwissenschaftliche Deutungsmuster ihren historischen Ort haben.[26] Das gilt auch für das Konzept des psychischen Traumas, das nach dem Zweiten Weltkrieg in Europa als Deutungskategorie äußerst marginal war, im Verlauf der letzten beiden Jahrzehnte in der gesamten westlichen Welt jedoch zu einem zentralen Schlüsselbegriff geworden ist.[27] Bei der derzeitig geradezu inflationären Verwendung des Traumabegriffs ist die »Historizität«

des Traumas allerdings kaum im Bewusstsein. Folgt man dem Psychiater Richard McNally, verdankt sich diese Blindstelle, die man im Gefolge der enormen Karriere dieses Begriffs beobachten kann, einer weitverzweigten und ausgesprochen vielschichtigen »trauma-industry«,[28] die den »Laboratorien« westlicher Industrienationen entspringt und seit den 1980er Jahren einen beständig wachsenden Ertrag auswirft.[29] Denkbar ist zudem – dafür spricht der in jüngster Zeit populäre Rückgriff der historischen Erinnerungsforschung auf neurowissenschaftliche Befunde[30] –, dass den Naturwissenschaften auf dem Feld menschlicher Verhaltensweisen vermehrt eine uneingeschränkte Deutungskompetenz zugeschrieben wird, wie man sie den Sozial- und Geisteswissenschaften keineswegs mehr zubilligt. Wo heute gängige medizinisch-naturwissenschaftliche Kategorien auf historische Phänomene zurückübertragen werden, sind wir jedoch von einem recht ungebrochenen Fortschrittsdenken nicht weit entfernt. Dieses kommt beispielsweise dann zum Ausdruck, wenn vielen der Hinweis, die im Zuge des Vietnamkrieges entwickelte Diagnose des »Post-Traumatic Stress Disorder« (PTSD) sei seit dem Jahr 1980 durch die American Psychiatric Association – und damit durch »Experten« – offiziell anerkannt, schon als ein hinreichender Beleg für die Richtigkeit des eigenen historischen Arguments genügt.[31] Vorstellungen von der Wirklichkeit des Schreckens, der Gewalt und der Brutalität eines Ereignisses werden dabei erzeugt, als ob diese schon bekannt seien. Das gilt auch für die Auswirkungen dieser Ereignisse auf das nachfolgende Leben der Menschen, die man vorgeblich bereits zu kennen glaubt.[32]

Die Bedeutung der Traumaforschung für die Geschichtsschreibung soll mit diesen Einwänden keineswegs geschmälert werden. Indem man das Trauma-Konzept anerkannte – ob nun in der psychoanalytischen oder neurobiologischen Variante –, wurden neue Wege eröffnet, um über die Auswirkungen gewalthafter Ereignisse nachzudenken. Die jüngeren Studien über die deutsche Nachkriegsgesellschaft seit 1945 können hier selbst als Teil eines allgemeineren Trends begriffen werden, die über Jahrzehnte feststehende Vorstellung in Frage zu stellen, dass viele europäische Gesellschaften ohne besondere Erschütterungen einfach zur »Normalität« zurückgefunden hätten. Das Problem der möglicherweise anhaltenden Präsenz der Gewalt in den privaten Leben aller »Überlebenden« ist damit erst in den Blick geraten.[33] Überhaupt kann man beobachten, dass in den letzten Jahren eine immer größer werdende Anzahl an Gewaltphänomenen und Katastrophen in der Geschichte wahrgenommen und damit zum Gegenstand historischer Untersuchungen gemacht wurde.[34] Diese Entwicklung ist fraglos auf eine ganze Reihe von Faktoren zurückzuführen, die hier nicht im Einzelnen erörtert werden können. Vieles spricht dabei aber für das Argument, dass die Kategorie des »Traumas« zu einem wichtigen Steuerungselement unserer historischen Vorstellungskraft geworden ist, das unsere Wahrnehmung der Vergangenheit und ihrer langjährigen Folgen für das Leben der Menschen, gerade auch ihrer Leidenserfahrungen, verändert hat.

Neben allen denkbaren positiven Folgen gibt es dennoch gute Gründe, von einer Verwendung von Trauma-Konzeptionen als Beschreibungs- und Analyseinstrument historischer Ereignisse und Prozesse abzusehen. »Retrospective historical diagnoses of PTSD constitute a psychiatric version of the Whig interpretation of history«, argumentiert Richard McNally, der eindringlich dafür plädiert, die jeweils Betroffenen nicht in der heutigen, sondern in ihrer eigenen zeitgenössischen Wahrnehmung und Deutungsweise der Ereignisse zu begreifen, wenn man etwas darüber erfahren will, wie sie auf diese Begebenheiten reagierten.[35] Die Historikerin Catherine Merridale argumentiert aufgrund ihrer Beobachtungen in Russland ähnlich. Sie stellte sowohl unter den meisten der dort praktizierenden Ärzte als auch in weiten Teilen der dortigen Bevölkerung eine bis heute bestehende Abneigung fest, von ereignisbedingten psychischen Störungen nach den Erfahrungen des Massentodes auszugehen. Dabei beobachtete sie: »They cannot picture it, this trauma, and they do not understand its priviledged place in the Western understanding of violence and its consequences.« Dieses Widerstreben könne man zwar teilweise darauf zurückführen, dass psychische Krankheiten immer noch weitgehend ein Tabu in Russland seien. Doch Merridale vermutet noch einen anderen Grund: »It is also possible that this particular diagnosis and its treatment are so alien to the Russian way of thinking about life, death, and individual need that notions of psychological trauma are genuinely irrelevant to Russian minds.«[36]

Tatsächlich ist es hilfreich, sich in diesem Zusammenhang zwei Überlegungen des Wissenschaftsphilosophen Ian Hacking zu vergegenwärtigen. Er hat ausgeführt, dass die psychiatrische Wissenschaft nicht nur eine ausgesprochen historische Wissenschaft, sondern auch eine »Gedächtniswissenschaft« sei.[37] Es kennzeichnet die Psychiatrie nämlich, dass sie – auch über die Diagnosen des »Traumas« – historisch variable Konzeptionen von Erinnerung und verschiedenartige Sprachregeln über die Erinnerung bereitstellt. Außerdem argumentiert Hacking, dass Individuen, die ihr Verhalten auf eine andere Weise als zuvor interpretieren können, auch eine neue Art des Bewusstseins von ihrem Selbst entwickeln, sich selbst anders sehen und sogar anders als Person fühlen.[38] Das ist auch der Grund, warum das Trauma-Konzept für Historiker ein problematisches Analyse-Instrument ist: Es transportiert, spezifische Vorstellungen davon, wie Erinnerung funktioniert und insbesondere, wie Schmerz und erschütternde Erlebnisse in der Erinnerung verarbeitet werden.[39] Um Allan Young zu zitieren: »Our sense of being a person is shaped not simply by our active memory (…), it is also a product of our conception of ›memory‹.«[40]

Das vorliegende Buch folgt dieser Annahme und damit auch dem Plädoyer, die Wahrnehmungen der psychiatrischen Wissenschaft von der menschlichen Verarbeitungsweise des Krieges selbst historisch zu analysieren. Dabei wird deutlich werden, dass es zu kurz greift, die Produktion des psychiatrischen Wissens im Nachkriegsdeutschland nur als eine einfache Verlängerung einer psychiatrischen Kriegspraxis zu sehen, die uns von heute aus bisweilen höchst befremdlich erscheint. Vielmehr wird im Laufe des

Buches sichtbar werden, dass die psychiatrische Herstellung von Wissen, wie man sie nach 1945 in Deutschland beobachten kann, durchaus international als Form der diagnostischen Urteilsfindung und der therapeutischen Praxis respektiert war. Außerwissenschaftliche Anforderungen der privaten wie der öffentlichen Erinnerungskultur hatten dabei an der psychiatrischen Wissensproduktion teil. Vor allem aber wirkte diese selbst – so die Ausgangsannahme – als eine Lieferantin von Deutungsmustern, die sowohl den Rahmen der Erfahrungsverarbeitung im Privaten wie der Wahrnehmungsweisen der Kriegsfolgen und Sagbarkeitsregeln der Leiderfahrungen im öffentlichen Raum mit absteckten.

Insofern sind sowohl die Erfahrungsgeschichte der Nachkriegszeit als auch die Erinnerungsgeschichte des Krieges – so meine zweite These – ohne eine »Verarbeitungsgeschichte« extremer Erlebnisse durch die psychiatrische Wissenschaft nicht hinreichend zu verstehen. So wird das Buch zeigen, wie sich der gesellschaftliche Vorstellungshorizont über die psychischen Folgen des Krieges im Verlauf von etwa zwei Jahrzehnten nach dem Zweiten Weltkrieg grundlegend und in Abhängigkeit vom vorherrschenden psychiatrischen Wissensstand verändert hat.[41] Das Spektrum der wissenschaftlich und öffentlich anerkannten Auswirkungen des Krieges veränderte dabei auch die Sprechweisen über den Krieg. Die Bruchlinien zwischen öffentlicher und privater Erinnerung verschoben sich – doch lösten sich nie gänzlich auf.

Diesen Vorgang wird das Buch in drei Schritten verdeutlichen. In einem *ersten* Teil geht es zunächst darum, deutlich zu machen, in welchem Maße und auf welche Weise der verbrecherische Krieg und die massenhaften Toten in der Erinnerungswelt von ehemaligen Wehrmachtssoldaten und ihrem persönlichen Umfeld präsent waren. In einem *zweiten* Schritt wird untersucht, wie die Psychiatrie (teils auch andere medizinische Disziplinen) die Verhaltensweisen der Kriegsheimkehrer, die etwa von ihren Angehörigen als auffällig oder gar besorgniserregend verändert, manchmal auch als krank betrachtet wurden, deutete und zu therapieren versuchte. Die geltende psychiatrische Lehre ging zunächst von der grenzenlosen Belastbarkeit des Menschen aus. Das Buch wird zeigen, aufgrund welcher Bedingungen sie sich dahingehend veränderte, dass sie fortdauernde und selbst spät auftretende seelische Leiden als Folge extremer Gewaltereignisse anzuerkennen bereit war. Abschließend wird, *drittens*, die öffentliche Erinnerung dahingehend analysiert, auf welche Weise psychiatrische Erklärungsmuster in die öffentlichen Erzählweisen über die Auswirkungen des Krieges eingingen und – ein Augenmerk liegt hier bei den Medien – die öffentliche Wahrnehmung mit prägten, wer überhaupt als Opfer gelten und anerkannt werden sollte. Der Untersuchungszeitraum des vorliegenden Buches erstreckt sich dabei im Kern auf die Jahre 1945 bis 1970. Es setzt damit zu einem Zeitpunkt ein, als sich die totale militärische Niederlage und die Zerschlagung des politischen Systems klar abzeichneten. Und es endet in einer Phase, in der sich in weiten Teilen der deutschen Öffentlichkeit veränderte und ausdifferenzierte Wahrnehmungsmuster der Kriegs- und Verfolgungsfolgen etabliert hatten. Während der beiden nachfolgenden Jahrzehnte sollte sich zumindest in Westdeutschland nichts daran ändern, dass die Öffentlichkeit mehrheitlich von langandauernden psychischen Auswirkungen der NS-Verfolgung ausging, während man den Krieg mit derartigen Folgelasten nicht verband.[42]

Im Einzelnen wird im ersten Teil die Frage verfolgt, auf welche Weise der Krieg und die nationalsozialistische Vergangenheit in der persönlichen Erinnerung der heimkehrenden Soldaten überhaupt aufschienen und damit das Leben der Nachkriegsgesellschaft zeichneten. Ein solcher Abschnitt ist angesichts der zahlreichen jüngeren Studien, welche die Auswirkungen der Nazi-Verbrechen und der Kriegsgräuel auf die deutsche Nachkriegsgesellschaft verfolgen, näher zu begründen. Wie bereits angedeutet, nehmen diese Arbeiten vor allem die öffentliche Erinnerungskonstruktion in den Blick, indem sie den öffentlichen Diskurs in den Medien, die symbolische Erinnerungspolitik und die öffentlichen Gedenkfeiern analysieren. Sie alle betonen, dass die Deutschen den nationalsozialistischen Krieg höchst selektiv erinnerten, da Erzählungen über die eigenen Opfer und das eigene Leid dominierten.[43] Damit korrigieren sie zwar das lange Zeit in der Geschichtswissenschaft vorherrschende Bild einer nahezu völligen Verdrängung des Krieges – die Mitscherlichsche These über die »Unfähigkeit zu trauern« hinterließ hier zweifellos lange ihre Spuren.[44] Letztlich stimmen diese Studien aber weiterhin darin überein, dass die seit Kriegsbeginn von Deutschen begangenen Verbrechen in der Erinnerung – auch der persönlichen – keine Rolle gespielt hätten.

Zweifellos gibt es viele Hinweise, die diesen Eindruck stützen. Bereits zeitgenössische Beobachter, meist aus dem Ausland, bescheinigten den Deutschen eine ausgesprochene Neigung, jegliche Verantwortung für den Massenmord zu leugnen. Wie sie überhaupt in die Not der Nachkriegsjahre gekommen waren, schienen viele binnen kurzem vergessen zu haben.[45] Die Entnazifizierungsverfahren, während deren offenbar ein regelrechter »Wettbewerb des Opportunismus, des Abstreitens und Nichtwahrhabenwollens« ausbrach,[46] erhärten bis heute diesen Verdacht und stärken das Argument, die Deutschen hätten sich im Windschatten der »Selbstviktimisierung« frei von der Last der Erinnerung gefühlt. Eine solche Lesart, die mittlerweile geradezu eine Art »nationaler Meistererzählung« für die deutsche Geschichte nach 1945 darstellt,[47] mag in vielen Fällen zutreffend sein. Doch der Rückschluss von der öffentlichen auf die persönliche Erinnerung greift – wie oben schon angedeutet – deutlich zu kurz.[48] Immerhin kreist die Erinnerungsforschung seit längerem um das Problem, wie die sehr viel komplexere Genese und Wandelbarkeit von Erinnerung – und zwar auf allen Ebenen – erfasst werden können.[49] Die Erzähl- und Erinnerungsforschung betont zum Beispiel die Bedeutung eines gruppenbezogenen »kommunikativen Gedächtnisses«, das sich zwischen der öffentlichen Erinnerungskultur und der persönlichen Erinnerung, etwa in Familien oder Vereinen, herstelle.[50] Koexistierende und voneinander abweichende Vergangenheitsdeutungen, die verschiedene diskursive Räume beanspruchten, sind dadurch bereits in Ansätzen erkennbar geworden. Zugleich sind politische Rahmenbedingungen, moralische Imperative oder auch institutionelle Logiken als historisch variable Gestaltungsfaktoren hervorgetreten, die auf die Ausformung und Artikulationsmöglichkeiten von persönlicher Erinnerung stärker einwirkten, als es der in der Geschichtswissenschaft beschriebene Viktimisierungsdiskurs nahelegt.[51]

In der Regel liegen vermeintlich rein persönliche Erinnerungen bislang nur in Form der Familien- und Veteranenerzählungen vor, meist gewonnen durch narrative Interviews seit den 1980er Jahren.[52] Die »öffentliche« und »private« Erinnerung, die offiziellen Geschichtserzählungen und die subjektiven Deutungen erwiesen sich in diesen, so konnte wiederholt beobachtet werden, als eng verwoben. Gleichzeitig traten gelegentlich aber auch widersprüchliche Deutungen und Brüche in den Erzählungen zutage. Sie deuteten darauf hin, dass hinter akzeptierten Erzählkonventionen andere, nur schwer artikulierbare persönliche Erinnerungen an das Grauen des Zweiten Weltkrieges stehen. Wie die persönliche Kriegserinnerung in der unmittelbaren Nachkriegszeit aussah, spiegeln diese narrativen Verarbeitungsformen der privaten Kriegsgedächtnisse also nicht unbedingt wider. Ebenso wenig geben sie Einsichten in den persönlichen Umgang mit dem Wissen über die begangenen Verbrechen unmittelbar nach dem Ende des Krieges. In dieser Hinsicht bleiben gerade die ersten Jahre nach der totalen politischen und militärischen Niederlage weitgehend im Dunkeln, wie sich überhaupt die meisten Studien zur Nachkriegsgesellschaft auf die 1950er und 1960er Jahre konzentrieren.[53]

Das vorliegende Buch analysiert deshalb in einem ersten Schritt vor allem narrative Überlieferungen persönlicher »Erinnerungsfragmente«[54] aus der frühen Phase unmittelbar nach dem Kriegsende, mithin die zum damaligen Zeitpunkt gegenwärtigen Vergangenheiten deutscher Kriegsheimkehrer. Dazu wurden psychiatrische Krankenakten herangezogen. Insgesamt handelt es sich um etwa 450 Akten von Männern der Geburtsjahrgänge 1897 bis 1929.[55] Erfasst ist in ihnen ein relativ breites Spektrum ehemaliger männlicher Kriegsteilnehmer. Sie unterschieden sich im Alter, ihrer sozialen Herkunft und ihrem Bildungsgrad ebenso wie in ihrem militärischen Dienstgrad oder der Dauer ihres militärischen Einsatzes. Die in den Akten vorkommenden ehemaligen Soldaten waren auch keineswegs nur von der Ostfront oder aus den sowjetischen Kriegsgefangenenlagern zurückgekehrt. Unter jenen, die in den ersten Jahren nach Kriegsende aus den Gefangenenlagern zurückkamen, befanden sich viele, die ausschließlich im Westen eingesetzt gewesen waren. Mehrheitlich hatten die Soldaten im Verlauf des Krieges an beiden Fronten gekämpft. Die Ausprägungen und der Verlauf der psychischen Veränderungen, die nach ihrer Heimkehr aus dem Krieg oder der Gefangenschaft zutage traten, waren dabei höchst verschieden. Doch wer glaubt, die schweren psychischen Beeinträchtigungen ausschließlich bei den Kriegsheimkehrern aus den sowjetischen Lagern zu finden, geht fehl. Die hier verwendeten Akten lassen diesen Schluss jedenfalls nicht zu. Eher gewinnt man den Eindruck, dass zwischen den Kriegsheimkehrern der 1940er Jahre und denen der 1950er Jahre zu unterscheiden ist, wobei eine innere Pein bei Ersteren weitaus offenkundiger zutage trat. Manche suchten aufgrund ihrer psychischen Beschwerden selbst psychiatrischen Rat. Oft waren es auch die nahen Familienangehörigen, die den nach Hause gekehrten Mann, der ihnen deutlich verändert erschien, dazu drängten. Meist jedoch war es der behandelnde Hausarzt, der an seine therapeutischen oder diagnostischen Grenzen gestoßen war und die Überweisung zum Psychiater veranlasste. Dabei spricht vieles für die Annahme, dass es sich bei den psychiatrisch behandelten Kriegsheimkehrern unter den insgesamt medizinisch behandelten nur um die Spitze eines Eisbergs handelt. Darauf gibt es immer wieder Hinweise,[56] nicht zuletzt in den psychiatrischen Krankenakten selbst. Vor allem stellen diese jedoch ein bis heute kaum genutztes Repositum persönlicher Erinnerungen und ganz privater Bekenntnisse dar,[57] über deren öffentliche Sagbarkeit die

Betroffenen teilweise erkennbar Zweifel hatten. Das galt selbst für den privaten Raum der Familie.

Bei der Untersuchung dieser Erinnerungsfragmente ist aus methodischen Gründen eine Beschränkung auf die Jahre 1945 bis 1949/1950 geboten. Denn in der »Zusammenbruchsgesellschaft« herrschten andere Sagbarkeitsregeln vor als nach der Etablierung von Versorgungsansprüchen, bei denen die Antragsteller von Kriegsopferrenten mit ihren Schilderungen auch einen ganz spezifischen Zweck verfolgten. Die Erzählungen über den Krieg, vor allem aber über die Härten der Gefangenschaft in den sowjetischen Lagern, waren seither ganz anders durch narrative Muster gekennzeichnet. In der Praxis des Gutachtens, die seit 1950 einen zunehmend großen Raum einnahm, ist das nicht zu übersehen.

Auch in den Krankenakten, die aus der unmittelbaren Nachkriegszeit stammen, sind es allerdings meist nur Bruchstücke, die auf irgendeine Art und Weise um den vergangenen Krieg kreisen. Da weder die Ärzte noch die meisten der Patienten einen kausalen Zusammenhang zwischen den als auffällig wahrgenommenen Verhaltensweisen des Heimkehrers und dem Krieg herstellten, stand dieser nie im Mittelpunkt eines Gesprächs. Bei den psychiatrisch betreuten Männern wird man deshalb kaum außergewöhnliche Sensibilitäten gegenüber dem Kriegsgeschehen unterstellen können. Vielmehr kann man davon ausgehen, dass die in diesen Akten auffindbaren Erinnerungsfragmente von einer weiter verbreiteten Befindlichkeit zeugen, die in den jeweils individuellen Fällen greifbar wird. Die psychiatrischen Krankenakten machen damit – so könnte man sagen – die Innenseite der oftmals schmerzhaften und irritierenden Hinterlassenschaft des Krieges deutlich und lassen jenseits der individuellen Krankengeschichte Aussagen über die Tiefenschichten der Erinnerung – etwa im Medium des Traums –, über tiefgreifende Desorientierungen und zerstörte Selbstbilder, über die Beängstigung des Neuanfangs und die vermeintliche emotionale »Normalisierung« des frühen Wirtschaftswunders zu. Dabei können Muster der Kriegserinnerung in Artikulationen der Angst, der Desillusionierung oder in Selbstverständigungen über das andere Ich identifiziert werden, die, selbst wenn sie sich gelegentlich nur in Träumen, Wahnvorstellungen oder Halluzinationen äußern, als Bestandteil der wahrgenommenen Gewalt historischen Quellenwert beanspruchen können.

In diesem Buch sind die ausgewählten Fälle nicht als in sich geschlossene Stücke analysiert und beschrieben worden. Allein das oft sprunghafte Reden der Männer ließe ein solches Verfahren nicht zu. Oftmals wechselten sie das Thema abrupt, um dann doch wieder einem vereinzelten Gedanken über die ihnen gegenwärtige Vergangenheit Luft zu machen. Eine Reihe von Fällen kehrt allerdings in den verschiedenen Kapiteln des ersten – und in den einschlägigen des zweiten – Teils wieder. Durch Querbezüge lassen sich die jeweils aufscheinenden persönlichen »Verarbeitungsmuster« der Vergangenheit vernetzen. Im Verlauf des Buches treten damit unterschiedliche Facetten der jeweiligen Person zutage.

Aufgrund des spezifischen Quellenmaterials kann die Analyse der Erinnerungsfragmente allerdings nicht den Anspruch erheben, direkten Einblick in die vergangenen Erlebnisse der Kriegszeit zu gewähren. Das Buch gibt vielmehr Einsichten in die persönlichen Weisen, den Krieg zu verarbeiten, weshalb es sich in seinem ersten Teil auch nicht als ein Beitrag zur Geschichte des Krieges, sondern zur Geschichte einer Imagination des Schreckens in der Nachkriegszeit versteht. Der Begriff der »Erinnerung«, der in der vorliegenden Arbeit meist verwendet wird, erscheint mir dennoch gerechtfertigt. Denn Erinnerungen werden »stets in der Gegenwart und unter deren spezifischen Bedingungen rekonstruiert«, selbst wenn »Erinnerungen« auch in diesem Verständnis gleichwohl nie gänzlich von der Vergangenheit abgelöst werden können.[58] Folgt man Reinhart Koselleck, ist diese »gegenwärtige Vergangenheit, deren Ereignisse einverleibt worden sind und erinnert werden können«, dann allerdings auch ein zentraler Bestandteil von »Erfahrung«, hier also einer Erfahrungsgeschichte der Nachkriegszeit.[59] Das Buch geht dieser Geschichte nach. Es erzählt, wie die Soldaten mit dem Massentod, dem Töten und ihrem Wissen von den Verbrechen weiterlebten, aber auch, wie sie auf die Niederlage, auf die völlige Diskreditierung des politischen Systems und oft auch auf ihre zudem erlebte eigene soziale Deklassierung reagierten. Die Familien gelten gemeinhin als der Ort, in dessen Rahmen die private Aufarbeitung der Kriegs- und Gefangenschaftserlebnisse stattfand.[60] Das Interesse gilt daher auch den Auswirkungen des Krieges auf das Familienleben, den inneren Spannungen und Belastungen in den persönlichen Beziehungen von Familienangehörigen, nicht nur zwischen den Geschlechtern, sondern auch zwischen den Generationen. Dabei sind die wechselseitigen Wahrnehmungs- und Kommunikationsweisen genauer in den Blick zu nehmen, um die Möglichkeiten und die Grenzen der Sagbarkeit innerhalb der Familie auszuloten, wenn es um die emotionale Hinterlassenschaft von Kriegsgewalt und Massenverbrechen ging. Was nahmen die Angehörigen der heimkehrenden Soldaten davon überhaupt wahr? Wann erschien den Familien das Verhalten der ehemaligen Soldaten als auffällig und »unnormal«? In welche Begründungszusammenhänge wurden die an ihnen beobachteten Verhaltensweisen und Leiden von den Angehörigen gestellt? Viele unter ihnen standen jedenfalls den als verändert wahrgenommenen Verhaltensweisen der aus dem Krieg oder der Gefangenschaft heimgekehrten Männer, ob mit oder ohne Verständnis, hilflos gegenüber. Sie suchten deshalb häufig professionellen Rat.

Im zweiten Teil des Buches wechselt daher die Perspektive auf die Psychiatrie. Im Zentrum stehen die im Nachkriegsdeutschland vorherrschende psychiatrische Lehre über die Fähigkeit, schwere psychische Belastungen zu verarbeiten, sowie die Entstehung und Etablierung eines neuen psychiatrischen Wissens in diesem Feld unter den veränderten politischen Bedingungen und moralischen Herausforderungen. Bereits im Ersten Weltkrieg war der Psychiatrie von staatlicher Seite die Zuständigkeit dafür übertragen worden, die psychisch bedingten Leiden von Soldaten ursächlich zu erklären und Wege zu finden, das seinerzeit gravierende Problem der sogenannten Kriegsneurosen in den Griff zu bekommen.

Auch während des Zweiten Weltkrieges sahen sich die Psychiater dieser Aufgabe weiterhin verpflichtet.[61] Aus dem Blickwinkel der psychiatrischen Wissenschaft lag ein reichhaltiges Wissen über die »Natur« des Menschen und die »Normalität« seiner psychischen Verarbeitungsweisen im Falle äußerster Belastungen vor, das sich aus ihrer Sicht bewährt hatte. Als in der jungen Bundesrepublik die Kriegsopferversorgung im Jahr 1950 gesetzlich geregelt wurde, sollte es weiterhin ausschließlich den Fachärzten für Psychiatrie vorbehalten sein, im Falle psychisch bedingter Beschwerden der Antragsteller die Ursachen zu ermitteln. Die Kernfrage, die von Seiten der Psychiater entschieden werden musste, war, ob das vorgebrachte Leiden als kriegsbedingt anzuerkennen sei.[62]

Der Zeitgeschichte ist bislang weitgehend unbekannt, wie die Psychiater nach dem Zweiten Weltkrieg vermeintliche psychische Auffälligkeiten und psychisch bedingte Leiden interpretierten. In der Regel enden die historischen Studien zur psychiatrischen Wissenschaft und Praxis im Jahr 1945.[63] Zweifellos ist es deren Bedeutung für die nationalsozialistische Rassen- und Bevölkerungspolitik, die bis heute überwiegend das Interesse weckt.[64] So setzt sich das Bild über die Psychiatrie seit dem Ende des Krieges bislang aus ganz wenigen Studien zusammen, die vornehmlich aus dem Kontext der Wiedergutmachungsforschung stammen und um die Anerkennungsverfahren von psychischen Gesundheitsschädigungen bei NS-Verfolgten kreisen. Wie diese Arbeiten betonen, lehnten es die deutschen Psychiater während der 1950er Jahre ab, psychische Leiden als verfolgungsbedingt anzuerkennen, da nach der herrschenden Lehre ihres Fachs die seelische Belastungsfähigkeit des Menschen als nahezu unendlich gegolten habe. Folgt man Christian Pross, der damit seinerzeit eine einflussreiche These formulierte, führten die Ärzte und Behörden im Rahmen der Begutachtungsverfahren einen regelrechten »Kleinkrieg gegen die Opfer«. Diese Behauptung wird zwar mittlerweile in ihrer Pauschalität gelegentlich angezweifelt.[65] Doch in der Stoßrichtung ihrer Interpretation sind sich diese Arbeiten einig: In der deutschen psychiatrischen Gutachterpraxis erkennen sie im

Wesentlichen nur den Spiegel einer mangelnden personellen und mentalen Entnazifizierung des Fachs und ein Grundmuster deutscher »Vergangenheitspolitik«.[66] Dabei wird vor allem auf zweierlei verwiesen: erstens auf die vergleichsweise stärkere Befassung der deutschen Psychiater mit den zurückgekehrten Kriegsgefangenen aus der Sowjetunion, das heißt: mit den deutschen Opfern, und zweitens auf den Umstand, dass die medizinische Beschäftigung mit den psychischen Leiden der Überlebenden in anderen Ländern weitaus früher eingesetzt habe als in der Bundesrepublik. Hier hätten die Ärzte noch von erblich bedingten Leiden gesprochen und erst sehr viel später als die Kollegen im Ausland die spezifischen gesundheitlichen Schädigungen der NS-Verfolgung anerkannt.[67]

Blickt man auf andere Länder, findet man dafür allerdings nicht unbedingt eine Bestätigung. Eher verdichten sich die Hinweise darauf, dass in den ersten anderthalb Jahrzehnten nach dem Ende des Krieges weder in Westeuropa noch in den USA oder in Israel von einem öffentlichen Bewusstsein für die möglichen seelischen Leiden von Überlebenden des Holocaust die Rede sein kann.[68] Einen entsprechenden Eindruck vermitteln – soweit sich darüber bislang Aussagen machen lassen – die psychiatrischen (oder auch psychoanalytischen) Wissenschaften in diesen Ländern.[69] Sie gingen auch nicht davon aus, dass die Ursache für länger beobachtbare psychische Auffälligkeiten bei heimgekehrten Soldaten im Krieg zu suchen sei.[70] Hier wiederum sind Parallelen zu derjenigen Haltung unverkennbar, die sich in der deutschen Psychiatrie bereits im Zuge des Ersten Weltkrieges durchgesetzt hatte.[71] Vor diesem Hintergrund erscheint es verkürzt, die psychiatrische Praxis in Deutschland, die länger dauernde psychische Veränderungen weder mit dem Krieg noch mit der Verfolgungserfahrung kausal in Verbindung brachte, allein darauf zurückzuführen, dass diese Ärzte während des Nationalsozialismus tätig gewesen waren und ihre Deutungs- und Behandlungsweisen mithin als ein Relikt dieser Zeit zu erklären seien. Gewiss, die personelle Kontinuität in der Ärzteschaft über die politische Zäsur von 1945 hinweg ist gar nicht in Abrede zu stellen.[72] Doch kann man ebenso wenig darüber hinweggehen, dass diese Psychiater entweder auch schon zu Zeiten des Ersten Weltkrieges tätig gewesen waren oder in den 1920er Jahren ihre Ausbildung genossen hatten. Das ist keine Nebensächlichkeit. Denn es waren die Jahre des Ersten Weltkrieges, in denen sich in der Psychiatrie die Überzeugung herausbildete, dass der Krieg selbst nicht als die eigentliche Ursache für langanhaltende, psychisch bedingte Beschwerden in Betracht komme. Es handelte sich um einen psychiatrischen Kenntnisstand, der sich zu dieser Zeit nicht nur Deutschland, sondern in ganz Europa durchsetzte.

Das vorliegende Buch analysiert deshalb die Verwandlung der deutschen Psychiatrie während der »langen« Nachkriegszeit als ein Wissensfeld, das sowohl im Zusammenhang mit der seit dem Ersten Weltkrieg vorherrschenden psychiatrischen Lehre in Deutschland steht als auch – soweit möglich – mit internationalen Entwicklungen im Fach in Beziehung gesetzt wird. Die Veränderung wissenschaftlicher Interpretationsmuster wird dabei nicht als das Ergebnis einer vermeintlich unvermeidlichen wissenschaftlichen Fortschrittsrationalität verstanden. Einem neueren Trend der Wissenschaftsgeschichte folgend, werden diese Entwicklungen vielmehr als das Resultat eines Wirkungsgeflechts von professionellen Logiken und fachwissenschaftlichen Herausforderungen, externen Problemdefinitionen und politischen Bedingungen begriffen, die miteinander verschränkt sind. Wissenschaftliche Tatsachen entstehen hier, wie generell, in einem Kräftefeld, in dem auch institutionelle Interessen und politische Erfordernisse, juristische Entscheidungen und moralische Erwägungen maßgeblichen Einfluss darauf haben, welcher Befund schließlich als wissenschaftliches »Wissen« Gültigkeit hat.[73]

Der Blick in die psychiatrische Fachliteratur reicht freilich allein nicht aus, um den Wandel der psychiatrischen Begriffsinstrumente und Erklärungsansprüche zu verstehen, der in den 1960er Jahren zu einem neuen Bild seelischer Veränderungen infolge von exzessiver Gewalterfahrung führte. Deshalb wird auch die ärztliche

Praxis mit einbezogen. Ferner gilt es, die fachliche Legitimation gegenüber anderen oder konkurrierenden Anforderungen mit in den Blick zu nehmen. Es waren vor allem die Allgemeine und die Innere Medizin, die Justiz und die Verwaltung, einschließlich der Ministerialbürokratie, die hier auf den Plan traten. Gefragt wird nach der Bewährung der psychiatrischen Annahmen über die »normale« Funktionsweise des Menschen, aber auch nach den Aporien, mit denen sich psychiatrische Experten in der Erprobung ihres diagnostischen Instrumentariums konfrontiert sahen. In einem ersten Schritt ist zu untersuchen, wie die psychiatrischen Experten im Rahmen ihrer wissenschaftlichen wie auch alltäglichen Tätigkeit als Ärzte durch die beobachtbaren Verhaltensauffälligkeiten und psychischen Beschwerden von Kriegheimkehrern herausgefordert wurden. Es wird gezeigt, wie die Psychiatrie bei der Begutachtung in der Praxis vorübergehend zu neuen diagnostischen Mitteln greifen musste, um bei ehemaligen Kriegsgefangenen aus den sowjetischen Lagern psychische Leiden zu erfassen, die nicht, wie erwartet, unmittelbar wieder abklangen. Dabei gilt es im Blick zu behalten, wie die Psychiater mit ihren Analysen und ihren Begriffen oft auch das Leidensverständnis der zurückgekehrten Soldaten und ihrer Angehörigen gleichsam kanalisierten. In anderen Fällen wiederum beharrten Kriegsheimkehrer auf einem gegenläufigen »Wissen«, das gegen die Regelannahme einer »erblichen Belastung« Stellung nahm. Die Kriegsheimkehrer wehrten sich damit gleichzeitig dagegen, dass der Versorgungsanspruch, den sie infolge von behaupteten Kriegsschäden geltend machten, prinzipiell »unter Verdacht« gestellt wurde. Gerade in diesem Zusammenhang wird deutlich werden, dass die psychiatrischen Experten durch ihre Gutachtertätigkeit in hohem Maße an der Produktion einer sozialen Wirklichkeit beteiligt waren, die sich in der Anerkennung oder eben auch der Verweigerung des Kriegsopferstatus ausdrückte.[74]

Zu fragen ist aber auch nach den Grenzen der psychiatrischen Definitionsmacht. Diese treten im zweiten Abschnitt des zweiten Hauptteils stärker zutage. Er beschreibt die Herausforderung der psychiatrischen Wissenschaft durch die Begutachtung der NS-Verfolgten und ihre Entschädigungsansprüche und nimmt dabei vor allem die »außerwissenschaftlichen« Akteure mit in den Blick. Dazu gehörten vornehmlich die Juristen, aber auch Ministerialbeamte, die im Rahmen der »Wiedergutmachung« tätig waren. Diese waren in der Lage, in den innerwissenschaftlichen Meinungsstreit einzugreifen, der sich im Zuge einer neuen Lesart über die psychischen Langzeitfolgen extremer Gewalterfahrungen bei NS-Verfolgten entwickelte. Diese Instanzen wirkten mit verfahrenstechnischen und rechtssystematischen Erwägungen erheblich an der Verwandlung des psychiatrischen Wissens mit. Die Gültigkeit des Fachwissens hing in der Gutachtertätigkeit der Psychiatrie nämlich von zwei verschiedenen Rechtssystemen ab, die in der Kriegsopferversorgung einerseits und der Entschädigungsregelung für NS-Opfer andererseits aus juristischen wie politisch-moralischen Gründen bestimmte Lesarten des fachwissenschaftlichen Diskurses ausschlossen beziehungsweise privilegierten.

Die Produktion des psychiatrischen Wissens war somit ein historisch komplexer Prozess, in dem schließlich auch noch der Vorwurf der nationalsozialistischen Infiltration wie der eigene Anspruch der Wissenschaftlichkeit im Rahmen der internationalen Fachwelt zu »verarbeiten« war. Diese war ihrerseits durch die sogenannten »Vertrauensärzte im Ausland« in den bundesdeutschen Klärungsprozess über die psychischen Folgen der NS-Verfolgung involviert. Die Inhalte, die Formen und die soziale Reichweite des psychiatrischen Wissens müssen somit als Elemente von komplexen Macht- und Aushandlungsprozessen bestimmt werden.[75] Es ist ihr Zusammenspiel über die Zeit hinweg, das erst die Verschiebung der fachwissenschaftlichen Diskurse sowie der Vorstellungswelten und Wahrnehmungsmuster der Kriegs- wie der Verfolgungsfolgen in der Öffentlichkeit zu erklären in der Lage ist.

Der dritte Teil des Buches wechselt erneut die Perspektive und wendet sich der öffentlichen Erinnerungskultur[76] zum nationalsozialistischen Vernichtungskrieg zu. Die einschlägige Historiografie hat in diesem Zusammenhang mit großem Ertrag die vergangenheitspolitische Funktion verschiedenster Politikfelder untersucht, wie etwa der Entnazifizierung, der Amnestiebewegung oder der politischen Rehabilitation von Berufssoldaten.[77] Diese Studien haben deutlich die bemühten Versuche herausgearbeitet, die biografischen und institutionellen Kontinuitäten aus der Zeit der früheren »Volksgemeinschaft« zu verschleiern, um in dem neuen politischen Gemeinwesen eine zweite Chance zu gewinnen. Wie oben ausgeführt, ist dieses öffentliche Bemühen darum, die Bezüge zu den oftmals verbrecherischen oder belastenden Vergangenheiten zu kappen, aber kein sicherer Hinweis darauf, ob die »Rückkehr in die Bürgerlichkeit« auch zu einer Beruhigung des inneren Erinnerungshaushaltes reichte. In der Regel gehen die Arbeiten zur Erinnerungskultur allerdings davon aus, dass mit dieser Politik der Selbstentlastung gegenüber den ausgesprochenen und unausgesprochenen Vorwürfen wegen der eigenen Vergangenheit ein – öffentlich wie persönlich – selektives Erinnern verbunden war. Dieses selektive Erinnern, das sich auf den Opferstatus der (nichtjüdischen) Deutschen und ihre Leidenserfahrung richtete, ist – eingangs wurde es erwähnt – vielfach herausgearbeitet und als eine moralische Verweigerung interpretiert worden, mit der die Verantwortung für die Verbrechen abgelehnt und die Anerkennung der eigenen Leidenserfahrung erwirkt werden sollte.[78]

Diese Studien laufen aber unübersehbar Gefahr, Erinnerung nur in einem rein funktionalen Modus zu begreifen. Ferner setzen sie im historischen Rückblick eine Artikulationsfähigkeit voraus, in der die Thematisierung der eigenen Tatbeteiligung oder des eigenen Tatwissens zur moralischen Norm erhoben wird. Schließlich werden die Problematiken des eigenen Opferstatus und der Verantwortung – Alon Confino hat darauf schon hingewiesen – grundsätzlich als zwei sich diametral gegenüberstehende

Pole betrachtet, die nicht mit einander korrelieren können.[79] Die Gründe für die verschiedenen öffentlichen Erinnerungs- und Schweigekonjunkturen der deutschen Nachkriegsgesellschaft sind jedoch offener zu betrachten und auch jenseits der politischen Nützlichkeit und der moralischen Selbsterleichterung der selektiven Erinnerung zu suchen. Dafür sprechen auch jüngere Studien, die sich etwa der Bildsprache der Schockbilder widmen und diese in ein breiteres Repertoire der Ikonografie des Schreckens einlesen oder in der »Rückkehr der Bilder« des Holocaust im Zuge der justitiellen Aufarbeitung der Verbrechen eine eigene Produktivkraft der imaginären Erinnerung ausmachen.[80] Kennzeichnend für diese Arbeiten ist die Betonung des Modus und der Wirkung von historisch wandelbaren Gewaltimaginationen, die jedoch, wie hier gezeigt werden soll, an der Thematisierungshäufigkeit von Schuld und Sühne oder dem dramatischen *plot* von einzelnen Kriegsfilmen allein nicht hinreichend erschlossen werden können.[81]

In diesem Sinne darf insbesondere die Historizität der Wahrnehmungskategorien von Leiderfahrungen nicht übersehen werden. Um dieser in der erinnerungskulturellen Literatur bisher ausgeschlossenen Dimension der öffentlichen Anerkennung beziehungsweise Nichtanerkennung von bedrückenden Gewalterinnerungen und fortdauerndem seelischen Leiden auf die Spur zu kommen, geht es im dritten Teil des Buches um die Frage, wie und aus welchen Gründen sich der Horizont veränderte, in dem seelische Leidenserfahrungen überhaupt öffentlich thematisiert werden konnten. Es wird untersucht, welche Effekte das naturwissenschaftlich-medizinische Wissen und dessen Wandel auf die öffentliche Anerkennung von seelischem Leid und die Sagbarkeitsregeln im Rahmen der allgemeinen Erinnerungskultur hatten. Ausgehend davon, dass das historische Bewusstsein in hohem Maße durch die Medien geprägt ist, konzentriert sich die Arbeit im Wesentlichen auf die medial vermittelten Repräsentationen des Krieges und seiner Auswirkungen auf das Leben in der Nachkriegsgesellschaft.[82] Dabei gilt es, in den Printmedien und der filmischen Sprache die Grammatik der gängigen Annahmen und akzeptierten Sprechweisen über die menschliche Verarbeitung der Erfahrungen von Kriegsgewalt und Massenmord aufzuschlüsseln.

Das vorliegende Buch zielt somit nicht auf eine Mediengeschichte, die sich mit den unterschiedlichen technischen Möglichkeiten der Medien und ihren spezifischen Wirkungsweisen, dem Medienmarkt oder der Medienpolitik im Sinne staatlicher Steuerungsversuche beschäftigt.[83] Vielmehr geht es darum, die dominanten Deutungsmuster im öffentlichen Raum freizulegen, die Einblick in die sprachlich und visuell vermittelte Selbstverständigung über die seelischen Folgen erlebter Gewalterfahrung geben.[84] Auch die Bilder erfordern dabei eine Analyse ihrer zeitgenössischen Bedeutungszuschreibung, ohne die sich die seinerzeitige Prägekraft der Bildakte selber schwer erschließen lässt.[85] Das erste Kapitel dieses letzten Teils untersucht deshalb die öffentlich verhandelten Vorstellungen über die seelischen Auswirkungen des Krieges und der Gefangenschaft, die mit den Selbst- und Normalisierungsentwürfen der Wiederaufbaugesellschaft und ihren Erwartungen an die Regenerationsfähigkeit der Kriegsheimkehrer wie der gesamten Gesellschaft überhaupt in Einklang zu bringen waren. Das Interesse des Buches richtet sich in seinem letzten Teil somit darauf, den öffentlichen »therapeutischen Diskurs« der ausgehenden 1940er und 1950er Jahre freizulegen, allerdings im Rahmen der Thematisierungslogik der jeweiligen Medien. Bereits im Hinblick auf die öffentliche Akzeptanz der Leiderfahrung von Kriegsheimkehrern wird hier eine ausgesprochene Ambivalenz deutlich, die wiederholt darauf verweist, dass die Grenzen der öffentlichen Anerkennung immer auch in einem spezifisch politisch-moralischen Kontext gezogen und verändert werden. Deshalb geht es nicht allein darum, das Eindringen medizinisch-psychiatrischer Deutungsweisen in die mediale Sprache zu verfolgen. Es gilt, die »Gedächtnispolitik« der Medien zu erkennen, die durch »Gedächtniswissenschaften«, wie die Psychiatrie, legitimiert beziehungsweise erst ermöglicht wird.[86]

Dieser Zusammenhang tritt im zweiten Kapitel des letzten Teils noch schärfer zutage. Hier wird das Wechselspiel untersucht zwischen den erinnerungskulturellen Veränderungen seit dem Ende der 1950er Jahre auf der einen Seite und der zunehmenden Ausblendung der sogenannten Spätheimkehrer aus der öffentlich artikulierten psychosomatischen Verständnisbereitschaft auf der anderen Seite. Dieses Verständnis sollte nun in wachsendem Maße den Opfern der NS-Verfolgung zukommen. Das provoziert eine ganze Reihe von Fragen: Welche Rückkoppelungseffekte sind hierbei zwischen fachwissenschaftlicher Expertise und öffentlicher Moral zu beobachten? Wie spielten das Auftauchen neuer Bilder der NS-Opfer, der Wandel des Täterbildes in der westdeutschen Öffentlichkeit zu Beginn der 1960er Jahre und die Etablierung eines neuen psychiatrischen Wissens über die psychischen Langzeitfolgen extremer Belastungen zusammen? In welchem inneren Zusammenhang standen die Zuschreibung beziehungsweise die Verweigerung eines Opferstatus und das Problem der Verantwortung für die Tat? Es wird zu zeigen sein, dass sich die erinnerungskulturellen Veränderungen dieser Zeit nicht allein politisch oder mit dem Verweis auf den Wechsel der Generationen erklären lassen. Die psychiatrische Differenzierung zwischen den psychischen Folgen der Gewalt bei NS-Opfern und bei deutschen Kriegsteilnehmern in den 1960er Jahren setzte sich als ein öffentlich akzeptiertes Wahrnehmungsmuster durch. Damit verschoben sich nicht nur die öffentlichen Sagbarkeitsgrenzen hinsichtlich der seelischen Auswirkungen von Krieg und NS-Verfolgung auf das persönliche Leben der jeweils Betroffenen. Auch die öffentliche Erinnerung an Krieg und Nachkriegszeit selbst erhielt eine Prägung, die über Jahrzehnte hinweg erhalten blieb und die gesellschaftliche und politische Vorstellung über die menschlichen Verarbeitungsweisen dieser Zeit mitbestimmte.

Das vorliegende Buch, das sich an der Schnittstelle von Erfahrungsgeschichte, Wissenschaftsgeschichte und Erinnerungsgeschichte bewegt, stützt sich auf sehr disparates Quellenmaterial.

Dazu zählen umfangreiche Quellen aus dem medizinischen Bereich, staatliche Akten und ein breites Spektrum an Print- und Bildmedien. Eine besondere methodische Herausforderung liegt in der Analyse der bereits erwähnten psychiatrischen Krankenakten. Zum weitaus überwiegenden Teil stammen sie aus den von Bodelschwinghschen Anstalten in Bielefeld/Bethel, zu einem sehr viel kleineren Teil aus der Psychiatrischen und Neurologischen Klinik Heidelberg sowie der Fürsorgestelle für Nervöse beim Gesundheitsamt Köln. Eine systematische Durchsicht der Akten war lediglich in Bethel möglich, zugänglich waren hier die Krankenakten der Aufnahmejahrgänge 1945 bis 1960. Bei diesen Akten handelt es sich um einen ebenso reichhaltigen wie komplizierten Quellenbestand. Psychiater protokollierten die mitunter langen Gespräche mit den Patienten, in denen diese ihre inneren Bedrängnisse beschrieben und ihre Beschwerden erläuterten; Patienten fertigten Aufzeichnungen an, in denen sie fragmentarisch über ihre persönlichen Erfahrungen während des Krieges oder der Gefangenschaft erzählten, die sie gelegentlich mit ihrem Leiden in Verbindung brachten; Eindrücke der Familienmitglieder über das bisherige Leben der ehemaligen Soldaten und ihre Verhaltensweisen nach der Heimkehr gingen in die Anamnesen mit ein; Angehörige der Patienten schrieben Briefe an die Psychiater, um zur Klärung der Ursachen für das veränderte Verhalten der heimgekehrten Männer beizutragen; und die Psychiater machten bei ihren therapeutischen Bemühungen, ihren diagnostischen Erklärungen und offiziellen Äußerungen von all diesen Zeugnissen Gebrauch, die sie in ihren psychiatrischen Wissensstand hineinzulesen versuchten.

Trotz der Reichhaltigkeit an Zeugenaussagen sind diese Krankenakten damit in erster Linie das Produkt der Psychiater, denn deren Datenerhebungen, Fragen und Aufzeichnungen des Gesprochenen sind wesentlich durch ihr professionelles Interesse und ihre Deutungsmuster bestimmt.[87] Dennoch fließen, neben den persönlichen Aufzeichnungen der Patienten, Segmente aus den Gesprächen in die Aufzeichnungen mit ein, die diese Akten zu einem wertvollen und ergiebigen – bislang für diese Zeit nicht genutzten – Quellenbestand werden lassen, um einen Zugang zur persönlichen Kriegserinnerung in der unmittelbaren Nachkriegszeit zu bekommen.[88] In einer Vielzahl von Fällen öffnen die Krankenakten nämlich ein Fenster auf »Erinnerungsräume« als einer »partiellen Ausleuchtung von Vergangenheit«,[89] die weder der psychiatrischen Interpretation noch den gängigen Erzählweisen über die Kriegsgewalt entsprechen. Stattdessen geben sie den Blick auf Versatzstücke schwer kommunizierbaren Leidens frei. Dieses artikulierte sich in einer Reihe von Fällen in Träumen, in Wahnvorstellungen und Halluzinationen, die als eine historische Quelle für die spontanen Verarbeitungsformen des Leidensdrucks gelesen werden können. Denn selbst wenn es sich nicht um eine »reale« Wiedergabe erlebter Ereignisse, sondern um Fiktionen handelt, so zeugen diese dennoch von der wahrgenommenen Gewalt. Sie sind also subjektiv »wahrhaftig« und somit, wie bereits angedeutet, für eine Erfahrungs- und Erinnerungsgeschichte der Nachkriegszeit aufschlussreich.

Da es eines der zentralen Anliegen des vorliegenden Buches ist, die Notwendigkeit einer konzeptionellen Erweiterung der Zeitgeschichte nach 1945 durch die Wissenschaftsgeschichte plausibel zu machen und voranzutreiben, richtet sich die Aufmerksamkeit auf die Produktion des Wissens und damit im vorliegenden Fall auf die Frage, wie neue medizinisch-naturwissenschaftliche Deutungsmuster stabilisiert werden. Dazu ist umfassendes medizinisches Quellenmaterial ausgewertet worden, das die psychiatrische Fachliteratur, darunter zahlreiche Fachzeitschriften und Handbücher, sowie die bereits erwähnten Patientenakten mit einschließt. Dieses Material gewährt Einblick in die Transformation des psychiatrischen Wissens, wobei die psychiatrischen Krankenakten den komplizierten Deutungsvorgang erhellen, wie die Ärzteschaft versuchte, eine plausible Erklärung für die beobachteten psychischen Veränderungen der Kriegsheimkehrer zu gewinnen. Anhand der Krankenakten lässt sich ferner rekonstruieren, wie sich psychiatrische Lesarten der persönlichen Leidensgeschichten und ihre alltagsweltlichen Deutungen wechselseitig durchdrangen, ohne deshalb stets vollständig ineinander aufzugehen. Die professionelle Auslegung von Leidenserfahrungen erweist sich gerade an diesem Quellenmaterial als ein nie ganz geschlossener Deutungsversuch, dessen einzelne Verhandlungsstufen in den Akten rekonstruiert werden können.

Für die Analyse der Wissensproduktion war es zudem gewinnbringend, staatliche Akten, publizierte juristische Grundsatzurteile und juristische Fachzeitschriften hinzuzuziehen. Als überaus ertragreich erwiesen sich die Aktenbestände des Bundesministeriums für Arbeit und Soziales, in dessen Verantwortungsbereich die Versorgung der Kriegsopfer fiel, und des Bundesministeriums für Finanzen, das für Entschädigungsfragen im Falle von NS-Opfern verantwortlich zeichnete. Sie beinhalten Schriftwechsel innerhalb der Ministerialbürokratie auf Bundes- und Landesebene, die Anteil hatte an dem Aushandlungsprozess, welches psychiatrische Wissen über die Verarbeitungsweise von extremen Belastungen und Gewalt offiziell Gültigkeit haben und welches Leiden damit als Folge von Krieg, Gefangenschaft und Verfolgung anerkannt werden sollte – und welches nicht. Anhand der dort beiliegenden Protokolle der »Medizinischen Konferenzen«, die Ende der 1950er Jahre anlässlich eines Klärungsbedarfs im Hinblick auf die gesundheitlichen Folgeschäden der NS-Verfolgung von staatlicher Seite ins Leben gerufen wurden, lässt sich erschließen, auf welche Weise die Rechtsprechung den Weg für die Gültigkeit eines veränderten psychiatrischen Wissens beeinflusste. Diese Protokolle ermöglichen es im Verbund mit Reiseberichten von Ministerialbeamten zudem, die internationalen Verflechtungsprozesse in der Generierung und Etablierung eines neuen psychiatrischen Wissens über die Folgen der mörderischen nationalsozialistischen Verfolgungspolitik mit in den Blick zu nehmen. Für das Ausland – möglich sind Einblicke in die USA und Frankreich, in geringerem Maße auch Großbritannien –, mehr aber noch für das Inland lässt sich dabei genau zeigen, dass der psychiatrische Wissenswandel ein Aushandlungsprozess war, der eben auch von moralischen Herausforderungen und politischen Erwartungen bestimmt wurde.

Systematisch ausgewertet wurden schließlich eine Reihe zeitgenössischer Filme, zum weitaus größten Teil Spielfilme, vor allem aber auch regionale und überregionale Zeitungen, um die öffentlichen Erzählweisen über die persönlichen Auswirkungen des Krieges und die psychisch bedingten Leiden zu untersuchen. Vor allem die Auswertung der Massenpresse zeigt deutlich, dass die Wissenschaft auch Gegenstand der medialen Beobachtung ist, die für die Weitergabe wissenschaftlichen Wissens zentral ist.[90] Der zufällige Fund des Sendemanuskripts eines Rundfunkbeitrags aus den 1960er Jahren über die psychischen Folgen der NS-Verfolgung ergänzt den Quellenbestand, anhand dessen die Medialisierung der persönlichen Verarbeitungsformen extremer Gewalterfahrungen im Zuge des nationalsozialistischen Vernichtungskrieges und seiner Folgen analysiert wird. Zudem erwies sich die ergänzende Auswertung der gedruckten Jahres- und Rechenschaftsberichte des »Verbandes der Heimkehrer« und der Protokolle der einschlägigen Verhandlungen des Bundestagstages zur Kriegsopferversorgung als gewinnbringend. Auf diese Weise war es möglich, die in anderen sozialen Räumen geführten Debatten über die langfristigen Folgen des Krieges und der Kriegsgefangenschaft im Blick zu behalten, die sich im Zuge des psychiatrischen Wissenswandels und der entstehenden Neuperspektivierung der Imagination von Gewaltauswirkungen entwickelten. In diesem Panorama zeichnen sich die Grenzen des Sagbaren in der medialen Öffentlichkeit schärfer ab, ohne den anhaltenden Kampf um die Anerkennung des persönlichen Leids zum Verschwinden zu bringen.

Das vorliegende Buch verbindet damit drei Perspektiven: die einer irritierenden Präsenz des zerstörerischen Krieges und der Gewaltverbrechen des Nationalsozialismus, wie sie in den persönlichen Erinnerungsfragmenten aufscheint, die Perspektive der psychiatrischen Wissensproduktion und die Aushandlung der diesbezüglichen Sagbarkeitsregeln in der öffentlichen Erinnerungskultur. Nur in der Zusammenschau erschließt sich, wie Deutungen des Krieges entstanden, die die gesellschaftlichen Vorstellungsweisen über seine psychische Zerstörungskraft und die Ursachen menschlichen Leids immer wieder neu absteckten. Das Buch liefert damit im Hinblick auf die historisch bedingte Wahrnehmung und Anerkennung von Kriegs- und Verfolgungsfolgen einen zentralen Beitrag zu einer Erfahrungsgeschichte der Bundesrepublik, die weitaus vielschichtiger ist, als es pauschale Einteilungen in Täter- und Opfergesellschaft vermuten lassen, und die – so ist anzunehmen – der Erfahrungsgeschichte anderer Nachkriegsgesellschaften aufgrund der dort gültigen Wissensordnung zur psychischen Belastbarkeit in vielem durchaus ähnlich ist.

TEIL I

Das Gedächtnis des Krieges: Private Erinnerungsfragmente

1945–1949

1.
»Sprachräume des Krieges«

a) Den Krieg träumen

Es ist nur eine Sequenz aus einer von vielen literarischen Erzählungen über die Nachkriegszeit, irgendwo in Deutschland, in einem ausgebombten Haus, beim Versuch seines Wiederaufbaus.[1] Elisabeth wollte lediglich den soeben erst wieder errichteten Raum verschönern. Sie zog einen Illustriertenjahrgang aus den Trümmern, riss Blatt für Blatt heraus und kleisterte diese an die Wände: »*Stukas über Warschau. Deutsche Truppen auf dem Vormarsch in Rußland. Siegesparade vor dem Arc de Triomphe. Deutsche Panzer in Afrika. U-Boote im Skagerag.*«

Gustav, der sich kurz vor Kriegsende mit einigen anderen flüchtenden Soldaten gerettet hatte und auch der Kriegsgefangenschaft entgangen war,[2] stürmte herbei, »riß die noch nassen Illustriertenblätter von der Wand, schrie etwas von Krieg und Schnauze voll, Elisabeth weinte, weil sie die Sache nicht richtig verstand, Maria nahm sie in Schutz, sie wollte doch nur Papier gegen den Durchzug kleben.«

Die Illustriertenseiten aber waren nicht mehr vollständig zu entfernen. Der Kleister hatte sich mit den Steinen schon verbunden, Reste blieben hängen, »da ein Soldatenhelm, da das Rad eines Kübelwagens, da eine Panzerkette, da eine halbe Siegesparade, da der Flügel eines Stukas, eine gefleckte Wand mit Versatzstücken des Krieges, das Unterste zuoberst gekehrt, den Arc de Triomphe über ein Cockpit geneigt, die Warschauer Altstadt unter einem U-Boot, Berlin im Fahnenschmuck.«

Träume vom Neuanfang gab es viele. Zu ihnen gehörten die »Träume in Trümmern«, entwickelt von Städteplanern während des Bombenkrieges, die in der Zerstörung der historischen Stadtzentren geradezu eine begrüßenswerte Voraussetzung für die nun möglich werdende Umsetzung neuer Städtebaukonzeptionen erblickten.[3] Es ist bekannt, dass nicht alle diese Träume mit dem Kriegsende, das den nationalsozialistischen Planungseuphorien ein jähes Ende setzte, zerstoben. Manches davon blieb nur eine Idee auf dem Reißbrett. Anderes aber floss, trotz erkennbarer Anstrengungen, den geistigen und moralischen Neubeginn auch architektonisch zu untermauern, in den Wiederaufbau mit ein, wurde, wenn auch in verwandelter Form, zu einem gestalterischen Zug im neuen Erscheinungsbild der Städte, das auf diese Weise bis in so manchen Winkel hinein durch Nationalsozialismus und Krieg gezeichnet blieb.[4]

Weitaus weniger offenkundig waren dagegen die Träume, die von den ehemaligen Soldaten in den Trümmern der deutschen Gesellschaft nach 1945 geträumt wurden. Für die Fotografen der Alliierten waren sie in den Gesichtern der Kriegsgefangenen nicht entzifferbar, wie überhaupt die reichhaltige Bilderwelt in der Nachkriegspresse keinen Zugang zu den Träumen der aufgenommenen Kriegsgefangenen und Heimkehrer gewährt.[5] Nicht anders als der zeitgenössische Film und die Theaterstücke auch, war die öffentlich gezeigte Fotografie jedoch ein wichtiges Element für die medial produzierte Erinnerung. Das visualisierte Leid der Kriegsheimkehrer in den Elendsbildern der unmittelbaren Nachkriegszeit und die schon wenige Jahre später porträtierte Figur des strahlenden und heroischen Überlebenden nährten dabei, politisch durchaus gewollt, die Imagination von den Strapazen, die die Heimgekehrten durchlitten hatten, und der moralischen Überlebenskraft, die sie vorgeblich gerettet hatte.[6] Das öffentlich Dargestellte und die sie begleitenden Deutungsweisen gingen dabei nachgerade ineinander auf, und sie verschmolzen, noch bevor die 1940er Jahre zu Ende gingen, zu einem Narrativ, das eine hochgradig reduzierte öffentliche Erinnerung an den nationalsozialistischen Vernichtungskrieg und seine Folgen hervorbrachte. Vielfach ist herausgehoben worden, dass aus dieser der Soldat als Täter verschwunden war. Nicht nur das: In der öffentlich artikulierten Erinnerung fehlte angeblich auch jeder Hinweis auf biografische Brechungen durch den Krieg, durch den »Zusammenbruch« des nationalsozialistischen Regimes oder die beschämende Konfrontation mit den Verbrechen an den Verfolgten des NS-Regimes.[7]

Hannah Arendt, die Ende des Jahres 1949 zu einer fast viermonatigen Reise durch verschiedene westeuropäische Städte aufgebrochen war, hatte bei ihrer Rückkehr bereits völlig unter diesem Eindruck gestanden. »Überall fällt einem auf«, schreibt sie in ihrem nachfolgend verfassten »Bericht aus Deutschland«, »daß es keine Reaktion auf das Geschehene gibt«. Gleichgültigkeit und Gefühlsmangel kennzeichneten nach ihren Beobachtungen die vorherrschende Haltung. Arendt sah darin ein äußeres Symptom »einer tief verwurzelten, hartnäckigen und gelegentlich brutalen Weigerung, sich dem tatsächlich Geschehenen zu stellen und es zu begreifen«. Auch wenn sie sich als Jüdin zu erkennen gab, fühlte sie sich damit konfrontiert. So nahm sie ein gänzlich deplatziertes Bemühen wahr, »die Leiden der Deutschen gegen die Leiden der anderen« aufzurechnen, womit stillschweigend zu verstehen gegeben werde, »daß die Leidensbilanz ausgeglichen sei«, wie Arendt folgerte. Aufgrund ihrer vergleichenden Beobachtungen hatte sie keinen Zweifel: In Deutschland verspüre man den »*Alptraum* von Zerstörung und Schrecken« weit weniger als in anderen Ländern Europas.[8] Die Deutschen hätten, schloss sie, eine Flucht vor der Wirklichkeit und damit auch vor der Verantwortung angetreten – ein Verhalten, mit dem nach ihrem Urteil die Deutschen in Westeuropa allerdings doch wieder nicht ganz allein standen.[9]

Hannah Arendt nahm mit dieser Interpretation frühzeitig vorweg, was die Zeitgeschichte seit den 1990er Jahren, im Grundzug dabei ihr Argument analog formulierend, als »Viktimisierungsdiskurs« der deutschen Gesellschaft bezeichnet und mittlerweile in vielen Verästelungen des öffentlichen Lebens bis in die Gegenwart hinein aufgespürt hat.[10] Der Befund der Historiker ist hier in einigen Fällen schlagend.[11] Gleichzeitig ist die Wiederentdeckung des »Viktimisierungsdiskurses« durch Zeithistoriker jedoch auch so verbreitet und generalisierend, dass man mitunter geneigt sein könnte, dahinter vor allem einen ausgeprägt politisch-moralischen Antrieb zu erkennen, an der Einzigartigkeit der nationalsozialistischen Verbrechen keinen Zweifel aufkommen und ein spezifisches Geschichtsbild der Bundesrepublik nicht ins Wanken kommen zu lassen. Entscheidend für den hier behandelten Zusammenhang ist aber, dass sich mit der dauernd wiederholten Lesart der öffentlichen Redeweise als »Viktimisierungsdiskurs« eine schon zeitgenössisch vorhandene Problematik der öffentlichen Erinnerungskonstruktion nur verlängert. Einen Einblick in die Schrecken, Ängste und Erwartungen, welche die Heimkehrer bei ihrer Rückkehr in das besiegte Deutschland mit sich trugen, gewährte diese nämlich nicht ohne weiteres. Es war nicht zuletzt der »Viktimisierungsdiskurs« selbst, der, gerade weil er als öffentlich anerkannte Erzählweise über den Krieg das deutsche Leid in den Vordergrund spielte, die Zeitgenossen in ihren Möglichkeiten des öffentlich Sagbaren zugleich immer auch gefangen nahm.[12]

Wenig Beachtung fand dabei bislang, dass die in der frühen Nachkriegsliteratur und im Film versuchte künstlerische Bearbeitung von Kriegserfahrungen gelegentlich bereits das Ziel verfolgte, der Nachkriegsgesellschaft eine differenziertere Vorstellung von den Ängsten und inneren Schrecken der heimgekehrten Soldaten zu vermitteln. Es ist das Medium des Traums, der täglichen wie der nächtlichen Alpträume, sowie der Halluzination, das von einigen Schriftstellern und Regisseuren nicht nur als ein Ausdrucksmittel für die Gräuel des Krieges, sondern auch als Interpretationsvehikel für eine innere Pein herangezogen wurde, über die in der Öffentlichkeit nur selten jemand sprach. Bruno Hampels 1949 veröffentlichte Kurzgeschichte »Das mit dem Mais« ist ein solcher Versuch. Für den heimgekehrten Soldaten, den der Autor hier seine Geschichte erzählen lässt, ist ein Maisfeld kein bloßes Maisfeld mehr. Denn es weckt die Erinnerung an einen Menschen, der zwischen zwei Staudenreihen eines ukrainischen

Maisfeldes plötzlich vor ihm stand und den er erschoss. Es ist nicht so, dass er ihn dauernd vor sich sähe. »Aber es gibt etwas«, heißt es in der Geschichte, »das ihn sofort herbeizaubert. Eben dieser verfluchte Mais! Ein paar kümmerliche Stauden genügen, er ist sofort da. Er und all das andere: das Riesenfeld – der grüne Graben – das Metallgeklapper – das Geschieße rechts vor mir – das vierunddreißigfache Gelächter des Todes – die lachende Leutnantsstimme – der erdbraune Haufen – die abrasierten Stauden – und die blutigen Maiskolben. All das ist zur Stelle. Wie ein zusammengeklebtes Bild. Und durch dieses Bild hindurch sieht er mich lächelnd an, mit großen, sehr blauen Augen und lächelndem Kindermund.«[13]

Der Regisseur Wolfgang Staudte wiederum ließ in seinem berühmt gewordenen Drama »Die Mörder sind unter uns« den aus dem Krieg heimgekehrten Chirurgen Mertens ebenfalls in einen Zustand der Absence fallen, in der dieser ein schauerliches Kriegserlebnis halluziniert: Er fleht einen Hauptmann an, seinen Befehl zurückzunehmen, Zivilisten – Männer, Frauen, Kinder – zu erschießen. Wie der Zuschauer später im Film erfährt, handelte es sich um ein tatsächliches Erlebnis: Mertens wohnte diesem Verbrechen im Osten einst bei.[14] Die Reihe der Beispiele ließe sich fortführen, der träumende Heimkehrer Beckmann in »Draußen vor der Tür« ist nicht der letzte zu nennende Fall.[15] Der zurückgekehrte Soldat träumte offenbar oft vom Krieg – diese Vorstellung legen jedenfalls einige filmische und literarische Darstellungen der unmittelbaren Nachkriegszeit eindringlich nahe, und das umso mehr, als in ihnen gelegentlich auch das Bild von einem gesellschaftlich ebenso vorhandenen wie verdeckt gehaltenen Wissen über Alpträume der Kriegsheimkehrer gezeichnet wird.[16] Darin lediglich eine frühe dramatische Umsetzung der Selbstwahrnehmung der deutschen Gesellschaft als Opfer zu erblicken, wie das jüngst etwa Borcherts Heimkehrerdrama zugeschrieben wurde, ist sicherlich verkürzt.[17] Vielmehr kann man davon ausgehen, dass diese Werke durchaus eine sehr persönliche und prekäre Verarbeitungsweise der Vergangenheit festhielten,[18] deren

Vielgestaltigkeit und Bedeutung für den Einzelnen bis heute noch gar nicht hinreichend erschlossen ist.

Gewiss kann man nicht schlussfolgern, dass alle der ehemaligen Soldaten sich alptraumhaft an den Krieg erinnerten. In den psychiatrischen Krankenakten sind solche Träume von Kriegsheimkehrern allerdings überliefert. Sie eröffnen einen seltenen Zugang zu einem »Sprachraum« des Krieges und machen Fragmente einer insgesamt sehr komplexen Erinnerungswelt sichtbar.[19] Zwar sind die Traumbilder selbst generell immer nur bruchstückhaft überliefert,[20] die Art ihrer sprachlichen Wiedergabe und die dabei angestoßenen »Assoziationsketten« lassen den erzählten Traum jedoch als Medium einer prekären Erfahrungsverarbeitung oder auch als Selbstinszenierung erkennbar werden. Zudem legen andere Erzählungen der Träumenden, selbst wenn sie vorderhand nicht unmittelbar mit dem Traum in Beziehung zu stehen scheinen, wichtige Bezüge zu dessen Interpretation frei.[21] Indem sich der Erzählende auf einen Traum zurückzieht, eröffnet ihm dieser aber auch eine Möglichkeit, die eigene Erfahrung – und sei es auch nur vorübergehend – zu entwirklichen.

Die Träume vom Krieg stellen also keinen passenden Schlüssel zur Kriegserfahrung selbst dar. Sie transportieren vielmehr Erlebtes und Imaginiertes, vermischt in einer fiktionalen Form,[22] in der Phantasmagorien des Krieges in der Nachkriegszeit zum Ausdruck kommen. Bei den Traumbildern handelt es sich immer um Zerr- oder gar Wahnbilder des Krieges, die aber dennoch zur Wirklichkeit des Lebens in der Nachkriegszeit dazugehörten.[23] Auf den ersten Blick mögen viele dieser Träume in ihrer Bedeutung eindeutig erscheinen. Sie sind es aber nicht.[24] »Psychischen Innenaufnahmen« ähnlich,[25] die einen Ausschnitt der zeitgenössisch relevanten Bilderwelt freilegen, ermöglichen es diese Träume jedoch, den Fächer der Wahrnehmungsweisen von der Kriegsgewalt weiter aufzuspannen und die Brechungen der Stimmungs- und Verhaltensweisen während der Nachkriegszeit genauer in den Blick zu bekommen.

In ihren Erzählungen gegenüber dem Arzt machten die ehemaligen Wehrmachtssoldaten zweifellos gar kein großes Aufheben um ihre Träume vom Krieg. In den thematisch sehr viel weiter gespannten Gesprächen über das private Leben und intimste Phantasien waren die Träume vom Krieg zwar die einzigen Träume, die überhaupt zur Sprache gebracht wurden; im Mittelpunkt eines Gesprächs aber standen sie nie. Eine Erzählung von Details findet man selten. Ihre Erwähnung geschah in einer Reihe von Fällen völlig en passant; und manchmal waren es nicht einmal die Kriegsheimkehrer selbst, die von ihren Träumen berichteten; sie waren nur als Träumende beobachtet worden.

Die von außen sichtbaren oder von den Betroffenen selbst erzählten Träume zeigten jedoch eines: Getriebene waren diese Heimkehrer auf die ein oder andere Art und Weise alle. Sicherlich: Anhand des Traums lässt sich keineswegs ermessen, in welchem Maße diese Seelenverfassung den ehemaligen Soldaten in seinem alltäglichen Leben tatsächlich beeinträchtigte. Insgesamt betrachtet schienen viele von ihnen den Wiederaufbau ihres bürgerlichen Lebens bereits wieder erfolgreich vorangetrieben zu haben. Ebenso mag es auch Gründe für das auffällige Getriebensein dieser Kriegsheimkehrer gegeben haben, die in den überlieferten Trauminhalten gar nicht erwähnt wurden. Vielleicht waren diese Geschehnisse nicht einmal Gegenstand eines Traums. Doch die wenigen zugänglichen Traumsplitter zeugen trotzdem von einem anhaltenden Bann des Krieges, der für die ehemaligen Soldaten wenn nicht aufwühlend, so doch zumindest irritierend, in keinem Fall aber von ihnen zu kontrollieren war.

So konnte sich etwa Reinhard K., wie seiner Krankenakte zu entnehmen ist, über Jahre hinweg auch im Schlaf dem Krieg nicht entziehen.[26] Er war schon während seines Lazarettaufenthaltes im Jahr 1942 auffällig geworden: Reinhard K. schrak des Nachts auf, er fuhr aus dem Bett heraus, schrie und kommandierte. Der zuständige Oberstabsarzt, der den Soldaten nahezu zwei Jahre auf der psychiatrisch-neurologischen Abteilung des Reservelazaretts beobachtete und wegen seiner nervösen Leiden behandelte, beschrieb ihn tags als »scheu und ängstlich und deprimiert«. Wurde der Schlafende jedoch wieder von seinem Traum heimgesucht, hatte der Obergefreite Befehlsgewalt, rang ganz offenkundig um die Beherrschung einer Situation, die für die Außenstehenden im Dunkeln blieb. Reinhard K. war nach diesen Träumen nachhaltig gezeichnet. »An den folgenden Tagen ist er zerschlagen, verfallen und bleich aussehend und hat dann für eine Woche nervös-spastische Durchfälle«, war in dem Bericht des Oberstabsarztes zu lesen, dessen therapeutische Fähigkeiten hier versagten. Die Dienstfähigkeit von Reinhard K. konnte er nicht mehr herstellen. Bei einer Nachuntersuchung in der Psychiatrie fügte der ehemalige Soldat in seiner kurzen Beschreibung dieser Träume die Information hinzu, er habe »immer von Russland geträumt«. Reinhard K. war, wie der einst behandelnde Oberstabsarzt notiert hatte, »im Osten« Soldat gewesen. Monate war er nun schon Zivilist. Doch im Schlaf zog ihn der Traum, wie sich schon in der zweiten Nacht seines erneuten Psychiatrieaufenthalts erwies, immer noch in seinen Bann: Er kommandierte, schlug um sich und meinte zumindest in dieser Nacht, wieder in Russland zu sein.

Die Versuchung, Reinhard K.s Traum als einen Angsttraum zu interpretieren, ist groß. Seine nervöse, scheue, ängstliche Verfassung am Tag, der Hinweis auf »Russland« verleiten leicht zu dieser Annahme. Gewiss, die Angst, die ihn tagsüber heimsuchte, ist nicht in Abrede zu stellen. Doch setzte sich diese wirklich in der gleichen Weise des Nachts fort? Auch der Verweis auf »Russland« ist nicht selbsterklärend. Der Krieg an der Ostfront schloss in der Phase zwischen dem Überfall auf die Sowjetunion im Juni 1941 und dem März 1942 – dem Zeitpunkt, an dem Reinhard K.s Behandlung begann – jedenfalls sehr Unterschiedliches mit ein: den »Blitzkrieg« und Siegesmeldungen, Zehntausende von Kriegstoten und Verletzten, das Massaker an den Juden in Babiyar, die ersten sowjetischen Gegenangriffe, ein mancherorts beginnender auszehrender Stellungskrieg. Reinhard K.s Einsatzort lässt sich aus den Akten nicht rekonstruieren. »Strapazen«, wie der Oberstabsarzt es ausdrückte,[27] hatte er sicherlich mitgemacht. Nur K. aber wusste genauer, was er davon in seinen Träumen imaginierte und welche genaue Rolle er selbst dabei spielte.

Die Haltung am Tag und die Visionen im Traum erleuchteten sich nicht zwangsläufig wechselseitig. Der Krieg konnte sich im Wach- und im Traumbewusstsein durchaus unterschiedlich darstellen. Wahrnehmungen des Schreckens konnten sich mit Wunschphantasien überlagern und durchkreuzen. In der täglichen und nächtlichen Wahrnehmungswelt des Krieges war das Bewusstsein vom Grauen des Krieges jedenfalls nicht immer in gleichem Maße durchschlagend und übermächtig. Das zeigt sich bei Rudolf B., der sich vier Jahre nach dem Ende des Krieges in psychiatrische Behandlung begab.[28] Bei seiner Aufnahme war der zu diesem Zeitpunkt achtundzwanzigjährige und immer noch arbeitslose frühere Berufssoldat zu einem geordneten Gespräch kaum in der Lage. Seine Erzählung, in der Erinnerungen an den Krieg hervorbrachen, war ungeordnet, zerfahren: »Furchtbar ist es des Nachts. Immer kommt mir unwillkürlich der Gedanke, wie ich damals verschüttet wurde. Ja…«, berichtete er, sein Gedankengang brach ab, er setzte nur noch einmal nach: »Ja furchtbar.« Rudolf B., der sechs Jahre zuvor, im Frühjahr 1943, von einem Geschoss am linken Oberarm verwundet worden war, erlebte, wie an anderer Stelle des Gesprächsprotokolls deutlich wird, »die Ereignisse seiner Verwundung« in seinen Träumen immer wieder. Noch lange nach dem Verheilen der Körperwunde stand ihm das zerstörerische Potential des Krieges, das er am eigenen Leibe erfahren hatte, beängstigend vor Augen. Die Träume waren das Zeugnis einer ruhelosen und aktiven Erinnerung, die sich, wie die Aufzeichnungen in der Akte zeigen, auf mehrfache Weise artikulierte und dabei unterschiedliche Erinnerungsschichten freilegte. So wurde auch Rudolf. B. nach wenigen Tagen dabei beobachtet, wie er im Bett liegend laute militärische Kommandos von sich gab. In einem anderen Traum sah er, wie er später erläuterte, seine ehemaligen Kameraden wieder, mit denen er sich unterhielt.

Der Fortgang des ersten, sehr sprunghaften Aufnahmegesprächs eröffnet jedoch noch zusätzliche Einblicke in die mehrfach gebrochene Traumwelt des ehemaligen Berufssoldaten. Er fuhr in diesem Gespräch nämlich fort: »Unwillkürlich muss ich daran denken, jetzt ist es weg. Ob ich mir alles einbilde? Warum all die Opfer? Alles umsonst. Verrat, Sabotage. Ich kann es nicht …« Einen kurzen Moment danach hob Rudolf B., wie der Psychiater notierte, plötzlich zornig seine Stimme und rief: »Gibt es das denn. Alles umsonst, ja, ja. Bin ich verrückt oder werde ich verrückt? (Vergiftet?) Nein. (Verändert die Menschen?) Menschen, Menschen sind gar nichts wert. Und ich sage Ihnen, Herr. Dr., es war so, wir haben die geheime Waffe gehabt. Ach es ist ja alles, ach, Sie glauben mir ja doch nicht, ach, das ist ja alles.« Mit Kameraden habe er gesprochen, ergänzte er wenige Sätze später, dabei bekräftigend: »Es waren die schönsten Zeiten. Hitler hat viele Fehler gemacht, aber …« Rudolf B. stockte an dieser Stelle erneut, ging abrupt zu einem anderen Thema über. Nach wenigen weiteren Sätzen beendete er schließlich das Gespräch mit den Worten: »Ja, ja, du sollst nicht töten«, und verfiel in Schweigen.

Rudolf B. war in einem Zustand verwirrter Verzweiflung, als er diese Erinnerungsbruchstücke artikulierte. Das Wissen um die massenhaften Toten, das er mit sich trug, suchte ihn des Tags wie ein Alptraum heim. Ganz augenscheinlich widersetzte es sich für ihn, wie das eigene Töten auch, einer plausiblen Sinngebung. Doch nahezu gleichzeitig blitzte, wenn auch erkennbar gebrochen durch den sinnlosen Massentod, ein älterer Traum auf: der Traum vom Endsieg. Noch vier Jahre nach Kriegsende hallte in der Nachdrücklichkeit, mit der Rudolf B. die Existenz der Wunderwaffe versicherte, in seinem Verdacht der Sabotage und in dem gleichsam aufbegehrenden, Hitler exkulpierenden »Aber« das verbissen-euphorische Festhalten eines obsessiven Kämpfers nach, der, wie viele andere und möglicherweise auch nur aus eigener Überlebensnot, bis in die Endphase des Krieges hinein an Hitlers Fähigkeit, den Endsieg herbeizuführen, geglaubt hatte.[29]

Die kontrollierte Rede verschlang diese bleibenden Reste der ehemals vorhandenen Ergriffenheit wieder. Bereits wenige Tage nach seiner Aufnahme und in einem Zustand wiederhergestellter gedanklicher Klarheit entgegnete Rudolf B. dem Arzt, der ihn nach den Gründen für sein dauerndes Grübeln fragte, nur noch: »Über den verlorenen Krieg, über die neuzeitliche Demokratie.« Wie diese Antwort zeigt, war ihm bewusst, dass sich die vorherrschenden politisch-moralischen Sagbarkeitsregeln gegenüber den Kriegsjahren merklich verschoben hatten. Noch bis in die letzten Wochen des Krieges hinein waren der Endsieg eisern propagiert, der offene Zweifel an ihm durch Androhung massiver Strafe unterdrückt, der Durchhaltewillen angefacht worden. Die totale Niederlage und die vollständige Zerschlagung des nationalsozialistischen Regimes, die aufgedeckten Verbrechen der Deutschen und ihre Beschämung durch die Siegermächte machten jedoch das eigene erbitterte Festhalten am Glauben an den Endsieg zu einem Tabu. Eine von vielen über Jahre hinweg sehr manifest verfolgte Phantasie war mit einem Schlag unaussprechlich geworden.

Was gegenwärtig blieb, war die unmittelbare Nähe des Todes im Krieg. Sowohl im Traum als auch im Sprechen war die eigene Bedrohung durch den Kriegstod präsent, und die Toten erschienen. Die wiederkehrenden Träume von der eigenen Verwundung, wie sie etwa Rudolf B. heimsuchten,[30] zeugten nicht nur von einer Erfahrung, die – im wahrsten Sinne des Wortes – »unter die Haut« gegangen war,[31] vielmehr lebte durch sie auch die Todesgefahr auf, der man im Krieg ausgesetzt und mit der man im Moment der Verletzung auf Tuchfühlung gewesen war. Einen »Zeugnischarakter«[32] für die Schrecken der Kriegsgewalt und des massenhaften Todes wird man den Träumen hier wahrlich nicht absprechen können.

In den Träumen, von denen Hans S. noch im Jahr 1950 heimgesucht wurde, spiegelte sich das Empfinden der totalen Auslieferung an den Tod.[33] Die Situation im Krieg, auf die sich seine Träume bezogen, notierte der Arzt nach den Schilderungen des ehemaligen Soldaten folgendermaßen: »Bei dem Zusammenbruch der Mittelfront Winter 41/42 sei seine Einheit nach schweren und verlustreichen Kämpfen, mangelhaft gegen den starken Winter ausgerüstet, in eine ihm hoffnungslos erscheinende Einkesselung gekommen, und bei einem Angriff der Russen habe er den Entschluss gefasst, sein Leben zu beenden. Er habe sich frei in russ. MG-Feuer gestellt, sei aber nicht getroffen worden und habe dies als höhere Fügung angesehen, dass ihm im Krieg nichts passieren könne.« Es war nicht ohne heroischen Beigeschmack, was Hans S., dem Arzt und auch sich selbst gleichsam seine Unüberwindlichkeit noch einmal demonstrierend, zum weiteren Fortgang hinzufügte. In der Mitschrift des Psychiaters heißt es: »Er sei im Verlauf dieser Kämpfe dann mehrmals in das Eis eines Flusses eingebrochen und nach Stunden erst in eine Unterkunft gekommen. Die Füße seien schon schwarz gewesen, und er sei ins Laz. gekommen.« Mit dem Leben war Hans S. davon gekommen, die wahrgenommene Nähe des Todes aber hatte er nicht abschütteln können. Sie war in seiner Erinnerung haften geblieben, insbesondere der Moment im Maschinengewehrfeuer war von einer spezifischen Nachdrücklichkeit. Mit seiner Wiederkehr im Traum ging durch die sich abspielende Bilderwelt immer auch eine Belebung der Sinne einher, die das Ereignis ebenso täuschend wie eindringlich gegenwärtig hielt, als wäre es innerlich noch einmal durchlebbar.

Und schließlich: In den Träumen kehrten, wie gelegentlich sichtbar wird, auch die Toten selbst wieder. In den vorliegenden Traumerzählungen handelte es sich allerdings immer nur um die »eigenen« Toten. Es wäre jedoch reine Spekulation, folgerte man daraus, dass sich der Tod der Feinde aus den Träumen hätte verbannen lassen. Auch die vielleicht naheliegende Annahme, die deutschen Toten seien im Gegensatz zu den von den Deutschen Getöteten für besonders erzählenswert gehalten worden, geht über das, was unser Wissen über die Träume zulässt, hinaus. Ersichtlich ist nur, dass die Träume von den Toten auf deutscher Seite zumindest bruchstückhaft aussprechbar waren. Die Traumberichte handelten aber nicht von der Masse der unzähligen deutschen Kriegstoten. Sie erzählten von einzelnen Toten, mit denen die ehemaligen Soldaten auf eine irgendwie besonders nahe, eindringliche Weise konfrontiert worden waren. In diesem Sinne hob der ehemalige Unteroffizier Dietmar F., der noch im August 1949 angab, »unter dem Eindruck seiner schweren Erlebnisse im Krieg und in der Gefangenschaft« zu stehen, ein Traumerlebnis besonders hervor. Laut Gesprächsprotokoll träumte er davon, »mit einem Kameraden eines Abends 15 tote Kameraden zum Friedhof bringen [zu] müssen. Das Pferd bockte, so dass sie gezwungen waren, die Toten auf der Schulter wegzutragen.«[34]

Es lässt sich nicht entscheiden, ob die Toten dieses Traums für Dietmar F. vielleicht den Inbegriff der Kriegsgräuel schlechthin darstellten oder ob sie das vielfältige Grauen dieses Krieges nur stellvertretend verkörperten. In jedem Fall aber war der Traumbericht ein Eingeständnis des Schreckens. Hautnah waren sie gewesen, diese Toten, die Dietmar F. im Alter von neunzehn Jahren buchstäblich zu tragen gehabt hatte. Er trug weiter an ihnen, auch fünf Jahre später noch, wenn er die »schrecklichen Szenen« in der Nacht wieder erlebte. Einblicke in seinen Alltag, die man durch das Gesprächsprotokoll erhält, zeigen dennoch eine fortdauernde kaleidoskopisch anmutende Lebenswirklichkeit: Da gab es etwa die emotionale Last, sich vom Vater gegenüber dem Bruder zurückgesetzt zu fühlen. Als wiederum »ganz glücklich« beschrieb sich der Gärtnerlehrling Dietmar F. hingegen in seinem angehenden Beruf. In seinen Träumen von den Toten, die ihm in der Nacht auf den Leib rückten, aber schreckte er hoch, und er war dabei, so heißt es, »oft in Schweiß gebadet«.

Träume holten die Toten auf besondere Weise in die Lebenswirklichkeit der Nachkriegszeit hinein. In ihnen verfestigte und vergegenwärtigte sich das Grauen des Krieges, womit der Traum jenen tatsächlich oder vermeintlich vor der Wirklichkeit und der moralischen Verantwortung Fliehenden, wie sie Hannah Arendt im Nachkriegsdeutschland allenthalben beobachtete,[35] den Fluchtweg abschnitt. Die zeitliche Entfernung zum Krieg war durch die Träume für Augenblicke gänzlich aufgehoben. Das galt nicht nur für jene Träume, die, wie bei Dietmar F., die Vergangenheit über die Jetztzeit des Traums in der Gegenwart erneut spielen ließen. Es galt ebenso dann, wenn die im Traum erlebte Gegenwart mit der Vergangenheit gewissermaßen verfilzte. Die Traumerzählung von Rolf S. aus dem Jahr 1948 zeigt das beispielhaft.[36] Sein letzter Einsatz als Eisenbahnpionier lag zu diesem Zeitpunkt schon mehr als fünfeinhalb Jahre zurück. 1941 war er zur Wehrmacht eingezogen worden, Ende 1942 aber an Lungentuberkulose erkrankt. Die Dienstzeit in Russland und Polen war für den Gefreiten somit von relativ kurzer Dauer gewesen. Die einjährige Gefangenschaft im Anschluss an das Ende des Krieges war ihm trotz seiner Krankheit jedoch nicht erspart geblieben. Jahre später hatte Rolf S. auf der psychiatrischen Station eine »Masse traumhafter Erlebnisse«; er erwähnte unter anderem, »allerlei Kriegserlebnisse« geträumt zu haben, spezifizierte diese im Einzelnen aber nicht. Vergleichsweise detailliert berichtete er hingegen von Traumbildern, die nicht in die Vergangenheit gehörten. Rolf S. hatte Gegenwartsträume. Auch in diesen aber suchten ihn Gräuel und Schrecknisse heim. Aus dem Gesprächsprotokoll erfährt man über diese Träume: »So habe er hier gemeint, im Untersuchungsgefängnis für Kriegsverbrecher in Berlin zu sein, habe die Schreie der Gefolterten und Hingerichteten gehört. Beim Klappern der Teller habe er geglaubt, dass das Geräusche von Folterungen seien, habe selbst gemeint, dass er hingerichtet würde.« Während eines weiteren Traums beobachtete er Truman und Stalin. Er sah sie, erklärte er später, »wie sie über das Schicksal der Kriegsverbrecher verhandelt hätten«.

Nachdem Rolf S. ein klares Wachbewusstsein zurückerlangt hatte, fiel es ihm nicht schwer, einen inneren Abstand zu diesen Traumerlebnissen wiederherzustellen. Einen »Wirklichkeitswert« sprach er diesen Träumen, wie die Akte festhielt, nicht zu. Mochten die Erlebnisse im Traum auch real erscheinen, sie waren für ihn als ein Traum identifizierbar, der zudem nicht einmal an ein vorausgehendes, selbst erlittenes lebensgeschichtliches Ereignis anknüpfte. Doch auch die Träume von Rolf S. waren erkennbar das Produkt eines spezifischen historischen Kontextes und besaßen einen ausgesprochenen Realitätsbezug: Da waren die Verhandlungen der Siegermächte – ein Ausdruck für die Niederlage im Krieg. Vor allem aber waren die Träume von Rolf S. ein Zeugnis für eine gewisse Eindringlichkeit, mit der die Alliierten während der ersten Nachkriegsjahre ihr Programm der politischen Säuberung und juristischen Schuldahndung verfolgten. Man kann fraglos darüber streiten, ob die Alliierten in der unmittelbaren Nachkriegszeit den Vorwurf der kollektiven Schuld tatsächlich erhoben oder ob die Deutschen diesen, wie Norbert Frei argumentiert hat, aufgrund eines »verbreitete[n] Gefühl[s] der persönlichen Verstrickung« nur gleichsam reflexartig antizipierten.[37] In jedem Fall aber war dieser Traum ein Widerhall der öffentlichen Konfrontation mit den begangenen Verbrechen. Rolf S. träumte sich als Kriegsverbrecher. Es ist nicht zu entscheiden, ob dies ein Traum über die Schuldigen oder ein Traum der Schuld war. Offenkundig ist aber, dass die von den Alliierten betriebene öffentliche Beschämung der Deutschen im Fall von Rolf S. deutliche Spuren hinterlassen hatte, die in seinem Traum zutage traten. Dieser zeugte von einem nicht mehr zu löschenden Wissen über die verübten Verbrechen und setzte – spätestens jetzt – auch die Angst frei, dass nun die Zeit gekommen war, in der man für diese Morde zur Verantwortung gezogen werden konnte.

b) Das Echo der Angst

»Wir sahen, wie die russischen Panzer zusammen mit Infanterie auf uns zukamen. Mit meiner Maschinenpistole schoss ich auf die Russen, zum erstenmal auf Menschen, die ich direkt vor mir sah. Wenn die Gefahr ganz nah ist, wird man manchmal unglaublich ruhig. Die Angst schaltet ab, alles schaltet ab, und man sieht und empfindet den Kampf wie ein Außenstehender.«[38]

Es sei eine Binsenweisheit, schreibt Joanna Bourke, dass von allen Gefühlen während eines Kampfeinsatzes die Angst das am meisten vorherrschende sei.[39] Sie stützt sich dabei auf das Ergebnis einer ärztlichen Umfrage, die während des Zweiten Weltkrieges unter Männern zweier Infanteriedivisionen durchgeführt wurde. Lediglich sieben Prozent der Befragten behaupteten demnach, dass sie nie Angst verspürten. Drei Viertel der Männer klagten über zitternde Hände, achtundfünfzig Prozent litten unter schwitzenden Handflächen, achtundneunzig Prozent wälzten sich in der Nacht schlaflos in ihren Betten.[40] Der Befund scheint damit eindeutig.

Tatsächlich aber wissen wir über Angstgefühle bei Angehörigen der deutschen Wehrmacht wenig. Die damalige Militärpsychiatrie war mit dem Problem der Angst deutscher Soldaten und Offiziere angeblich nicht konfrontiert,[41] und auch dem Gros der Zeithistoriker lag die Frage nach der Verbreitung der Angst in »Hitlers Wehrmacht« fern.[42] Allerdings ist die Problematik der Angst aus geschichtswissenschaftlichen Studien zur deutschen Gesellschaft im nationalsozialistischen Krieg nicht gänzlich ausgeklammert worden. Gefühle der Angst werden in ihnen zumindest vereinzelt thematisiert. Angst sieht man dabei in unterschiedlichen Verbindungen auftauchen, insbesondere dort, wo sie als eine Kristallisation von Propaganda und Erfahrung, als Ausdruck der Ahnung oder gar als Wissen von den nationalsozialistischen Verbrechen, schließlich als eine daraus folgende Panik vor einer verheerenden Zukunft erscheint. Anhaltspunkte dafür geben etwa die Berichte des Sicherheitsdienstes selbst. Dieser notierte im Dezember 1942 Anzeichen innerhalb der deutschen Bevölkerung, die auf eine sich formierende Angst vor künftigen Vergeltungsmaßnahmen der Juden hindeuteten, sollte der Krieg nicht gewonnen werden.[43] Auch die Bombenangriffe der Alliierten zeitigten nicht nur Angst vor der todbringenden Zerstörungsgewalt dieser Waffen. In der Ahnung, es handele sich um eine Vergeltung für begangenes Unrecht, setzten sie Ängste vor weiteren Vergeltungsschlägen frei.[44] In buchstäblich wachsender Angst vor der Rache der Russen schien die deutsche Zivilbevölkerung gegen Ende des Krieges zu leben. Die bewusst angstschürende nationalsozialistische Propaganda erlangte hier zweifellos einen Erfolg,[45] doch gibt es deutliche Hinweise darauf, dass es eine hinreichend erschreckende Ahnung vom Ausmaß der grausamen Kriegführung im Osten gab, die ihrerseits Angst schürte.[46] Zu Beginn des Jahres 1945 schließlich war eine bis dahin in der deutschen Geschichte beispiellose Suizidwelle ein deutliches Zeichen dafür, dass die Verzweiflung innerhalb der deutschen Bevölkerung ein immenses Ausmaß erreicht hatte. Insgesamt ging die Zahl der Suizidfälle in den ehemaligen deutschen Ostgebieten und in der Sowjetischen Besatzungszone in die Zehntausende. Viele Gründe können dafür geltend gemacht werden. Für den Kreis der NS-Funktionsträger liegt es nahe, ein wesentlich ausschlaggebendes Moment für die Selbsttötung in ihrer Angst vor einer Bestrafung durch die Sowjets oder durch die Siegermächte überhaupt zu sehen.[47] Doch auch zahlreiche Frauen suchten bereits vor dem Eintreffen der Roten Armee den Tod, geleitet von einer propagandistisch erzeugten oder von Kriegserzählungen gespeisten Vorstellung, dass mit dem Einmarsch der Sowjets unvorstellbare Grausamkeiten auf sie zukommen könnten.[48] Für weit mehr als eine Million Frauen im Osten Deutschlands sollten diese schließlich tatsächlich zur leidvollen Realität werden, die ihre vorausgegangenen Angstphantasien damit im Nachhinein bestätigten.

Während die Vergeltungsängste der Deutschen in der nationalsozialistischen Propaganda, die diese Ängste instrumentell zur Aufrechterhaltung des Durchhaltewillens und der Kampfdisziplin zu nutzen versuchte, einen öffentlichen Verstärker und damit auch Widerhall fanden, war für andere Angstgefühle zu dieser Zeit nur sehr begrenzt ein öffentlicher Resonanzraum vorhanden. Mit dem Ende des Nationalsozialismus änderte sich das keineswegs in jeder Hinsicht. Zwar verschoben sich die Grenzen dieses Raums schon aufgrund der neuen politischen Rahmenbedingungen. Doch »die öffentliche Abneigung gegen persönliche Empfindungen und mehr noch gegen unverhüllte Gefühle war«, so Michael Geyers Beobachtung für die 1950er Jahre, »nahezu einhellig«.[49]

In den psychiatrischen Krankenakten aus den Nachkriegsjahren sind Gefühle der Angst allerdings aufzuspüren. Das erstaunt zunächst einmal nicht. Schließlich können Angsterscheinungen ein wichtiges Symptom für spezifische psychiatrische Krankheitsbilder sein, wie das beispielsweise für die Verfolgungsangst und die Schizophrenie gilt. Tatsächlich muss man sich der Charakteristika bestimmter Krankheitsbilder bewusst bleiben, um nicht der Gefahr zu erliegen, insbesondere Verfolgungsängste in einen falschen Ursachenzusammenhang zu stellen. Das bedeutet jedoch nicht, dass Äußerungen von Angst, die im Kontext dieser Quellen auftreten, auf nichts anderes verwiesen als auf den Krankheitszustand selbst. Sogar im Falle einer diagnostizierten Schizophrenie, die Schübe angstdurchzogener Wahnvorstellungen zeitigt, legen diese Spuren zeitspezifische Ängste frei, die auf den Erfahrungshorizont verweisen, in deren Gefolge sie entstehen. In den hier vorliegenden Fällen umspannte dieser Erfahrungshorizont ganz eindeutig die Lebenswirklichkeit und Vorstellungswelt des Nationalsozialismus und des Krieges.

Diese Angstspuren sind allerdings nicht leicht zu entziffern. Die Gefahr der bloßen Zuschreibung ist groß. Das zeigt sich in jenen, bislang nur vereinzelt vorliegenden Arbeiten, die sich bemühen, die Angst der Soldaten während des Krieges aufzuspüren. Ängste werden darin nur selten wirklich belegt. Eher setzen sich diese Befunde aus einer diffusen Mischung von eigenen Einsichten in die nationalsozialistische Vernichtungspolitik, über die Grausamkeiten der Kriegführung im Osten und von derzeit vorherrschenden Vorstellungen über die Belastungsfähigkeit des Menschen zusammen.[50] Angstzustände können aber nicht durch Empathie erfasst werden. Ein solcher Zugang täuscht über das methodische Dilemma hinweg, dass man das Vorhandensein von Ängsten auch dort nicht ausschließen kann, wo sie nicht erkennbar zum Ausdruck gebracht worden sind. Zweifellos hat die Angst viele Sprachen. Verzerrte Interpretationen durch bloße Ex-post-Zuschreibungen sind deshalb nur dann vermeidbar, wenn Zeugnisse vorliegen, in denen Kriegsheimkehrer selbst ihre Ängste zur Sprache brachten. Nur dann ist es überhaupt möglich, die Angst als einen Grund für ihre Verhaltensauffälligkeiten oder als Triebkraft für ihre Handlungen zu erfassen. Tatsächlich erhält man durch die Patientenakten Einblicke in Situationen, in denen die zurückgekehrten Wehrmachtssoldaten Beängstigungen aller Art artikulierten. In den allermeisten Fällen setzten diese erkennbar den Erfahrungshorizont von Nationalsozialismus und Krieg voraus. In der Angst sind Vergangenheit und Gegenwart jedoch auch stets miteinander verknüpft.[51] Das zeigt sich im Übergang von der Kriegs- in die Nachkriegszeit auf ganz spezifische Weise. Die Angstsequenzen können zwar nicht immer eindeutig an zurückliegende konkrete Erlebnisse aus dem nationalsozialistischen Krieg zurückgebunden werden – bei der Mehrheit der Fälle ist das nicht möglich –, trotzdem erzählen sie als »Konservatoren der Erinnerung«[52] auch immer etwas über die vergangene Zeit. Allerdings müssen diese Fälle näher und in der konkreten historischen Konstellation, in der sie zum Ausdruck kommen, untersucht werden, um die Vielfalt an zirkulierenden Angstzuständen in der Nachkriegszeit sichtbar zu machen, die der irritierenden Belebung der tieferen Erinnerungsschichten des Krieges geschuldet sind. Manchmal wurden diese Zustände noch durch den Krieg selbst, oft aber erst durch Niederlage und Besatzung ausgelöst.

Bei der Durchsicht der Akten wird dabei eines schnell augenfällig: Erzählten die ehemaligen Soldaten von ihren Ängsten aus dem Krieg, berichteten sie in aller Regel nicht von Situationen offener Angstausbrüche. Die Angst des Krieges war oftmals, so legen diese Berichte nahe, ein nach außen hin unsichtbarer Begleiter gewesen. Wie viele Soldaten von ihr ergriffen wurden, blieb verdeckt. Welche Intensität die Angst erreichte, ließ sich vom äußeren Eindruck kaum ohne weiteres ablesen. Wann die Angst hereinbrach, war mit Sicherheit nicht vorherzubestimmen. Manchmal kam sie ebenso schleichend wie für die Betroffenen ungeahnt. So erging es Gerhard K., der 1937 freiwillig der Luftwaffe beigetreten war.[53] Wie er dem Arzt während seines Aufenthaltes in der Psychiatrie

1947 erzählte, hatte er als Bordfunker zahlreiche Feindflüge über Frankreich, Belgien und Norwegen mitgemacht. »Das Verhältnis zu seinen Vorgesetzten sei stets gut gewesen«, fügte er hinzu und unterstrich dadurch, dass sein Verhalten niemals Anlass zu irgendeiner Verärgerung gegeben habe. »Im Jahre 1940« aber habe sich »ein Angstgefühl bemerkbar« gemacht, »sobald er seine Maschine bestieg«. Er habe damit »hinterher viel zu schaffen gehabt«. Die Angst hatte ihn beschlichen, und sie war geblieben. Ende desselben Jahres wurde er über England abgeschossen. Ähnlich erging es offenbar Willi M., zumindest fing auch er zu irgendeinem Zeitpunkt des Krieges an, mit Angst zu kämpfen.[54] Seine eigenen Schilderungen lassen nicht den Schluss zu, dass das von Anbeginn seiner Tätigkeit bei der »Wehrmachts-Kripo« der Fall gewesen war. 1943 war der damals Achtundvierzigjährige noch eingezogen worden, bis kurz vor Kriegsende leistete er seinen Dienst ab. Unmittelbar vor diesem Zeitpunkt überwältigte ihn, der äußerlich unversehrt war, angeblich plötzlich und dann wiederkehrend eine regelrechte Panik. Die Zugkontrollen, die zu seinen täglichen Aufgaben gehörten, seien zum Schluss »immer aufreibender u[nd] gefährlicher gewesen«, erklärte er dazu 1949. Eines Tages sei er zusammengebrochen. Er habe einen »Nervenzusammenbruch« gehabt, »sei einfach nach Hause gefahren, das Blut sei ihm aus Nase u[nd] Mund gekommen«. Willi M. hatte – so deutete er, vielleicht auch nur im Rückblick, seinen »Zusammenbruch« – »die ewigen Angriffe in Osnabrück u[nd] die Beschießerei der Züge einfach nicht aushalten können«.

Andere hielten aus – wollten womöglich auch aushalten. Zu ihnen gehörte der bei Kriegsende knapp zwanzigjährige Dietmar B.[55] Zu Beginn seines Gesprächs mit dem behandelnden Arzt im Jahre 1949 sprach er zunächst nicht von einer Angst im Krieg. Als er seine schon länger andauernden Beschwerden – Schwindelanfälle, plötzliche Bewusstlosigkeit, ein Kribbeln in den Fingern – erläuterte, kam der ehemalige Soldat jedoch auf den Krieg zu sprechen. Während der letzten beiden Kriegsjahre war er an der Ostfront im Einsatz gewesen. An der Front bei Leningrad hatte er Ende 1943 erstmalig »ein inneres Zittern und Flattern an sich bemerkt«. Ein »ängstliches Gefühl dabei gehabt« zu haben, wies er jedoch zurück. Die körperlichen Beschwerden aber beeinträchtigten ihn weiterhin. So heißt es in der Niederschrift des Aufnahmegesprächs, die »Erscheinungen« seien »besonders nach kritischen Situationen«, wie Angriffen und Feuerüberfällen, wiedergekehrt. Unruhe und Schwindelgefühl kamen in den folgenden Monaten hinzu, verschiedentlich war er blass geworden und umgefallen. Als er 1944 ins Lazarett kam, ging es ihm besser. An der Front stellten sich aber, wie man den Aufzeichnungen entnehmen kann, »die alten Beschwerden« wieder ein. Erst auf eine spätere Nachfrage des Arztes, ob er während des Krieges Angst gehabt habe, gab Dietmar B. zu, das sei verschieden gewesen. Doch das Eingeständnis der Angst fiel ihm ersichtlich schwer. Umgehend legte er darauf Wert: »Er sei der Letzte gewesen, der fortgelaufen sei beim Rückzug« – wenn er auch »manchmal Angst gehabt« habe, wie er nach dieser Klarstellung abschließend allerdings noch einmal gestand.

Durchhaltewillen und Angst schlossen sich demnach nicht aus, wie man diese überhaupt kaum als einen Spiegel der persönlichen Einstellung zu diesem Krieg lesen kann. Das gilt ebenso für körperliche Symptome, die scheinbar leicht als Ausdruck von Angst zu deuten sind. Weder ist dieser Rückschluss immer richtig, noch ist Angst körpersprachlich unbedingt sofort erkennbar, wie gelegentlich angenommen wird.[56] Eine körperlich evidente Form der Angst gibt es nicht. Ihre Existenz setzt sogar nicht einmal besondere Verhaltensauffälligkeiten voraus. »Man habe ihm nichts angesehen«, erzählte etwa Werner P., der während des Krieges tatsächlich voller Angst steckte.[57] Diese war allerdings nicht allein kriegsbezogen, er kämpfte vielmehr bereits seit langem gegen vielfältige Ängste. Noch im Alter von über zwanzig Jahren – Mitte der 1930er Jahre – hatte Werner P. unter seinen dauernden Hemmungen und seiner Neigung zu leichtem Weinen gelitten. Niemand, so hatte er damals oft gebetet, solle ihn »schwach, weich und lächerlich« sehen. »Lieber sterben als weinen«, lautete sogar sein Vorsatz. Werner P. hatte den Krieg herbeigewünscht. Dass dieser ihn von seinen Problemen erlösen werde, war die Hoffnung, die er erklärtermaßen damit verband. Doch auch trotz seines »glühende[n] Vaterlandsgedanke[ns]« wehrte Werner P. die Angst nicht ab. Das Gesprächsprotokoll hielt fest: »Im Polenfeldzug viel Angst, oft innerlich gezittert. In Frankreich natürlich wieder Angst.« Werner P. bezeichnete sich selbst als einen »Angsthasen«. Oft habe er beim Militär gebetet: »Herrgott, lass mich durchhalten.« Trotzdem strebte er den Rang eines Unteroffiziers an, den er allerdings nicht erwarb. Werner P. sah sich selbst als jemanden, der »immer nur den Willen« gehabt habe, »nicht aufzufallen«, der immer nur »in der Mitte [...] bleiben« wollte. Andererseits gab er Ehrgeiz durchaus zu. Das schiere Gefühl der Angst dominierte, wie es scheint, nur gelegentlich, meistens war es gebrochener, waren die Gefühle ambivalenter. Beim Vormarsch in Russland 1941 war das erneut erkennbar. Den damaligen Zustand von Werner P. bezeichnete der Arzt als einen »Versagungszustand«. »Es war mir alles egal, das ist ja Betrug hier, das hält kein Mensch aus«, soll Werner P., wie er 1949 behauptete, damals angeblich gedacht haben. In dieser Situation habe er einem Kameraden nicht mit herausgeholfen, berichtete er acht Jahre nach diesem Ereignis. Es waren die Gewissensqualen, ihn im Stich gelassen zu haben, die ihn über Jahre hinweg weiter peinigten. Werner P. hatte seine eigene Haut gerettet. Bis zu seiner Gefangennahme im Sommer 1944 kämpfte er weiter.

Das Ende der Kampfhandlungen, das für die einen mit ihrer Gefangennahme schon vor dem 8. Mai 1945, für die anderen erst mit der Kapitulation eintrat, bedeutete indes nicht, dass die Angst und der Krieg nicht weiter miteinander verbunden gewesen wären. Innere Auslöser oder äußere Reize, wie Bilder oder Geräusche, konnten Gefühle der Angst in Gang setzen, in denen der Krieg für einen Augenblick wiederauflebte. Manchmal wiederum war der Impuls für die entfesselte Angst gar nicht erkennbar. Häufig war die Angst in diesen Fällen ein Sprachraum des Krieges.[58] Andere Beispiele legen die Annahme nahe, dass sich in unkontrollierten Gemütszuständen Angstszenarien formten, die mit einzelnen Wahrnehmungsbeständen des Krieges und kriegsbezogenen Ängsten verschmolzen. Eines trat dabei deutlich zutage: Den Krieg kennzeichneten in diesem nachträglichen Erleben zutiefst beunruhigende Züge.

Die Ängste waren oftmals diffus, ihre Hintergründe nur schwer entzifferbar. Das veranschaulichen die von Hermann M. im Sommer 1945 erlebten Angstszenarien.[59] Als er nach kurzer amerikanischer Kriegsgefangenschaft im Juni 1945 nach Hause kam, schien er dem Vater in den ersten Wochen gänzlich unauffällig, »vielleicht ein wenig still«. Eines Nachts im Juli aber fand er den Sohn, nur im Hemd bekleidet, vor der Haustür liegend. Bei der Rückkehr ins Haus »wurde er erregt, rief laut, der Vater solle sich doch vorsehen, ob er denn nicht sehe, dass mindestens 10 Mann auf ihn angelegt hätten.« Seither sei es so weitergegangen. Sein Sohn sei zwar still gewesen, habe zwischendurch aber »wirres Zeug« geredet. Immer aber, notierte der Arzt die Angaben des Vaters, habe Hermann »es offenbar mit Gegnern zu tun gehabt, die auf ihn schießen wollten«. Aus welchem Grund er in allen Winkeln und Ecken des nahe gelegenen Stalls herumspähte, konnte sich der Vater jedoch nicht erklären. Doch schien ihm eindeutig: Sein Sohn zeigte verschiedentlich »deutliche Zeichen von Angst«.

Aus Hermann M.s innerer Erlebniswelt selbst lassen sich lediglich vereinzelte Fragmente erschließen. In einem ersten Gespräch mit dem Arzt gab er nur stockend, eher in Wortfetzen Antwort, wie folgende Sequenz zeigt: »(Was haben Sie denn im Stall gesehen?) … einen Schatten … (Was sagte der?) … (Spricht der Schatten?) … (nickt bejahend mit dem Kopf) (Was sagt er denn?) … Nazi-Hunde …« An dieser Stelle verstummte Hermann M. Weitere Anhaltspunkte für seine Angst, die auch in den nachfolgenden Tagen andauerte, gab er nicht. Auf einen weiteren Vorstoß des Arztes, ihre Ursachen in Erfahrung zu bringen, reagierte Hermann M. nur mit Schweigen und wandte sich ab. Erst zu einem späteren Zeitpunkt gab er in Andeutungen preis, dass er während seiner Halluzinationen von der Angst getrieben war, getötet zu werden. Hermann M. wurde von der Furcht gepeinigt, von Feinden erschossen zu werden, die ihn als Stimmen heimsuchten; es quälte ihn eine immense Verfolgungsangst. Sie drückte sich aus in halluzinierten Stimmen, die ihm ankündigten, »man wolle ihn erhängen, erschießen«; in anderen Momenten wiederum glaubte er, es stünden »Schächer« vor der Tür, »die ihn holen wollten«. Einen genauen Grund für diese Bedrohung aber erfuhr der Arzt nicht. Nur ein Wort des ihn verfolgenden Schattens hatte Hermann M. je erwähnt: »Nazi-Hunde«.

Es bleibt im Dunkeln, ob Hermann M. eine entsprechende Anfeindung bereits während des Krieges befürchtet oder in der Nachkriegszeit aufgegriffen hatte. Es mag sein, dass er ihr sogar selbst ausgesetzt gewesen war, als er während des Krieges vorübergehend »ausländische Arbeiter« zu beaufsichtigen hatte oder als er nach Kriegsende drei Monate lang in einem Lager in Recklinghausen inhaftiert gewesen war. Doch das ist Spekulation. Die genaue Zeit und der präzise Ort sind nicht zu bestimmen. Vergegenwärtigt man sich die verschiedenen Facetten in Hermann M.s innerer Erlebniswelt, vermischten sich in seinen imaginierten Szenarien der Angst Elemente aus der Kriegs- und Nachkriegszeit. Das war nichts Spezifisches. Auch der bereits erwähnte Fall von Rolf S. zeigt das beispielhaft.[60] Bereits seine Traumwelt ließ erkennen, dass sie von »allerlei Kriegserlebnissen« durchzogen war, darüber hinaus aber auch Nachkriegsphantasien einschloss, in denen er glaubte, als Kriegsverbrecher hingerichtet zu werden. Ganz ähnlich erwecken seine plötzlich zutage tretenden Ängste den Eindruck, als seien sie ein verzerrter Widerhall verschiedener Empfindungslagen aus der Kriegs- und Nachkriegszeit. Drei Jahre nach Kriegsende – sein Einsatz an der Ostfront lag damit bereits über fünf Jahre zurück – hatte es begonnen. Er fragte: »Sind die Russen schon da?« Rolf S. fühlte sich, wie seine Eltern beobachteten, verfolgt. Er müsse für seine Angehörigen kämpfen, habe er zudem wiederholt gesagt, wie sie berichteten, und einmal sogar geschrien: »Gebt uns Eier, dann können wir für euch kämpfen.«

Zwischendurch bekannte er, eine gewaltige Angst um die Angehörigen habe ihn ergriffen. Und er habe öfters davon gesprochen, »dass er sich aufhängen müsste, dass seine Angehörigen nicht mitleiden müssten«. Wiederholt hörten die Eltern ihren Sohn auch sagen: »Ich muss kämpfen, ich muss kämpfen.« In anderen Momenten beobachteten sie, wie Geräusche vorbeifahrender Züge oder Autos ihn hochschrecken ließen. Rolf S. »fuhr [dann] in die Höhe und blickte immer zum Fenster hinaus«. Er hatte die Befürchtung, erklärte er ihnen, »dass ihn die Russen abholten«.

Eine solche Verfolgungsangst war in der Nachkriegszeit häufig. Auch bei den psychiatrisch behandelten Fällen wird man sie nicht nur unter dem Blickwinkel eines Krankheitssymptoms betrachten können. Die Angst, verfolgt, bespitzelt, denunziert oder abgeholt zu werden, ergriff in der Nachkriegszeit nicht nur Einzelne. Es lassen sich hinreichend Fälle auffinden, die diesen Ängsten und jeder Art von Gerücht einen realen Kern gaben.[61] In den hier betrachteten Fällen ist besonders auffällig, wie sehr die Präsenz der Alliierten die Verfolgungsängste nährte. Oftmals artikulierten sie sich, wie bei Rolf S., als eine Angst vor den Russen. Auch Günter B. erzählte eines Tages seiner Frau von seiner Sorge, »in die russ[ische] Zone abtransportiert« zu werden, weshalb er »am Fenster gestanden u[nd] alle Autos, die vorbeifuhren aufgeschrieben« habe.[62] Ja, es war generell die Gegenwart der Besatzer, die Verfolgungsängste auslöste oder verstärkend mit provozierte. Allerdings ist bei den hier vorliegenden Fällen ein gewichtiger, aussagekräftiger Unterschied zu erkennen: In der panischen Furcht, vor den Siegermächten letztlich nichts verbergen zu können, und geleitet von dem Empfinden, bei weiterem Stillschweigen von diesen unverhältnismäßig hart für die Verbrechen während des Nationalsozialismus zur Verantwortung gezogen zu werden, lieferte sich mancher schließlich freiwillig den amerikanischen oder englischen Behörden aus.[63] Den russischen Besatzern aber stellte sich keiner.

Das Wissen über die im Osten begangenen Verbrechen war, so scheint es, groß genug, um die Bestrafung durch die Russen weit mehr zu fürchten als jede Ahndung der Taten im Westen. Diese Vermutung drängt sich im Fall von Herbert I. geradezu auf, der allerdings die unterschiedliche Sanktionsbereitschaft der einzelnen Westmächte ebenso im Blick hatte.[64] Wie bei den allermeisten Kriegsheimkehrern, deren Verfolgungsängste sich auf die Besatzer bezogen, artikulierten sich diese auch bei Herbert I. im Zuge seines Entnazifizierungsverfahrens.[65] »Konflikt bei Ausfüllung des Fragebogens«, hatte der Arzt in der Krankenakte unter der Rubrik »Jetzige Erkrankung« festgehalten, in der er des Weiteren notierte: »Angst vor Auslieferung an die Russen. Pat. reiste vom amerikanisch ins englisch besetzte Gebiet, stellt sich freiwillig dem Secret Service, dort nach Ausfragen freigelassen. Mit dem Taschenmesser Suizidversuch.« Herbert I., der ein Jahr nach dem Kriegsende schon wieder eine Pfarrstelle bekleidete und mit Frau und Kind zusammenlebte, hatte keinen Ausweg mehr gesehen. Die Reaktion der Engländer hatte ihm die Furcht vor einer Auslieferung nicht genommen. Immer noch drückte ihn, wie er gegenüber dem Arzt formulierte, eine »ganz erbärmliche Angst«. »Wenn einmal jemand käme, ihn zu verhaften«, so seine Prognose, »würde er eine klägliche Figur machen, er würde vollkommen zusammenklappen.«

Herbert I. erschien seine Lage äußerst trostlos, die er nach eigenem Dafürhalten doch gar nicht verschuldet hatte. »Er habe das Unglück gehabt«, erläuterte er, »einer Organisation angehört zu haben, die bei den Alliierten in besonders schlechtem Geruch stehe.« Doch hatte er jüngst etwas getan, was er zutiefst bereute: »Er sei so blöd gewesen, das alles zu sagen, ohne danach gefragt zu sein und es auch in den Fragebogen geschrieben [zu haben]«. Die Schlussfolgerung der Alliierten stand ihm bereits vor Augen: Man würde ihn fälschlicherweise eines Verbrechens beschuldigen. Tatsächlich ließ Herbert I. diesbezüglich keinerlei Zuversicht erkennen. »Verbrochen habe er überhaupt nichts«, stellte er gegenüber dem Arzt klar, »aber wer frage denn danach.« Seine Tätigkeit während des Krieges bezeichnete er selbst als die »harmloseste Angelegenheit […], die man sich denken könne.« Herbert I. war indes nicht die ganze Zeit während des Krieges Pfarrer gewesen. Auf der Krim geboren, später vorübergehend in Rumänien als Volksschullehrer tätig und schließlich über mehrere Jahre hinweg als Pfarrer in der Dobrudscha, sprach er fließend Rumänisch und Russisch. Seit 1940 war er bei der Wehrmacht tätig gewesen. Er hatte ihr bis Kriegsende als Dolmetscher im Nachrichtendienst angehört. Wie Herbert I. behauptete – ein wiederkehrendes Narrativ seit dem Ende des Krieges –, führte er als solcher lediglich Befehle aus. Was immer ihr Inhalt auch gewesen war und welche Folgen sie gehabt haben mochten, er sah sich als Person dafür nicht in der Verantwortung. Mit dieser Haltung trat er jedenfalls offensiv nach außen, zumindest hielt der Arzt in seinen Aufzeichnungen Herbert I.s Erläuterungen folgendermaßen fest: »Er habe die Vernehmungen übersetzt bzw. Anweisungen für Agenten. Das habe er tun müssen, und er wisse, dass er persönlich niemandem geschadet habe.«

Auch wenn Herbert I. zurückwies, sich selbst eines Vergehens schuldig gemacht zu haben, machten seine Ahnungen und Erklärungen deutlich, wie sehr er sich darüber im Klaren war, dass die Wehrmacht im Osten keinen gewöhnlichen Krieg geführt hatte. Er kannte den Inhalt der Verhöre, vermittelte Berichte der Agenten, gab in ihrer Sprache Befehle an sie weiter. Seine Position als Dolmetscher verschaffte ihm hinreichend Einsichten. Er war ein Mitwisser. Solange das Gefühl der eigenen Stärke und Überlegenheit während des Krieges andauerte, löste das meist keine innerlich aufzehrenden Befürchtungen aus. Durch die Situation der Niederlage und die Wahrnehmung, den Besatzern schutzlos ausgeliefert zu sein, aber hatte sich das geändert. Erinnerungen an Ereignisse und Handlungen während des Krieges wurden im Nachhinein beängstigend. Diese Angst musste nicht zwangsläufig mit moralischen Skrupeln gegenüber den eigenen Taten während des Krieges einhergehen. In jedem Fall war sie ein Treibsatz für die Verfolgungsangst der Nachkriegszeit. Bei Herbert I. nahm sie ein solches Ausmaß an, dass sie sein Handeln bestimmte. »Seine Frau habe ihn lange genug gewarnt«, seine Tätigkeit beim Nachrichtendienst »überhaupt zu erwähnen«, erklärte er. In seinen eigenen Worten war es »eine dämonische Macht in ihm«, die ihn dennoch dazu getrieben hatte. In den Worten des Arztes umschrieb diese lediglich »die Angst, dass es dennoch herauskommen würde«.

In der Situation der Nachkriegszeit konnten sich solche Ängste völlig verselbständigen. Zwischen Angsterinnerung und einer erst in den Nachkriegsjahren ausgelösten Angstmobilisierung war oftmals nicht mehr zu trennen. Bei manchen mischten sich früher erlebte Kriegsängste, rückprojizierte Ängste, banges Erschrecken und diffuse Lebensangst. Wie in einem Echo hallten sie in dem allgemeinen Angstzustand wider. Im Fall von Gustav N. zeigt sich das deutlich.[66] Im Januar 1947, einen Tag nach seiner Entlassung aus dem Internierungslager, wurde er in die Psychiatrie aufgenommen. Schon während der Internierungszeit war Gustav N., der unmittelbar nach seiner Verhaftung im Mai 1945 einen Suizidversuch begangen hatte, wegen »Depression« verschiedentlich psychiatrisch behandelt worden. Doch eine »starke innere Angst und Unruhe«, so der Arztbericht, quälten ihn nach wie vor. Gustav N., der 1939 der Deutschen Arbeitsfront (DAF) beigetreten und nur für kurze Zeit beim Volkssturm Soldat gewesen war, erklärte beim Aufnahmegespräch, dass er sich »schwerste Selbstvorwürfe [...] wegen seines politischen Verhaltens ab 1939« mache. In seinen weiteren Ausführungen dazu stammelte er nur mehr. Aus seinen Wortfetzen ging hervor, wie sehr ihn die Angst vor weiterer Strafe beschäftigte. Ein Verfahren, glaubte er, stehe ihm immer noch bevor. »Vielen Menschen«, stotterte er, habe er »wehe getan«, und auf eine Nachfrage setzte er noch hinzu: »Durch meine Stellungnahme, meine Zeugenaussage ... haben sie Stellungen nicht bekommen oder auch verloren ... angeklagt worden sind.«

Es ist nicht mehr herauszufinden, welche Position Gustav N. bei der DAF innegehabt hatte. Er selbst bezeichnete sich später als einen »Parteigenießer«, der während des Nationalsozialismus »üppig« leben konnte. Seine zwischendurch aufflackernde Angst, in Kürze womöglich wieder verhaftet zu werden, konnte sich ein Außenstehender daraus jedoch nicht erschließen. In seinem ganzen Verhalten war Gustav N., wie der Arzt beobachtete, »getrieben unruhig«, ohne dass eine primäre Ursache dafür erkennbar war. Seine Erzählungen im Verlauf der nächsten Tage brachten weitere Beängstigungen zum Vorschein. Manches ging auf die Internierungszeit zurück. So zeigte sich Gustav N. davon überzeugt, die Verhaftung seines besten Freundes verantworten zu müssen. Gustav N. war, so glaubte er – eine Geschichte, die ihm Wochen später unverständlich vorkam –, »mit einem SD-Mann in einer Zelle zusammen eingesperrt gewesen.« Nach mehreren Unterhaltungen sei dieser aufgestanden, »habe gemeint, das habe er ja nur von ihm wissen wollen, mehr Angaben brauche er nicht, und habe die Zelle verlassen.« Gustav N. vermutete einen Agenten vom Secret Service. Der Freund war jedenfalls, wie er zu wissen glaubte, umgehend verhaftet worden. Doch auch ein Ereignis aus dem Krieg hing ihm nach. Es war seine eigene Flucht. Immer noch hatte er mit ihr zu kämpfen. Gustav N. hatte damals die Angst ergriffen, die er keinem anderen zugebilligt hatte und sich selbst auch immer noch nicht wirklich zugestand. »Er sei feige geflohen, als die Russen im Anmarsch waren«, hielt das Gesprächsprotokoll Gustav N.s Erzählung fest, der im Vorfeld des Einmarschs andere noch über seine eigene Panik hinweggetäuscht hatte. Bereits mit der Absicht zur Flucht hatte Gustav N. sich vom zuständigen Gauleiter den Befehl verschafft, in Lübeck für die Flüchtlinge aus dem Osten allerlei Sachen zu besorgen. Als er die notwendige Bescheinigung dazu in den Händen hielt, fuhr er ab. Während er anderen Durchhaltevermögen und Standhaftigkeit abverlangt hatte, versuchte er, seine eigene Flucht zu kaschieren. »Nie werde er vergessen, wie die Arbeiter in seiner Straße ihm nachgeschaut hätten«, erinnerte er sich, »und noch am Vortage habe er alle zum Ausharren aufgefordert! – bei allen seinen früheren Freunden sei er deshalb völlig unten durch!«

Es war ein immenses Unbehagen, das viele ehemalige Soldaten in der Nachkriegszeit mit sich trugen. Oft ist kaum zu entscheiden, ob der Blick in die Vergangenheit oder derjenige in die Zukunft den größeren Schrecken einflößte. Manchmal scheint es, als ob die Verängstigung das Leben insgesamt ergriffen hätte. Auch vor der privaten Sphäre machte sie nicht halt.[67] Schon während der Internierungszeit hatte sich Gustav N. geweigert, seinen Sohn zu begrüßen, als dieser ihn am Lagerzaun besuchen kam. Monate später noch, nach seiner Entlassung aus der Internierung, sah Gustav N. dem Wiedersehen mit seiner Familie, die sich über das mit ihm hereinbrechende Unglück doch gar nicht im Klaren sei, mit Bangen entgegen. Den gelingenden Wiederaufbau einer respektablen Existenz hatte er am Ende seiner Gefangenschaftszeit mitnichten vor Augen. Gustav N. war, wie viele andere Kriegsheimkehrer in diesen Jahren, gefangen in einer allgemeinen Lebensangst. Immer wieder zeigt sich, wie tief die Furcht, man werde letztlich einer Strafe für das eigene Tun während des Nationalsozialismus nicht entrinnen können, saß. Unzähligen war ihr bisheriges Wirken in genau dem Augenblick zur Bürde geworden, in dem der Einmarsch fremder Truppen nur noch eine Frage von wenigen Tagen und die Niederlage im Krieg nicht mehr zu verhindern war. »Als der Zusammenbruch da war«, erzählte Gustav N., »habe er in seinem Wehrpass ausradiert, dass er Mitglied der DAF war.« Tatsächlich war die Furcht, dass es kein Entkommen geben werde, in Hunderttausenden von Fällen alles andere als ein Hirngespinst. Die Sorge vor Bestrafung grassierte im Nachkriegsdeutschland. Manchen ließ sie selbst nach einem glimpflich abgewickelten Entnazifizierungsverfahren keine Ruhe. Die nagende Angst, »man werde den Spieß umdrehen«, hatte sich eingefressen.[68]

c) Im Angesicht des Untergangs

»Wir pflegten damals einen berserkerhaften Humor. Wir trieben unseren Spott mit Tod und Gefahr, verzerrten die Dinge und jagten alle Gedanken ins Groteske hinein. […] Unter dieser Maske aber rollte sich eine Tragödie ab, nahm ein inneres Verhängnis seinen unerbittlichen Lauf. Ich trieb in einen Leerlauf der Seele hinein.

Die letzten Werte zerfielen, das Gute, Edle und Schöne starb. Die Geister verließen mich. Der Panzer der Fühllosigkeit, mit dem ich mich gegen Schrecken, Grauen, Angst und Wahnsinn gewappnet, der mich nicht mehr leiden und aufschreien ließ, erdrückte die zarten Regungen im Innern, knickte die Keime von Hoffnung, Glauben und Menschenliebe und wandelte das Herz in Stein. Ich war im Untergang und lachte mich aus.«[69]

Als die bedingungslose Kapitulation vom 8. Mai 1945 die totale Niederlage der Deutschen im Krieg und den völligen Zusammenbruch des nationalsozialistischen Regimes besiegelte, durchlebte die deutsche Bevölkerung die unterschiedlichsten Stimmungs- und Gefühlslagen. Erleichterung über das Ende der Kriegsgewalt und die andauernde Todesbedrohung ging einher mit Bestürzung und Trauer über die menschlichen, materiellen und ideellen Verluste. Zahllose Menschen waren gezeichnet durch eine tiefe Erschöpfung, die sich paarte mit einem Verlangen, ja, einem regelrechten Hunger nach einem geschützteren, unbeschwerteren Leben. Akzeptanz, sogar Freude, aber auch Abwehr und Angst schlugen den Besatzern entgegen, durchmischt von Gefühlen der Hilflosigkeit und des Ausgeliefertseins angesichts der völligen Unklarheit über die Zukunft Deutschlands und damit auch über das eigene Schicksal. Man hat es hier nicht nur mit einem Nebeneinander verschiedenartiger Empfindungen unterschiedlicher Menschen zu tun, für die mehrere Faktoren, wie die politische Überzeugung, die soziale Situation oder etwa auch die ersten Erfahrungen mit den Besatzern, ausschlaggebend waren. Autobiografische Berichte und Tagebücher zeugen vielmehr von Wechselbädern verschiedenster, manchmal auch widersprüchlicher Gefühle in ein und derselben Person.[70] Nach dem totalen Krieg bedeutete die totale Niederlage für die meisten Menschen des nun nicht mehr existierenden Deutschen Reiches eben auch eine beträchtliche Unsicherheit. Wie aus Erinnerungsberichten hervorgeht, schien in dieser Situation einigen sogar nahezu alles denkbar. In den Worten einer Österreicherin: »Alles, buchstäblich *alles* war möglich geworden, auch die eigene Vernichtung – und sie schien angesichts dessen, was sich ereignet hatte, nicht unwahrscheinlich.«[71]

Die Gleichzeitigkeit und das Wechselspiel unterschiedlichster Stimmungen war nicht nur eine Momentaufnahme zum 8. Mai. Hoffnungsschimmer und angstvolle Ahnungen jagten sich innerhalb von kurzer Zeit – das wurde von ausländischen Beobachtern schon seit der Invasion und auch Wochen später noch registriert.[72] Überall sei das Geschehnis ein anderes gewesen, fasste ein englischer Berichterstatter zusammen, als ob sich die Handlung einer Geschichte »dauernd änderte, so dass man, je weiter man vorankam, immer wieder in andere Richtungen gelenkt und mit neuen Widersprüchlichkeiten konfrontiert wurde«.[73]

Diese Gegensätzlichkeiten waren für die Besatzer überraschend und verwirrend. Noch verwirrender war die scheinbare Abwesenheit eines Schuldbewusstseins. Jede Regung, die nicht Bestürzung, Reue oder Schuld erkennen ließ, schien grotesk angesichts der Grausamkeit der Verbrechen, die unter nationalsozialistischer Herrschaft an Millionen von Menschen verübt worden waren. Das alliierte Programm der verordneten Konfrontation, das den Deutschen die Abscheulichkeit der Verbrechen direkt vor Augen führte, verstärkte sogar noch den Eindruck eines zutiefst unangemessenen, ausweichenden und abweisenden Verhaltens auf deutscher Seite, weshalb das Programm nach kurzer Zeit wieder eingestellt wurde.[74] Statt sich mit den mörderischen Gräueltaten auseinanderzusetzen und ihre Verantwortung als Mittäter zu übernehmen, behaupteten die Deutschen ihr Nichtwissen und zeigten sich unbeteiligt. Gleichgültig und voller Selbstmitleid kehrten sie, so schien es, der Vergangenheit den Rücken und wandten sich wieder dem Alltag zu.[75]

Die Wahrnehmung, dass die »Tätergesellschaft« im Hinblick auf die Auseinandersetzung mit den nationalsozialistischen Verbrechen versagte, war nicht nur die Schlussfolgerung dieser frühen Beobachtungen. Sie beeinflusste auch in der Folgezeit die Art und Weise, wie man sich die deutsche Nachkriegsgesellschaft vorstellte und noch lange danach beschrieb.[76] Angesichts des eigenen Entsetzens über den Massenmord lag offenbar für viele die Annahme nahe, dass das seinerzeitige Verhalten der deutschen Bevölkerung nichts anderes spiegeln könne als eine unangemessene Stellungnahme zu den begangenen Verbrechen. Doch die Erfahrung der Gewalt selbst – erzeugt durch das Grauen des Nationalsozialismus, den Bombenkrieg, die Strapazen der Flucht, die mitunter gewaltsame Vertreibung – muss sicherlich auch als Ursache für das schnelle Wiedereintauchen der Deutschen in den Alltag, ihre autistisch anmutende Sorge um das eigene Schicksal, ihre Suche nach Zerstreuung sowie für die vorgebliche Stille über den Massentod in Betracht gezogen werden.[77] Folgt man Richard Bessel, war es sogar der »Schock der Ereignisse« selbst, erzeugt durch die Verdichtung und die Eskalation der extremen Gewalt in den 1940er Jahren, der die Menschen außerstande setzte, »sich ernsthaft mit Krieg und Tod zu beschäftigen«. Das »Leben nach dem Tod« stellt in dieser Sicht den besonderen Wesenszug der Nachkriegszeit dar. Er bestand anscheinend in einem Leben, in dem der Tod nicht mehr vor Augen stehen sollte.[78]

Ein solcher Ansatz, der die oft behauptete Stille im Anschluss an die Verbrechen der NS-Zeit durch den »Schock der Gewalt« erklärt, unterläuft die gängige moralische Erwartungshaltung und rückt die Zerstörungskraft des gesamten Krieges in den Blick. Zugespitzt formuliert, zeigen sich die Auswirkungen der Gewalterfahrungen auch und gerade überall dort, wo sie erkennbar gar nicht zutage treten. Man könnte eine solche Betrachtungsweise als ein Plädoyer dafür lesen, dass verschiedenartige Verarbeitungsweisen der Kriegsgewalt anerkannt werden müssen. Die persönliche Beschäftigung der Menschen mit den Gewalterfahrungen wird dabei bislang aber gar nicht weiter thematisiert. Das ist womöglich kein Zufall. Denn die Frage nach der Prägekraft der Gewalt stellt sich gar nicht mehr ernsthaft, wenn diese auch überall dort gesehen werden kann, wo sich die Spuren der Gewalt für den Betrachter scheinbar völlig verlieren.

Eine dieser Spuren lässt sich aber in der im Nachkriegsdeutschland weit verbreiteten Stimmung der Desillusionierung finden.

Ihre Gründe werden häufig verkannt: Sie war nicht nur eine Reaktion gegenüber den Besatzern oder ein Resultat der Entnazifizierungsprozeduren. Vielmehr war sie auch ein Widerschein von Gewalt und Tod und stellte im Angesicht des Untergangs einen Modus der Auseinandersetzung mit Zerstörung und Massentod dar. Zweifellos war die Desillusionierung ganz unterschiedlich motiviert. Sie rührte zum einen aus dem völligen Scheitern der NS-Versprechungen, das sich vielen, ob an der Front oder in der Heimat, spätestens in der letzten Phase des Krieges offenbart hatte.[79] Zum anderen handelte es sich aber auch um den Ausdruck einer sich während des Krieges offenbar manchmal einstellenden inneren Leere, in der sich die Frage nicht mehr stellte, für welche Werte überhaupt ein Leben zu opfern sei. Die Desillusionierung betraf nicht nur die Zerstörung der nationalsozialistischen Zukunftsphantasien, sondern auch die unabweisbare Einsicht in das menschliche Versagen und die Außerkraftsetzung der Alltagsmoral durch die Schrecken des Krieges.[80] Hinzu kam, dass die Ausdehnung des nationalsozialistischen Konzentrationslagersystems im Innern des Deutschen Reiches, die in der Auflösungsphase des »Dritten Reiches« noch einmal rapide zunahm und damit auch immer sichtbarer wurde, an dem verbrecherischen Charakter des Regimes keinen Zweifel mehr ließ.[81] Die von den Alliierten erzwungene Vergegenwärtigung der Verbrechen löste eine zusätzliche Entwertung des Selbstbildes aus, die den Blick auf die Breite der persönlichen Enttäuschungserfahrungen durch die Wucht der kriegerischen Ereignisse bis heute verstellt.

Bei näherer Betrachtung ist es nur schwer möglich, sicher zu unterscheiden, ob die während der ersten Nachkriegsjahre von den Deutschen überall behauptete Distanz zur Politik und Ideologie des Nationalsozialismus das Resultat einer gleichsam erzwungenen Abstandshaltung, das Ergebnis einer durchschlagenden Ernüchterung oder sogar der Ausdruck einer schon lange Zeit währenden Oppositionshaltung war. Zumindest im öffentlichen Raum bekannte sich fast niemand mehr dazu, ein Verfechter der nationalsozialistischen Ideologie gewesen zu sein.

Der Glaube an die nationalsozialistischen Ideale schien nachgerade ein Bekenntnis zur Vernichtungspolitik, der »Nazi« eine Chiffre für die begangenen Verbrechen zu sein. Wenige Tage nach der Kapitulation hielt Ruth Andreas-Friedrich in ihren Aufzeichnungen bereits fest: »Das Leumundszeugnis regiert die Stunde.« Sie wusste, dass zwischen den einstigen Parteimitgliedern Unterschiede gemacht werden konnten. Sie sah jedoch zugleich, dass die Mitläufer mit den nationalsozialistischen Eiferern offenbar dasselbe dringliche Anliegen teilten: sich ihr »Nazitum fortattestieren« zu lassen.[82]

Vor dem Hintergrund der umgehend verordneten Zwangsarbeiten für ehemalige Parteimitglieder und der drohenden Entnazifizierung ist dieses Verhalten verständlich.[83] Eine Neigung, sich über den ehemals eigenen, auf das NS-System gerichteten Zukunftstraum hinwegzutäuschen, ist dabei durchaus erkennbar. Das lässt sich nicht nur bei den Funktionären oder Aktivisten der NS-Bewegung beobachten. Auch ganz normale Mitläufer hatten Probleme, sich einzugestehen, dass ihre Bereitschaft, dem System zu dienen, auch auf ihrer Begeisterung beruht hatte. Nachträglich war das für sie befremdlich. Zu ihnen zählt auch Gustav B., der im September 1946 für einige Wochen in psychiatrischer Behandlung war.[84] Wie unzählige andere war er Mitglied der NSDAP gewesen. Gustav B. war zu diesem Schritt keineswegs gedrängt worden. Sein Beitritt im Jahr 1940 erfolgte augenscheinlich aus Überzeugung. Er hatte, wie er formulierte, »in seiner vaterländischen Einstellung geglaubt […], dass die NSDAP in der Lage sei, das Vaterland zu retten«. Gustav B. verhehlte diesen Idealismus nicht. Gleichwohl versäumte er nicht, hinzuzufügen, er habe auch in dieser Partei schon »nach kurzer Zeit […] Mängel und Fehler entdecken müssen«. Er meinte sogar, seine tiefe Erschütterung, die ihn mit der Kapitulation ergriffen habe, sei deshalb im Grunde schon fast vorhersehbar gewesen. »All seine Hoffnungen [seien] zerstört worden«, erläuterte Gustav B., der sich dadurch seinen damaligen Zustand erklärte, der nach seinem Eindruck ein »Nervenzusammenbruch« gewesen war.

Gustav B. ließ keinen Zweifel an der Tiefe dieser Erschütterung, wobei der Begründungszusammenhang, in den er diesen massiven Einbruch einordnete, den von ihm bereits gewonnenen Abstand zur NS-Ideologie unterstrich. Gegenüber dem Arzt bekräftigte er diese Distanz noch einmal, indem er hinzusetzte, dieser Zustand des »Nervenzusammenbruchs« habe dieses Mal nicht so lange angehalten »wie 33«; seinerzeit habe er schon einmal einen solchen gehabt. Gustav B.s politische Ausrichtung war damals noch eine andere gewesen. In den frühen 1920er Jahren war er zunächst in der KPD, dann in der sozialistischen Arbeiterjugend tätig gewesen, »wiederum sehr aktiv« und »mit Idealismus«, wie er betonte. Die Notizen des Arztes hielten dazu weiter fest: »Kurz vor 33« sei er »in seiner politischen Haltung wieder schwankend geworden«, weil »es in seiner Partei nicht so zuging, wie er es sich als Idealist vorgestellt habe: Das habe ihn bedrückt, er sei innerlich zerrissen gewesen«. Beim »Umbruch« war Gustav B., so seine Schilderung, dann »vollständig zusammengebrochen«. Ihm hatte, wie er darlegte, »jeder Halt gefehlt, jede Hoffnung«. Gustav B. äußerte sich nicht darüber, wie er sich in den sieben Jahren zwischen der Machtübernahme durch die Nationalsozialisten und seinem schließlich erfolgten Eintritt in die NSDAP im Jahr 1940 politisch positionierte. Spätestens zu diesem Zeitpunkt aber hatte er, so lässt sich seiner Erzählung entnehmen, sowohl ein Gefühl der Sicherheit als auch der Zuversicht wiedergefunden.

In seiner politischen Ausrichtung hatte Gustav B. politische Extreme durchschritten. Es war aber nicht sein politisches Engagement in der KPD und der SPD, das er vor sich selbst und anderen meinte erläutern zu müssen; es war sein Glaube an die nationalsozialistische Partei, den er einst mit seinem Eintritt bekundet hatte. Nach seiner eigenen Darstellung war diese Parteizugehörigkeit eher ein Kapitel ohne besondere Bedeutung, nachgerade eine Bagatelle, lediglich seine Familie schien gelitten zu haben. Ihretwegen machte er sich Vorwürfe. Er habe »die Familie nicht so versorgt, wie es sein müsste«, er »hätte aus dem politischen Leben herausbleiben sollen«. Dann hätte nach der Kapitulation alles seinen »normalen« Gang gehen können. Immerhin hatte er schon kurze Zeit nach dem Zusammenbruch des NS-Regimes Arbeit bei der Militärregierung angenommen, die ihn alsbald jedoch aufgrund einer Denunziation wieder entließ. Gustav B. hielt daran fest, dass er sich nichts hatte zuschulden kommen lassen. Ein plausibler Grund, warum er vierzehn Monate nach Kriegsende »scheu, misstrauisch, voller Angst« war, fiel ihm, wie er gegenüber dem Arzt behauptete, jedenfalls nicht ein. Laut den Notizen des Psychiaters führte Gustav B. dazu aus: »Früher sei er politisch verfolgt worden, da habe er Grund gehabt, misstrauisch zu sein, jetzt sei das aber doch nicht nötig, und trotzdem beschleiche ihn so ein Gefühl.« Gustav B. zeigte sich gegenüber dem Arzt überzeugt, ein unbescholtener Bürger zu sein. Der Nationalsozialismus war Vergangenheit, mit dem zusammengebrochenen Regime identifizierte er sich angeblich nicht. Es bedrücke ihn jetzt »besonders die Lage des Vaterlandes«. Möglicherweise war in Gustav B.s Selbstdarstellung manches etwas verzerrt, doch sie war keine reine Maskerade. Eher offenbarte sie das Bedürfnis, für sich selbst den Abstand zum NS-System so sicherzustellen, dass die ehemals eigene Begeisterung in der Vergangenheit eingehegt werden konnte, wo sie aus der Ferne an Stärke einbüßte.

Doch auch die Erinnerung an die kleinen Unterstützungsleistungen für die nationalsozialistischen Machthaber blieben, wie der Fall von Adolf W. aus dem Jahr 1948 zeigt, unangenehm und irritierend.[85] Selbst scheinbar Banales wirkte wie ein Stachel und bereitete inneres Unbehagen. Denn auch in ganz alltäglichen Dingen hatte man die Hingabe für den »Führer« zum Ausdruck gebracht, zu der man sich im Nachhinein nur zögerlich bekennen wollte. Als sich Adolf W. im Frühjahr 1948 auf Anraten seiner Angehörigen in psychiatrische Behandlung begab, war ein solch innerliches Ringen zunächst nicht unbedingt ersichtlich. Aus den Aufzeichnungen über das Aufnahmegespräch ist lediglich zu erfahren, dass Adolf W. in hohem Maße ängstlich und bedrückt war, sich äußerst mutlos und ohne jede Energie fühlte. Adolf W., der bereits 1939 zur Wehrmacht eingezogen worden war und bis auf einen einmaligen Einsatz in Frankreich den weitaus größten Teil der Zeit der Besatzungstruppe in Holland angehört hatte, tat sich nach Kriegsende auffallend schwer, im zivilen Leben wieder Fuß zu fassen. Nach den Angaben seiner Frau war Adolf W. allerdings nie ein zupackender Mensch gewesen, eher hatte er bisweilen die Tendenz zur »Schwarzseherei«. Für seinen gegenwärtigen Zustand gab es jedoch, so schien es ihr, einen besonderen akuten Grund: Adolf W. war, hielt der Arzt ihre Aussage fest, »durch den Kriegsverlauf sehr niedergeschlagen«.

Diese Formulierung deutete auf mehr hin als auf eine Bedrückung Adolf W.s angesichts der Abfolge militärischer Niederlagen. Sie umschrieb auch seine Enttäuschung über das mit der Kapitulation besiegelte Ende seiner eigenen militärischen Größenphantasie. Doch in der Verzweiflung über »Kriegsverlauf und -ausgang«, die Adolf W. zu einem späteren Gesprächszeitpunkt noch einmal beteuerte, war noch mehr eingeschlossen. Die Bezeichnung des »Krieges« verwies nicht unbedingt bloß auf Militärisches, es waren der Nationalsozialismus und seine Verbrechen, die in dieser Sprache mit abgewickelt werden konnten. Deutlich wird das in einer kurzen Gesprächssequenz, in der Adolf W. dem Arzt und sich selbst seine dauernde und sporadisch geradezu rasende Angst, andere wollten ihm Schaden zufügen, folgendermaßen verständlich machte: »Na ja«, räumte er auf eine Nachfrage des Psychiaters zögerlich ein, »ich bin früher völkisch gewesen, wir hatten früher oft sehr schön für den Feldherrn das Schaufenster dekoriert. Nach dem Zusammenbruch glaubte ich, werde man den Spieß umdrehen, und ich wäre dran.«

Adolf. W. schilderte hier eine Geste der Achtung und der Zuneigung. In seinem Alltagsleben hatte er ein demonstratives Zeichen der Unterstützung und eigenen Zugehörigkeit gesetzt; er identifizierte sich mit der militärischen Macht des NS-Staates. Ob sich das auf eine Huldigung für ihren obersten Machthaber und eine Zustimmung zu dessen militärischem Größenwahn begrenzte oder ob es ein weiter reichendes Einverständnis mit der NS-Ideologie gab, lässt sich aus den Akten nicht erschließen. In jedem Fall erwartete Adolf W. eine Rache der Alliierten als direkte Reaktion auf sein einstiges Verhalten. Das Wissen über die Verbrechen war dafür sicherlich ein hinreichender Grund. Später wird noch zu zeigen sein, dass Adolf W.s Wahnideen und seine familiäre Situation auf ein gebrochenes Verhältnis zur Ideologie des Nationalsozialismus hindeuten.[86] Bei allen etwaigen Differenzen, die Adolf W. gegenüber der verbrecherischen Politik des Regimes gehabt haben mochte, trat eines deutlich zutage: Er vermochte vor sich selbst den Gedanken nicht ohne weiteres zurückzuweisen, dass er die Verbrechen in seinem Eifer für völkische Gesinnung und Führerverehrung durchaus mit gedeckt und gestützt hatte. In sein ausgesprochenes Bemühen, stets »korrekt zu handeln«, das der behandelnde Arzt in erster Linie auf ein »empfindliche[s] Gefühl für Recht und gute Form« zurückführte, hatte sich eine nagende Verunsicherung eingeschlichen.

Im Angesicht des Untergangs brachen so manche ideologischen und patriotischen Illusionen über den erträumten nationalsozialistischen Zukunftsstaat in sich zusammen. Aber auch Illusionen über sich selbst waren dabei zugrunde gegangen oder hatten sich schon vorher aufgelöst. Die Gewalt des Krieges hatte Selbstbilder demontiert, noch bevor mit der totalen Niederlage dem »Dritten Reich« ein Ende gesetzt war. Die Rede ist hier nicht von jenen Enttäuschungen, dass mit einem »Dank des Vaterlandes« an die heimgekehrten Soldaten nicht zu rechnen war. Auch für diese Desillusionierung gibt es zweifellos Beispiele, das bestätigt sich auch in vereinzelten psychiatrischen Krankenakten oder Briefen an die Versorgungsämter, die jedoch erst aus späteren Jahren stammen.[87] Gemeint sind vielmehr jene Selbstenttäuschungen, in denen erkennbar eine Verzweiflung mit sich selbst, eine Ernüchterung, bisweilen auch eine Erschütterung über die eigene Person in diesem Krieg zutage traten. Diese Geschichten wurden nicht im Modus der Opferrhetorik erzählt, wie das oft in der späteren militärischen Erinnerungsliteratur, den populären Kriegsdarstellungen und den öffentlichen Verlautbarungen ehemaliger Wehrmachtsangehöriger der Fall war.[88] Es war kein klagender Ton, der hier angeschlagen wurde, weder über fanatische Generäle noch über den grundsätzlich barbarischen Wesenszug des Krieges. Die Belastung war man sich selbst. Denn es war das eigene Handeln, das im Verlauf des Krieges für manche Soldaten plötzlich, für andere allmählich zu einer Bürde geworden war, ohne dass man sich ihrer ohne weiteres wieder hätte entledigen können.

Gerd M., der im Jahr 1943, als Neunzehnjähriger, zur Wehrmacht einberufen und zum Pionier ausgebildet worden war, stand von Anbeginn seiner Militärzeit in einem moralischen Dilemma.[89] Sein Einsatzort war Italien. Der Krieg stieß ihn ab. Zwar habe er mit seinen Kameraden »ein gutes Verhältnis« gehabt, erzählte er dem Arzt, doch »die ganze Umgebung und die Behandlung habe ihm nicht zugesagt.« Gerd M. war »nicht gerne Soldat gewesen«, wie er bekräftigte. Tatsächlich spricht wenig dafür, dass er sich in diesem Krieg unter Beweis zu stellen versuchte. Während seiner gesamten Einsatzzeit war er Gefreiter geblieben, ohne dass ihm je eine Auszeichnung verliehen worden war. Von der Gemeindeschwester, der sich Gerd M. einmal anvertraut hatte, erfuhr der behandelnde Psychiater, das »Morden« sei dem ehemaligen Soldaten »schwergefallen«. Gerd M. war das Töten abscheulich und eine Pein gewesen. Er verhehlte es nicht. Doch ein moralisches Überlegenheitsgefühl vermochte er aus seiner Abneigung gegen den Krieg offenbar nicht zu ziehen. Denn als Soldat hatte er funktioniert, und das Erschrecken darüber saß augenscheinlich tief. Das Bild von sich selbst war zerbrochen. Ein Gefühl, sich selbst als Persönlichkeit in diesem Krieg bewahrt zu haben, gab es nicht. Das geht aus einer kurzen Gesprächssequenz mit dem Psychiater hervor, in der Gerd M. erläuterte: »Schon als Soldat« sei ihm »das Leben oft sinnlos vorgekommen [...], das Leben sei ihm gleichgültig gewesen«, wenn er auch nicht, wie er ergänzte, daran gedacht habe, »es selbst zu beenden«. Auch drei Jahre nach dem Krieg war es Gerd M. nicht gelungen, dieses Gefühl der Leere wirklich zu durchbrechen. Ein »rechtes Ziel vor Augen« fehlte ihm, ein »Sinn« war, so meinte er, »in der Welt« seither nicht mehr zu erblicken.

Derartig erschöpfende Desillusionierungen sind vereinzelt aus Tagebüchern von Soldaten bekannt, die den menschenverachtenden Krieg in Russland erlebten.[90] Dort waren sie die Summe einer tiefen Erschütterung, die sich aus zweierlei speiste: erstens aus dem Entsetzen, das so manchen – trotz ideologischer Verblendung – angesichts der barbarischen Aggression gegen die vermeintlichen »Untermenschen« ergriffen hatte, und zweitens aus der bitteren Einsicht, wie sehr die Gewalt nicht nur zur eigenen Routine, sondern gegenüber dem häufig »mörderischen Warten« gar zu einer unheimlichen Lust geworden war.[91]

Für den Schock über die Verwandlung des eigenen Selbst im Krieg war das, wie der Fall von Ludwig D. zeigt, jedoch bei weitem nicht der einzige Grund.[92] Die Realität des Krieges war nämlich nicht nur erbarmungslos, sie war auch unberechenbar. Es war ein einziger Vorfall, geschehen in einer Nacht, der an Ludwig D. auch nach Jahren noch zehrte. Wegen dieses Ereignisses bezichtigte er sich, ein »Mörder« zu sein. Ende des Jahres 1942 hatte er, wie Ludwig D. fünf Jahre später in der Psychiatrie erklärte, einen deutschen Leutnant erschossen. Es geschah »irrtümlich in Angst und Übereilung«, heißt es in den psychiatrischen Aufzeichnungen, die seine Erzählung über dieses Ereignis festhielten. Ludwig D. hatte den Leutnant für einen Feind gehalten. Während seines Wachdienstes war der andere aufgetaucht. Zweimal hatte er ihn angeblich angerufen. Jener aber habe, hielt der Arzt fest, »mit seiner Rechten eine Handbewegung gemacht, als wollte er zu seiner Pistole greifen«. Ludwig D. schoss. Er tat es »vor Angst«, wie er noch einmal betonte, um dem »vermeintlichen Angriff zuvorzukommen.«

Ludwig D. war als Soldat in Polen und in Frankreich gewesen, er hatte am »Russlandfeldzug« teilgenommen und in Stalingrad gekämpft. Es steht außer Frage, dass er in diesem Krieg viele Tote gesehen hatte, mit hoher Wahrscheinlichkeit hatte er selbst Menschen getötet. Ludwig D.s Erzählungen über den Krieg kreisten jedoch ausnahmslos um die Erschießung des deutschen Leutnants, von der er vorgeblich jede Nacht träumte. Dieser Vorfall war, behauptete er ebenso hartnäckig wie verzweifelt, die Ursache für seine »Unausgeglichenheit« und sein »andauernde[s] Gequältsein«. Nichts war ihm seither mehr gelungen, glaubte er. Ja, er verstieg sich sogar in die Vorstellung, dass seit diesem Tage alle gegen ihn seien. Von seinem Vater erwartete er daher nur Verachtung, wie von seiner Verlobten auch, hätte er ihnen die damaligen Geschehnisse erzählt.

Tatsächlich hatte Ludwig D. die Tat immer vertuscht. Auch in jener Nacht schon hatte er sie nicht gemeldet. Ludwig D., damals Fahnenjunker, schwebte eine Laufbahn als Offizier vor, welche, so das Argument für sein Schweigen, mit Bekanntwerden des Vorfalls hinfällig geworden wäre. Auch wenn er seine Illusion von der militärischen Karriere damit vorübergehend weiter aufrechterhalten konnte, das Ereignis jener fraglichen Nacht hatte sein bisheriges Selbstbild gleichwohl zerstört. Angst, Feigheit, Schwäche, Nachlässigkeit hatten sein Verhalten bestimmt. Zwar sei er müde gewesen, und es sei kalt gewesen. Doch das »Wachvergehen«, das er begangen hatte, war eine nicht zu entschuldigende, ihn diskreditierende Tat. Er hätte »Deckung nehmen können« und »nach dem 3. Anruf noch einmal hervorspringen können«, bezichtigte Ludwig D. sich selbst. »Ich war im Vorteil. Er stand frei«, setzte der ehemalige Soldat sogar noch einmal nach, um die Schwere seines Vergehens, vor allem aber die für ihn quälende Niederträchtigkeit seines Benehmens zu unterstreichen. Vor dem militärischen Tugendkatalog, mit dem sich der auf die Offizierslaufbahn erpichte Ludwig D. gewiss identifizierte, hatte er versagt. Sein soldatisches, männliches Selbst war konterkariert. Entgeistert und erschreckt stand er sich gleichsam selbst gegenüber.

Im Bewusstsein des eigenen Versagens vor den leitenden Moral- und Wertvorstellungen wurde so mancher Soldat nicht nur seiner selbst nachhaltig unsicher, sondern auch sich selbst unheimlich. Auch dieser Krieg war kein »moralische[s] Niemandsland«.[93] Treue, Gehorsam und Tapferkeit, Mut und Opferbereitschaft, die zweifellos zum damaligen Wertekosmos gehörten,[94] wurden von den Nationalsozialisten als soziale Normen zur Stärkung der NS-

Volksgemeinschaft, innerhalb der Wehrmacht darüber hinaus als unabdingbare Voraussetzung für die Schlagkraft der Truppe und ihren kameradschaftlichen Zusammenhalt eingefordert. Zudem bezeichneten diese Werte aber auch das Ideal einer inneren »Haltung«, der sich unzählige Soldaten verschrieben hatten und die sie oftmals im kameradschaftlichen Schulterschluss erprobten.[95] Aber nicht bloß die rigorose Verhaltenserwartung von Vorgesetzten und Kameraden und die möglicherweise drohende Sanktion verliehen den Werten einen gleichsam unerbittlichen Charakter. Auch durch die Selbstverpflichtung gewannen sie mitunter einen schonungslosen Zug, der sich nicht nur gegen den Feind, sondern auch gegen die eigene Person richten konnte.

Der Fall von Alfred J. verdeutlicht das.[96] Vier Jahre nach Ende des Krieges brach er während seines Psychiatrieaufenthaltes sein bisheriges Schweigen über einen schon längere Zeit zurückliegenden Vorfall. Der Niederschrift seiner Erzählung ist Folgendes zu entnehmen: Bei einem Alarm während des Krieges war ein Leutnant aus der Kantine gestürzt, hatte blindlings geschossen und versehentlich einen Obermaat getroffen. Alfred J. hatte alles beobachtet. Er schwieg jedoch darüber, angeblich hatte der Leutnant dies von ihm verlangt. Alfred J. hatte somit gehorcht, in kameradschaftlicher Manier die Verfehlung vertuscht und den Leutnant geschützt. In der darauffolgenden Zeit wurde für Alfred J. sein eigenes Schweigeverhalten jedoch zu einer immer größeren inneren Zerreißprobe. Die Verheimlichung der Tat war ihm unbehaglich. Dennoch hielt er Wort, auch nachdem der Krieg vorüber war und er von Seiten des Leutnants gewiss kaum mehr etwaige Unannehmlichkeiten fürchten musste. Die Treue zum Leutnant war sicherlich auch ein Stück Treue zu sich selbst, wenngleich sich Alfred J. offenbar in dieser Angelegenheit in seinem moralischen Handeln nicht sicher war. Als er sein Schweigen brach, trat der innerlich schwelende Kampf, der daraus erwachsen war, zutage. Er habe das Schweigen »nicht mehr aushalten können«, erläuterte er dem Psychiater, »es habe ihm auf der Seele gelegen«. Alfred J. war sein Mitwirken an dieser heimlichen Übereinkunft offenbar in wachsendem Maße zu einer quälenden Beschämung geworden.

Den Wertmaßstäben des Krieges entledigten sich die Soldaten nach ihrer Heimkehr nicht immer leicht. Insbesondere aus Verfehlungen an den moralischen Ansprüchen, die mit dem Kameradschaftsideal verbunden waren, entwickelten sich in vielen Fällen nagende Gefühle der Schuld, die weit über das Ende des Krieges hinaus virulent bleiben konnten. Helmut G. plagten derartige Schuldgefühle noch im Jahr 1949, wie während seines Psychiatrieaufenthalts deutlich wurde.[97] Er war neunzehn, als er kurz vor Kriegsende das erste Mal an die Front geschickt wurde. Es war ein Kampfeinsatz an der Ostfront, der für ihn ein Vierteljahr dauerte. Am 9. Mai 1945 wurde seine Einheit aufgelöst. Dem Befehl, dass »die Soldaten sich selbst nach der Elbe durchschlagen sollten, um der russischen Kriegsgefangenschaft zu entgehen«, war Helmut G., wie alle anderen auch, gefolgt. Seine »Erlebnisse im Kampfeinsatz [...] hätten ihn schon über Gebühr stark beeindruckt«, gab er dem Psychiater im späteren Gespräch zu erkennen; doch schlimmer noch nagten an ihm, glaubt man seinem Empfinden, die Erlebnisse während dieses Rückmarschs, genauer: sein eigenes Unvermögen. Unteroffizier sei er damals gewesen, erklärte er dem behandelnden Arzt, und so habe sich »eine ganze Gruppe von neuen, unbeholfenen Rekruten ihm angeschlossen [...]. Da diese Leute entweder 16 oder aber über 45 Jahre alt gewesen seien, hätten sie den Anforderungen des anstrengenden Marsches nicht standgehalten, und er habe sie deshalb verloren bzw. zurückgelassen.« Helmut G. machte sich keine Hoffnungen über das weitere Schicksal dieser Soldaten. »Den Umständen entsprechend« habe er »annehmen müssen«, hielt der Psychiater dessen Schilderungen weiter fest, »dass sie noch gefallen oder in russische Kriegsgefangenschaft gekommen seien«. Helmut G. hatte sich, wie er dem Arzt erläuterte, deshalb »außerordentlich starke Vorwürfe« gemacht, er trug auch »jetzt noch ein starkes Schuldgefühl mit sich herum«.

Mit dem »unantastbare[n] Gesetz der treuen Kameradschaft«, das nach dem Ende des Krieges in öffentlichen Gedenkreden der Veteranen immer noch glorifiziert wurde,[98] hatte Helmut G. im Angesicht des Untergangs gebrochen. Entgegen der im Gefallenenkult der Nachkriegszeit idealisierten Vorstellung von Kameradschaft, die sich vorgeblich dadurch auswies, dass die Soldaten auch unter widrigsten Umständen ihr Leben zur Rettung hilfloser Kameraden vor dem Feind einsetzten,[99] hatte dieser Akt der Hilfeleistung bei Helmut G. im Kampf um sein eigenes Leben zurückgestanden. Noch vier Jahre später beklagte er die Opfer, weit davon entfernt, die Wehrmacht dabei zu einer Opfer- und Leidensgemeinschaft zu stilisieren, wie das aus öffentlichen Verlautbarungen ehemaliger Wehrmachtsangehöriger oft herauszuhören ist.[100] Helmut G. quälten Schuldvorwürfe. Die Schrecken des Krieges sprachen ihn nach seinem Empfinden nicht frei. Für den vermutlich erfolgten Tod der zurückgelassenen Soldaten fühlte er sich mitverantwortlich. Vor sich selbst war er ein Täter, und dessen klagte er sich an.

Aus den psychiatrischen Krankenakten gewinnt man den Eindruck, dass Schuldvorwürfe dieser Art unter den ehemaligen deutschen Soldaten keine Seltenheit waren. Manchmal war das Schuldgefühl mit dem Tod eines einzelnen, nahestehenden Kameraden verknüpft, in anderen Fällen marterten sich die überlebenden Soldaten in Anbetracht der Vielzahl an deutschen Gefallenen nach einem Kampf oder angesichts des harten Schicksals, das die deutschen Kriegsversehrten zu tragen hatten.[101] Erschütterung und Mitgefühl wurden zum Ausdruck gebracht, es war ein Reden über das kaum fassbare Leid der Opfer aus den eigenen Reihen. Diese wurden von den ehemaligen Wehrmachtsangehörigen beklagt und betrauert, vor allem aber fühlten sie sich für deren Tod oder die schrecklichen Verstümmelungen, die viele Soldaten aus den eigenen Reihen erlitten hatten, mitverantwortlich. Ein spezifisch deutsches Phänomen war das nicht. Fünf Jahre nach Kriegsende wies Irving N. Berlin, Psychiater an der Universitätsklinik in San Francisco, mit Nachdruck auf ein in der dortigen Fachwelt angeblich völlig unterschätztes, von vielen Kollegen sogar gänzlich negiertes Problem hin: Es ging um die Selbstvorwürfe ehemaliger Soldaten, die glaubten, an dem Tod ihrer Kameraden mitschuldig zu sein.[102] Vergleicht man die vorliegenden Selbstanklagen, ist eines ersichtlich: Ehemalige Soldaten rangen hier wie dort mit der Vorstellung, dass sie selbst den Tod von anderen durch Fahrlässigkeit, Feigheit oder auch Rücksichtslosigkeit mit verursacht und daher mit zu verantworten hätten.

Da die Hoffnung der Soldaten, im Krieg zu überleben, nicht zuletzt aus dem Glauben an die gegenseitige Verlässlichkeit und die Verantwortung füreinander Kraft schöpfte, erstaunt es keineswegs, dass sich Kombattanten für den Tod ihrer Kameraden die Schuld gaben. Im Hinblick auf den Tod von feindlichen Soldaten stößt man hingegen nur äußerst selten auf ein explizites Schuldgefühl. Ihr Tod erschien als eine logische Folge des Kriegszustands, der vom Soldaten Gehorsam und Pflichtausübung erforderte,[103] in dem darüber hinaus aber auch das Gefühl der eigenen existentiellen Bedrohung das Töten geradezu als einen der Vernunft folgenden Handlungszwang erscheinen ließ.[104] Es ist bekannt, dass in der Nachkriegszeit im Hinblick auf die Kriegs- und Verfolgungsverbrechen oft ähnlich argumentiert wurde. Angesichts der erkennbaren Unterschiede in der Kriegführung gegen die Partisanen wie auch im Umgang mit der Zivilbevölkerung im Osten liegt die Annahme jedoch nahe, dass auch im »totalen Krieg«, den die Wehrmacht an der Ostfront führte, zumindest bei Teilen der Soldaten ein Unrechtsbewusstsein erhalten geblieben war.[105] Das offene Bekenntnis zu einer Schuld an diesen Verbrechen, einer Schuld, die eine persönliche Verantwortung einräumte, wird man gleichwohl im Allgemeinen vergeblich suchen.[106]

Äußerungen ehemaliger Wehrmachtsangehöriger aus der Nachkriegszeit deuten jedoch darauf hin, dass die von Seiten der Alliierten rigoros betriebene Konfrontation der Deutschen mit diesen unfassbaren Gräueltaten in vielen Fällen eine tiefe Beschämung auslöste. Die eigene Selbstachtung war angesichts des Massenmordes, wie es scheint, nur schwer zu erhalten. Auch Versuche, die grausigen Geschehnisse von sich fernzuhalten, verdeutlichen dies, wie etwa das Beispiel von Wilfried M. aus dem Frühjahr 1946 zeigt.[107] »Man las so vieles über die ganzen Sachen K.Z, Behandlung da usw., wo man als Soldat doch gar nicht daran gedacht hat«, erläuterte Wilfried M. dem behandelnden Arzt recht unvermittelt in einem der letzten Gespräche vor seiner Entlassung, das dem Zweck hatte dienen sollen, die Einsicht des Patienten in seine eigene Krankhaftigkeit noch einmal zu prüfen. Der Nachfrage des Arztes, ob sich »politische Vorgänge« bei ihm »verwirrt« hätten, wich Wilfried M. allerdings aus. Auch dem Unmut des Psychiaters, der ihn aufforderte, doch nicht »wie die Katze um den heißen Brei, um den heiklen Punkt« herumzugehen, gab Wilfried M. nicht nach, sondern schloss mit aller Entschiedenheit: »Das bringen Sie mir heute alles wieder in den Kopf. Das ist doch nicht gut. Ich weiß, dass ich heute an den ganzen Kram nicht mehr denken darf, mich nicht damit befassen darf.«[108] Wilfried M. war sich über die Grauenhaftigkeit dieser Verbrechen ganz offensichtlich nicht nur im Klaren, es war auch die Frage der Verantwortung, die ihn dabei bedrängte. Zwar machte der ehemalige Panzerführer geltend, als Soldat keine Kenntnis von diesen grausamen Taten gehabt zu haben, doch gab er damit zugleich zu erkennen, dass er sein Selbstbild dennoch irgendwie schützen musste.

Das Leben mit sich selbst war im Angesicht der mörderischen nationalsozialistischen Vergangenheit offenbar beschwert. Bei vielen der ehemaligen Wehrmachtsangehörigen klang dies in aller Regel aber nur in leisen und verzerrten Tönen an. Auch das »dauernde Gefühl der Leere«, das Reinhard G. in einer Art Lebenslauf aus dem Jahr 1950 als das für ihn selbst vorherrschende Lebensgefühl seit dem Kriegsende beschrieb, war Ausdrucksweise eines Bewusstseins von der Entsetzlichkeit der Verbrechen, in deren Folge es nur noch schwer gelang, sich selbst vor Augen zu treten.[109] »Ich habe – wenn auch nur mechanisch – die bisherigen Aufgaben so erfüllt, dass ich mir keinen Vorwurf in dieser Hinsicht machen brauche«, hielt der ehemalige Offizier fest und betrachtete sich rückblickend dennoch wie eine Person, die er nie gewesen war, ganz so, als wäre er sich selbst entrückt. »Ein Mensch erkennt, dass er nie Mensch war«, schrieb er, dem es nach eigenen Angaben schwerfiel, Worte für das ihn quälende Gefühl zu finden. Er selbst, ein »pflichtbewusster, zuverlässiger Offizier«, das alles erschien ihm nur als ein Schein, als ein Glaube von Außenstehenden, die sich in ihm täuschten. Ehrgeizig war er selbst, der es bis zum Hauptmann gebracht hatte, wohl gewesen, er »wollte immer hoch hinaus«. Auch glaubte er, ein »Idealist« zu sein, »das alles« sei »zusammengebrochen«. Reinhard G. wollte derjenige, der er einst war oder gewesen zu sein schien, nicht sein. Seine Selbstsicherheit hatte er eingebüßt. Nur der Versuch, »von ganz unten neu anzufangen«, stellte nach diesem »Wahnsinnsweg«, wie Reinhard G. sich an anderer Stelle ausdrückte, möglicherweise einen Ausweg dar. Es war eine Verwandlung des Selbst, die ihm, wie unzähligen anderen damals auch, bei dieser Vorstellung vorschwebte. Doch ein neues Ich zu bauen war schwer. Reinhard G. war nicht der Einzige, der dabei strauchelte. In der wiederkehrenden »furchtbaren Angst, dass es keinen Ausweg mehr gebe, aus allem herauszukommen«, mag deshalb so mancher seinen Gedanken geteilt haben: »Wäre ich nur gefallen, es wäre ein anständiger Abschluss gewesen.«

2.
Gestörte Heimkehr

a) Wahn und Wirklichkeit

»Am Anfang steht das Chaos!«[1]

Das Nachleben des Krieges war verstörend und beängstigend und für den wohl allergrößten Teil der deutschen Gesellschaft eine Herausforderung, zumal die Wirklichkeit der unmittelbaren Nachkriegszeit kaum Orientierung bot. Unvereinbare Wahrnehmungen, grobe Schicksalsschläge, massenhafte Dislozierung und der schiere Zufall des Überlebens erzeugten nach dem ersten Aufatmen ein Gefühl des reinen Davongekommenseins, ohne dass auch nur eine Vorstellung davon vorhanden war, wie man in Zukunft mit sich und seiner Vergangenheit leben sollte.

Die äußeren Zeichen der gesellschaftlichen Zerstörung und Auflösung waren augenfällig, und sie sind weithin bekannt. Man muss sich das Panorama wenigstens in einigen Aspekten vor Augen führen. Millionen von Familien waren zerrissen und zerstört. Hunderttausende deutsche Juden und andere Verfolgte waren während des Nationalsozialisums ermordet worden. Und da waren die deutschen Kriegstoten und die Todesopfer der Kriegsfolgen.[2] Mehr als fünf Millionen deutsche Soldaten waren im Verlauf dieses barbarischen Krieges, der insgesamt etwa 55 Millionen Menschen das Leben gekostet hatte, gefallen; bei der Bombardierung der deutschen Städte hatten mehr als eine halbe Million Zivilisten ihr Leben verloren. Mehr als 1,7 Millionen Menschen waren während der Vertreibungsaktionen im Osten oder bei ihrer Flucht in den Westen zu Tode gekommen, Hunderttausende Soldaten waren in der Kriegsgefangenschaft verstorben, die allermeisten davon im Osten. Ihre exakte Zahl ist nirgendwo zu ermitteln, im

Fall der berüchtigten »Rheinwiesenlager« liegen die Schätzungen zwischen acht- und vierzigtausend Soldaten.[3] Die Todesrate in russischer Gefangenschaft überstieg diese Zahl noch bei weitem. Etwa ein Drittel der zwei bis drei Millionen deutschen Soldaten, die in sowjetische Gefangenschaft geraten waren, soll in den dortigen Lagern oder bereits auf dem Weg in diese umgekommen sein.[4] Über eine Million ehemaliger Soldaten – ihr letzter bekannter Aufenthaltsort lag überwiegend im Osten – galt schlicht als vermisst.[5] Für die Familien blieb manchmal über viele Jahre die belastende Ungewissheit bestehen, ob der Verschollene tot oder seine Wiederkehr immer noch zu erhoffen war.[6]

Darüber hinaus durchtrennten Massenflucht und Vertreibung soziale Bindungen, schnitten soeben noch Vertrautes ab, waren im wahrsten Sinne des Wortes und in vielerlei Hinsicht: ein Schritt ins Ungewisse. Unter jenen zwölfeinhalb Millionen, die den Weg in das Territorium des verbliebenen Nachkriegsdeutschlands überlebten, gab es Unzählige, die darum bangten, wann und wo sie ihre Angehörigen, die noch in der Kriegsgefangenschaft waren, überhaupt wiedersehen sollten.[7] Ihre eigenen Unterkünfte waren notdürftig, in jedem Fall eine Zwischenstation, wie das für etwa neun Millionen Evakuierte auch galt, von denen viele nach der Einstellung der Bombenangriffe wieder in ihre Heimatorte zurückdrängten.[8] Vor allem in den Städten gestaltete sich die Wohnsituation verheerend. Solange noch ganze Stadtteile in Trümmern lagen, gehörte für viele Menschen das Leben in Ruinen und baufälligen Häusern zur Normalität, unzählige andere wiederum waren in viel zu kleinen Wohnungen zusammengepfercht. Millionen sogenannter Displaced Persons, überwiegend von den alliierten Truppen befreite Zwangsarbeiter, versuchten derweil, das ehemals von den Deutschen besetzte Europa in alle Himmelsrichtungen nach Hause zu verlassen; etwa anderthalb Millionen von ihnen lebten sogar noch weiterhin im Nachkriegsdeutschland in Lagern.[9] Millionen von ehemaligen deutschen Kriegsgefangenen – weit mehr als die Hälfte der etwa elf Millionen Soldaten, die in Gefangenschaft geraten waren, wurden bis Ende 1946 entlassen – stießen in die oftmals völlig überlasteten Kommunen hinzu und reihten sich in den Kampf um Wohnung, Arbeit und Essen ein, der in jeder Hinsicht einen langen Atem erforderte.[10]

Für die Davongekommenen konnte von einem Gefühl der Sicherheit in den ersten Nachkriegsjahren kaum die Rede sein. Eher wird man davon sprechen müssen, dass die meisten Menschen mit der dauernden Bewältigung einer Notstandssituation konfrontiert waren, in der es über zwei, drei Jahre hinweg eine tägliche Mühsal war, die eigene Existenz und die der Angehörigen überhaupt abzusichern. Erfindungsreichtum und der Verstoß gegen die moralische und rechtliche Ordnung waren dabei häufig unabdingbar. »Not, Begierde und chaotische Zustände [haben] alle menschlichen Hemmungen niedergebrochen«, schrieb Ruth Andreas-Friedrich im September 1946, die in den Straßen Berlins beobachtete, wie die unterschiedlichsten Menschen, getrieben durch Hunger, auch die Suche nach Essensresten in Mülleimern und Abfallhaufen nicht mehr scheuten.[11] Die Nutzung des moralisch verpönten Schwarzen Marktes war für weite Teile der Gesellschaft ebenso lebensnotwendig. Das galt weniger für die Menschen auf dem Land. Viele Bauern konnten ihre Produkte gegen andere materielle Waren sogar noch eintauschen. Der Vorwurf der unsittlichen Bereicherung an der Not anderer haftete deshalb so manchem Landwirt an.[12] Tatsächlich traf es die Bevölkerung in den Städten weitaus schlimmer. Insbesondere hier grassierte der Hunger. Die zugeteilten Lebensmittelrationen waren zu gering, der erfolgreiche Eintausch der Lebensmittelkarten gegen Nahrung aufgrund des zusammengebrochenen Transportsystems und der enormen Ernteausfälle keineswegs immer gesichert. Besonders drastisch war die Situation während der Wintermonate, insbesondere im sogenannten Hungerwinter 1946/1947, der aufgrund seiner barbarischen Kälte das Versorgungssystem lahmlegte und die ohnehin deutlich beeinträchtigten physischen und psychischen Kräfte der Menschen weiter herabsetzte.[13]

Ein Bericht der englischen Besatzungsbehörden vom Sommer 1947 bezeichnete den Zustand, dem sich unzählige deutsche

Frauen seit Kriegsende ausgesetzt fühlten, vermutlich treffsicher als eine fortwährende Konfrontation mit »einer alltäglichen Krise, die jeden Moment in eine Katastrophe umschlagen kann«.[14] Das war mitnichten die alleinige Perspektive der Frauen. Dazu trug wesentlich die Entnazifizierungspolitik der Besatzungsmächte bei.[15] Zwar ist im Rückblick allein durch die Bilanz der Verfahren deutlich, dass sich die Entnazifizierung eher zu einer »Mitläuferfabrik« (Lutz Niethammer) entwickelte. Doch weder die Verhaftungsaktionen der ersten Monate, bei denen in der amerikanisch besetzten Zone rund 117 000, in der sowjetischen – teils unter Einsatz erheblicher Willkür – mehr als 127 000 ehemalige Parteimitglieder in Internierungslager überführt wurden,[16] noch die seit Frühjahr 1946 durchgeführten individuellen Überprüfungen vor den Spruchkammern waren für die Betroffenen in ihrem Ausgang wirklich kalkulierbar. Die fieberhafte Suche nach Entlastungsdokumenten ist dafür ein deutliches Indiz; vielen gelang es letztlich, mit Hilfe der »Persilscheine« ihre Verantwortlichkeit für die nationalsozialistischen Untaten herunterzuspielen. Bis zum Abschluss des Verfahrens aber hing die Lebensgrundlage in der Schwebe. Für das weitere eigene Auskommen und das der Familie war der Bescheid insofern existentiell. Erst mit dem Dokument lagen die Einordnung in die Belastungskategorie und das verhängte Strafmaß vor. Drohte die Aufhebung des Renten- oder Pensionsanspruchs, ein mehrjähriges Berufsverbot, eine Geldstrafe? Etliche Zehntausende – insbesondere Angehörige des öffentlichen Dienstes – konnten es im Voraus nicht wissen. Für Millionen heimkehrende Soldaten war in den ersten drei Jahren nach Kriegsende indes sicher, dass sie sich, selbst wenn sie nicht Mitglied der NSDAP gewesen waren, erst dann auf die Suche nach einem Arbeitsplatz oder einer Ausbildungsstelle machen konnten, wenn sie das Entnazifizierungsverfahren durchlaufen hatten und politisch entlastet waren.[17] Für unzählige Männer war es ein zähes, zermürbendes und nervenaufreibendes Abwarten des Bescheides, der so entscheidend für die Vorstellung war, welcher Zukunft man überhaupt entgegengehen würde.

Seit etwa 1948 stellten sich dann zwar für die meisten Menschen im Nachkriegsdeutschland zunehmend Erleichterungen ein, insbesondere verbesserte sich mit der Währungsreform die wirtschaftliche Lage, mithin auch die Ernährungs-, die Arbeitsmarkt- und Wohnraumsituation,[18] und auch die »Heimkehrer-amnestie« für zurückkehrende Kriegsgefangene im Frühjahr 1948 brachte eine erhebliche Vereinfachung der Verfahren mit sich.[19] Doch auch für jene ehemaligen Soldaten, die erst nach zwei, drei Jahren oder, wie viele Kriegsgefangene aus den sowjetischen Lagern, sogar noch später entlassen wurden, erschien die Heimkehr nach wie vor wie »ein Weg ins Ungewisse«.[20] Gerüchte und Erzählungen, die während der Gefangenschaft kursierten, hatten gelegentlich bereits die Furcht vor der Rückkehr geschürt. Auch das Wissen, nach den langen Jahren des reglementierten Lebens wieder die eigene Selbständigkeit unter Beweis stellen zu müssen, war für manche durchaus angsteinflößend. Zahllosen heimkehrenden Kriegsgefangenen erschien die Welt, auf die sie stießen, in vielerlei Hinsicht fremd. Sich zurechtzufinden und Halt zu bekommen fiel schwer. »Man war der alten Ordnungen [...] beraubt und zugleich der neuen noch nicht sicher«, so stellte es sich einem Kriegsheimkehrer im späteren Rückblick dar.[21] Auch mit dem Abklingen der materiellen und der sozialen Not in der deutschen Gesellschaft war für Zehntausende Heimkehrer, wie es scheint, die Orientierungsnot mithin noch lange nicht vorüber.

Tatsächlich kann man die ersten Nachkriegsjahre als eine Grauzone des Übergangs bezeichnen, die von den meisten Deutschen wie von vielen »Spätheimkehrern« in der Konfrontation mit einer ihnen noch unbekannten und in mancher Hinsicht zunächst schwer begreifbaren Welt zeitversetzt durchlebt wurde. In dieser Phase war es keine Seltenheit, dass sich die anfänglich verbreitete Wahrnehmung von chaotischen Zuständen im Zuge des Neubeginns wegen der über viele Monate weiterbestehenden Problemlagen und der damit verbundenen gravierenden Belastungssituationen in das Empfinden verwandelte, einer permanenten Krise ausgesetzt zu sein. An die Stelle der anfänglichen Offenheit gegenüber dem von den Alliierten in Gang gesetzten Aufbau einer neuen politisch-moralischen Ordnung trat häufig nach geraumer Zeit eine tiefe Skepsis, wenn nicht gar Bitterkeit.[22] Die Wirklichkeit wies, so nahmen es Teile der deutschen Bevölkerung augenscheinlich wahr, niederschmetternde und aberwitzige Züge auf. Ob die Absurdität der Vergangenheit oder der gegenwärtigen Situation größer war, schien offenbar nicht mehr für jeden klar entscheidbar zu sein.[23]

In den psychiatrischen Krankenakten findet sich eine Reihe von Fällen, die in zugespitzter Form verdeutlichen, wie sehr der innere Kompass seine Richtung verloren hatte. Stabilitätsreste von »Normalität« in Familie und Gemeinde waren umso wichtiger, stellten aber oft nur eine täuschende Sicherheit her.[24] Zustände innerer Desorientierung waren keine Seltenheit. Selbst in Fällen, in denen scheinbar keine ernsthafte persönliche Belastung durch die Verbrechen des NS-Systems vorlag, erschien nach dem Loyalitätswechsel weg von »Führer« und »Reich« die Zukunft als bedrohlich und die Wirklichkeit als ausweglos.[25] Dabei ging es oftmals nur um die konkrete Anforderung des Entnazifizierungsverfahrens. Sie erwies sich jedoch als hinreichend, derart jähe Ängste hervorzurufen, dass der äußere Anschein eines inneren Halts erkennbar einbrechen konnte.

Werner F. ist dafür nur ein Beispiel.[26] Bei seiner Aufnahme in die Psychiatrie im Dezember 1947 machte er im Grunde einen unauffälligen Eindruck. Der Vierundvierzigjährige erschien in aufrechter Haltung, sein körperlicher Zustand wirkte auf den behandelnden Arzt ausgesprochen gut, sein Gesichtsausdruck intelligent, und auch in seinen Erzählungen klang der Patient überaus geordnet und klar. Seine »gute[n] Formen« schienen dem Arzt eine Bemerkung wert, einen »krankhaften Eindruck« machte er auf ihn nicht. Nur von seiner Frau war zunächst zu erfahren, dass sie nach dem »Zusammenbruch« an ihrem Mann eine für ihn ungewöhnliche Unruhe und Ängstlichkeit beobachtet hatte. Während der letzten Monate sei er, berichtete sie, in »ständige[r] Angst u[nd] Sorge vor einer Währungsreform« gewesen, denn er glaube, dass »der Untergang seiner Familie« damit gekommen sei. Mehr noch: Auch »der Fragebogen lastete wie ein Gespenst auf ihm«, erzählte sie in der Klinik. Einen für sie begreiflichen Grund für diese tiefsitzende Angst konnte Frau F., die in der Vergangenheit an ihrem Mann lediglich sein »übertriebenes Gerechtigkeits- und Ehrgefühl« auffällig fand, ihn aber ansonsten immer als »sehr gut u[nd] ordentlich« kennengelernt hatte, angeblich nicht ausmachen. Vor ein paar Wochen hatte die Furcht von Werner F., »wegen seiner früheren politischen Einstellung« verhaftet zu werden, schließlich überhandgenommen. Der ehemalige SS-Angehörige stellte sich den englischen Besatzungsbehörden.

Es war ein Akt der Verzweiflung gewesen, der Werner F. zu diesem Schritt trieb. Selbst seine Überzeugung, dass er sofort in ein Gefängnis eingeliefert würde, schreckte ihn nicht mehr. Dreimal suchte er die Dienststelle der Engländer auf, auch wenn diese ihn lediglich um einen Lebenslauf baten, ansonsten aber gar kein Interesse an ihm zeigten. Folgt man den Gesprächsaufzeichnungen in den Krankenakten, ist kaum zu entscheiden, ob es die nationalsozialistische Vergangenheit oder die politisch-moralische Ordnung der Gegenwart war, die für Werner F. zu einem größeren Alptraum in seinem alltäglichen Leben geworden war. Seit etwa einem Jahr durchmischten unterschiedliche Halluzinationen und Wahnvorstellungen seine Erlebniswelt. Beim Blick in die Schaufenster sah Werner F. plötzlich SS-Runen vor sich auftauchen, wie er dem Arzt berichtete. Von den englischen Besatzern wiederum fühlte er sich beobachtet und verfolgt. Seine Bekannten hielt er für Spitzel und Spione, die »im Auftrage des Engländers handelten«. Selbst die Zeitung konnte Werner F. schließlich nicht mehr lesen, »weil ich«, wie er ausführte, »immer das Gefühl habe, daß ich selbst gemeint bin«. Auch das Radio schaltete er ab, »weil immer wieder Anspielungen gesendet« würden, die ihn beträfen.

Werner F. erwähnte gegenüber dem Arzt die von deutscher Seite begangenen Verbrechen zwar mit keinem Wort, doch hielt er, wie es scheint, der öffentlichen Konfrontation mit der verbrecherischen Vergangenheit kaum stand. Nur andeutungsweise gab er zu verstehen, dass er in den 1920er Jahren einmal – wie er bekräftigte, ohne weitere Folgen – bei seinem Chef gegen einen Kollegen vorgegangen sei. Als er sogleich im nächsten Satz anhob, seine politische Haltung während des Nationalsozialismus zu schildern, schien er von einem tiefgehenden Gefühl des Selbstzweifels jedoch nicht belastet zu sein. Seine Mitgliedschaft in den »nationalen Verbänden«, die seine Wahrheitsliebe nur bestärkt habe, erwähnte er sogar mit Stolz. Sein Hinweis, dass er trotz seiner holländischen Staatsangehörigkeit, die er im Jahr 1932 gegen die deutsche eingetauscht habe, »stets sehr deutschempfindend u[nd] vaterlandsliebend« gewesen sei, kam einer Bestätigung seiner Redlichkeit gleich. Im Moment dieses Rückblicks hatte Werner F. die nationalsozialistische Vergangenheit, wie es scheint, eher als Leidenschaft denn als Last vor Augen.

Der innere Halt, den Werner F. einst im Bekenntnis zu diesem Regime gefunden hatte, strahlte hier immer noch aus. Insofern verwundert es nicht, dass die Präsenz der Besatzer, die ihm den Zusammenbruch des NS-Systems, die begangenen Verbrechen und das Scheitern seines eingeschlagenen Weges tagtäglich vergegenwärtigte, schmerzlich, beängstigend und verstörend wirkte. Die Halluzinationen und Wahnvorstellungen von Werner F. deuten sogar darauf hin, dass die Weisung seines inneren Kompasses zumindest sporadisch immer noch auf das Ideal des »Führers« gerichtet war. So verstieg er sich einige Wochen in die Überzeugung, dass der »Führer« noch lebte und er selbst nur Teil einer von ihm angeordneten »Versuchsreihe« sei, die ihn in Hypnose halte. »So muß ich jetzt in diesem Zustand erleben, daß der Krieg verlorengegangen ist, daß Engländer im Lande sind u[nd] daß es Zonengrenzen gibt«, erläuterte er dem Psychiater und fügte beteuernd hinzu, dass ihm langsam aber klar werde, dass in Wahrheit der Krieg gewonnen sei. Werner F., der nach diesen Worten plötzlich weinte, war sich über das, was tatsächlich »wahr« oder »Traum« war, selbst nicht mehr sicher, wie er einräumte. Eine erlösende Klärung darüber, ob alles »krankhaft« und er »nun wirklich verrückt« sei, erhoffte Werner F. sich daher von der Psychiatrie.

Seine Verunsicherung war zweifellos massiv. Sie spiegelte eine Schwierigkeit, der offenbar viele Kriegsheimkehrer – und Zivilisten vermutlich auch – in der Nachkriegszeit kaum gewachsen waren: sich der nationalsozialistischen Vergangenheit zu stellen und gleichzeitig die Problemlagen und Anforderungen der Gegenwart zu ertragen und diese zudem als Konsequenz ihrer eigenen Lebensgeschichte anzunehmen. Anhand von vielen Beispielen wird deutlich, dass es dabei kein Widerspruch war, von den Grausamkeiten des Krieges und dem aufgedeckten Massenmord an den Verfolgten des Regimes immer wieder von neuem eingeholt zu werden, gleichzeitig jedoch die Gegenwart als surreal oder als eine Art falscher Realität zu empfinden. Rolf S. war ein solcher Fall. In seinen Träumen und Halluzinationen peinigten ihn allerlei Geschehnisse aus der Kriegs- und Nachkriegszeit, insbesondere die Taten der Kriegsverbrecher und ihre Verurteilung.[27] Zwei Tage vor seiner Entlassung und bei vollem Bewusstsein erzählte er dem Arzt jedoch: »Alles, was früher gewesen ist, bis ich hierher kam, kommt mir wie im Traum vor. Manchmal ist es, als ob ich in einem anderen Land bin.« Auf eine Zwischenfrage des Arztes erläuterte er: »England oder Amerika«, und fügte, noch einmal nach dem Grund dafür gefragt, hinzu, er habe »so viele Leute in englischen Uniformen gesehen«.

Die Konfrontation mit dem militärisch besetzten Deutschland war für manchen wie der Eintritt in eine andere, vor allem weithin fremde Welt mit völlig verschobenen Koordinaten. Sie zu lokalisieren war nicht schwer; sich nach ihnen auszurichten deshalb aber nicht unbedingt konfliktfrei. Überkommene Ordnungsvorstellungen waren auch in der veränderten politischen Situation nicht unbedingt aufgehoben, wie sich nach einer ersten Phase der Aufgeschlossenheit in dem oft spannungsreichen Verhältnis zwischen weiten Teilen der Bevölkerung und den Besatzern bemerkbar machte. Die von den Siegermächten beanspruchte moralische Überlegenheit und ihre nahezu alleinige Autorität in der politischen Ausgestaltung des Nachkriegsdeutschlands anzuerkennen fiel umso schwerer, je länger die soziale und materielle

Not fortdauerte. So erging es offenbar auch Theodor M., dem »das jetzige allgemeine Elend«, wie er sich gegenüber dem Psychiater 1947 ausdrückte, nicht mehr aus dem Kopf ging.[28] Es sei das »Ungerechte, was heute in der Welt herrsche«, das ihn so sehr bedrücke, hatte er in einer vorausgegangenen Sitzung gegenüber dem Arzt ausgeführt, wobei er umgehend konkretisierte, dass ihm »die Versklavung Deutschlands« keine Ruhe lasse. In seinen Notizen hielt der Arzt dazu weiter fest: »Er macht sich immer wieder Gedanken, um den Tommies auf jedem Gebiet ein Schnippchen zu schlagen.«

Das klang nach einer selbstbewussten Haltung gegenüber den Besatzern, die Theodor M. hier zum Ausdruck brachte. Eine innere Sicherheit spiegelte sich darin aber nicht, eher hat man den Eindruck, als ob der Boden unter ihm schwankte. »Auf ein Menschenleben käme es ja nicht an«, entgegnete er eines Tages seiner Frau, als sie ihm vorhielt, mit der Benzinlampe doch sehr unvorsichtig umgegangen zu sein. Wie sie dem Psychiater erläuterte, hatte ihr Mann an diesem Tag einen Brief von einem früheren Leutnant erhalten, der ihn, so ihr Empfinden, sichtlich verstörte. Am Abend habe er einen Antwortbrief geschrieben, auf ihre Frage, »ob denn irgendetwas vorgefallen sei«, geschwiegen. Tatsächlich hatte Theodor M. an diesem Tag über die »Kriegsgeschehnisse« gegrübelt, wie aus einer kurzen Bemerkung in seinem Gespräch mit dem Arzt hervorgeht, in dem aber das derzeitige »Elend«, das Theodor M. so bedrückte, einen ungleich größeren Raum eingenommen hatte. Bedauernd hatte er hinzugefügt, dass »sein Vermögen nicht groß genug« sei, »um allen Menschen helfen zu können«. Als müsse er jedoch zugleich die hereinbrechende Last der Vergangenheit abwehren, um wieder innerlich zur Ruhe zu kommen, setzte er sogleich hinzu, »er habe immer schon am liebsten allen Menschen helfen mögen«.

Es war, als hätte sich ein nachgerade unerträgliches Spannungsfeld zwischen der nationalsozialistischen Vergangenheit und der Realität der Gegenwart aufgebaut, in der es schwer, manchem vielleicht sogar unmöglich war, die eigene innere Balance wiederherzustellen. Das Gefühl der Ungewissheit spiegelte sich bisweilen in ziemlich realitätsfremden Geschichten, in denen die eigene Vergangenheit bis zur Unkenntlichkeit verzerrt war. Andererseits war in dem dauernden Schwanken der inneren Perspektiven die Realität der Besatzung durchaus als Wirklichkeit wahrnehmbar, ohne dass daraus jedoch unbedingt eine beruhigende Orientierung entstand. So ging aus der Erzählung von Rudolf B. aus dem Jahr 1949 noch deutlich hervor, dass er wohl bis zum bitteren Ende des Krieges sowohl an seinem Glauben zum »Führer« festgehalten hatte – den er immer noch verteidigte – als auch im Vertrauen auf den »Endsieg« geblieben war.[29] Seine Erinnerung an die massenhaften Toten und auch das eigene Töten waren jedoch quälend. Einer Sinngebung widersetzten sie sich in seinen Augen völlig, zumal nach dem verlorenen Krieg. Im besetzten Nachkriegsdeutschland fand er sich in einer Welt wieder, die sich, obgleich in seiner Wahrnehmung real, scheinbar wahnwitzig verdreht hatte. Auf die Frage des Psychiaters, ob er sich verfolgt fühle, antwortete Rudolf B. jedenfalls prompt: »Nein, im Gegenteil, ich bin doch Soldat gewesen, wir werden doch verfolgt von unseren Befreiern.«

Die Innenwelt war erkennbar durcheinandergeraten. Mit dem Wandel der Außenwelt war kaum Schritt zu halten. Vieles hatte sich verkehrt: Die einstigen Feinde der Deutschen feierten sich heute als Befreier, während es sich vielen ehemaligen Kriegsteilnehmern doch so darstellte, als müssten sie im Zuge der öffentlichen Aufarbeitung der NS-Verbrechen und der persönlichen Entnazifizierungsverfahren vor ihnen gleichsam schon wieder in Deckung gehen. Unter diesen Bedingungen verwundert es nicht, dass eine Reihe von Heimkehrern in der Entwirklichung des Krieges Zuflucht suchte. Die eigene Verunsicherung war man damit aber noch längst nicht los. Die Verbrechen des Nationalsozialismus saßen vielen regelrecht im Nacken. In der Unsicherheit der Gegenwart lag es daher nicht fern, dass sich mancher in einen Verfolgungswahn steigerte, der zuweilen erneut die Rückkehr des Grauens in die eigene Vorstellungswelt mit beförderte.

Der oben schon einmal erwähnte ehemalige Soldat Adolf W. steht dafür beispielhaft.[30] Nachdem er einst seine Unterstützung des NS-Systems offen und bereitwillig bekundet hatte, lebte er 1948 erkennbar in Angstzuständen.[31] Während einer Sitzung in der Psychiatrie versuchte er diese dem behandelnden Arzt dahingehend zu beschreiben, dass er in dem Eindruck lebe, als ob ihm den ganzen Tag sein »Spiegelbild vorgehalten« werde.[32] Gleichsam beschwichtigend setzte Adolf W. jedoch hinzu: »In letzter Zeit ist mir zur Erkenntnis gekommen, dass ja alles Schein ist, dass das Ganze eine Erziehungsarbeit am Volk oder an den Völkern ist«, und tatsächlich war er sich plötzlich nicht einmal mehr sicher, ob nicht vielleicht auch »der ganze Krieg [...] nur Schein gewesen« sei. Der Krieg sei doch ganz anders losgegangen als der Erste Weltkrieg, erläuterte er. Auch sei »sehr eigenartig« gewesen, dass seine »Familienangehörigen sehr früh aus dem Krieg zurückkehrten«. Prompt aber schien in seiner Rede auch die Kenntnis über begangene Verbrechen während des Nationalsozialismus durch. Auf die Frage des Arztes, was das alles zu bedeuten habe, antwortete Adolf W.: »Dass jetzt eine gute Zeit kommt und alle Unredlichen und Untauglichen werden ausgemerzt, dazu gehöre ich auch.«

Gewiss kann man argumentieren, dass die »Wahnwelt« der NS-Propaganda nach der totalen Niederlage und dem nachhaltigen Entsetzen über die ungeheuren Verbrechen des Regimes »vor der Wirklichkeit in ihrer ganzen Eindeutigkeit eingeholt wurde und zusammenbrach«.[33] Nur im Wahn lebte, so scheint es, gelegentlich noch etwas davon auf und lässt dabei erahnen, wie tief sich die Ideologie der Nationalsozialisten in die Wahrnehmungs- und Gedankenwelt vieler Deutscher eingegraben hatte. Nicht nur in dieser Hinsicht schimmerte in dem Verfolgungswahn von Adolf W. ein Kern an Wirklichkeit durch. Die Verbrechen während des NS-Regimes hatten ja tatsächlich stattgefunden. Der ehemalige Soldat Adolf W., der dem Arzt in einem späteren Gespräch seine dauernde Vergeltungsangst einmal eingestand, hatte schon vor ihrer Aufdeckung über das Wissen verfügt, dass Menschen von den Nationalsozialisten verfolgt und umgebracht worden waren.

Sein eigenes Kind, das an einer schwachen geistigen Behinderung litt, hätte dem zum Opfer fallen können.[34]

Für Adolf W. hatte der Krieg etwas Unwirkliches bekommen, er schob die Vergangenheit gleichsam beiseite und verfing sich doch wieder an anderer Stelle in ihr. Dabei war er sich selbst im Zustand seiner Verwirrung und der ihn peinigenden Verfolgungsangst durchaus im Klaren darüber, dass der Nationalsozialismus vorüber und der Krieg verloren war. Es war unzweifelhaft ein Rückblick, wenn er einräumte, dass ihm der »Kriegsverlauf und -ausgang« zu schaffen machten, er dem »Führer« gehuldigt, die Krankheit seines Sohnes »ihn seelisch stark belastet« habe, wie den Aufzeichnungen in der Krankenakte zu entnehmen ist. In der Gegenwart galten andere Regeln, wie er erkennbar wusste, auch wenn er von der nationalsozialistischen Sprech- und Deutungsweise immer wieder eingefangen wurde. So war er eines Tages, als ihm auf der Station ein Junge begegnete, der wie sein eigener Sohn an Morbus Little erkrankt war, über die Maßen aufgewühlt und sofort in dem Glauben, man habe »den Jungen eigens hereingeschickt, um ihm irgendetwas anzudeuten«. Das Lied eines Zigeuners »Vier Blätter sah ich fallen«, das er angeblich einige Tage zuvor gehört hatte, deutete er wiederum dahingehend, dass er selbst »nicht mehr viel wert« sei. Dem Arzt erläuterte er dazu weiter: »Das hat er meinetwegen gespielt. Es ist ja überhaupt furchtbar, dass gesunde Menschen ihre Zeit für mich opfern.«

Entgegen der Annahme, dass sich nach dem Ende des Grauens quasi reflexartig eine genuine »Normalität« eingestellte habe, legen diese Fälle den Eindruck nahe, dass der innere Kompass für die Überlebenden unter der Besatzungsherrschaft zwischen unvereinbaren Polen schwankte. Einerseits wünschte mancher, die Vergangenheit möge unwirklich gewesen sein, andererseits erzwang die Begegnung mit der wirklichen Besatzungsherrschaft ein laufendes Dementi der Täuschungsbereitschaft über die eigene Vergangenheit. Kleinste Gelegenheiten lösten Desorientierung aus und ließen den verbrecherischen Krieg und die ungewisse Zukunft immer wieder von neuem in drohendem Licht aufscheinen.

b) Das andere Ich

»Ich brauche Papiere«, sagte Hans.
»Mensch!« rief der Arzt.
»Gute Papiere«, sagte er, »irgendwo müssen hier doch Papiere sein, am besten von einem Toten. Versuchen Sie es.«
»Sie sind verrückt.«
»Keineswegs. Ich will nicht in Gefangenschaft. Ich wohne hier, habe allerlei zu tun – zu suchen. Helfen Sie mir.«
[…]
Der Arzt zog jetzt ein Papier aus der Tasche, legte es unter die Kerze und sagte: »Ich glaube, das ist das, was Sie suchen, was Sie brauchen. Ganz echt.« […] »Fünfundzwanzig Jahre völlig wehrunfähig wegen eines schweren Lungenleidens. Sie heißen dann Erich Keller.«[35]

Die nie ganz gelingende Entwirklichung der Vergangenheit und die nachhängende Desillusionierung führten in der Nachkriegszeit zu einem weitverbreiteten Doppelgängertum, in dem die Menschen, die sich ihrer Vergangenheit versicherten, aber sie auch loswerden wollten, Strategien eines anderen Ichs entwarfen. Am sinnfälligsten war dies bei jenen, die sich eine neue Identität durch gefälschte Papiere beschafften. Es ist bekannt, dass eine ganze Reihe von ehemaligen Parteifunktionären, SS-Angehörigen und Mitgliedern der Gestapo davon Gebrauch machte. Einige von ihnen traten zudem die Flucht ins Ausland an, insbesondere nach Südamerika. Adolf Eichmann ist nur eines der prominentesten Beispiele dafür. Nachdem er bereits im Internierungslager einen anderen Namen geführt und falsche Dienstgrade angegeben hatte, gelang es ihm im Jahr 1950, sich unter dem Namen Ricardo Klement nach Argentinien abzusetzen.[36] Andere wiederum blieben im Land, tauchten unter falschem Namen in irgendeinem fremden Ort unter und bauten sich, wie der ehemalige SA-Oberführer Werner Blankenberg, der für den Massenmord an Kranken und Behinderten mitverantwortlich zeichnete, eine neue Existenz auf.[37]

Wie hoch die Anzahl derer tatsächlich war, die in einem solchen Identitätswechsel den vielversprechendsten Weg sahen, sich ihrer nationalsozialistischen Vergangenheit zu entledigen, ist nicht exakt zu beziffern. Die »Neue Zeitung« aus München veröffentlichte im Dezember 1949 eine inoffizielle Schätzung von etwa achtzigtausend »Illegalen«, wie man die seit 1945 aus politischen Gründen Abgetauchten nannte.[38] Niemand weiß, ob diese Zahl auch nur annähernd zuverlässig ist. Als im Bundestag das erste Straffreiheitsgesetz von 1949 debattiert und schließlich verabschiedet wurde, kam deutlich zum Ausdruck, dass die Regierungsvertreter die Hoffnung hegten, im Zuge der Gesetzesverabschiedung auch »zahlreichen Personen, die sich [...] wegen ihrer früheren Verbindung zum Nationalsozialismus unter falschem Namen, mit falschen Papieren oder ohne ordnungsgemäße polizeiliche Meldung im Bundesgebiet« aufhielten, wieder Gelegenheit zu einem »gesetzesmäßigen Leben« zu geben.[39] Ein in letzter Minute von der Bundesregierung verabschiedeter Zusatzparagraph sollte dafür Sorge tragen, dass die »Illegalen« nicht nur in den Kreis der von der allgemeinen Amnestieregelung Begünstigten mit eingebunden waren, sondern ihnen zudem auch Straffreiheit für die Offenbarung ihrer wahren Identität zugebilligt wurde. Dass bis zum Stichtag Ende März 1950 lediglich 214 Personen diese Möglichkeit für sich nutzten, entsprach mitnichten den Erwartungen, die man mit diesen Anstrengungen verbunden hatte.[40] Nachdem das zweite Straffreiheitsgesetz im Jahr 1954 rechtsgültig geworden war, erweiterte sich der Kreis um weitere 1051 »Illegale«. Es war vermutlich die sehr viel weiter gehende Amnestieregelung, die dafür ausschlaggebend war. Immerhin erlaubte dieses zweite Gesetz, sogar Totschlagsverbrechen in die Amnestierung mit einzuschließen.

Im Verlauf der Nachkriegsjahrzehnte konnten immer wieder untergetauchte Nazi-Verbrecher entdeckt und, wie etwa Klaus Barbie, der sogenannte »Schlächter von Lyon«[41], schließlich noch verurteilt werden. Dabei beschränkte sich der Kreis der »Illegalen« keineswegs auf die oberste Schicht der verbrecherischen Elite des

Regimes. Auch hierarchisch weniger bedeutende Funktionäre der Partei und des staatlichen Gewaltapparates hegten, wie unzählige Kriegsheimkehrer aller militärischen Ränge, die gleiche Hoffnung auf einen totalen oder wenigstens teilweisen Wandel ihrer Identität mit Hilfe von falschen Papieren.[42] Nicht alle von ihnen waren in demselben Maße für die begangenen Verbrechen verantwortlich, es ist sogar nicht einmal davon auszugehen, dass alle dieselbe Kenntnis von diesen hatten. Aber das Chaos des Anfangs legte ein solches Doppelgängertum auch in solchen Fällen nahe, wo es nur vorübergehend Vorteile versprach. Falsche Papiere zu bekommen war nicht schwer. Wurde man als Flüchtling beim Suchdienst des Roten Kreuzes vorstellig, benötigte man in der Regel zwei Zeugen, um eine Identität zu begründen.[43] Auf dem Schwarzmarkt oder in neuer Stellung konnte sich diese als so vorteilhaft erweisen, dass man darauf hoffen durfte, sich dabei auch unter der Hand seiner Vergangenheit zu entledigen. Wenn auch die Mehrzahl der Heimkehrer gewiss Anschluss an ihre Familien oder vertraute Netzwerke suchte, für viele Heimatlose wird der Übergang in eine neue Identität auch eine Befreiung für eine neue Zukunft gewesen sein. So hielten sich bei einer Befragung durch einen Autor der »Frankfurter Hefte« Ende 1949 zehn bekennende »Illegale« zugute, dass sie sich selbst durch ihre neue Identität nicht entfremdet seien, weswegen auch die meisten von ihnen zunächst von der Amnestie keinen Gebrauch machten.[44]

In dieser Zeit des Übergangs ging es aber nicht nur um Fälle, in denen eine zweite Identität nötig oder nützlich gewesen wäre, sondern um die Übertragung dieser doppelten Idee von sich selbst in breitere gesellschaftliche Vorstellungswelten. Im befreiten Berlin konnte man etwa beobachten, wie sich Frauen anschickten, sich den neuen sowjetischen Besatzern als im Geist Verwandte zu zeigen, indem sie das Hakenkreuz von ehemaligen NS-Fahnen entfernten und diese nun stattdessen als Kopftücher trugen.[45] Entsprechend groß war auch das Verständnis für erfundene Identitäten, über deren mögliche Begründung, je länger das Kriegsende zurücklag, ein in der Regel umso verständnisvolleres Stillschweigen bewahrt wurde. Auch in Situationen, in denen neue Bekanntschaften geschlossen wurden, war zu beobachten, dass unbelegbare persönliche Geschichten bereitwillig Glauben fanden, wohl nicht zuletzt, weil ja auch die Wirklichkeit des Davongekommenseins in vielen Fällen oft einem Wunder glich. Davon profitierten nicht nur vermeintliche Ex-Kameraden, die aus dem Nichtwissen Daheimgebliebener einen Vorteil ziehen wollten.[46] Geschichten der Doppelidentität finden sich auch als Erklärungsmoment in persönlichen Krisen wieder, wie etwa das Beispiel von Walter M. zeigt.[47] Im Juli 1946 suchte er die Psychiatrie auf und verfolgte dabei ein recht ungewöhnlich erscheinendes Anliegen: Nach einer offenbar schwerwiegenderen Streitigkeit benötigte er einen medizinischen Nachweis seiner mangelnden Zurechnungsfähigkeit für sein Verhalten zum damaligen Zeitpunkt, das, so die damit verbundene Schlussfolgerung, seinem »normalen« Ich nicht entsprach. Walter M. sah sich unter Druck gesetzt: Die Militärregierung wolle nämlich nur unter der Bedingung von seiner Verhaftung absehen, erläuterte er, sofern er von einem »größere[n] Institut eine gutachterliche Äußerung« vorlegen könne, die bestätige, dass sein Missverhalten als Folge seiner Kriegsverletzung zu betrachten sei.

Insofern verwundert es nicht, dass Walter M. den Umständen und Folgen seiner Verwundung, die er sich kurz vor Kriegsende zugezogen hatte, in seiner Darstellung gegenüber dem Arzt viel Raum gab. In seinem handschriftlich verfassten Lebenslauf berichtete er mit einer vergleichsweise ungewöhnlichen Sorgfalt über seine letzte Kampfsituation, in der er durch einen Granathagel am Kopf verletzt worden war. Auch seine Beschwerden, die er auf diese Kopfverletzung zurückführte, schilderte er, selbst wenn man die Nachfragen der Ärzte in Rechnung stellen muss, mit einer ausgesprochenen Akribie. Über das Ereignis, das ihn in Konflikt mit der Militärregierung gebracht hatte, berichtete Walter M. hingegen zu keinem Zeitpunkt etwas wirklich Genaues. In der Geschichte, die er dem Arzt vortrug, blieb sein eigenes Verhalten jedenfalls so sehr im Nebel, dass die harte Vorgehensweise der

Militärregierung nicht zu begreifen ist. So erwähnte Walter M. bei seinem Aufnahmegespräch lediglich »Schwierigkeiten mit einem Mieter«, gegen den er – »nach langen friedlichen Versuchen« – Räumungsklage eingereicht habe. Vom Mieter sei er deshalb bei der Militärregierung angezeigt worden. Es sei eine Verleumdung gewesen, wie Walter M. betonte, weshalb er »über Nacht u[nd] Nebel« hätte flüchten müssen. Seither waren Monate verstrichen. Doch obwohl die Militärregierung, wie er meinte, ihre Suche nach ihm wieder eingestellt habe, hielt er eine Rückkehr noch keineswegs für »ratsam«. Über die »Kurzschlussreaktion«, die ihm unterlaufen sei, erfuhr man weiter nichts. Eine Erklärung für diese habe er nicht, versicherte er, doch schien ihm sicher: »Im normalen Zustand hätte er das wohl nicht gemacht.«

Tatsächlich war die Angelegenheit heikel, auch wenn sie nicht ganz so dramatisch war, wie Walter B. sie schilderte. Sein Hausarzt, der ihn seit seinem Lazarettaufenthalt im Sommer zuvor behandelte und offenbar in einem besonderen Vertrauensverhältnis zu ihm stand, stufte die Schwierigkeit der Lage jedenfalls nicht ganz so hoch ein. So bekräftigte er in einem Brief an den Chefarzt der Psychiatrie, es gäbe »keinerlei sichere Unterlagen« darüber, dass die Militärregierung Walter B. wirklich verhaften wolle. »Spätere Nachforschungen« hätten ergeben, dass dieser »irgendwelche leichtfertigen Äußerungen getan« habe, die er später aber angeblich »nicht mehr genau« hätte angeben können. Die Kenntnisse des Hausarztes waren augenscheinlich jedoch groß genug, um durchblicken zu lassen: »Wahrscheinlich waren diese politischen Inhalts und führten so zu der erwähnten Befürchtung einer Verhaftung.«

Es mag sein, dass Walter B. die Gefahr einer Inhaftierung deutlich überschätzte. Doch selbst sein Hausarzt, der dieses Urteil nahelegte, zog es vor, den Kollegen der Psychiatrie um jene »gutachterliche Äußerung« zu bitten, um sie gegebenenfalls der Militärregierung vorlegen zu können. Vermutlich wusste auch er: Walter B. war kein unbeschriebenes Blatt. Seit 1932 war er Mitglied der NSDAP, in der er, wie es scheint, bis zum Schluss ein überzeugter

Parteigänger gewesen war. Mit ungebrochenem Stolz berichtete er selbst davon, mit welchem Engagement er noch im Herbst 1944 als Parteiredner vor einer Versammlung von Offizieren gesprochen hatte. Zu Hause konnte er sich damit nach dem Ende des Krieges allerdings nicht mehr schmücken, wie er bei seiner Heimkehr im Juni 1945 bitter erfahren musste. Im Haus seiner Frau und seiner Schwiegereltern habe man ihn nach seiner Ankunft wie »einen fremden Menschen empfangen u[nd] behandelt«, heißt es in den Gesprächsaufzeichnungen des Psychiaters, in denen die weiteren Auskünfte Walter M.s folgendermaßen zusammengefasst sind: »Habe ihn 1 ½ Stunden vor dem Hause stehen lassen u[nd] ihm nicht mal einen Schluck Wasser angeboten. Man habe ihm erklärt, er sei ›Nazi‹ u[nd] man wolle mit ihm nichts mehr zu tun haben.« Bei seinem zweiten Besuch spitzte sich die Situation zu: Als Walter M. noch einmal auftauchte, um einige seiner persönlichen Dinge aus der Wohnung zu holen, benachrichtigte der Schwiegervater kurzerhand die Polizei. Der Verhaftung entging der heimgekehrte Soldat schon damals angeblich nur knapp auf dem Wege einer »dramatische[n] Flucht«.

Walter M. überzeichnete hier gewiss. Ja, er schien geradezu darauf erpicht, das Unrecht, die Beschwernis und das Leid herauszustreichen, das ihm in seinen Augen widerfahren war. »Erst die Verwundung, dann der Zusammenbruch Deutschlands, die Verleumdungen zu Hause, der Hunger im Lazarett u[nd] im Gefangenenlager u[nd] das Verhalten seiner Ehefrau« – eine einzige Strecke der Pein, so stellte sich für Walter M. seine Situation augenscheinlich dar, aus der er die Schlussfolgerung zog, »das sei eben zu viel gewesen«. Ein Wort über die Leiden derjenigen zu verlieren, die der nationalsozialistischen Gewaltpolitik ausgesetzt gewesen waren, kam ihm, wie vielen anderen auch, nicht in den Sinn.[48] Sobald aber der Konflikt mit den Besatzern drohte, glaubte Walter M., verhaftet zu werden. Das politische Gepäck, das er mit sich trug, wog in einer solchen Situation offenbar schwer. Walter M. verspürte jedenfalls deutlich eine für ihn riskante Position der Schwäche, sobald er als »Nazi« angegriffen und verabscheut wurde oder wegen seiner politischen Attitüde in Schwierigkeiten geriet. In der Erwartung seiner Verhaftung suchte er deshalb das erste Mal das Weite, verließ den alten Wohnort und ließ sich stattdessen bei seinem Vater in einer hessischen Kleinstadt nieder, bis er sich auch dort genötigt sah, sich aus dem Staub zu machen, und untertauchte. Seither musste er sich ohne Lebensmittelkarten durchschlagen und sich mit irgendwelchen »Geschäften« auf dem Schwarzmarkt verdingen. Aus diesem Zustand war allein mit Hilfe von Geschichten über das angeblich selbsterfahrene Unrecht und Leid nicht zu entkommen, wie Walter M. wohl wusste. Weder war dadurch die eigene nationalsozialistische Vergangenheit gegenüber den Siegermächten zu entschärfen, noch taugte es als eine plausible Erklärung für das anstößige politische Verhalten. Der zusätzliche Verweis auf die Kopfverletzung und den im Gehirn verbliebenen, objektiv nachweisbaren Granatsplitter war jedoch ein Ausweg aus dieser prekären Lage. So erläuterte Walter M. dem Psychiater, er begehe seit der Verletzung »häufig [...] Sachen wider besseres Wissen. Er handele unter einem gewissen Zwang. Er nehme sich vor, etwas nicht zu sagen u[nd] sage es dann doch. Es sei eben zu viel gewesen, was er erlebt habe.« Mit anderen Worten: In seiner ohnehin schwer zu ertragenden Situation, so legte er nahe, konnte die Verletzung kurzzeitige Kontrollverluste erzeugen, die sein »eigentliches« Ich verfälschten.

Diese Betrachtungsweise war mit dem psychiatrischen Kenntnisstand durchaus vereinbar,[49] fehlende Verhaltensauffälligkeiten des Patienten auf der Station konnten das Argument jedenfalls noch nicht hinreichend entkräften. So versicherte schließlich das Gutachten, wenn auch mit einer gewissen Vorsicht, die Neigung zu »impulsiven und unüberlegten Handlungen« könne als Folge dieser Verletzung »glaubhaft unterstellt« werden. Walter M. trug für seine politischen Entgleisungen mithin keine Verantwortung. Sein »normales« Ich gab keinen Anlass für besondere Befürchtungen. Es hatte gewissermaßen nur, so konnte man es sich erklären, für einen kleinen Moment ausgesetzt.

Spätestens seit Beginn der Besatzungsherrschaft war jedem Kriegsheimkehrer klar, welch hohen Stellenwert offizielle und beglaubigte Bescheinigungen aller Art haben würden, um sich gegenüber den Alliierten als eine Person zu identifizieren, die mit den grausamen Machenschaften der Nationalsozialisten nicht in Verbindung zu bringen war. Sicherlich gab es Unwägbarkeiten. Immerhin waren Papiere nicht die einzige Informationsquelle für die Besatzer, wie viele wussten und – zumindest unmittelbar im Gefolge der totalen Niederlage – auch immer wieder fürchteten. In einer behaglichen »Sicherheit des Schweigens«[50] wähnte sich zu diesem Zeitpunkt jedenfalls erkennbar nicht jeder. Auch dem ehemaligen Soldaten Wilfried M. war deutlich bange. In dem Glauben, von den Engländern ohnehin »als besonders politisch Verdächtiger beobachtet« zu werden, da er »ein ziemliches Wort riskiert« habe, versetzte ihn die Vorstellung, »dass die Deutschen hingehen und sagen, der redet das und das, und er, der redet so«, in erhebliche Unruhe. Sie bekräftigte ihn in dem Plan, aus Deutschland zu verschwinden.[51] Gustav N. wiederum reagierte sofort.[52] Sobald der »Zusammenbruch« da war, radierte er nachgerade reflexartig seine Mitgliedschaft in der DAF aus seinem Wehrpass aus. Ein Dokument bewies den Siegern, wer man war – das war die Hoffnung, die er mit vielen anderen teilte, die durch die Fälschung von Papieren, ihre Zerstörung oder durch den Rückgriff auf andere schriftliche Auskünfte zu ihrer Person an der Verwandlung ihrer Identität arbeiteten.[53] Doch die gesuchte Sicherheit stellte sich nicht zwingend ein. So entwickelte Gustav N. umgehend heftige Skrupel über diese vorgenommene Verfremdung seiner Identität, die sich auf dem Papier schneller verwandelt hatte, als er folgen konnte. Offenkundig irritiert über diese Doppelung, wandte er sich hilfesuchend an einen Kameraden. Dieser zerriss den Wehrpass. Gustav N.s Erzählungen während seines Psychiatrieaufenthaltes im Jahr 1947 zeigen jedoch, dass ihm selbst dieser rigorose Akt nicht dazu verholfen hatte, sich innerhalb der letzten zwei Jahre von seiner nach außen hin politisch unverfänglich erscheinenden Identität auch selbst gänzlich zu überzeugen.

In Anbetracht der relativ kurzen Verweildauer ehemaliger Soldaten in der Psychiatrie lässt sich den Krankenakten nicht entnehmen, auf welche Weise sich ein derartiges Bewusstsein über eine Doppelung des eigenen Ichs, das bei einer ganzen Reihe von Kriegsheimkehrern beobachtet werden kann, über die Zeit veränderte. Es ist gewiss fraglich, ob es sich jemals vollständig auflöste.[54] Erkennbar ist hingegen, dass es zu kurz gegriffen wäre, hinter den Bemühungen, die eigene Biografie und damit die Identität zu verwandeln, lediglich eine instrumentelle Schutzbehauptung gegenüber den Alliierten zu sehen. Dafür gibt es zweierlei Gründe: Erstens findet sich in Fällen, die dem ersichtlichen Ziel folgten, der politischen Säuberung zu entgehen oder im Entnazifizierungsverfahren zumindest glimpflich davonzukommen, durchaus eine Gemengelage von Kalkül, ängstlicher Verzagtheit und einer wirklichen Bestürzung angesichts der massenhaften NS-Verbrechen, die in der Verfertigung des Ichs zusammenspielten.[55] Zweitens enthalten die Akten auch Beispiele, die weniger auf das Bedürfnis nach einer politischen, sondern vor allem nach einer persönlichen Rehabilitation hindeuten, die im Gefolge von Krieg, Gewalt und Tod vor anderen, aber auch vor sich selbst, zurückgewonnen werden musste. Bei einer Reihe von Soldaten stellte sich das nach ihrer Rückkehr ins zivile Leben offenbar nicht unbedingt von selbst ein, wie man beispielsweise auch im Fall des oben bereits einmal erwähnten Ludwig D. sehen kann.[56] Die Befürchtung, seine Bekannten und Angehörigen würden ihn verachten, saß tief. Im Krieg hatte er versehentlich einen deutschen, ihm gut bekannten Leutnant erschossen. Es war ein Wachvergehen gewesen, das sich ereignet hatte, weil der Soldat für einen Moment von Angst überwältigt worden war. Während des Krieges hatte er die Tat erfolgreich vertuscht, zu Hause hatte er vorgelogen, der Leutnant sei vor Stalingrad gefallen. Dem Vorwurf der Angst, des Versagens, der Unzuverlässigkeit war er damit ausgewichen – seiner Person hafteten diese Eigenschaften nicht an, diesen Eindruck wollte der militärisch ambitionierte Fahnenjunker, die Offizierslaufbahn im Blick, sowohl vor anderen wie auch vor sich selbst aufrechterhalten. In seinem Auftreten versuchte Ludwig D. die furchtlose, draufgängerische, unerschrockene Person, für die er sich eigentlich hielt, auch weiterhin zu verkörpern. Die Absicht der Täuschung und das Bedürfnis nach Selbstversicherung schoben sich dabei ineinander. In seinem Benehmen gab er sich sorglos, wirkte auch auf Außenstehende »unbekümmert« – ein Trugschluss jedoch, wie Ludwig D. behauptete, den er bei seinem späteren Aufenthalt in der Psychiatrie folgendermaßen erklärte: Er habe, konnte man den Notizen des Arztes entnehmen, »ein robustes Wesen zur Schau getragen und gesoffen [...] u[nd] Mädelsgeschichten gehabt«. Der ehemalige Fahnenjunker hatte sich angeblich auf diese Weise gebärdet, so deutete er sich selbst, »um über seine innere Unruhe hinwegzukommen«.

Derartige Konstruktionen eines Ichs, das durch die eigene Verhaltensweise im Krieg vorgeblich keinen Schaden genommen hatte, vollzogen sich performativ. Sehr viel deutlicher ist zu erkennen, wie sie sich in den Geschichten über den Krieg verfertigten. In den Krankenakten der Kriegsheimkehrer finden sich entsprechende Erzählungen. Wie im Nachkriegsdeutschland weithin zu beobachten, sprachen auch sie nicht konkret von dem Terror und der Gewalt, die von den Deutschen während des Krieges verübt worden waren. Ebenso wurde das Leiden der Opfer meist nicht erwähnt. Dennoch geben diese Erzählungen zu erkennen, dass sie nicht das Resultat einer erfolgreichen Verdrängung waren, sondern Ausdruck einer deutlichen Verstörtheit über die eigenen Verhaltensweisen im Krieg. Den im Krieg Daheimgebliebenen waren diese, zumal unter den Bedingungen einer zivilen Moral, kaum zu vermitteln und zu begründen, und auch vor sich selbst gelang das, wie es scheint, nur schwer. Wie im Fall von Franz F. lesen sich diese Geschichten eher wie der Versuch, ein anderes Ich hervorzukehren, um die quälende Erinnerung an das zurückliegende Grauen überhaupt erst erträglich zu machen, ihr vielleicht sogar zu entkommen.[57] Drei Jahre nach dem Krieg hatten Franz F. die Kriegserlebnisse noch nicht losgelassen. Sie verfolgten ihn bis in den Schlaf, und auch tagsüber »ertappe« er sich immer wieder, »wenn er sich mit Kriegsgeschehnissen beschäftige«, so räumte er gegenüber dem Psychiater ein. Die Vorstellung von einer gespaltenen Identität stärkte bei Franz F. jedoch die Hoffnung auf ein zukünftig wieder erträgliches Leben trotz der offenbar begangenen Gewalttaten, die er nicht weiter konkretisierte. Ein Teil seines Selbst – der einfühlsamere und angeblich nun auch vorherrschende – war in dieser Imagination von den grausamen Handlungen und damit auch von der Verantwortung befreit. Diese Auffassung tritt zumindest in seinen Ausführungen gegenüber dem Psychiater zutage, dem er eines Tages, folgt man den Aufzeichnungen in der Akte, Folgendes darlegte: »Er habe eigentlich 2 Naturen in seiner Brust oder 2 Seelen; eine sei rücksichtslos vorangehend, die andere mitempfindend. Wenn er jetzt noch einmal vor viele Situationen gestellt würde, würde er sicherlich rücksichtsvoller sein.« Mit Blick auf die Vergangenheit drängte es ihn allerdings zu bekräftigen: »Alles dies quäle ihn nicht im Sinne eines Schuldbewusstseins, dazu sei er viel zu wirklichkeitsnah, er könne sich ja immer sagen, dass auch er in diesem Krieg hätte umkommen können.« Es war also, glaubte er, eine spezifische und unumgängliche Verhaltenslogik im Krieg gewesen, die ihn damals als Person verfremdet hatte und ihn jetzt entstellte.

Das war zweifellos ein verbreitetes Argumentationsmuster vieler ehemaliger Soldaten, die ihre Beteiligung am Töten kaum anders zu erklären vermochten.[58] Unverkennbar ist dabei, wie sehr diese Rationalisierungsversuche des eigenen Verhaltens von der nagenden Erinnerung an die vergangene Gewalt durchwirkt waren. Sie trieb eine dauernde Beschäftigung mit sich selbst an, in der eine Verunsicherung über die eigene Person zum Ausdruck kam. Die persönliche Identität war gleichsam in ein Zwielicht geraten, in dem sich das Bedürfnis nährte, einen Rest von Rückhalt in sich selbst wiederzufinden. Diesen Eindruck gewinnt man auf besondere Weise bei jenen Kriegsheimkehrern, die, wie etwa Kurt T., nicht nur als Soldaten in den Krieg gezogen, sondern zuvor bereits als Anhänger des Nationalsozialismus in die politisch-ideologische Schlacht eingetreten waren.[59]

Kurt T. kam im Frühjahr 1949 in die Psychiatrie. Wie man einem Brief der Anstaltsleitung entnehmen kann, hatte er sich zusammen mit seiner Familie »hilfesuchend« an die Einrichtung gewandt, angeblich war er »aus religiösen Gründen in der Ostzone verfolgt« worden. Kurt T. hatte nur wenige Wochen an seinem dortigen Heimatort verbracht, denn seine Entlassung aus polnischer Kriegsgefangenschaft war gerade erst erfolgt. Er habe dort »schwere seelische Erschütterung erlebt«, formulierte die Anstaltsleitung in ihrem Brief, die sich bereitfand, der Empfehlung des untersuchenden Arztes zu folgen und den ehemaligen Soldaten für eine mehrwöchige nervenärztliche Behandlung aufzunehmen. Noch bevor sich Kurt T. zu dieser einfand, hatte er für die Leitung der Anstalt ein bemerkenswertes Zeugnis verfasst. Es war ein umfassender, zwölfseitiger »Lebenslauf«, in dem der Kriegsheimkehrer, der 1933 der SA und 1937 der NSDAP beigetreten war, versprach, »dem jeweiligen Leser dieser Zeilen einen wahrheitsgetreuen Einblick« in seine »Person« und die »damit verbundenen Verhältnisse zu gewähren«. Es sei ein »vollständiges Geständnis«, kündigte er an und unterstrich damit, dass es ihm Ernst damit war, sein »wirkliches« Ich offenzulegen.

Tatsächlich kann man aus dem »Lebenslauf« von Kurt T. erkennen, wie sehr es sich dabei um ein Produkt jener in der Nachkriegszeit so eindringlich gestellten Fragen nach Schuld und Verantwortung handelte, die auch in zahlreichen anderen autobiografischen und literarischen Zeugnissen der ehemaligen Kriegsteilnehmer zum Tragen kommen.[60] Die NS-Zeit nahm in seiner Schilderung breiten Raum ein. Der Eintritt in die SA und sein dortiger Werdegang, seine Stellung in der Partei und seine Haltung zur Politik des Regimes vor wie auch nach Beginn des Krieges – all dies verlangte nach den begangenen Massenverbrechen eine Erläuterung, so schien es offenbar auch ihm. Seine biografische Selbstpräsentation war geprägt von einem deutlichen Rechtfertigungsdruck, den er verspürte und dem er im Augenblick der Niederschrift seines Berichts – ob primär vor einem gedachten anderen oder vor sich selbst – nachgab.

Die Tendenz zu einer »narrativen Harmonisierung«,[61] die man in vielen biografischen Erzählungen der Kriegsgeneration findet, ist auch in den rückblickenden Sinnkonstruktionen von Kurt T. zu erkennen: So war sein Eintritt in die SA vorgeblich nur aus dem Grund erfolgt, um »überhaupt Boden unter die Füße zu kriegen«. Die ökonomische Krise war mithin die eigentliche Ursache, sie erschwerte die Gründung eines eigenen Hausstandes mit seiner Frau erheblich. Überhaupt habe er lediglich in rechtschaffener Absicht gehandelt, schließlich wollte er sich bei einem »neuen Aufbau Deutschlands« nicht nur »passiv verhalten«, und so habe er sich sogar gesagt: »Wenn du mitarbeitest, erwirbst du dir auch das Recht, einen eigenen Lebensstandard einzunehmen, der es dir möglich macht, einen eigenen Hausstand zu gründen.« In diesem Stil ging es weiter. So verhehlte Kurt T. nicht, dass er mit dem Programm der NSDAP vertraut gewesen sei, er betonte sogar, das meiste habe ihm vollkommen eingeleuchtet. Vieles sei dann aber eben doch ganz anders gewesen, ja, er war, so stellte es sich ihm nun dar, getäuscht worden. Kurt T. war trotzdem in der SA geblieben, doch er betonte – vermutlich gerade deshalb – in besonderem Maße seine Distanz. In seiner Zuwendung zum »positiven Christentum« sei er stark geblieben, ja, er habe sogar »Widerstand« geleistet, bekräftigte er – soweit er dazu in der Lage gewesen sei. Sein Eintritt in die Partei widerspreche dem nicht, denn dieser sei, darauf legte er Wert, lediglich eine Folge des »Führerbefehls« gewesen. Kurt T. war, so konnte es scheinen, im Grunde gar nicht involviert gewesen: Weder in der SA hatte er eine Funktion gehabt noch in der Partei je ein Amt ausgeübt. Auch darauf legte er Wert.

Kurt T.s Bericht hatte deutliche Züge einer Selbstentnazifizierung. Seine Person war nicht wirklich Teil des Nationalsozialismus gewesen, so schien es, persönlich hatte er mit diesem nichts zu schaffen gehabt, sah man von seinem nur anfänglichen und ihm völlig unverfänglich erscheinenden Glauben ab, im Nationalsozialismus liege die Lösung für eine Neugestaltung Deutschlands. Vor der Erfahrung des Krieges aber versagte das Vermögen von Kurt T., die eigene Person mit den geschehenen Gräueln nicht in Verbindung zu bringen und eine Mitverantwortung für diese gänzlich von sich zu weisen. Darin unterscheidet sich der »Lebenslauf« dieses Heimkehrers beträchtlich von vielen anderen Erzählungen, die von ehemaligen deutschen Kriegsteilnehmern seit Beginn der 1950er Jahre vorliegen.[62] Die zeitliche Nähe zum Krieg mag ein Grund für diesen Unterschied sein. Zudem muss man sich vergegenwärtigen, dass Kurt T. die letzten vier Jahre in polnischer Kriegsgefangenschaft verbracht hatte. Die »Arbeit am Mythos« des »sauberen« Soldaten, die in der westdeutschen öffentlichen Erinnerungskultur bereits in Gang gekommen war, hatte er sich daher sicherlich noch nicht zu eigen gemacht.[63] Zwar idealisierte auch Kurt T. in seinem Bericht ein Soldatentum, in dem es die »wahrhaftigen soldatischen Tugenden zu weihen und zu pflegen« galt. Auch ihn hatte dieser Aspekt in der Welt des Krieges angezogen, daraus machte er gar keinen Hehl. Die Realität des Krieges, mit der er konfrontiert gewesen war, hatte dann aber wenig damit gemeinsam gehabt. Eher schien in der Erzählung von Kurt T. der Gedanke durch, dass es sich im Kriegsalltag um eine Art Verformung und rigorose Instrumentalisierung der Soldaten durch die skrupellosen Befehlshaber in der Wehrmacht gehandelt habe – ebenfalls ein weitverbreitetes Argumentationsmuster im Nachkriegsdeutschland.[64] Eine völlige Exkulpation aber war ihm das offenbar nicht. Denn er räumte ein: »So habe auch ich zunächst unbewusst und dann bis zum unheilvollen Ende bewusster einen Teil eigener Schuld mitaufgeladen, den ich einmal vor Gott verantworten musste.«

Kurt T. gab in seinem »Lebenslauf« nur wenige Hinweise darauf, was er in diesem Krieg erlebt und woran er mitgewirkt hatte. Er ließ offen, worin seine »tatsächlich vorhandenen Fähigkeiten« bestanden hätten, die man »schnell genug entdeckt« habe, um ihn »als brauchbares Glied innerhalb der großen Kriegsmaschinerie einzuspannen«. Aus seinem Wissen, dass er sich inmitten eines verbrecherischen Krieges befunden hatte, machte er jedoch keinen Hehl. So manche Gräueltat war ihm selbst anscheinend erspart geblieben, wenn auch nur durch einen Zufall, wie er wohl wusste. Er schrieb: »Nur dem Umstand, dass ich Vater von fünf Kindern war, konnte ich es zunächst zuschreiben, dass auch ich nicht zu einem planmäßigen und bewussten Massenmörder entwickelt wurde.« Kurz vor Kriegsende war dieser Schutz für ihn entfallen. Kurt T. wurde zu einem Exekutionskommando befohlen. Er führte die Anordnung aus und erschoss einen Deserteur. Es sei »der einzige Mensch gewesen«, beteuerte er, auf den er »befehlsgemäß die Waffe gerichtet habe und dadurch zum einmaligen offiziellen Mörder gestempelt« worden sei.

Auch Kurt T. hatte bis zu diesem Zeitpunkt irgendwie vermocht, zwischen den Grausamkeiten dieses Krieges und seiner Person einen Abstand zu wahren. Diese Tat hatte ihn jedoch aufgelöst. Selbst seine Annahme – die er in der schriftlichen Erläuterung seiner Person noch einmal bekräftigte –, dass er im Falle einer Befehlsverweigerung »unweigerlich an dieselbe Stelle gestellt worden wäre«, hatte dies nicht verhindert. Vielleicht war es tatsächlich der »ersterbende Blick« des Soldaten gewesen, den er angeblich auf sich gerichtet sah, der keine Distanz mehr ermöglicht hatte. Die Überzeugung, dass auch er eines Tages gerichtet würde, hatte sich in diesem Moment jedenfalls, wie Kurt T. behauptete, in ihm festgesetzt. Die bald darauf folgende Kriegsgefangenschaft, zuerst in Russland, dann in Polen, betrachtete er deshalb als die »notwendige Sühne« – eine weitverbreitete Deutungsweise deutscher Soldaten, die im Osten in Kriegsgefangenschaft geraten waren.[65] Auch im Fall von Kurt T. bezog sich die »Sühne«, wie ein von ihm geschildertes »Ereignis« zeigt, aber keineswegs nur auf die Ermordung des desertierten Soldaten. Während einer Halluzination, die der Veteran als solche niemals gänzlich anerkannte – er hielt sie für ein reales Erlebnis –, brach aus ihm nämlich ein anderes Thema heraus, das ihn offensichtlich nachhaltig beschäftigt hatte. Denn als ihm eine Stimme erschien, um zu verkünden, dass sein »Leib [...] von nun an heilig« und ihm all seine »Sünden« vergeben seien, lautete seine erste Frage: »Und die Juden?«

Kurt T. sah in diesem Erlebnis den Tag seiner »Wiedergeburt« – ein ausgesprochen wichtiger Bestandteil seiner biografischen Selbstkonstruktion, in dem sich ein hohes Maß an Selbstverwandlungsdrang spiegelte. Das Ereignis, das in seinen Augen einen einschneidenden Wendepunkt in seinem Leben darstellte, hatte ihn nicht nur nachhaltig erleichtert, sondern obendrein auch seine Selbstsicherheit wieder gefestigt. Es war für ihn mehr als nur ein Zeichen, dass ihm all seine Vergehen vergeben waren. Er war selbst, so glaubte er, durch diesen Vorgang ein anderer geworden.

Es mag in vielen Fällen zutreffen, dass man derartige Selbstpräsentationen auch als den Versuch betrachten muss, ein Stück Definitionsmacht über sich selbst zurückzugewinnen, der sich so mancher in der Konfrontation mit den Siegermächten und ihren Versuchen, den Deutschen ihre Verantwortlichkeit für die begangenen Verbrechen bewusstzumachen, beraubt sah.[66] In einer ganzen Reihe von Fällen kann man sich des Eindrucks jedoch nicht erwehren, dass dieses Beharren auf einem anderen Ich Ausdruck eines laufenden, äußerst prekären Suchgangs nach einem neuen Selbst war. Oftmals blieb von dieser Suche ein dauernder irritierender Antrieb, der eine Ruhe in scheinbarer Gewissheit über sich selbst völlig ausschloss. Das Ergebnis dieses blinden Suchens konnte als lähmende Leere empfunden werden, aber auch als rastloser Aufbruch in eine neue Zeit, die nur eine Verheißung, aber keine Sicherheit bot. Manchmal schoben sich diese Gefühlslagen auch ineinander, ergänzten sich sogar spiegelbildlich. Das zeigt sich geradezu mustergültig in dem schriftlichen Zeugnis, das der ehemalige Offizier Reinhard G. über seine Person verfasste.[67] Seine Aufnahme in die Psychiatrie war zwar der Anlass für die Anfertigung dieses »Entwicklungsgangs« gewesen, wie er das Schriftstück betitelte, doch es trug deutlich den Charakter eines innerlich ablaufenden Selbstgesprächs bei der Verfertigung eines anderen Ichs. Wiederholt bekräftigte er darin, welch große »Leere« er in sich verspüre. »Bilder aus irgendeiner Zeit« träten »ihm vor das Auge«, erläuterte er, aber es sei so, »als habe alles bisher keine

Spuren hinterlassen«. »Die Erinnerung ist vorhanden – aber sie sagt mir nicht viel«, bekräftigte er, um diese »Leere« abermals zu illustrieren. Sie erschreckte ihn. Vor allem aber versetzte sie ihn in einen äußerst rastlosen Zustand. »Ich habe das Gefühl, dass ich nie zur Ruhe komme«, hielt er fest und begründete: »Weil diese Leere mir so klar geworden ist und das Gefühl, dass ich mit sehenden Augen einem Abgrund zueile.«

Reinhard G. rang erkennbar mit sich selbst. Sein Bemühen, sich zu erklären, war ausgesprochen hastig. In kurzen Abständen suchte er nach immer neuen Beschreibungen, die seine Erkenntnis über sich selbst zutreffend erfassen sollten. »Du selbst bist nicht der, der du sein müsstest«, war zunächst sein Gedanke. Unmittelbar darauf folgte der Verdacht, »dass zwei Menschen« in ihm seien. Nur wenige Sätze später äußerte er die Überzeugung, nicht der zu sein, für den ihn »die anderen bisher gehalten« hätten. »Ein Mensch erkennt, dass er nie Mensch war«, lautete vorerst ein letzter Versuch, den ihn quälenden Zustand zu formulieren, der sich nach seinem Dafürhalten »so schwer in Worten ausdrücken« ließ.

In den sich anschließenden Ausführungen über sein Leben schwankte Reinhard G. zwischen all diesen Perspektiven, wobei er ausgesprochenes Gewicht darauf legte, zu versichern, dass er in der Vergangenheit – und insbesondere während des Krieges – nie derjenige war, als der er anderen schien. So habe er, schon als der Krieg näher gerückt sei, das Empfinden gehabt, nicht dorthin zu gehören, wie der ehemalige Offizier nun eröffnete, der sich seine Beförderung zum Hauptmann im Jahr 1943 anscheinend auch nur durch eine Täuschung der anderen in seiner Person erklären konnte. Dass er sogar für die Generalstabslaufbahn im Kriege vorgesehen gewesen sei, habe er schlicht für ein »Unding« gehalten.[68] Reinhard G. gelang es jedoch nicht, ein konsistentes Bild von sich selbst zu entwickeln. Vielmehr hat es den Anschein, als ob er sich in der Art und Weise, wie er sich selbst imaginierte, immer wieder verfing, wenn in dem Entwurf seines anderen Ichs etwas nicht mehr vorkam, was er doch eigentlich gerne von sich festgehalten hätte. So durchbrach er verschiedentlich seinen Hang, sich in seinen Fähigkeiten abzuwerten und sein Handeln in der Vergangenheit als ein rein mechanisches darzustellen. Kurz blitzte auf, dass er während des Nationalsozialismus wirklich Ideale gehabt hatte. Erst im Frühjahr 1945 waren sie zerbrochen. Auch seine Zeit als Pimpfenführer konnte er ohne einen kurzen Kommentar des Stolzes, den er sich trotz allem zubilligte, nicht passieren lassen: »Meine Jungen liebten und verehrten mich – das darf ich sagen.« An anderer Stelle wird deutlich, dass er offenbar auch sein Vermögen als Offizier doch nicht ganz übersehen wissen wollte. So setzte er seiner Schilderung über die angeblich heftigen inneren Kämpfe, die er in dieser Rolle habe durchstehen müssen, gleichsam en passant und fast schon ein wenig trotzig noch hinzu: »Um auch einmal etwas Positives zu sagen: Ich war geachtet und geliebt!«

Reinhard G. verfiel hier für Augenblicke in eine sentimentale Tonlage. Im Gesamtstück der Selbstpräsentation kam dies einer störenden Dissonanz gleich. Der ehemalige Offizier war bemüht, sie sogleich wieder aufzulösen. Doch sie ist nicht zu überhören. Für einen Augenblick durchschnitt sie seinen Versuch, sich von der eigenen Vergangenheit im Nationalsozialismus und im Krieg abzusetzen, und ließ die von ihm zu bewältigende Strecke auf diesem Distanzierungs- und Verwandlungsgang umso schärfer hervortreten. Tatsächlich fühlte sich Reinhard G. im zivilen Leben höchst unsicher. Seinen alten Beruf als Lehrer wieder anzutreten, sah er sich nicht gewachsen. Er käme sich »nicht als Mensch vor«, begründete er, denn er verspüre nur die »Leere«. Die Kapazität der persönlichen Selbsterfindung geriet hier, trotz aller Absicht, das Leben neu zu ordnen, ins Stocken. Sicherlich, das – in vielen Fällen gewissermaßen verordnete – Ablösungsbedürfnis vom Nationalsozialismus war ein starker Motor, der den Selbsterfindungsprozess in der Nachkriegszeit antrieb. Doch der politische Umbruch war in vielen Fällen eben tatsächlich ein einschneidender biografischer Bruch, und das umso mehr, als empfindliche soziale Verwerfungen mit ihm einhergingen. Sie trafen auch

Reinhard G., der wenige Wochen nach der Niederschrift seines »Entwicklungsgangs« gegenüber dem Arzt ein bemerkenswertes Eingeständnis machte. Der Psychiater hielt es folgendermaßen in seinen Notizen fest: »Er gibt zu, dass es noch viele Probleme für ihn gäbe, mit denen er sich auseinandersetzen müsse. Im Grunde sei er eben nur mit Lust und Liebe Soldat gewesen, und in den Lehrerberuf müsse er sich erst einfügen.«

In all diesen Fällen kommt die Suche nach einer neuen inneren Identität in der Verwandlungszone der Nachkriegszeit zum Ausdruck. Es war dies aber nicht nur der kompensatorische Ausdruck eines eigenen Schuldvorwurfs oder die Folge einer unvermeidbaren Verschleierung der nationalsozialistischen Biografie. Auch das Echo der Angst, in dem die Gewalt und die Gräuel des Krieges widerhallten, und die laufende Verstörung und persönliche Desillusionierung durch Krieg und Heimkehr brachten das eigene Selbstverständnis zum Wanken. Es konnte in der Nachkriegszeit nicht mehr ohne weiteres kontinuitätsstiftend als inneres Gerüst dienen. Die Vorstellung, sich selbst treu geblieben zu sein, selbst unter den Bedingungen der extremen Gefahr und Belastung, entpuppte sich bei manchen als eine Zuflucht angesichts einer inneren Leere und eines gestörten Gefühls zu sich selbst. Die innere Heimkehr selbst war gestört. Vielfach mag bei dem Versuch des inneren Wiederaufbaus die Rückkehr zu den gewohnten Plätzen und den geliebten Personen als eine Art äußeres Gerüst geholfen haben, aber auch das blieb noch lange nach Kriegsende ein prekäres Unterfangen. Denn für das neue Selbstbewusstsein, das manche nur durch völlige Selbstverwandlung befestigen zu können glaubten, bot auch dieses Gerüst in vielen Fällen lediglich trügerischen Halt. Zu viele der erwarteten sozialen Stützen für ein Leben nach dem Kriege lagen in Trümmern. Weder die Rückkehr in die Familie noch die Berufsperspektive oder das Männlichkeitsbild waren nämlich, wie viele erfahren mussten, Garanten für einen schnellen Wiederaufbau von Sozialprestige und Rollensicherheit.

3.
Soziale Trümmer

»O großer Gott! Wie schlimm kann Elend sein! Manchmal, wenn man durch die Straßen geht, glaubt man, den Jammer kaum ansehen zu können. Zwischen den smarten amerikanischen Uniformen, den wohlgenährten Gestalten unserer Besatzungsmächte, tauchen zerlumpt und abgezehrt, scheu um sich blickend wie ertappte Sünder, die ersten deutschen Soldaten auf. Kriegsgefangene, von irgendwoher. Sie schleichen durch die Straßen. Man möchte wegblicken, wenn man sie sieht, weil man sich ihrer Scham so schämt, ihres trostlosen, jämmerlichen Aussehens. Sind das die strahlenden Sieger, die Adolf Hitler wohlausgerüstet vor Jahren in den Krieg schickte! Als wandelnde Ruinen wanken sie dahin. Beinlose, Armlose, Sieche, Kranke, Verlassene und Verlorene. An eine Mauer gelehnt steht ein graubärtiger Mann in zerschlissenem Soldatenrock. Er hat die Arme über den Kopf geschlagen und weint in sich hinein. Menschen fluten an ihm vorüber, bleiben stehen, bilden einen scheuen Kreis um ihn. Er sieht sie nicht. Hilflos, die Arme über den Kopf geschlagen, schluchzt er wie ein kleines Kind. »Mutter… Mutter…« »Haben Sie Hunger?« fragt eine Frau und sucht verlegen in ihrer Einkaufstasche. »Vielleicht sind Sie krank…?« Er hört sie nicht. Er weint. Es ist entsetzlich, wenn graubärtige Männer weinen. Wenn sie nicht aufhören können zu weinen.«[1]

Zu Beginn der 1950er Jahre trat der Soziologe Helmut Schelsky mit seiner Studie über die »Wandlungen der deutschen Familie in der Gegenwart« an die Öffentlichkeit. Auf der Grundlage von 167 Familienmonografien, die in den Jahren 1949 und 1950 verfasst worden waren, präsentierte er ein Ergebnis, das allen in den Vorjahren laut gewordenen Kassandrarufen über den drohenden Verfall der Institution »Familie« – meist war damit die Ehe gemeint – Einhalt gebot.[2] »Wenn man sieht«, schrieb Schelsky, »in welchem Maße auch die moderne Familie die Folgen eines plötzlichen und völligen Zusammenbruchs der staatlichen und wirtschaftlichen Ordnung, wie er in Deutschland stattfand, für die einzelnen Personen abzufangen vermochte und wie sie bereit und fähig war, gesamtgesellschaftliche Funktionen, die ihr die moderne industrielle Wirtschafts- und Staatsverfassung längst geraubt zu haben schien, wieder zu übernehmen, so wird man die Einschätzung dieser Institution als *Stabilitätsrest in unserer Gesellschaftskrise* berechtigt finden.«[3]

Zugespitzt formuliert wurde damit durch einen der renommiertesten Sozialwissenschaftler seiner Zeit sowohl das Ende einer hitzigen Debatte über die »Krise« der Familie eingeläutet als auch ein sozialpolitischer Kurs wissenschaftlich unterfüttert, der auf eine weitgehende Restaurierung traditioneller Geschlechterrollen und Familienleitbilder hinzielte.[4] Zweifellos war auch Schelsky keineswegs entgangen, dass ein Großteil der deutschen Familien in der unmittelbaren Nachkriegszeit beträchtlichen Belastungen durch die vielfältigen Folgen des Krieges ausgesetzt war. Inmitten der zusammengebrochenen politischen, sozialen und wirtschaftlichen Ordnung der Nachkriegszeit kämpften unzählige von ihnen, oft in Abwesenheit der im Krieg umgekommenen, verschollenen oder noch in Kriegsgefangenschaft verweilenden Männer, um die materielle Existenz und ihr Überleben. Notlagen waren an der Tagesordnung. Sie waren ein Kennzeichen der »typischen sozialen Schicksale« der Kriegs- und Nachkriegszeit, laut Schelsky: der Flüchtlinge und Vertriebenen, der aufgrund eines Berufsverbots Deklassierten, der Schwerversehrten und Spätheimkehrer, der Kriegerwitwen und Ausgebombten.[5]

Trotz dieser Belastungen sah Schelsky in den Familien nicht nur einen wichtigen Stabilitätsrest der Gesellschaft, sondern eine soziale Einheit, deren Zusammenhalt durch das gemeinsame Überleben und das wechselseitig entgegengebrachte Verständnis der Eheleute für die jeweils durchgemachten Strapazen noch verstärkt worden sei.[6] Damit einhergehend habe sich auch die Funktion der Familie für die Gesellschaft verschoben: Diese wirke nämlich nicht mehr als eine Art »unbewusste Sicherheitsgrundlage«, die den Einzelnen stärke und in die Lage versetze, seine Kräfte für die gesellschaftlichen Anforderungen einzusetzen. Die Familie nehme diese Kräfte vielmehr jetzt für sich selbst in Anspruch (entziehe sie damit aber auch der Öffentlichkeit), um den familiären Zusammenhalt sicherstellen, die sozialen Nöte auffangen und damit den »Verlust an gesamtgesellschaftlicher Stützung« ausgleichen zu können.[7]

Dieses Argument wird – bei allen unterschiedlichen Akzentuierungen – im Grunde bis heute in geschichtswissenschaftlichen Studien über die Nachkriegszeit fortgeschrieben. Allerdings sieht man sehr viel deutlicher, dass die »Privatisierung der Kriegsfolgen« für die Familien Belastungen mit sich brachte, die keineswegs auf die unmittelbaren Nachkriegsjahre beschränkt blieben. Sie setzten sich bis weit in die Zeit der Bundesrepublik hinein fort, erstreckten sich bei manchen über die gesamte Dauer ihres weiteren Lebens.[8] So konnte etwa die wiederaufgebaute materielle Existenz in vielen Familien, in denen die Leistungsfähigkeit der Männer durch eine Kriegsverletzung eingeschränkt war, nur durch die Berufstätigkeit der Frauen weiterhin sichergestellt werden.[9] Für sie kam häufig noch die Pflege der kriegsversehrten Männer hinzu, wie überhaupt die körperlichen Schmerzen der Kriegsverwundeten und die damit verbundenen seelischen Veränderungen das gesamte Familienleben zeichneten. Der Staat bot hier wenig Hilfe, wenngleich man in Rechnung stellen muss, dass er durch die Gewährung der Kriegsopferrente extreme soziale Notlagen verhinderte. Wie Vera Neumann herausgearbeitet hat, schob er dennoch, insgesamt gesehen, die Folgeprobleme des Krieges in die Familien ab und schöpfte das familiäre Potential für die erforderliche Wiedereingliederung der Kriegsinvaliden und Heimkehrer in die Gesellschaft aus.[10] Die Annahme, dass die Familienangehörigen dabei nicht nur mit vorübergehenden Anpassungsproblemen konfrontiert waren, die den »Spätestheimkehrern« aus der sowjetischen Gefangenschaft bereits in den zeitgenössischen Medien zugeschrieben wurden,[11] ist in der Literatur mittlerweile verbreitet. Auch die »Aufarbeitung der jüngsten Vergangenheit«, die »Verarbeitung« der gesamten »Vielfalt persönlich erlebter und mitgebrachter Belastungen aus dem Krieg« fand, so heißt es vielerorts, in den Familien statt.[12] Die Familie war die Arena, in der die nationalsozialistische Vergangenheit und das Grauen des Krieges – das Töten und Morden, die Erfahrung der eigenen Todesbedrohung, die Erfahrung des Verlustes und des Schmerzes – bewältigt wurden. Gelegentlich entsteht sogar der Eindruck, als sei die Familie in diesem Zusammenhang nicht nur eine unerschütterliche Enklave, sondern auch eine einzigartige, nahezu unerschöpfliche emotionale Reserve gewesen. So wird selbst über die unmittelbare Nachkriegszeit gesagt: »Die Familie erwies sich erneut als der einzige soziale Ort, wohin jedes Mitglied trotz all seiner Schwächen und Vergehen zurückkehren und auf Hilfe rechnen kann.«[13]

Es ist bekannt, dass die Zuflucht zu den Familien von Hunderttausenden ehemaligen Soldaten tatsächlich ersehnt und gesucht wurde. Dafür gibt es viele Zeugnisse, sowohl aus der Zeit des Krieges als auch aus der Gefangenschaft,[14] wenngleich in vielen Fällen ebenso erkennbar ist, dass der Gedanke an das Wiedersehen mit der Familie, und das hieß vor allem mit der Frau, auch von der Angst vor Entfremdung sowie gelegentlich von Argwohn gegenüber der eigenen Frau und ihrer Treue begleitet war.[15] Das galt umso mehr, je länger die Kriegsgefangenschaft angedauert hatte. Denn Berichte über verheiratete Frauen, die während der unmittelbaren Nachkriegszeit, in der fortdauernden Abwesenheit ihrer Männer, neue Liebesbeziehungen eingegangen waren, erreichten die Gefangenen durch Briefe von Freunden und Angehörigen auch in den Tausende von Kilometern entfernt gelegenen Lagern. So mancher Kriegsgefangene erhielt sogar dort bereits die Nachricht von seiner Frau, dass sie in der Zwischenzeit einen neuen Lebenspartner gefunden hatte.[16] Das waren Hiobsbotschaften, die, so kann man vermuten, nicht ganz im Verborgenen blieben. Dennoch verbanden sich in der Regel mit der Heimkehr zur Familie zahlreiche Zukunftshoffnungen. Aus der Sicht unzähliger Frauen im Nachkriegsdeutschland sah das nicht anders aus. Die Familie war ein Ort der Projektion, von dem man Wärme und Geborgenheit, Ruhe, Verständnis und Unterstützung erwartete – mithin die Rückkehr in »normale Verhältnisse«.[17]

Das umstandslose Vertrauen auf die Heilkraft der Familie, das sich bis heute in der Literatur findet, verdankt sich möglicherweise derselben Projektion, die damals die Familie als letzte Zufluchtsstätte erscheinen ließ, schließlich aber oft von der Erosion des Familienglücks enttäuscht wurde. Tatsächlich machte die Zertrümmerung der sozialen Verhältnisse auch nicht vor den Familien halt. Das zeigt sich etwa dort, wo die emotionale Entfremdung in den persönlichen Beziehungen, sei es zwischen den Geschlechtern oder zwischen den Generationen, nicht aufgefangen werden konnte, wo die Kriegsheimkehrer ihren ehemaligen sozialen Status eingebüßt hatten und ihnen der berufliche Halt für die familiäre Rolle fehlte oder wo die körperlichen Schädigungen infolge des Krieges oder der Gefangenschaft zu einer persönlichen und familiären Belastung geworden waren.

Nach der Rückkehr der Männer ließen Spannungen und Konflikte zwischen den Familienmitgliedern oft nicht lange auf sich warten, so zum Beispiel in der Familie von Kurt A.[18] Im Vergleich zu unzähligen anderen Soldaten war er nicht lange von seiner Familie getrennt gewesen. Zur Wehrmacht war er erst im Januar 1944 eingezogen worden, seine Entlassung aus englischer Gefangenschaft erfolgte bereits wenige Wochen nach der Kapitulation. Die Zeit der Abwesenheit hatte er nur mühsam überstanden, denn Heimweh quälte ihn angeblich in besonderem Maße. Die Rückkehr zu seiner Familie hatte er mithin kaum erwarten können. Als es schließlich so weit war, blieb seiner Frau keineswegs verborgen, dass er sich freute. Doch wie sie dem Arzt weiter berichtete, sah sie auch: »Es war eine gequälte Freude.« Und selbst diese war nur von kurzer Dauer. Sie machte, klagte seine Frau, seinen »vielen Sorgen Platz«, die in ihren Augen nichts als »unsinnig« waren. Dazu gehörte die ängstliche Unruhe, die sie an ihm wahrnahm, aber auch seine Furcht, die Engländer würden ihn gleich wieder abholen. Beides erwähnte sie nur kurz, es war ihr unverständlich, geradezu befremdlich. Hinzu kamen die Klagen ihres Mannes über den Zustand des Hauses und den verbliebenen Besitz. Diese erschienen ihr ebenfalls seltsam und absurd. Auch Kurt A. schilderte dem Arzt, welchen Eindruck er bei der Heimkehr gehabt hatte. Er ließ keinen Zweifel daran, dass ihn das, was er zu Hause vorgefunden hatte, immer noch zutiefst und nachhaltig erschütterte. Das »einst so schöne Haus« aus seiner Erinnerung hatte er, wie unzählige andere Kriegsheimkehrer bei ihrer Rückkehr auch, nicht mehr vorgefunden. Teile von ihm waren durch einen Bombenschaden zerstört. »Niemand kümmere sich darum, dass es wieder in Ordnung käme«, hielt der Arzt nach dem ersten Gespräch mit Kurt A. fest, der zudem entsetzt beklagte, »er habe nichts mehr anzuziehen, 3 Sonntagsanzüge genügten doch nicht«. Konfrontiert mit der Zerstörung der ihm vertrauten und herbeigesehnten Lebenswelt, verwandelte sich die Heimkehr für Kurt A. in eine Last. Auch nachts fand er keine Ruhe mehr. Nachdem er sich im Gefangenenlager »so viel Sorgen wegen zu Hause« gemacht habe, raubten ihm jetzt, wie er dem Arzt berichtete, die »steten Sorgen um das Haus und dessen Einrichtung den Schlaf«.

Von seiner Familie war Kurt A. weder zu beruhigen, geschweige denn von Gegenteiligem zu überzeugen. Die Ehefrau war offenbar ganz anderer Ansicht, schließlich habe ihr Mann, wie sie versicherte, genug anzuziehen, und auch das Haus war nach ihrem Dafürhalten lediglich in geringem Maße beschädigt, ja, es war sogar, wie sie sich ausdrückte, »tadellos in Schuss«. Von Zerstörung und Not besaß sie augenscheinlich eine andere Vorstellung. Sie hatte die Bombenangriffe zusammen mit ihrem jüngsten Sohn überlebt, den Alltag im Zusammenbruch bewältigt, und es war ihr gelungen, das Nötigste zum weiteren Leben sicherzustellen. Frau A. stand dem Klagelied ihres Mannes ratlos und mit einer gewissen Ungeduld gegenüber.

Den Aufzeichnungen in der Krankenakte kann man entnehmen, dass sich der Gemütszustand von Kurt A. nach wenigen

Tagen des Aufenthalts besserte. Bereits nach einer Woche zeigte er sich zuversichtlich, räumte durchaus ein, die Schäden am Haus seien wohl »doch nicht so schlimm«. Lediglich sein Jammer, er habe eine »herzensgute Frau«, die ihn brauche und auf ihn warte, setzte sich fort. Bald darauf wurde er entlassen. Ein Jahr später deckte ein zufälliger, spontaner Besuch des Arztes im Hause der Familie allerdings auf: Das Zusammenleben dieser Familie hatte sich schon bald, nachdem Kurt A. wieder aus der Klinik zu seiner Familie zurückgekehrt war, zur Tortur entwickelt. Der Ton, in dem die Frau über ihren Mann sprach, hatte bittere Züge angenommen. Sie beschrieb ihn nicht mehr als »schon immer empfindsam«, wie sie das vor einem Jahr noch getan hatte; sie bezeichnete ihn jetzt, sichtlich genervt, bestenfalls als »miesepetrig«. Nachdem der Psychiater sich mit dem Ehepaar unterhalten hatte, wusste er zudem: Kurt A. hatte seine Mitarbeit in der familieneigenen Gastwirtschaft bald wieder eingestellt. Er beschwerte sich über das »junge Volk«, mit dem er nicht gerne spreche, »weil sie alle so oberflächlich seien«. Seinem Jungen traute er den Betrieb nicht wirklich zu, und auch seine Klagen über den Zustand des Hauses setzte er, neben vielen weiteren, fort. Alles in allem stellte sich die Situation für den Arzt daher folgendermaßen dar: »So nörgelt er zu Hause herum, sieht alles schwarz in schwarz, macht sich Sorgen, wo keine sind, und tyrannisiert die Familie mit seiner ekelhaften Pedanterie.«

In zahlreichen Nachkriegsfamilien spielten sich vergleichbare Szenen ab.[19] Die damals oft typischen Problemlagen sind auch in der Familie von Kurt A. zu beobachten:[20] Die von allen Seiten gehegte Erwartung, der Mann würde die Arbeit, wie ehedem, wieder in Angriff nehmen und bewältigen, wurde enttäuscht. Die Heimkehr von Kurt A. war für die Familie keine Erleichterung, sondern eine Erschwernis. Neue Abhängigkeiten hatten sich eingestellt, die zugleich auch eine Verkehrung der überkommenen Rollen zum Vorschein brachten. Kurt A. hatte seine bisherige Rolle als Haupternährer der Familie eingebüßt. Diese kam auch ohne die Hilfe seiner Arbeitskraft zurecht, wie ihm nicht nur seine Frau, sondern auch sein Sohn tagtäglich und durchaus selbstbewusst vor Augen führten. Innerhalb der Familie hatte sich somit nicht nur die bisherige Kompetenzverteilung verschoben, auch die Hierarchien zwischen den Familienangehörigen waren ins Wanken geraten, die Machtverteilung umstritten. Sosehr sich der Sohn den Mäkeleien des Vaters, der ihm jede hinreichende Erfahrung bei der Arbeit in der Gaststätte absprach, ausgesetzt sah, so sehr konnte er zugleich darauf vertrauen, dass die Mutter ihn gegen diese herabsetzenden Angriffe verteidigte. Dass diese sich wiederum auf den Schutz des Sohnes verlassen konnte, war offenkundig. Als Kurt A. unter dem Vorwand, es müsse ein fachärztliches Gutachten erstellt werden, erneut einem Aufenthalt in der Psychiatrie zustimmte, wo er schließlich in eine weitere Behandlung einwilligte, wandte sich der Sohn eines Abends mit einer sehr weitgehenden Bitte an den Arzt: Der Vater möge keinesfalls mehr nach Hause beurlaubt werden, »die Mutter ginge darüber zugrunde«.

Kurt A. kehrte dennoch schon nach wenigen Tagen zu seiner Familie zurück. Angeblich nahm er sich schwer zusammen. Auch auf den Arzt, der die Familie im Frühjahr 1947 ein weiteres Mal besuchte, machte er auf den ersten Blick einen »unauffälligen Eindruck«. Nach geraumer Zeit aber platzte Kurt A. erneut damit heraus, dass er große Sorgen habe. Sie drehten sich um die gleichen Probleme wie schon in den letzten beiden Jahren: Da waren der Zustand des Hauses und auch, wie der Arzt bei seinem letzten Besuch von der Frau erfahren hatte, die »politischen Dinge«, womit konkret das Entnazifizierungsverfahren gemeint war. All diese Sorgen ihres Mannes, die in ihren Augen so überflüssig waren, hatte seine Frau leid. Kurt A. sprach dieses Mal erst von ihnen, nachdem sie das Zimmer verlassen hatte.[21]

Auch im Entsetzen angesichts der äußeren Trümmer blieb der vorausgegangene Krieg der ehemaligen Soldaten in aller Regel unausgesprochen.[22] In vielen Fällen kann man beobachten, dass sich den Angehörigen auch gar nicht unbedingt erschloss, ob oder auf welche Weise die innerfamiliären Spannungen und Konflikte mit dem Krieg in Verbindung zu bringen waren. Meist deuteten sie diese nicht als eine Folge soldatischer Kriegserlebnisse. Ausnahmen finden sich wenige. Eine sehr viel größere Rolle wurde später der Gefangenschaft, insbesondere der sowjetischen, zugesprochen.[23] Gesprächsaufzeichnungen in den Krankenakten aus der Zeit der unmittelbaren Nachkriegsjahre zeigen jedoch, dass in der überwiegenden Zahl der Familien die Deutungen für die Gründe der auftretenden Auseinandersetzungen und Zerwürfnisse oft weit auseinanderklafften. In diesen unterschiedlichen Perspektiven machten sich Prägungen bemerkbar, in denen sich auch die verschiedenartigen Erfahrungswelten des Krieges immer wieder ausdrückten. Besonders auffällig zeigt sich das in einer Reihe von Fällen, in denen die Söhne nach ihrer Heimkehr den »Feldwebelton« ihres Vaters einfach nicht mehr ertragen konnten, wie etwa Hubert B. dem Arzt berichtete. Der ehemalige Soldat veranlasste aus diesem Grund sogar die Einlieferung seines Vaters in die Psychiatrie.[24] Auch Gerd M. stieß nach seiner Heimkehr aus dem Krieg das Verhalten des Vaters mehr denn je ab.[25] In den Augen der Gemeindeschwester nahm dieser im Gegensatz zu seinem gewissenhaften Sohn alles viel zu leicht. Anvertrauen konnte sich Gerd M., der während des Krieges nicht gerne Soldat gewesen war und unter dem »Morden« sehr gelitten hatte, seinem Vater nicht. Den Grübeleien des Sohnes, der seit seinen Einsätzen im Krieg dem Leben immer weniger Sinn abgewinnen konnte, begegnete der Vater anscheinend ebenso verständnis- und interesselos wie den damit verbundenen Schwierigkeiten seines Sohnes, im zivilen Leben wieder Fuß zu fassen. »Es sei ja sehr häufig, dass Väter ihre Söhne, wenn sie aus dem Feld kommen, wie kleine Kinder behandeln«, bedeutete Gerd M. dem Arzt. Ein Zugeständnis an den Vater, der angeblich glaubte, dem Sohn auch weiterhin den Weg weisen zu können, war das aber nicht. Nicht ohne Bitterkeit warf Gerd M. seinem Vater vor, von ihm verlangt zu haben, dass er gegen seine Überzeugung handle. Gegenüber dem Arzt sprach er es offen aus: Die Art seines Vaters, der »wie ein Feldwebel sei«, konnte er seit diesem Krieg nicht mehr länger ertragen.

Wann und auf welche Weise diese unterschiedlichen Erfahrungswelten des Krieges die innerfamiliären Spannungen mitprägten, manchmal auch überhaupt erst hervorbrachten, erschloss sich den Angehörigen nicht unbedingt. In der Familie L., die im Sommer 1947 die Psychiatrie aufsuchte, um ihren Sohn Herbert ärztlich untersuchen zu lassen, kann man das beobachten.[26] Schon seit längerer Zeit standen die Eltern seinem Verhalten ratlos gegenüber, wie sie dem Psychiater erläuterten. Erste Veränderungen hatten sie bereits im August 1944 an ihm wahrgenommen, erinnerten sie sich im Gespräch, doch hätten sie ihnen zunächst keine besondere Bedeutung beigemessen. Der damals Neunzehnjährige, der immer ein »frischer, fröhlicher Junge« gewesen sei, war seinerzeit vor einem Einsatz an der Front noch auf Urlaub zu Hause gewesen. »Still und ruhig« sei er während dieser Tage gewesen, »Kälte und Kühle« hätten sein einst »innige[s] Verhältnis zu seinen Eltern« abgelöst. Bei einem erneuten, späteren Besuch verwunderte sie seine »Unhöflichkeit, Barschheit und Zurückgezogenheit«, hatte er doch, wie sie berichteten, von seinem Einsatzort in Italien »ganz nette Briefe« geschrieben. Nach seiner Rückkehr aus kurzer Gefangenschaft sei er schließlich noch stiller als früher gewesen. Kam Besuch, zog er sich zurück, selbst den Kontakt zu Freunden und Kameraden suchte er einige Zeit lang nicht. Folgt man der Geschichte der Eltern weiter, verlief das Leben ihres Sohnes trotzdem bald wieder in »geordneten« Bahnen. Mit einem früheren Freund fing er gemeinschaftlich an zu lernen, und kurze Zeit später besuchte er sogar das Gymnasium. Im Sommer 1946 aber begann Herbert L. erneut, laut Bericht seiner Eltern, sich seltsam und unbegreiflich zu benehmen. Er beklagte sich über den erwähnten Schulfreund, der ihn in der Stadt schlechtgemacht und als einen »Verbrecher« bezeichnet habe. Auf die Vorbehalte seiner Eltern und ihre »logische[n] Einwände«, die sie seinem Vorsatz, mit dem Schulfreund nichts mehr zu tun zu haben, entgegenbrachten, habe Herbert L. nur mit Sturheit reagiert. Als seine Mutter weiterhin intervenierte, wurde er ihr gegenüber schließlich sogar ausfällig. Zum Erstaunen der Eltern vermochte auch die Strenge des Vaters die Situation nicht wieder in Ordnung zu bringen. Herbert setzte die Beschimpfungen, die sich insbesondere gegen seine Mutter richteten, in immer heftigerer Form fort. Als er auch in der Schule nachließ, schließlich auch nur noch schwer zu ihrem weiteren Besuch zu bewegen war, sich darüber hinaus auch während der Freizeit gegenüber Gleichaltrigen zurückhaltend, manchmal unhöflich benahm, suchten sie den Rat eines Psychiaters.

Auch wenn die Eltern dem Arzt keine eigene Erklärung für das Verhalten ihres Sohnes unterbreiteten, verfertigten sie in der Darstellung ihrer Beobachtungen eine Erzählspur, mit der sie Geschehnisse der vergangenen drei Jahre auf spezifische Weise gewichteten und miteinander verknüpften. Herberts Blick darauf war ein anderer. Auch er setzte zunächst mit einer allgemeinen Erklärung für seine Verhaltensweisen an, die ihm angesichts der besonderen Situation der Zeit, vor allem aufgrund des vorherrschenden Mangels, gar nicht außergewöhnlich erschienen, trage dieser doch dazu bei, »die Menschen umzustimmen«. Genauer nach einzelnen Situationen befragt, war das Spektrum der Begründungszusammenhänge, in die er sein Verhalten einordnete, allerdings vielschichtiger. Diese können hier nicht alle entfaltet werden. Unter anderem geben sie aber zu erkennen, wie der Krieg sein Zerstörungswerk in den Familienbeziehungen oftmals fortsetzte.

Im August 1944, als Herbert L. seine Eltern besucht hatte, wurde das besonders deutlich. »Wenn man in den Krieg zieht, kommen einem eigentümliche Gefühle«, antwortete Herbert dem Psychiater auf seine Frage, warum er damals so still geworden sei, und der ehemalige Soldat setzte noch hinzu: »Man weiß ja nicht, ob man wieder nach Hause kommt.« Diesen quälenden Gedanken hatte Herbert seinen Eltern zur damaligen Zeit offenbar nicht anvertraut. Ob er sich seiner Angst vielleicht schämte oder ob er seine Eltern nicht noch zusätzlich belasten wollte, muss offenbleiben. Von der Front habe er jedenfalls keine besorgniserregenden Briefe geschrieben, wie die Eltern versicherten, die so in ihren Sorgen auch etwas beruhigt worden waren. Von »seinem« Krieg wussten sie nicht viel. Die Erinnerungswelt des Soldaten blieb ihnen weitgehend unzugänglich, wie auch die Art und Weise, in der Herbert die Schrecken und Gräuel des vergangenen Krieges mit sich trug. Er fand dafür keine Sprache, die für die Eltern diese mitgetragene Last begreifbar gemacht hätte. Nach dem Vorfall mit dem ehemaligen Schulfreund, der Herbert angeblich als einen »Verbrecher« bezeichnet hatte, kam das im Familienverhältnis erneut zum Tragen. Wie den Gesprächsaufzeichnungen des Arztes zu entnehmen ist, hatte Herbert seinen Eltern erläutert, dass dieser Freund durch diese Anschuldigung seiner »Ehre« zu nahe getreten sei, weshalb er diese denunziatorische Behauptung nicht auf sich sitzen lassen könne. Andere nähmen ansonsten die Gelegenheit wahr, »um sich selbst zu entlasten« und alle »Schuld« auf ihn zu werfen. Dass die Eltern das alles »auf die leichte Schulter genommen« hätten, konnte er ihnen, wie er dem Arzt erklärte, nicht nachsehen. Dessen Nachfrage, was dieser Freund denn genau über ihn verbreitet habe, wich Herbert L. zwar aus, doch ließ er ihn unvermittelt wissen: »Wenn anderer Leute Vergangenheit unter die Lupe genommen würde, kämen noch ganz andere Dinge zutage. Da bin ich noch eine reine Leuchte.«

Derartige Anspielungen auf das Grauen des vergangenen Krieges und die von deutscher Seite begangenen Verbrechen waren in den Familien nicht üblich.[27] Zweifellos gab es Erzählungen über den Krieg; sie spiegeln sich auch in den Berichten der Angehörigen. Vergleichsweise präzise berichteten diese etwa von den Schikanen, die einige Männer während ihrer Militärzeit erlebt hatten.[28] Ehefrauen und Eltern sprachen zudem von »Strapazen«, welche die Männer während des Krieges und insbesondere während der sowjetischen Gefangenschaft durchlitten hatten, und sie betonten oft im gleichen Atemzug das außerordentliche Durchhaltevermögen der Männer, die diese Belastungen »mannhaft« ertragen hätten.[29] Mütter kannten die »Lieblingswaffe« ihres Sohnes,[30] Ehefrauen und Eltern nannten die militärischen Einsatzgebiete, in denen die Männer gekämpft hatten. Vor allem waren die Angehörigen im Bilde über die Verletzungen, welche die Soldaten erlitten hatten, und die Dauer ihrer Lazarettaufenthalte.

Ausführliche Angaben über die Kriegserinnerungen der zurückgekehrten Soldaten aber machten ihre Verwandten gegenüber dem Arzt nicht, wenn sie das ihnen verändert erscheinende Verhalten der Heimkehrer schilderten und deuteten. In vielen Fällen gewinnt man den Eindruck, dass die Familienmitglieder die soldatischen Erlebnisse des Krieges, die sich ihnen über die erzählten Erinnerungen erschlossen, in diesem Zusammenhang tatsächlich gar nicht für nennenswert hielten. Kamen im Gespräch zwischen den Familienangehörigen die Schrecken des Krieges einmal andeutungsweise zur Sprache, war ein sofortiges Verstummen der Angehörigen keine Seltenheit. So vermochte die Mutter von Rudolf R. dem Arzt zu berichten, ihr Sohn habe es »bei Vorgesetzten und Kameraden« sehr »schwer« gehabt, die ihn »entweder als dumm oder als Dickkopf bezeichnet« hätten.[31] Über die Erlebnisse ihres Sohnes, der seit Januar 1945 als Angehöriger verschiedener Truppenteile das, wie sie es ausdrückte, »Rückzugschaos« aus Ostpreußen mitgemacht hatte, machte sie indes keine weiteren Angaben. Sein wütend-verzweifelter Ausbruch bei einer Auseinandersetzung hinterließ sie nur ratlos und irritiert: »Ihr wisst ja gar nicht, was ich gelitten habe! Schlagt mich doch tot!«, hatte er eines Tages seine Familie angeschrien und dabei geweint. Unmissverständlich brachte er zum Ausdruck, dass seine erinnerten Erfahrungen von der Familie nicht zu verstehen seien. Ein weiteres erklärendes Wort über den Krieg gab er nicht. Auch seine Mutter stellte keine weiteren Nachfragen. Der für einen Moment zur Sprache gebrachte Krieg war in einer gegenseitigen Sprachlosigkeit wieder verschwunden.

Ein solcher Hergang war kein Einzelfall. Das Unvermögen über den Krieg an der Front und in den besetzten Gebieten zu sprechen, offenbarte sich in vielerlei Gestalt: Auf Seiten der Heimkehrer schloss es aggressive Töne ebenso mit ein wie hilfloses Weinen oder barsche Zurückweisung, bei den Daheimgebliebenen Distanziertheit ebenso wie gereizte Ungeduld oder aufopferungsvolle Fürsorge. Vor dem Hintergrund ihres Wissens über die begangenen Verbrechen und in der Ahnung des Grauens mögen viele

Angehörige vor genaueren Fragen angesichts der bedrohlichen Gewissheit über die Beteiligung der Männer an den Morden und Verwüstungen zurückgescheut haben. In anderen Familien wiederum stockte der verbale Austausch vermutlich angesichts eines »Schweigepakts«, um den so mancher Kriegsheimkehrer ersucht hatte, der seine Frau bat, keinerlei Fragen über den vergangenen Krieg mehr zu stellen.[32] Gelegentlich finden sich in den Krankenakten sogar Fälle, die den Eindruck erwecken, dass es auch die heimlichen Enttäuschungen der Daheimgebliebenen über die militärische Niederlage und den politischen Zusammenbruch waren, die mit dazu beitrugen, dass an die vielen Seiten dieses Krieges nicht weiter gerührt wurde. Manchmal mag ein stiller Vorwurf an den Mann diese Enttäuschung begleitet haben, im Fall der Ehefrau des in der Einleitung bereits erwähnten Hans H. war es sogar Verachtung, die sie ihm gegenüber auch gar nicht verhehlte.[33] Mit dem Verlust seines Offiziersranges hatte der ehemalige SS-Angehörige, wie sie ihm deutlich zu verstehen gab, ihre Anerkennung verwirkt. Nicht nur war der Krieg verloren, auch ihren sozialen Status hatte diese Familie mit der totalen Niederlage und dem Zusammenbruch des politischen Systems eingebüßt.

Tatsächlich darf man die Auswirkungen der sozialen Deklassierung, die viele Deutsche im Gefolge des Entnazifierungsprozesses erfuhren, auf die Familienbeziehungen nicht unterschätzen. Zwar ist häufig – zumeist mit Blick auf die Eliten des Nationalsozialismus – auf die hohe personelle Kontinuität in den verschiedenen Berufssparten und die bemerkenswerte Ungestörtheit hingewiesen worden, in der viele ihren Karriereweg nach 1945 fortsetzen konnten.[34] Aus der Perspektive von unzähligen Personen stellte sich das aber in der unmittelbaren Nachkriegszeit zunächst einmal ganz anders dar.[35] Zu denken ist hier nicht nur an diejenigen, die aufgrund ihrer Führungsposition im NS-Staat oder ihrer Tätigkeit in einer der als »verbrecherisch« eingestuften Organisationen für Monate oder Jahre in einem Lager der Alliierten interniert waren – 1946 waren das immerhin etwa zweihundertfünfzigtausend Menschen. Es gibt hinreichend Beispiele, die belegen, dass auch mit ihrer Entlassung aus dem Lager der Verlust ihres sozialen Status keineswegs wieder wettgemacht war. Auf viele warteten erhebliche Schwierigkeiten bei der Rückkehr in den Beruf, für einige der Betroffenen erwies sich sogar auf lange Sicht der Karriereweg aufgrund ihrer einstigen »Parteibuchkarriere« als verbaut.[36] Vor allem aber traf es auch viele andere, die nicht aus politischen Gründen interniert worden waren. Dazu gehörten in besonderem Maße die Beschäftigten im öffentlichen Dienst, von denen Hunderttausende im Zuge der alliierten Säuberungs- und Reformbemühungen entlassen wurden. Unzähligen Beamten war ihr bisheriges Privileg sozialer und materieller Sicherheit genommen. Dass der größte Teil von ihnen nach einigen Jahren rehabilitiert werden würde, war für die Betroffenen in diesem Augenblick nicht absehbar.[37] Für die einstigen Berufssoldaten galt das allemal. »Wer nimmt schon einen ehem[aligen] Offizier!«, klagte 1948 ein Kriegsheimkehrer in einem Brief an einen soeben aus der Gefangenschaft zurückgekehrten Kameraden, den er, nicht ohne seine Bitterkeit zu unterdrücken, auf die Lage im Nachkriegsdeutschland vorzubereiten versuchte.[38] Die Suche nach der »passende[n] Stellung« verlief für ihn selbst seit langem vergeblich, wie er in seinem Schreiben offenbarte, wobei, das wusste auch er, der ständige Wechsel zwischen Arbeitslosigkeit und der Annahme von Gelegenheitsarbeiten keineswegs nur die Situation der ehemaligen Angehörigen des Offizierskorps kennzeichnete. Von der Erfolglosigkeit anderer bei ihren Versuchen, eine ihnen angemessen erscheinende Anstellung zu finden, hatte er viel zu berichten. In seiner Furcht, »bald richtiggehend verproletarisiert« zu sein, wie er es formulierte, stand er keineswegs allein. Sie war ein wesentlicher Bestandteil des tiefen Krisengefühls und der sozialen Verunsicherung, die in der zweiten Hälfte der 1940er Jahre unzählige Menschen gefangen nahm und manchmal zutiefst erschreckte.[39]

Den Krankenakten ist deutlich zu entnehmen, dass ein solcher Schrecken vor dem sozialen Abstieg und dem gesellschaftlichen Aus nicht nur die einst beruflich höher Gestellten ereilte. Es waren auch keineswegs nur Männer, sondern ebenso Frauen, die den Verlust sozialer Geltung kaum ertragen konnten.[40] Die damit verbundene, kräftezehrende Anstrengung, die wirtschaftliche Not tagtäglich zu bewältigen, war gewiss ein Grund dafür. Zudem aber gewinnt man durch die Aufzeichnungen der Gespräche, die von den Ärzten vorgenommen wurden, den Eindruck, als sei es gerade das Wissen um die Verflechtung der sozialen Misere mit der nationalsozialistischen Vergangenheit, das vielen Menschen zu einer drückenden Last wurde. Die Ehefrau von Werner Z. war sich jedenfalls über diese Verbindung ganz offensichtlich im Klaren. Wie aus der Erzählung ihres Mannes hervorgeht, wurde sie bereits in der Erwartung des finanziellen und gesellschaftlichen Ruins tätig. Sie beugte schon während seiner Abwesenheit für sich selbst vor. Da er Nationalsozialist gewesen sei, berichtete Werner Z., habe seine Frau nach Kriegsende, in der Furcht, man werde ihr alles wegnehmen, sein gesamtes Eigentum und seine Möbel ihren eigenen Eltern übertragen.[41] Kurz nachdem Werner Z. aus der Gefangenschaft zurückgekehrt war, hatte sie ihn aus dem Haus geworfen. Nur widerwillig nahm sie ihren Mann später doch noch einmal auf, da er weder Unterkunft noch Arbeit besaß. Werner Z. war die Rückkehr in seinen Beruf als Wirtschaftstechniker wegen des noch laufenden Entnazifizierungsverfahrens versperrt. Gegenüber dem Arzt gab die Ehefrau später offen zu, sie bereue es, Werner Z., den sie nur kurz gekannt habe, während eines Fronturlaubes geheiratet zu haben. Auch ihr Mann war überzeugt, wie er dem Psychiater anvertraute, dass seine Frau, die »aus kleinem Hause« komme, im Grunde nur seinen Titel gewollt habe. Dass er ein Anhänger des Nationalsozialismus gewesen war, hatte sie damals offenbar nicht irritiert. Unter den veränderten politischen Vorzeichen der Nachkriegszeit und in Anbetracht der völligen Diskreditierung des Systems war mit einem Nationalsozialisten jedoch kein Staat mehr zu machen.

Dieser Einsicht konnte sich niemand verschließen. Sie vermittelte sich auf vielen Wegen, insbesondere durch die Entnazifizierungsverfahren. An ihrem Erfolg ist zwar viel gezweifelt worden.[42]

Doch die Gesprächsaufzeichnungen in den Krankenakten legen die Annahme nahe, dass die zumindest temporär verbaute Rückkehr in den ehemaligen Beruf, der Zwang zu Gelegenheits- und Hilfsarbeiten und die Phase der durchlaufenen Arbeitslosigkeit, mitsamt ihren materiellen und sozialen Konsequenzen, die Erfahrung der Entnazifizierung zu einem äußerst schmerzlichen Einschnitt machten, dessen biografische Bedeutung in vielen Fällen kaum überschätzt werden kann.[43] Szenen der Verzweiflung spielten sich häufig ab, im Fall von Egon M. bereits in der Erwartung, dass ihm eine Entlassung bevorstehen könne.[44] Im September 1947 hatte ihn, erfuhr der Arzt bei der Aufnahme, sein »ungünstiges« Entnazifizierungszeugnis mit einer Einordnung in die Gruppe IIIb erreicht.[45] Dieses habe ihn »völlig zu Boden« geschmettert, seither weine er viel, ist in den Aufzeichnungen des Aufnahmegesprächs zu lesen; mit dem Leben werde er nicht mehr fertig. Egon M. vertraute dem Arzt an, dass er sich »unerträgliche Sorgen über seine u[nd] seiner Familie Zukunft« mache. Der Entnazifizierungsbescheid, so geht aus den Notizen hervor, erinnerte den ehemaligen technischen Stadtinspektor nicht nur auf unliebsame Weise daran, dass auch er – »notgedrungen«, wie er behauptete – in die NSDAP eingetreten war. Die Nachricht erzeugte zudem in Egon M., der offenbar erneut in einer verantwortungsvolleren Stellung im Baugewerbe tätig war, eine existentielle Angst: Tagtäglich sah er seine Entlassung vor sich und damit auch die bittere Konsequenz, die das für ihn und seine ganze Familie haben würde.

In dieser Situation beteuerten viele ihre angeblich schon immer vorhandene Distanz zum nationalsozialistischen Regime. In unzähligen Fällen mag das ein Selbstbetrug gewesen sein, ob als bloße Reaktion auf die politisch erwartete Trennung vom Nationalsozialismus oder als Ausdruck einer schließlich doch einsetzenden Erschütterung über die begangenen Verbrechen unter nationalsozialistischer Herrschaft, mit denen man sich nicht identifizieren wollte. Auch in den Selbstdarstellungen der Kriegsheimkehrer, die in den Gesprächsaufzeichnungen der Ärzte dokumentiert sind, schwangen Anklänge von Selbstmitleid mit.

In vielen Fällen trug die soziale Misere aber auch erkennbar dazu bei, dass Zweifel an der Richtigkeit des eigenen Verhaltens während des NS aufkamen.[46] So peinigten Karl D., der seine Stellung als Apotheker verloren hatte und mitsamt seiner Familie gänzlich mittellos dastand, nicht nur erhebliche Sorgen um die Zukunft; sie zogen auch Selbstvorwürfe nach sich.[47] Gegenüber dem Psychiater räumte er ein, »man hätte manches anders machen sollen. Wegen der Familie hätte er sich früher nicht politisch binden sollen.« Und er unterstrich, als wolle er sein Leid und seine Lehre noch einmal bekräftigen, wie sehr er sich nun sorge, »dass die Kinder in sozialer Hinsicht abfallen könnten«.[48]

Es steht außer Frage, dass diese Form der Besinnung hochgradig selbstbezogen war. Dennoch gewinnt man den Eindruck, als ob die Betroffenen in dieser Phase der beruflichen Perspektivlosigkeit und Instabilität sowie der damit einhergehenden finanziellen Nöte und sozialen Deklassierungserfahrungen gleichsam in einer Art verlängerten Bannzone des nationalsozialistischen Krieges gefangen blieben, in der die Vergangenheit eine nahezu permanente, zermürbende und irritierende Herausforderung war. Im Schrecken über den materiellen Verlust und in der Erschütterung über die soziale Misere hallte der Krieg immer wieder nach. Rückblenden waren unvermeidlich. Für den bereits erwähnten Hans H. wurde das zu einer inneren Zerreißprobe:[49] Die Vorwürfe seiner Frau, die ihm im erbitterten Streit entgegenhielt, dass er kein Offizier mehr sei, und ihn anherrschte, er solle endlich Geld verdienen, trafen ihn nicht nur an einem empfindlichen Punkt seines Selbstbewusstseins, sie rührten auch an quälende Erinnerungen. Seine Vergangenheit als SS-Offizier war Hans H. eine erhebliche Last, peinigte ihn doch der Vorwurf, eine Mitschuld an den NS-Verbrechen zu tragen. Einzelheiten erzählte er nicht, er erwähnte allerdings, dass er 1942 Zugführer in einem Polizei-Reservebataillon in Südrussland gewesen sei. Angesichts der ihn belastenden Situation rang er um Entlastung und sogar um persönliche Rehabilitation. Der Ausgang des Entnazifizierungsverfahrens erschien in diesem Zusammenhang, wie bereits geschildert, von besonderem Gewicht. Hans H. hatte schließlich eine Neuzuordnung in Gruppe V erzielt, wie er dem Arzt mit unverstellter Genugtuung erzählte. Auch die hartnäckigen Versuche des ehemaligen SS-Mannes, in seinen alten Beruf als Polizeihauptmann wieder aufgenommen zu werden, waren Ausdruck des Versuchs, das beschädigte Ansehen wiederzugewinnen. Erst die Wiedereinstellung bescheinigte gleichsam seine persönliche Integrität und konnte von ihm selbst und anderen als ein Ausdruck der Anerkennung begriffen werden, die ihm die Öffentlichkeit wegen seiner Offizierslaufbahn im Nationalsozialismus, seine Frau wiederum aufgrund seines eingebüßten Statusverlusts als Offizier versagte. Seine Erfahrungen während der ersten vier Jahre nach seiner Rückkehr aus der Internierung bekräftigten tagtäglich diese Diskreditierung. »Überall Ablehnung«, hielt der Arzt in der Gesprächsaufzeichnung fest. Mehr als einen Nachtwächterposten, und das auch nur vorübergehend, hatte der ehemalige SS-Offizier lange Zeit nicht bekommen können. Auch die von ihm jüngst angetretene Stelle als kaufmännischer Angestellter stellte ihn nicht zufrieden, zumal er, wie er klagte, ein so geringes Einkommen erhalte, dass er »kaum den allernotwendigsten Lebensaufwand« seiner Familie bestreiten könne. Als ihn der Freispruch vom Entnazifizierungsgericht erreichte, atmete Hans H. auf. Seine Ängste suchten ihn nicht mehr heim, behauptete er, und auch das Ende der Gelegenheitsarbeiten, die ihn »doch sehr bedrückt« hätten, sah er eingeläutet. Nachdem sich Hans H. dann schließlich sogar mit Erfolg um einen Posten bei der Polizeibehörde hatte bewerben können, war dem gestürzten Offizier offenbar keine beschwerliche Last mehr anzusehen.

Eine solche Erleichterung – im Falle von Hans H. gar Euphorie – ergriff augenscheinlich eine ganze Reihe von Kriegsheimkehrern, sobald sich ihnen eine realistische Aussicht bot, in ihren Beruf zurückzukehren oder eine ihnen angemessen erscheinende, geregelte Arbeit aufzunehmen. In diesem Augenblick kam Zukunftshoffnung auf, endlich bot sich die Möglichkeit, den Aufbau einer neuen Existenz tatsächlich in Angriff nehmen und bewerkstelligen zu können. Das war nicht nur aus materiellen Gründen geboten, auch soziale Geltung und innerer Halt, könnten, so glaubten viele, auf diesem Wege zurückgewonnen werden.[50] Diese Erwartung war nicht ganz abwegig. Der Verlauf der ökonomischen Entwicklung, der seit den frühen 1950er Jahren für fast alle Teile der Gesellschaft eine Wohlstandssteigerung mit sich brachte, sollte neue Perspektiven eröffnen.[51] Die Annahme, dass der innere Halt mit dem Wiedereintritt in das Erwerbsleben gleichsam von selbst wiederhergestellt würde, erwies sich jedoch oftmals als Trugschluss, wie etwa der Fall von Dietmar F. zeigt.[52] Über seinen beruflichen Werdegang finden sich in seiner Akte aus dem Jahr 1949 einige Hinweise. Zwei Jahre zuvor hatte sich der noch junge Mann, der gerade aus russischer Kriegsgefangenschaft heimgekehrt war, zu einer Umschulung im Gartenbau entschlossen. Eine eigene Gärtnerei war sein erklärtes Ziel. Er selbst bekräftigte bei seiner Aufnahme, »das sei ganz gut gegangen bisher«. Der Arzt wählte nach einigen Unterhaltungen mit ihm eher folgende Formulierung: »In seinem Beruf ist er ganz glücklich. Es fällt ihm nur schwer, sich nach der langen Gefangenschaft wieder in die geordneten Zivilisationsverhältnisse ein- und darin zurechtzufinden.« Dietmar F. erschütterten immer noch seine »schweren Erlebnisse im Krieg u. in der Gefangenschaft«, hatte der Arztbericht bereits am Tag des ersten Gesprächs mit dem Patienten festgehalten. Schreckliche Szenen suchten den ehemaligen Soldaten des Nachts heim, heißt es darin. Dietmar F. wache dann schweißgebadet auf, so etwa wenn er träume, wie er die Toten auf der Schulter habe wegtragen müssen.

Gewiss war die Arbeit, die ihm nach eigenen Aussagen Freude bereitete, ein wichtiges Gegengewicht, das die nachhaltige Erschütterung durch den Krieg zeitweise abfederte, aber eben nicht wettmachte. In den Schwierigkeiten, die Dietmar F. seit seiner Rückkehr aus der Gefangenschaft zwischen ihm und seinem Vater verspürte, drückte sich seine innere Labilität auf andere Weise aus. Der heimgekehrte Sohn fühlte sich »vom Vater dem Bruder gegenüber zurückgesetzt«, wie er formulierte. Immer wende sich der Vater an den Bruder, richte jede kleine Bitte an diesen, erzählte Dietmar F., der sich seinerseits um den Kontakt zum Vater bemühte, aber die geringere Vertrautheit im Umgang miteinander dadurch nicht aufheben konnte. Die »gewisse Entfremdung«, die der heimgekehrte Sohn beobachtete, war nach seinem eigenen Eindruck »schwer zu überbrücken«. Dem »lebensfreudigeren Bruder« brachte der Vater, so empfand es der seit dem Krieg stiller gewordene Dietmar F., jedenfalls weitaus mehr Zuneigung entgegen.

Es mag sicherlich sein, dass der Vater zum jüngeren Sohn schon immer eine innigere Beziehung gehabt hatte oder sich aus der Sicht des Vaters das Verhältnis zum älteren Sohn ganz anders als von diesem beschrieben darstellte. Aus der Akte ist das nicht genauer zu erschließen, Dietmar F. war in diesem Fall der Einzige, der mit dem Arzt sprach, und es ist nicht auszuschließen, dass der heimgekehrte Sohn die Verhaltensweise seiner Angehörigen ihm gegenüber missinterpretierte. Das von ihm beschriebene Unwohlsein in der Beziehung zu seinem Vater ist deshalb jedoch nicht weniger interessant. Das Gefühl, das der aus der Gefangenschaft zurückgekehrte Sohn artikulierte, zeigte deutlich Züge einer Entwertung, wie es in den Akten auch bei einer ganzen Reihe anderer Kriegsheimkehrer ins Auge sticht, wenn diese auf Schwierigkeiten im Verhältnis zu ihrer näheren Umwelt zu sprechen kamen. Auffallend häufig hing dieses Entwertungsgefühl mit dem Krieg zusammen, wobei die konkreten Hintergründe durchaus sehr unterschiedlich waren.

Oftmals kam vor allem eine Desillusionierung über sich selbst zum Vorschein, wie man das etwa im Fall von Ludwig D. beobachten kann, der versehentlich in einer Nacht einen befreundeten Leutnant erschossen hatte.[53] Es war ein »Wachvergehen« gewesen, begangen aus Angst, vor der auch Ludwig D., trotz aller militärischen Ambitionen, offenbar nicht gefeit gewesen war. Über Jahre hinweg wagte er es nicht, jemandem davon zu erzählen. Von seinem Vater erwarte er nur Verachtung, von seiner Verlobten ein abschätziges »Pfui«, erklärte er dem Arzt. All das waren Projektionen. Sie speisten sich erkennbar aus seinem eigenen Eindruck, damals versagt zu haben, was Ludwig D. im Gespräch mit dem Arzt verschiedentlich herausstrich. Der ehemalige Soldat selbst bezeichnete sich als einen »Mörder«, weshalb ihm nach seinem Dafürhalten, im Unterschied zu anderen Menschen, in seinem weiteren Leben auch kein Glück mehr beschieden sein konnte. Die letzten Jahre waren ihm schon ein Beleg dafür: Ludwig D. zeigte sich überzeugt, dass ihm seit dieser Nacht gar nichts mehr gelungen sei.

Die während des Krieges erlebte Enttäuschung über sich selbst gärte in vielen Soldaten nach dem Ende der Kampfhandlungen weiter. Fehlschläge in der Nachkriegszeit, etwa bei der Wiedereingliederung in den Beruf, die gelegentlich als zutiefst persönliche Niederlagen wahrgenommen wurden, konnten das überlagern, wie das beispielsweise bei Eberhard L. zu beobachten ist.[54] Der ehemalige Soldat, der im Sommer 1943 infolge eines Suizidversuchs in ein Nervenlazarett eingeliefert und von dort aus frühzeitig nach Hause entlassen worden war, schien bei seinem Wiedereinstieg ins Arbeitsleben zunächst Glück gehabt zu haben. Nach seiner Heimkehr hatte er zunächst eine Anstellung bei seiner alten Lehrfirma gefunden, die ihn einst zum kaufmännischen Angestellten ausgebildet hatte. Im Sommer 1946 aber entließ sie ihn wieder. Die Firma habe stattdessen ältere Angestellte wiederaufgenommen und Kriegsversehrte eingestellt, erläuterte Eberhard L. dem Psychiater.

Der Besuch beim Arbeitsamt gehörte seither zu seinem Leben. Er verabscheute ihn, doch umgehen konnte er ihn nicht. Denn nie ließ die nächste Kündigung lange auf sich warten. Bei jeder Arbeitsstelle tat er sich schwer, ob als Sortierer bei der englischen Feldpost, als Arbeiter in der Marmeladenfabrik oder im Lager einer Haushaltswarenfabrik. Auch innerhalb der Familie hatten sich deshalb schon bald Spannungen eingestellt. Diese habe nicht verstanden, warum ihm die Arbeiten so sehr widerstrebten, erzählte er in der Klinik. Sie habe ihm vielmehr vorgehalten, »andere könnten das doch auch, Akademiker und Beamte, die früher ganz anderes gemacht hätten«. Dass die Angehörigen ihn deshalb sogar der Faulheit bezichtigten, kränkte Eberhard L. Vor allem von den Schwestern sprach er mit Enttäuschung. Angeblich hatten sie ihn am meisten angegriffen, wie er annahm, wohl aus »Angst um das Auskommen«, für das sie ihn verantwortlich machten. Gleichwohl zeigte er auch Verständnis für die wiederholten Attacken seiner Angehörigen. Das »Vertrauen u. den Glauben, dass ich doch noch etwas finde u. dass es weitergeht«, hätten sie eben verloren, gab Eberhard L. dem Arzt zu verstehen.

Der gerade vierzig Jahre alt gewordene Heimkehrer gab sich nachsichtig. Tatsächlich legen seine Erzählungen während seines Psychiatrieaufenthaltes nahe, dass er zur damaligen Zeit selbst kein besonderes Vertrauen in sich und seine Fähigkeiten hatte. Das Gefühl, erniedrigt zu sein, wechselte sich ab mit dem Empfinden, versagt zu haben, manchmal paarte sich beides. So räumte Eberhard L. die Möglichkeit ein, dass er auf seiner alten Arbeitsstelle vielleicht auch »nicht voll genügt habe«. Was seine Entlassung in der Marmeladenfabrik nach bereits anderthalb Wochen betraf, erklärte er dem Arzt sogar, diese völlig einzusehen, und gab seinem Chef Recht darin, jemand zu sein, »mit dem man nichts anfangen kann«. Ausgesprochen schmerzlich erinnerte sich Eberhard L. an seine Tätigkeit als Bote für eine Druckerei, die er auf Drängen seiner Familie hin aufgenommen hatte. Bei diesen Botengängen sei er »Mädchen für alles« gewesen, berichtete er dem Psychiater, dauernd habe er mit dem Bollerwagen unterwegs sein müssen. Eberhard L. deutete an, wie sehr ihn das beschämt hatte. Es war seine Heimatstadt gewesen, Bekannte und Bekanntes lauerten allerorten. »Gegenüber war das Gymnasium, wo ich gelernt hatte u. das hat mir doch auch zu schaffen gemacht«, stammelte er vor dem Arzt, dem er erläuterte, warum er eines Tages einen Auftrag nicht ausgeführt habe. Eberhard L. war davor zurückgeschreckt, sich durch diesen Gang den Verlust seiner einstigen vielversprechenden Zukunftsperspektive direkt zu vergegenwärtigen, die ihm seine schulische Ausbildung einmal geboten hatte. Auf dieser Bahn war Eberhard L., wie er wusste, eingebrochen, selbst sehr viel niedrigere Erwartungen hatte er in den letzten beiden Jahren nicht erfüllt. Nun war ihm ein weiteres Mal gekündigt worden.

Nach dieser Abfolge von Rückschlägen kämpfte Eberhard L. erheblich damit, wieder »Grund und Boden unter den Füßen zu bekommen«, wie er es in der Psychiatrie nach einigen Wochen Aufenthalt formulierte. Sein »Unvermögen« erscheine ihm selbst nachgerade »unabänderlich«, hatte der Arzt schon nach wenigen Tagen der Beobachtung resümiert. Etwa eine Woche später offenbarte sich völlig unvermittelt während eines weiteren Gesprächs, dass nicht allein das Scheitern im Beruf an dem Patienten zehrte. Tatsächlich fraß auch noch drei Jahre nach Kriegsende innerlich an ihm, dass er, wie er sich ausdrückte, »als Soldat doch versagt« habe. Eberhard L. fing an zu weinen, als er diesen Satz aussprach. Soeben hatte er zurückgeblickt, der Beginn der nationalsozialistischen Herrschaft hatte ihm glorreich vor Augen gestanden. Der feierlichen Eröffnung des Reichstages am 21. März 1933 wohnte er damals bei. »War auch in Potsdam, hab' mir alles angesehen, in der Garnisonkirche … alles bewusst erlebt, es hat Eindruck auf mich gemacht, war mir alles ein Vorbild«, brach es aus ihm heraus im Gespräch mit dem Arzt. Aus der Akte geht weiter deutlich hervor, dass Eberhard L. sich bereits in den 1930er Jahren sowohl im beruflichen als auch im privaten Leben als eine unsichere, bisweilen ängstliche, nicht allzu belastbare und vorsichtige Person kannte. Nie aber hatte er angesichts seiner Begeisterung für die militärische Macht des Regimes und »alles Soldatische« vermutet, dass er nach seiner Einberufung zum Militär an den dort gestellten Anforderungen scheitern könnte. Schon während der Ausbildungszeit war er dann jedoch, berichtete er, beim Nachexerzieren »psychisch zusammengeklappt«. Nach der darauf folgenden Versetzung zur Feldtruppe in Frankreich verstrich nur wenig Zeit, bis er sich in der Nervenabteilung eines Lazaretts wiederfand. Die Enttäuschung über sich selbst saß tief. »Ich hätte ja fester sein müssen, ich hätte das aushalten müssen«, warf er sich immer noch vor. Lediglich für eine Arbeit im Geschäftszimmer einer Waffenmeisterei hatte man ihn damals noch für einsatzfähig gehalten. Während dieser Zeit beförderte man ihn zum Unteroffizier. Als Eberhard L. ansetzte, davon zu erzählen, versagte ihm mitten im Satz die Stimme. »Weint hemmungslos«, notierte der Psychiater. Immer noch setzte Eberhard L. die Scham zu, die er vor den Kameraden empfand, welche »den Frankreichfeldzug mitgemacht« hätten, während er »doch nur zu Hause« gewesen sei. Nicht in gleicher Weise wie diese Soldat sein zu können, war zu seiner persönlichen Niederlage im Krieg geworden.

Tatsächlich zeigt sich in den Krankenakten der unmittelbaren Nachkriegszeit verschiedentlich, wie eng das Selbstwertgefühl mit der eigenen Leistungsfähigkeit verwoben war. Leistung war mitnichten nur ein Ideal der späteren Wirtschaftswunderzeit,[55] und sie war keineswegs nur auf die Arbeitssphäre bezogen. Auch die Nationalsozialisten hatten Leistung propagiert, solange die Protagonisten ihrem rassisch-biologistischen Weltbild entsprachen.[56] Zudem darf man nicht vergessen, dass die individuelle Leistung im bürgerlichen – vor allem männlichen – Ethos schon seit dem 19. Jahrhundert einen zentralen Stellenwert einnahm. In der leistungsorientierten Individualgesellschaft der Bundesrepublik findet sich manches davon wieder, und die Ausrichtung auf Leistung bestimmte nicht mehr allein die Lebensführung der Männer.[57] Der persönliche und der gesellschaftliche Wiederaufbau erscheinen in vielen Lebenserinnungen als eine Geschichte der Leistung, die sich nicht nur auf das materiell Geleistete, sondern vor allem auf die innere Haltung der Leistungsbereitschaft bezieht. Vielen mag eine solche Haltung, nachdem die erste Not gelindert war, tatsächlich ein Ansporn, schließlich sogar ein Versprechen für eine bessere Zukunft gewesen sein. Ein beträchtlicher Teil der Gesellschaft verspürte jedoch auch die Zumutungen, die mit dem Leitbild der Leistung verbunden sein konnten. Aus der unmittelbaren Nachkriegszeit gibt es dafür, wie oben bereits angedeutet, zahlreiche Beispiele. Am ausgeprägtesten zeigt sich das an denjenigen Fällen, in denen ehemalige Soldaten als körperlich Versehrte aus dem Krieg oder der Gefangenschaft zurückgekehrt waren. Insgesamt waren das Millionen, genau wird man ihre Zahl nicht mehr bestimmen können. Die offiziellen Angaben über die Gesamtzahl der Kriegsbeschädigten, die eine Rente aus der Kriegsopferversorgung erhielten, können hier nur einen Anhaltspunkt geben. Im März 1950 handelte es sich dabei um 1,44 Millionen Menschen, etwa 770 000 von ihnen galten als schwerbeschädigt, ihre festgestellte Erwerbsminderung war mithin höher als fünfzig Prozent.[58] Die Statistik erfasste jedoch all diejenigen körperlich Versehrten nicht, deren Leiden vom ärztlichen Fachgutachter auf weniger als dreißig Prozent Minderung der Erwerbstätigkeit (MdE) festgesetzt worden war. Folgt man den offiziellen Richtlinien, konnte das etwa bei einfachen Gesichtsentstellungen, aber auch bei einseitiger Gehörlosigkeit oder leichten Funktionsstörungen nach Brüchen der Fall sein.[59]

Überhaupt spiegeln diese Bemessungen des Versehrtheitsgrades nur äußerst bedingt, in welchem Maße sich Kriegsversehrte aufgrund ihrer körperlichen Schädigung beeinträchtigt fühlten und wie sehr sie darunter litten. So fiel aus versorgungsmedizinischer Perspektive bei der Feststellung der Erwerbsminderung besonders ins Gewicht, wenn der Beschädigte seinen bisherigen Beruf aufgrund seiner Versehrtheit nicht mehr in gleicher Weise wie zuvor ausüben konnte. Der Verlust einer Hand etwa bedeutete somit für den gutachtenden Arzt, der die Erwerbsminderung festsetzte, keineswegs immer dasselbe.[60] Vieles spricht für die Vermutung, dass sich diese Logik mit dem Empfinden der meisten geschädigten Kriegsheimkehrer nicht deckte. Die persönlichen Belastungen, die der Verlust der körperlichen Unversehrtheit nach sich zog, waren auf diese Weise nicht zu messen. Häufig ging ihre Bedeutung weit über das Erwerbsleben hinaus. In der Erfahrung vieler körpergeschädigter Kriegsheimkehrer veränderten die objektiv gegebenen, subjektiv oft sogar noch sehr viel stärker empfundenen Einschränkungen nahezu ihr gesamtes Leben. Das verwandelte und belastete häufig auch die Familienbeziehungen.

Der Fall von Helmut G. ist wiederum nur eines von vielen Beispielen.[61] Im September 1943 war er durch eine Granate am rechten Oberschenkel verwundet worden. Im Vergleich zu unzähligen anderen Soldaten hatte er zweifellos noch Glück gehabt. Sein Bein hatte er nicht verloren. Nur ein Splitter saß noch fest. Manchmal schmerzte ihn das Bein allerdings. Vor allem aber war dem gerade erst Zwanzigjährigen eine leichte Gehbehinderung geblieben. In den ersten Wochen nach seiner Rückkehr auf den elterlichen Hof war jedoch für niemanden, vielleicht nicht einmal für ihn selbst, ersichtlich, wie sehr ihm das versehrte Bein in seinem Leben zukünftig zu schaffen machen würde. Nach den Angaben, die der Vater gegenüber dem Psychiater machte, war der Sohn damals nämlich durchaus »sehr glücklich« gewesen. Helmut G. bestätigte das sogar in einem Gespräch.

Das Verhalten und die Gemütslage des ehemaligen Soldaten hatten sich alsbald jedoch geändert. Er war zunehmend verstimmt, schließlich verkroch er sich förmlich, wie der Vater beobachtete. Die anfänglich spürbare Erleichterung, aus dem zerstörerischen Krieg mit dem Leben noch einmal davongekommen zu sein, schien sich verflüchtigt zu haben. Der zivile Alltag sah für den Kriegsversehrten in vielem anders aus, als er diesen einstmals gekannt hatte. Die Arbeit in der Landwirtschaft, an der Helmut G., wie er versicherte, einst Freude gehabt hatte, war für ihn aufgrund der Kriegsverletzung beschwerlicher geworden. So manche der anfallenden Arbeiten konfrontierten ihn tagtäglich mit dem Verlust seiner bisherigen Leistungsfähigkeit, so etwa wenn er bei der Kartoffelernte schwere Säcke tragen musste, was ihm dauernde Beschwerden im Bein verursachte. Bei anderen Gelegenheiten wiederum wurde ihm seine Versehrtheit geradezu schlagartig klar: Der harte Stoß beim zufälligen Überfahren eines Steines mit der Kippschublade war dafür absolut hinreichend. Dieser Vorfall hatte ihm gewissermaßen den Rest gegeben. Zur alltäglichen Arbeit konnte er sich seither, bestätigte er dem Arzt, nicht mehr aufraffen.

Helmut G. zog sich nicht nur von der Arbeit zurück. Auch dem sozialen Leben hatte er bald den Rücken gekehrt. Zwischen ihm und den anderen Männern seiner Heimatstadt hatte der Krieg in mehrfacher Hinsicht eine Kluft geschlagen. »Die gleichaltrigen, früheren Gefährten« waren »gefallen oder vermisst«, wie er dem Arzt berichtete. Von den Jüngeren aber trennte ihn die andere Erfahrungswelt des Krieges. Vor allem jedoch fühlte er sich ihnen aufgrund seiner Verletzung offenbar nicht mehr gewachsen. Es habe ihn »geschmerzt [...], nicht mehr so mittun zu können wie die Jugend«. Er sei »doch nicht mehr so leistungsfähig. Er könne nicht mit den anderen tanzen«, erläuterte Helmut G. später in einem weiteren Gespräch, in dem er dem Arzt den Grund für seine »gedrückte Stimmung« zum wiederholten Male zu erklären versuchte. Dass es für diese allerdings noch einen anderen Anlass gab, räumte er nur zaudernd und andeutungsweise ein: »Ein Verhältnis mit einem Mädchen« war, fasste das Protokoll seine Bemerkungen zusammen, »in die Brüche gegangen«. Darüber ausführlicher zu sprechen, verweigerte er. Nur so viel war dem Arzt, der darin offenbar eine positive Entwicklung sah, ersichtlich: Helmut G. schien »erkannt zu haben, dass dieses Ereignis mit seinem Bein – mit seinem nicht richtigen Gebrauch seines Beines – zusammenhängt«.

In der Akte liegt keine zusätzliche Aussage vor, die bestätigen würde, dass der Heimkehrer wirklich aufgrund seiner leichten Versehrtheit zurückgewiesen worden war. Auszuschließen ist das keineswegs. Die Konfliktstruktur konnte aber auch anders aussehen, wie die Spannungen innerhalb der Familie zeigen, obgleich die Kriegsbeschädigung für die Verschlechterung der Familienbeziehungen ebenfalls eine Rolle spielte. So gab Helmut G. dem Arzt gegenüber zu, dass sich sein Misstrauen vor allem gegen die Eltern und die Schwester richte. Er bezweifelte, dass sie ihn aufgrund seiner Behinderung weiterhin als vollwertigen Menschen ansähen. Der Arzt notierte jedenfalls, Helmut G. meine, »sie hielten wohl nichts mehr von ihm, nehmen ihn nicht mehr so ganz für voll«. Das aber war nicht alles. Denn laut Protokoll fügte er dem umgehend hinzu: »Das sei ja auch so; richtig arbeiten könne er nicht mehr, und auf dem Tanzboden könne er sich auch nicht mehr blicken lassen, da ziehe es ihn nicht mehr hin; er habe versucht zu tanzen, aber es gehe nicht mehr mit dem Bein.«

Das klang nach Resignation. Tatsächlich bezeichnete sich der kriegsversehrte Helmut G. mittlerweile auch als »menschenscheu«. In seiner zunehmenden Zurückgezogenheit spiegelte sich nicht nur ein gebrochenes Selbstwertgefühl. Vielmehr war sie auch eine Abwehr, in der sowohl Kränkung als auch Aufbegehren steckte. Als Helmut G. in einem der letzten Gespräche vor seiner Entlassung dem Arzt seine Sorge davor erläuterte, dass es zu Hause nicht »klappen werde«, kam das deutlich zum Ausdruck. »Zu Hause werde er wie ein kleiner kranker Junge behandelt«, hielt der Psychiater in den Gesprächsaufzeichnungen fest. »Die Schwester komme ihm gleich liebevoll, übertrieben liebevoll, entgegen, als ob er wirklich schwer krank sei! Auch seine Eltern behandelten ihn nicht mehr so wie früher. – Und das könne er nicht vertragen, dann werde er auch gereizt.« Gesten der Zuneigung hatten sich in Gesten der Erniedrigung verwandelt. Für die Eltern war das nicht ersichtlich. Unmittelbar nach der Rückkehr ihres Sohnes hatten sie zwar vermutet, wie aus dem Aufnahmegespräch mit dem Vater hervorging, dass Helmut »psychisch unter den Folgen der Verwundung litt«. Der zunehmenden Gereiztheit und zuletzt auch ausgesprochenen Unfreundlichkeit ihres Sohnes aber standen die Eltern hilflos gegenüber, sie fanden keine plausible Erklärung dafür. Nach dem Verlust der körperlichen Unversehrtheit war zwischen dem Kriegsheimkehrer und seinen Angehörigen die bisherige Sicherheit in der Entzifferung der Zeichen verlorengegangen.

Neue Verständigungsbrücken zu finden war in solchen Fällen nicht immer leicht, wenn es denn überhaupt gelang. Nicht nur auf Seiten der Kriegsversehrten, auch auf Seiten der Angehörigen war es keine Seltenheit, dass sich nach geraumer Zeit Verbitterung einstellte.[62] Ein Grund dafür konnte beispielsweise sein, dass körperliche oder seelische Beschwerden auftraten, die das Leben weiter erschwerten. Diese wurden dann aber häufig nicht als Folgeschäden einer Kriegsverletzung erkannt. Stimmungs- oder Verhaltensänderungen konnten somit oft nicht richtig gedeutet werden. Auch der eingeholte Rat des Arztes half da nicht unbedingt weiter. Er erstellte zwar eine Diagnose. Der Zusammenhang des Leidens mit der Beschädigung, die sich der ehemalige Soldat während des Krieges oder der Gefangenschaft zugezogen hatte, wurde jedoch deshalb nicht notwendigerweise hergestellt. Aus der Perspektive der Ärzte lag diese Verbindung tatsächlich keineswegs immer auf der Hand, so etwa deshalb, weil die festgestellte körperliche Erkrankung, wie das bei psychischen Leiden durchweg der Fall war, in der »herrschenden Lehre« als »anlagebedingt« galt.[63]

Doch auch bei anerkannten, völlig evidenten Kriegsverletzungen war es für Angehörige oft schwierig, jene in ihrer ganzen Bedeutung für den betroffenen Vater, Bruder, Ehemann oder Sohn zu ermessen und zu begreifen. Entsprechend klafften die Vorstellungen darüber, wie das Leben des Versehrten künftig zu gestalten sei, manchmal weit auseinander. Zwischen dem kriegsversehrten Walter W. und seinem Vater schwelte darüber ein tiefer Konflikt.[64] Im standardisierten Fragebogen, der bei einer geplanten Aufnahme in die psychiatrische Anstalt vom überweisenden Arzt auszufüllen war, deutete sich der Grund dafür schon an. Dieser hielt unter der Rubrik »Was gibt den unmittelbaren Anlass zur Einweisung in die Anstalt?« an erster Stelle nämlich fest: »Frage der beruflichen Ausbildung«. Ein Brief des Vaters, den dieser im April 1948, etwa zwei Monate nach der Aufnahme seines Sohnes in die Psychiatrie, an den leitenden Chefarzt schrieb, verdeutlicht das Problem. Es lohnt sich, dieses Schreiben ausführlicher zu zitieren. Es heißt darin:

»Wie ich bei meinem Dortsein am 1.III.48 [...] bereits sagen durfte, kommt es mir hauptsächlich darauf an, meinen Sohn wieder in irgendeiner Form an eine geregelte Arbeit zu gewöhnen. Bereits seit seiner ersten Verwundung (Zertrümmerung des Wadenbeins) und des daraus folgenden fast 1jährigen Lazarettaufenthalts stehe ich mit ihm in diesem Kampf. Durch den Verlust des rechten Arms im Jahre 1943 ist die Lage natürlich sehr wesentlich verschlimmert. Ich schrieb meinem Sohn neulich auf seinen ›Fehdebrief‹ in allem Ernst, dass mir auf Grund der Erfahrungen von nunmehr fast 6 Jahren das Vertrauen in seine Arbeitswilligkeit fehle und dass ich ihn deshalb für ein selbständiges Studium für ungeeignet halten müsse, ehe er mir nicht in einer einfachen Tätigkeit den Nachweis erbringen könne, dass er wieder über Arbeitswillen und Pflichttreue verfüge.

Natürlich ist es für mich als Laien sehr schwer, die aufgrund seiner körperlichen und nervlichen Leistungsfähigkeit mögliche Tätigkeit zu finden. [...] Ich gebe mich aber der Hoffnung hin, dass Sie bei der richtigen Beurteilung der Krankheit meines Sohnes und Ihrer großen ärztlichen und menschlichen Erfahrung mir helfen werden, aus meinem Sohn wieder einen brauchbaren Menschen zu machen, der dann auch wieder auf eigenen Füßen stehen und sich seinen Lebensunterhalt selbst erwerben kann.«

Walter W.s Vater versicherte dem Chefarzt abschließend noch seine »Bereitschaft zur Mitarbeit«, sofern dieser sie von ihm wünsche. Das war sicherlich ein aufrichtig gemeintes Angebot, wobei er sich aufgrund der ihm bekannten ärztlichen Beurteilung seines Sohnes, so geht aus dem Brief an anderer Stelle hervor, mit dem behandelnden Psychiater auch im Einvernehmen glaubte. In der Akte findet sich keine einzige Stelle, die den begründeten Schluss zuließe, dass der Vater sich darin irrte. Er konnte sich »sicher« sein – nicht nur im Hinblick auf die Unterstützung seines Anliegens von Seiten der Ärzte, sondern ebenso in seiner Haltung gegenüber dem eigenen Sohn, der ihm immer fremder, immer unzugänglicher, immer unbegreiflicher geworden war.

In der Tat hatte Walter W. seinem Vater einst nähergestanden. Schon vor seiner Soldatenzeit hatte er ihm, dem ehemaligen Generalleutnant, jedenfalls nachgeeifert: »Von klein auf militärische Interessen«, hielt der ärztliche Bericht in der Rubrik fest, die Auskunft über die Eigenarten des Patienten geben sollte. Und nach seinen Plänen gefragt, versicherte der ehemalige Soldat dem Psychiater, er habe »wirklich aktiver Offizier werden« wollen, »wahrscheinlich hatte mich«, ergänzte er, »die väterliche Erziehung so beeindruckt, dass ich alle anderen Anlagen übersehen habe.« Der Vater war in Walter W.s Leben eine leitende Autorität gewesen. In seiner Werthaltung und seinem Lebensziel hatte er sich mit ihm, dem Generalleutnant, augenscheinlich einig gewusst. Von einem »Kampf« zwischen Vater und Sohn, wie ihn jener in seinem Brief an den Arzt erwähnte, konnte – darin stimmten alle Berichte an den Arzt überein – bis zum Oktober 1941 keine Rede sein. Erst in den darauffolgenden Jahren setzte ein solcher zunehmend ein, beginnend mit der ersten Kriegsverletzung des Soldaten in diesem Herbst.

»Wiederholt disziplinarische Schwierigkeiten, wurde degradiert«, lautete die Formulierung im ärztlichen Bericht, die eine Reihe von Ereignissen umschrieb, die auf eine veränderte Haltung von Walter W. hinwiesen. In den Augen seines Vaters, des Generalleutnants a. D., hatte er sich verschiedene »Schweinereien« zuschulden kommen lassen, darunter vor allem ein »Wachvergehen«, das dem Soldaten sogar eine Verurteilung vor dem Kriegsgericht einbrachte. Die mehrmonatige Gefängnisstrafe musste er jedoch nicht absitzen. Der Vater hatte seinen Einfluss geltend gemacht und eine Aufhebung des Urteils erwirkt, wie er dem Arzt erzählte. Was dem ehemaligen Generalleutnant allerdings nicht gelang, war, zwischen ihm und seinem Sohn, dem ambitionierten – gemessen an seinem Vater allerdings nicht sehr erfolgreichen – Offiziersanwärter, jenen Gleichklang wiederherzustellen, der bis vor kurzem noch ihr Verhältnis bestimmt hatte. Die zweite Kriegsverletzung, die der Soldat sich zwischenzeitlich durch eine Mine zugezogen hatte und die ihn den Arm kostete, veränderte sein Leben nachhaltig. Der bisherige Lebensentwurf war zerbrochen. Es blieb ein stetes, ausgeprägtes Bewusstsein um seine langjährige Faszination und Hingabe für alles Militärische, die er mit dem Vater geteilt hatte. In der Vergegenwärtigung mischten sich eine gewisse Melancholie und das Empfinden von Sinnlosigkeit. So eröffnete der ehemalige Soldat dem Arzt: »Mein ganz vergebliches Leben lastet auf mir; ich kann keinen Schlussstrich machen, immer wieder spricht man einen, der einen an die früheren Misserfolge erinnert.«

Sich neu auszurichten, nach vorne zu schauen und wieder Boden unter die Füße zu bekommen war Walter W., konnte man demnach meinen, noch nicht gelungen. Das war jedoch nur bedingt richtig. Denn eine Vorstellung, wie er sein Leben gestalten wollte, hatte er durchaus. Seit der Amputation seines Armes verfolgte er den Wunsch, Jura zu studieren. Im Herbst 1944 hatte er damit angefangen, die nervenärztliche Behandlung einer diagnostizierten »neurotischen Störung« erforderte allerdings bald eine kurze Unterbrechung. Die Wiederaufnahme des Studiums erfolgte nicht. Sein Vater hatte ihm die Unterstützung dafür verwehrt. Eine »geregelte Arbeit« sollte es nach dessen Ansicht sein, bei der Walter W. erst einmal unter Beweis zu stellen hatte, dass es ihm an »Pflichttreue« und »Arbeitswillen« nicht fehlte. So hatte er es in dem oben zitierten Brief an den Arzt deutlich zum Ausdruck gebracht. Walter W. hielt hingegen beharrlich an seinem Ziel fest, das juristische Studium fortzuführen. Dem Druck und den Erwartungen des Vaters fügte er sich in diesem Fall nicht.

Dreieinhalb Jahre ging das so. Als der Vater im März 1948 zum ersten Mal mit dem Psychiater über Walter W. sprach, war deutlich erkennbar, dass dessen fortdauernde Anwesenheit zu Hause – das war bis weit in die 1950er Jahre hinein in unzähligen Familien aufgrund der Wohnungsnot und der wirtschaftlichen Verhältnisse üblich[65] – für die Eltern aufgrund der nicht endenden Konflikte mittlerweile zu einer erheblichen Last geworden war. Walter W. schimpfe mit allen, sei »mit allem unzufrieden«, wisse es, könne dagegen aber nichts tun. Laut den Schilderungen des Vaters ließ der Sohn gelegentlich sogar einer regelrechten Zerstörungswut freien Lauf, war gleichzeitig jedoch »nicht zur Arbeit zu bewegen«. Der versehrte Sohn ruiniere »den häuslichen Frieden« – so das Urteil des Vaters. Entsprechend hielt der Arzt als Anlass für die Einweisung fest: »Pat[ient] im Familienleben nicht mehr tragbar.«

Diese Kontroverse zwischen Vater und Sohn weist Ähnlichkeiten auf zu einigen der oben bereits erwähnten Fälle, in denen das Verhältnis zwischen den Generationen nach dem Krieg durch vormals nicht bekannte Autoritätskonflikte gezeichnet war. Die unterschiedlichen Erfahrungswelten des Krieges hinterließen hier ihre Spuren. Das konnte sich auch darin äußern, dass die einstmals gemeinsamen Werte und Überzeugungen nach dem Krieg nicht mehr auf die gleiche Weise miteinander geteilt wurden. Den Erwartungen und Ansprüchen seines Vaters an Disziplin und Pflichterfüllung kam Walter W. jedenfalls nicht mehr, wie gewohnt, nach. Trotzdem bewegten sich beide auch weiterhin gewissermaßen innerhalb des gleichen Regimes. Trotz aller Streitigkeiten, die sich zwischen Vater und Sohn fortsetzten, wurde während seines Psychiatrieaufenthalts sehr deutlich, dass Walter W. dem Vater etwas beweisen wollte. Nachdem ihm ein Rechtsanwalt eine Arbeitsstelle in Aussicht gestellt hatte, verfolgte dieser geradezu euphorisch, aber auch verbissen, das Ziel, »selbständig« zu sein. Er wolle vor allem vor dem Vater »bestehen«, sogar »etwas auftrumpfen«, war der Eindruck des Psychiaters, der Walter W. in seinen Reaktionen beobachtete. Jenem schien es weniger die Arbeitsstelle an sich zu sein, die den kriegsversehrten Sohn so sehr anspornte. Wichtiger war allem Anschein nach, dem Vater beweisen zu können, es »aus eigener Kraft bis zu einem Beruf« zu bringen. Dieser hätte vermutlich formuliert: sich als »brauchbarer« Mensch zu bewähren.

Dieser Fall kann als ein Exempel dafür dienen, dass eine durch die Kriegserfahrung bedingte Enttäuschung des Selbstbildes und die Überforderung der Familien, in die die Kriegsheimkehrer zurückkehrten, häufig ein unauflösbares Spannungsverhältnis produzierten. Insgesamt kann man bei einem breiten Spektrum der Soldaten beobachten, dass sie einen besonderen Druck verspürten und Verzweiflung im Umgang mit dem Krieg und seinen massenhaften Toten. Die Vielstimmigkeit der Erzählungen verdeutlicht jedoch, dass – wie zu Beginn des Buches angesprochen – das Trauma-Konzept im Hinblick auf das Problem von Ursache und Folge tatsächlich eine irreführende Antwort geben würde. Zunächst ist festzuhalten, dass die hier greifbaren Formen der Erinnerung nicht unbedingt eine Folge eines bestimmten Kriegserlebnisses sein mussten. Vor allem aber gibt es keine zwangsläufige Reaktion auf eine durchgemachte Erschütterung. Die Vergegenwärtigung vergangenen Schreckens, ob imaginiert oder selbst erlebt, ist das historische Problem, und nur dieses ist der historischen Analyse zugänglich.

Von dieser Beobachtung aus öffnet sich eine neue Perspektive auf die in Erinnerungsfragmenten greifbare und in den persönlichen Krisensituationen zugespitzte Wahrnehmbarkeit eines Gesellschaftszustandes. Dieser war nach dem Ende des Krieges auf vielfältige Weise durch Nöte gekennzeichnet, die um den Kampf und den Tod, die militärische Niederlage und verlorengegangene Ideale kreisten und nachhaltige Spuren im Leben der Einzelnen hinterlassen hatten. Das erklärt unter anderem, warum die weitverbreitete und in der Literatur oft kommentierte Sprachlosigkeit keineswegs umstandslos als Schuldabwehr zu verstehen ist, genauso wenig, wie die oft selbst unverstandenen Ausbrüche von Angst und die beobachtbare Leere als Belege für einen deutschen Viktimisierungsdiskurs der Nachkriegszeit dienen können. Im Gegenteil, es zeigt sich vielmehr an den Beispielen der vorausgegangenen Kapitel ein schwieriger und schmerzhafter Suchprozess, der in der oftmals vorhandenen Unfähigkeit, anders als in Traumerinnerungen über das Grauen zu reden, nicht nur das eigene Leid, sondern auch die Ahnung oder das Wissen über die eigene Mitverantwortung für die nationalsozialistischen Verbrechen zum Ausdruck bringt.

Der Zustand der Verstörtheit, der sich nach dem Krieg in solchen persönlichen Erinnerungsfragmenten offenbart, umfasst auch die Beschämung, die sich ebenso mit Verarbeitungen des enttäuschten ehemaligen Selbstideals paaren konnte wie mit dem unerfüllten Anspruch, einen Ort für die Anerkennung der eigenen Schreckenserfahrungen während dieses Krieges zu finden. Die hier vorgestellten Fälle mögen insgesamt ein Bild der Selbstzweifel und Haltlosigkeit widerspiegeln, das sich in der äußeren Welt unzähliger anderer Davongekommener, die sich auf irgendeine Weise einzurichten wussten, nicht findet. Es kommt aber gerade darauf an, zu verstehen, dass die in der äußeren Welt beobachtbare Teilnahmslosigkeit gegenüber den Verbrechen und die Selbstvergessenheit gegenüber der eigenen Vergangenheit, wie man sie etwa in den Entnazifizierungsverfahren ausformuliert finden kann, oftmals nur ein gelebter Ausdruck der im Schatten des Krieges virulenten Ängste und Befürchtungen gewesen sind. Diese Wirklichkeit stellt einen eigenen »Erinnerungsraum« dar, in dem sowohl mentale und politische Kontinuitätsmuster – auffällig sind sie häufig in der nationalsozialistisch eingefärbten Sprache – als auch biografische Brucherfahrungen aufgehoben waren. Es gab eine Art Verwandlungszone, die bei manchen bereits während des Krieges begann, bei anderen genau in dem Moment, als ihnen die totale Niederlage unabwendbar vor Augen stand, bei noch anderen wiederum erst nach ihrer Entlassung aus der Gefangenschaft in das besetzte Deutschland. In diesem persönlichen Neuausrichtungsprozess mit offenem Ausgang flößte manchmal der Blick in die Vergangenheit, manchmal aber auch derjenige in die Zukunft den größeren Schrecken ein. Sicherlich wird man nicht direkt von den oben ausgebreiteten Befunden auf einen allgemeinen gesellschaftlichen Zustand schließen können. Man kann aber auch nicht, wie in der Literatur üblich, von der an der Oberfläche greifbaren »Normalität« des Lebens auf eine innere Unberührtheit der Kriegsgeneration schließen. Wie die hier dokumentierten Fälle zeigen, waren viele Menschen von einer inneren Unruhe gezeichnet, die sowohl ihren Kriegserfahrungen wie dem erzwungenen Neuanfang geschuldet und tief in der Wiederaufbaugesellschaft verankert war.

TEIL II

Die Produktion des psychiatrischen Wissens: Professionelle Verwandlungen

1945–1970

1.
Die »herrschende Lehre«

»Der ›seelische Schmerz‹ selbst gilt mir überhaupt nicht als Thatbestand, sondern nur als eine Auslegung (Causa-Auslegung) von bisher nicht exakt zu formulierenden Thatbeständen: somit als Etwas, das vollkommen noch in der Luft schwebt und wissenschaftlich unverbindlich ist, – ein fettes Wort eigentlich nur an der Stelle eines sogar spindeldürren Fragezeichens.«[1]

a) Die Lehren des Krieges

Zwei Jahre lag das Ende des Krieges zurück, als der amerikanische Psychiater Lothar B. Kalinowski zu einer Reise nach Europa aufbrach, die ihn vor allem nach Deutschland führte. Vierzehn Jahre zuvor war er als sogenannter Halbjude vor den Nationalsozialisten aus diesem Land geflüchtet.[2] Wie eine ganze Reihe anderer Psychiater auch, hatte Kalinowski die Reise im Auftrag der amerikanischen Regierung angetreten. Während andere Fachkollegen, wie etwa Leo Alexander, abgeordnet waren, um in der Vorbereitung des Nürnberger Ärzteprozesses Material für die Anklage aufzufinden,[3] reiste Kalinwoski als »Konsiliarius der amerikanischen Armee«.[4] Nicht der Prozess, bei dem namhafte deutsche Wissenschaftler, unter ihnen auch Psychiater, wegen der Durchführung medizinischer Experimente an KZ-Häftlingen und des »Euthanasie«-Programms auf der Anklagebank saßen,[5] war der Anlass seines Aufenthaltes; vielmehr suchte Kalinowski das persönliche Gespräch mit deutschen Fachkollegen – unter ihnen Karl Jaspers und Karl Bonhoeffer –, um Einblicke in den wissenschaftlichen Forschungsstand der Deutschen zu erhalten. Vor allem richtete sich Kalinowskis Interesse darauf, einem in seinen Augen ebenso bemerkenswerten wie erklärungsbedürftigen Phänomen auf den Grund zu gehen: der im Vergleich zur amerikanischen Armee äußerst gering erscheinenden Anzahl neuropsychiatrischer Fälle bei der deutschen Wehrmacht.[6]

Drei Jahre nach seinem ersten Aufenthalt im Nachkriegsdeutschland – Kalinowski besuchte seit 1949 jährlich Berlin[7] – präsentierte der Psychiater in einer renommierten amerikanischen Fachzeitschrift folgenden Befund: Die offenbar geringe Zahl psychiatrischer Behandlungsfälle in der deutschen Armee verdanke sich einer medizinischen Praxis und Politik, die eine bereits im Gefolge des Ersten Weltkrieges von deutschen Psychiatern gewonnene Erkenntnis konsequent umgesetzt hätten. Diese beruhe auf der Einsicht, dass sogenannte traumatische Neurosen nicht durch die Kriegserfahrung als solche verursacht würden, sondern ihre eigentliche Ursache außerhalb des Kriegsgeschehens hätten. Kalinowski folgerte daraus für den Zweiten Weltkrieg: Wo therapeutische Maßnahmen und staatliche Politik der Flucht in die Krankheit entgegengewirkt und das Ansinnen auf staatliche Rentenansprüche vereitelt hätten, sei die Zahl der traumatischen Neurosen gering geblieben. Entsprechende Erfahrungen anderer europäischer Nationen könnten das bestätigen.[8] Das war nicht alles: Die psychiatrischen Befunde in den Kriegs- und Nachkriegsgesellschaften schienen generell die Annahme zu untermauern, dass der menschlichen Belastungsfähigkeit auch im Falle furchtbarster Erfahrungen kaum Grenzen gesetzt seien. Dafür sprach nach Kalinowskis Eindruck nicht nur die in einer deutschen Studie dokumentierte Seltenheit psychiatrischer Aufnahmen nach der Bombardierung Freiburgs; selbst unter der Zivilbevölkerung Japans seien nach dem Abwurf der Atombomben auf Hiroshima und Nagasaki die psychiatrischen Symptome, wie der Psychiater nach Auskunft eines japanischen Kollegen festhielt, von geringer Bedeutung gewesen.[9]

Die Ausführungen Kalinowskis gleichen in ihrer Stoßrichtung auffallend einem fachwissenschaftlichen Beitrag, der bereits drei Jahre zuvor in einer deutschen psychiatrischen Fachzeitschrift, dem »Nervenarzt«, erschienen war. Der Autor dieses Aufsatzes, der die erste Ausgabe der seit über zwei Jahren eingestellten Fachzeitschrift im Januar 1947 einleitete, war kein Geringerer als der zu diesem Zeitpunkt vierundsiebzigjährige und bereits seit 1938 emeritierte Ordinarius für Psychiatrie und Neurologie der Berliner Charité, Karl Bonhoeffer.[10] In seinem Aufsatz »Vergleichende psychopathologische Erfahrungen aus den beiden Weltkriegen« wagte er – wenngleich er einräumte, dass das »Material noch nicht ausreichend gesichtet« sei – mit Blick auf Deutschland eine erste Bilanz.[11] »Soweit ich durch Berichte befreundeter Armeeärzte informiert bin, scheint es mir«, schrieb er, »daß der Krieg nichts Wesentliches an den psychopathologischen Erfahrungen des ersten Krieges zu korrigieren Veranlassung gegeben hat.« Dafür spreche dreierlei: Erstens sei es bei der »Truppe« offenbar nicht zu einer »Vermehrung eigentlicher Psychosen gekommen«, obwohl der Krieg nicht nur länger gedauert habe, sondern zeitweise die »Intensität der emotionalen Einwirkungen« aufgrund der »schwereren Waffen« höher, vor allem aber im »letzten Jahr des Rückmarsches auch besonders bedrückender Art« gewesen sei. Zweitens hatten sich nach Bonhoeffer auch etwaige Erwartungen nicht bestätigt, dass es vor allem bei der Zivilbevölkerung, insbesondere der städtischen, zu »schwereren Schädigungen« gekommen sei. Infolge der Bombeneinschläge seien zwar erneut die »unmittelbaren schreckneurotischen Erscheinungen« häufig geschildert worden, doch waren diese anscheinend von kurzer Dauer gewesen. Bonhoeffer sah sich bestätigt: Denn im Bombenkrieg sei der Wunsch, sich in die Krankheit zu flüchten, ohne jeden Sinn. Was schließlich die sogenannten »Zitterer« und »Schüttler« betraf, die nach dem Ersten Weltkrieg das öffentliche Straßenbild so auffallend gezeichnet hatten: Der Zweite Weltkrieg kannte sie, so hielt der Berliner Psychiater fest, in dieser Form nicht mehr. Die Lehren des Ersten Weltkrieges erschienen Bonhoeffer dafür entscheidend. Aufgrund der allmählich wachsenden »Erkenntnis der Ärzte und des Publikums, daß es sich dabei um unechte Krankheitsdemonstrationen« handele, sei man zumindest in der Äußerungsform des Zitterns und Schüttelns, wie er glaubte, den »hysterischen Reaktionen« dieser »Psychopathen« beigekommen.[12]

Tatsächlich war die deutsche Psychiatrie schon kurz nach Beginn des Ersten Weltkrieges mit einem bis dahin in diesen Ausmaßen unbekannten Phänomen konfrontiert worden: Bereits nach dem ersten Kriegsjahr litten mehr als hunderttausend deutsche Soldaten – und in den anderen kriegführenden Armeen war Gleiches zu beobachten – zumindest zeitweise an Dämmerzuständen oder Lähmungserscheinungen, an Schütteln, Zittern, dauerndem Erbrechen, vorübergehender Taubheit, Stummheit oder auch Blindheit.[13] Prompt zirkulierten unter den deutschen Ärzten Bezeichnungen wie »Granaterschütterung«, »Granatfernwirkung«, »Granatexplosionslähmung« oder auch »Nervenschock«, die, vergleichbar mit dem englischen Begriff des »shell-shock«, die Symptome in eine direkte Beziehung mit den neuen zerstörerischen Techniken der Kriegführung stellten und dabei einen somatischen Zusammenhang unterstellten. Diese Ausweitung des diagnostischen Arsenals erwies sich in Deutschland als ein außerordentlich flüchtiges Phänomen (während in England die Bezeichnung »shell-shock« als Metapher weiterhin Bestand hatte, obwohl das britische Kriegsministerium im Jahr 1917 ein offizielles Verwendungsverbot aussprach).[14] Wie aber ordneten die Psychiater dann die beobachteten Störungen ein, die sich – entgegen der Annahme, der Krieg würde die Nerven- und Geisteskrankheiten reduzieren[15] – geradezu alarmierend verbreiteten, und wie konnte man diesen wirksam entgegentreten?

Die deutschen Psychiater – nahezu alle in den Feld- und Heimatlazaretten tätig und aufgrund einer Verfügung der Obersten Heeresleitung in viel stärkerem Maße mit dem Problem kampfunfähiger oder auch kampfunwilliger Soldaten betraut als etwa ihre englischen, französischen oder italienischen Kollegen[16] – waren während der ersten beiden Kriegsjahre im Grunde in zwei Lager gespalten. Zahlreiche Psychiater – der bekannte Berliner Neurologe Hermann Oppenheim ist hier an erster Stelle zu nennen –, behaupteten die Möglichkeit einer »traumatischen

Neurose«, mithin einer Verletzung des zentralen Nervensystems aufgrund von gewaltigen mechanischen und emotionalen Erschütterungen. In der zweiten Hälfte des 19. Jahrhunderts hatte man diese insbesondere nach Eisenbahn- und Fabrikunfällen beobachtet.[17] Doch schon zum damaligen Zeitpunkt war die von Oppenheim entwickelte Konzeption einer »traumatischen Neurose« nicht unstrittig gewesen. Es können im Wesentlichen drei Argumente ausgemacht werden, die von Fachkollegen im Verlauf einer bisweilen hitzig geführten Debatte gegen die »traumatische Neurose« vorgebracht wurden: Es handele sich gar nicht um eine selbständige Krankheit, die Diagnose sei zu weit gefasst und unscharf, sie umfasse Störungen, die der Hysterie, der Neurasthenie oder auch der Hypochondrie zugeordnet werden müssten, argumentierte ein Teil seiner Gegner. Oppenheim unterschätze, lautete ein zweiter Vorwurf, welch große Bedeutung die Veranlagung für den Ausbruch dieser Leiden besitze. Andere wiederum wandten ein, Oppenheim vernachlässige die Möglichkeit der Simulation – ein Vorwurf von außerordentlicher politischer Brisanz, da seit der 1884 eingeführten Unfallversicherung die Gewährung einer Rente für die Geschädigten zur Diskussion stand. Im sogenannten Simulationsstreit, der 1890 auf dem Internationalen Ärztekongress in Berlin kulminierte, behaupteten diese Kontrahenten sogar, die »traumatische Neurose« sei aufgrund der Unschärfe der Diagnose ein regelrechter Anreiz zur Simulation.[18] Nicht alle Kritiker gingen so weit. Die Annahme, es handele sich um »Begehrungsvorstellungen« wurde von vielen Ärzten zwar weithin geteilt.[19] Allerdings glaubten sie nicht – der Psychiater Alfred Hoche, seit 1902 Professor an der Universität Freiburg, ist dafür nur ein Beispiel – an eine absichtliche Vortäuschung von Beschwerden, sondern an eine echte Krankheit, die durch die Aussicht auf eine Rente ausgelöst werde. Die Schwäche des »Willens« und die »Flucht in die Krankheit« gehörten zu den zentralen Denkfiguren bei diesem Versuch, die Ursachen für die beobachteten Störungen zu finden. Einer psychologischen beziehungsweise psychoanalytischen Begründung dieser Leiden gaben diese Ärzte damit entschieden den Vorzug. Weitaus plausibler erschien für sie daher die Zuordnung zur »Hysterie«.[20]

Hysterie hieß auch die Diagnose, die der bereits erwähnte Berliner Psychiater Karl Bonhoeffer, aber auch Robert Gaupp, Direktor der Tübinger Nervenklinik, und viele weitere ihrer Fachkollegen der »traumatischen Neurose« entgegensetzten, als sie im Winter 1914 in wachsendem Maße die Lähmungen, Zitter- und Schüttelanfälle der Soldaten zu Gesicht bekamen. Diese Ärzte gingen nicht von einer körperlichen Grundlage dieser Zustände aus, die man zunächst nur bei Personen vermutete, die dem Schrecken der Granatexplosionen ausgesetzt waren. Aus dieser Perspektive betrachtet, handelte es sich bei den Beschwerden auch nicht zwingend um eine Krankheit. Völlig unstrittig lag eine solche aus psychiatrischer Sicht nämlich nur dann vor, wenn eine organische Ursache angenommen werden konnte. Die »Hysterie« führte man auf eine solche allerdings nicht mehr zurück.[21] Schon seit der Jahrhundertwende war ihr der Status einer eigenständigen Krankheit zunehmend abgesprochen worden. Die »Hysterie« sei vielmehr eine »abnorme Reaktionsweise des Individuums«, hatte Gaupp im Jahr 1911 in einer der führenden Fachzeitschriften erklärt und festgestellt, »zahllose Übergänge führen vom Normalmenschen ganz allmählich hinüber zum ausgesprochen Hysterischen«.[22] Sein Kollege Bonhoeffer, der die Stoßrichtung des Arguments zweifellos teilte, schlug dennoch folgende Unterscheidung vor: Nahezu jeder normale Mensch könne pathologische Reaktionen nach traumatischen Erfahrungen entwickeln, doch eine Hysterie sei nicht nur eine psychologische Reaktion, sie bedinge vielmehr auch eine bestimmte geistige Konstitution oder Veranlagung. Von zentraler Bedeutung erschien ihm dabei der »Wille«. Das hieß, nur bei einem hysterisch veranlagten Menschen entwickelten sich aus der Kombination von traumatischen Reizen und dem »Willen zur Krankheit« gravierende und anhaltende neurotische Zustände.[23] Die unvermeidbare Frage, wie man zwischen einer normalen Reaktion mit hysterischen Symptomen und einem tatsächlich »hysterischen Charakter« unterscheiden könne, war damit allerdings noch nicht hinreichend gelöst worden. Es bestand in vieler Hinsicht Klärungsbedarf.

Für all diese Probleme erwies sich der Erste Weltkrieg, so stellte es sich den psychiatrischen Experten schon bald dar, von geradezu unschätzbarem Wert als ein »ins Riesenhafte gehendes Experiment in der Frage der Bedeutung der exogenen Schädigung für die Entwicklung psychischer Störungen«.[24] Er lieferte den Ärzten, wissenschaftlich betrachtet, »Beispielmaterial« in einer Größenordnung, das ihnen in Friedenszeiten bei weitem nicht vorlag.[25] Die Möglichkeit, »das allgemein Gesetzmäßige aus den individuellen Reaktionen« besser erfassen zu können, erschien wesentlich aussichtsreicher.[26]

Zwei Jahre nach Ausbruch des Krieges vermochten die psychiatrischen Experten auf der Kriegstagung des »Deutschen Vereins für Psychiatrie« und der »Gesellschaft deutscher Nervenärzte« in München eine erste Bilanz zu ziehen. Für die überwältigende Mehrheit der dort anwesenden Psychiater galt eines bereits als sicher: Die Position des Neurologen Hermann Oppenheim, der weiterhin dafür stritt, dass unzählige Soldaten an einer »traumatischen Neurose« litten, konnte sich nicht halten. Gegen diese Diagnose und für eine wunschbedingte oder auch »funktionelle Natur« der Symptome sprachen eine ganze Reihe empirischer Beobachtungen und therapeutischer Erfahrungen.[27] So war, erstens, auffallend, dass bei Kriegsgefangenen und körperlich schwer verletzten Soldaten, »solche[n] also, bei denen psychische Anlässe zur Neurose fehlten«, wie der Psychiatrieprofessor Oswald Bumke einige Jahre später in einem sehr umsichtigen Handbuchartikel erläuterte, derartige Symptome auch nur äußerst selten auftraten. Für sie war der Krieg vorüber. Eine Rückkehr an die Front mussten sie, das schien der entscheidende Grund für das Fehlen der kriegsneurotischen Symptome zu sein, nicht befürchten. (Auch Oppenheim kam nach eigenen Untersuchungen von Kriegsgefangenen schließlich zu demselben Ergebnis.)[28] Zweitens brachen die Krankheitszeichen häufig gar nicht direkt an der Front aus, sondern erst im rückwärtigen Gebiet, etwa während eines

Lazarettaufenthaltes. Das erhärtete den Verdacht, die hysterischen Symptome würden von den Betroffenen – manchmal waren diese den Granatexplosionen niemals ausgeliefert gewesen –, bewusst oder unbewusst, nachgeahmt und adaptiert. Die beträchtlichen Heilerfolge, die auf rein suggestivem Wege erzielt werden konnten, waren schließlich ein dritter Grund. Höchst beeindruckend waren etwa die Ergebnisse der ärztlichen Hypnose, mit deren Hilfe es nicht nur gelungen war, die Beschwerden aufzuheben, sondern auch umgekehrt bereits beseitigte Symptome wiederaufleben zu lassen.[29]

Das alles sprach für rein psychologische Gründe. Weitaus präziser, als er dies auf der Kriegstagung von 1916 vermocht hatte, brachte Karl Bonhoeffer wenige Jahre später auf den Punkt, dass er von einem inneren Konflikt im Individuum ausging: »auf der einen Seite der unentrinnbare militärische Zwang und die gefahrdrohende, todbringende Kriegsnotwendigkeit, auf der anderen Seite Lebensbejahung und der Wunsch, aus dem Feuer, außerhalb des Gefahrenbereichs zu sein«. Und weiter heißt es bei ihm: »Daß die Kriegshysterie dieser Paarung entstammt, kann durch den Krieg als erwiesen gelten.«[30]

Diese psychiatrische Lesart dokumentiert eine neuartige Offenheit: Gegenüber dem psychoanalytischen Erklärungsansatz der Kriegsneurosen zeigte sich die mehrheitlich an naturwissenschaftlich beschreibbaren Prozessen interessierte Psychiatrie mittlerweile in hohem Maße aufgeschlossen.[31] Die Parallelen zur Psychoanalyse sind unübersehbar. So sprach etwa Ernst Simmel davon, dass der Kriegsneurotiker in die Krankheit fliehe, und erläuterte: Sein »Intellekt [ist] des Entschlusses überhoben, und der Gefühlskomplex, oft geboren aus Todesangst und Lebenssehnsucht, verschafft sich sein Recht«. Und doch kritisierte er prompt: »Als Kranker wird er aus der Front zurückgezogen; und in der Heimat heimst er bei aller Sicherheit noch Mitleid und Heldenverehrung ein.«[32]

Mit dieser Ansicht stand Simmel nicht allein. Spätestens im Verlauf der zweiten Kriegshälfte hatte sich nämlich die Annahme durchgesetzt, dass es sich bei denjenigen Soldaten, die langandauernde Schüttel- und Lähmungserscheinungen oder auch Dämmerzustände aufwiesen, um »psychopathische« Persönlichkeiten handelte. Der Begriff des Psychopathen als dem »seelisch Abnormen« hatte seine im strengen Sinne einst durchaus vorhandene Wertneutralität um die Jahrhundertwende allerdings eingebüßt.[33] Er bezeichnete charakterliche Typen,[34] wie etwa den »Willenlosen«[35] oder den »Pflichtvergessenen«[36], aber auch »reizbare Querulierer und Hetzer«.[37] Der »Gesunde« zeichnete sich demgegenüber, so die weithin geteilte Annahme unter den psychiatrischen und psychoanalytischen Experten, durch seine Fähigkeit und seine Bereitschaft aus, die Schrecken des Krieges zu ertragen. Noch konnte keine Rede davon sein, dass die Psychiater die Frage einhellig beantwortet hätten, ob es sich bei jenen Soldaten, die sich dazu nicht in der Lage zeigten, um eine erworbene oder um eine anlagebedingte »Minderwertigkeit« handelte. Elemente aus der Degenerationslehre der Jahrhundertwende und eugenische Denkmuster gingen, wie in anderen westeuropäischen Ländern auch, in diese Debatte erkennbar ein.[38] Für die »endogenen«, also anlagebedingten Faktoren schien gegen Ende des Krieges ein unabweisbarer Befund zu sprechen, der ebenso nach einer Erklärung verlangte wie das Auftauchen der massenhaften »Kriegszitterer«. Es handelte sich um das Phänomen, dass die weitaus größere Anzahl an Soldaten die schwersten körperlichen und seelischen Strapazen überstand, ohne irgendwelche Krankheitssymptome zu entwickeln. Um den Gegensatz noch zu verschärfen: Allergrößte Extrembelastungen waren von den einen ohne nachfolgende Probleme überstanden worden, während andere, wie Oswald Bumke resümierte, »auf weit geringere Anlässe hin zusammengebrochen waren«. Die innerhalb des Fachs zu Kriegsbeginn noch verschiedentlich geäußerte Behauptung, »jeder Feldzugsteilnehmer sei hysteriefähig«, konnte demnach, so folgerte er, »nicht weiter aufrechterhalten werden.«[39]

Dennoch kann keineswegs die Rede davon sein, dass die psychiatrischen Experten so weit gegangen wären, die Belastungen des

Krieges als einen entscheidenden Faktor für psychische Reaktionen vollständig in Abrede zu stellen. So schilderte Bonhoeffer eindringlich die sogenannten Schreckemotionen, plötzliche »seelische Erschütterungen«, die »bei unvermittelt auftretender Todesgefahr und plötzlich heftigen Sinneseindrücken« vorkommen und »bis zur Ohnmacht« führen könnten. Andere Beispiele belegten, dass im Falle von erschütternden Erlebnissen eine völlige Gefühlsleere einsetzen konnte, eine Art »Emotionslähmung«, während der intellektuelle Mechanismus gleichzeitig weiterhin zu funktionieren schien.[40] Erhebliche Erschöpfungszustände infolge von langen Marschleistungen oder von Hunger bildeten häufig, argumentierten die Psychiater, einen Nährboden für solcherlei psychische Reaktionsweisen. Die Auswirkungen derartiger Auszehrungszustände, die im Krieg gar nicht zu vermeiden waren, gingen allerdings nicht so weit, glaubte Bonhoeffer »mit ziemlicher Sicherheit« schon 1916 sagen zu können, dass auch schwere Geisteskrankheiten, wie Psychosen, durch sie ausgelöst würden. Vielmehr habe der Krieg gezeigt, dass die »Widerstandsfähigkeit des gesunden Gehirns sehr hoch eingeschätzt« werden dürfe.[41] Nur sogenannte Erschöpfungshalluzinationen seien nicht auszuschließen.

Ob man die Strapazen und Gräuel des Krieges als auslösenden Faktor für derartige Zustände in Betracht zog oder nicht, hing allerdings nicht nur davon ab, ob man eine außerordentliche körperliche Erschöpfungssituation konstatierte. Es gab ein weiteres, wichtiges Kriterium: die Dauer der psychischen Veränderungen. So erläuterte Bonhoeffer, er glaube, dass die psychischen Reaktionsweisen von »Gesunden« nur »vorübergehend« denen einer »psychopathischen Konstitution« gleichkämen. »Pathologische Räusche, plötzliches Fortlaufen, Affektkrisen, Dämmerzustände« könne man im Krieg fraglos auch »bei bis dahin Gesunden« beobachten. Doch zeigten sie sich offenbar imstande, die »wohl in jedem Gesunden« vorhandenen »Disharmonien zwischen affektiver, Willens- und intellektueller Sphäre« nach kurzer Zeit wieder unter Kontrolle zu bekommen.[42] Länger andauernde oder auch wiederkehrende psychische Beschwerden, die viele Soldaten bei der angekündigten Rückkehr zur Front, andere im Schützengraben ereilten, ließen aus Sicht der Psychiater an einer »psychopathischen Minderwertigkeit« jedoch keinen Zweifel mehr aufkommen.

Es entsprach insofern in vielerlei Hinsicht dem gewonnenen psychiatrischen Wissensstand über die Ursachen und den Verlauf der bei Soldaten beobachteten psychischen Störungen, dass die »frontnahe Psychiatrie« gegenüber der praktizierten Behandlung in den Nervenlazaretten des Reichsgebiets einen therapeutischen Vorzug versprach. Die Überfüllung der rückwärtigen Lazarette stieß diese Überlegungen, die erst 1917 aufkamen, sicherlich mit an.[43] Denn während viele Soldaten, so führte Kurt Schneider aus, »sich in der Ruhe des Reviers in kurzem vollkommen erholen und wieder in den Graben gehen können«, hatten sich die Möglichkeiten als äußerst begrenzt erwiesen, einen Soldaten wieder gänzlich frontverwendungsfähig zu machen, sobald dieser »einmal ins Lazarett oder gar in die Heimat gelangt« war. Erst unter dem dortigen »Einfluß von Kameraden, Verwandten oder eigener ruhiger Überlegung« wüchsen, glaubte Schneider, die »›Begehrungsvorstellungen‹ im Sinn der Rente«.[44] Das hieß mit anderen Worten: Nur in der unmittelbaren Nähe der Front ließ sich der Gefahr entgegenwirken, dass Soldaten in der Annahme, aus dem Dienst entlassen zu werden und dem Krieg zu entgehen, eine Neigung zur Verfestigung der Symptome entwickelten.

Zu einer umfassenden Realisierung der »frontnahen Psychiatrie« kam es gegen Kriegsende nicht mehr. Gleichwohl galt sie in der Folgezeit den deutschen Psychiatern, wie auch vielen ihrer englischen und französischen Kollegen, als eine der wichtigsten Lehren dieses Krieges. Ob als Angehörige der Siegermächte oder der Verlierer – zahlreiche Psychiater konstatierten hier wie dort, dass man mit der Rückführung der psychisch labilen Soldaten in die Heimatlazarette einen therapeutischen Fehler begangen habe, durch den allzu viele Soldaten der Armee unnötig verlorengegangen seien.[45] Innerhalb der deutschen Psychiatrie sah sich eine ganze Reihe von Ärzten in dieser Auffassung umso mehr bestätigt, als so mancher von ihnen, wie etwa Robert Gaupp, seit November 1918 »zahlreiche Neurotiker rasch gesunden« sah und Fälle »vorher bezweifelte[r] Simulation« sich als evident zu erweisen schienen.[46] Der bereits während des Krieges unter einer ganzen Reihe von Psychiatern geäußerte Unmut darüber, als Arzt der »furchtbare[n] Auslese des Krieges« auf eine Weise zuzuspielen, dass die angeblich Minderwertigen in den Heimatlazaretten Schutz und Versorgung fanden, während die »Gesunden« an der Front fielen, weitete sich dabei nach Kriegsende noch aus.[47]

Als am Ende des darauffolgenden Jahrzehntes der Zweite Weltkrieg ausbrach, waren die Psychiater, ganz anders als 1914, auf das Phänomen der »Kriegshysteriker« und ihre Behandlung vorbereitet. Dabei knüpften die Ärzte an die von ihnen gewonnenen Befunde des Ersten Weltkrieges an, die sich seit 1916 zu einem handlungsleitenden wissenschaftlichen Paradigma verdichtet hatten. So zweifelte Robert Gaupp – hier beispielhaft für die Mehrheit seiner Fachkollegen – nicht daran, dass sich die psychiatrischen Anschauungen des Ersten Weltkrieges »als richtig bewährt« hätten und »deshalb die *Richtlinien* abgeben für das, was wir *heute* zu tun haben«.[48]

Auf organisatorischer Ebene hatte man bereits gehandelt. So war das im Ersten Weltkrieg praktizierte Verfahren, auf die Expertise hochrangiger Wissenschaftler zurückzugreifen, im Zuge der Neugründung der Abteilung für Wehrpsychiatrie und Wehrpsychologie an der Militärärztlichen Akademie im Jahr 1936 durch die Einsetzung Beratender Ärzte institutionalisiert und erheblich ausgeweitet worden. Die Zahl der Beratenden Psychiater – meist Universitätsprofessoren oder habilitierte Oberärzte – wurde aufgestockt, ihr Tätigkeitsbereich seit Kriegsbeginn zumindest teilweise in die Lazarette an der Front verlagert. In aller Regel waren es die Ordinarien, die ihren Dienst als Beratende Psychiater im Ersatzheer taten, während im Feldheer überwiegend jüngere Oberärzte oder Fachärzte der Universitätskliniken eingesetzt wurden.[49] Insgesamt überzogen die Beratenden Psychiater das in siebzehn Wehrkreise eingeteilte Gebiet des Deutschen Reiches und der besetzten Gebiete gleichsam wie ein Netz, um, so ihre Aufgabendefinition in der Heeresdienstvorschrift 21/230 aus dem Jahr 1939, den »behandelnden Sanitätsoffiziere[n] v.a. bei der Behandlung der Psychopathen und Kriegsneurotiker« mit ihrem Fachwissen zur Seite zu stehen.[50] Zu den Aufgaben der Beratenden Psychiater gehörte auch, über die Therapie psychisch auffällig gewordener Soldaten kompetent mit zu entscheiden. Schließlich war für Soldaten mit diagnostizierten nervösen Erschöpfungszuständen eine andere Behandlung vorgesehen als für diejenigen, die eine »schwere hysterische Reaktion« oder gar eine Psychose entwickelt zu haben schienen, und auch die Entscheidung über die weitere Kriegsverwendungsfähigkeit der Betroffenen fiel damit unterschiedlich aus. Die Dienstanweisung ließ keinen Zweifel daran, dass der seelische Zustand der Truppe von den »Beratenden« sorgfältig zu inspizieren war. Eine regelmäßige Berichterstattung, die in der Heeressanitätsinspektion zusammenfloss, sollte darüber Auskunft geben. Für den wohl größten Teil der Beratenden Psychiater, deren Interesse überwiegend der Forschung galt, war die ihnen auferlegte »Sicherung wissenschaftlichen Materials« dabei sicherlich die angenehmere Verpflichtung.[51]

Die Lehren des Ersten Weltkrieges fanden jedoch nicht nur institutionell ihren Niederschlag. Sie waren auch weiterhin für die diagnostischen Überlegungen sowie die therapeutischen Vorkehrungen und Behandlungsweisen prägend. So stellte der langjährige Leiter der Psychiatrischen Universitätsklinik Tübingen, Robert Gaupp, in einem Zeitschriftenartikel des Jahres 1940 unter Berufung auf die Erfahrung deutscher, englischer und französischer Fachkollegen während des Ersten Weltkrieges noch einmal klar, dass der Krieg im strengen Sinne nicht die Ursache psychischer Störungen sei. Es gäbe »*keine spezifischen Kriegsneurosen und Kriegspsychosen*«, schrieb er, »aber psychopathisch veranlagte, namentlich *ängstliche* und *gemütsweiche* Naturen«, die »dem Ansturm der Schrecken und Greuel des modernen Krieges häufig erliegen, jüngere früher und leichter als ältere und reifere«.[52] Der »Wille« sei entscheidend, mehr noch als »Verstand und Muskelkraft«, unerlässlich aber vor allem die »biologische Gesundheit«, versicherte er. Dabei war Gaupp, auch wenn er von einer instinktiven Flucht in die »befreiende Krankheit« sprach, die vor allem »die verängstigte Seele namentlich labiler Menschen« antrete, nicht ohne Verständnis. Schließlich war der Krieg, das wusste auch er, eine Extremsituation. »Es sind ja nicht alle Menschen in ihrer leib-seelischen Struktur auf Trommelfeuer, Granatverschüttung, Fliegerbomben und Flammenwerfer eingestellt und diesem mörderischen Geschehen voll gewachsen«, schrieb er und setzte hinzu: »Immer wieder wird jenes Scherzwort aus der Kriegszeit seine Geltung behaupten: ›*Lieber eine Min. feige als das ganze Leben lang tot.*‹« Gaupp warnte seine Kollegen regelrecht vor einem Trugschluss: Durch »keine noch so heroische Disziplin und Schulung« sei es möglich, »die Angst der in ihrem Dasein bedrohten Kreatur [...] ganz aus der Welt zu schaffen«. Der Psychiater erwartete daher eine andere Entwicklung: Sobald »in einem Krieg die Gefahr grauenvoller Zerstörung alles Lebendigen« ansteige, werde »auch die Zahl der Menschen zunehmen, deren biologische und oft auch moralische Kraft solcher Zerstörung nicht gewachsen ist«.[53]

Als eine der größten Kapazitäten des Fachs schärfte Gaupp, mittlerweile bereits siebzig Jahre alt, seinen jüngeren Fachkollegen ein, dass sie sich darüber im Klaren zu sein hätten. Auch das war eine Lehre des Ersten Weltkrieges, in dem die ungeheure Vielzahl an Soldaten, die psychische Störungen entwickelten, die Psychiater überrascht hatte. Doch das war eben nicht alles. Gelernt habe man auch, erinnerte Gaupp, »wie groß die Elastizität der menschlichen Natur war, die sich aus allem Schweren und Grauenvollen immer wieder aufrafft[e]«. Genug Belege lagen vor, so schien es, dass man sich selbst von den »grauenvollsten Katastrophen der Menschheit« erholen könne und Verlust und Tod »*ohne Dauerschaden*« zu überwinden in der Lage sei. Die »*Einsicht der Wissenden*« war dafür allerdings, so Gaupps Überzeugung, unerlässlich: Das richtige Erkennen, die richtige Behandlung, die richtige eigene Haltung, »streng, aber gerecht, ohne Hohn, aber auch ohne sentimentale Milde« waren gefordert, um »*rechtzeitig* eingreifen« zu können und dadurch »harte und kränkende Methoden der Heilung« zu ersparen.[54]

Bei aller Kontinuität zu den psychiatrischen Lehren des Ersten Weltkrieges klang das nach einer Distanzierung von jenen aggressiven und oft auch körperlich äußerst schmerzhaften Schocktherapien, die von den Psychiatern damals oft angewendet worden waren. Solche Behandlungsweisen hatten darauf gezielt, die Soldaten wieder von ihrer Kampfkraft an der Front zu überzeugen, indem man sie mit einem das Kriegserlebnis übersteigenden Schrecken konfrontierte. In einer Vielzahl von Fällen waren die Erwartungen der Psychiater erfüllt worden. Die Krankheitssymptome verschwanden.[55] Doch die Haltung des bereits emeritierten Ordinarius Gaupp, der in seinem Artikel von 1940 die Ärzte gleichsam von außen instruierte, täuscht nicht: In dieser ersten Phase des Krieges waren die Psychiater mit der Anwendung von aggressiven Behandlungsmethoden insgesamt gesehen tatsächlich zurückhaltend.

Dafür kommen im Wesentlichen vier Gründe in Betracht, die sich teilweise miteinander verschränken. Zu ihnen gehören, erstens, politische Opportunitätserwägungen von Seiten der Psychiater. So hatte Otto Wuth, der als Beratender Psychiater beim Heeressanitätsinspekteur eine einflussreiche Position innehatte, seine Kollegen mehrfach unmissverständlich dazu angehalten, bei der Therapie der Soldaten von den rigorosen Praktiken abzusehen, wobei er politische Beweggründe nicht verschwieg. Er fürchtete, wie er zu erkennen gab, den Einspruch von höchster Regierungsebene.[56] Wuth war nämlich keineswegs verborgen geblieben, dass die NS-Führung den »harten« therapeutischen Praktiken, wenn auch sicherlich nicht gänzlich ablehnend, so doch zumindest ambivalent gegenüberstand.[57] Die Psychiater waren damit auch in ihrer Konkurrenzsituation zu den Psychotherapeuten des Göring-Instituts, das ist ein zweiter Aspekt, verstärkt unter Druck geraten. Diese setzten zur Behandlung von diagnostizierten Neurosen prinzipiell auf »weichere« Methoden, wie etwa die Hypnose, die Gesprächstherapie oder auch das autogene Training,[58] und bei der Luftwaffe war es den Psychotherapeuten bereits gelungen, die Therapie der psychogenen Reaktionen zu ihrem alleinigen Zuständigkeitsbereich zu machen.[59] Die Verwandtschaftsbeziehung zwischen Matthias Heinrich Göring, dem Leiter des deutschen Instituts für Psychotherapie, und dem Reichsmarschall und Befehlshaber der Luftwaffe Hermann Göring wird für diese Entwicklung nicht abträglich gewesen sein.[60] Auch im Bereich des Heeressanitätswesens hatte die Stimme der Psychotherapeuten vom Göring-Institut Gewicht bekommen. Auf der »1. Arbeitstagung Ost« der Beratenden Psychiater im Mai 1942, zu der ein Vertreter des Instituts abkommandiert worden war, schlug sich das in der gemeinsamen Verabschiedung einer Resolution über die Behandlung psychogener Reaktionen nieder.[61]

In dieser Situation war von Seiten der Psychiater Besonnenheit gefordert. Das galt umso mehr, als sie, drittens, durch eine Verfügung des Oberkommandos der Wehrmacht vom 6. Dezember 1940 zumindest auch formell in der Anwendung ihrer therapeutischen Methoden in die Schranken gewiesen worden waren. Erhebliche medizinische Eingriffe konnten demnach nur noch mit dem Einverständnis des Patienten vorgenommen werden. Es ist bekannt, dass sich nicht alle Psychiater, die in den Lazaretten praktizierten, daran hielten.[62] Generell kann jedoch nicht die Rede davon sein, dass die psychiatrischen Experten in der Wahl ihrer therapeutischen Mittel gänzlich frei gewesen wären. So wurde der Psychiater Friedrich Panse – vormals ein Assistent Bonhoeffers, später vorübergehend Mitarbeiter des Erbpathologen Otmar Freiherr von Verschuer und schließlich T4-Gutachter bei den nationalsozialistischen »Euthanasie«-Morden[63] – in einem seiner therapeutischen Vorhaben erheblich gebremst: Sein Gesuch, das von ihm im Reservelazarett Ensen entwickelte Verfahren mit galvanischen Strömen auch ohne die geforderte Einwilligung der Patienten anwenden zu dürfen, wurde im Herbst 1941 abschlägig beschieden.[64] Wiederum war es Otto Wuth, der sich in einer

Stellungnahme an die Heeressanitätsinspektion ablehnend zum Einsatz einer derart schmerzhaften Therapie geäußert hatte. Ein gutes Jahr später sollte er dann allerdings doch sein Einverständnis zu dieser Methode geben. In seinem Schreiben aus dem Jahr 1941 hatte Wuth noch argumentiert, dass auch schon im Ersten Weltkrieg die »hypnotische[n] und Suggestiv-Behandlungen« völlig ausgereicht hätten.[65]

War dieser Ausdruck der Vorsicht tatsächlich nur ein Taktieren, um den Blick darauf zu verstellen, dass die Psychiater »Kreide gefressen« hatten?[66] Eher scheint es, als hätten die Ärzte – ein vierter und vielleicht der gewichtigste Gesichtspunkt – zu diesem Zeitpunkt keinerlei Veranlassung gehabt, anzunehmen, dass sie zur Behandlung der erkrankten Soldaten in großem Maßstab auf die schmerzhaften, aber häufig effektiven Therapiemethoden würden zurückgreifen müssen. Denn in der Wahrnehmung der Psychiater breiteten sich die »Kriegsneurosen« gar nicht, wie befürchtet, aus. Nach den Angriffen auf Polen und Frankreich waren die schweren Schüttel- und Lähmungserscheinungen, wie man sie aus dem Ersten Weltkrieg kannte, faktisch weitgehend ausgeblieben.[67] Und auch auf der 1. Arbeitstagung Ost im Mai 1942 war immer noch deutlich, dass sich bis zu diesem Zeitpunkt selbst unter den Bedingungen des Russlandfeldzuges daran nicht viel geändert hatte. So berichtete der bereits erwähnte Kurt Schneider, der während des Ersten Weltkrieges erst als Truppenarzt, dann in der Nervenabteilung eines Lazaretts tätig gewesen war und jetzt in der Position eines Beratenden Psychiaters sprach, man habe in den Frontlazaretten zwar alles gesehen, »was vom letzten Krieg her bekannt« gewesen sei, doch immer nur »vereinzelt«.[68] An anderer Stelle bekräftigte er sogar, ein »Psychopathenproblem« gäbe es nicht, allerdings viele Hirnschüsse.[69]

Für die vergleichsweise geringe Häufigkeit »psychopathischer« Fälle hatten die psychiatrischen Experten bis dato übereinstimmend die Art des Kriegsverlaufs verantwortlich gemacht, der anders als fünfundzwanzig Jahre zuvor die zermürbenden Phasen des Stellungskrieges kaum kannte. Nachdem das Vorhaben eines »Blitzkrieges« gegen Russland im Herbst 1941 gescheitert war, reichte das als Erklärung freilich nicht mehr aus. Die deutschen Truppen waren in ihrem schnellen Vormarsch gestoppt worden, was sie an einer Reihe von Frontabschnitten erneut zu einem defensiven Stellungskrieg zwang. Tatsächlich befanden sich die Soldaten in einer fatalen Situation, die auch den an der Front eingesetzten Ärzten nicht entging. Die Wehrmacht hatte nicht nur die Schlagkraft der sowjetischen Armee erheblich unterschätzt, sie war auch auf die harten Bedingungen des russischen Winters nicht vorbereitet. Bald fehlte es an technischem Gerät. Ebenso begannen erbarmungslose Kälte und Hunger an den physischen und psychischen Kräften zu zehren.[70] Der Krankenstand spiegelte das wider: Im Dezember 1941 lag er in dem etwa 3 600 000 Mann starken Heer bereits bei neunzigtausend, im Frühjahr 1942 sogar bei einer halben Million.[71] In dieser Lage erhöhte sich zwar auch die Zahl der diagnostizierten »Psychopathien«.[72] Doch die Zunahme der Fälle schien sich in der Wahrnehmung der Psychiater immer noch in Grenzen zu halten.[73]

Für den renommierten Psychiater Kurt Schneider lag ein entscheidender Grund für diese verhaltene Entwicklung auf der Hand: der therapeutische Vorzug der »frontnahen Psychiatrie«, von dem er und andere Fachkollegen schon 1918 überzeugt waren. An dieser Auffassung ließ Schneider in seinem Vortrag vom Mai 1942 gegenüber den Beratenden Psychiatern keinerlei Zweifel. Mit allem Nachdruck plädierte er dort für eine konsequente Fortführung dieses Prinzips. Dabei hob Schneider den Vorzug, der sich durch die Möglichkeit der frühzeitigen Erkennung psychischer Auffälligkeiten ergab, nirgendwo eigens heraus; dieser verstand sich nach seinem Empfinden offenbar von selbst.[74] Es war der Grundsatz, diagnostizierte »Psychopathen« nicht zur Behandlung in die Heimat zurückzutransportieren, für den er sich verwandte. Der Ort der Therapie sollte das Kriegslazarett sein, von dort aus sollten die Soldaten wieder dienstfähig zur Truppe zurückgeschickt werden. Gleiches gelte für die »psychogen Körpergestörten«. Führte man ihnen vor Augen, dass nur »die wirklich Kranken« mit dem Lazarettzug in die Heimat zurückkämen, gäben sie nämlich meist sogar »ohne aktive Behandlung ihre Beschwerden auf«.[75]

Kurt Schneider unterstrich im Zuge seiner Empfehlung für eine entsprechend zu beschließende Resolution, diese Erkenntnisse gehörten zu seinen »wichtigsten bisherigen Erfahrungen«, die er im Feldheer gewonnen habe.[76] Tatsächlich sprach er vor seinen Zuhörern mit besonderer Autorität. Denn obwohl er als Direktor des klinischen Instituts der deutschen Forschungsanstalt für Psychiatrie in München eine außerordentlich hohe Position innehatte, war er im Unterschied zu anderen Ordinarien als Beratender Psychiater an die Front geschickt worden. All seine Interventionen gegen diese Abordnung waren erfolglos geblieben, 1942 war er sogar an die Ostfront versetzt worden.[77] Da Schneider kein Parteigänger der Nationalsozialisten war, ist es nicht unwahrscheinlich, dass hier eine Art Abschiebung vorgenommen wurde. Eine paradoxe Maßnahme wäre das jedenfalls nicht gewesen. Denn politische Vorbehalte gegen die Nationalsozialisten schlossen nicht aus, eine strenge Position hinsichtlich der Behandlung von »Psychopathen« anzumahnen.[78]

Diese setzte allerdings die Fähigkeit zu einer präzisen und differenzierten Diagnostik voraus, wie Schneider in seinem Vortrag verdeutlichte. Er schnitt damit ein Thema an, das die psychiatrischen Experten auch in der Folgezeit immer wieder beschäftigte. Drei Grundprobleme, die in diesen Kontext gehören, klingen in Schneiders Referat an. Zu ihnen gehörte, erstens, die Schwierigkeit, organische Krankheiten und psychogene Reaktionen voneinander abzugrenzen. Seit Jahresbeginn 1940 zeigten sich die Ärzte alarmiert: Herz- und Kreislaufbeschwerden, Magen- und Darmerkrankungen sowie rheumatische Beschwerden traten bei den Soldaten in ungewöhnlicher Häufigkeit auf, ohne dass oft der Zusammenhang zwischen den Beschwerden und dem objektiven Befund mit Bestimmtheit geklärt werden konnte. Augenscheinlich handelte es sich in einer Vielzahl von Fällen um psychosomatische Erkrankungen, in denen eine Reihe von Psychiatern das Äquivalent für die »Kriegsneurosen« des Ersten Weltkrieges erblickte – eine Betrachtungsweise, die von den Internisten nicht unbedingt geteilt wurde.[79] Das wesentliche Problem für die Psychiater war, dass ihnen diese Fälle zu entgehen drohten. Ähnlich verhielt es sich bei Soldaten, bei denen sich die Heilung ihrer Kriegsverletzung außergewöhnlich lange hinzog. Das war scheinbar zunehmend zu beobachten.[80] Die Psychiater sprachen von »psychogenen Überlagerungen«, die zu erkennen allerdings alles andere als leicht waren. So warnte Kurt Schneider im Mai 1942 noch, »Psychopathen und Erlebnisreaktionen« tarnten sich »häufig hinter körperlichen Beschwerden«. Für die jungen und unerfahrenen Ärzte auf den Krankensammelstellen seien sie deshalb nicht zu erkennen, weshalb sich hier ein »Loch« auftäte, durch das die »Psychopathen« in die Heimat durchsickerten.[81] Es gelang nicht, die Gefahr der Fehldiagnose auszuräumen. Während der letzten anderthalb Kriegsjahre stellte sich das Problem jedoch offenbar mit umgekehrten Vorzeichen, wie ein Teil der Beratenden Psychiater kritisierte. Neurologische Krankheiten wurden demnach nun allzu oft als psychogene Reaktionen verkannt. Helmut Scharfetter, Beratender Psychiater in Innsbruck, vermutete und beklagte in diesem Zusammenhang, dass sich hier nicht zuletzt auch eine bei jüngeren Ärzten verbreitete Neigung zur »Simulationsschnüffelei« bemerkbar mache.[82]

Ein zweiter Bereich, der diagnostische Schwierigkeiten bereitete, war Schneider zufolge die Unterscheidung zwischen »abnormen Erlebnisreaktionen« und »schizophrenen Psychosen«, die als erblich bedingte »Geisteskrankheit« galten. Mit der Differentialdiagnose zur »symptomatischen Psychose« – schizophrenieähnlichen Zuständen, die etwa bei Hirnverletzungen auftreten konnten – verhalte es sich ebenso.[83] Es sei der Krieg, erklärte Schneider, der zu einer Verzerrung des Bildes beitrage. Er nannte dafür zwei Gründe. Einer waren fraglos die Arbeitsbedingungen an der Front. Er streifte sie nur mit einem Hinweis, ließ es sich aber nicht nehmen, auf die »primitiven Untersuchungsbedingungen« zu verweisen, die, wie er unterstrich, selbst in den »besseren Verhältnissen der Kriegslazarette« oft nicht einmal mehr vorherrschten. Das Gewicht legte er jedoch auf einen anderen Punkt. Als tückisch erwies sich nach seinem Eindruck nämlich vor allem, dass die Träume der Frontsoldaten oftmals von ungewöhnlicher Lebhaftigkeit seien, wobei inhaltlich die »Kampf- und Gefahrensituation« eine »hervorragende Rolle« spielte. Kriegserlebnisse reicherten seinen Beobachtungen zufolge auch alle »abnormen Bewußtseinstrübungen« an – man konnte diese gelegentlich nach Gehirnerschütterungen, nach Fleckfieber, wolhynischem Fieber oder auch nach Ruhrerkrankungen beobachten[84] –, und schließlich spielten sich an der Front auch im Verlauf einer akuten Schizophrenie Kampfinhalte ab.[85] Die daraus erwachsenden Schwierigkeiten für die diagnostische Entscheidung erachtete Schneider als so gravierend, dass er einen ungewöhnlichen Appell aussprach: gegenüber der Diagnose des Kollegen, der den Zustand im akuten Stadium beobachtet habe, »auf jeden Fall sehr zurückhaltend zu sein«. Schneider ging damit sehr weit, doch sein Eindruck stand fest: Es würden »im Feld zuviel Schizophrenien diagnostiziert«, die Zahlen seien »merkwürdig hoch«.[86]

Nicht nur er war zu diesem Ergebnis gekommen. Andere Kollegen aus dem Kreis der Beratenden Psychiater beklagten in ihren Berichten häufig das Gleiche.[87] An einen Anstieg der Zahl von Psychosen glaubten auch sie offenbar nicht. Mit dem vorherrschenden Wissensstand ließ sich ein solcher gar nicht vereinbaren. Führende Kapazitäten des Fachs hatten es seit dem Ersten Weltkrieg, der in ihren Augen die Vorstellung spezifischer »Kriegspsychosen« widerlegt hatte, mehrfach formuliert: Der Krieg sei keine Ursache für die Entstehung von Geisteskrankheiten; die betroffenen Soldaten seien schon seit ihrer Geburt erkrankt; der offene Ausbruch der Krankheit folge einer »inneren Gesetzlichkeit«.[88]

Die Erfassung und Beurteilung der »Psychopathen« bereitete aber, wie Schneider in seinem Referat demonstrierte, noch in einem dritten Punkt Schwierigkeiten, der diagnostisches Augenmaß gebot. Verschiedene Typen von »Psychopathen« waren, darüber bestand seit dem Ersten Weltkrieg weitgehend Konsens, je nach ihrer »psychopathischen Persönlichkeit« voneinander zu unterscheiden. Generell äußerten sich diese zwar in »abnormen Reaktionsweisen«, wie Schneider behauptete, diese aber seien wiederum – ob es sich nun um psychogene Körperstörungen oder Angst, um nächtliche Alpträume, Dämmerzustände oder pseudodemente Zustände handelte – den »asthenischen Versagern« oder der »mißmutig-depressiven Abart«, den »Explosiblen«, den »Stimmungslabilen« oder den »Querulanten« nicht jeweils spezifisch zuzuordnen. Ja, selbst ein »unpsychopathischer Mensch« könne »abnorm reagieren«, so etwa wenn das eigene Leben in höchster Gefahr sei, wie der Psychiater in seinen Erläuterungen beispielhaft durchblicken ließ.[89] Es waren die »akuten Schreckreaktionen« – während des Ersten Weltkrieges »Schreckemotionen« genannt –, die er dabei im Auge hatte.[90] Schneider zweifelte nicht daran, dass sie insbesondere an der Ostfront eine allgemeine Erfahrung waren: Das Erschrecken beim kleinsten Laut, die dauernde Furcht vor Überfällen, die Angst, allein im Quartier zu bleiben – das hatte »in Andeutungen [...] jeder Teilnehmer des Ostfeldzuges, namentlich in Zeiten der Partisanengefahr, selbst erlebt«. Mit den nächtlichen Alpträumen verhielt es sich, wie der Psychiater hinzufügte, ähnlich. »Kampf und Gefahr« waren den Frontsoldaten in einem solchen Maße präsent, dass die Träumer nicht selten sogar aufsprangen, ihre Waffe ergriffen und so gelegentlich auch »eine ernste Gefahr für ihre Umgebung« darstellten.[91]

Tatsächlich scheinen es vor allem die Beratenden Psychiater an der Ostfront gewesen zu sein, die auffallend häufig »Schreckreaktionen« diagnostizierten und den betroffenen Soldaten dabei mit großem Verständnis begegneten.[92] Überhaupt war die Maßgabe unter den Psychiatern offenbar unstrittig, dass deutlich zwischen »akuten Schreckreaktionen« und »Psychopathen« zu trennen sei. Inwieweit sie jedoch auch an der 1942 formulierten »Richtlinie« festhielten, dass bei den Frontsoldaten oft erst nach mehreren Tagen, manchmal sogar erst nach einigen Wochen der Erholung im Lazarett darüber entschieden werden könne, ob man es nun mit einer »psychopathischen Persönlichkeit« oder einem eigentlich

»gesund Veranlagten« zu tun hatte, ist fraglich. Als maßgeblich wurde erachtet – das war nach der »herrschenden Lehre« kaum anders zu erwarten –, ob die beobachtete »abnorme seelische Reaktion« nach einiger Zeit von selbst wieder abklang.[93] Doch welche Zeit der Ruhestellung räumte man den Soldaten unter den sich für die deutsche Wehrmacht immer weiter verschlechternden Bedingungen des Krieges ein? Eine belegbare Antwort darauf gibt es nicht. Gewiss ist, dass die Spielräume für die Truppenärzte, erschöpften Soldaten eine längere Ruhepause zu verordnen, schwanden. Die Kapazität der Lazarette, die eine wachsende Zahl an Kranken und Verwundeten versorgen mussten, war begrenzt. Auf allen Seiten wuchs der Druck, die Soldaten wieder zur Truppe zurückzuschicken, und das umso mehr, je verheerender sich die militärische Situation für die Wehrmacht gestaltete und je höher die Zahl der Toten in ihren Reihen stieg.

Diejenigen Soldaten, die aufgrund fortbestehender Symptome von den Psychiatern als »Psychopathen« ausgemacht wurden, bekamen diesen wachsenden Druck in der Tat zu spüren. Zwar hatte es niemals an Stimmen gefehlt, die zur Aufrechterhaltung der militärischen Disziplin die Anwendung äußerster Maßnahmen für gerechtfertigt hielten. So räumte auch Kurt Schneider im Frühjahr 1942 ein, in der Situation des Krieges könne es durchaus die richtige Entscheidung sein, »einen sonst wertvollen jungen Menschen erschießen zu lassen«, gelte es doch, »mit allen Mitteln das Einreißen von Feigheit zu verhindern und die Kampfkraft auf der Höhe zu halten«. Die »Tapferen« dürften unter keinerlei Umständen unter den »Feigen« leiden.[94] Das 1944 von seinem Fachkollegen Carl Schneider vorgetragene Plädoyer, »das Widerstreben gegen ärztliche Therapie und den mangelnden Gesundungswillen während der Therapie unter Strafe zu stellen«, da der Tatbestand der Wehrkraftzersetzung damit gegeben sei, spiegelte jedoch dennoch einen inzwischen vollzogenen Richtungswechsel wider.[95] Hauptsächlich schlug er sich in der therapeutischen Behandlung derjenigen Soldaten nieder, deren körperliche Beschwerden als »psychogen« eingestuft und aufgrund ihrer Dauer nicht mehr als

Folge einer reinen Überlastung bewertet wurden. Konkretisiert hatte sich dieser Wandel zum Jahreswechsel 1942/1943, als Otto Wuth mit einer neuen Verfügung die bislang geltende Pflicht zur Einholung eines Einverständnisses der Soldaten für das von Friedrich Panse entwickelte Elektrisierungsverfahren mit galvanischen Strömen aufhob. Wuth reagierte damit allem Anschein nach auf eine Debatte, die wenige Monate zuvor unter den psychiatrischen Experten über die Notwendigkeit dieser Einverständniserklärungen wiederaufgelebt war, dieses Mal aber, wie sich zeigte, zu einem anderen Ergebnis führte. »In zahlreichen Fällen« sei diese Methode »zur Wiederherstellung oder Hebung der Dienstfähigkeit unumgänglich notwendig«, begründete Wuth nun und ließ durchblicken, dass einfachere Suggestivbehandlungen – er hatte sie in seinem letzten Ablehnungsschreiben noch als völlig hinreichend verteidigt – jetzt häufiger versagten.[96]

Das Verfahren setzte sich bald schon in einer Reihe von Wehrkreisen durch. Von den insgesamt siebzehn wurde es nachweislich in fünf praktiziert, vier von ihnen lagen im sogenannten Altreich.[97] Das spricht zunächst dafür, dass die Methode bevorzugt bei hartnäckigen Leiden von Patienten Anwendung fand, die nach einer erfolglosen Therapie in den Feld- und Kriegslazaretten zur weiteren Behandlung in die Reservelazarette der Heimat zurücktransportiert worden waren. Allerdings soll auch eine wachsende Zahl von Sonderlazarettabteilungen an der Front die Behandlungsmethode übernommen haben. Im Verlauf des Jahres 1943 war sie angeblich zum »wichtigsten Aversionsverfahren« aufgestiegen.[98] Etwaige Bedenken gegen diese Behandlungsmethode, die sich aus dem Wissen über die außerordentliche Schmerzhaftigkeit für die Betroffenen speisten, waren zurückgetreten. Es war die außerordentliche Effizienz des Verfahrens, welche die Psychiater überzeugte. Nahezu jeder Soldat, der »psychogene Körperstörungen« entwickelt hatte, schien nun in Kürze seine Beschwerden aufzugeben, in vielen Fällen war anscheinend nur eine Anwendung nötig. Eine Erfolgsmeldung folgte der anderen.[99] Die Annahme, dass es sich zum allergrößten Teil, wie Panse es ausdrückte, um »Ausweichreaktionen« handelte, schien sich ein weiteres Mal bestätigt zu haben. Nach seiner Erfahrung waren es nur noch »Einzelfälle«, die trotz mehrfacher Anwendung des Verfahrens »therapieresistent« blieben.[100] Für diese scheinbar ausgesprochen seltenen Fälle sahen die »Richtlinien« seit Mai 1943 die Überführung in die Lazarettabteilungen der Heil- und Pflegeanstalten vor, um »seelische Ansteckung« zu vermeiden.[101] Stuften die Psychiater den Soldaten als »schlechtwillig« ein, konnte auch die Aufnahme in ein sogenanntes Feldsonderbataillon beantragt werden. Der Strafcharakter dieser Maßnahme war bewusstes Programm, immer noch aber galten diese Bataillone als eine mögliche Bewährungsinstanz für den Soldaten. Sollte er dort weiter »versagen«, billigten die »Richtlinien« seit Sommer 1943 sogar offiziell seine Überweisung in ein Konzentrationslager.[102]

Das war eine gewaltige Drohkulisse. Angesichts der vorgeblich nur geringfügigen Zahl an Soldaten, die sich aus Sicht der Psychiater für die Therapien als gänzlich unzugänglich erwies, ist sie ein Zeugnis für die ausgesprochene Verbissenheit, mit der wortführende Kapazitäten des Fachs darauf drängten, dass keinem Frontsoldaten eine Aussicht geboten werden sollte, aufgrund von Verhaltensauffälligkeiten oder psychisch motivierten körperlichen Störungen in die Heimat zurückzugelangen. Nicht jeder Psychiater wird dazu das gesamte Spektrum der offiziell gebilligten Mittel ausgeschöpft haben; es gibt sogar Hinweise darauf, dass Soldaten, die der psychischen Belastung des Krieges nicht gewachsen waren, ungeachtet dieser verschärften Richtlinien gelegentlich als dienstunfähig aus dem Heeresdienst entlassen wurden.[103] In der Regel obsiegte allerdings im professionellen Selbstverständnis, so scheint es, der Glaube an die Beherrschbarkeit des Phänomens psychogener Störungen, auch wenn dieses im Verlauf des Krieges unter den Psychiatern wiederholt zu Irritationen führte, die sich immer wieder von neuem in einem krampfhaften Bemühen um eine präzise Diagnostik niederschlugen. Grundsätzlich rückten die Psychiater jedoch nie von ihrer Überzeugung ab, dass der Krieg als Ursache für die Entstehung langdauernder psychischer

Störungen nicht in Frage käme. Die Verantwortung für diese lag bei dem Betroffenen selbst – so stellte es Kurt Schneider 1944 noch einmal unmissverständlich klar, als er zum wiederholten Male gegen den Begriff der Neurose zu Felde zog. »Die Bedeutung der neueren Psychopathologie und Psychotherapie liegt ja gerade darin, gezeigt zu haben«, argumentierte er, »daß es sich bei der Neurose um etwas Psychisches und nicht um eine *Nervenstörung* handelt.« Der Begriff der Neurose sei daher irreführend, er verleite »den an ihr Leidenden zur Verantwortungslosigkeit«. Dieser müsse schließlich einsehen, »daß er nicht eine Neurose *hat*, sondern eine Neurose *ist*«.[104]

Auch am Ende des Zweiten Weltkrieges war das die in der deutschen Psychiatrie vorherrschende Denkfigur. Auf ihr bauten letztlich alle erprobten Therapien und Maßnahmen auf, bis hin zur Überführung in ein Konzentrationslager. Die Annahme, dass »Neurotiker«, auch wenn man »primitivere, psychische Mechanismen« in Rechnung stellte, ihre eigenen »Willenshaltungen« oder »Gesinnungshaltungen« steuern und dadurch an der Auflösung ihrer psychogenen Reaktionen oder Symptomfixierungen mitwirken konnten, rechtfertigte in den Augen mancher nahezu jedes disziplinarische Mittel.[105]

Der Gedanke an eine Selbsttäuschung lag den Psychiatern in diesem Zusammenhang fern. Dabei ist es durchaus denkbar, dass etwa die Drohkulisse des KZs tatsächlich einen durchgreifenden Einfluss auf die Symptome der Soldaten hatte, die von den Psychiatern wieder als fronttauglich erklärt wurden.[106] Eine solche Beobachtung machten die psychiatrischen Experten gelegentlich bereits, wenn sie Soldaten eine zweite Behandlung mit den schmerzhaften Elektrotherapien ankündigten oder ihnen eine Verlegung in das Reservelazarett in Ensen androhten. Ihnen allerdings erschien das wiederum nur als ein erneuter Beleg für die Richtigkeit ihrer Annahmen.[107] Dass sich dieser feste Glaube an die Effektivität der angewandten Methoden auf diese Weise aufrechterhielt, ist möglicherweise aber auch einem anderen Umstand zuzuschreiben, der stets aus dem Blickfeld gerät. Es geht um den Zusammenbruch einer geordneten Wehrmachtsmedizin in der letzten Phase des Russlandfeldzuges, in der mehr denn je galt, dass die Erschütterung der einzelnen Widerstandskraft für die Mehrzahl der Soldaten mit dem Tode zu zahlen war. In der anerkennenden Haltung, welche die deutsche Wehrpsychiatrie insbesondere von Seiten amerikanischer, aber auch britischer Psychiater erfuhr, wurde darüber nicht reflektiert. Sie maßen, wie etwa der eingangs erwähnte Kalinowski, die um ein Vielfaches höhere Zahl an psychiatrischen Behandlungsfällen in der eigenen Armee an der von ihnen beobachteten Erfolgsbilanz der deutschen Kollegen. In den Interviews mit den Alliierten war keiner der psychiatrischen Experten aus Deutschland darum verlegen, so scheint es, für diese Diskrepanz eine selbstbewusste Begründung zu liefern. Es sei die vereinte Front der Mediziner gegen die Neurosen gewesen, die sich im Unterschied zu den Spaltungen und Debatten der Jahre 1914–1916 gleich von Beginn an gebildet habe, meinte Kurt Schneider.[108] Und Oswald Bumke verriet, man habe das Problem der Neurotiker in der deutschen Armee deshalb so gut bewältigt, weil man die Politik verfolgt habe, Neurotiker, wann immer nur möglich, an der Front zu behalten.[109] Der gemeinsame Nenner ist unübersehbar. Im Kern seien die Lehren des Ersten Weltkrieges richtig gewesen, so glaubten die psychiatrischen Experten, die sich unter dieser Prämisse nun auch der Nachkriegsgesellschaft zuwandten.

b) Die Psychiatrie der Heimkehrer, 1945–1953

Eigentlich hätte der Krieg mit dem Frühjahr 1945 für die psychiatrischen Experten beendet sein müssen. Schließlich sprach nach dem vorherrschenden wissenschaftlichen Kenntnisstand alles gegen die Vermutung, dass zwischen dem Krieg und künftigen psychopathologischen Erscheinungen irgendein ursächlicher Zusammenhang anzunehmen sei. In einer ganzen Reihe von Artikeln, in denen Vertreter der Universitäts-, gelegentlich auch der Anstaltspsychiatrie den wissenschaftlichen Austausch über das Medium psychiatrischer Fachzeitschriften wiederaufnahmen, fällt jedoch eine gewisse Beunruhigung ins Auge.[110] So erinnerte Walter von Baeyer, damals Chefarzt der städtischen Nervenklinik in Nürnberg,[111] daran, dass der »Kriegshysterie« im Ersten Weltkrieg »gleichsam ein Nachspiel in den Nachkriegsjahren in Gestalt jener außerordentlich zahlreichen Entschädigungsreaktionen von ehemaligen Kriegsteilnehmern« gefolgt sei.[112] Konnte man sich also sicher sein, dass Kriegsveteranen nicht erneut psychische Beschwerden aufgrund des Krieges behaupteten und daraus einen Anspruch auf Kriegsopferrente ableiteten, wie man das in den 1920er Jahren bei Begutachtungen in den psychiatrischen Kliniken zuhauf hatte beobachten können? Warum sollten sich diese »Existenz- und Sicherungswünsche« – die eigentliche Ursache dieser Leiden, wie von Baeyer klarstellte[113] – nicht auch in dieser Nachkriegszeit, zumal in Anbetracht der wirtschaftlichen Schwäche, einstellen?

Die Ergebnisse einer an der Nürnberger Klinik durchgeführten Studie über die Entwicklung abnormer Erlebnisreaktionen zwischen 1928 und 1947 im Spiegel der Klinikaufnahmen gaben nach Interpretation des Psychiaters keinerlei Anlass für eine Entwarnung. Zwar schien die Zahl »abnormer Erlebnisreaktionen« weiterhin rückläufig zu sein. Doch war das nicht vielleicht eine Täuschung? Nicht jede »abnorme Reaktion« zwinge zu stationärer Behandlung, gab von Baeyer zu bedenken. Immerhin bekomme man in der Klinik meist nur diejenigen zu Gesicht, denen, wie beim Zittern oder bei Lähmungen, bei Schmerzdemonstrationen, Dämmerzuständen oder etwa auch bei demonstrativen Selbstmordversuchen, »das Darbietungshafte« gemeinsam sei. Was war mit den »stilleren, weniger demonstrativen, intimeren Erlebnisreaktionen«? Sie entwickelten sich oft, erinnerte von Baeyer, zu jenen »Organneurosen«, die so schwer von wirklichen inneren Erkrankungen zu unterscheiden seien, weshalb Patienten häufig vom Arzt in die Innere Klinik überwiesen würden. Ähnlich verhalte es sich, erläuterte er weiter, mit der Mehrzahl der »einfache[n] neurasthenische[n] Fälle«, sei es, dass es sich dabei um gesteigerte emotionelle Reizbarkeit oder Vergesslichkeit, um Konzentrationsschwierigkeiten oder um die im Nachkriegsdeutschland so außerordentlich häufig beklagte leichte Erschöpfbarkeit handelte. So wären, betonte von Baeyer nicht ohne Argwohn, vor allem der Allgemeinmediziner oder der niedergelassene Nervenarzt mit diesen Fällen befasst. Obwohl es sich auch bei diesen meistens, wie er meinte, um »Formen abnormen Reagierens« handele – die psychiatrische Klinik bekäme diese Menschen als Patienten nicht zu Gesicht. Kurzum, die »abnormen Erlebnisreaktionen« in der Bevölkerung würden womöglich, befürchtete von Baeyer, in ihrem tatsächlichen Ausmaß völlig verkannt.[114]

Die psychiatrischen Experten waren also gewappnet. Die Erfahrungen der Weimarer Zeit waren allerdings nicht der einzige Grund dafür, dass das Ausbleiben der »hysterischen Demonstrationen« unter den Psychiatern Irritation hervorrief. Diese speiste sich gleichzeitig aus ihrem eigenen Entsetzen über die beispiellosen Verheerungen dieses Krieges, vor deren Hintergrund das scheinbar unauffällige Verhalten der deutschen Nachkriegsbevölkerung auch ihnen auffällig, ja, diese »Stille« sogar irgendwie befremdlich erschien.[115] Von »Stoizismus« war die Rede, vor allem aber – das erinnert sofort an Hannah Arendts Beobachtungen der frühen Nachkriegsjahre[116] – von dem »Eindruck der Stumpfheit«, den die Menschen hinterließen.[117] Psychiater versuchten, Erklärungen für diese Reaktion zu finden. Die Frage, um die es sich dabei im Kern drehte, formulierte der Psychiater Hans-Werner Janz folgendermaßen: Konnte man diese »eigentümliche Verarmung an *echtem*, d. h. das Wesentliche des Menschseins erschütternden Persönlichkeitserleben« überhaupt noch »als etwas Gesundes und Natürliches« bezeichnen?[118]

Janz verneinte das entschieden. Tatsächlich war er keineswegs der Einzige, der den Eindruck vermittelte, als hätte die Psychiater das Gefühl beschlichen, dass die in ihrer Wissenschaft vorherrschenden Theorien über die »Natur« des Menschen und die »Normalität« seiner psychischen Verarbeitungsfähigkeit vor dieser Dimension des Leidens versagten. Doch einig waren sich die Experten deshalb nicht unbedingt in ihren Überlegungen, wie diese »sparsame[n] Gebärden«, dieses »wortkarge Tun, ja Schweigen«, das sie bei den Deutschen beobachteten, zu interpretieren und zu bewerten seien.[119] In der angestrengten Debatte finden sich völlig disparate Deutungen. In einer kulturkritischen Perspektive hatten »Technisierung und organisierte Vermassung« schon seit längerem einen Prozess der »stetige[n] emotionale[n] Entdifferenzierung« in Gang gesetzt. Mancher ergänzte, ganz im Sinne der gängigen Kulturkritik an der Moderne, die »totalitäre Staatsform« habe diese Entwicklung nur weiter verschärft.[120] Eine »zunehmende Einbuße an Selbständigkeit« und eine wachsende Unfähigkeit zum persönlichen Urteil hatte es demnach schon während des nationalsozialistischen Regimes gegeben.[121] Für die völlige »Selbstpreisgabe« im Krieg sei das eine wesentliche Voraussetzung gewesen, argumentierte Janz, in dessen Augen das in der Nachkriegszeit grassierende »Selbsterhaltungsstreben« eine weitere Fortschreibung davon war. Er behauptete sogar, eine tiefgreifende Veränderung des Persönlichkeitsgefüges sei damit einhergegangen, und was das in seinen Augen bedeutete, spitzte er zu: Diese Umbildung war zum »pathogenen Keim« der weit »über den ärztlichen Wirkungskreis hinaus« beobachtbaren resignativen, missmutigen und durch die vielen »Formen der Furcht bestimmten Haltung in Deutschland« geworden.[122] Janz ließ niemanden darüber in Zweifel, dass er dieses Auftreten zutiefst missbilligte.

Meist ist es eine Bestürzung über das merkwürdig erscheinende Verhalten, die in den Äußerungen der Psychiater ins Auge sticht. Jürg Zutt, kommissarischer Leiter der Psychiatrischen- und Nervenklinik der Charité,[123] gab in seinem Bericht über den seelischen Gesundheitszustand der Berliner Bevölkerung dennoch erst einmal eine Entwarnung.[124] Eine »Krankheit« liege »trotz begründeter Befürchtungen« nicht vor, hielt der Psychiater gleich zu Beginn seiner Ausführungen fest. Zutt trat damit einer Sorge der amerikanischen Besatzungsbehörde entgegen, die ihn offenbar im Winter 1945/1946 um eine diesbezügliche Stellungnahme gebeten hatte.[125] Eine Erklärung für sein Urteil blieb der Berliner Psychiater nicht schuldig, wobei er sich ganz offenkundig auch angesichts der anscheinend allseits vorherrschenden »Stille« aufgefordert sah, seine Behauptung zu begründen. Der sich anderen Beobachtern aufdrängende »Eindruck der Stumpfheit« erwies sich in seinen Augen als zu oberflächlich. Der Psychiater interpretierte das Schweigen vielmehr als den »echte[n] Ausdruck dafür [...], daß ein Mensch sich in das Unvermeidbare seines leidvollen Schicksals ergibt, es auf sich nimmt und trägt«. Dass es sich dabei um eine spezifisch deutsche Reaktion handelte, wie manche annahmen, glaubte er nicht. Als Verfechter einer anthropologischen Psychiatrie[126] ging Zutt von einem generellen Wesenszug des Menschen aus: »Ich glaube«, schloss er seine Ausführungen ab, »die Erfahrung, die wir hier mit den Berlinern machen, kann doch etwas Allgemeingültigeres besagen, nämlich dieses: daß ›der Mensch in seiner Qual verstummt‹. Es ist nichts Krankhaftes, was wir hier sehen, auch keine besondere Leidensfähigkeit oder Gleichgültigkeit. Es ist nur das stumme Antlitz des leidenden Menschen.«[127]

In Ausführungen dieser Art artikulierten sich Suchbewegungen, wie sie in der Nachkriegszeit in vielerlei Gewand im allgemeinen Ringen um »ein neues Bild vom Menschen«[128] auftraten. Von einer Revision der in der Psychiatrie vorherrschenden Lehre konnte aber noch lange nicht die Rede sein. Immerhin sahen die psychiatrischen Experten eine gewisse Notwendigkeit, die auf den Erfahrungen des Ersten Weltkrieges basierenden, etablierten Lehrsätze zu überprüfen. Walter von Baeyer mahnte gleichwohl zur Behutsamkeit: »Wir stecken noch viel zu sehr mitten in den Umwälzungen darin, der innere und äußere Abstand fehlt«, erinnerte er und legte eine gewisse Zurückhaltung bei der Interpretation der jeweils gewonnenen Befunde nahe.[129] Der Anspruch auf Objektivität und Wissenschaftlichkeit, so konnte man ihn verstehen, durfte nicht aus den Augen verloren werden. Zudem musste sich die Verallgemeinerbarkeit der Ergebnisse erst einmal herausstellen. Lokale und zahlenmäßig beschränkte Befunde seien dazu einerseits zwar unverzichtbar, wie von Baeyer betonte, andererseits für sich genommen aber auch nur von geringem Gewicht. Ohne eine »Überprüfung auf breitester Grundlage«, so stellte er klar, würde man von einem Beweis nicht sprechen können.[130]

In der Art und Weise, wie die Psychiater in den Fachzeitschriften ihre Ergebnisse präsentierten, diskutierten und aufeinander Bezug nahmen, zeigt sich deutlich, dass hier mit unterschiedlichem Maß gemessen wurde. Der Argwohn, ob die Ergebnisse richtig interpretiert und verallgemeinerbar waren, haftete stets denjenigen Studien an, in denen Psychiater aufgrund ihrer Erfahrungen den Anspruch erhoben, dass die vorherrschende Lehre in Teilen revidiert werden müsse.[131] Hingegen schien die Hürde der Beweislast gleichsam immer schon genommen und das beigebrachte Wissen gesichert, wo die psychiatrischen Befunde die herrschende Lehre bestätigten.[132] Das war in den aufgezeichneten psychiatrischen Untersuchungen der Regelfall. Bei näherer Betrachtung erstaunt das nicht. Die Wahrnehmung und Deutung der beobachteten Verhaltensauffälligkeiten und psychischen Leiden waren nämlich – das kann man nahezu überall aus dem Argumentationsgang erschließen – durch die etablierten Lehrmeinungen und die mit ihnen verbundenen Grundannahmen wesentlich bestimmt.

So sahen sich die psychiatrischen Experten aufgrund ihrer Erfahrungen aus »Krieg und Nachkrieg« – die laut Wilhelm Gerstacker »sowohl geschichtlich wie auch erlebnismäßig ein Ganzes« darstellten[133] – in der Annahme einer »erstaunliche[n] Ausgleichfähigkeit des menschlichen Organismus bei den schwersten seelischen Belastungen« völlig bestätigt.[134] Die Bombenangriffe etwa hatten das gezeigt. Zwar hatten die Psychiater, vornehmlich in der letzten Kriegsphase, Menschen mit psychischen Störungen nach Fliegerangriffen behandelt. Gemessen an der Bevölkerungszahl in den Städten, war die Zahl der Betroffenen aber äußerst gering.[135] Vor allem aber schien es sich dabei überwiegend, wie Hans-Werner Janz betonte, um die einfachen »Schreckreaktionen« zu handeln, die »im allgemeinen nach Stunden oder höchstens Tagen überwunden waren«. Was die anderen Fälle mit länger dauernden »psychogenen Sprachstörungen und Anfällen« betraf, die teils auch mit Lähmungen verbunden waren, hatte Janz – entsprechend der vorherrschenden Lehre – andere Erklärungen: Bei der Mehrheit der Patienten war das »ursprüngliche Schrecksyndrom« durch »sekundäre Momente«, wie »Dauerangst«, Schwierigkeiten bei der Arbeit oder familiäre Konflikte, fixiert worden; zwei Männer mit nachhaltigen Tremorreaktionen hatten schon im Ersten Weltkrieg vorübergehend gezittert; und die psychomotorischen Störungen bei einer Gruppe von Jugendlichen waren, so ging aus Janz' Erläuterungen hervor, »vor dem Hintergrund charakterlicher Entwicklungsanomalien« zu erklären.[136]

Derart »massive psychogene Manifestationen« aber waren eine Seltenheit geworden, wie die Psychiater einander immer wieder bestätigten. Was sich im Hinblick auf die Soldaten der Wehrmacht in der psychiatrischen Fachwelt bereits herumgesprochen hatte, erhärtete sich damit für die Experten noch einmal durch das Verhalten der Zivilisten: Die »klassischen Bilder hysterischer Mechanismen« waren trotz der »schlimmsten Kriegsschrecken«, trotz »Not und Elend«, nahezu verschwunden.[137] »Wenn es ums nackte Leben geht, hat man keine Zeit, krank zu sein«, begründete der Psychiater Kurt Beringer, der, wie andere seiner Kollegen auch, vom funktionellen Charakter dieser Störungen überzeugt war. So nahm er weiterhin an, dass die im Gefolge des Ersten Weltkrieges sich durchsetzende Umdeutung der hysterischen Mechanismen, die »im Kurswert stark gesunken« seien und »an Krankheitswert verloren« hätten, nun auch in der Zivilbevölkerung ihre Wirkung zeitigte. »Man denke nur an die Umwertung der Zitterer«, erinnerte Beringer und rekapitulierte, anfänglich seien sie »als besonders bedauernswerte Kriegsopfer« bewertet, »dann, nach Einsicht in die Genese«, in den Neurosenlazaretten mit »brüsken Suggestivmethoden behandelt« worden. Schließlich habe man »sie in zunehmendem Ausmaß entrentet«. Man hatte sie also »des Schimmers, Opfer des Krieges zu sein, beraubt«.[138]

Es gab wohl kaum einen Psychiater in der Nachkriegszeit, der diese Annahme nicht teilte. Dennoch konnte keine Rede davon sein – das sahen auch die Psychiater –, dass es seelische Erschütterungen und psychische Leiden im Nachkriegsdeutschland nicht gegeben hätte. Last, Leid und Anspannung beobachteten die Psychiater in der Gesellschaft reichlich. Bonhoeffer skizzierte sie, mit Blick auf Berlin, anschaulich: »Die Klagen über Rückgang des Gedächtnisses, der Merkfähigkeit und des Konzentrationsvermögens sind ziemlich allgemein«, stellte er fest, wobei »Erschöpfung und affektive Störungen« auch in der Öffentlichkeit hervorträten. »In den Bahnhöfen findet man zu jeder Zeit schlafende Männer und Frauen, eine allgemeine Mattigkeit der Stimmung, fehlendes Mitteilungsbedürfnis, leichte Explosivität bei geringfügigen Anlässen in den überfüllten Zügen, mürrische, abgemagerte, blasse Gesichter, unliebenswürdiges, gereiztes Verhalten« – Bonhoeffers Bericht ging noch weiter, die von ihm beobachteten Auffälligkeiten waren nachgerade endlos.[139]

Die psychiatrischen Experten waren sich sicher, dass sie es hier mit einem bekannten Phänomen zu tun hatten. Der Unterschied gegenüber dem Ersten Weltkrieg sei »nur quantitativer Art«, hieß es, gerade die »gesteigerte Reizbarkeit« finde sich »wohl noch ausgesprochener als damals.«[140] Was die Ursachen anbelangte, hegten die Psychiater keinen Zweifel: Es seien im Wesentlichen, erläuterte Jürg Zutt ohne alle Umschweife, die »körperlichen Erschöpfungszustände«, hervorgerufen durch »Hunger, körperliche Anstrengung, Abmagerung«, die dafür verantwortlich seien.[141] In Anbetracht der katastrophalen Ernährungslage und des grassierenden Hungers, der vor allem in den Städten herrschte – Bonhoeffer sprach von Erwachsenen mit einem Körpergewicht von fünfunddreißig bis vierzig Kilogramm[142] –, war das eine naheliegende Erklärung.[143] Doch auch in Fällen, in denen die Situation weniger drastisch war, die Menschen in ihrer Verwunderung über diese Diagnose sogar versicherten, sie hätten stets genug zu essen gehabt, verteidigten die Psychiater ihre Begründung. Vor dem Hintergrund der Tatsache, dass man es bei den psychischen Auffälligkeiten und Beschwernissen augenscheinlich mit einem Massenphänomen zu tun hatte, war die Unter- und Mangelernährung im Rahmen der vorherrschenden Lehre die einzig denkbare Interpretation.[144]

Diese Erklärung war für die Ärzte durchaus ein Anlass zur Zuversicht. Denn sobald die körperlichen Erschöpfungszustände abnähmen, glaubten sie, würden nicht nur die körperlichen Beschwerden, sondern auch die psychischen Veränderungen und Ausfälle wieder verschwinden.[145] Manfred in der Beeck, Psychiater in den Lübecker Krankenanstalten Ost, formulierte die aus dem Wissensstand resultierenden Erwartungen folgendermaßen: »Wenn sich die allgemeine Ernährungslage in qualitativer und quantitativer Hinsicht« bessere, seien »die Hungerschäden als Volkskrankheit schnell überwunden.« Die Rückkehr der Menschen zu ihrer »körperlichen und seelisch-geistigen Norm« sei demzufolge lediglich, so glaubten er und viele andere seiner Kollegen, eine Frage »von wenigen Monaten«.[146] Mit Nachdruck bestanden die Psychiater immer wieder darauf: Die »seelischen Einwirkungen« allein hätten keine »Krankheiten« zur Folge. »Dies ist eine klare Erkenntnis«, betonte Zutt, der in der Beecks Position völlig teilte: »Man muß sich davor hüten, Krankheiten, die gerade jetzt auftreten, irrtümlicherweise als Folge [...] seelische[r] Belastungen anzusehen.«[147]

Dieser Grundsatz war für die psychiatrischen Experten auch leitend, als sie mit einer wachsenden Zahl an heimkehrenden Soldaten konfrontiert wurden, die in ihrer »seelische[n] Verfassung« deutlich verändert erschienen. Der Psychiater Walter von Baeyer sprach von einer auffallenden »Kontaktschwäche« und von der »Schwierigkeit in der Familie, im Beruf, in der ganzen sozialen Umwelt alte Beziehungen wieder aufzunehmen und neue zu stiften«. Was die ehemaligen Soldaten anbelangte, sei das kein außergewöhnlicher Befund, stellte von Baeyer ausdrücklich fest, der sich in diesem Zusammenhang vor allem auf die wissenschaftliche Darstellung seines Kollegen Hans Malten aus der Inneren Medizin berief.[148] Tatsächlich hatte dieser bereits im Jahr 1946 bei den Kriegsheimkehrern eine ganze Reihe »psychische[r] Funktionsstörungen« beobachtet und beschrieben. Es handele sich um

»banale nervöse Beschwerden […], Denkhemmung, Zerstreutheit, Merkschwäche (›Vergeßlichkeit‹), manchmal noch Schlaflosigkeit oder Impotenz. Alles überlagert von einer depressiven Müdigkeit, die jedes Beginnen erschwert«, wie Malten in dieser frühen Studie schrieb.[149] Insgesamt sprach er von einem »umfangreichen, individuell sehr mannigfaltigen Symptomkomplex«. Entscheidend erschien ihm dabei, dass »regelmäßig die gleichen Grundzüge« zu erkennen seien. Seine Schlussfolgerung, auf die sich die Vertreter der psychiatrischen Fachwelt bald vielfach bezogen, lautete daher: Man hatte es mit einer »Heimkehrerneurose« zu tun.[150]

Gemeint war damit vor allem eine Enttäuschungsreaktion, eine Unfähigkeit, die Realität der »Zusammenbruchsgesellschaft« zu bewältigen. Überspannte Erwartungen vor der Heimkehr, Wunschbilder im Kopf, die sich während der Gefangenschaftszeit herausgebildet hatten, erschienen dem Internisten und vielen seiner psychiatrischen Kollegen dafür wesentlich. »Statt des ersehnten Glücks daheim« fänden viele nur die »Not und Sorge der Ausgebombten und Vertriebenen«, den »Verlust der Existenz«, den Tod von Angehörigen – so beschrieb es Malten.[151] Dennoch führten die Ärzte die auftretende »psychische Krise«, für die ihnen eine in ihren Augen erkennbare »mangelnde Initiative für die Sicherung der Existenz«, eine »eigenbrödlerische Teilnahmslosigkeit« oder auch eine »manchmal rücksichtslose Reizbarkeit« charakteristisch erschien, wesentlich auf eine andere Ursache zurück. Die psychischen Auffälligkeiten seien »in der Hauptsache organisch bedingt«, behauptete Malten.[152] Die weithin geteilte Annahme unter den Ärzten lautete mit anderen Worten: Körperliche Schädigungen, Eiweißmangelödeme und Kreislaufstörungen waren »als somatischer Untergrund« von erheblicher Bedeutung. Die gravierende Unter- und Mangelernährung während der Gefangenschaftszeit – in der Inneren Medizin sprachen die Ärzte in diesem Zusammenhang von »Hungerkrankheit«, Mangelfettsucht oder auch »Dystrophie« – schien dafür die eigentliche Ursache zu sein.[153] Sowohl in der Wehrmacht als auch bei Experimenten an sowjetischen Kriegsgefangenen hatten die Internisten während des Krieges auch in diesem Punkt Erfahrungen gesammelt, die sie nach dem Ende des Krieges umgehend in die zivile Gesellschaft überführten.[154]

In der Fachliteratur war dabei zunächst die Rede von allen Kriegsgefangenen. Kaum einmal findet sich in der Diskussion der Experten eine Differenzierung zwischen der Dauer oder dem Ort der Gefangenschaft, mit dem sich für die Kriegsgefangenen ganz unterschiedliche Lebensbedingungen und Erfahrungen verbanden.[155] Malten – er war hier kein Einzelfall – hatte sogar »Gefangene aller Kategorien, die Insassen der Konzentrationslager, der Arbeits- und Kriegsgefangenenlager«, gleichermaßen vor Augen, als er festhielt: »Noch nie in der Neuzeit sind derartige Menschenmassen einem solchen Mangelleben für so lange Dauer unterworfen gewesen.«[156] Man muss das nicht unbedingt als einen Versuch lesen, die Leidenserfahrungen der deutschen Kriegsheimkehrern aus der Sowjetunion mit denen der NS-Verfolgten in Konzentrationslagerhaft auf eine Stufe zu stellen.[157] Angesichts der zum Teil fatalen Ernährungssituation in den Nachkriegsgesellschaften und damit auch in vielen Kriegsgefangenenlagern ist es erklärlich, dass das Bild des Hungers dominierte. Die moralische Kautel, dass es nicht angehe, »die reguläre Kriegsgefangenschaft mit der politischen, insbesondere mit den Konzentrationslagern in einem Atemzug zu nennen«, war von psychiatrischer Seite trotzdem schon in der frühen Nachkriegszeit formuliert worden. »Die Verschiedenheit der Situation ist so evident, daß darüber kein Wort zu verlieren ist«, betonte der Psychiater Heinrich Kranz, Direktor der Heil- und Pflegeanstalt Wiesloch.[158] Der Blickwinkel war ein anderer, wie der Wissenschaftler klarstellte: »Es kommt hier allein auf die Frage an«, erläuterte er, »ob das Erlebnis der Gefangenschaft als solches zu abnormen Reaktionen geführt hat.«[159]

Trotz der »erhebliche[n] Anpassungsschwierigkeiten«, die Psychiater bei den Heimkehrern beobachteten, schien das für die Experten meist nicht eindeutig gegeben zu sein.[160] Im Gegenteil, wie bei den Zivilisten auch, gingen die Psychiater zunächst einmal davon aus, dass mit der Stabilisierung der Ernährungslage nicht nur die körperlichen Beschwerden und Schädigungen, sondern der ganze »psychische Symptomkomplex« verschwinden würde.[161] Immerhin schien sich seit der Währungsreform vielfach zu bestätigen, dass sich mit der »Überwindung der mageren Jahre« die »psychischen Einbußen« in weiten Teilen der Bevölkerung wieder ausglichen.[162] Und auch die Internisten gaben vielfach Entwarnung. Zwar gingen sie davon aus, dass der Organismus einige Monate der Erholung brauche. Mit Dauerschäden nach einer durchgemachten Dystrophie sei aber, erklärte ein Facharzt für Innere Krankheiten nach Durchsicht von ungefähr viertausend Dystrophie-Akten der Landesversicherungsanstalt Aachen, nur in äußerst seltenen Fällen, im Hinblick auf die psychischen Veränderungen gar nicht zu rechnen.[163] Auch Berichte der Heimkehrer-Erholungsheime konnten diese Annahme stützen, wie aus einem Brief der Gesundheitsabteilung im Bayerischen Staatsministerium des Innern vom 4. Mai 1949 hervorgeht. Die Behörde kam demnach zu dem Ergebnis, die »echte Mangelfettsucht (lipophile Dystrophie)« sei in Bayern bei nur höchstens einem Prozent der Ostheimkehrer in Erscheinung getreten, und informierte dementsprechend die Bayerische Staatskanzlei und den Länderrat der US-Zone.[164] In einer medizinischen Fachzeitschrift hieß es im Jahr 1949 sogar: »Der gegenüber früher weitgehend bessere Ernährungszustand der Heimkehrer hat den klinischen Stellen in großem Maß, man muß wohl sagen ›Gott sei Dank‹, die Dystrophie als Forschungsgegenstand entzogen.«[165] Die weitere Debatte nicht nur in der Inneren Medizin, sondern auch in der Psychiatrie sollte bald zeigen, dass es sich dabei um einen großen Irrtum handelte.

In der psychiatrischen Wissenschaft ahnte das in den unmittelbaren Nachkriegsjahren wohl niemand, wenngleich die optimistische Prognose, mit der Aufhebung der Mangelernährung werde die psychische Verfassung wieder »normalisiert«, auch einige Zweifler fand. Die Einsprüche kamen aus unterschiedlichen Richtungen. Einigen schien das Argument, der Hunger steuere gleichsam das psychische Verhalten, generell überzogen. So intervenierte beispielsweise der Psychiater Johann Gottschick, der die unmittelbare Nachkriegszeit als Arzt in einem amerikanischen Gefangenenlager erlebt hatte, er könne keinen Unterschied erkennen zwischen den psychischen Verhaltensauffälligkeiten, wie sie für die in Russland gefangenen deutschen Soldaten beschrieben worden seien, und denjenigen der deutschen Kriegsgefangenen in den USA. Dabei hätten diese nur kurze Hungerphasen durchgemacht, in denen es nicht zu solch gravierenden körperlichen Symptomen wie bei den Kriegsgefangenen in Russland gekommen sei. Es müssten also andere Momente ausgemacht werden, welche die psychische Verfasstheit der Gefangenen erklärten.[166] Andere Psychiater wiederum behaupteten, bei Kriegsheimkehrern aus russischer Gefangenschaft Verhaltensauffälligkeiten festgestellt zu haben, die auch nach ihrer Ernährungsumstellung zu Hause weiter fortdauerten. »Die körperlichen und seelischen Schäden der Gefangenschaft sind in vielen Fällen so erheblich, daß eine *Restitutio ad integrum* sowohl in somatischer als auch in psychischer Hinsicht in vielen Fällen einen erheblich längeren Zeitraum in Anspruch nimmt, als man gemeinhin annehmen möchte«, fasste der Marburger Psychiater Willi Schmitz im Jahr 1949 zusammen.[167] Das ließ nur zwei Deutungsmöglichkeiten offen: Entweder war durch die Mangelernährung in der Gefangenschaft eine psychopathologische Entwicklung ausgelöst worden, die aber einen vorherigen Grund – eine Anlagebedingtheit – in sich trug, oder man musste konzedieren, dass möglicherweise durch die extreme Situation der Gefangenschaft ein von außen verursachter Schaden auf Dauer gestellt werden konnte. Diese exogene Erklärung pathologischer Auffälligkeiten widersprach jedoch grundsätzlich der vorherrschenden Lehrmeinung, wonach psychopathologische Erscheinungen ohne organische Schädigung auf endogene Ursachen zurückzuführen waren.

Der Psychiater Walter Schulte hatte als einer der ersten versucht, seine Kollegen in dieser prinzipiellen Frage zu einer größeren Aufgeschlossenheit zu bewegen.[168] Schon 1947 nahm er an der Haltung der psychiatrischen Zunft Anstoß, die nahezu geschlossen jede neue Erkenntnis gegenüber den Erfahrungen des Ersten Weltkrieges bestritt. »Ist das nicht voreilig«?, fragte er. Verleitete »diese gleichsam zum Lehrsatz erhobene Verneinung« nicht dazu, sich »allzu bedenkenlos in bestimmten, schon zum Schema gewordenen Denkprinzipien zu wiegen?« Konnte man sich schließlich gerade auch im Hinblick auf »die praktischen Konsequenzen« – und Schulte verwies damit explizit auf die Begutachtungspraxis bei geltend gemachten Rentenansprüchen – auf eine »Stabilisierung oder Stagnierung der neurologisch-psychiatrischen Erfahrungen seit dem Ersten Weltkrieg berufen?«[169]

Dem damals noch an der Universitäts- und Nervenklinik in Jena tätigen Psychiater ging es keineswegs darum, die seit dem Ersten Weltkrieg in der Psychiatrie vorherrschende, die Begutachtungspraxis bestimmende Lehrmeinung gänzlich aus den Angeln zu heben.[170] Schulte argumentierte allerdings, er habe einzelne Fälle von Psychosen beobachtet, die es – bei aller »Anerkenntnis des übergewichtigen endogenen Faktors« – nicht rechtfertigten, »den Kriegseinflüssen *jeglichen* ursächlichen Einfluß« für die Entwicklung von psychischen Erkrankungen abzusprechen.[171] Von Verallgemeinerungen wollte der Psychiater aber nichts wissen: »Affekterlebnisse[n]«, wie etwa dem Schreck oder der »akuten Angst«, maß Schulte für die Entstehung von Psychosen ausdrücklich kaum Gewicht bei. Als »psychogenetisch bedeutsam« erachtete er jedoch »jene quälend nagenden Druckwirkungen, jene chronischeren als ausweglos empfundenen Angst- und Isolierungserlebnisse«, wie sie beispielsweise bei Einzelhaft vorkämen.[172] Auch in seinen Augen sollten für das »Gros der Fälle« die seit dem Ersten Weltkrieg gültigen Lehrsätze unangetastet bleiben. So manchen aber, beharrte er, würden sie »sicherlich zu Unrecht treffen«.[173] Auch die »statistischen Untersuchungen« sagten »für die Frage des Wehrdienstbeschädigungszusammenhangs« im Einzelfall wenig, wandte Schulte mit deutlicher Spitze gegenüber den Kollegen ein.[174] Deshalb formulierte er sein Anliegen abschließend noch einmal deutlich: »Das unter dem Eindruck der vermeintlichen Unerbittlichkeit des Erbfaktors und statistischer Berechnungen allzu starr gewordene Begutachtungsschema von einst« müsse aufgelockert, der Blick für die Bedeutung exogener Momente wieder geöffnet werden.[175] Wissenschaftliche Forschungsergebnisse, die diesen Perspektivwechsel legitimierten, lägen längst vor: Sie stammten aus der jüngst – und das hieß: aus der während des Nationalsozialismus – vorangetriebenen Zwillingsforschung.[176]

Schultes Vorstoß war bei den Experten zunächst allenfalls auf verhaltene, wenn nicht gar auf ablehnende Resonanz gestoßen.[177] Eine Veranlassung, die Entstehung von Schizophrenie auf exogene Faktoren zurückzuführen, gebe es nicht, beharrte etwa Ernst Kröber, nachdem er eine Reihe politischer Häftlinge aus einem Internierungslager der Alliierten psychiatrisch untersucht und behandelt hatte. Entscheidend sei die Anlage, hieß es immer wieder, und das sah man auch im Fall der reaktiv-psychogenen Haftzustände nicht anders. Belastungen in der Familie oder in der eigenen Vorgeschichte der Betroffenen schienen stets nachweisbar. Dass es bei »bis dahin praktisch Unauffälligen« eine »Grenze der seelischen Toleranz« gäbe, hielten die psychiatrischen Fachleute nach wie vor nur unter einer Bedingung für möglich: Hunger, Misshandlung, erzwungene Abstinenz oder Ähnliches mussten organische Faktoren beisteuern. Von einer allein seelischen Ursache für Haftreaktionen konnte, so stellte Kröber apodiktisch fest, nicht gesprochen werden.[178] Erst Ende der 1950er Jahre sollten Schultes Überlegungen einen Anknüpfungspunkt bieten, als psychiatrische Gutachter im Zuge geltend gemachter Entschädigungsansprüche von NS-Verfolgten nach Lösungen suchten, um in diesem Punkt auf eine Veränderung der psychiatrischen Lehrmeinung hinzuwirken.[179]

Bis dahin erwies sich die »herrschende Lehre« als ungemein hartnäckig. Es ist keineswegs auszuschließen, dass ihre Beharrungskraft auch auf allgemeine Erwartungshaltungen zurückzuführen ist, die in die psychiatrische Lehrmeinung Eingang fanden. Kurt Schneider, in der Nachkriegszeit fraglos eine der einflussreichsten Kapazitäten seines Fachs, stellte jedenfalls mit Blick auf die unzähligen Zivil- und Militärpersonen, die »an ihrer Gesundheit durch den Krieg geschädigt worden« seien, folgende Überlegung an: »Es ist unausdenkbar«, schrieb er, »wollte nun jeder dem Staat die Rechnung vorlegen. Eine Teilhabe an dem Gesamtschicksal eines Volkes kann man nicht berenten.«[180] Sowohl bei der juristischen und bürokratischen Regelung von Versorgungsansprüchen als auch in der psychiatrischen Gutachterpraxis sollte das virulent werden.[181]

Die Verwandlung begann schleichend. Obwohl der Begriff der »herrschenden Lehre« ein in sich geschlossenes und in sich konsistentes Denkgebäude vorauszusetzen scheint, erwiesen sich einzelne Argumente in der psychiatrischen Fachdiskussion, trotz der hartnäckigen Selbstperpetuierung des zentralen Ansatzes, durchaus als elastisch. Punktuell deuteten sich immer wieder Verschiebungen des psychiatrischen Deutungs- und Klassifikationsgefüges an, die sich aus einem ganzen Geflecht unterschiedlicher Interpretationsstränge speisten und in ihrer Summe den Boden für die Öffnung des psychiatrischen Diskurses gegen Ende der 1950er Jahre vorbereiteten. Auf mittlere Sicht wurde die Infragestellung der etablierten psychiatrischen Lehrmeinung dabei noch in den Kategorien der »herrschenden Lehre« ausgetragen. Ja, man kann sogar beobachten, dass es die eigene Logik der »herrschenden Lehre« selbst war, welche die Symptome, die man bei Kriegsgefangenen beobachtete, für die Psychiater nicht mehr in jedem Fall hinreichend erklären konnte und das bestehende diagnostische Instrumentarium als unzureichend erscheinen ließ.

So hatte der bereits erwähnte Göttinger Psychiater Johann Gottschick, der auch als Kriegsgefangener in den USA als Arzt tätig gewesen war, unter den Internierten eine ihm außergewöhnlich hoch erscheinende Anzahl psychotischer Zustände beobachten können, die im Gefangenenlager als Schizophrenie diagnostiziert worden waren.[182] Gottschick erschien die Richtigkeit der Diagnose bei der Mehrzahl der »vielen Wahnkranken und Stuporösen« allerdings fragwürdig. Zweifel hatte er jedoch nicht an der ätiologischen Begründung der Schizophrenie als einer endogenen, in der »Anlage« des Einzelnen liegenden und schicksalhaft auftretenden Erkrankung. Er nannte vielmehr »zwei Umstände«, die ihn irritierten: Erstens zeigten seine statistischen Ausrechnungen, »daß die ausgesucht widerstandsfähige Menschengruppe des Afrikacorps in der Gefangenschaft häufigere neuropsychiatrische und insbesondere auch psychotische Erkrankungen aufzuweisen hatte als das nicht ausgelesene Soldatenmaterial der Westfront von 1944/45«.[183] Der Gedanke, dass eine sogenannte »minderwertige Anlage« der Grund für die psychischen Störungen sein sollte, kam Gottschick daher abwegig vor. Zudem war ihm, zweitens, aufgefallen, dass sich die »psychotischen« Kriegsgefangenen in zwei Gruppen einteilen ließen: Bei der einen schien »das psychotische Erleben der Kranken«, erläuterte er, »zu der Kriegsgefangenschaft mit all ihrem Drum und Dran (Lagerleben, Kriegslage, politisches Geschehen usw.) kaum oder höchstens zufällige Beziehungen zu haben.« Auch Gottschick zweifelte hier nicht an einer »endogenen«, »prozeßbedingten« Psychose. Für unpassend hielt er die Diagnose jedoch in den anderen Fällen, in denen Depression, Sinnestäuschung oder auch Verfolgungswahn inhaltlich eng auf die Kriegsgefangenensituation bezogen waren. Zu seinen Beispielen zählte ein dreiunddreißigjähriger Leutnant, der geklagt habe, »die Amerikaner hätten sich ein kompliziertes System erdacht, um ihn zu vernichten: sie beschimpften ihn durch den Lautsprecher, quälten ihn mit Strömen.« An einem anderen Tag wiederum habe er sich »durch die Scheinwerfer vorbeifahrender amerikanischer Autos als Kriegsverbrecher angeprangert« gefühlt.[184] Gottschick vermutete eine reaktive Entstehung dieser psychotischen Äußerungen. Dieser Gedanke lag für ihn vor allem deshalb nahe, weil die »Seelenerscheinungen der gesund gebliebenen Kriegsgefangenen« nach seinen Beobachtungen ganz ähnliche Vorstellungen und Gedanken beinhalteten, nur eben nicht »in psychotischen Graden«. Wenn es aber die Kriegsgefangenschaft war, wie er mutmaßte, die als entscheidender Faktor die »Ausbildung und Symptomatik« dieser »Psychotischen« beeinflusste, lag man, so das Argument, mit der Diagnose der Schizophrenie aufgrund ihrer Anlagebedingtheit falsch. Doch einen Begriff, der das beobachtete

Krankheitsbild hätte fassen können, hatte der Psychiater nicht. Zwar bemühte er sich, von der Diagnose der Schizophrenie, die in einem der amerikanischen Gefangenenlager überdies auch dienstlich vorgeschrieben war, abzukommen,[185] aber er musste einräumen: »In einem befriedigenden Maße ist uns das [...] nicht gelungen, nachdem es außer der Schizophreniekonzeption heute keine andere Erklärungsmöglichkeit für echte, nicht organische psychotische Symptome, insbesondere für den Wahn gibt.«[186]

Es blieb daher ein Bedürfnis, eine plausible diagnostische Erfassung im Rahmen der herrschenden Lehre zu formulieren. Das war umso mehr der Fall, als Gottschick vermutete, dass deutsche Anstaltsärzte wohl häufiger in Ermangelung anderer Erklärungsprinzipien dazu neigten, »unklare Psychosen ohne nachweisbaren organischen Hintergrund vorwiegend als Schizophrenien anzusehen«.[187] Der Göttinger Psychiater legte seine Option offen. Er ordnete die von ihm beobachteten psychischen Erscheinungen einem anderen diagnostischen Feld, den psychogenen Erkrankungen und Neuroseformen, zu. Als »psychogene und neurotische Psychoseformen« von besonderem Schweregrad entwickelten diese, argumentierte er, ein spezifisches Symptombild, das in seinen Augen »endogene«, auf die »Anlage« zurückzuführende Krankheiten gewissermaßen vortäuschte.[188]

Der Versuch, die psychischen Leiden der Kriegsgefangenen und Heimkehrer zu erfassen, zeitigte also diagnostische und ätiologische Suchbewegungen, die zwar stets vorsichtig verliefen, aber doch das Unbehagen an einzelnen Erklärungsweisen der vorherrschenden Lehrmeinung offenbarten. Gelegentlich wagten sich Psychiater, die selbst in Gefangenschaft gewesen waren, sogar so weit vor, ihre eigenen, höchst irritierenden Erfahrungen dem Fachkollegium darzulegen, um ihre auftauchenden Bedenken zu begründen. Von derartigen Selbstbeobachtungen berichtete beispielsweise der Münsteraner Psychiater Cuno Peter, der knapp zweieinhalb Jahre in russischer Gefangenschaft gewesen war.[189] Er meinte, während einer mehrwöchigen Phase im letzten Drittel seiner Haftzeit »auch für den Nichtpsychiater ›nicht ganz unauffällig‹« gewesen zu sein. Der Psychiater war des Lebens, wie er zugab, so müde geworden – er selbst sprach von einem außerordentlichen »Taedium vitae« –, dass er sich abgesehen von der »notwendigsten Nahrungsaufnahme« gegen alles »sperrte«, was an »Empfindungen und Eindrücken« auf ihn zukam. Der Psychiater erläuterte weiter: »Ich hatte das deutliche Gefühl, es bedarf nur noch eines ganz geringen Anstoßes [...], nur noch des Herumwerfens *einer* Kurbel oder *einer* Weiche, um, sicher ganz unbeabsichtigt, wenigstens äußerlich, ein sehr schizophrenieähnliches, katatones Zustandsbild zu bieten.«[190] Offen räumte Peter ein: »Das gab mir Veranlassung zu manchem Nachdenken über die Entstehung katatoner Bilder, und ich habe meine bisherige Anschauung über das mutmaßliche Seelenleben von Säulenheiligen und lebenden Anstaltsstatuen nicht unwesentlich revidiert.«[191]

Einen besonderen Schub erhielten die diagnostischen Suchbewegungen, seit die Ärzte mit den sogenannten Spätheimkehrern aus sowjetischer Gefangenschaft konfrontiert wurden, die etwa seit Jahresbeginn 1949 in der Bundesrepublik ankamen. Das mutet zunächst einmal wie ein Paradox an. Denn mit dem Anblick dieser Heimkehrer verknüpften die Ärzte offenbar nicht unmittelbar die Assoziation, dass die soeben noch Internierten während ihrer Gefangenschaftszeit mit massiven psychischen Beeinträchtigungen zu kämpfen gehabt hatten. Eher schien das Gegenteil der Fall zu sein. Schon bei der Ankunft der Spätheimkehrer machte nämlich ihre »somatische Leistungsfähigkeit und die psychische Verfassung« einen »wesentlich günstigeren Eindruck« als bei den Heimkehrern der Vorjahre, wie etwa Gert Sedlmayr, Leitender Arzt im Staatlichen Heimkehrerlager Ulm-Donau, in einer medizinischen Fachzeitschrift festhielt.[192] Ja, der Anblick dieser Spätheimkehrer, deren Ernährungszustand kaum mehr Anlass zur Sorge gab, konnte sogar den Anschein erwecken, »daß diese Männer scheinbar nicht solche Strapazen und Entbehrungen durchgemacht hätten, wie die in den Jahren 1947 und 1948 Heimgekehrten.«[193]

Erste Mutmaßungen, es handele sich bei diesen Russlandheimkehrern um das »Resultat einer natürlichen Auslese im Sinn der

Selektionstheorie«, da nur die »Lebenstüchtigsten ohne tiefgreifenden Schaden« geblieben seien, verstummten jedoch bald.[194] Denn auch unter den »Spätheimkehrern« stellten sich schon nach geraumer Zeit Klagen über psychische Leiden und physische Beschwerden ein. Herzrasen, Kreislaufstörungen, Schlaflosigkeit und Schweißausbrüche, die schon bei geringsten Belastungen auftraten, beeinträchtigten ihre Leistungsfähigkeit teilweise erheblich. Und ganz ähnlich wie bei den Heimkehrern der ersten Nachkriegsjahre gehörten deutliche Stimmungsschwankungen und eine erhöhte Reizbarkeit, Angst- und Insuffizienzgefühle, Resignation, ein auffallendes Nachlassen des Gedächtnisses oder auch eine allgemeine Antriebslosigkeit zum weiten Feld der beklagten Symptome dazu.[195]

In Anbetracht des äußeren Gesamteindrucks dieser Männer waren sowohl die psychiatrischen Experten wie auch die Internisten überrascht, nach geraumer Zeit in solch hoher Zahl mit derartigen Beschwerden konfrontiert zu werden. Beide Fachrichtungen sahen sich in dieser Situation herausgefordert, plausible Begründungen für das beobachtete Phänomen zu finden. Von einer strikten Verteilung der Kompetenzen konnte dabei kaum die Rede sein, da sich die somatischen und psychischen Symptome häufig paarten, gelegentlich anscheinend sogar »bis zur Unlösbarkeit« ineinandergriffen.[196] Während die Innere Medizin vielfach beanspruchte, die psychischen Beschwerden der Spätheimkehrer aus ihrer Perspektive erklären zu können, hielten die psychiatrischen Experten sich auffallend zurück mit Diagnosen für diejenigen körperlichen Leiden, die nicht unmittelbar auf organische Schädigungen zurückzuführen waren. Das ist insofern bemerkenswert, als die Psychiater sich in solchen Fällen keineswegs immer beschränkt hatten. Immerhin waren sie während des Zweiten Weltkrieges noch überzeugt gewesen, dass die Herz-, Magen- oder auch Kreislaufbeschwerden vieler Soldaten häufig nur eine andere Ausdrucksform der »Kriegsneurosen« des Ersten Weltkrieges darstellten, von deren zweckbestimmtem Charakter sie überzeugt waren.[197] Die massenhaft beobachtbaren körperlichen und psychischen Symptome bei den »Spätheimkehrern« schienen den Psychiatern jedoch als Wunsch-, Zweck- oder Versagensreaktion nicht plausibel erklärbar. Der Psychiater Willi Schmitz brachte das in seiner scharfen Kritik am Begriff der »Heimkehrerneurose«, wie ihn Hans Malten wenige Jahre zuvor zur Erfassung des Symptombildes geprägt hatte, unmissverständlich zum Ausdruck. Schmitz hielt diese Diagnose nicht nur dort für verfehlt, wo die psychischen Störungen ihren alleinigen Grund in der körperlichen Schwäche aufgrund von langdauernder Mangelernährung hatten. Tatsächlich war die Psychiatrie mit solchen Phänomenen bereits vertraut. Darüber hinaus legte er darauf Wert: »Wir [möchten] auch nicht jede Reaktion eines Heimkehrers auf schwere psychische Erlebnisse und Traumen als Neurose bezeichnet wissen, wenn wir nicht die charakteristischen Kennzeichen einer neurotischen Verarbeitung vor uns sehen.«[198] Schmitz schloss zwar nicht gänzlich aus, dass diese auch unter Heimkehrern aufzufinden seien; als ein treffliches Beispiel dafür galt ihm etwa der Russlandheimkehrer Beckmann aus dem »realistischen Schauspiel« Wolfgang Borcherts »Draußen vor der Tür«.[199] Doch nur bei einem kleineren Teil der entlassenen Kriegsgefangenen, glaubte Schmitz, würde man fündig werden. Es handele sich lediglich um diejenigen, führte er aus, »die zumeist schon in ihrer prämorbiden Charakterveranlagung psychopathische Züge und neurosebereite Mechanismen in ihrer Persönlichkeitsstruktur erkennen ließen.«[200]

Es war nicht von der Hand zu weisen: Das außerordentliche Gewicht, das nach vorherrschender psychiatrischer Lehre dem Anlagefaktor für die Entstehung von Neurosen zukam, ließ diese Diagnose denkbar ungeeignet erscheinen, um die psychischen Symptome der Heimkehrer zu begründen. Welche Erklärung aber bot sich dann für die beobachtbaren psychischen Veränderungen und Beeinträchtigungen an, die von auffallend langer Dauer zu sein schienen? Schmitz sprach eine Mahnung aus, die wesentliche Züge des künftig eingeschlagenen Wegs andeutete: »Niemals dürfen wir uns mit der mehr aus den Umständen als aus einer sachlichen Untersuchung erwachsenden Diagnose einer Heimkehrerreaktion oder gar einer Heimkehrerneurose zufriedengeben«, verlangte er, »wenn nicht die Gewißheit gewonnen wurde, daß organische Veränderungen am Zentralnervensystem mit Sicherheit auszuschließen sind.«[201]

Tatsächlich verlegten sich die Psychiater fortan in hohem Maße darauf, die bei den Spätheimkehrern aus sowjetischer Kriegsgefangenschaft auftauchenden psychischen Auffälligkeiten als Begleit- oder Folgeerscheinungen organischer Schädigungen zu interpretieren. Dabei bildete die Diagnose der Dystrophie, die von der Inneren Medizin unmittelbar in der Nachkriegszeit ins Spiel gebracht worden war, für die psychiatrischen Experten einen wichtigen Ausgangspunkt für ihre weiteren Überlegungen. Einerseits war die Anerkennung der Dystrophie als Grundleiden mit der vorherrschenden psychiatrischen Lehre völlig konsistent, da sich damit weiterhin die Annahme verband, die psychischen Veränderungen ließen sich aus vorausgegangenen organischen Schädigungen kausal ableiten, die infolge der Mangelernährung entstanden waren. Ohne dass somit der Kern der »herrschenden Lehre« verletzt wurde, bot die »Dystrophie« für die Psychiater andererseits aber auch eine »Brücke«, um im Rahmen ihrer vorherrschenden Lehre die exogenen Faktoren bei der Erklärung psychischer Veränderungen stärker als bislang zu gewichten. Weit mehr als zuvor wurden nun sowohl die körperlichen als auch die seelischen Strapazen der Gefangenschaft bei der ätiologischen Klärung der beobachtbaren Symptome berücksichtigt.

Die fachmedizinischen Debatten der Internisten sind für diese Entwicklung kaum zu überschätzen. Auch sie richteten seit 1949 das Augenmerk verstärkt auf die möglichen Spätfolgen der Dystrophie, von der, so behaupteten die Ärzte nun doch, wohl kaum ein Gefangener in den sowjetischen Lagern verschont geblieben sei.[202] Die häufig unerwartet langen Ausheilungszeiten der organischen Schädigungen führten die Internisten wesentlich auf die außerordentlich schweren physischen und psychischen Belastungen während der Gefangenschaft zurück. Womöglich nährten die nicht endenden Erzählungen der Heimkehrer, darunter immer auch wieder Kollegen, über die verheerenden Zustände in den sowjetischen Lagern dieses Argument.[203] Vor allem aber kam hinzu, dass die groben somatischen Befunde bei den »Spätheimkehrern« kaum mehr aufzufinden waren. Stattdessen standen die nur schwer objektivierbaren organischen Beschwerden und die vegetative Symptomatik im Vordergrund.[204] So formulierte der Kardiologe Max Hochrein, eine der Kapazitäten seines Fachs, nach einigen Jahren Erfahrung Mitte der 1950er Jahre: »Wir können dem ärztlichen Spätheimkehrerproblem nur gerecht werden, wenn wir uns stets vor Augen führen, daß es sich um ein leib-seelisches Summationstrauma handelt.«[205] Nicht nur im Teilbereich der Inneren Medizin war das ein beträchtlicher, auch kontrovers diskutierter Vorstoß. Er war eine Herausforderung für die gesamte Medizin. Sie war aufgefordert, die Bedeutung endogener und exogener Faktoren für die Entstehung körperlicher und psychischer Beschwerden grundlegend zu überdenken.[206]

Die psychiatrischen Experten waren in dieser Hinsicht keineswegs die Schrittmacher. Dennoch war die Beobachtung des Internisten Hans Wilhelm Bansi[207] auf einer der zentralen psychiatrischen Fachtagungen im Jahr 1953 sicherlich zutreffend, »dass gerade von Seiten der Psychiater die Frage nach der Spätschädigung oder auch nach den Folgen der Dystrophie mit [...] tiefem Ernst diskutiert« werde.[208] Die Debatten der psychiatrischen Kollegen kreisten jedoch vor allem um die Frage, inwieweit nach einer schweren Dystrophie mit hirnorganischen Dauerschäden zu rechnen sei, die dann ihrerseits die neurologischen Störungen und psychischen Veränderungen vieler Heimkehrer erklären könnten.[209]

Es war wesentlich das Verdienst des Psychiaters Walter Schulte, diese Diskussion angestoßen zu haben, als er auf der Grundlage von zwölf Fällen den Nachweis zu führen versuchte, dass vereinzelt von einer dystrophiebedingten Hirnveränderung ausgegangen werden müsse. Sie sei auch die Ursache, argumentierte er, für die auffällige »Wesensänderung«, die hauptsächlich in einer »moros depressive[n] Verstimmung mit Erschütterung der Selbstwertgefühle«, aber auch in Leistungsabbau und Antriebsschwäche ihren Ausdruck fände.[210] Schulte war mit seinen Ergebnissen nur kurz der Kritik ausgesetzt. Sehr schnell konnte er weitere Ergebnisse vorweisen, die diesen Zusammenhang erhärteten. Und seine Behauptungen wurden auch durch Studien anderer Kollegen gestützt, wobei die Fachdiskussionen leicht den Eindruck erwecken, dass besonders diejenigen Untersuchungen beeindruckten, bei denen Ärzte noch während der Gefangenschaft eine Autopsie an verstorbenen, dystrophieerkrankten Patienten mit Sektionen des Gehirns hatten durchführen können. An diesen waren ödematöse Aufquellungen feststellbar gewesen, die zu Einklemmungserscheinungen geführt hatten.[211] Der Befund des Hirnödems schien 1953 jedenfalls in einem Maße gesichert, dass Schulte selbstbewusst feststellen konnte: »Mit den Einwänden dieses 1. Abschnitts [gemeint ist die Anfangsphase der Debatte zwei Jahre zuvor; S. G.] […] brauchen wir uns jetzt nicht aufhalten. […] Die alte These, auch extreme Unterernährungen seien nicht imstande, sich an der Hirnsubstanz bis zur Entstehung von Hirnatrophien auszuwirken, muß jedenfalls korrigiert werden.«[212]

So groß die fachliche Anerkennung für dieses Ergebnis und die dahinterstehende Leistung war, so schnell stand damit ein neues veritables Problem im Raum. Schulte war es nicht entgangen: Man befinde sich »in der Neurologie und Psychiatrie in der etwas unbehaglichen Situation«, formulierte er, »daß Beobachtungen über Hirnatrophien mit wachsender Anwendung der entsprechenden diagnostischen Methoden, aber wahrscheinlich auch im Zuge einer tatsächlichen Vermehrung, förmlich aus der Erde schießen«.[213] Dieses Phänomen ließ sich vermutlich auch deshalb beobachten, weil sich die psychischen Veränderungen der Heimkehrer selbst dann noch als Folge einer dystrophiebedingten Hirnschädigung interpretieren ließen, wenn diese physiologisch gar nicht (mehr) nachweisbar war. So behauptete auch Schulte: »Hier bestehen fließende Übergänge von nachweislich hirnorganischen Veränderungen mit depressiven Zügen bis zu nicht minder schweren Depressionen ohne encephalographisch erhellende hirnorganische Grundstörung.«[214]

Dass diese Problematik innerhalb kurzester Zeit eine ausgesprochene Brisanz erhielt, kann kaum hinreichend aus innerfachlichen Konkurrenzstreitigkeiten erklärt werden, wenngleich es diese auch gegeben haben mag. Weitaus gewichtiger war der Umstand, dass die Begutachtungspraxis, die über die Rentengewährung im Falle kriegsbedingter Gesundheitsstörungen entschied, unmittelbar von der Akzeptanz dieser veränderten Betrachtungsweise betroffen war. Denn erstens mussten organische Hirnveränderungen, denen man einen ursächlichen Zusammenhang mit einer in der Kriegsgefangenschaft durchgemachten Dystrophie bescheinigte, als Wehrdienstbeschädigung anerkannt werden. Darüber hinaus aber fiel, zweitens, auch das ganze Spektrum der psychischen Veränderungen, die als Folge einer dystrophiebedingten Schädigung betrachtet wurden, aufgrund der organischen Rückbindung prinzipiell in den Kreis der in der Psychiatrie und der Versorgungsmedizin als »krankhaft« anerkannten Störungen. Anders gesagt: Die psychischen Beschwerden erfüllten unter diesen Bedingungen die Voraussetzung für ihre versorgungsrechtliche Anerkennung als kriegsbedingtes Leiden.[215]

Der Psychiater Walter Schulte versuchte der »ängstliche[n] Scheu vor Präzedenzfällen«, die zu Beginn der 1950er Jahre sowohl in der Medizin als auch in der Versorgungsbürokratie wiederholt zu beobachten war, zu begegnen, ließ jedoch keinen Zweifel daran, dass er »das menschlich erquickliche, aber wissenschaftlich unexakte ›in dubio pro reo‹« ebenso wenig billige.[216] Dem setzte er erst einmal entgegen: »Von vornherein muß […] betont werden, daß gemessen an der Unzahl der schweren Dystrophien, die in der Kriegs- und Nachkriegszeit durchstanden worden sind, cerebrale Dauerschäden doch ein *relativ seltenes Ereignis* darstellen.« Und er spitzte zu: »Es würde der Sache ein schlechter Dienst erwiesen, wenn man in den Fehler verfiele, nun alle möglichen neurologischen und psychiatrischen Krankheitsbilder unklarer

Ätiologie mit einer vorherigen Mangelernährung – wer glaubt nicht, in den vergangenen Jahren irgendwann eine solche durchgemacht zu haben! – in Zusammenhang zu bringen. Nur Dystrophieschädigungen von wirklich großer Intensität und Dauer kommen überhaupt in Betracht.«[217] In diesem Sinne hatte man sich darauf geeinigt, dass im Gefolge der Kriegsgefangenschaft auftretende psychische Beschwerden, deren organische Ursache nach spätestens zwei Jahren nicht mehr nachzuweisen war, auch abgeklungen sein müssten.

Damit war der Deutungskonflikt im Sinne der »herrschenden Lehre« gelöst, der im Zuge der Versorgungsfrage jedoch bald erneut ausbrechen sollte. Er wurde insbesondere wieder virulent, als Mitte der 1950er Jahre die sogenannten »Spätestheimkehrer« aus sowjetischer Haft ärztlichen Rat suchten. Im allgemeinen Urteil war ihr Opferstatus zwar unzweifelhaft. Organische Schädigungen für ihre zum Ausdruck gebrachten psychischen Leiden waren für die Psychiater jedoch häufig überhaupt nicht mehr nachweisbar. Im weiteren Verlauf der 1950er Jahre sollte dann das Auftreten von Spätfolgen nicht nur bei Kriegsheimkehrern, sondern insbesondere bei Opfern der NS-Verfolgung, deren Entschädigungsanspruch erst 1953 geregelt wurde, die »herrschende Lehre« vor weitere grundsätzliche Herausforderungen stellen.[218]

2.
Die strittige Praxis

a) Versorgungsanspruch unter Verdacht

Im wachsenden Streit um die Gültigkeit der »herrschenden Lehre« hatte sich schon seit Kriegsende eine Besorgnis geäußert, die mit der Zeit an Gewicht gewann. Die Vielzahl der sogenannten »Kriegsneurotiker« nach dem Ersten Weltkrieg galt den meisten Beteiligten in diesem Streit als Warnung, und zwar unabhängig davon, ob sie als Internisten oder als Psychiater neue Wege zur Diagnose von psychischen Symptomen suchten, die vor allem bei Kriegsheimkehrern, wie es schien, durchaus häufig auftraten. Unmittelbar nach Kriegsende hatten die Besatzungsmächte die Kriegsopferversorgung zunächst gänzlich eingestellt. Erst 1947 wurde die Regelung der Kriegsopferversorgung in den Besatzungszonen wieder in Angriff genommen und erst mit Inkrafttreten des Bundesversorgungsgesetzes (BVG) im Dezember 1950 einheitlich fixiert.[1] Damit war die oftmals geäußerte Befürchtung wahr geworden, dass die einklagbare Anspruchsberechtigung die Psychiater unter Zugzwang bringen könnte. Tatsächlich zeitigte die juristische Regelung von Versorgungs- und Entschädigungsansprüchen einen neuen Bedarf an Klarheit in der Gutachterpraxis, der sowohl zur Verfestigung einer einmal festgelegten Norm führen, wie unter bestimmten Umständen auch zu einer Abweichung von dieser Norm zwingen konnte. In der Produktion des psychiatrischen Wissens kam auf diese Weise ein externer Faktor zum Tragen, der die Frontstellungen innerhalb der medizinischen Wissenschaft selbst beeinflussen sollte.

Die Frage, wie das diagnostische Instrumentarium im Verwaltungs- und juristischen Sinne zu handhaben sei, schien zunächst unproblematisch. Auf der Grundlage der Entscheidung des Reichsversicherungsamtes aus dem Jahre 1926 schien völlig eindeutig, dass ein kausaler Zusammenhang zwischen einem Unfall – das hieß auch einer Kriegsschädigung – und einer »Neurose« verneint und somit in diesen Fällen ein Versorgungsanspruch abgelehnt werden müsse.[2] Insofern fügte sich die in der Dystrophie-Frage gefundene Lösung, die an der organischen Ursache einer psychischen Störung grundsätzlich festhielt, in die in dieser Entscheidung zum Ausdruck kommende Krankheitsdefinition. Für die Psychiatrie der Nachkriegszeit, so hielt Kurt Schneider 1946 fest, blieb der Krankheitsbegriff ein reiner »Seinsbegriff«: »›Krankhaft‹ sind für uns *die* seelischen Störungen, die durch Organprozesse, ihre funktionalen Folgen und lokalen Residuen bedingt sind. Wir fundieren also den Krankheitsbegriff in der Psychiatrie ausschließlich auf *krankhafte Veränderungen des Leibes.* [...] Keinesfalls gehören für uns körperliche Störungen als *Ausdruck von Affekten*, etwa eine psychogene Gehstörung nach Schreck, zu den krankhaften Organveränderungen.«[3] Dieser Krankheitsbegriff galt innerhalb der Nachkriegspsychiatrie bis zum Ende der 1950er Jahre als maßgeblich und lag den Entscheidungen in Versorgungs-, dann auch in Entschädigungsfragen von NS-Opfern zugrunde. Erst die in dieser Praxis auftretenden Grenzfälle sowie insbesondere die sich durch die Entschädigungslogik für NS-Verfolgte darstellende Herausforderung sollten schrittweise zu einer Veränderung dieser Krankheitsdefinition beitragen. Sie baute schließlich auf dem von Hemmo Müller-Suur geprägten Begriff des »Krankseins ohne Krankheit« auf, der auf den Krankheitswert auch nicht somatisch verursachter psychischer Veränderungen abhob.[4]

Zunächst aber erforderte die Gutachtertätigkeit der Psychiater in Versorgungsfällen eine administrativ handhabbare Lösung. Dies war der Zweck der »Anhaltspunkte für die ärztliche Gutachtertätigkeit«, die 1952 zum ersten Mal erschienen. Ärzten und Behörden sollten sie als Grundlage für die Begutachtung der antragsberechtigten »Kriegsopfer« und ihrer angeführten gesundheitlichen Schädigungen dienen. Die in den verschiedenen Auflagen der »Anhaltspunkte« aufgenommenen Paragraphen über die Dystrophie deuteten dabei – wenn auch mit einiger Verzögerung – auf die wachsende Bedeutung dieser Diagnose in der Forschungs- und Begutachtungspraxis hin. Die »Anhaltspunkte« spiegelten darüber hinaus eine zunehmende Öffnung der Dystrophiediagnose wider, die eine Erweiterung der ihr zugeschriebenen Entstehungsursachen ebenso mit einschloss wie eine Ausweitung der Beeinträchtigungen, die man auf die Dystrophie zurückführte.

Die im Jahr 1958 publizierte dritte Auflage machte diese Veränderungen erstmals sichtbar. Sie fügte der bislang allein als ausschlaggebend geltenden Ursache der Unter- und Fehlernährung weitere Faktoren hinzu, wie Infektionskrankheiten und »große Strapazen«, die Ärzte bereits seit längerem als begünstigend für die Entstehung der Dystrophie annahmen. Auch die »Schwierigkeiten beim Übergang in das Alltagsleben«, in die Berufsarbeit, die Familie und die Gesellschaft im Allgemeinen, die in diesen Richtlinien als mögliche Folgen der Dystrophie in Betracht gezogen wurden, waren ein Novum.[5] Sieben Jahre später veränderten die »Anhaltspunkte« den entsprechenden Passus erneut. »Im Zusammenhang mit den allgemeinen körperlichen und seelischen Belastungen und als Folge der Dystrophie« sei, wie man nun ergänzte, »bei fast allen Heimkehrern ein ausgeprägter *Erschöpfungszustand* mit vegetativen und psychischen Störungen [...] zu beobachten.«[6] Ob dieses noch weit umfassendere Krankheitsbild mit der Diagnose der Dystrophie allerdings angemessen bezeichnet war – darüber schien man sich in der Ärzteschaft, wie man dem einleitenden Paragraphen dieser Richtlinien entnehmen kann, keineswegs sicher. Eine wissenschaftliche Übereinstimmung, so heißt es hier, gebe es nicht. Für den Begriff der Dystrophie spreche einzig, dass er sich »eingebürgert« habe und »allgemein gebräuchlich« geworden sei.[7]

Zum diagnostischen Passepartout, das die Tür für die Bewilligung dauerhafter Kriegsbeschädigtenrenten geöffnet hätte, wurde die Diagnose der Dystrophie dennoch nicht. Denn die Dauer der psychischen Rekonvaleszenz, den die Versorgungsmedizin dem

Betroffenen zugestand, war nicht grenzenlos. Sie beschränkte sich im Allgemeinen auf zwei bis drei Jahre, sofern die Dystrophie, wie die versorgungsärztlichen Richtlinien von 1958 einräumten, keine organische Dauerschädigung hinterlassen hatte.[8] Lag die Kriegsgefangenschaft also bereits mehrere Jahre zurück und war ein organischer Befund nicht mehr zu erheben, ließ sich ein psychisches Leiden in den Begründungszusammenhang der Dystrophie nur noch schwer einordnen.

Auch in der Suche nach der richtigen Diagnose für Kriegsheimkehrer aus der Sowjetunion, die angaben, während ihrer Gefangenschaft eine Dystrophie durchlitten zu haben, kam damit ein grundsätzliches Problem zum Tragen, das die Psychiater schon vor der rechtlichen Versorgungsregelung und vor der diagnostischen Etablierung der Dystrophie umgetrieben hatte. Die unausgesprochene und in gewissem Sinne unvermeidliche Frage, die in zahlreichen Krankenakten zum Ausdruck kam, betraf die grundsätzliche Angewiesenheit von Patient und Arzt auf einen gemeinsamen Verständigungsprozess über die Sagbarkeitsregeln der Anamnese: Beschrieben die Kriegsheimkehrer ihre vorgebrachten Leiden tatsächlich in einer angemessenen Form? Waren ihre Angaben überhaupt zuverlässig, oder neigten sie etwa in der Absicht, eine Kriegsopferrente zu erlangen, zu einer Verfälschung der Vorgänge oder einer überzogenen Darstellung ihrer gesundheitlichen Beeinträchtigungen? Man dürfe sich durch das Fehlen der groben Krankheitsdemonstrationen nicht täuschen lassen, hatte von Baeyer schon kurze Zeit nach Kriegsende gewarnt, möglicherweise seien die »abnormen Erlebnisreaktionen«, die nach dem Ersten Weltkrieg ebenso zahlreich wie auffällig in Gestalt der »Zitterer« und »Schüttler« aufgetreten seien, nach dem letzten Krieg nur schwerer zu erkennen – vorn wurde auf derartige Befürchtungen bereits hingewiesen.[9] Tatsächlich legen die Patientenakten den Eindruck nahe, dass der Verdacht, einer bewussten oder unbewussten Täuschung seitens des Patienten ausgesetzt zu sein, ein nachgerade konstitutives Moment nahezu jeder Begutachtungssituation war. Gleichzeitig musste eine Diagnose jedoch immer erst gefunden werden, in den wohl meisten Fällen waren die Ursachen eines Leidens nicht auf Anhieb evident. Die ärztliche Routine erforderte, dass Befragungen durchgeführt, Untersuchungen vorgenommen und Therapien eingeleitet wurden, deren Ausdeutung jedoch auf die jeweilige Reaktion des Patienten angewiesen war. Das galt bereits für diejenigen Fälle, in denen Kriegsheimkehrer mit scheinbar evidenten Zitteranfällen in ärztliche Behandlung kamen.

Zu ihnen gehörte Martin B.[10] Wie seine Frau erzählte, war er Ende Juli 1945 aus amerikanischer Gefangenschaft »wegen schwerer Psychoneurose« entlassen worden. Zur Behandlung seiner auffälligen »Gang-, Sprach- u. Denkstörung« hatte ihr Mann einen ortsansässigen Arzt aufgesucht, der ihn bald schon in die Psychiatrie überwies. Dort vermerkte der ihn aufnehmende Arzt nach der ersten Untersuchung zunächst nur: »Schütteltremor der oberen und unteren Extremitäten«, außerdem zucke im Gesicht ein Nerv. Auch die Motorik war auffällig: Beim Gehen hatte Martin B. ein steifes Kniegelenk am linken Bein, sein Gang war dennoch hastig und schnell. Ansonsten blieben nahezu alle übrigen Untersuchungen ohne Befund, allerdings stotterte der Patient, behauptete auch, nicht schreiben zu können. Der Psychiater machte sich einen Zwischenvermerk, unter »Allgemeineindruck« notierte er zum Verhalten von Martin B.: Während der Unterhaltung mache er einen »sehr unruhigen Eindruck«, wenn er stehe, trete er dauernd von einem Bein auf das andere, so dass ein »Schütteln durch den ganzen Körper« gehe. Er behaupte, daran nichts ändern zu können. Außerdem rase der Patient förmlich, er könne »nur durch kräftiges Halten zum Langsamgehen gebracht werden« – eine »psychogene Gangstörung«, die sich schwer beschreiben lasse, so das vorläufige Fazit des Arztes.

Auch wenn die gezeigten Symptome und die ersten Befunde für den Psychiater darauf hindeuteten, dass er es hier mit dem Fall eines »Kriegszitterers« zu tun hatte, wie er im Gefolge des Ersten Weltkrieges vielfach beschrieben worden war, schienen für ihn Fragen offengeblieben zu sein, die ein endgültiges Urteil noch nicht erlaubten. Die Unsicherheit sollte durch die medizinische Routine abgeklärt werden. Die nachfolgenden Untersuchungen und Verhaltensdeutungen folgten erkennbar der vorherrschenden Lehrmeinung über die »Kriegszitterer«. In den Patientenakten wird allerdings deutlich, wie sehr das scheinbar so glatte Bild der »herrschenden Lehre« verdeckt, dass die Diagnosefindung stets das Resultat eines Aushandlungsprozesses war, der nicht nur von Seiten des Arztes, sondern auch von den Verhaltensweisen des Patienten mitbestimmt wurde.

So stellte der Psychiater bei seiner nächsten Untersuchung zwar fest, die Auffassungsfähigkeit von Martin B. erscheine »zeitweilig erschwert«, doch blieb er misstrauisch. Die Art, »wie dieses Phänomen in Erscheinung« trete, hinterließ auf ihn »einen demonstrativen Eindruck«. »Er spricht zuviel davon, dass er dies und jenes nicht richtig auffassen könne, als dass es sich um eine organisch bedingte Störung handeln könnte«, hielt der Psychiater fest. Außerdem konnte er seinem Patienten durchaus eine gute Konzentrationsfähigkeit bescheinigen – »wenn er sich anstrengt«, so unterstrich der Arzt. Eine »Intelligenzuntersuchung« hatte ihn darin bestärkt. »Ohne Fehler, ohne Stockungen« hatte Martin B. Zahlenreihen gebildet. Entgegen seiner Behauptung, er könne sich nichts merken, schien seine Merkfähigkeit dem Psychiater deshalb sogar »ausgezeichnet«. Ähnlich war es beim Schreiben. Martin B. schien damit Schwierigkeiten zu haben, er meinte vor allem, ohne ein beiliegendes Abc gar nicht schreiben zu können. Bei der Übung erwies sich das jedoch als falsch. Die diktierten Sätze schrieb er schnell und hastig, allerdings musste er tatsächlich »seine Schreibhand gewissermaßen ›überlisten‹«, wie der Psychiater bemerkte. Vieles blieb widersprüchlich. In seinen angeblichen Vorlieben präsentierte sich Martin B. nach dem Eindruck des Arztes überaus schwach. Für die Oper etwa habe sich der Patient begeistert, doch eine Oper von Verdi kenne er nicht, hieß es in den Notizen des Arztes, sein Patient gebe vor, er sei »augenblicklich ganz verwirrt, habe sich jetzt monatelang nicht mit diesem Stoff beschäftigt«. Bei dem Psychiater schlich sich eine deutliche Skepsis ein. Als Martin B. zwei Tage später von sich aus dem Arzt von seinen außerordentlich kurzen Schlafzeiten berichtete, ordnete dieser an, ihn durch eine Nachtwache zu überprüfen. Er wollte wissen, »ob die Angaben zuverlässig« seien.

In seiner Vermutung bestärkt, dass es sich bei den Zitteranfällen von Martin B. um ein rein psychogenes Leiden handelte, kündigte der Psychiater dem Patienten mit der »Pansemethode« eine Therapieform an, die – wie bereits ausgeführt – in der zweiten Hälfte des Zweiten Weltkrieges außerordentlich effizient zur Behandlung von diagnostizierten »psychogenen Körperstörungen« eingesetzt worden war.[11] Die Stromgaben seien in der Lage, die »beginnende Automatisierung« des Zitterns zu durchbrechen, versprach der Arzt. Er musste den Patienten allerdings umgehend damit beruhigen, dass es sich nur um eine »äußerlich ähnliche, aber in ihrer Wirkungsweise doch andere Methode« als das »Pansen« handele. Martin B. hatte nämlich von diesem äußerst schmerzhaften Verfahren bereits gehört. Es war ihm während des Krieges zu Ohren gekommen, man habe dieses, erklärte er, »in den Speziallazaretten allgemein das ›Bügeln‹ genannt.«

Über fünf Wochen zog sich die Behandlung hin. Eine geringfügige Besserung schon in den ersten Tagen ließ sich für den Psychiater als ein Indiz dafür lesen, dass seine Interpretation des Leidens und die Wahl der Methode richtig waren. Und bald kam ein weiterer Beleg hinzu: Nachdem die erste Besserung wieder nachgelassen hatte, setzte der Psychiater, obwohl der Strom schon bei der ersten Sitzung von Martin B. als »schmerzhaft« empfunden worden war, »mit noch kräftigeren Strömen« nach. Prompt stellte sich ein, was viele Psychiater während des Krieges bei ihren Patienten beobachtet und als Erfolg verbucht hatten: »Es besteht ganz unverkennbar Heilungswille«, hieß es in einem einzigen Satz. Es mag die Angst vor dem Schmerz gewesen sein, die den Patienten alles versprechen ließ. Schon nach der nächsten Behandlung hielt Martin B. seine Beine jedenfalls tatsächlich ruhig. Er zitterte nicht mehr.

In diesem Fall schienen sich die ärztlichen Erfahrungen der beiden Weltkriege erneut zu bestätigen, der »Wille« war offenbar in der Tat ausschlaggebend. »Wenn er auf dem Behandlungstisch liegt, hütet er sich sehr, mit den Beinen zu zittern«, notierte der Psychiater und stellte entsprechend seine weitere Verfahrensweise darauf ab. Dazu gehörten Drohgebärden, als sich keine weitere Besserung mehr einstellte. Es sei Martin B. bedeutet worden, »dass bei weiterem Zittern eine Elektroschockbehandlung durchgeführt werden« müsste, hielt der Psychiater Anfang Oktober fest. Von seinem Patienten wusste er aus vorangegangenen Gesprächen, dass er vor dieser erheblich zurückschreckte. Es blieb bei der bisherigen Strombehandlung, ein weiteres Mal in hoher Dosierung, nach der Martin B. »überhaupt keine psychogenen Gangstörungen« mehr zeigte, so hielt es der Psychiater in seinem Bericht zufrieden fest. Und doch kam er abschließend zu dem Urteil, »im ganzen« habe man feststellen können, dass Martin B. »ein undurchsichtiger Patient« sei. Sein Verhalten schien trotz des Therapieerfolgs auffällig, irgendwie nicht »normal«: Martin B. suchte, wie der Psychiater beobachtete, den »Verkehr mit den psychopathischen Elementen des Hauses«, er widersetzte sich der Ordnung des Hauses, verweigerte entgegen einer Anordnung die Arbeit. Als der Psychiater noch einmal ansetzte, ihn zu mahnen, sei er »bockig und unzugänglich, ganz einsichtslos und ablehnend« gewesen. Auch die Androhung, entlassen zu werden, falls er seine Haltung nicht ändere, fruchtete nicht. Martin B. verweigerte sich der Arbeit erneut. Er wurde entlassen. Zwei Tage später zufällig von einem Arzt außerhalb der Anstalt beobachtet, lief der ehemalige Soldat »vollkommen unauffällig«.

Es ist weder davon auszugehen, dass der Patient gänzlich beschwerdefrei aus diesem Verfahren hervorgegangen ist, noch dass sich der Arzt Gewissheit über den wirklichen Erfolg seiner therapeutischen Absicht verschaffen konnte. Dieser Fall zeigt sehr deutlich den sich aus der Praxis ergebenden Aushandlungsprozess zwischen Arzt und Patient. Der Prozesscharakter der Diagnose kann somit auch außerhalb jeglichen Versorgungsbegehrens als ein grundsätzliches Problem ärztlichen Handelns betrachtet werden. Der gewissenhafte Einsatz ärztlicher Untersuchungen im

Sinne der »herrschenden Lehre« schuf dagegen nur eine begrenzte Abhilfe. Um ihr Bild von dem Patienten zu klären und den Ursachen seines Leidens näherzukommen, bezogen die Psychiater deshalb nach Möglichkeit auch Informationen von Personen ein, die den Betroffenen kannten. Das konnten niedergelassene Ärzte sein, in einigen Fällen lagen auch Briefe von Pfarrern vor. Vor allem aber konsultierten die Psychiater die dem Patienten nahestehenden Angehörigen, deren Angaben für die Anamnese äußerst wichtig erschienen. Die Fragen des Psychiaters prüften dabei mehrere Punkte ab: die »Familienvorgeschichte« – »erbliche Erkrankungen in der Familie, auffällige Charaktere, Selbstmorde« –, die sogenannte »Eigene Vorgeschichte« des Patienten, zu der die frühkindliche Entwicklung und der Schulbesuch, der Wehrdienst, die Eheschließung und die Berufsausbildung gehörten, schließlich Angaben zu früheren Erkrankungen und jetzigen Auffälligkeiten. Insgesamt zielten die Fragen erkennbar darauf ab, Einsichten in die Veranlagungen und Charakterzüge des Patienten zu erhalten. Deutungszusammenhänge wurden hier schon angelegt, doch steuerten Verwandte durch ihre Auskünfte und Interventionen manchmal noch im weiteren Verlauf der Behandlung, gelegentlich auch nach der Entlassung des Betroffenen, Mitteilungen zur Verfertigung oder Bestätigung der Diagnose bei.

So war der Psychiater im Fall des sechsundzwanzigjährigen Ludwig D., der 1947 aufgrund eines Suizidversuchs in die Klinik eingeliefert wurde, durch den Vater in einem ersten Gespräch dahingehend informiert worden, dass sein Sohn »früher immer ganz in Ordnung gewesen« sei, als Kind allerdings »eine etwas heftige Phantasie gehabt habe«.[12] Der Psychiater hielt noch weitere Angaben des Vaters fest. Demnach erschien ihm sein Sohn seit dem Frühjahr 1945 »ganz verändert, sehr heftig, jähzornig, selbstherrlich« sei er gewesen, »große Szenen« habe er gemacht«, nach dem Eindruck des Vaters »fühlte er sich nur wohl, wenn er im Mittelpunkt der Gesellschaft stand«. Überall habe sich sein Sohn »durch sein schroffes herrisches Benehmen« unbeliebt gemacht, insbesondere gegen seine Familienangehörigen sei er »ausfallend« geworden, seine Schwestern habe er überall beschimpft, wobei er gegenüber anderen auch hätte höflich sein können. Für den Vater war schließlich der »Selbstmordversuch [...] wohl nur vorgetäuscht«, gleichsam »als Schreckmittel«, wie er meinte. Die zukünftige Braut seines Sohnes hatte nämlich erst wenige Tage zuvor, so wusste und argumentierte der Vater, ihre Verlobung mit Ludwig gelöst.

Sieht man von den körperlichen Untersuchungen ab, die »keine von der Norm abweichenden körperlichen Befunde mit Ausnahme mehrerer Narben von Splittern und Infanteriegeschossen« erbrachten, wie es zusammenfassend heißt, waren das für den Psychiater wichtige Hinweise. Sie prägten erkennbar das erste längere Gespräch, das der Psychiater mit Ludwig D. anstrengte. Das galt umso mehr, als er während eines kurzen Vorgesprächs angegeben hatte, das Verhältnis mit seinen Eltern sei in Ordnung, ebenso habe er auch mit seiner Verlobten keine Auseinandersetzung gehabt. Der Psychiater hakte aufgrund seiner so gänzlich anderen Informationen nach. »Brauchbare Antworten« aber erhielt er, so zeichnete er in der Krankenakte auf, bei dieser ersten Zusammenkunft nicht, und auch zwei Tage später erschien ihm Ludwig D., der eine Möglichkeit zur Aussprache suchte, in seinem Verhalten in erster Linie »etwas unnatürlich, übertrieben und gemacht«. Nach einem weiteren langen Gespräch schrieb sich der behandelnde Psychiater als »Vorläufige Diagnose« auf: »Endogene Depression? Reaktive Depression eines Neurotikers?« Oder sollte es sich – ein handschriftlicher Zusatz – um eine »egozentrische psychopathische Ausgangspersönlichkeit (mit extremen Schwankungen)« handeln? Was war von der Geschichte zu halten, die Ludwig D. ihm aus seinem Leben erzählte? »Glauben Sie denn, dass ein Mörder in seinem Leben Glück hat? Ich glaube es nicht«, hatte er scheinbar unvermittelt in das Gespräch eingeworfen, um seine wachsende Nervosität und Unausgeglichenheit, die er an sich selbst seit Mai 1945 beobachtete, zu erklären, vor allem aber, warum er es stets »doch irgendwie gefühlt« habe, dass aus der Verlobung nichts werden würde. Der Psychiater verstand nicht.

»Mörder?«, hatte er gefragt. Ja, das sei er, so hatte Ludwig D. ihm versichert und auf eine weitere Nachfrage erklärt, er habe einen Leutnant erschossen – eine Schilderung »in umständlicher und weitschweifiger Art«, so schien es dem Arzt, der die Erzählung über diese »irrtümlich[e] in Angst und Übereilung« geschehene Erschießung eines deutschen Leutnants an dieser Stelle in einer kürzeren Version für die Akten zusammenfasste.

Ludwig D.s Verhalten war dem Psychiater suspekt, und wie man aus den weiteren Aufzeichnungen der Akte entnehmen kann, war er sich nicht einmal darüber schlüssig, ob er dem ehemaligen Soldaten in seiner Geschichte Glauben schenken sollte. Er notierte, Ludwig D. sei »voll orientiert, klar. Gedächtnis, Aufmerksamkeit u. Auffassungsvermögen zeigen keine Störungen«, dennoch schienen ihm die »Verzweiflungsausbrüche« seines Patienten »irgendwie nicht ganz echt« zu sein. Für Beruhigung war er unzugänglich geblieben – »wenn man aber jede Nacht davon träumt«, hatte Ludwig D. dem Arzt bei einem solchen Versuch schlicht entgegengehalten. Ob er sich nicht zu schwere Vorwürfe mache, hatte der Psychiater seinen Patienten gefragt – Ludwig D. habe sich daraufhin zunächst abgewandt und geweint. Schließlich beharrte er darauf, er könne anfassen, was er wolle, »es geht doch alles schief, jeden Tag«. Auch seien alle gegen ihn, »seit dem Tage, seit dem Tage, seit dem Tage«, so beschrieb der einst so passionierte Offiziersanwärter seine innere Bedrängung durch die vorgebliche Tat in jener schon Jahre zurückliegenden Nacht.

Die »herrschende Lehre« über die Belastungsfähigkeit des körperlich gesunden Menschen und seine Fähigkeit, auch schwere Erschütterungen zu verarbeiten, machte es aus Sicht des Psychiaters in der Tat sehr unwahrscheinlich, das Verhalten von Ludwig D. allein als Folge dieses Kriegsereignisses deuten zu können. Eine derartige Beeinträchtigung oder gar Veränderung der Persönlichkeit konnte dadurch nach der gängigen psychiatrischen Lehrmeinung nicht ausgelöst worden sein. Auch der Brief eines Arztes, der Ludwig D.s Vater vor Jahren schon einmal bei Schwierigkeiten mit dem Sohn beraten hatte und nun auf dessen Bitten dem Psychiater seine Einsichten mitteilte, ließ auf solcherart Zusammenhänge nicht schließen. Es habe sich seinerzeit herausgestellt, »dass der Sohn seit jeher allerhand sensationell aufgebaute Erlebnisse« gehabt habe, ließ er den Kollegen wissen und klärte ihn über die scheinbar äußerst verfahrene Situation im Elternhaus auf. Seiner Meinung nach könne der junge Mann dort nicht »den Einfluss finden [...], der ihm den erforderlichen Einordnungszwang entgegenstellte.« In ähnlicher Weise deutete auch der Bericht von Ludwig D.s Schwester, die in die Klinik zu Besuch kam, eher auf einen schon immer sehr schwierigen Charakter des ehemaligen Soldaten hin. So berichtete sie dem Psychiater zwar, dass Ludwigs »Unbeherrschtheit« seit seiner Rückkehr aus der Gefangenschaft 1945 noch viel schlimmer gewesen sei als zuvor, »schon Nichtigkeiten hätten ihn aufs Äußerste erregt«. Doch behauptete die Schwester auch, ihr Bruder »sei schon als Kind sehr unbeherrscht gewesen, äußerst jähzornig und angeberisch«, ja, es sei, so notierte der Psychiater ihre Angaben, »immer sehr viel Theaterhaftes« in seinem früheren Verhalten gewesen. In den Augen der Schwester war Ludwig stets ein Mensch gewesen, der »große Sprüche« klopfte und es schlicht verstand, sich zu verstellen. Aus den zusammenfassenden Aufzeichnungen des Psychiaters zu dieser Unterhaltung geht das unmissverständlich hervor. Er schloss sie mit folgendem, in Klammern gesetzten Vermerk: »(Die Schwester macht einen beruhigten, ausgeglichenen und einsichtigen Eindruck).«

Zweifellos, schon vor diesen Mitteilungen waren dem Psychiater Ludwig D.s Reaktionen auf die von ihm geschilderten Ereignisse überzogen erschienen. Die Versuche des ehemaligen Soldaten, sich und sein Verhalten nach der Tat zu erklären, waren weitgehend ins Leere gegangen. Es handele sich um ein »verkrampfte[s] Festhalten« an einem »überspitzten Schuldgefühl« und »selbstzerfleischenden Verhaltensweisen«, so hatte sich der Psychiater notiert, und Ludwig D. klarzumachen versucht, dass »sein Vergehen nach den allgem. geltenden ethischen Grundsätzen durchaus vergebbar« sei. Ludwig D. sprach seither nicht mehr von seinem »Leutnantserlebnis«, wie der Psychiater eine Woche später festhielt. Sein Misstrauen war dennoch alles andere als verflogen, Ludwig D.s unauffälliges Verhalten blieb dem Arzt suspekt, »unecht und gemacht«, wie er es ausdrückte. So mahnte er ihn am nächsten Tag noch einmal deutlich: »Es wird ihm klipp und klar gesagt, dass er für geltungssüchtig u. unecht in seinem Gebaren gehalten werde.« Außerdem forderte er ihn auf, »an der Umformung seines unbeherrschten und Beachtung heischenden Charakters« mitzuarbeiten.

Tatsächlich unternahm Ludwig D. nur noch einen Vorstoß, um dem Psychiater die Geschichte über den Leutnant begreiflich zu machen. Er bat um eine Aussprache – »in wichtigtuerischer Weise«, so der Arzt –, bei der er auf dem Wahrheitsgehalt der Schilderung seines Kriegserlebnisses beharrte, es sei »wahr, ganz wahr«. Bekannten und seinen eigenen Angehörigen hätte er jedoch vorgelogen, dass der Leutnant »vor Stalingrad gefallen sei«. Damit brach er ab, und auch danach fiel kein Wort mehr über diese Tat. Überhaupt ließ Ludwig D. seither, wie das Urteil des Arztes lautete, »keine falsche[n] Verhaltensweisen« mehr erkennen. So schien der in Aussicht gestellten Entlassung bald nichts mehr im Wege zu stehen. Ludwig zeigte sich »einsatzwillig und arbeitsfreudig«, gleichzeitig aber auch bescheiden, wenn er um etwas bat. Vor allem aber erschien er dem Psychiater in seinen Äußerungen auch »sehr krankheitseinsichtig u. verständig«. Und doch war immer noch nicht jeder Zweifel ausgeräumt, dem Arzt blieb der Eindruck, dass Ludwig »nicht mit seiner ganzen Persönlichkeit« hinter den geäußerten »Vorsätzen und Erkenntnissen« stehe. Erhärten konnte der Psychiater diesen Verdacht angesichts der keineswegs mehr außergewöhnlich erscheinenden Verhaltensweisen von Ludwig D. jedoch nicht. Es blieb nur die Ahnung, dass der letztlich als »geltungssüchtiger Psychopath« Diagnostizierte es vermochte, »sich der augenblicklichen Situation anzupassen, um ggf. wieder sein eigenes Leben zu leben«.

Drei Jahre später sollte der Psychiater wieder etwas über ihn hören. Diesmal war es ein Pastor, der den Arzt anlässlich der von

Ludwig D. ins Auge gefassten Hochzeit in einem Brief um Auskunft bat. Im Kreis der beiden Familien suche man Klarheit, ob Ludwig »eine wirkliche Ehe führen« und »gesunde Kinder bekommen« könne. So lautete die Frage des Pastors: »Ist seine Krankheit im Grunde ›von Geburt an‹ oder durch sexuelle Verwirrung im 14.–16. Lebensjahr oder eine Folge der Kriegsverletzung und Gewährung von Morphium?« Auch im Kreis der Angehörigen, der Freunde und der Gemeinde deutete man Verhaltensauffälligkeiten eines heimgekehrten Soldaten, darauf weist dieses Beispiel abermals hin, nicht zwingend als eine Folge des Krieges; allein die Verletzung des Körpers machte dies für das Umfeld von Ludwig D. möglicherweise denkbar. Gewissheit erhoffte man sich durch das Wissen des Experten. In der Krankenakte ist keine Abschrift einer Rückantwort enthalten. Welcher Psychiater sie auch immer verfasst haben mag: Sofern er nach Aktenlage entschied, ist es nahezu sicher, dass er sich der Diagnose des vormals behandelnden Arztes anschloss und nach »herrschender Lehre« keinen Zusammenhang mit der Kriegsverletzung attestierte.[13]

Das Urteil eines Kollegen fiel stets schwer ins Gewicht. Dieser Umstand verdeckt aber nicht, dass die Erklärung beobachtbarer Krankheitssymptome oft eine diagnostische Gratwanderung war – ein normaler Grenzgang der medizinischen Praxis, der durch die Bereitstellung von Versorgungsansprüchen allerdings in besonderem Maße »aufgeladen« und erschwert wurde. Die konkrete Frage, ob es sich um eine »Wehrdienstbeschädigung« oder, wie es auch hieß, ein »kriegsbedingtes« Leiden handelte, verlangte dem Arzt eine sorgfältige Überprüfung ab, da die Verursachung des Leidens, und sei es auch als Teilursache, in jedem Fall möglichst genau zu bestimmen war. Das lässt sich bei der psychiatrischen Begutachtung von Anwärtern auf eine Kriegsopferrente auch noch zu jenem Zeitpunkt beobachten, als sich im Fach bereits die Überzeugung durchgesetzt hatte, dass die bei unzähligen Kriegsheimkehrern aus sowjetischer Gefangenschaft beobachtbaren psychischen Auffälligkeiten – zumindest für einen begrenzten Zeitraum – auf eine durchgemachte »Dystrophie« und die damit verbundene körperliche Schwächung, wenn nicht gar Schädigung zurückzuführen seien. Vor allem in denjenigen Fällen, die nicht unmittelbar nach ihrer Entlassung zur Untersuchung kamen, um ein nervenärztliches Gutachten für einen Rentenantrag einzuholen, sahen sich die Ärzte gezwungen, sicherzugehen und möglichst feste Anhaltspunkte zu schaffen.

Friedrich M., der nach fünfeinhalb Jahren sowjetischer Kriegsgefangenschaft 1950 nach Hause zurückkehrte, ist dafür ein Beispiel.[14] Wie den Akten zu entnehmen ist, war sein Antrag auf eine Kriegsbeschädigtenrente 1953 abgelehnt worden. Vor dem Sozialgericht hatte er deshalb Berufung eingelegt; eine neue gutachterliche Entscheidung stand aus. Zu diesem Zweck hatte ihn sein Hausarzt 1956 an einen Neurologen überwiesen, der jedoch in seinem Bericht konstatierte, die ambulante Untersuchung habe »keinen genügenden Befund« ergeben, um die von Friedrich M. vorgebrachten rechtsseitigen Kopfschmerzen, seine Angsterscheinungen und die von ihm beklagte psychische Leistungsminderung hinreichend zu erklären. Der Neurologe vermutete, dass der ehemalige Kriegsgefangene, der nach eigenen Angaben anderthalb Jahre lang »erheblich dystrophisch« gewesen sei, möglicherweise an einer leichten, durch die Dystrophie verursachten Hirnschädigung leiden könne. Ohne ein »Luftencephalogramm«, die Röntgenaufnahme einer Luftfüllung der Hirnkammern, sei, so der Neurologe, eine »exakt[e]« Klärung nicht herbeizuführen. Er schlug eine Beobachtungseinweisung in eine Fachklinik vor. Die invasive – schmerzhafte und durchaus risikoreiche – Untersuchung erforderte ohnehin die stationäre Aufnahme.

Friedrich M. verbrachte daraufhin nahezu drei Monate in der Psychiatrie. Die üblichen Eingangsfragen für die Anamnese wurden erhoben. Soweit man dies aufgrund der Aussagen des Patienten sagen konnte, waren Nerven- oder Geisteskrankheiten aus den Familien seiner Eltern nicht bekannt, ebenso deutete nichts auf einen Krankheitszustand vor seiner Wehrdienstzeit hin. Aus dem »Frankreich- und Russlandfeldzug« erwähnte er an Krankheiten lediglich eine leichtere Granatsplitterverletzung. Seit der Gefangenschaft aber »fühle er sich nicht mehr gut«, fasste der Psychiater seine Ausführungen zusammen. Wie Friedrich M. schilderte, hatte er dort so manches durchgemacht: harte Arbeit, Krankheiten, Wasser in den Beinen und im Kopf, Unterernährung. Als ehemaliger Angehöriger der »Division Brandenburg« war er schließlich in ein Vernehmungslager nach Stalingrad gebracht worden. Er habe »furchtbar viel mitgemacht durch die furchtbaren Vernehmungen«, so ließ er den Psychiater wissen. Drei Jahre nach seiner Rückkehr habe er dann seine Arbeit aufgrund seiner Beschwerden aufgegeben. Stechende Kopfschmerzen gehörten dazu. Friedrich M. aber plagte noch mehr: »Innere Unruhe, dauerndes Angstgefühl« und Schwermütigkeit, scheinbar ohne jede Veranlassung, machten dem ehemaligen Angehörigen der Spezialeinheit nun schon seit Jahren zu schaffen.

Handelte es sich also um «Dystrophiefolgen«, wie der Psychiater, damit dem ausdrücklichen Klärungsanliegen des überweisenden Arztes und seines Patienten entsprechend, als Grund für dessen Aufnahme in die entsprechende Rubrik eingetragen hatte? Nachdem sich bei den Routineuntersuchungen auch für den Psychiater keine andere Erklärung für die angeführten Leiden aufdrängte – nach seinem Eindruck neigte der Patient auch nicht zu Übertreibungen –, leitete der Arzt die gewünschte Untersuchung ein, um einer möglichen dystrophiebedingten Hirnschädigung auf die Spur zu kommen. Im Fall von Friedrich M. blieben Unwägbarkeiten bestehen. Denn anders als erhofft, ergab sich kein auffälliger Befund, der Sicherheit in der Ursachenfrage aufgrund einer sichtbaren Schädigung geschaffen hätte. Die Hohlräume des Gehirns, das sogenannte Ventrikelsystem, waren, so zeigte das Luftencephalogramm, völlig normal. Ebenso wenig konnte der Arzt bei der zusätzlich durchgeführten Lumbalpunktion und der Entnahme von Rückenmarksflüssigkeit irgendwelche Auffälligkeiten feststellen. Auch wenn der Psychiater in seinem Ergebnisbericht weiterhin zu bedenken gab, dass »das psychische Zustandsbild« des Patienten »das eines Dystrophikers sein« könnte, musste er jede

Erwartung an ein exaktes Ergebnis enttäuschen. Die Annahme über einen derartigen Zusammenhang konnte, so informierte er seinen Kollegen, »durch die Untersuchungsergebnisse nicht bestätigt werden«. Deshalb schien es dem Psychiater nun doch »außer Zweifel« zu stehen, dass »konstitutionelle Faktoren« bei der Entstehung des Krankheitsbildes eine »maßgebliche Rolle spielten«. Die nachhaltigen vegetativen Störungen schienen ihm, mit anderen Worten, anlagebedingt zu sein. Dass die während der Gefangenschaft durchgemachte Dystrophie und die seelischen Belastungen nicht aber »zumindest einen auslösenden Faktor« darstellten, konnte der Psychiater, darauf machte er den Hausarzt explizit aufmerksam, nicht ausschließen.

Solche Fälle zeigen ein den behandelnden Psychiatern nicht immer bewusstes Handlungsdilemma: Einerseits entstand in der Begutachtungs- und Behandlungssituation eine Lage, in der sich eine vermeintlich sichere Diagnose erst dann einstellte, wenn die Verhaltensweisen des Patienten sich auf die ärztlichen Maßnahmen einstellten. Der konstitutive Verdacht, getäuscht zu werden, konnte deshalb erst durch die Übereinstimmung des Krankheitsbildes mit der »herrschenden Lehre« ausgeräumt werden. Andererseits konnten die Psychiater etwa bei geltend gemachten Beschwerden, die außerhalb der bereits akzeptierten Spätfolgen der Dystrophie lagen, die erwünschte Zweifelsfreiheit in der Diagnose gar nicht herstellen. In beiden Fällen wird sichtbar, dass es eine Grenze ärztlicher Diagnosefähigkeit gab. Mit der Rechtsförmigkeit des Versorgungsanspruches seit dem BVG von 1950 wurde den Psychiatern dennoch eine verlässliche Urteilsbasis abverlangt. Der Freiburger Universitätspsychiater Clemens Faust hob das vor dem ärztlichen Sachverständigenbeirat für Fragen der Kriegsopferversorgung im Jahre 1956 deutlich hervor. Mit Bezug auf einen Berliner Kollegen erklärte er: »Nach Schellworth ist es dem Gutachter versagt, Versuche anzustellen und theoretisch-wissenschaftliche Anschauungen vorzubringen, die nur eine individuelle Meinung eines Forschers darstellten. Der Auftraggeber will eine repräsentative Antwort der Wissenschaft auf die gestellte gutachtliche Frage hören. ›Gutachten erstatten heißt, nicht Wissenschaft *treiben*, sondern Wissenschaft *anwenden*‹.«[15]

Die Psychiater waren also darauf verwiesen, ihre diagnostischen Kriterien gutachterfest zu machen, was einer Normalisierung des Verdachtsmoments gleichkam, mit dem seit der Zwischenkriegszeit problematische Fälle ohne nachweisbaren organischen Befund als »Neurotiker« oder Psychopathen aus dem Versorgungssystem ausgesteuert wurden. Dies bedeutet nicht – wie die oben angeführten Fälle zeigen –, dass sich die behandelnden Psychiater leichtfertig über ihre eigenen Zweifel am gezeigten Repertoire der Auffälligkeiten hinweggesetzt hätten. Im Gegenteil, der Normierungscharakter der Gutachtertätigkeit führte immer wieder zu selbst induzierten Prüfgängen, die, indem sie neue Befunde auszuschließen versuchten, auch an die Grenze der vorgegebenen ärztlichen Diagnostik führten. Die letzte Rückzugsposition in diesem Suchprozess, der sich im Wesentlichen auf der Grundlage der aufgestellten »Anhaltspunkte für die ärztliche Gutachtertätigkeit« entwickelte, bestand in den 1950er Jahren weiterhin darin, dass grundsätzlich an der erblichen Anlage als entscheidendem Ausschlusskriterium für die Zubilligung einer »Wehrdienstbeschädigung« festgehalten wurde.

Im Fall von Gustav K. kann man die Verfertigung eines Urteils über die Frage der Wehrdienstbeschädigung genau verfolgen. Zunächst führten die gewonnenen Ergebnisse aus Sicht des Psychiaters, der den ehemaligen Kriegsgefangenen während seines fünfwöchigen Aufenthalts in der Psychiatrie 1956 mehrfach untersuchte, zu keinem eindeutigen Urteil.[16] Gustav K. steht in diesem Zusammenhang paradigmatisch für eine Vielzahl von Fällen, in denen ein Leiden als Kriegsbeschädigung (KB) bereits anerkannt worden war, das Vorliegen einer »Wehrdienstbeschädigung« (WDB) nach einigen Jahren aber noch einmal überprüft wurde. Die Zahl der davon betroffenen Rentenempfänger wird man kaum bestimmen können. Die Experten – Psychiater wie Internisten –, die sich vor allem bei den Heimkehrern aus den sowjetischen Lagern mit dem Phänomen langdauernder körperlicher wie seelischer Beeinträchtigungen konfrontiert sahen, empfahlen jedenfalls nachdrücklich, auch bei einer erlittenen Schädigung während der Gefangenschaft in der Zuerkennung von Renten und der Bemessung der Erwerbsminderung zurückhaltend zu sein.[17] Voreilige Festsetzungen der Erwerbsminderung in großer Höhe tendierten sogar dazu, »Rentenneurosen« geradezu zu züchten, merkte selbst der Internist Max Hochrein an, der sich gleichzeitig sehr engagiert darum bemühte, unter seinen Kollegen die Vielschichtigkeit der Kriegsgefangenschaftsleiden ins Bewusstsein zu heben. Dennoch unterstrich er: »Es trennt sich kaum ein Begutachteter von einer einmal zugestandenen Unterstützung.« Auch konnten Krankheitsgefühle, erinnerten die Ärzte, mit der Bescheinigung der Erwerbsminderung gelegentlich überhaupt erst geweckt und fixiert werden.[18] Vorsicht schien somit angebracht. Die Ursache anhaltender Beschwerden war genauestens zu prüfen.

Das galt mithin auch für diejenigen Leiden, die Gustav K. im Frühjahr 1956, acht Jahre nach seiner Entlassung aus der russischen Kriegsgefangenschaft, gegenüber dem Psychiater anführte.[19] Immer noch leide er an »Unruhe, Zittrigkeit der Hände, Durchschlafstörungen«; er rege sich leicht auf, sei »nervös und getrieben«, auch seine Leistungen versagten zunehmend, es plagten ihn kurzeitige »Benommenheitszustände« – das alles und noch viele Beschwerden mehr hatten sich, folgt man den Angaben von Gustav K., erst seit der Gefangenschaft eingestellt. Er war deswegen bereits behandelt worden, 1949 zunächst mehrere Wochen im Krankenhaus. »Hungerdystrophie nach russ. Kriegsgefangenschaft« lautete damals die Diagnose. Zwei Jahre später hatte das Versorgungsamt seinem Antrag auf Kriegsopferrente stattgegeben, laut Rentenbescheid waren »nervös-vegetative Beschwerden« als »KB-Leiden« anerkannt worden. Mehrere Kuraufenthalte folgten, doch keine Unterwassermassage, keine Kneippkur hatte ihn von seinen Beschwerden dauerhaft befreit.

Während der stationären Behandlung und Beobachtung von Gustav K. versuchten die Psychiater, den Ursachen dieser Leiden also noch einmal auf den Grund zu kommen. Der Eindruck war unklar. Bei den einfachen körperlichen Untersuchungen war eine gewisse Blutdruckerhöhung unverkennbar, zudem stach neurologisch eine erhebliche vegetative Labilität ins Auge. Weitere beunruhigende Ergebnisse ergaben sich jedoch nicht. Der Test auf Syphilis – bei vielen Kriegsheimkehrern in der Psychiatrie durchgeführt – war negativ. Das durchgeführte Luftencephalogramm konnte als »noch normales PEG« (Pneumencephalogramm) eingestuft werden, der entnommene Liquor zeigte keine größeren Abweichungen, nur eine »mäßige Gesamteiweißvermehrung« fiel auf. Ein sicherer Anhaltspunkt für einen Dystrophieschaden war das aus Sicht des Arztes nicht, wie er in seinen knapp gehaltenen Notizen festhielt. Trotzdem zögerte der Psychiater mit einem Urteil, selbst angesichts des Benehmens seines Patienten: »Pat. kommt fast tgl. mit seiner Rentenangelegenheit zum Arzt. Er will unbedingt seine Rentenansprüche beim Versorgungsamt durchsetzen, fordert laufend Bescheinigungen«, hielt der Arzt zehn Tage vor dessen Entlassung fest. Er war hellhörig geworden, doch räumte er wiederum ein, Gustav K. sei »auch in einer etwas verzweifelten Lage«. Sowohl das Versorgungsamt als auch die Krankenkasse hätten die Kostenübernahme seines derzeitigen Aufenthaltes abgelehnt, Gustav K. mache sich deshalb Sorgen, denn seine Familie habe kein Geld. Und immerhin hatte das Versorgungsamt die auftretenden Beschwerden schon einmal als KB-Leiden anerkannt. Zwar meinte auch der Psychiater, der »Zustand« des Patienten sei »sicher auf die vegetative Dysregulation zurückzuführen«, ob dies aber immer noch als ein »KB-Leiden« anerkannt werden könne, ließ sich seiner Ansicht nach ohne weitere Akteneinsicht nicht klären.

Als das Versorgungsamt einige Monate später ein offizielles nervenärztliches Gutachten anforderte, musste der Psychiater Farbe bekennen. Seine Antwort war klar formuliert: »Eine durch KB-Leiden bedingte Erwerbsminderung liegt nicht mehr vor«, lautete sein Fazit am Ende des Gutachtens.[20] Was hatte dafür den Ausschlag gegeben? In dem Gutachten rekapitulierte der Psychiater vor allem die Aufzeichnungen der Krankenakte; hinzu kamen die Ergebnisse einer kurzen ambulanten Untersuchung, die noch einmal eigens zum Zweck der Gutachtenerstellung durchgeführt worden war. Sie hatte bei der körperlichen und neurologischen Prüfung keinerlei neue Ergebnisse erbracht. Allerdings verfasste der Psychiater einen ungewöhnlich langen Eintrag zum psychischen Befund, in dem er ausschließlich auf die letzte Untersuchungssituation Bezug nahm. Es heißt darin:

»Inhaltlich war sein Denken nur auf seine Beschwerden und auf deren Zusammenhang mit der Kriegsgefangenschaft gerichtet. In dieser Beziehung war der Untersuchte völlig uneinsichtig, ließ den Untersucher kaum zu Wort kommen, wurde oft recht ausfällig, dann mürrisch-gereizt. Als ihm versucht wurde, zu erklären, dass er seine ganzen Beschwerden nicht nur auf die Kriegsgefangenschaft zurückführen dürfe, wurde er sehr erregt, machte ausfällige Bemerkungen. In seinen Beschimpfungen kante [sic!] er sich nicht mehr. So äußerte er z. B., dass er sich sein Recht erkämpfen werde, und wenn er bis vors Sozialgericht müsse. Er lasse nicht mehr locker, sei schon genug betrogen worden. Der Reichsbund werde ihn dabei unterstützen. Sein ganzer Zustand sei nur Folge der Gefangenschaft. […] Wenn ihm jetzt keine Rente zugesprochen werde, dann wolle er nichts unversucht lassen. Er werde dann aber auch erzählen, dass man ihn während seiner Behandlung hier in Bethel zur Luftpunktion genötigt habe, und ihm auch noch vorgemacht habe, dass diese Untersuchung für seine Rentenangelegenheit von Wichtigkeit sei. Er werde das alles zur Sprache bringen. Er lasse sich nicht mehr länger an der Nase herumführen.«[21]

Damit hatte Gustav K. den neuralgischen Punkt der Psychiater – und vieler anderer Ärzte – getroffen. Der ehemalige Kriegsgefangene hatte nicht nur Drohungen erhoben und den Psychiater bezichtigt, seine Patienten auf unlautere Weise zu Untersuchungsmethoden zu zwingen – ein Vorwurf, gegen den sich der Psychiater sogleich strikt und wortreich zur Wehr setzte. Gustav K. hatte vielmehr vehement deutlich gemacht, dass er auf ein ärztliches Urteil nichts gab, das die Kriegsbedingtheit seines

Leidens in Abrede stellte. Für ihn stand dieser Zusammenhang völlig außer Frage, mithin ebenso sein Anspruch, als Kriegsopfer anerkannt zu werden und eine entsprechende Rente zu beziehen. Im nervenärztlichen Gutachten attestierte der Psychiater Gustav K. deshalb eine »schwere Rentenneurose«; er sei, sobald die Rentenfrage zur Diskussion stünde, »völlig uneinsichtig, unbelehrbar und von starken Ressentimentgefühlen beherrscht.«[22] Gegenüber dem Versorgungsamt machte der Arzt seine Vermutung äußerst klar: Ihm drängte sich die Annahme auf, dass für Gustav K. »nicht die Besserung seiner Beschwerden, sondern die Anerkennung einer Rente im Vordergrund« stand.[23] Lediglich hinsichtlich der genauen Ursache für dieses vehemente Verhalten Gustav K.s räumte der Psychiater eine gewisse Unsicherheit ein. Handelte es sich um eine »Persönlichkeitseigenart« des ehemaligen Kriegsgefangenen oder war dieses Auftreten – so die zweite Möglichkeit, die er in Betracht zog – bereits das »Symptom einer beginnenden Wesensänderung [...] auf der Grundlage eines möglichen Hirnabbauprozesses«? Wie das Gutachten zeigt, war die Klärung dieser Frage für eine Entscheidung über einen möglichen Wehrdienstzusammenhang allerdings sekundär. Aus Sicht des Psychiaters handelte es sich in jedem Fall um eine »abnorme Reaktionsweise« – Grund genug für die Schlussfolgerung, dass die Ursache für die von Gustav K. angeführten und auch nachweislich vorhandenen Leiden »mit größter Wahrscheinlichkeit in einem anlage- und altersbedingten körperlichen und seelischen Versagenszustand zu suchen« sei.[24]

Die konstatierte »Wahrscheinlichkeit« schloss den Irrtum nicht aus. Der Psychiater war sich darüber im Klaren. Im Gutachten räumte er eine mögliche Fehlentscheidung gewissermaßen en passant ein, seine Formulierung ließ aber keinen Zweifel daran, dass er weder sich selbst in der Verantwortung dafür sah noch die psychiatrischen Methoden als eventuelle Fehlerquelle ausmachte: Es sei die »schwere rentenneurotische Fehlhaltung« des Begutachteten, erklärte der Arzt, »die eine objektive Beurteilung des Gesamtzustandes sehr erschwert[e]«.[25] Manches ließ er deshalb in der Schwebe, wohl auch, so scheint es, um die Anerkennung seines abschließenden Urteils durch die Versorgungsbeamten nicht zu gefährden. So formulierte er, die bislang als »KB-Leiden« anerkannten »nervös-vegetativen Störungen« seien durch die vor Jahren durchgemachte Dystrophie »wahrscheinlich« verschlimmert worden, womit der Arzt zwar seinen Standpunkt, es handele sich bei dem Leiden des Kriegsheimkehrers im Kern um die Folge einer Persönlichkeitsstörung oder eines Hirnabbaus, geltend machte, gleichzeitig aber dem Versorgungsamt die Richtigkeit des letzten Rentenbescheids zugestand. Trotz verbleibender Unwägbarkeiten ging der Psychiater schließlich sogar so weit, abschließend einen Wandlungsprozess zu konstatieren, und er zurrte sein Urteil dabei fest: »Die als KB-Leiden anerkannten vegetativ-nervösen Störungen bedingen *jetzt keine wesentliche Erwerbminderung mehr*«, erklärte er, »sie haben sich in den vergangenen Jahren längst ausgeglichen. Die jetzt bestehenden vegetativen Regulationsstörungen haben ihre Ursache sicher in anderen Faktoren, die mit dem Wehrdienst und der Kriegsgefangenschaft nicht mehr in Verbindung stehen.«[26] Das luftencephalographische Ergebnis warf der Psychiater in diesem Zusammenhang als äußerst gewichtig in die Waagschale, obgleich er von gänzlicher Sicherheit auch hier nicht sprechen wollte: Weiterhin bestehende Dystrophiefolgen könnten nicht mehr mit der »notwendigen Wahrscheinlichkeit« behauptet werden, heißt es gegen Ende des Gutachtens. Acht Jahre nach Entlassung aus der Kriegsgefangenschaft und nach drei Erholungskuren in den vergangenen Jahren, sei es »unwahrscheinlich«, unterstrich er, dass ein ursächlicher Zusammenhang mit der Gefangenschaft noch bestehe. Damit brachte er den als gültig erachteten vorherrschenden Kenntnisstand der Psychiatrie und anderer medizinischer Disziplinen ins Spiel. Deutlich signalisierte der Psychiater, dass er sich mit seiner Interpretation der Ergebnisse auf der sicheren Seite fühlte. Und er hatte argumentatorisch vorgebaut, indem er das Urteil der Kollegen aus der Inneren Medizin unterstützend heranzog: Ein fachinternistisches Gutachten aus dem vorausgegangenen Jahr habe längst ausgeführt, erinnerte der Psychiater, dass »die bestehenden vegetativen Störungen anlagebedingt seien und sieben Jahre nach der Krieggefangenschaft nicht mehr als WDB anerkannt werden« könnten.

Mit dem Eintritt in die zweite Hälfte der 1950er Jahre begegnet man diesem zeitlichen Argument, das eine »Kriegsbedingtheit« von Leiden ohne nachweisbare körperliche Schädigung ausschloss, in wachsender Zahl. Für die allermeisten Kriegsheimkehrer lag die Zeit in Gefangenschaft, selbst in den sowjetischen Lagern, nun Jahre zurück. Und auch im Hinblick auf den weitaus kleineren Teil der »Spätestheimkehrer« gingen die meisten Ärzte davon aus, dass die Folgeschäden der möglicherweise durchgemachten »Dystrophien« abgeklungen seien. Sie galten überwiegend als ein Phänomen der späten 1940er Jahre. Allerdings waren auch diesen Kriegsgefangenen, trotz verbesserter Ernährungslage, schwere, teils auch schwerste Belastungen nicht erspart geblieben, wie die Ärzte wussten. Einige unter ihnen plädierten deshalb Mitte der 1950er Jahre dafür, bei der Begutachtung äußerst genau hinzusehen. Es sei zu unterscheiden, aus welcher Gruppe von Kriegsgefangenen der zu Begutachtende stamme, forderten sie, insbesondere bei den »Spätestheimkehrern« sei häufig eher davon auszugehen, dass ihre Beschwerden aus einer völlig »veränderte[n] Lebensatmosphäre« resultierten, der sie bei ihrer Heimkehr begegneten: »Die mangelnde Ausbildung, die berufliche Zurücksetzung, der vielfach bereits vollzogene soziale Abstieg« stünden dabei besonders vor Augen, »die ebenfalls unvermeidlichen familiären Schwierigkeiten« träten spürbar hinzu.[27]

Unter diesen Bedingungen, so zeigt der Tenor einer Ärztekonferenz von 1956, war es wiederum für eine ganze Reihe von Ärzten ohne weiteres denkbar, dass für die Rekonvaleszenz die im Allgemeinen gewährte »Zwei-Jahres-Grenze« nicht ausreiche. »Sie stimmt nicht für die Leber, nicht für den Stoffwechsel, nicht für die Psyche« – der Internist Max Hochrein, der seinen Kollegen die Härten dieser Regelung anhand eines Fallbeispiels vor Augen führte, war sich in diesem Punkt aufgrund seiner Erfahrungen sehr sicher.[28] Doch die Situation war kompliziert, Hochrein negierte die Probleme nicht: »Charakterliche Veränderungen und Stimmungsschwankungen« der Heimkehrer traten nach seinen Erfahrungen sehr häufig auf, »Unverträglichkeit oder Rücksichtslosigkeit« gehörten ebenso dazu, so manchem Kriegsheimkehrer sprach der Internist auch »eine gewisse schizoide Uneinfühlbarkeit« zu – die Palette seiner Beobachtungen war damit noch nicht zu Ende.[29] Wie lange konnte man zugunsten eines Kriegsheimkehrers annehmen, so hatten sich die Ärzte zu fragen, dass es sich dabei tatsächlich um ein »kriegsbedingtes« Leiden handelte, für das eine Kriegsopferrente zugesprochen werden musste?

Die Skepsis der Psychiater saß in diesem Punkt tief, wie viele Krankenakten und nervenärztliche Gutachten seit der Mitte der 1950er Jahre zeigen. Die Verdachtsäußerungen auf »rentenneurotische Tendenzen« oder »Rentenbegehren« stiegen merklich an.[30] In den Akten finden sich diese Beurteilungen vor allem dann, wenn die Untersuchten den Psychiatern besonders »klagsam« erschienen, wenn sie viel von ihren Beschwerden sprachen, organisch nicht zu lokalisierende, diffuse Leiden vorbrachten und sich in ihrem Anliegen besonders hartnäckig, gegenüber dem Arzt vielleicht sogar noch gereizt zeigten. Der oben erwähnte Gustav K. war dafür ein Paradebeispiel, wenngleich die Situation zwischen Arzt und Patient nicht immer auf diese Weise eskalierte. Aus Sicht vieler Psychiater war das zur Begründung eines rentenneurotischen Falls auch gar nicht zwingend. »Der bloße Anschein tut es nicht mehr«, warnte 1957 erneut der bereits erwähnte Heidelberger Ordinarius Walter von Baeyer und skizzierte den »modernen Rentenneurotiker«: Er »klagt still, bescheiden, sachlich, ohne dramatische Szenen und offensichtliche Übertreibung. Er bringt sich kaum mehr selbst zur Geltung, sondern verschanzt sich hinter Hilfsorganisationen, überläßt die aktive Kampfführung federgewandten Anwälten, manchmal auch einer energischen Ehefrau.«[31]

Von Baeyer stand nicht allein mit seinem Eindruck. Die Angst vor dem »modernen Rentenneurotiker« zirkulierte, und das auf breiter Front. Die ärztlichen Sachverständigen, die unter der Ägide des Bundesministeriums für Arbeit und Soziales 1960 ein offizielles Richtgutachten zur »Neurose« veröffentlichten, zitierten von Baeyer wörtlich.[32] Auch jüngere Kollegen, wie der Göttinger Psychiater Ulrich Venzlaff, – die, wie von Baeyer im Übrigen auch, Ende der 1950er Jahre antreten sollten, um mit Blick auf die ehemaligen NS-Verfolgten die Rigidität der »herrschenden Lehre« von der grenzenlosen psychischen Belastbarkeit des gesunden Menschen aufzubrechen[33] – sahen in der Figur des »Rentenneurotikers« eine ernstzunehmende Gefahr und ein Ärgernis für jeden Gutachter.[34] Venzlaff war sein Groll unschwer anzumerken: »Hat man im Rentenverfahren keinen Erfolg«, zeichnete er den in seinen Augen klassischen Vertreter des »Rentenneurotikers«, »so bemüht man sich wenigstens darum, als Opfer böser Gutachter oder gerichtlicher Fehlurteile, als ›von der Bürokratie zermahlener Kriegsversehrter‹ mit Bild und Schlagseite in Illustrierte und Boulevardblätter zu kommen.«[35] Aber auch Venzlaff sah den »Rentenneurotiker« nicht nur lautstark, aufdringlich und derb, und damit leicht entzifferbar: »Durch ihre Scheinheiligkeit und geschickte Schauspielerei gewinnen sie immer wieder gutgläubige Ärzte, die ihnen bereitwillig Atteste ausstellen, auf die sie dann im Verfahren pochen«,[36] mahnte er sehr eindringlich in seiner 1958 erschienenen Habilitationsschrift. Das eigentliche Anliegen Venzlaffs war allerdings, den Nachweis des »erlebnisbedingten Persönlichkeitswandels« zu führen. Die Identifizierung des »Rentenneurotikers« erschien ihm deshalb umso wichtiger.

Mehrmals hob der Göttinger Psychiater darauf ab, dass neben den Unfällen vor allem die Kriegsschäden »ein besonders häufig gewähltes Feld zur neurotischen Konfliktverschiebung« abgaben, wie er formulierte. Das Geld – bei Berufstätigen oft nur ein äußerst geringer Rentenbezug – gebe dafür nicht einmal immer den Ausschlag, vielmehr sei es vor der Umwelt etwas anderes, nicht schicksalhaft erkrankt zu sein, sondern verbrieft durch den Rentenbescheid eine offizielle Anerkennung dafür zu haben, dass man seine Gesundheit etwa »im Dienste des Vaterlandes«

hergegeben habe.[37] Der Hintergrund für das »Rentenbegehren« war, folgte man Venzlaffs Ausführungen, aber noch weit umfassender und der »Rentenneurotiker« überhaupt ein Massenphänomen. Venzlaff begriff ihn als eine Geburt des »*sozialen Rechtsstaates*«, der »eine Versuchssituation ersten Ranges« darstelle. Er war in seinen Augen nicht zuletzt auch das Ergebnis der politischen Ereignisse und Verheerungen des 20. Jahrhunderts, die das »soziale Gewissen« in »weiten Kreisen der Bevölkerung erschüttert«, wie Venzlaff fürchtete, sogar »unwiederbringlich verschüttet« hätten.[38] »Eine noch so geringe regelmäßige geldliche Zuwendung (für die man sich nicht zu mühen braucht, da sie einem ›zusteht‹) hat mitunter«, behauptete er, »einen weit größeren psychologischen Stellenwert als eine auskömmliche Existenz, die man aufgrund der bösen Erfahrungen aus 40 Jahren mit zahlreichen Unsicherheitsfaktoren behaftet sieht.« Der Göttinger Psychiater spitzte es zu: »Die Rente ist das *Zauberwort der Zeit geworden*«, damit sei »aber auch der Rentenbetrug zum Kavaliersdelikt unserer Tage aufgerückt«.[39]

b) Der Streit um die Erblichkeit

So abwegig waren die Überlegungen des Psychiaters Venzlaff nicht, als er vermutete, dass möglicherweise auch ein Bedürfnis nach Anerkennung der »Kriegsleistung« im Rentenbegehren verborgen war. Es ging aber nicht nur um die Anerkennung eines tatsächlichen Leidens, sondern um die Bestätigung, dass solche Beeinträchtigungen nicht, wie das die Verweigerung der Zubilligung eines kriegsbedingten Leidens nahelegte, erblich bedingt waren. Tatsächlich lief die Auseinandersetzung um die Anerkennungsfähigkeit von kriegsbedingten Leiden auf eine Grundannahme hinaus, deren sich nicht nur die Psychiater, sondern auch die Patienten und deren Familien bewusst waren: Waren psychische Auffälligkeiten nicht anerkennungsfähig, so blieb unausweichlich der Makel der anlagebedingten Belastung. In der psychiatrischen

Praxis war dies in Zweifelsfällen die ausgesprochene und für alle weitgehend verbindliche Rückfalloption, die immer wieder sehr sorgfältig überprüft wurde. Auch die Familien der Betroffenen führten das Gegenargument an, dass nur der Krieg beziehungsweise die Gefangenschaft, wenn keine früheren Auffälligkeiten zu beobachten waren, als Ursache in Frage komme. Damit verteidigten sie für sich und ihre Familienmitglieder eine Position, die den Makel der erblichen Belastung weit von sich wies. Der in der Anerkennungsfrage ausgetragene Streit um die Erblichkeit rührte also nicht nur an den Grundfesten der »herrschenden Lehre«, er betraf auch das allgemeine Verständnis von seelischer Gesundheit im familiären Wissen.

Natürlich gab es Fälle, die zwischen dem Psychiater und den Angehörigen des heimgekehrten Soldaten unstrittig waren. Das war etwa bei Hermann H. der Fall, der im Sommer 1946 die Psychiatrie wegen starker Depressionszustände selbst aufgesucht hatte.[40] Von seinem Amt als Pfarrer war er deshalb zu dieser Zeit enthoben. Dem Arzt erzählte er weder über seine Kriegzeit, in der er als Dolmetscher bei einer Nachrichteneinheit eingesetzt gewesen war, noch über seine Inhaftierung in russischer Gefangenschaft besonders viel. Im Aufnahmegespräch findet sich nur eine kurze Notiz: Er sei »ziemlich schlecht behandelt worden«. Trotzdem gab er zu verstehen, dass er die Gefangenschaft »ohne Sorgen ruhig hingenommen« habe. Auch seine Arbeit als Pfarrer in der Gemeinde hatte Hermann H. zunächst schnell wiederaufgenommen, bald jedoch unter starken Konzentrationsstörungen gelitten und einen außergewöhnlich erscheinenden Widerwillen gegen die anfallenden Arbeiten entfaltet. Auf den Psychiater wirkte er nach der Aufnahme »niedergedrückt, langsam, etwas gehemmt«. Besonders verändert erschien er dem Arzt allerdings nicht. Nach fünf Schocks hielt er den Patienten auch wieder für »geordnet«. Der Psychiater war sich trotz des relativ kurzen Aufenthaltes von Hermann H. – die Behandlung dauerte zwei Wochen – sehr sicher. Es sei eine »endogene Depression«, mithin erblich bedingt, vor allem die »starke familiäre Belastung in gleicher Richtung« war ihm dafür ein starkes Argument. Auch für die Ehefrau von Hermann H. war das einleuchtend, wie man ihren Briefen entnehmen kann, mit denen sie sich elf Jahre später rat- und hilfesuchend an den Pastor der von Bodelschwinghschen Anstalten wandte. Das Zusammenleben mit ihrem Mann sei für sie unerträglich geworden, denn in den Phasen seiner »Manie«, schrieb sie, beschimpfe er sie, und geschlagen habe er sie ebenfalls schon. »Er war bis 1945 ein lieber herzensguter Mann und Vater«, doch liege »die Veranlagung in seiner Familie«, erklärte sie dem Pastor.[41] Anderthalb Jahre später schilderte sie ihm abermals die schweren häuslichen Konflikte, ratsuchend, wie sie ihren Mann zu einem Anstaltsaufenthalt bewegen könne. »Es liegt in seiner Familie«, wiederholte sie und präzisierte, »4–5 Generationen hat man schwere Fälle« gehabt. Auch ihr Mann widersprach dem nicht, doch war er davon überzeugt, gesund zu sein.[42]

Es waren bei weitem nicht nur familiäre Belastungen – in den Krankenakten sind sie äußerst selten verzeichnet –, welche die Angehörigen von einem »anlagebedingten« Leiden der aus dem Krieg oder der Gefangenschaft zurückgekehrten Männer überzeugten. So hatte die Frau von Adolf W. ihrem Mann schon vor Beginn des Krieges Vorwürfe gemacht, weil er in ihren Augen viel zu »schlapp und hängerisch war und sich vielfach gehenließ«, wie der Psychiater 1948 ihre Darstellung wiedergab.[43] Als Adolf W. nach seiner Rückkehr aus der Gefangenschaft erneut den Eindruck erweckte, sich gehenzulassen, auch die kleinen Hilfeleistungen als »Frauenarbeit« zurückwies, sich schließlich von der Polizei verfolgt und von Nachbarn bespitzelt fühlte, drängte seine Frau ihn zur psychiatrischen Behandlung. Aus den Aufzeichnungen des Psychiaters geht hervor, dass sie das Verhalten von Adolf W. nun insgesamt in einem anderen Licht sah. Schon vor Kriegsbeginn sei er offenbar »krank« gewesen, lautete ihre neu gewonnene Erklärung. Dass er sich während des Psychiatrieaufenthaltes unter anderem in Vorstellungen verstieg, man halte ihm täglich sein »Spiegelbild« entgegen, alles sei nur eine »Erziehungsarbeit am Volke« und auch der Krieg sei ebenfalls

»nur Schein gewesen«, bestätigten laut Akteneintragung auch in ihren Augen die Vermutung eines »anlagebedingten« Leidens eher, als dass sich Zweifel an diesem Zusammenhang genährt hätten. Nachdem sich Adolf W. im Sommer 1949 erhängt hatte, trat die Ehefrau mit dem Psychiater sogar noch einmal wegen eines nervenärztlichen Gutachtens in Kontakt. Es ging ihr nicht um die ärztliche Bestätigung einer vielleicht doch zu erwägenden »Wehrdienstbeschädigung«, wodurch sie sich eine schmale Hinterbliebenenrente aus der Kriegsopferversorgung hätte sichern können. Es war vielmehr die Geschäftsunfähigkeit ihres Mannes, die sie von psychiatrischer Seite bescheinigt haben wollte. Es war die einzige Möglichkeit, sich der Schulden, in die Adolf W. seine Familie nach der Währungsreform durch leichtsinnige Geschäfte gestürzt hatte, zu entledigen.

Während die Akten wiederholt Hinweise darauf geben, dass die Frauen die Nachricht eines »anlagebedingten« Leidens ihrer Männer ohne weiteres akzeptierten – es enthob sie unter anderem jeglicher Mitverantwortung für deren Verhalten –, opponierten eine ganze Reihe von betroffenen Kriegsheimkehrern gegen einen solchen Befund. Auch Eltern fiel es auffallend schwer, die manchmal während des Krieges, manchmal in dessen Folge auftretenden psychischen Veränderungen ihrer Söhne als erblich bedingte Leiden zu begreifen und hinzunehmen. »Bis zu den Urgroßeltern zurück kann ich […] keinen Fall von Psychopathologie unter den Ahnen feststellen«, bekräftigte der Vater von Wilhelm S., als er 1948 in einem Schreiben an die Psychiatrie um Aufnahme seines Sohnes bat, der seit dem Krieg kaum zur Arbeit zu bewegen sei und zu »einem dumpfen Brüten« neige.[44] Der Vater des Heimkehrers war durchaus überzeugt, dass für »derartig Leidende« die von ihm angeschriebene psychiatrische Anstalt wohl in Frage käme. Dass sein Sohn aber ein »Psychopath« sein solle, wie man ihm bei der Entlassung aus der Wehrmacht 1944 bescheinigt hatte, und das »unter der Angabe, das Leiden sei erblich veranlagt«, war dem Vater überhaupt nicht einleuchtend. Schon zum damaligen Zeitpunkt hatten die Eltern angenommen, dass Wilhelm S.s Beschwerden »durch den Wehrdienst und die Front verursacht« seien, weshalb auch ein Antrag auf Wehrdienstbeschädigung berechtigt sei. Die Eltern hatten sich davon jedoch wieder abbringen lassen, weil der behandelnde Psychiater der Nervenabteilung des Hamburger Krankenhauses sie über die Erfolglosigkeit eines solchen Antrages aufgeklärt hatte. Wilhelm S. stand 1944 ohnehin anderes im Sinn: Er wollte – und überzeugte den Arzt erfolgreich – so bald wie möglich wieder als Soldat eingesetzt werden.

Diese Bewährungsprobe der Tapferkeit, die zumindest aus Sicht der Soldaten, gelegentlich auch ihrer Eltern, das Argument eines erblichen Leidens außer Kraft setzte, stand den Kriegsheimkehrern nach 1945 nicht mehr zur Verfügung. Dafür finden sich mitunter Beteuerungen, man habe doch während des Krieges gewissermaßen »seinen Mann gestanden«. Die ärztliche Behauptung, es handele sich bei den Beschwerden um ein erbliches Leiden, war damit, so glaubten doch einige, überzeugend widerlegt. Durchhaltevermögen im Krieg vertrug sich mit der vermeintlichen »Minderwertigkeit«, die einem anlagebedingten Leiden in den Augen vieler anhaftete, nicht. »Es ging mir so gut wie noch nie!« – so drückte es Eduard S. aus, als er 1950 rückblickend von den Kriegsjahren sprach und sich brüstete, es bis zum Leutnant und Bataillons-Adjutanten gebracht zu haben. In Russland war er gewesen, und er hatte an der »Partisanenbekämpfung« teilgenommen.[45]

Doch auch in Fällen, in denen die ehemaligen Soldaten den Anforderungen des Krieges nicht standgehalten hatten und, wie etwa Karl W., wegen zu großer »Nervosität« nicht zu weiteren Kampfeinsätzen herangezogen wurden, widerstrebte den Angehörigen der Gedanke an ein erblich bedingtes Leiden manchmal sehr.[46] Das galt selbst dann, wenn die Kriegsheimkehrer ausgesprochen schwere psychische Beeinträchtigungen zeigten; und der Unglaube an die diagnostizierte Anlagebedingtheit des Leidens konnte sich auf verschiedenste Art und Weise ausdrücken. Das Drängen der Eltern auf vorzeitige Entlassung ihres Sohnes war dafür gelegentlich ein deutliches Zeichen. Im Fall von Hermann M., der im Sommer 1945 von seinem Vater in die Psychiatrie gebracht wurde, spricht das Verhalten der Eltern, auf das es in der Akte verschiedentlich Hinweise gibt, jedenfalls für eine solche Interpretation.[47]

Dabei stellten die Eltern gar nicht einmal in Frage, dass Hermann M. tatsächlich einen ersten Schizophrenieschub durchgemacht hatte, wie es der Psychiater diagnostizierte. Hermann M. hatte einige Monate nach seiner Rückkehr aus dem Kriegsgefangenenlager in Recklinghausen ganz ohne Zweifel Wahnvorstellungen entwickelt, während deren er etwa meinte, er werde von seinen Gegnern erschossen. In der Psychiatrie waren weitere Halluzinationen offenbar geworden. So hatte ihn unter anderem eine Stimme verfolgt, die »Nazi-Hunde« rief. Etwa zwei Monate nach seiner Aufnahme verließ Hermann M. eigenmächtig die Psychiatrie. Sein Vater informierte zwar den Arzt, doch teilte er diesem auch mit, »dass ein weiterer Aufenthalt nicht notwendig sei, da sich sein Sohn doch jetzt ganz ›normal‹ benehme.« Nur durch die Androhung des Psychiaters, der Amtsarzt werde eine polizeiliche Einweisung in die geschlossene Anstalt veranlassen, wenn Hermann M. nicht in wenigen Tagen zurück sei, war der Vater dazu zu bewegen, ihn zurückzubringen. Nach den Worten des Psychiaters zeigten sich die Eltern danach jedoch nicht weiter »einsichtig«. Sie drängten wieder auf Entlassung. Da Halluzinationen nicht mehr nachzuweisen waren, gaben die Ärzte diesem Druck wenige Tage später nach. Hermann M. wurde »probeweise«, wie der Psychiater betonte, nach insgesamt sechsundzwanzig Schocks und mit »ungünstiger Prognose« nach Hause entlassen.

Die Eltern brachten Hermann M. in den nächsten Jahren nicht wieder in die Psychiatrie zurück, das lässt sich zumindest für den Zeitraum bis 1949 feststellen, da seine Krankenakte mit einem beigehefteten nervenärztlichen Gutachten aus ebendiesem Jahr endet. Auf Ersuchen der Landesversicherungsanstalt war es angefertigt worden, der Vater hatte einen Antrag auf Anerkennung einer Wehrdienstbeschädigung gestellt. Für ihn war es undenkbar, dass die diagnostizierte Schizophrenie nicht durch den Krieg verursacht sein sollte. Drei Punkte hatte er zur Begründung vorgebracht, das nervenärztliche Gutachten führte sie auf: Jede familiäre Belastung fehle, hatte der Vater als ersten Grund angegeben. Zudem hielt er, zweitens, auch den zeitlichen Zusammenhang für ausschlaggebend – die Psychose sei schließlich schon wenige Wochen nach der Rückkehr seines Sohnes aus der Kriegsgefangenschaft ausgebrochen –, drittens bezögen sich die Inhalte seiner Wahnvorstellungen fast ausschließlich auf den Krieg.

Den Psychiatern waren solche Argumente geläufig. Des Öfteren nahmen sie in Gutachten auf derartige Betrachtungsweisen der Angehörigen Bezug und erklärten – fast etwas formelhaft – auch ihr Verständnis dafür, dass den Anverwandten die »psychiatrische Handhabung« derartiger Fälle kaum begreifbar zu machen sei. »Denn sie haben ja den Betreffenden mehr oder weniger gesund einziehen sehen und bekommen ihn nach all den Belastungen des Kriegseinsatzes geisteskrank zurück«, erläuterte der begutachtende Psychiater im Fall von Hermann M. Dabei konnte sich der Arzt selbst bei der fachärztlichen Nachuntersuchung für das Gutachten im Jahr 1949 noch davon überzeugen, dass Hermann M. – obwohl mittlerweile mit einer einfachen Tätigkeit in der Firma des Vaters beschäftigt – weiterhin an leichten Wahnvorstellungen litt, die beständig um Elemente des Krieges kreisten. Er spreche von »Verfälschungen, Verfolgungen, Bedrohungen, meint, er sei jetzt Ausländer. Er spricht von Verfrachtungen, U-Boot, von seinen Truppen, die hierher kämen usw.«, fasste der Psychiater zusammen, der die Symptome allerdings nicht mehr für »ganz so alarmierend« hielt wie 1945. Trotzdem folgte er der Begründung des Vaters, warum das Leiden seines Sohnes auf den Krieg zurückzuführen sei, nicht. Nach allen ärztlichen Erfahrungen lägen die »Wurzeln dieser Erkrankung« immer noch in der »Anlage«, nicht in den Kriegseinwirkungen, wie der Psychiater insistierte, der eigens heraushob: »Was schließlich den Inhalt seiner Wahnvorstellungen anbetrifft, so wissen wir, dass häufig bei Schizophrenien die Wahnwelt von den Erlebnissen geprägt wird, ohne dass es berechtigt wäre, hier einen Schluss auf die Ursache der Erkrankung in solchem Erleben zu ziehen.« Dieselbe Überzeugung formulierte der renommierte Heidelberger Psychiater Kurt Schneider noch im Jahr 1956 auf eingängige Weise: »Diagnostik sieht auf das ›*Wie?*‹ (Form), *nicht* auf das ›*Was?*‹ (Thema, Inhalt). Wenn ich Gedankenentzug feststelle, dann ist mir dies als Erlebnisweise und diagnostischer Hinweis wichtig, nicht aber interessiert mich *diagnostisch*, ob der Teufel oder die Geliebte oder ein politischer Führer die Gedanken entzieht.«[48]

Für Schneider stand die »wirkliche« Diagnostik auf dem Spiel, blickten Ärzte auf solche Inhalte. »Man sieht dann nur das Biographische oder auslegbare Dasein«, so seine Feststellung, mit der er den Anhängern der Psychoanalyse, aber auch der Daseinspsychopathologie, zumindest in ihren »neueren extremen Abarten« einen Hieb zu verpassen versuchte.[49] Unter den betroffenen Kriegsheimkehrern und ihren Angehörigen widersprachen viele energisch, die Ausblendung des Biografischen leuchtete angesichts der in so vieler Hinsicht augenfälligen Zerstörungskraft des Krieges nicht jedem ein. So schrieb etwa der Vater von Martin M., der mit achtzehn Jahren als Panzerschütze – damals »seine Lieblingswaffe« – zur Wehrmacht eingezogen worden war, in einem Brief aus dem Jahr 1948 an den ehemals behandelnden Psychiater seines Sohnes: »Es ist doch einfach ein Unding, zu behaupten, dass die Krankheit durch den Krieg nicht zum Ausbruch gebracht worden ist.«[50] Der gutachtende Psychiater hatte bei dem Kriegsheimkehrer ein Jahr zuvor das Vorliegen einer anlagebedingten Schizophrenie bestätigt, allerdings vorsichtig dafür plädiert, dennoch einen »Verschlimmerungszusammenhang mit WDB-Einflüssen« anzuerkennen, da die Krankheit in einem chirurgischen Lazarett verkannt worden sei. Wäre das nicht der Fall gewesen, so das Argument des Psychiaters, hätte der Soldat angemessen behandelt werden können, er wäre auch nicht wieder erneut eingezogen worden und »schweren Belastungen ausgesetzt« gewesen. Die Landesversicherungsanstalt lehnte dennoch eine Anerkennung als Wehrdienstbeschädigung ab. Martin M. erhob Einspruch, sein Vater bat den Psychiater in einem Brief, das Gutachten dahingehend zu modifizieren, dass ein positiver Bescheid erwirkt werden könne.

Wie viele andere auch, machte der Vater in diesem Schreiben keinen Hehl aus seiner Empörung, die der Ablehnungsbescheid bei ihm auslöste, wobei auch seine Hilflosigkeit nicht zu verkennen war. »Ein verlorenes Bein ist leicht nachzuweisen, leicht aber auch zu verschmerzen mit dem Verstande verglichen«, erklärte er, regelrecht darum ringend, dass der Psychiater doch helfen möge. Zudem war der Vater mit weiteren Hinweisen zur Hand. Er hatte sich kundig gemacht: Ein anderer Arzt hatte ihm von zwei Fällen erzählt, bei denen eine Nervenentzündung zu Folgeerscheinungen geführt hätte, die den Symptomen einer Schizophrenie geglichen haben sollten. Vielleicht handelte es sich also doch eher um eine Nervenentzündung? Möglicherweise habe man eine solche bei seinem Sohn übersehen. Von einem anderen Fall wusste er zu berichten, bei dem erst die Obduktion – hier bei einer verstorbenen Frau – den Nachweis für die zuvor bezweifelte Diagnose einwandfrei geliefert hätte. Martins Vater verstieg sich in die Annahme einer nicht erkannten Nervenentzündung, und abspeisen lassen wollte er sich nicht. Wortstark brachte er es zum Ausdruck: »Lässt man da die armen Opfer mit der wahnwitzigen Ausrede, heute sei das noch nicht immer in jedem Falle nachweisbar, grundsätzlich ohne jede Hilfe, dann kann mein armer Kopf keinen Unterschied zur Einstellung des 3. Reiches gegenüber den Nervenkranken finden.« Gewiss müsse doch eigentlich, legte er dem Psychiater nahe, »bei solchen Krankheiten in dubio pro entschieden werden?« Dieser aber hielt nicht nur an seiner bisherigen Diagnose einer Schizophrenie fest. Er blieb darüber hinaus davon überzeugt, dass man über die im Gutachten bereits ausgedrückte Empfehlung, den damals akuten Schub als WDB-Leiden im Sinne der Verschlimmerung anzuerkennen, nicht hinausgehen könne. Als Arzt seien ihm, so gab er zu verstehen, die Hände gebunden. Denn so groß der Wille zu helfen sein mochte, die Anerkennung auch für den Verlauf des weiteren Leidens für alle Zukunft zu bejahen, sei, erläuterte er Martin M.s Vater in einem Brief, »nach dem derzeitigen Stand der Forschung« nicht gerechtfertigt.[51]

Sofern es sich um eine diagnostizierte Schizophrenie handelte, sollte sich an diesem Stand während der 1950er und 1960er Jahre nichts grundlegend ändern. Ausnahmen waren und blieben höchst selten, nur in ausgesprochen vereinzelten Fällen, so räumte Kurt Schneider in einem 1950 publizierten Aufsatz ein, könne man, sofern eine »schwere akute, insbesondere körperliche Schädigung« vorausgegangen sei, eine Kriegsdienstbeschädigung einräumen.[52] Damit war ein Leitsatz formuliert, der sich auch in Gutachten – gelegentlich mit explizitem Bezug auf Schneider – wiederfindet. Selbst wenn etwa der zum damaligen Zeitpunkt in den von Bodelschwinghschen Anstalten in Bethel beschäftigte Psychiater Walter Schulte in einem Gutachten aus dem Jahr 1952 konzedierte, man sei »zwar heutzutage dafür aufgeschlossen, dass sich manche äußeren Belastungsmomente auch bei der Manifestierung einer Schizophrenie geltend machen können«[53] – es blieb bei Einzelfällen. Das war auch bei seinen Begutachtungen erkennbar. Schulte sprach sich – entgegen der vorherrschenden Lehre und gängigen Praxis, die als »anlagebedingt« geltenden Krankheiten von der Kriegsopferversorgung auszuschließen – wiederholt gegen die schematische Ablehnung von Kriegsrentenansprüchen aus.[54] Bereits 1947 hatte er öffentlich bekannt, er habe im Krieg Fälle von Psychosen gesehen, bei denen er es nicht für gerechtfertigt halte, den Krieg als mit verursachenden Faktor ganz auszuschließen.[55] Sofern man aber nicht davon sprechen könne, dass die Belastungen »nach Intensität und Zeitdauer das Durchschnittsmaß« im Krieg überschritten hätten, sei an einen Ausnahmefall, so bekräftigte auch Schulte in einem Gutachten, nicht zu denken.[56] Lediglich beim ehemaligen Soldaten Friedrich H., der als Achtzehnjähriger in der Endphase des Krieges noch zur Wehrmacht eingezogen worden war, lag der Fall in seinen Augen anders. Der Psychiater hielt es aufgrund der gesamten Konstellation für wahrscheinlich genug, um zu behaupten, der Krieg habe zu einer frühzeitigen Auslösung der Schizophrenie beigetragen.[57]

Die Betroffenen und ihre Angehörigen, die man mit der Nachricht konfrontierte, es bestehe kein ursächlicher Zusammenhang zwischen dem Krieg und dem ausgebrochenen Leiden, verfolgten die Begutachtungspraxis mit Argusaugen, so scheint es manchmal – soweit es ihnen möglich war. »Ausnahmefälle«, wie der soeben erwähnte Friedrich H., sprachen sich herum; ein seiner Krankenakte beiliegender Brief verdeutlicht das paradigmatisch. Geschrieben war er von der Ehefrau eines anderen Kriegsheimkehrers. Sie hatte von dem positiven Gutachten für Friedrich H. Kenntnis erlangt. Im Sommer 1951 wandte sie sich daher an den Chefarzt der psychiatrischen Anstalt, da doch auch bei ihrem Mann »die Geisteskrankheit als Kriegsfolgeleiden« anerkannt werde könne.[58] Ob dabei das Bedürfnis im Vordergrund stand, dem Anschein des erblichen Defizits zu entkommen, oder ob die Aussicht auf die Kriegsopferrente der gewichtigere Beweggrund für eine solche Beharrlichkeit war, ist allerdings, wie so oft, kaum zu entscheiden. Vieles spricht für die Annahme, dass sich beides häufig mischte.

Das gilt auch für die Familie des oben bereits genannten Martin M. Der Vater versuchte sich augenscheinlich sehr genau darüber zu informieren, unter welchen Modalitäten eine Kriegsopferrente für seinen Sohn erwirkt werden konnte. Die Suche nach der körperlichen Schädigung – in diesem Fall eine möglicherweise erlittene »Nervenentzündung« – kann durchaus als ein Hinweis darauf gelesen werden. Immerhin holte der Vater von verschiedener Seite Rat ein, wie aus seinem Schreiben hervorging. Er versuchte durch Auskünfte anderer Ärzte und dem vor Ort mit den Versorgungsfällen befassten Regierungsdirektor Lösungen aufzuspüren, die den Weg zur Rente möglicherweise ebneten. So beteuerte der sorgenvolle Vater zwar, sie dächten für den Moment ja gar nicht an eine Rente, fügte jedoch hinzu, »wir wollen aber einen Anspruch darauf haben, wenn er rückfällig werden sollte«. In diesem Sinne bat er auch den Psychiater, »alles zu tun, wodurch die Zukunft Martins sicherer werden kann«.[59]

Auch dem ehemaligen Leutnant zur See, Leopold F., war das fünf Jahre nach Kriegsende ein äußerst dringendes Anliegen, wie einem seiner Briefe an die Psychiatrie zu entnehmen ist.[60] »Eine noch so geringe Rente ist für mich lebensnotwendig, denn ich kann keinen Pfennig selbst verdienen, während Amputierte sogar noch arbeiten können und dazu noch ihre Rente haben«, schrieb er dem Arzt, den er für die wegen des Einspruchsverfahrens noch einmal fällige fachärztliche Untersuchung um einen Hausbesuch bat. Er selbst sah sich außerstande, den Weg in die Klinik anzutreten.[61] Sechs Jahre lag es zurück, dass der damals zwanzigjährige Leopold F. begonnen hatte, über alle möglichen Beschwerden, vor allem das Herz betreffend, zu klagen, nach Angaben des Vaters zudem unruhig wurde und »Lebensüberdruss« äußerte.[62] Die Eltern nahmen damals an, er sei wohl »infolge des Todes seines Bruders ins Grübeln gekommen«, der in Italien gefallen war. Die Ärzte der inneren Abteilung im Lazarett konnten kein begründbares »Leiden« feststellen. Der daraufhin hinzugezogene Psychiater verfolgte eher den Gedanken einer Schizophrenie – eine zweifelhafte Diagnose, wie der psychiatrische Kollege in Bethel nach etwa zweimonatiger Behandlung des Patienten meinte.

Leopold F. hatte nach der Entlassung aus dem Krankenhaus im Frühjahr 1945 zunächst durchaus wieder Fuß gefasst und ein Studium begonnen. Doch anderthalb Jahre später, schilderte er 1950, hätten ihn die Beschwerden wieder heimgesucht. In den Augen des ehemaligen Soldaten lag die Verbindung dieser beiden Krankheitsphasen klar auf der Hand, die wieder auftauchenden Leiden konnte er sich jedenfalls nur folgendermaßen erklären: »Der damalige Geschwaderarzt [...] hat durch seine Simulantenbehandlung durch Elektrisieren (worauf der rein körperliche Nervenzusammenbruch folgte, den ich nie mehr überwinden konnte) meine Gesundheit für immer ruiniert«, schrieb er in einem Brief. Vordem habe er »ja nur eine einfache Herzneurose« gehabt, die ja schlicht bei etwas Ruhe hätte ausheilen können.[63] Den »Zusammenbruch« hatte in den Augen des ehemaligen Leutnants eindeutig jener Arzt verschuldet. Vor allem vermutete Leopold F. dabei eine körperliche Schädigung, ansonsten hätte doch wohl, so argumentierte er, die Anwendung von zwölf Elektroschocks und achtundvierzig Insulinschocks eine Besserung oder Heilung der

Krankheit bewirken müssen, wie er es auch bei vielen Kranken in der Anstalt Bethel gesehen habe. Da dies bei ihm nicht zutreffe, könne von einer »rein seelisch-geistigen Krankheit« keine Rede sein. Arbeitsunfähig, ohne Rente, ohne große Ersparnisse warb der ehemalige Soldat eindringlich um das Verständnis und die Unterstützung des Psychiaters, wobei er seine Verbitterung kaum zügeln konnte. Angesichts des ihm verweigerten Anspruchs auf eine Kriegsopferrente schrieb er:

»Ich habe aber ein Recht auf das Leben wie jeder andere Mensch und denke nicht daran, mich einfach vom Staat mit einer Ausrede abspeisen zu lassen, der sich heute nicht mehr für Fehlbehandlungen seiner Ärzte im Kriege verantwortlich fühlt. Für den Krieg selbst (und damit für die Leute in der Heimat, die damals genau wie heute in den Büros saßen) war ich damals gut genug und konnte als Kriegsfreiwilliger den schweren Dienst als Minensucher verrichten. – Sie können mir glauben, Herr Professor, dass ich von diesem undankbaren Gebilde, das sich Staat nennt, niemals mehr etwas haben wollte (und ihm auch nie mehr etwas geben werde), wenn ich nur einen Pfennig selbst verdienen könnte, und sei es als Straßenkehrer. Es wäre viel, viel besser, als Offizier gewesen zu sein, studiert zu haben und doch nicht arbeiten zu können.«

Der geltend gemachte Anspruch auf eine Kriegsopferrente war durchaus auch der Versuch der eigenen Ehrenrettung – eine Anerkennung nicht nur der eigenen »gesunden« Anlagen, sondern auch des Einsatzes, den man während des Krieges geleistet hatte. Beides schien oftmals Hand in Hand zu gehen. Auf diese Weise war dem Gefühl des verwirkten Lebens etwas entgegenzusetzen, ein Ansinnen, das aus den Briefen des ehemaligen Leutnants geradezu hervorsticht. Bereits im Vorjahr war das deutlich geworden, als er sich schon einmal mit einem Brief hilfesuchend an den Psychiater gewandt, ja, regelrecht geklammert hatte: »Auf Grund meiner Krankheit hat mich meine Braut verlassen auf Befehl ihrer Eltern«, erklärte Leopold F. damals und bat dringend: »Ich muss schon allein aus dem Grunde wieder gesund werden, um zeigen zu können, dass ich genau so etwas leisten kann wie meine Kameraden. Ich war in der Jugend immer der erste, beim Militär ebenfalls, meine Kameraden brachten es nirgends so weit wie ich. Und nun ist mein Leben erledigt, obwohl X Ärzte immer wieder sagen: organisch kein Befund.«[64]

An schweren »seelischen Störungen« zu leiden, ohne dass ein körperliches Grundleiden vorhanden sein sollte, war an sich schon für viele unfassbar, dass die Kriegsopferrente meist verwehrt blieb, umso mehr. Der Streit um die »Erblichkeit« entzündete sich jedoch keineswegs nur dann, wenn Psychiater eine der als klassisch angesehenen Erbkrankheiten diagnostizierten, wozu sie etwa die Schizophrenie zählten. Bei der weitaus größeren Zahl der Fälle wird es sich sogar – man kann das nur schätzen – um diejenigen psychischen und physischen Beschwerden gehandelt haben, bei denen die als »normal« geltende Rekonvaleszenzzeit als überschritten galt. Die Leiden konnten dann nach den bisherigen ärztlichen Standards nicht mehr mit einer ehemaligen Verletzung in Beziehung gesetzt werden. Möglich war auch, dass ohnehin nie eine erkennbare organische Schädigung vorgelegen hatte. Die Psychiater diagnostizierten dann meist, wie oben ausgeführt, »neurotische Störungen«, die sie im Kern ebenfalls auf die »Anlage« zurückführten.

Das nervenärztliche Gutachten für Leopold F. kann das noch einmal paradigmatisch belegen. Der gutachtende Psychiater, der sich im Jahr 1950 der Diagnose der Schizophrenie keineswegs sicher war, wollte deshalb auch die »entfernte Möglichkeit« einer »Kernneurose« ansprechen. Im Endeffekt kam er aber hinsichtlich der Zusammenhangsfrage zum gleichen Ergebnis: »Auch dann liegen die Dinge grundsätzlich gleich«, erklärte er, auch wenn man wohl wisse, »dass die Neurosen eine größere Abhängigkeit von unseren Konfliktsituationen, seelischen und körperlichen Belastungen« aufwiesen. Dennoch stellte sich ihm die Sache folgendermaßen dar: »Wenn aber, wie in diesem Falle, die Störungen über sechs Jahre anhalten, wenn sie sich durch keinerlei psychotherapeutische Behandlung beeinflussen lassen oder sogar immer stärkere Grade annehmen, dann muss die Ursache in der Persönlichkeit des Trägers der Erkrankung gesehen werden, in dem anlagenbedingten Mangel an entsprechender Erlebnisverarbeitung.« Aus Sicht des Arztes gab es keine Wahl. »Es geht nicht an«, bekräftigte er, »nun etwa diese Störungen ursächlich auf die Kriegseinwirkungen zurückzuführen, ja es wäre therapeutisch das Unheilvollste, was man machen könnte, weil man nur zur weiteren Fixierung der Störungen beitragen würde.« Der Psychiater blieb damit bei seinem eingangs bereits klar formulierten Votum, dass, sosehr man »von der Schwere dieser seelischen Störungen überzeugt« sei, »ein WDB-Zusammenhang für dieses Leiden« abgelehnt werden müsse.[65] Anders gewendet, bescheinigte das Gutachten Leopold F. damit eindeutig: Der Grund für seine anhaltenden Beschwerden war nach fachlichem Urteil erblich bedingt.

Eine ganze Reihe von Kriegsheimkehrern wird den »Streit um die Erblichkeit« an dieser Stelle beendet haben und nicht mehr weiter den Weg zu höheren Instanzen gegangen sein. Immerhin waren offenbar bereits im Vorfeld viele der Heimkehrer die anstehenden Begutachtungsprozeduren leid, wie man von dem in Schleswig-Holstein praktizierenden und für das Versorgungsamt gutachtenden Arzt Heinz Meyeringh im Jahr 1955 erfahren konnte. Auf der Tagung des Ärztlichen Sachverständigenbeirats für Fragen der Kriegsopferversorgung klärte er den dort anwesenden Vertreter vom »Verband der Heimkehrer« darüber auf, dass angeblich nur einer von acht »Spätheimkehrern«, die zur Untersuchung eingeladen würden, bei ihm überhaupt erscheine; von den anderen habe er schlicht die Antwort erhalten, sie hätten »den Kanal voll mit den Untersuchungen«.[66]

Ob dieses Verhältnis auch nur annähernd stimmt, ist nicht mehr überprüfbar. Die deutlich lautstärkere Gruppe bildeten zweifellos diejenigen Kriegsheimkehrer, die gegen den negativen Bescheid der Versorgungsämter aufbegehrten, den die Behörde bei vorgeblich »anlagebedingten« Leiden ausstellte – sofern nicht ausnahmsweise ein anders begründetes Votum des Gutachters vorlag. Empört über diese Praxis, wandten sich betroffene ehemalige Soldaten gelegentlich auch an die politisch Verantwortlichen. So attackierte ein Kriegsheimkehrer in einem 1956 verfassten Brief an das Bundesministerium für Arbeit und Sozialordnung insbesondere die Verfasser der »Anhaltspunkte für die ärztliche Gutachtertätigkeit im Versorgungswesen«:

»Sind diese Herren denn blind und taub, dass sie nicht schon längst gemerkt haben, welches Unheil sie mit derartigem Unsinn und Unrecht angerichtet haben? Lesen sie nie Zeitung, um zu wissen, wie viele Kriegsopfer, denen die Rente aus diesem lächerlichen Grunde entzogen wurde oder vorenthalten wurde, ihr Leben wegwarfen, weil sie dieses Unrecht nicht ertragen konnten? Zur Zeit des dritten Reiches wurden die Menschen vergast und erschossen, heute treibt die Bürokratie (und wer ist wohl diese Bürokratie?!) die Menschen grausam dazu, ihr Leben selbst wegzuwerfen. Ist eins weniger verwerflich als das andere? Nein! [...] Im Verein mit den außer mir durch diese »Anhaltspunkte« geschädigten Kameraden, werde ich *jede* Gelegenheit wahrnehmen, dieses Unrecht öffentlich anzuprangern. Oder finden Sie vielleicht eine Erklärung hierfür, dass man uns gegenüber den Nazi-Verfolgten als zweitrangige Menschen behandelt?«[67]

Der verbitterte Kriegsheimkehrer, dem ganz offensichtlich jedes Bewusstsein für die Abscheulichkeit der Verbrechen fehlte, welche die Nazis an den Verfolgten verübt hatten, spielte hier vermutlich auf das Bundesentschädigungsgesetz an, das den juristischen Rahmen für die Wiedergutmachungsansprüche der NS-Verfolgten bereitstellte und das in einem Passus zumindest die Möglichkeit eröffnete, im Falle von »anlagebedingten Leiden« eine Rente zugesprochen zu bekommen.[68] Auf eine medizinische Praxis, die in der Begutachtung von NS-Verfolgten erkennbar von derjenigen der deutschen Kriegsopfer abgewichen wäre, konnte sich der Schreiber dieses Briefes zum damaligen Zeitpunkt mit Sicherheit nicht stützen. Die weitaus überwiegende Zahl der Ärzte war ohnehin nahezu ausschließlich mit den körperlichen und psychischen Leiden der Kriegsheimkehrer aus den sowjetischen Lagern befasst.[69] Der »Verband der Heimkehrer, Kriegsgefangenen und Vermißtenangehörigen« (VdH), seit 1950 die Dachorganisation der lokalen Heimkehrerorganisationen, zählte es sogar zu seinen wichtigsten Aufgaben, die medizinische Betreuung der Kriegsheimkehrer mit abzusichern und die wissenschaftliche Erforschung der Dystrophie und der postdystrophischen Beschwerden voranzutreiben. So umfasste der ärztliche Dienst des VdH 1955 etwa zweitausend ehrenamtlich tätige Ärzte – wegen ihrer freiwilligen Gutachtertätigkeit bei den hauptamtlichen Versorgungsärzten nicht unumstritten.[70] Ein »Ärztlich-wissenschaftlicher Beirat«, 1952 ins Leben gerufen, organisierte mit finanzieller Hilfe des Verbandes mehrere Tagungen, deren Ergebnisse der Verband veröffentlichte und damit – zeitlich jedoch teilweise um Jahre verzögert – der interessierten Öffentlichkeit zugänglich machte.[71] Die Mehrzahl der Beiträge befasste sich dabei mit allerlei körperlichen Schädigungen und Beschwerden, ein Großteil fiel allerdings in den Zuständigkeitsbereich der Inneren Medizin oder wurde von den Internisten als zu ihrem Gebiet gehörend reklamiert.

In dem mehrfach bereits erwähnten »Ärztlichen Sachverständigenbeirat für Fragen der Kriegsopferversorgung«, der Expertenkommission des Ministeriums für Arbeit und Sozialordnung, war das nicht anders und für den oben dargestellten »Streit um die Erblichkeit« alles andere als belanglos, wie sich in den Tagungsprotokollen aus dem Jahr 1956 zeigt. Die Vertreter der Inneren Medizin präsentierten sich hier teilweise äußerst selbstbewusst, wenngleich auch in den eigenen Reihen nicht unumstritten, als Protagonisten eines psychosomatischen Ansatzes, der in der Nachkriegsgesellschaft auf wachsende Resonanz zu stoßen schien.[72] Der Psychiater Friedrich Panse beobachtete eine solche Entwicklung sogar schon seit Anfang der 1950er Jahre: »Wir erleben z. Z. in der Medizin eine geradezu krisenhafte Zuwendung der Aufmerksamkeit auf die *psychosomatischen Zusammenhänge*«, schrieb er 1952, als er diesen Aufschwung mit deutlicher Gereiztheit zur Kenntnis nahm. Mit den Arbeiten von Siebeck, von Bergmann und von

Weizsäcker war in seinem Urteil der »Entseelung der klinischen Betrachtungsweise« bereits hinreichend Einhalt geboten. »Heute scheint es so«, wetterte der Psychiater, »als sei dieses Psychische im körperlichen Geschehen geradezu neu entdeckt. Es bemächtigen sich viele dieser Konzeptionen, und das Pendel der Beachtung des Psychischen schlägt so weit aus, daß von manchen beinahe alles Körperliche auch psychologisch verstehbar zu machen versucht wird.«[73]

Friedrich Panse ging eine solche Betrachtungsweise deutlich zu weit. Vor allem aber stand ihm die Gefahr klar vor Augen, dass die Psychosomatiker der Psychiatrie ihren Rang als »Wahrerin dieser Domäne der leib-seelischen Symptomatologie« streitig machen könnten. Nach seinen Beobachtungen machte der Vorwurf Schule, »eine an sich unlösbare Verflechtung zwischen organisch-funktionellem Geschehen und psychischer Auswirkung« werde von den Psychiatern »künstlich getrennt«. In der Begutachtungspraxis könne man derartige ärztliche Behauptungen bereits finden, klagte er – ganz zu Unrecht, wie der Bonner Ordinarius in Verteidigung seines eigenen Fachs ausführlich zu begründen versuchte. Immerhin habe sich die Psychiatrie seit dem Ersten Weltkrieg gerade den psychischen Gründen für die körperlichen Störungen zugewandt und die rein somatische Erklärung Oppenheims für die »traumatische Neurose« verworfen. Im Verlauf der 1920er Jahre sei sogar ein »Umschwung« durch die veränderte Behandlung der »Kriegsneurotiker« zu beobachten gewesen, *»seit die Psychiatrie gelehrt hatte, die psychosomatischen Beziehungen in den richtigen Maßstäben und Abgrenzungen zu sehen«*.[74]

Zweifellos war Panses Intervention nicht ganz falsch. Die Annahme von der Psychogenese der »neurotischen Reaktionen« hatte sich in der Psychiatrie schon seit längerem durchgesetzt. Sie ging nun davon aus – wie oben gezeigt –, dass es sich bei derartigen »Störungen« um »Ausweichreaktionen« handelte, die jedenfalls ursächlich nicht auf das Ereignis zurückgeführt werden könnten.[75] Das aber war gerade nicht der Ansatz der psychosomatischen Medizin der Nachkriegszeit, die von einem »leiblichseelischen« Zusammenhang und im Falle der Kriegsheimkehrer aus den sowjetischen Lagern, insbesondere bei den »Spätestheimkehrern« der letzten Rückkehrphase, sogar von einem »leib-seelischen Summationstrauma« sprach.[76] Genau darin, so scheint es, lag die Attraktivität der psychosomatischen Medizin für die Nachkriegsgesellschaft zu einem Großteil begründet.[77]

Denn die Ärzte, meist Internisten, die einer psychosomatischen Betrachtungsweise zuneigten,[78] stellten damit die auftretenden Beschwerden der ehemaligen Kriegsgefangenen in einen deutlich anderen Zusammenhang. Die persönliche, seelische Belastung des Einzelnen während der Gefangenschaftszeit, aber auch die mitunter schmerzlichen Erfahrungen nach seiner Rückkehr in eine völlig veränderte Lebenswelt fanden auf ganz andere Weise Berücksichtigung, als das ansonsten in der Medizin generell (nicht nur in der Psychiatrie) mit dem Rückgriff auf das Erblichkeitsargument der Fall war.[79] Folgte man dem Internisten Max Hochrein, musste die Stoßrichtung des Ansatzes folgendermaßen aussehen: Der sozialen Bedingtheit von »Krankheit« war gegenüber den »bisherigen Verfahren«, entweder von »anlagebedingt« oder von »schicksalsmäßige[r] Alterung« zu sprechen, eindeutig mehr Gewicht zu geben. Das schloss eine Aufwertung biografischer Erfahrungen und subjektiver Wahrnehmungsweisen mit ein. So bekräftigte er 1956 vor dem »Ärztlichen Sachverständigenbeirat«, die bei den »Spätheimkehrern« anscheinend häufig beobachtbare Gereiztheit und generelle Überempfindlichkeit, ihre depressive Verstimmtheit oder schlicht auch Rücksichtslosigkeit im Blick: »Es wäre falsch, bei derartigen Zuständen von Neurosen zu sprechen oder von Situationen, die von den Spätheimkehrern psychisch falsch verarbeitet werden. Wir müssen uns bewusst bleiben, dass zwischen der psychischen Verarbeitungsmöglichkeit des Heimkehrers und den ihm in der Heimat zugemuteten Lebensumständen eine nur schwer überbrückbare Kluft besteht.«[80]

Sofern es sich um das Zugeständnis handelte, dass die körperlichen und psychischen Beschwerden der Kriegsheimkehrer in der »völlig veränderten Lebensatmosphäre« der Bundesrepublik der 1950er Jahre langsamer als gewöhnlich zurückgingen, pflichtete offenbar eine ganze Reihe von Ärzten noch bei. Nicht selten drückte sich darin auch ein Stück Gesellschaftskritik aus, die Rede von der »Pathologie unseres Zeitalters« beispielsweise war dafür symptomatisch.[81] Dass Kreislauf, Stoffwechsel und Psyche jedoch als »gleichgeordnete Systeme« begriffen werden sollten, die während der Gefangenschaftszeit auch »in ganz gleichartiger Weise bis an die leib-seelische Existenz belastet« worden seien und die nachfolgenden Beschwerden kausal erklärten,[82] stellte die Erblichkeitsannahme auf eine Weise hintenan, wie das für viele andere Ärzte, zumal innerhalb der Psychiatrie, kaum denkbar war.

Der psychosomatisch orientierte Kardiologe Max Hochrein ging hier in die Offensive, wie man seinem Vortrag vor dem Ärztlichen Sachverständigenbeirat des Ministeriums deutlich entnehmen kann. In seine Argumentation speiste er, durchaus geschickt, einen »Fall« ein, um sowohl die Härten der Rentenablehnung wegen eines angeblich anlagebedingten Leidens als auch die Fehlerhaftigkeit einer solchen Diagnosepraxis zu demonstrieren. Hochrein, der augenscheinlich vor allem die Psychiatrie im Visier hatte, zitierte umfassend aus dem Schreiben eines ehemaligen Wehrmachtssoldaten, das ihn angeblich wenige Tage vor der Konferenz noch erreicht hatte. Wie man dessen Brief entnehmen konnte, war der damals Zwanzigjährige im August 1944 in russische Gefangenschaft gekommen.[83] Seit seiner Entlassung 1949 litt er nach eigener Auskunft an »gesundheitlichen Störungen«, überwiegend sei das Herz betroffen. Eine Wehrdienstbeschädigung »als Folge nach Dystrophie« war dem Kriegsheimkehrer zunächst zu-, nach zwei Jahren jedoch wieder aberkannt worden.[84] Das Versorgungsamt habe ihm, so klagte der Kriegsheimkehrer, trotz eines unveränderten Krankheitsbildes erklärt, bei der ihm zugeschriebenen »vegetativen Dystonie« handele es sich um »die Folge von angeborenen Anlagen«. Wie aus dem Brief weiter hervorgeht, hatte der ehemalige Soldat protestiert und verschiedentlich Berufung eingelegt. Weitere ärztliche Untersuchungen für die Begutachtung waren deshalb erfolgt, doch auch im Jahr 1956 hatte der Kriegsheimkehrer seine Kriegsopferrente noch nicht erwirkt. Ein Internist war zwar der Ansicht gewesen, dass es sich bei den nervösen Storungen, für die sich kein organischer Befund ergab, auch weiterhin um »Kriegsfolgen« handeln könne, doch hatte er die Hinzuziehung eines Nervenarztes empfohlen. Dessen Votum aber lautete: Das Leiden sei auf die »angeborenen Anlagen« zurückzuführen. Der Heimkehrer schilderte die dazu erfolgte Begründung mit folgenden Worten: »Ich sei auf der einen Seite ein gefühlsmäßig überbetonter Mensch mit einem labilen Nervensystem, auf Grund dessen ich die Gefangenschaft nicht hätte überleben dürfen, auf der anderen Seite sei ich ein überbetonter Willenstyp (Anlage?), was mir das Leben gerettet hätte. Dieser Zwiespalt innerhalb dieser angeborenen Anlagen hätte meinen gestörten Gesundheitszustand ausgelöst, und man könne somit von keinem Kriegsleiden sprechen.«

Der Internist Hochrein enthielt sich an dieser Stelle noch jeglichen Kommentars, stattdessen ließ er weiterhin den ehemaligen Soldaten durch das Medium des Briefes zu Wort kommen. Dieser erklärte darin unmissverständlich, er lehne künftig jede weitere Behandlung beim Nervenarzt, vor allem beim Psychiater, ab. Schließlich sei er kein »Neurotiker oder Simulant«, wie es in dem Gutachten heiße. Zudem habe auch sein Hausarzt abgeraten und stattdessen »Kneippsche Behandlungen« empfohlen. Für den einstigen Soldaten und Kriegsgefangenen war der Sachverhalt klar:

»Ich führe nach wie vor meinen heutigen Gesundheitszustand auf die während der Gefangenschaft durchgemachten Strapazen zurück, ich hatte ursprünglich kein erkranktes Nervensystem. Ich war bis zu meiner Gefangennahme über ein Jahr an der Front und wurde dabei leicht verwundet. Ich war Richtschütze in einer Panzerjägerkompanie und später als Geschützführer und ROB[85] eingesetzt. Ich glaube, dass ich mich für solche Aufgaben an der Front kaum geeignet hätte mit einem labilen Nervensystem. Meine Beschwerden sind erst in Jahre 1949 bei meiner 4. Dystrophie aufgetreten, weshalb ich annehme, dass, so ich die Anlagen zu meinem Gesundheitszustand in betonter Art bereits gehabt hätte, diese viel früher hätten zum Durchbruch kommen müssen.«

Die Frage, auf die sich der Kriegsheimkehrer eine Antwort des Internisten erhoffte, war klar gestellt: Sollte er sich den Anschauungen des Psychiater tatsächlich beugen?[86] Hochrein ließ seine Kollegen an dieser Stelle über seine Haltung nicht im Unklaren. Er stellte fest:

»Welch ein Versorgungsgericht kann es auf sich nehmen, einen jungen Mann, der mit 20 Jahren in 5jährige russische Gefangenschaft kam, der zweifelsohne eine erhebliche Schädigung davontrug, unter Bezug auf Formulierungen, wie ›angeborene Veranlagung‹, ›Zwiespältigkeit des Charakters‹ usw., einer Situation auszusetzen, in der er der Entschädigung und somit der Behandlungsmöglichkeit beraubt, nicht nur an der Kompetenz ärztlichen Urteils, sondern an dem Bemühen um gerechte Beurteilung überhaupt zweifeln muss.«

Hochrein signalisierte unmissverständlich, dass er bereit war, das Anliegen des betroffenen Kriegsheimkehrers zu unterstützen, dessen Leiden als »kriegsbedingt« anerkannt zu bekommen – eine vernehmliche Kritik an jenen Kollegen, die bei langanhaltenden gesundheitlichen Beeinträchtigungen ohne nachweisbare organische Schädigung stets auf die »Anlage« als der vorgeblich eigentlichen Ursache verfielen, weil sich solche diffusen Leiden mit den ansonsten gängigen Erklärungsweisen nicht erfassen ließen. Was die gesundheitlichen Leiden der ehemaligen Kriegsgefangenen aus den sowjetischen Lagern anging, griff eine solche Haltung, wie Hochrein mehrfach betonte, deutlich zu kurz: Das »Spätheimkehrerschicksal«, so hatte er schon zu Beginn seiner Rede hervorgehoben, stelle »in seiner Unvergleichlichkeit mit analogen Vorgängen des zivilen Lebens ein solches Novum hinsichtlich der leib-seelischen Auswirkungen« dar, dass der übliche Rückgriff auf »Erfahrungen« hier kaum weiterführe.[87]

Sein Kollege Hans Wilhelm Bansi, gleichfalls Internist, sprang ihm in diesem Punkt bei. Ausgehend von der Feststellung, dass »vor allem die von uns Medizinern so großzügig gehandhabte Feststellung des Endogenen im Gegensatz zum Exogenen oder des Schicksalsbedingten und damit nicht Versorgungspflichtigen« zu dauernden Kontroversen zwischen den verschiedenen Parteien führe, gab er den ärztlichen Gutachtern zu bedenken: »Ohne mich [...] in eine Überspitzung des Begriffs ›Humanität‹ verlieren zu wollen, glaube ich feststellen zu müssen, dass doch wohl sehr viele Fragestellungen eigentlich nicht in der Form beantwortet werden können, in der wir dieses oft als Ärzte mit einem Hinweis auf sog. wissenschaftliche Erkenntnisse tun, die aber auf sehr schwachen Füßen stehen.«[88]

Tatsächlich sah Bansi einen erheblichen Klärungs- und Revisionsbedarf in der Ausdeutung einer ganzen Reihe von Krankheiten, die nach seinem Dafürhalten sehr viel häufiger, als andere das attestierten, auf die Strapazen der Gefangenschaft mit zurückzuführen waren. »Man muss die Gesamtgeschichte im Auge behalten«, bekräftigte er, womit auch Bansi die Vielfalt an körperlichen und seelischen Belastungen bei der Beurteilung der Zusammenhangsfrage in Rechnung gestellt wissen wollte. Das aber hieß vor allem, wie auch der Internist wusste, der unter vielen Ärzten verbreiteten Vorstellung entgegenzuwirken, dass die Psyche als Bindeglied zwischen den vorausgegangenen Strapazen und dem nachfolgenden gesundheitlichen Leiden überhaupt nicht in Frage komme. So hielt Bansi auf besagter Tagung folgende Stellungnahme für geboten: »Ich stimme mit Herrn Hochrein darin überein, dass man diesem *Gesamttrauma* ohne Voreingenommenheit für die Pathogenese von stark vom Psychischen abhängigen Krankheitszuständen nicht die Beachtung und Anerkennung versagen darf«, und er fügte hinzu: »Was heißt dann: schicksalsbedingt oder endogen? Wie hoch war die Prozentzahl der Männer, die nicht mehr zurückkamen. Welch gute Konstitution müssen die Heimgekehrten gehabt haben, um nicht wie 80% ihrer schon in der Gefangenschaft verstorbenen Leidensgenossen zugrunde gegangen zu sein.«[89]

Es ist unschwer vorstellbar, dass diese Argumentation bei einer Vielzahl von Kriegsheimkehrern, die sich auch etliche Monate nach ihrer Rückkehr noch aufgrund mannigfaltiger Beschwerden im Alltags- und Arbeitsleben beeinträchtigt fühlten, auf offene Ohren stießen. Vor dem »Ärztlichen Sachverständigenbeirat« wussten die psychosomatisch orientierten Ärzte jedenfalls deutlich vorzuführen, ja, auszuspielen, dass sie von Seiten der Heimkehrer Rückendeckung für ihren Ansatz erwarten konnten.[90] Tatsächlich lagen die Vorzüge dieser Betrachtungsweise für viele der betroffenen Heimkehrer nachgerade auf der Hand, selbst wenn Internisten wie Hochrein die »Anlage« als Erklärungsgrund für die zu begutachtenden Beschwerden nicht gänzlich verwarfen. Doch »Krieg und langdauernde Gefangenschaft« als »Summationstrauma« zu begreifen, aus dem sich funktionelle Störungen als Folgen eines »Überlastungssyndroms« entwickeln konnten, ließ sich für die Betroffenen als eine Anerkenntnis der von ihnen durchgemachten Strapazen lesen, wie es das in dieser Form während der vergangenen Jahre von Seiten der Psychiatrie noch nicht gegeben hatte. Kaum einer unter den behandelnden Ärzten war bislang so weit gegangen wie Hochrein. Er forderte, dass »bei Menschen, die zur Zeit der Einwirkung unter dem 30. Lebensjahr standen und als gesund bezeichnet werden konnten, auf Begriffe wie ›konstitutionell‹ oder ›anlagebedingt‹ verzichtet« und ein »kriegsbedingter« Zusammenhang zugesprochen werden sollte, sofern ein – nicht weiter definiertes – »Maß an Überforderung […] nachweislich gegeben oder glaubwürdig aktenkundig war.«[91]

Im Verlauf der Vorträge und der nachfolgenden Debatten wurde vor allem zweierlei immer offensichtlicher: zum einen der wachsende professionelle Konkurrenzdruck, dem sich die Psychiater von Teilen der Internisten ausgesetzt sahen, zum andern die auch von internistischer Seite noch unabgeschlossene Bemühung, einen Sammelbegriff für die nahezu gleichlautenden Beschwerden der Heimkehrer zu finden. Fortdauernde Mattigkeit, Schlaflosigkeit, leichte Erregbarkeit, »Herzunruhe« – die Liste war lang. Feststellungen, wie »›ich kann nichts mehr leisten‹, ›ich bin nichts mehr wert‹«, gehörten am Ende offenbar meist dazu.[92] Ein Teil der internistischen Experten neigte dabei der Diagnose der »vegetativen Dystonie« zu, doch an Gegnern fehlte es nicht. Selbst Hochrein, der sich entschieden für die Verwendung des Begriffs aussprach, hatte 1955 auf einem Ärztekongress der Heimkehrer durchaus kritisch bemerkt, die »vegetative Dystonie« sei »heute schon fast zu einer Art Verlegenheitsdiagnose, d. h. zum Sammeltopf unklarer Beschwerden und ungeklärter pathogenetischer Zusammenhänge geworden«.[93] Ähnliche Vorbehalte fanden sich auch bei Bansi, der zwar selbst ebenfalls von der Diagnose Gebrauch machte, trotzdem aber meinte, es handele sich generell um eine »Modediagnose«. Schließlich zeigten Akten der Versicherungsgesellschaften, dass die »vegetative Dystonie« das »weitaus häufigste heutzutage diagnostizierte Krankheitssyndrom« darstelle.[94] Doch man habe es eben auch mit einem Massenphänomen zu tun, erklärte Bansi, der nicht einmal nur die deutschen Kriegsheimkehrer im Blick hatte, als er bekräftigte: »In der ganzen von Krieg und Verfolgung überzogenen Welt, in der Kriegsgefangene, Deportierte, KZ-Gefangene und in Arbeitslagern bis zum Extrem Unterernährte heute 10 Jahre nach Abschluss der Kriegshandlungen hinsichtlich des Gesundheitszustandes behandelt bzw. beurteilt werden, zeigte sich das Syndrom allgemeiner vegetativer Labilität als das am meisten hervorstechende.«[95]

Auf der Tagung des »Ärztlichen Sachverständigenbeirats für Fragen der Kriegsopferversorgung« von 1956, die hinsichtlich der Herausforderungen durch die psychosomatische Sichtweise für das gesamte medizinische Fach besonders aufschlussreich war, mochten viele der Anwesenden Bansi in dieser Beobachtung noch zustimmen. Doch ob man sich deshalb auch auf die Diagnose der »vegetativen Dystonie« einlassen sollte, deren vorgeschlagene Verwendungsweise so offenkundig von dem Gedanken geleitet war, die Einwirkungsfaktoren der Kriegs- und Gefangenschaftsbelastungen gegenüber den »anlagebedingten« Schwächen stärker zu gewichten, war auch unter den Internisten eine andere Frage. Der renommierte Internist Gustav Bodechtel, Ordinarius an der

Universitätsklinik in München, war nicht der Einzige, der zu verstehen gab, dass diese Diagnose in seiner Klinik generell verboten sei.[96] Es handele sich, was den Beschwerdekomplex anging, weder um ein neues Phänomen, erklärte er, noch bestehe irgendeine Berechtigung, »von einer vegetativen Dystonie des Heimkehrers als etwas Besonderem zu sprechen«. Von der »Anlage« als entscheidendem Begründungsfaktor abzuweichen, dafür gab es für den Internisten Bodechtel gar keine Veranlassung. In seinen Augen war dazu offenbar nicht einmal eine medizinische Erklärung vonnöten: »Ich glaube auch nicht, dass sich die Konstitution wandelt. Ich zitiere in diesem Zusammenhang nur den alten Spruch von Goethe: ›Vom Vater hab ich die Natur‹, und zum Schluss sagt er: ›Was ist dann von dem ganzen Wicht noch Original zu nennen?‹ Ich glaube nicht, dass wir berechtigt sind, an diesen alten Gesetzen zu zweifeln, wenn es sich darum handelt, vorübergehende Phasen zu beurteilen, die das Leben natürlich sicherlich stark beeinträchtigen; aber dass sie die Konstitution ändern, das glaube ich nicht.«[97]

Auch innerhalb der Inneren Medizin waren offenbar die tiefsitzenden Glaubenssätze an die »Anlagebedingtheit« vieler Leiden nur schwer zu erschüttern, wie man an diesem Diskussionseinwurf paradigmatisch sehen kann. Dennoch war der »Streit um die Erblichkeit« Mitte der 1950er Jahre auf vielen Feldern gesundheitlicher Beeinträchtigungen und anerkannter Krankheiten deutlich in Bewegung geraten – das lässt sich nicht nur in Westdeutschland, sondern auch im europäischen Ausland beobachten, hier vor allem in der medizinischen Entdeckung der »Spätschäden« von Deportation und Konzentrationslagerhaft.[98] In der Bundesrepublik setzten sich die treibenden Kräfte in diesem Prozess anders zusammen: Vertreter der psychosomatisch orientierten Medizin unterstützten die aus den sowjetischen Lagern zurückgekehrten Kriegsheimkehrer mitsamt ihren Familien in einem breiten gesellschaftlichen Verbund mit Heimkehrerverbänden und »Heimkehrerärzten«. Allerdings überschnitten sich die Beweggründe der beiden Parteien in ihrem Bemühen, die Psyche als ein Entstehungsmoment von »Spätschäden« nach der Gefangenschaft gegenüber den Zuschreibungen des »Anlagebedingten« aufzuwerten, häufig nur partiell. Das kann man an den teils doch sehr unterschiedlichen Vorstellungen über die Gewährung einer Kriegsopferrente ablesen. Schließlich war selbst aus Sicht der Verfechter eines stärker psychosomatisch orientierten Ansatzes die Gefahr gegeben, den »Rentenneurotiker« durch vorschnelle Zugeständnisse einer Wehrdienstbeschädigung und möglicherweise zu großzügige Rentengewährungen geradezu zu züchten. Auch in der medizinischen Debatte über die Verwendbarkeit des Begriffs der »vegetativen Dystonie« war das ein wiederholt geäußerter und auch von seinen Befürwortern ernst genommener Einwand. Zumal sich auch folgendes Problem nicht ausklammern ließ: Wann handelte es sich bei den beobachtbaren Symptomen tatsächlich noch um Folgeschäden aus den Belastungen in der Kriegsgefangenschaft? In welchen Fällen resultierten die Beschwerden aus der Unfähigkeit des Kriegsheimkehrers, sich nach der Heimkehr in der veränderten Lebenswelt zurechtzufinden?

Die genauere Beachtung des Einzelfalls, der in der Statistik verlorengehe und wissenschaftlich doch das eigentlich Interessante sei, schien eine Kompromissformel zu sein, auf die sich die Ärzte einigen konnten. Insgesamt gewinnt man den Eindruck, dass Mitte der 1950er Jahre eine Konstellation eingetreten war, in der ein Teil der Kriegsheimkehrer aus den sowjetischen Lagern damit rechnen konnte, dass sich im Hinblick auf eine ganze Reihe gesundheitlicher Schädigungen ein ätiologischer Wandel anbahnte. Er zog womöglich sogar, so schien es, eine Neufiguration in der diagnostischen Erfassung der organisch nicht begründbaren Leiden nach sich. Die psychosomatisch orientierten Internisten zeigten sich jedenfalls selbstbewusst, sowohl gegenüber dem eigenen Fach als auch gegenüber anderen medizinischen Disziplinen, besonders der Psychiatrie, die auf dem Feld der funktionellen, mithin psychisch bedingten Störungen erkennbar herausgefordert war. Denn das generelle Dilemma war trotz aller möglicherweise auch berechtigten Kritik am Begriff der »vegetativen Dystonie«

nicht gelöst, wie der Internist Hochrein in seinem Schlusswort vor dem »Ärztlichen Sachverständigenbeirat« den Kollegen vor Augen führte. Er appellierte mit entwaffnender Offenheit an seine Kollegen: »Aber nachdem wir hier doch Fachleute der verschiedensten Richtungen sind, müssten wir uns doch mal klar werden können: Wie wollen wir das nennen, das wir alle kennen, wofür wir ablehnen, einen Namen zu geben?«[99]

Die psychosomatisch orientierten Ärzte waren an dieser Stelle eindeutig vorgeprescht und hatten einen wunden Punkt berührt. Denn trotz aller Kritik aus dem Lager jener, die an der vorherrschenden Lesart der sich hinschleppenden, nur psychisch erklärbaren Beschwerden festhielten – so mancher Arzt, auch unter den Psychiatern, war doch nicht mehr fest davon überzeugt, dass die gängige Diagnostik und insbesondere das Argument der Anlagebedingtheit die beobachtbaren Leiden wirklich stets richtig erfassten. In den einschlägigen Fachorganen wurden derartige Töne zwar nicht angeschlagen, aber im kleineren Kreis des »Ärztlichen Sachverständigenbeirates« räumte beispielsweise der Hamburger Psychiater Hans Bürger-Prinz ein, dass »weiß Gott nicht einzusehen [sei], warum ein echter Depressionszustand bei einer Dystrophie nicht auch 6 Jahre dauern« solle. Und er ergänzte freimütig: »Es hat keinen Sinn, hier von neurotischen Fixierungen zu sprechen, wie überhaupt man mit dem Begriff der Neurose ja meistens die Problematik totschlägt, ohne sie zu erklären.«[100] Ähnlich kritisch äußerte sich der für das Landesversorgungsamt Berlin gutachtende Oberregierungsmedizinalrat Rüsken, der reklamieren konnte, einen großen Teil der in seinem Einzugsbereich während der letzten vier Jahre verhandelten psychiatrisch-neurologischen Begutachtungsfälle zu überblicken. Auch er hielt, wenn es um die »auffälligen psychischen Verhaltensweisen« ging, die nach seinem Eindruck bei einer großen Zahl an Spätheimkehrern gar nicht zu übersehen waren, das diagnostische Repertoire für nicht hinreichend. »Ihnen allen ist sicherlich dieses eigentümliche psychische Verhalten dieser Menschen bekannt, und bei intensiver anamnestischer Befragung quillt oftmals ein Strom der subjektiven Beschwerden und krankmachenden Erlebnisse und Empfindungen aus ihren Angaben hervor«, schickte er einleitend voraus, bevor er erklärte: »Die psychiatrische Einordnung, die m. E. noch nicht befriedigend vollzogen ist, sollte keinesfalls die wesentlichste Maßnahme bleiben. Weder der Begriff des reaktiven depressiven Verstimmungszustandes oder der neurotisierenden Fehlverhaltensweise noch die Annahme einer Auswirkung von anlagebedingter und jetzt manifest gewordener psychopathischer Reaktion weist uns den Weg wirksamer therapeutischer Hilfe.«[101]

Weder Bürger-Prinz noch Rüsken hatten eine Alternative parat. Beide plädierten auch nicht einmal für eine großzügigere Handhabung der Versorgungsansprüche. Im Gegenteil: Rüsken äußerte sogar den Verdacht, dass bereits die versorgungsärztlichen Untersuchungsverfahren, die zwangsläufig eine »frühzeitige Bewusstmachung dieser mannigfaltigen körperlichen und seelischen Missempfindungen« nach sich zögen, »den Zustand der seelischen Dekompensation erst wachriefen oder ihn aber in bedrohlicher Weise intensivierten«. Man müsse zu anderen Maßnahmen greifen, appellierte Rüsken, dessen Vorschläge aber äußert vage blieben. Nur das Ziel hatte er klar vor Augen: Alles war daranzusetzen, die Heimkehrer in ihrer »eigenen Leistungsfähigkeit« wieder zu bestärken und ihnen den Weg freizumachen, um zu »aktiv mitwirkenden Staatsbürgern« zu werden. Folgte man Rüsken, brauchte man dazu »keine große Psychotherapie« – aber eine Rücksichtnahme auf die »besonders große Verwundbarkeit« dieser Heimkehrer erbat er sich von den Kollegen schon.[102]

Unter den Ärzten gab es Mitte der 1950er Jahre wohl niemanden mehr, der nicht gewusst hätte, welcher Punkt mit dieser »Verwundbarkeit« angesprochen war und welche Erwartungen an die Ärzte damit im Raum standen. Im Kampf um die Rentenfähigkeit vieler Leiden war seit langem sichtbar, dass sich darin häufig eine Verweigerung seitens der Kriegsheimkehrer ausdrückte, mit einer Erblichkeitsdiagnose abgestempelt zu werden.[103] Aus der Perspektive der Kriegsheimkehrer hatte sich an den Gründen für dieses Aufbegehren allerdings auch am Ende dieses Jahrzehnts noch nichts geändert, wie ein Brief aus dem Landesversorgungsamt Berlin nahelegt. In diesem Schreiben klärte der Leitende Arzt der Behörde die für die Kriegsopferversorgung zuständigen Ministerialbeamten im Ministerium für Arbeit und Sozialordnung dahingehend auf, dass es auf Druck der Heimkehrerverbände zu einer Aussprache mit den »Heimkehrerärzten« Berlins gekommen sei. Die Verbände hätten »die zu häufige Anwendung des Begriffs ›anlagebedingt‹« in den ärztlichen Gutachten harsch kritisiert, hieß es. Als Ergebnis der »vertrauensvollen[n] Aussprache – nur unter Ärzten« war man zu folgendem Schluss gekommen: »Hinsichtlich des Begriffs ›anlagebedingt‹ wurde in diesem Kreis erörtert, dass diese Bezeichnung möglichst vermieden werden sollte, da diese Formulierung, die wohl in den ersten Jahren der versorgungsärztlichen Arbeit etwas schematisch zur Anwendung kam, gerade in nichtärztlichen Kreisen bisweilen Unruhe hervorgerufen hat.« Diese Erklärung an die Ministerialbeamten signalisierte ein deutliches Zugeständnis der Berliner Behörde an die Kriegsheimkehrer.[104] Doch dieses Entgegenkommen war alles andere als eine Kehrtwende. Denn auch wenn der Begriff des »Anlagebedingten« wegfiel – die von der Berliner Behörde eingeschlagene Lösung war schlicht, ihn durch die Rede von den »konstitutionellen oder körpereigenen Faktoren« zu ersetzen.[105]

3.
Die moralische Herausforderung, 1956–1970

a) Die »Persönlichkeitsveränderung« bei NS-Verfolgten

Der Streit um mögliche Abweichungen von der »herrschenden Lehre« in der psychiatrischen Praxis bewegte sich keineswegs nur im Rahmen der nationalen Wissenschaft. Bis in die 1950er Jahre hinein konnten die deutschen Psychiater davon ausgehen, dass ihre Grundannahmen von den internationalen Experten geteilt wurden. Vor allem bei Vertretern der biologischen Psychiatrie in den USA, aber auch bei den Fachkollegen in Israel fanden sich zahlreiche Verfechter der Maxime, dass langandauernde seelische Störungen nur infolge einer organischen Schädigung denkbar seien.[1] In den westeuropäischen Ländern sahen das die Ärzte augenscheinlich nicht anders.[2] Es war sogar keineswegs ungewöhnlich, dass selbst Betroffene der nationalsozialistischen Verfolgung auf das scheinbar seltene Auftreten von Nerven- und Geistesstörungen unter den überlebenden Juden aufmerksam machten. Noch im Jahr 1956 wies darauf beispielsweise ein Artikel in der in England publizierten Zeitschrift der »Association of Jewish Refugees« hin. Der Autor sah sich in diesem Eindruck weitgehend durch eine frühe psychiatrische Untersuchung von Flüchtlingen in der Schweiz bestätigt. Er bemerkte zwar, dass unter den jüdischen Überlebenden in den Flüchtlingslagern die Zahl der Selbsttötungen, der endogenen Depressionen und exogenen, körperlich begründbaren Psychosen etwas höher gewesen sei, was auf das »hohe Alter der jüdischen Lagerinsassen und ihre Leiden in Theresienstadt, Belsen etc.« zurückgeführt werden könne. Generell aber konstatierte er: »Personality disorders and neuroses were very rare amongst Jews.«[3] Ein anderer Psychiater, der selbst im KZ gewesen war, beobachtete sogar bei angeblich vormals Belasteten einen Rückgang nervöser und psychischer Beschwerden während der Konzentrationslagerhaft.[4] Und auch Viktor E. Frankl hielt noch in dem 1961 erschienenen einschlägigen Handbuch »Psychiatrie der Gegenwart« zusammenfassend fest: »Neurosen im engeren Wortsinn [...] waren in den Konzentrationslagern nicht zu beobachten; Neurotiker gesunden dort.«[5]

Im Anschluss an die Befreiung der Lager war das ein häufiger Befund der alliierten Ärzte gewesen. Wie aus ihren Berichten hervorgeht, sahen sie sich weitaus stärker gefordert, den immer noch drohenden Hungertod von den Überlebenden der Konzentrationslagerhaft abzuwenden und die unter ihnen weit verbreiteten Infektionskrankheiten, vor allem Typhus und Diarrhö, in den Griff zu bekommen.[6] Wenige Jahre später merkten einige Psychiater aus den ehemals besetzten Ländern Europas jedoch, dass die Folgen der Internierung unterschätzt worden waren. In Dänemark hatten zwei von Staats wegen durchgeführte Nachuntersuchungen inhaftierter Widerstandskämpfer ergeben, dass ein Großteil von ihnen auch noch Jahre nach der Repatriierung an einer allgemeinen Müdigkeit, an Rastlosigkeit und Reizbarkeit, an mangelnder Konzentrationsfähigkeit, Gedächtnisschwund sowie an teils erheblichen vegetativen Störungen und einer depressiven Grundstimmung litt. Französische Psychiater konfrontierten die Mediziner, die sich 1954 auf der internationalen sozialmedizinischen Konferenz über die Pathologie der Deportierten und Internierten in Kopenhagen eingefunden hatten, mit einem nahezu gleichlautenden Ergebnis. »Asthenie der Deportierten« lautete ihr Name für dieses Syndrom. Die dänischen Kollegen nannten es schlicht »KZ-Syndrom« oder noch einfacher: die »Hungerkrankheit«.[7]

Tatsächlich hielten die wissenschaftlichen Experten beider Länder den Hunger für einen der wichtigsten, wenn nicht gar – im Fall der Dänen unverkennbar – für den entscheidenden Schädigungsfaktor, der die teilweise erst nach vielen Monaten aufgetretenen, dann aber offenbar anhaltenden psychischen und physischen Beschwerden der ehemals Deportierten ursächlich begründete. Paul Thygesen, Leiter der Neurologischen Universitätsklinik in

Kopenhagen, gab für diese starke Gewichtung folgende Erläuterung: Sowohl die statistische Bearbeitung der dänischen Untersuchungsergebnisse als auch die psychiatrischen Spezialuntersuchungen deuteten darauf hin, »daß die Illegalität als solche, das Leben und die Gefahr im Widerstandskampf und die Verhöre bei der Verhaftung, trotz seelischer und körperlicher Tortur für die gesamte Kränklichkeit [...] eine sekundäre Rolle« spielten. »Auch die seelische Belastung des Lageraufenthaltes allein« habe »wider Erwarten«, wie Thygesen ergänzte, wohl »keinen primären Einfluß auf die Art der seelischen Symptome« gehabt, »die den dauernden – und manchmal fortschreitenden krankhaften Zustand« kennzeichneten, den sie »das *KZ-Syndrom* zu nennen gewählt« hätten.[8]

Die Parallelen zwischen diesem Argumentationsgang und der Art und Weise, wie die deutschen Psychiater und Internisten die hartnäckigen psychischen und physischen Beschwerden zahlreicher Kriegsheimkehrer aus den sowjetischen Lagern interpretierten, sind unverkennbar. Auch in Deutschland waren nach der vorherrschenden Lehre die seelischen Erschütterungen aus der Kriegs- und Gefangenschaftszeit als alleinige Ursache für die beklagten Störungen nicht in Betracht gekommen. Ein kausaler Zusammenhang mit diesen extremen Belastungen erschien den Ärzten nur dann plausibel, wenn eine organische Schädigung vorlag oder vor geraumer Zeit noch vorgelegen hatte. Der von unzähligen Soldaten während der sowjetischen Gefangenschaft durchlittene Hunger hatte dafür eine überzeugende Erklärung geboten, da die Mangelernährung, so das Argument, den Organismus schädigte, in vielen Fällen auch nach Verschwinden eines nachweisbaren somatischen Befundes noch nachhaltig schwächte und psychische Auffälligkeiten begründete. Die deutschen Ärzte sprachen, wie ausgeführt, von Spätschäden einer »Hungerdystrophie«.[9]

Die dänischen Kollegen identifizierten bei den deportierten Widerstandskämpfern exakt das gleiche Grundleiden. »Unser experimentelles und klinisches Wissen heute erzählt, daß sozusagen sämtliche bekannten und meßbaren Funktionen des Organismus quantitativ und qualitativ während der […] ›Hungerdystrophie‹ kompromittiert werden«, konstatierte Thygesen im Jahr 1954, der auch andeutete, dass dies von den Ärzten keineswegs gleich erkannt worden sei. Nach der Normalisierung der Ernährung sei man sich aufgrund des »unmittelbar gesunde[n] Aussehen[s]« über die Langwierigkeit des Regenerationsprozesses nicht im Klaren gewesen, erläuterte er.[10] Knud Hermann, Professor der Neurologie und Psychiatrie und Mitglied der dänischen Invalidenversicherungs-Kommission, sprach sogar von diagnostischen Irrtümern zu dieser Zeit: »Die emotionelle Instabilität kann leicht mit einer hysteriformen Reaktionsbereitschaft verwechselt werden«, räumte er ein, ergänzte allerdings, dieses Fehlurteil sei häufig auch durch die Haltung des Patienten gefördert worden. Für die Mehrheit von ihnen sei es nämlich geradezu charakteristisch, erklärte er, »ihre Symptome zu vernachlässigen oder direkt zu verhehlen.« Und weiter war von ihm zu erfahren: »Die körperlichen Symptome – asthenische wie vegetative – tauchen oft nur beim direkten Ausfragen auf, u. a. weil viele Patienten sie nicht für eigentlich krankhaft betrachten und keine Verbindung mit dem durchgemachten KZ-Lageraufenthalt sehen.«[11]

Unabhängig davon, ob es sich um deutsche Kriegsheimkehrer oder dänische Widerstandskämpfer handelte, galt unter den deutschen wie nichtdeutschen Psychiatern dieselbe Argumentation. Entscheidend war die Rückbindung der beobachteten Symptome an organische Schädigungen, was in beiden Fällen mit der Diagnose »Hungerdystrophie« gegeben war. Im französischen Fall gingen die medizinischen Experten stärker von einem Wirkungsgeflecht verschiedener Faktoren der physischen und psychischen Belastung aus, die – ähnlich wie bei dem von Bansi beschriebenen »Summationstrauma« – die sogenannten neurasthenischen Beschwerden der Deportierten erklärten.[12] In allen Ländern stellte sich dabei jedoch, wie die Referate der internationalen Kopenhagener Konferenz deutlich zeigen, dasselbe Problem: Die Psychiater mussten sich nicht nur vor ihren Fachkollegen im Rahmen der herrschenden Lehre rechtfertigen. Aufgrund der Neigung der jeweiligen nationalen Versorgungssysteme, strikte Grenzen gegen sogenannte Rentenneurotiker aufzubauen, waren die Ärzte gezwungen, die von ihren Patienten angeführten Beschwerden eindeutig den schweren körperlichen (und seelischen) Dauerbelastungen der Internierungszeit zuzuordnen.[13] Besondere Schwierigkeiten taten sich für die Experten dabei auf, wenn die seelischen oder körperlichen Leiden der Geschädigten erst nach einer sogenannten Latenzperiode auftraten, das heißt nach einem zeitlichen Intervall, in dem keine besonderen gesundheitlichen Beschwerden vorgelegen hatten.[14] Gegenüber den jeweiligen nationalen Versorgungsbehörden war in solchen Fällen ein kausaler Zusammenhang mit den extremen Strapazen und Grausamkeiten der Internierung kaum zu begründen.[15] Allerdings waren sich auch die wissenschaftlichen Experten darüber im Klaren, dass ein derart präziser Nachweis über die Ursachen der psychischen Leiden medizinisch eindeutig kaum zu erbringen war. Ihr Dilemma war auf der Kopenhagener Konferenz verschiedentlich zu erkennen: Zwar lasen die dänischen Psychiater nach einer Enquête, die sie im Jahr 1951 begonnen hatten, aus ihren statistischen Erhebungen heraus, dass man die Höhe des Gewichtsverlustes »zum ungefähr gültigen Ausdruck« für die Schäden verwenden könne, die dem Organismus durch den Hunger zugefügt worden seien.[16] Und auch ihr Verdacht, dass mögliche Gehirnschädigungen die psychischen Beeinträchtigungen erklärten, ließ sich durch aktuelle Mitteilungen deutscher Wissenschaftler abstützen. Schließlich hatten diese, so das Argument der dänischen Ärzte, »bei früheren Ausgehungerten« – also bei den Kriegsheimkehrern aus sowjetischer Gefangenschaft – Hirnatrophien durch röntgenologische Untersuchungen wirklich nachweisen können.[17] Letztlich aber wussten auch die medizinischen Experten: »Die wissenschaftliche Beurteilung von Zusammenhängen und von komplexen Einwirkungen, die überdies nicht selten mehr als 15 Jahre« zurücklagen, musste, wie es der Wiener Facharzt für Innere Medizin, Ludwig Popper, formulierte, »notwendigerweise unvollkommen sein«.[18]

Die Psychiater im Nachkriegseuropa befanden sich mithin in mehrfacher Hinsicht in einer ähnlichen Lage. Allerdings stellten sich unterschiedliche moralische Herausforderungen. So gaben die in Kopenhagen versammelten Experten aus den ehemals besetzten Ländern Europas zu verstehen, dass sie es für angemessen hielten, bei den Opfern des Nationalsozialismus – in Kopenhagen drehte sich fast alles um die Widerstandskämpfer, die später zum Zentrum des nationalen Mythos wurden[19] – auch aus einer moralischen Verpflichtung heraus von den strengen Maßstäben der herrschenden Lehre abzusehen. Der Däne Thygesen formulierte: »Wir Ärzte und Wissenschaftler – vielleicht selbst ehemalige Deportierte – müssen die einfache und moralische Forderung unterstützen, dass unsere Länder denjenigen *anständige wirtschaftliche Bedingungen* bieten, die mit ruinierter Gesundheit und vielleicht verkürzter Lebenszeit für die Rassendiskriminierung oder für einen Einsatz im Widerstandskampf bezahlt hatten.«[20]

Die deutschen Psychiater wurden also vor allem aus dem Ausland mit der Erwartung konfrontiert, von den Grundprinzipien der deutschen Lehrmeinung abzurücken und im Falle der Verfolgten des NS-Regimes die seelischen Störungen als Spätfolge des Nazi-Terrors anzuerkennen. Entsprechend dieser Erwartung mehrten sich seit der Mitte der 1950er Jahre, in denen in der westlichen Welt eine wichtige Umbruchphase in der Deutung psychischer Störungen begann, in den Entschädigungsbehörden der deutschen Länder Anträge von Patienten, denen ausländische Ärzte bescheinigten, dass ihre psychischen Beschwerden auf die Verfolgung zurückzuführen seien und somit ein Entschädigungsanspruch aufgrund von gesundheitlichen Schädigungen vorläge.[21]

Dieser Problemkomplex betraf nicht die Frage der aufgrund von Kriegseinwirkungen begründbaren Ansprüche auf staatliche Versorgungsleistungen, wie sie in der Bundesrepublik durch das Bundesversorgungsgesetz von 1950 rechtlich geregelt waren und in Klagefällen vor den Sozialgerichten entschieden wurden. Vielmehr hatte sich im Hinblick auf die Opfer des nationalsozialistischen Regimes, zum Teil bedingt durch alliierte Vorgaben, die Notwendigkeit zu neuen rechtlichen Regelungen ergeben, die mit dem Bundesergänzungsgesetz von 1953 vorläufig und mit dem Bundesentschädigungsgesetz (BEG) von 1956 bundeseinheitlich geschaffen wurden.[22] Die Rechtsgrundlage für die Entschädigung im Falle von gesundheitlichen Schädigungen war hier in § 28 Absatz 1 (BEG) formuliert, zuständig für Klagen waren die Zivilgerichte.

Für die deutschen Psychiater und Amtsärzte, die als Sachverständige in diese Verfahren involviert waren, um den Kausalzusammenhang der gesundheitlichen Störungen zu beurteilen, entstand daraus ein doppeltes Problem. Zunächst mussten sie davon ausgehen, dass ihre wissenschaftlichen Begründungen der Verursachung von psychischen Schäden unabhängig von den jeweiligen rechtlichen Zurechnungskriterien Bestand zu haben hatten. Was die Versorgungsfälle aufgrund von Kriegseinwirkungen anbelangte, folgten die Psychiater, um das noch einmal in Erinnerung zu rufen, hier einer klaren Richtlinie: Nach dem gültigen medizinischen Wissensstand handelte es sich bei seelischen Reaktionen ehemaliger Soldaten, ob als »Hysterie« oder »Neurose« diagnostiziert, um individuelle, »wunsch- oder zweckbedingte« Reaktionen, keinesfalls aber um Gesundheitsstörungen mit Krankheitswert, die ursächlich auf den Krieg oder die Gefangenschaft zurückgeführt werden konnten. Eine Berentung wurde deshalb strikt abgelehnt. Dem entsprach auch die Spruchpraxis an den Sozialgerichten, die in dieser Sache nach wie vor der bereits im Jahre 1926 gefassten Entscheidung des Reichsversicherungsamtes folgten.[23] Aufgrund dieser wissenschaftlichen und juristischen Praxis schien es für die Psychiater nahezuliegen, auch in der neuen Entschädigungsmaterie von den gültigen Leitsätzen der Kriegsopferversorgung auszugehen. Andererseits sahen sie sich bei der Beurteilung der Wiedergutmachungsfälle dem Druck auswärtiger Kollegen ausgesetzt, von dieser strikten Auslegung abzuweichen. Dies traf sich, da diese Materie vor

Zivilgerichten verhandelt wurde, mit der weiter gefassten Ursachenbegründung in zivilrechtlichen Schadensfällen. Hinzu kam, dass die von den auswärtigen Kollegen vertretene Öffnung in der medizinischen Interpretation, mit der sie unter ihren eigenen einheimischen Kollegen keineswegs durchweg auf Zustimmung stießen, von einigen deutschen Ärzten nachdrücklich unterstützt wurde, die sich, insbesondere was die Spätschäden von Kriegsheimkehrern aus der Sowjetunion anbelangte, über die mögliche Unzulänglichkeit der herrschenden Lehre bereits Gedanken gemacht hatten.[24] Vor allem war das dort der Fall, wo die moralische Herausforderung durch die Entschädigungsforderung von NS-Opfern von Seiten der Psychiater angenommen wurde. Dabei handelte es sich keineswegs nur um Angehörige des universitären Wissenschaftsbetriebs, sondern auch um Prüfärzte der Entschädigungsbehörden. Sie sahen sowohl die Möglichkeit als auch die Notwendigkeit, eine wissenschaftlich begründbare Abweichung von den Eckpunkten der »herrschenden Lehre« zu finden.

In dieser Situation entstand in den deutschen Entschädigungsbehörden, die auf der Grundlage der ihnen vorliegenden psychiatrischen Gutachten aus dem In- und Ausland über die Anerkennung einer psychischen Störung als verfolgungsbedingtes Leiden entscheiden mussten, ein enormer Klärungsdruck. Er betraf sowohl die Gültigkeit des psychiatrischen Wissensstandes als auch – mittelfristig dafür keineswegs ohne Belang – die Handhabung der juristischen Begrifflichkeiten und der Rechtsprechung. In diesem Zusammenhang sorgten seit Mitte der 1950er Jahre zwei Paragraphen sowohl unter den Verwaltungsbeamten als auch unter den Ärzten für Verwirrung und Aufregung: Es handelte sich um die §§ 3 und 4 der Zweiten Durchführungsverordnung des Bundesergänzungsgesetzes vom 24.12.1954, deren weitere Gültigkeit nach der Verabschiedung des Bundesentschädigungsgesetzes noch einmal bestätigt wurde. In dieser Zweiten Durchführungsverordnung (2. DV-BEG) heißt es:

»*§ 3 Verschlimmerung früherer Leiden*
Die durch nationalsozialistische Gewaltmaßnahmen verursachte Verschlimmerung früherer Leiden ist in dem ihr entsprechenden Umfang ein Verfolgungsschaden.

Wurde ein früheres Leiden richtunggebend verschlimmert, so gilt es in vollem Umfang als ein Verfolgungsschaden.

§ 4 Anlagebedingte Leiden
Ein anlagebedingtes Leiden gilt als durch nationalsozialistische Maßnahmen im Sinne der Entstehung verursacht, wenn es durch diese Gewaltmaßnahmen wesentlich mitverursacht ist.«[25]

Das Konfliktpotential dieser Verordnung deutete sich schon bald in einem Schriftwechsel zwischen dem Bundesministerium für Finanzen, das für die Wiedergutmachung verantwortlich zeichnete, und den entsprechenden Abteilungen auf Länderebene sowie den für die Kriegsopferversorgung zuständigen Beamten im Bundesministerium für Arbeit an. Ausgangspunkt war eine Anfrage des Amtes für Wiedergutmachung in Hamburg vom Januar 1957 an die übergeordnete Stelle im Bundesfinanzministerium, wie der Ursachenbegriff in den obengenannten Paragraphen zu verstehen sei. Dort hatte man wohl die Hoffnung, in dieser Frage vom Expertenwissen der Kollegen aus dem Ressort der Kriegsopferversorgung zu profitieren. Deren langjährige Vertrautheit mit der Materie der Versorgungsansprüche ließ eine versierte Kenntnis juristischer und medizinischer Belange vermuten.[26]

Tatsächlich klärten diese in ihrem Antwortschreiben die mit den Entschädigungsfragen befassten Verwaltungsbeamten im Bundesfinanzministerium über eine Reihe von Finessen auf, die mit dem schwierigen Komplex der Ursachenfrage verbunden waren. Vor allem belehrte das Schreiben gleich eingangs: »Der naturwissenschaftliche und versorgungsrechtliche Ursachenbegriff ist verschieden.« Das bedeutete nichts anderes, hieß es weiter, als dass die Entstehung einer Krankheit, medizinisch betrachtet, zwar oft auf ein ganzes Ursachenbündel zurückzuführen sei, der versorgungsrechtliche Ursachenbegriff in dem gesamten Bedingungsgeflecht jedoch nur den als überwiegend maßgeblich erachteten Faktor als rechtserhebliche Ursache anerkenne. Die Beamten des Bundesarbeitsministeriums versäumten es an dieser Stelle nicht, darauf hinzuweisen, was das für die Anerkennung von gesundheitlichen Leiden in der Konsequenz hieß: Hielt der Arzt die Anlage gegenüber den exogenen Schädigungen für bedeutsamer, musste nach dieser Rechtspraxis ein ursächlicher Zusammenhang zwischen der gesundheitlichen Schädigung und dem angeblichen entschädigungspflichtigen Ereignis abgelehnt werden. Nur für den Fall, dass die exogenen Schädigungen deutlich überwogen, sei es gerechtfertigt, von einem »ursächlichen Zusammenhang im Sinne der Entstehung« zu sprechen.[27]

Das Bundesfinanzministerium leitete diese Stellungnahme an die Wiedergutmachungsabteilungen der jeweiligen Länder weiter, von denen einige nicht nur prompt reagierten, sondern zudem – sehr zur Verärgerung der konsultierten Behörde im Arbeitsministerium – die fachliche Unangemessenheit dieses Schreibens herausstellten. So bestanden die für die Wiedergutmachungsbehörde in Nordrhein-Westfalen tätigen Ärzte darauf, dass die in den Ausführungen des Bundesarbeitsministeriums dargelegten Begriffsbestimmungen für das Bundesentschädigungsrecht überhaupt nicht relevant seien. Wie die Ärzte richtig erkannten, stützten sich die Ministerialbeamten des Bundesarbeitsministeriums in ihrem Schreiben nämlich ausschließlich auf das Versorgungsrecht, dem hinsichtlich der Ursachenfrage allerdings eine andere Rechtsauffassung als dem Bundesentschädigungsgesetz zugrunde lag. Das war deshalb der Fall, weil es sich bei diesem, wie gesagt, um ein Verfahren im Zivilrecht handelte, während das Versorgungsrecht einem anderen Rechtsbereich, dem Sozialrecht, angehörte, das in Rechtsauffassung und Spruchpraxis der Tradition der früheren Reichsversorgungsgerichte folgte. Entsprechend erläuterten und korrigierten die Ärzte: »Der Begriff des ursächlichen Zusammenhangs zwischen Verfolgung und Schädigung ist im BEG weitergehend gefasst als im Versorgungs- und

Unfallrecht. Im Versorgungs- und Unfallrecht muss das schädigende Ereignis unter der Vielfalt der ursächlichen Bedingungen eine hervorragende Stellung einnehmen und das Merkmal einer wesentlichen Mitverursachung haben. Im BEG genügt es, wenn unter der Vielfalt der Bedingungen das verfolgungsbedingt schädigende Ereignis mit Wahrscheinlichkeit *eine* der mitwirkenden Ursachen ist.«[28]

Die für die Wiedergutmachungsbehörde Nordrhein-Westfalens verantwortlich zeichnenden Ärzte wiesen damit die Gültigkeit versorgungsmedizinischer Auffassungen für ihren Wirkungsbereich der Entschädigung zurück. In ihrem Schreiben setzten sie deutliche Signale, dass sie sich rechtlich auf sicherem Boden fühlten. Auch von den höchstrichterlichen Urteilen, mit denen sie im Schreiben des Bundesarbeitsministeriums konfrontiert worden waren, ließen sie sich nicht beeindrucken. Schließlich war ihnen nicht entgangen, dass sich diese Urteile der Landessozialgerichtsbarkeit auf Körperschäden nach dem Bundesversorgungsgesetz bezogen. Die Haltung der Ärzte zu diesen Urteilen war dezidiert: »Sie haben auch nicht einmal vergleichsweise im BE-Recht Platz« und könnten nicht einmal »sinngemäß Anwendung finden«, kommentierten sie.[29]

Da der Spielraum für die Anerkennung gesundheitlicher Schädigungen als verfolgungsbedingte Leiden von den als gültig betrachteten Rechtsauffassungen abhing, war die juristische Genauigkeit für die Entschädigungsverfahren von außerordentlicher Bedeutung. Das wussten die Ärzte, die sich hier zu Wort meldeten, genau, und wohl ebenso die nun in ihre Schranken gewiesenen Kollegen des Bundesarbeitsministeriums. Darauf deutete jedenfalls ihr Antwortschreiben hin. In diesem räumte der unterzeichnende Ministerialrat Dr. Dierkes eine Verengung auf die versorgungsrechtliche Sichtweise durchaus ein, behauptete allerdings, die an sie gerichteten Anfragen hätten sich auf die Sozialgerichtspraxis bezogen. In der Sache aber stimmte Dierkes zu. Die Unterschiede in der Rechtsauffassung seien ihm bekannt, die versorgungsrechtlichen Definitionen ließen sich »nicht ohne weiteres« übertragen. Mangelnde Sachkenntnis seien ihm und seiner Abteilung somit nicht vorzuwerfen. Dierkes zog sich hinter den politischen Willen zurück: Der Sonderausschuss für Wiedergutmachungsfragen des Deutschen Bundestages, der sich seinerseits in der Sitzung vom 25.9.1956 über die Sozialgerichtspraxis informiert habe, habe »zum Teil die Auffassung« vertreten, »dass es wünschenswert wäre«, wenn die Anträge nach dem Bundesentschädigungsgesetz, dem Bundesversorgungsgesetz und der Unfallversicherung »nach gleichen Gesichtspunkten entschieden würden.«[30] Ein Vorzug lag auf der Hand: Unter finanziellen Gesichtspunkten konnte man sich von dieser Verfahrensweise, die sich an den strengeren Grundsätzen des Unfall- und Versorgungsrechts orientierte, in jedem Fall eine erhebliche Erleichterung versprechen.

Die nordrhein-westfälischen Entschädigungsmediziner ließen sich von derartigen Erwägungen allerdings nicht leiten. Vielmehr pochten sie darauf, dass die vom versorgungsärztlichen Dienst herausgegebenen »Anhaltspunkte für die ärztliche Gutachtertätigkeit im Versorgungswesen« für die ärztlichen Sachverständigen in Entschädigungsverfahren »in keiner Form Geltung« hätten.[31] Mit welchen Dimensionen das verbunden war, ließ die Stellungnahme des Ärztlichen Dienstes der niedersächsischen Entschädigungsbehörde erahnen, der diese Position unterstützte. In ihr hieß es ergänzend: »Bei einer solchen Sachlage ist natürlich bedenklich, die ausländischen Vertrauensärzte noch weiterhin im Merkblatt […] auf die ›Anhaltspunkte für die ärztliche Gutachtertätigkeit im Versorgungswesen‹ als Grundlage von ärztlichen Entscheidungen hinzuweisen.«[32]

Die Abkehr von dieser Praxis, die, so stand zu vermuten, das Urteil der ausländischen Ärzte während der letzten Jahre mit beeinflusst hatte, war nicht nur aus rechtlichen Gründen geboten. Folgte man der Stellungnahme der nordrhein-westfälischen Kollegen, gab es dafür auch eine wissenschaftliche Begründung. Die »Schäden an Körper und Gesundheit«, die nach dem BEG zu beurteilen waren, seien überhaupt nur »zu einem geringen

Teil« mit denjenigen des Bundesversorgungsgesetzes vergleichbar, erklärte Medizinalrat Dr. Didden, der damit ein medizinisches Argument ins Spiel brachte. Er begründete es wie folgt: »Die im Sinne des BEG zu erfassenden Schäden sind ärztlich gesehen sowohl ihrer Verursachung nach (Art, Schwere und Dauer der ›exogenen‹ Schädigungen) als auch dem ärztlich zu bewertenden Ergebnis dieser Schädigungen nach so neuartig und unvergleichlich, dass sich daher allein schon eine mehr oder minder formelle Übertragung der sonst im Versorgungs- und Unfallrecht üblichen Richtlinien verbietet.«[33]

Diese Haltung, die für den Bereich der Entschädigungsmedizin nichts Geringeres verlangte als eine Korrektur der »herrschenden Lehrmeinung«, wurde unterstützt durch ein »Gutachten«, das der für das Generalkonsulat der Bundesrepublik Deutschland in New York tätige Vertrauensarzt, Professor Hans Strauss, etwa zwei Monate zuvor an sämtliche Entschädigungsbehörden der Länder geschickt hatte.[34] Der Emigrant Strauss brachte sein Anliegen gleich auf den Punkt: »Die Begutachtung der Opfer der nationalsozialistischen Verfolgung mit nicht-psychotischen seelischen Störungen ist ein sehr aktuelles Problem«, erklärte er, wobei sich Schwierigkeiten »besonders bei der Beurteilung des ursächlichen Zusammenhangs zwischen den jetzt vorliegenden Störungen und den Verfolgungsmaßnahmen« ergäben. Nach den Erfahrungen des Psychiaters Strauss klafften die Ansichten der an den Entschädigungsverfahren Beteiligten in dieser Frage zunehmend auseinander – ein fataler Zustand für all jene, die, so Strauss' Position, »solche Ansprüche berechtigterweise« erhoben, aufgrund der Lage aber erhebliche Verzögerungen bis zur endgültigen Klärung hinzunehmen hätten.[35]

Für diese Differenzen hatte Strauss nur sehr begrenzt Verständnis. Vor allem verärgerte ihn das starre Festhalten an »irgendwelchen Grundsätzen«, die »von ganz anderen Tatbeständen aus entwickelt« worden seien. Hans Strauss, der die deutsche Psychiatrie hervorragend kannte, da er selbst in Deutschland ausgebildet worden und tätig gewesen war, spielte auf die in der Bundesrepublik vorherrschende Lehre von der »Neurose« an. Auch im »Ammermüller-Wilden«, einem Standardwerk zur Beurteilung gesundheitlicher Schäden in der Wiedergutmachung,[36] hatte sie unter Berufung auf den Tübinger Ordinarius Ernst Kretschmer Eingang gefunden. Strauss zitierte: »Entscheidend … ist die Tatsache, daß Affekte und Erlebnisse der Vergangenheit auch schwerer Art an sich keine fortdauernde Neurose machen.« Der New Yorker Vertrauensarzt widersprach. Zwar glaubte auch er, dass diese Ansichten im Hinblick auf die »hysterischen Begehrungsneurosen bei Kriegs- und Unfalls-Beschädigten« zu Recht entwickelt worden seien. Aber auf die in seinen Augen »ganz andersartige[n]« seelischen Störungen der Verfolgungsopfer träfen diese Anschauungen nicht ohne weiteres zu.[37]

Dieses Argument entfaltete er vor allem für »chronische reaktive Depressionen«, die er bei den Verfolgten häufig beobachtete. Den Rahmen der in Deutschland vorherrschenden Lehre verließ er dabei völlig. Dauernde körperliche Schädigungen, etwa des Nervensystems, ließen sich nach seinem Eindruck als Ursache für das »gestörte seelische Verhalten« seiner Untersuchungsgruppe nur selten ausmachen. Entschieden grenzte er sich deshalb auch von den Ergebnissen der Kopenhagener Konferenz ab; er hielt sie für »völlig unbewiesen«.[38] Stattdessen behauptete Strauss: »Der maßgebende, durch die Verfolgung bedingte Faktor ist die Entwurzelung, die heute bei diesen Menschen noch genauso besteht wie am Tage der Befreiung.«[39] Für den New Yorker Vertrauensarzt, der in diesem Zusammenhang den Begriff der »Entwurzelungsdepression« bevorzugte, kam letztlich nur ein Grund für die lange Dauer dieser psychischen Leiden in Frage. Er lag in den Spezifika der nationalsozialistischen Verfolgung selbst, nach Strauss vor allem in der »völligen *Rechtlosigkeit* dieser Menschen« begründet. Er fasste zusammen: »Sie waren die völlig wehrlosen Opfer jedes nur möglichen Einfalls ihrer oft sadistischen Aufseher.«[40]

Hans Strauss stellte seinen Standpunkt gegenüber den Entschädigungsbehörden und seinen Kollegen im psychiatrischen Fach äußert klar: Begehrungsvorstellungen musste man als Ursache für diese seelischen Verhaltensweisen nicht vermuten. Zwar schloss auch er weitere Faktoren nicht aus. Die »Struktur der Persönlichkeit«, in der »Anlage« und bisherige Umwelteinflüsse zusammenwirkten, sei »selbstverständlich von größter Bedeutung«, räumte er ein. Strauss schienen vor allem Charakter und Intelligenz wesentlich mit entscheidend. Die in der Alltagswelt der Überlebenden »*zur Zeit* vorliegenden Schwierigkeiten« kämen hinzu. Trotzdem beharrte der Psychiater darauf: »Man kann diesen Menschen nicht zum Vorwurf machen und eine Entschädigung absprechen, weil sie aufgrund ihrer Persönlichkeitsstruktur und aufgrund ungünstiger äußerer Umstände unfähig waren, ihre Entwurzelung durch Entwicklung neuer fester Wurzeln zu überkommen.«[41]

Im Landesentschädigungsamt Schleswig-Holstein hatte Hans Strauss damit einen neuralgischen Punkt getroffen. Eine Stellungnahme, die man in dieser Sache vom ortsansässigen Landesamt für Gesundheitswesen erbeten hatte, legte dem Bundesfinanzministerium eindringlich nahe, zu handeln.[42] Die Auskunft, die vom Leiter des Landesamtes, Ministerialrat Dr. med. Heigl, vorlag und in Abschrift allen obersten Entschädigungsbehörden der Länder zugeleitet wurde, schien in mehreren Punkten alarmierend. So bemängelte Heigl, die Feststellung der möglichen Krankhaftigkeit und Erwerbsbeeinträchtigung erfolge allein aus der »subjektive[n] Einstellung« des Vertrauensarztes, wobei dessen Diagnose selbst nur »aus den subjektiven, nicht nachprüfbaren Angaben der Antragsteller abgeleitet würde.« Praktisch seien sie es, warnte er, die dann sowohl Antrag als auch Diagnose und Rentenhöhe bestimmten.[43] Die »Einbeziehung der ›asozialen Charakterentwicklung‹ in die Verfolgungsschäden« hob der Amtsleiter jedoch als »besonders bedenklich« heraus. Seine Haltung war deutlich: Strauss' Anliegen schien ihm weder wissenschaftlich noch moralisch vertretbar. »Wenn sich die Vertrauensärzte, besonders im Ausland, die von Prof. Dr. Strauss vertretenen Auffassungen zu eigen machen, wird es kaum einen ehemals Verfolgten geben, der nicht mit Aussicht auf Erfolg einen der als entschädigungswürdigen Symptomkomplexe zum Gegenstand eines Antrages auf Rente machen könnte.«

Während man in Schleswig-Holstein offenbar noch in dem Glauben war, den Vorstoß des New Yorker Kollegen durch ein weiteres Gegengutachten aus deutscher Hand stoppen und somit auch das befürchtete Szenario abwenden zu können,[44] sah man weder im Bundesfinanzministerium noch in anderen Entschädigungsbehörden auf Länderebene in einer derart pauschalen Abwehrhaltung einen Sinn. Dort einigte man sich darauf, die in der Entschädigungsmedizin strittigen rechtlichen und medizinischen Fragen im Rahmen einer medizinischen Konferenz klären und verbindliche Richtlinien für die Begutachtung festlegen zu wollen. Juristisch geschulte Vertreter, Leitende Ärzte der Obersten Entschädigungsbehörden und ausgewählte ärztliche Fachgutachter aus Deutschland sollten zu diesem Zweck gehört werden. Auch die Vertrauensärzte aus den USA konnten in diesem Klärungsprozess, der in jedem Fall auf eine Vereinheitlichung der Praxis zielte, nicht weiter übergangen werden. Die eigentliche Schaltstelle zum Ausgleich der konträren Auffassungen wurde demnach die sogenannte Medizinische Hauptkonferenz. Im Beisein von Beamten der verschiedensten Bundesministerien tagte sie im Jahr 1958 in München zum ersten Mal.[45] Treffen im jährlichen Rhythmus folgten bis ins Jahr 1970. Wohl niemand ahnte bei der ersten Konferenz, welches Ausmaß die zu verhandelnde Problematik insgesamt noch annehmen würde.[46]

In den jährlichen Protokollen kommen die strittigen Punkte zur Sprache, wobei die Protokollform gelegentlich erkennbar von den vorgetragenen Positionen der Referenten abweicht, daher aber den Suchvorgang zutage treten lässt, mit dem die Teilnehmer der Konferenzen eine vertretbare und einheitliche Linie in der Gutachterpraxis zu etablieren versuchten. Dass es sich um einen prekären Vorgang handelte, war den Anwesenden offenbar bewusst. Bei ihrer ersten Zusammenkunft im April 1958 verständigten sie sich jedenfalls darauf, den ausländischen Vertrauensärzten das Protokoll zunächst einmal nicht zuzuschicken.[47] Tatsächlich standen die Meinungen, wie die psychischen Störungen der Überlebenden zu interpretieren und zu diagnostizieren seien, relativ unvermittelt gegeneinander.

Das kam vor allem in der Auseinandersetzung um den zentralen Begriff der »Neurose« zum Ausdruck. So konnte etwa Erich Kluge, Privatdozent an der Universität Mainz, dem auf der Konferenz von 1958 das Hauptreferat zur Bedeutung und Bewertung der Depressionen in der Entschädigungsmedizin sowie den psychogenen Dauerreaktionen übertragen worden war, mit dem in den USA häufig breiter verwendeten Neurosenbegriff wenig anfangen. Die »höchst differenzierten Krankheitsbilder sind von den ausländischen, vor allem von amerikanischen Beurteilern ganz monoton als Neurose oder Psycho-Neurose bezeichnet worden«, klagte der Mainzer Psychiater, der im Auftrag eines Landesamtes für Wiedergutmachung sechzig Entschädigungsakten im Hinblick auf die korrekte Diagnostik der Vorgutachter überprüft hatte.[48] Ganz in der deutschen Tradition stehend, verstand Kluge unter »Neurosen« lediglich psychogene Störungen, die allein auf der Vorstellung oder dem Wunsch beruhten, krank zu sein, und somit nicht entschädigungspflichtig seien. Die psychischen Beschwerden der NS-Opfer, deren Anträge Kluge durchgesehen hatte, waren, so schien es ihm, mit dieser Diagnose mehrheitlich nicht richtig erfasst. Eine »tendenziöse, ›neurotische‹ Störung« war für ihn in der weitaus überwiegenden Zahl der überprüften Fälle nicht zu erkennen. Er führte fast die Hälfte von ihnen – 44 Prozent – auf endogene oder konstitutionelle Gründe zurück. In seinen Augen waren sie damit nicht verfolgungsbedingt.[49] Nur bei sieben Prozent lag nach seinem Eindruck tatsächlich eine Neurose im Sinne der deutschen Lehrmeinung vor. Verfolgungsbedingtheit war er fast nur dann bereit anzuerkennen, wenn Langzeitfolgen auf organische Schädigungen zurückzuführen waren. Vor allem Studien, die wenige Jahre zuvor Spätschäden bei Kriegsheimkehrern aus sowjetischer Gefangenschaft untersucht hatten, führten hier weiter, wie er argumentierte. Kluge dachte insbesondere an die Hungerdystrophie, die nachweislich sogar zu Hirnveränderungen geführt hätte.[50] Im

Begriff der »Melancholie« fand Kluge schließlich eine Diagnose, in der die »chronische Depression mit organischen Zügen« in Verfolgungsfällen erfasst werden sollte. »Das organische, das körperliche Element« stecke bereits in diesem Wort selbst.[51] Damit hatte er eine Lösung gefunden, die im Rahmen der herrschenden Lehre psychische Beeinträchtigungen als Folge einer organischen Störung auszumachen in der Lage war, ohne der Verfolgung selbst einen Regeleffekt in Form einer undifferenzierten Neurose zuschreiben zu müssen, wie er es an der amerikanischen Praxis kritisierte.[52] Indem er auf die »Melancholie« als Diagnose auswich, machte er aber auch klar, dass er den in Deutschland gebräuchlichen Neurosebegriff, der von einem Krankheitsbegehren ausging, unter den veränderten Bedingungen nicht mehr generell für angemessen hielt. Kluge sagte es unmissverständlich: »Nach den zerstörerischen Einwirkungen der jetzigen Weltsituation ist mit der rationalistischen Psychogenie nicht mehr auszukommen.«[53]

Unter den Anwesenden dieser ersten Medizinischen Hauptkonferenz stieß Kluges Position auf ein geteiltes Echo. Vor allem ging es um die Qualifizierung des Opferstatus bei Verfolgten. Sowohl der Hamburger Arzt Dr. Meywald, der das dortige Amt für Wiedergutmachung vertrat, als auch Regierungsmedizinalrat Dr. med. Didden von der nordrhein-westfälischen Wiedergutmachungsbehörde bezogen in ihren Referaten, die sich eigentlich mit der Rechtsmaterie des Bundesentschädigungsgesetzes beschäftigten, einen weiter gehenden Standpunkt. Beide waren davon überzeugt, dass sich die Schädigungen der Verfolgten in keiner Weise mit denjenigen der Versorgungsmedizin vergleichen ließen.[54] Meywald begründete das vor allem mit der »Ungleichheit der Positionen«, die zwischen Verfolgern und Verfolgten bestanden habe. Spezifisch für die Verfolgungssituation sei, dass es eine einseitige Verschiebung hinsichtlich der »persönlichen Ausgangssituation des Betroffenen« gäbe. Meywald grenzte gegenüber der Kriegssituation deutlich ab: »Auch die Unterlegenheit einer Kampftruppe oder eines einzelnen Soldaten gegenüber seinem Kriegsgegner beseitigt noch nicht das für die menschliche Existenz grundlegende Moment der Gleichwertigkeit der menschlichen Position«, erläuterte er und spitzte weiter zu: »Selbst die völlige Ungleichheit der Mittel und die Erkenntnis der Unzulänglichkeit oder gar der Unmöglichkeit der Verteidigung hebt im Kriegsdienst die moralische Gleichwertigkeit nicht auf. Der Verfolgte ist jedoch nur Opfer.«[55]

Kaum weniger vehement pochte der Vertreter des nordrhein-westfälischen Wiedergutmachungsamtes, Didden, auf diesen qualitativen Unterschied, betrachtete ihn jedoch aus einem anderen Blickwinkel heraus. Schädigungen, die unter die Versorgungsmedizin fielen, würden »in der Regel unabhängig von der Persönlichkeit des Betroffenen wirksam«, argumentierte er. Für die Verfolgungsschäden gelte das nur selten. Denn die »Verfolgungstatsache schlechthin in ihrem gesamten Umfange« sei die schädigende Ursache, und das aus einem Grund, den Didden ohne Umschweife aussprach: »Es war die Absicht der Verfolger, die Persönlichkeit des Verfolgten zu zerbrechen und zu vernichten.«[56] Musste sich nicht schon deshalb die Vermutung aufdrängen, dass sich die gesundheitlichen Schädigungen von denjenigen der normalen Versorgungsmedizin unterscheiden würden, fragte er. Was sie als Ärzte in diesem Zusammenhang zu sehen bekämen, sei in der Tat das Ergebnis eines grausamen »Massenexperimentes«. In der »gesamten Menschheits- und Medizingeschichte« gebe es keinen Vergleich. Entsprechend einzigartig seien die Folgen. Davon zeugten auch die Ergebnisse ausländischer Kollegen, die ebenfalls, so wusste der nordrhein-westfälische Regierungsmedizinalrat, verfolgungseigentümliche Krankheitsbilder ausgemacht hätten.[57] Für ihn gab es keinen Zweifel: Man hatte es in erster Linie mit »*Schäden an der Persönlichkeit*« zu tun.[58] Die Bezeichnung als »Neurose«, die allzu oft in Ermangelung einer ausreichenden Diagnostik und in Verkennung des Neuen verwendet werde, war in Diddens Augen damit verfehlt. Er machte einen anderen Vorschlag: Der Begriff des »Psychasthenischen Verfolgungssyndroms«, der noch zu präzisieren sei, sollte künftig die Vielfalt der Symptome zusammenfassen.[59]

Im Protokoll zeigten sich die Schwierigkeiten, sich auf eine dieser Positionen zu verständigen. So beschränkte man sich dort auf die Feststellung, dass alle Teilnehmer den Begriff der Neurose im Entschädigungswesen für »sehr unglücklich« hielten und er deshalb nicht verwendet werden sollte. Zu einer Lösung, wie weiter verfahren werden solle, gelangten die Anwesenden, wie man weiter lesen kann, aber nicht. In der euphemistischen Sprache des Protokolls hatten es alle Gutachter »als schwierig empfunden, einen brauchbaren Begriff einzuführen, der den Sachverhalt treffend zum Ausdruck bringt«.[60] Die anwesenden Ministerialbeamten demonstrierten damit auch ihr ausgeprägtes Misstrauen gegenüber den ausländischen Gutachtern, die scheinbar, wie selbst die beiden New Yorker Vertrauensärzte, Prof. Hans Strauss und Dr. Riesenfeld, wenig später behaupteten, zu gefälliger Begutachtung neigten. Das Protokoll zu diesem Treffen, das im Sommer 1958 stattfand, hielt jedenfalls fest: »Bescheinigungen der behandelnden Ärzte sind mit äußerster Vorsicht zu werten, da sie grundsätzlich falsche Darstellungen geben. […] Die Vertrauensärzte, die versuchen, objektive Gutachten zu erstellen, sehen sich größten Schwierigkeiten von den amerikanischen Kollegen ausgesetzt.«[61]

Die offene Formulierung, die in der Niederschrift zur Medizinischen Hauptkonferenz gewählt wurde, war aber auch der Tatsache geschuldet, dass die Teilnehmenden, wollten sie die Definitionshoheit in der Hand behalten, auch auf die neuen Bemühungen der deutschen Universitätspsychiatrie zur Problematik psychischer Verfolgungsschäden Rücksicht nehmen mussten. Immerhin konnte man eine gemeinsame Position finden, in der die Unzulänglichkeit der Auslandsgutachten beklagt wurde, da dort vor allem eine exakte Erhebung der Vorgeschichte sowie der psychiatrische und neurologische Befund fehlten.[62] Wie die zeitgleich angestoßene Debatte in der Fachliteratur zeigte, meldeten sich jetzt jedoch auch einige deutsche Psychiater zu Wort, die darauf drängten, dass im Hinblick auf die Entschädigungsfälle die »herrschende Lehrmeinung« und die Begutachtungsrichtlinien korrigiert werden müssten.[63]

Besonders auffallend war hier die Stimme des weiter oben bereits erwähnten Psychiaters Ulrich Venzlaff, eines Assistenzarztes an der Universitätsklinik Göttingen, der 1958 mit einer Veröffentlichung über die »Psychoreaktiven Störungen nach ent schädigungspflichtigen Ereignissen« hervortrat.[64] Fertiggestellt hatte er diese Studie schon zwei Jahre zuvor, womit er dem nun einsetzenden Trend gewissermaßen vorausgriff. Auch er bemühte sich, ebenso wie die Kollegen in der Medizinischen Hauptkonferenz, die »herrschende Lehre« nicht grundsätzlich zu erschüttern. Den Kapazitäten des Fachs – er nannte Kretschmer, Schneider, Ewald und andere – pflichtete er in ihrer Erklärung rein seelischer, nicht organischer Störungen weitgehend bei: Für ihr Aufkommen stellten »abnorme Charaktereigenschaften, erlebnisbedingte Fehlhaltungen, ungerechtfertigte Wünsche oder unbegründete Befürchtungen«, so sein Zwischenresümee, wesentliche Voraussetzungen dar.[65] Was Venzlaff, der an der Göttinger Klinik in den vorausgegangenen Jahren wiederholt mit der Begutachtung von NS-Verfolgten betraut gewesen war, jedoch in Frage stellte, war die im psychiatrischen Fach – so etwa auch von Kretschmer – immer noch verfochtene Ansicht, dass die »Trag- und Belastungsfähigkeit« eines körperlich gesunden und charakterlich »normalen« Menschen keine Grenzen habe.[66] Mehr noch: Abweichend vom gängigen psychiatrischen Krankheitsbegriff, der in seiner naturwissenschaftlichen Orientierung seelische Störungen nur dann als »krankhaft« anerkannte, wenn »krankhafte Organprozesse« als Ursache geltend gemacht werden konnten, sprach der Göttinger Assistenzarzt sogar von der Möglichkeit eines »seelische[n] Kranksein[s]«, so etwa, wenn der Mensch von Leiden überwältigt werde.[67] Wenn das Erlebnis nicht verarbeitet werden könne, »das Ordnungsgefüge der Persönlichkeit einen zu tiefen Bruch erlitten« habe, »wenn Inhalte und Werte, auf die das Leben aufgebaut war, *unwiederbringlich zerstört*« worden seien, »wenn der Mensch in seinem Leid und in seiner Not durch Jahre in die Isolierung gedrängt, nicht mehr mit der Kommunikation mit der Gemeinschaft teilhat, und wenn hierbei der *Lebensabschnitt überschritten* wurde, in dem die *Persönlichkeit formbar* ist und neue Wertbildungen und Zielsetzungen erringen kann«, dann, so Venzlaff, gäbe es manchmal sogar unheilbares seelisches Leid. Genau in diesen Fällen wollte der Psychiater nicht mehr von einer Neurose sprechen. Er zog den Begriff des »erlebnisbedingten Persönlichkeitswandels« vor.[68]

Das Spektrum der Beispiele, die Venzlaff dafür wählte, war breit. Flüchtlinge gehörten dazu, vor allem die älteren Menschen unter ihnen, die den Verlust ihres Lebensinhaltes, ihrer Heimat, nicht hätten überwinden können. Der Psychiater sprach von einem »*unheilbaren Bruch der Daseinsordnung*«, den diese in dem Bewusstsein des Unwiederbringlichen erlitten hätten.[69] Ähnliches aber habe man auch bei nationalsozialistischen Idealisten beobachten können, die »nach dem Zusammenbruch jahrelang der Ächtung anheimgefallen« seien.[70] Das eigentliche Anwendungsfeld waren jedoch »entschädigungspflichtige Ereignisse«, im Sinne des Entschädigungsgesetzes für NS-Verfolgte von 1953. Diese Ereignisse wurden nämlich einerseits durch die Verfolgungstatsache selbst, andererseits erst definitiv durch Venzlaffs Interpretation der »erlebnisbedingten Persönlichkeitsveränderung« konstituiert.

Auch in diesem Rahmen ging es allerdings immer noch um den Nachweis einer im Einzelfall zu begründenden Verursachungskette. Venzlaff behauptete jedoch, diesen Zusammenhang belegen zu können. Dazu präsentierte der Göttinger Psychiater eine Reihe von Krankengeschichten, die er nach strengen Kriterien ausgewählt hatte, womit er möglichen Einwänden zu begegnen versuchte. Es wurden nur Fälle vorgestellt, in denen objektive Unterlagen vorlagen, die seelische Störungen schon seit Beendigung der Verfolgung beziehungsweise vor der Existenz rechtlicher Grundlagen für eine mögliche Entschädigung attestierten. Der Verdacht auf ein Rentenbegehren sollte damit entkräftet werden. Zudem versicherte der Göttinger Assistenzarzt, dass »Lebensgeschichte, Verhalten und Wesensart weder *abnorme Charakterzüge noch anders gelagerte neurotische Konfliktsituationen*« hätten erkennen lassen.[71]

Auf diese Weise ließen sich, bedeutete Venzlaff, die seelischen Leiden und ihre verfolgungsbedingten Ursachen isolieren. Was dann entstand, nannte er das »psychische Bild des Geächteten«. Eine »permanente *sensitive Scheu* und Eigenbezüglichkeit bis zur *paranoisch* gefärbten Unsicherheit gegenüber anderen« gehörten dazu, erläuterte der Göttinger Psychiater, »*affektstarke Erinnerungen* an Beschämung und Erniedrigung« nähmen der Umwelt ihre vorhandene Harmlosigkeit, drängten sich »*fast zwanghaft* gegen jede bessere Einsicht wieder auf«. Schließlich erzeuge die Vereinsamung eine fortdauernde Konfrontation mit der »inneren Leere und Sinnentnahme des Daseins«, aus der wieder ein »*Angstsyndrom*« erwachse. Venzlaff beschrieb es plastisch: »Eine Angst, die sich aus der Furcht vor Quälereien, Beschämungen und Tod in eine *Lebensangst* verwandelt hat, eine permanente Angstbereitschaft, die aus den Erinnerungen immer neue Nahrung erhält, die erwacht bei Schritten auf der Treppe, beim Klingeln an der Tür, aber auch körperlich beengend und lähmend empfunden wird.« Zur Lebensfreude fanden diese Personen, fasste Venzlaff zusammen, nicht mehr zurück. Sie alle waren still, gehemmt, resigniert. Nur eines hatte man von ihnen nicht zu sehen bekommen: »Jene ansprüchlerisch-tendenziöse Haltung«, die den »Rentenneurotiker« ausmache. Der Göttinger Arzt hatte sich noch in einer weiteren Hinsicht abgesichert: Auch hirnorganische Störungen hatte man in der Klinik differentialdiagnostisch ausschließen können.[72] In Anbetracht der einzigartig grauenhaften Erlebnissituation, die das nationalsozialistische Regime für unzählige Personen geschaffen hatte, sprach in seinen Augen alles dafür, den beobachtbaren Persönlichkeitswandel als Resultat der Verfolgungsgeschehnisse zu interpretieren.

Das sorgfältige Vorgehen war unabdingbar, wie Venzlaff wusste, um in der Sache zu bestehen. Wenige Jahre zuvor hatte man im Entschädigungsamt Bremen noch geradezu panisch reagiert, als er im Auftrag des Landgerichts Bremen als Gutachter tätig geworden war und bei einem Verfolgten eine verfolgungsbedingte Neurose diagnostiziert hatte.[73] Eine ganze Flut an Rentenansprüchen war befürchtet worden, würde diese Auffassung des Psychiaters Schule machen. Der Tübinger Psychiater Ernst Kretschmer hatte damals im Auftrag der Entschädigungsbehörde ein zusätzliches Gutachten verfasst, in dem er Venzlaffs Diagnose widersprach und ihn darüber hinaus noch beschuldigte, den Begriff der »sensitiven Neurose«, den er, Kretschmer, selbst geprägt habe, falsch zu verwenden.[74] In der Folge hatte sich das Gericht dem Göttinger zwar dennoch angeschlossen, aber das Entschädigungsamt konterte: Es verteilte das Gegengutachten Kretschmers als richtunggebendes Gutachten an alle anderen Entschädigungsbehörden der Länder.[75]

Inzwischen hatte aber in der Medizinischen Hauptkonferenz die Debatte über die Interpretation von psychischen Schädigungen bei Verfolgten eine Wende genommen. Eine Haltung, die der restriktiven Neurosenlehre, wie sie Kretschmer und die Mehrheit seiner Kollegen vertrat, weiterhin ausnahmslos Geltung zubilligte, schien aus Sicht der Konferenzteilnehmer nicht mehr möglich zu sein, wenn sie auch unentschieden darüber waren, wie die beobachtbaren psychischen Störungen angemessen zu bezeichnen seien. In dieser offenen Situation fand Venzlaffs Interpretation des »erlebnisbedingten Persönlichkeitswandels« bei den Medizinalräten der Entschädigungsbehörden der Länder umgehend Gehör. Im Protokoll, das nach der Medizinischen Hauptkonferenz von 1958 eigens für die ausländischen Vertrauensärzte angefertigt wurde, nahm man seine soeben erst erschienene Studie in eine Liste wissenschaftlicher Veröffentlichungen mit auf, die jüngst in deutschen Fachorganen zu dieser strittigen Thematik erschienen waren und als Handreichung für die Vertrauensärzte verstanden werden sollten.[76] Die Medizinalbeamten beriefen sich sogar explizit auf Venzlaff, um ihren Standpunkt in der Begutachtungsfrage – von einem deutschen Experten gestützt – gegenüber den ausländischen Kollegen klarzustellen. So wurde der Göttinger Psychiater, dem es in seiner Studie um die allgemeine Neurosenlehre, auch im Versorgungsfall, ging, im Protokoll folgendermaßen zitiert:

»Es versteht sich von selbst, dass für seelische Störungsbilder, die auf ungerechtfertigte Wünsche, charakterliche Abnormitäten oder unfallfremde neurotische Konfliktspannungen zurückzuführen sind, eine Entschädigungspflicht strikt abgelehnt werden muss. Nur in besonders gelagerten Fällen [...], in denen seelische Leidenszustände oder charakterogen unterlegte Verbiegungen aus schweren körperlichen Leiden oder als Schlüsselerlebnis wirkenden seelischen Erschütterungen erwachsen, die ursächlich auf den Unfall zurückzuführen sind, wird man der Annahme eines Ursachenzusammenhangs nach reiflichem Abwägen aller Umstände in diesem oder jenem Falle einmal das Wort reden dürfen. Eine derartige Anerkennung sollte allerdings nicht dazu dienen, durch eine Berentung einen seelischen Schaden zu fixieren, sondern lediglich dazu, die Möglichkeit der ärztlichen Hilfe und der Wiedergutmachung des zusätzlich aus dem schädigenden Ereignis entstandenen seelischen Leidens zu schaffen.«[77]

Aus Sicht der Obersten Entschädigungsbehörden der Länder war damit deutlich gesagt, dass man – auch wenn man von der »Besonderheit des Verfolgungstatbestandes« ausging, der, so die offizielle Verlautbarung, »besondere psychische Schäden« hervorgebracht hatte – doch annahm, dass nur wenige NS-Verfolgte davon betroffen seien. Sie waren Ausnahmefälle. In der Regel glaubte man die körperlich nicht begründeten, rein seelisch-reaktiven Leiden weiterhin mit dem Begriff der »Neurose« passend belegt. Auch in den Verfahren nach dem BEG, so versicherten die deutschen Medizinalräte den ausländischen Vertrauensärzten, würde man an dem Grundsatz festhalten, wie er seit der Entscheidung des Reichsversicherungsamtes von 1926 allgemein bestehe: Ein Entschädigungsanspruch war im Falle von »Neurosen« abzulehnen.[78]

Die deutschen Amtsärzte und Kliniker waren also nur bereit, in einer Art »Doppelspur« zu verfahren. Der herkömmlichen Deutung langandauernder psychischer Leiden wurde dabei das größere Gewicht beigemessen, wie es im Versorgungsrecht generell der Fall war. Gleichzeitig wurde in Entschädigungsfällen der

Begründungszusammenhang des »erlebnisbedingten Persönlichkeitswandels« ausnahmsweise anerkannt. Eine Schilderung der Verfolgungserlebnisse allein genügte dafür allerdings nicht. »Ein minutiöses Lebensbild, vor allem auch mit der beruflichen Entwicklung, der familiären Situation usw.« war in der Anamnese festzuhalten, wie vor allem den ausländischen Kollegen eingebläut wurde. Bei den ehemaligen Displaced Persons sei zudem darauf zu achten, »dass die Verfolgung mit der Befreiung geendet« habe, ferner, dass bei den Emigranten Schwierigkeiten in ihrem Aufnahmeland »nicht mehr als entschädigungspflichtige Ereignisse anzusehen« seien.[79] Damit waren deutliche Grenzen gezogen, die den Nachweis eines Kausalzusammenhangs zur Verfolgung erschwerten, obwohl ihn die Konzeption des »erlebnisbedingten Persönlichkeitswandels« immerhin ermöglichen sollte. Die Tür für eine neue Interpretation psychischer Leiden war nur einen Spalt geöffnet. In der Praxis musste sie sich, gerade weil es sich um etwas qualitativ Neues handelte, erst noch bewähren.

Die Ministerialbeamten im Bundesministerium für Arbeit und Sozialordnung witterten Ende der 1950er Jahre sofort die Gefahr, dass diese Ausnahmeregelung auch auf die Kriegsopfer ausgeweitet werden könnte. Vom »Ärztlichen Sachverständigenbeirat für Fragen der Kriegsopferversorgung« erbaten sie ein Gutachten, das zur versorgungs- und sozialmedizinischen Beurteilung der »Neurose« verbindlich Stellung beziehen sollte. Bereits 1960 lag es veröffentlicht vor.[80] Die Autoren[81] bestätigten darin, dass – in seltenen Ausnahmefällen – »erlebnisreaktive Entwicklungen« vorkommen könnten, die völlig frei von »Wunsch- und Zwecktendenzen« seien und aufgrund »des ungewöhnlichen Ausmaßes der erlittenen Schädigungen als adäquat« bezeichnet werden müssten. Dabei verwies das sogenannte »Neurose-Gutachten« auf Venzlaff, von Baeyer, Kolle, Kluge und Strauss, die sich in Fällen »überwältigender Bedrohungserlebnisse mit schweren Selbstwertverletzungen, wie sie unter langdauernder Todesfurcht und schwersten Missachtungsformen in Konzentrations- und Straflagern, zumal bei Juden und zum Tode verurteilten Kriegsgefangenen« vorkämen, für eine Anerkennung derartiger Dauerveränderungen ausgesprochen hätten. Meist aber, hieß es in dem Gutachten, handele es sich um Schicksale ehemaliger KZ-Häftlinge.[82] Überhaupt beugte das Gutachten einer extensiven Auslegung der eingeräumten Ausnahmeregelung vor. Denn die Antwort der Sachverständigen auf die vom Bundesministerium aufgeworfene Leitfrage, ob »eine Neurose [...] in einem ursächlichen Zusammenhang mit schädigenden Einflüssen des Wehrdienstes, der kriegseigentümlichen Verhältnisse oder Gefangenschaft stehen« könne, fiel eindeutig aus. Die Experten erklärten: »Aus der Definition der Neurose als einer Störung, die das Ergebnis einer bis in die Kindheit zurückgehenden seelischen Fehlentwicklung darstellt, ergibt sich die logische Folgerung, daß Neurosen in keinem ursächlichen Zusammenhang mit schädigenden Einflüssen des Wehrdienstes, der kriegseigentümlichen Verhältnisse oder der Gefangenschaft stehen können.«[83]

Bald stellte sich jedoch heraus, dass die Einmischung der Gerichte, der Druck der Öffentlichkeit (zunächst vornehmlich der jüdischen) und politische Erwägungen dem Konzept Venzlaffs für NS-Verfolgte zu wachsender Gültigkeit verhelfen sollten, womit auch die Problematik der Rückkopplungseffekte für die Versorgungsfälle bestehen blieb. Letztlich war damit eine moralische Frage aufgeworfen, deren Antwort wesentlich darüber mitentscheiden sollte, welches psychiatrische Wissen für wen Gültigkeit beanspruchen konnte.

b) Der internationale Druck und die medizinische Aufwertung der Verfolgungsleiden

Bei allen bisherigen Versuchen, die psychischen Beschwerden der NS-Verfolgten einerseits und der Kriegsheimkehrer andererseits zu erklären, war die Frage der moralischen Angemessenheit der verschiedenen Definitionsversuche kaum offen aufgeworfen oder gar selbständig zum Maßstab für Beurteilungen in der Gutachtenmedizin gemacht worden. Gewiss könnte man argumentieren, dass die strikte Handhabung der naturwissenschaftlichen Sichtweise auf alle Opfergruppen eine unausgesprochene Abwehr der deutschen Schuld darstellte.[84] Allerdings ist gleichzeitig festzustellen, dass auch die Ärzte einiger europäischer Länder die wissenschaftliche Position ihrer deutschen Kollegen uneingeschränkt übernahmen, so etwa, wenn die wissenschaftlichen Befunde der deutschen Psychiatrie für die psychischen »Spätschäden« bei Kriegsheimkehrern aus der Sowjetunion von dänischen und französischen Ärzten zur Erklärung der psychischen Störungen bei Deportierten herangezogen wurden.[85] Insofern spricht vieles dafür, dass die Ausdifferenzierung und Hierarchisierung der Opfergruppen, die mittelfristig dazu neigen sollte, vor allem die gesundheitlichen Leiden jüdischer Verfolgter ins Bewusstsein zu rufen, einen Prozess darstellte, der erst Ende der 1950er Jahre einsetzte und sich auf diese Weise auch nur im westlichen Europa vollzog.[86]

In der Bundesrepublik steckten zunehmend moralische Gesichtspunkte und politische Erwägungen den Interpretations- und Handlungsrahmen in der Begutachtungsmedizin der Entschädigungsverfahren wesentlich mit ab. Der wachsende Einfluss jüdischer Organisationen und der Verfolgtenanwälte war in diesem Zusammenhang durchaus zentral. Ihre Kritik an der Abwicklung der gesundheitlichen Schadensanträge in der Bundesrepublik war im Jahr 1959 so vehement geworden, dass sich sogar das Auswärtige Amt auf Drängen der »Conference on Jewish Material Claims against Germany« (Claims Conference) und der bundesdeutschen Auslandsvertretungen in den Bereich der Entschädigungsverfahren gesundheitlicher Leiden einschaltete und den Entschädigungsbehörden der Länder die Entsendung von Ärzten in einige Zentren der Wiedergutmachung im Ausland nahelegte.[87] Doch auch öffentliche Proteste vergleichsweise kleiner jüdischer Gruppen, die gegen die Begutachtungsverfahren gesundheitlicher Leiden von NS-Opfern demonstrierten, verfehlten ihre Wirkung nicht, wie sich schon wenige Monate später, im Februar 1960, zeigte. Eine Versammlung angeblich vorwiegend polnischer Juden – offenbar kaum mehr als zweihundert – hatte sich in New York zum »Committee of Nazi Victims Deprived of Justice and Compensation by the German Medical Service« zusammengeschlossen und dem Generalkonsulat einen Protestbrief übersandt, der »Ferndiagnosen feindlicher Ärztebürokraten« anprangerte und unter anderem forderte, das Konsulat möge künftig lediglich Ärzte als Gutachter beauftragen, die sich durch »ein menschliches und sympathisches Ohr für die Verfolgten« auszeichneten.[88] Der Unmut gegen die Behandlung der Antragsteller, die ihre gesundheitlichen Leiden auf die NS-Verfolgung zurückführten, richtete sich keineswegs ausschließlich gegen die Begutachtungspraxis der Ärzte in Deutschland, das Aufbegehren der Überlebenden galt auch einer ganzen Reihe von Vertrauensärzten in ihrem eigenen Land.[89]

Obwohl die Vertreter der »Claims Conference« und der »United Restitution Organization« (URO) der Gruppierung angeblich skeptisch gegenüberstanden und auch das Generalkonsulat versichert hatte, die Repräsentanten dieser Versammlung ließen sich »mit den Vertretern des hiesigen Judentums und der deutschjüdischen Emigration« nicht »annähernd vergleichen«,[90] mischte sich das Auswärtige Amt abermals in die Wiedergutmachungsangelegenheiten ein. Nach Hakenkreuzschmierereien in Köln und zahlreichen anderen antisemitischen Vorfällen in der Bundesrepublik im Jahr zuvor[91] duldete die Auseinandersetzung mit derartigen Vorwürfen keinen Aufschub mehr. Schließlich hatte sich die These, diese Aktionen seien von der SED lanciert worden, im Westen nicht überall glaubhaft vermitteln lassen; selbst einige konkrete Nachweise hatten die kritische Situation nicht mehr entschärft. Der bundesrepublikanische Umgang mit der NS-Vergangenheit stand insgesamt auf dem Prüfstand.[92] Auch die Anerkennungsverfahren gesundheitlicher Schädigungen waren damit außenpolitisch äußerst brisant geworden. Dem Auswärtigen Amt stand in diesem Zusammenhang der immer noch prekäre politische Status der jungen Bundesrepublik im Westbündnis deutlich vor Augen. So forderte es die Kollegen im Bundesfinanzministerium bei dieser Gelegenheit mit Nachdruck auf, die Entsendung von beamteten Ärzten in die Hauptzentren der Wiedergutmachung doch endlich finanziell zu ermöglichen, damit die Abwicklung der Gesundheitsschadensanträge vor Ort beschleunigt werden könne.[93] Das Auswärtige Amt begründete: »Da sich gerade in den USA die bisherigen Wiedergutmachungsleistungen sehr günstig auf die beiderseitigen Beziehungen ausgewirkt haben, andererseits die besonders in den USA nun aufgetretene Kritik geeignet sein könnte, die günstige Wirkung der Wiedergutmachungsleistungen zu beeinträchtigen, müsste h.E. [sic!] unter allen Umständen vermieden werden, dass die Entsendung von Ärzten an der Kostenfrage scheitert [...]. Die Entsendung von Ärzten würde sich auch insofern positiv auswirken, als sie zeigt, dass die Bundesrepublik alles in ihren Kräften stehende unternimmt, um die Wiedergutmachung möglichst schnell und sachgerecht abzuwickeln.«[94]

Anders als sich das die deutschen Medizinalbeamten gedacht hatten, die im Verlauf des Jahres 1960 zu mehrwöchigen, manchmal sogar mehrmonatigen Aufenthalten nach Paris und London, Israel und New York aufbrachen, waren die Schwierigkeiten rund um die Anerkennungsverfahren gesundheitlicher Schädigungen jedoch nicht allein dadurch aus dem Weg zu räumen, dass man die auswärtigen Vertrauensärzte darin unterrichtete, wie das Gutachtenformular sachgemäß auszufüllen, eine nach deutschem Maßstab medizinisch verwendbare Diagnose zu erstellen und die juristische Begrifflichkeit des BEG zu handhaben sei. Zweifellos gab es Fehler, die etwa auf Unkenntnis beruhten und sich durch eine bessere Vertrautheit mit den bürokratischen Verfahrensweisen in Deutschland beheben ließen. Doch ein Teil der ausländischen Vertrauensärzte schien bei der Abfassung der Gutachten auch schlicht der Überzeugung zu folgen, dass es der Opferstatus der NS-Verfolgten und ihr enormes Leid gebiete, sie bei gesundheitlichen Beschwerden in jedem Falle zu berenten oder zumindest weitestgehend in ihrem Entschädigungsanliegen zu unterstützen. Am Zuspruch einer Rente maß sich für viele eben auch die Anerkennung des Leids schlechthin, er stand für das Eingeständnis deutscher Schuld, schien Maßstab für den generellen Willen zur Wiedergutmachung überhaupt.

So konfrontierte der in Paris praktizierende Psychiater Eugène Minkowski, ein polnischer Emigrant, der durch sein Studium in München mit der deutschen Medizin vertraut war, die anwesenden Medizinalbeamten beim Abendempfang in Anwesenheit von einigen Botschaftsmitgliedern damit, »dass alles nur vom Menschlichen her zu bewerten sei. Einen Seelenzustand könne man ohnehin nicht objektivieren.«[95] Andere französische Vertrauensärzte wählten in der Gutachtenerstellung einen anderen Weg, um, so scheint es, Gleiches auszudrücken. Folgt man dem deutschen Bericht, diagnostizierten die französischen Ärzte jedenfalls »fast regelmäßig« ein »psychasthenisches Verfolgungssyndrom« oder eine »Deportiertenasthenie«, wobei die Anamnese Zeiträume jenseits der Verfolgungszeit gar nicht einbezöge, wie überhaupt gesundheitliche Beschwerden gleichsam selbstverständlich auf die Verfolgungszeit bezogen würden.[96] Zudem räumten die französischen Ärzte in einer Besprechung angeblich ein, die »MdE-Grade«,[97] die das Ausmaß der Erwerbsminderung angeben sollten, häufig auch absichtlich auf Anraten älterer Kollegen überhöht einzustufen; die deutschen Entschädigungsbehörden würden nämlich ohnehin – eine naheliegende Vermutung – »in jedem Falle Abstriche« machen.[98]

Vor diesem Hintergrund war der Eindruck der deutschen Delegation nicht ganz von der Hand zu weisen: »Allgemein herrscht das Bestreben vor, in jedem Falle zu einer MdE von 25% zu kommen«, heißt es in ihrem Bericht an die Entschädigungsbehörden.[99] Die Repräsentanten des jüdischen Deportiertenverbandes, mit denen die deutschen Medizinalbeamten zu »Verhandlungen«, wie es offiziell hieß, zusammentrafen, werden durch ihre Position diese Wahrnehmung noch gestärkt haben. Die Verbandsvorsitzenden, die laut Protokoll betont hatten, »ausschließlich für die in ihrem Verband zusammengefassten Mitglieder, also für ehemalige KZ-Häftlinge« zu sprechen, trugen an die deutschen Ärzte die Auffassung heran, »dass a priori bei jedem dieser Antragsteller die Mindestvoraussetzungen der §§ 28 ff. BEG als erfüllt angesehen werden müssten«.[100] Der Deportiertenverband ging also bei dieser Gruppe von NS-Opfern in jedem Fall von einer entschädigungspflichtigen Versehrtheit von Körper oder Gesundheit aus, wobei die Gewährung einer Rente die Anerkennung einer mindestens fünfundzwanzigprozentigen Minderung der Erwerbsfähigkeit verlangte.[101] Der Presse konnten es die deutschen Entschädigungsmediziner schließlich schwarz auf weiß entnehmen: Ein ihnen vorliegender Artikel rief alle Vertrauensärzte, die von der Deutschen Botschaft als Gutachter anerkannt waren, dazu auf, die medizinischen Normen gegebenenfalls zu übergehen und bei der Begutachtung der Deportierten nach ethischen Grundsätzen zu verfahren.[102]

Das alles klang nach einer heiklen Angelegenheit. Doch die deutschen Medizinalbeamten waren nach ihrem zweiten, mehrwöchigen Aufenthalt und den intensiven Diskussionen mit mehr als dreißig französischen Ärzten im Großen und Ganzen zuversichtlich. In ihrem Bericht an die Entschädigungsbehörden der Länder setzte die Delegation abschließend einen deutlichen Akzent und zollte den Vertrauensärzten in Frankreich Respekt: »Es muss hervorgehoben werden, dass sie nicht schlechter und nicht besser als deutsche Ärzte sind!«, bekräftigten die abgeordneten Entschädigungsmediziner zum Auftakt ihres Resümees. Vielen der dortigen Kollegen attestierten sie eine »gute medizinische Ausbildung und reiches Wissen«.[103]

Übereinstimmung signalisierte das aber nur in Maßen. Fachlich gesehen sah man zwar Anknüpfungspunkte. Die Tatsache, dass sich unter den Gesprächspartnern auch rumänische und polnische Juden befunden hatten, die in Deutschland ausgebildet worden waren, sollte das offenbar unterstreichen.[104] Gleichzeitig aber war sich die deutsche Delegation darüber bewusst, dass sie sich mit ihrer Auffassung keineswegs auf ganzer Linie hatte durchsetzen können. Wenn die deutschen Medizinalbeamten dennoch gegenüber den Ministerien in der Bundesrepublik signalisierten, dass ein Erfolg zu verbuchen sei, so basierte dieser darauf, dass man den Rahmen des Machbaren ausgelotet und sich beidseitig um einen Modus Vivendi bemüht hatte. Die deutschen Ärzte hatten zumindest den Eindruck gewonnen, dass ihre französischen Kollegen ihnen mit fachlichem Interesse begegnet waren und den Willen zeigten, »den Schwierigkeiten zum Trotz Anlehnung an die deutsche Spruchpraxis im Entschädigungsverfahren zu suchen«.[105] Zweifellos, das war eine vorsichtige Ausdrucksweise, und von der Ärztedelegation war sie nicht zufällig gewählt worden. Schließlich waren ihr, sie sagte das deutlich, »auch die Grenzen der Aufnahmebereitschaft und -willigkeit offenbar« geworden. Die Medizinalbeamten rieten sogar dazu, von einer weiteren »systematische[n] Schulung« künftig Abstand zu nehmen, sie schien ihnen »an den Grenzen ihrer Erfolgsmöglichkeiten angelangt zu sein«. Stattdessen empfahlen sie die »Anleitung vom Schreibtisch aus« zum Zweck einer »*konkreten* Aktenbesprechung«, da sie geeignet sei, »alle Akzente zu vermeiden [...], die auf Besserwisserei, Schulmeisterei oder pauschale Engherzigkeit hindeuten könnten«. Den abgeordneten Prüfärzten war klar, dass sie sich auf sensiblem Gelände befanden. Vor dem Hintergrund, dass die französischen Ärzte eine weitere Kontaktpflege »nachdrücklich erbeten« hatten, schien man aus deutscher Sicht jedoch zu glauben, auf diesem Weg weiter fortschreiten und, sofern nötig, regulierend eingreifen zu können.

Ein solches Gefühl des schnellen Erfolgs, gepaart mit dem Eindruck, in medizinischen Fragen doch weitgehend die Oberhand und ohnehin die bürokratische Kontrolle behalten zu haben, entwickelte sich auf Seiten der Entschädigungsbehörden zu diesem Zeitpunkt und in dieser Form jedoch nur noch mit Blick auf das »europäische Ausland«.[106] Die Entschädigungsmediziner schienen nach den erfolgten Dienstreisen vorerst sogar wieder in dem Glauben zu sein, dem politisch-moralischen Druck, der sich in anderen Ländern artikulierte, ausweichen zu können. Die Ministerialbeamten der Wiedergutmachungsbehörden auf Bundes- und Länderebene reagierten jedenfalls mit einigem Unmut, als die deutsche Botschaft in London noch im selben Jahr eigenmächtig einen

Londoner Vertrauensarzt von seiner Gutachtertätigkeit entband, da sie sich politisch in ausgesprochenen Schwierigkeiten wähnte. Zahlreiche Antragsteller hatten dem Arzt, obwohl er selbst ein jüdischer Emigrant war, eine entwürdigende und verständnislose Gutachterpraxis zur Last gelegt und protestiert. Aus Sicht der Botschaft war der Vertrauensarzt daher nicht mehr länger tragbar gewesen. Die Ministerialbeamten der Wiedergutmachungsbehörden stellten sich hinter ihn. Sie schätzten ihn, wie sie betonten, aufgrund seiner außerordentlich großen fachlichen Kompetenz.[107]

In den USA agierten die deutschen Medizinalbeamten hingegen deutlich vorsichtiger und schlugen wesentlich konziliantere Töne an. Mehr noch als in Europa schien die gesamte Angelegenheit hier, politisch betrachtet, einer Gratwanderung zu gleichen. Jeder Schritt, so stellte es sich den bundesrepublikanischen Abgeordneten dar, wurde von der Öffentlichkeit beobachtet. Das Interesse der Medien stach ihnen ins Auge, und in der Tat bestimmten diese die Bedeutung dieser Zusammenkunft von Ärzten wie auch die öffentliche Erwartungshaltung an dieses Ereignis erheblich mit. Dazu gehörte die Annahme, dass durch das Zusammentreffen der Ärzte die Verfahren grundsätzlich beschleunigt, eine ganze Reihe noch offener und strittiger Anträge geklärt werden könnten und dass sich das Ganze für die Verfolgten auch »günstig auswirken« würde.[108] Wenn man den Nachrichten in der Wiedergutmachungsbeilage des »Aufbau«, der deutsch-jüdischen Emigrantenzeitung in New York, Glauben schenken konnte, standen die Aussichten dafür sogar günstig. Im Oktober 1960 vermeldete ein Artikel, einer der deutschen Entschädigungsmediziner, Dr. Sander, habe die »medizinischen Auffassungs-Verschiedenheiten« kommentiert und zugegeben, »dass die Auffassungen der amerikanischen Ärzte allmählich einen erheblichen Einfluss auf die mehr konservative deutsche Medizin ausgeübt hätten, sodass die deutschen Gutachter heute mehr und mehr die Anschauungen ihrer amerikanischen Kollegen teilten.«[109]

Ob sich Dr. Sander, der Leiter des Ärztlichen Dienstes in Hannover, tatsächlich in dieser Form geäußert hat, lässt sich nicht rekonstruieren. Soweit man sich aus den Akten der Medizinischen Hauptkonferenzen ein Bild über Sander machen kann, ist aus seinen dortigen Diskussionsbeiträgen und Vorträgen nicht abzulesen, dass er eine solche Öffnung begrüßt, geschweige denn diesen Prozess federführend mit vorangetrieben hätte. Der Artikel im »Aufbau« spiegelte aber wider, dass sich die deutsche Entschädigungsmedizin in den USA in einer defensiven Position befand. In der Frage, ob die gesundheitlichen Schädigungen der Verfolgten kausal auf die Verfolgung zurückzuführen seien, konnten die Vertreter der deutschen Entschädigungsmedizin nur bestehen, wenn sie erkennbar konzedierten, dass den amerikanischen Kollegen auf diesem Feld der wissenschaftliche Vorsprung gebührte und man in Deutschland bereit war, nachzuziehen. Das war nicht nur die Erwartung, wie sie in der Berichterstattung der amerikanischen Medien gleichsam ausbuchstabiert war. Vielmehr ließen das offenbar auch eine Reihe amerikanischer Psychiater ihre deutschen Kollegen spüren, indem sie hartnäckig »jede Einmischung der deutschen Ärzte in ihre schwer fassbare Materie« ablehnten.[110]

Auch wenn der deutschen Delegation nicht überall ein solch rauer Wind entgegenschlug und die Vertreter der Claims Conference sogar schon bei einem ersten gemeinsamen Treffen ihr Interesse daran bekundeten, die Aktion auf Chicago, Los Angeles und Montreal auszudehnen,[111] war schnell ersichtlich, dass auf Anhieb keine hinreichenden Übereinkünfte zwischen den Ärzten zu erzielen sein würden. Die Erfolge vor Ort, dort, wo die Arbeit am konkreten Fall die Hoffnung erweckte, man nähere sich in der ärztlichen Begutachtung einheitlichen Richtlinien mehr und mehr an, vermochten aus Sicht des deutschen Generalkonsulats in New York zwar die politisch brisante Situation ein wenig zu entschärfen. Doch als gefestigt konnte man die Lage, wie man hier wusste, nicht bezeichnen. Die entsprechenden Formulierungen in den Berichten waren nur verhalten positiv. Die Tätigkeit der Prüfärzte in New York stellte sich aus Sicht der deutschen Beobachter zunächst einmal vor allem als eine »wertvolle Starthilfe« dar;[112] »nützlich« lautete die Beschreibung nach dem zweiten Besuch.[113]

Gerade im Hinblick auf die psychiatrisch-neurologischen Fälle, die, so schätzte Regierungsmedizinalrat Dr. Staehr 1961, mittlerweile etwa dreißig bis vierzig Prozent aller Fälle ausmachten,[114] war im Grunde vorhersehbar, dass die Ärztedelegation nicht in der Lage sein würde, den Konfliktstoff gänzlich in den Griff zu bekommen. Immerhin gab es zarte Annäherungen, selbst im Hinblick auf das in Entschädigungsverfahren schwer umstrittene Gebiet der »Neurose«, auf dem die begutachtenden Ärzte in der Bundesrepublik und in den USA »zwei voneinander völlig unterschiedliche Sprachen« benutzten, wie Staehr es in einem Vortrag vor dem amerikanischen Publikum formulierte.[115] Die Arbeiten des New Yorker Vertrauensarztes Hans Strauss zur »Entwurzelungsdepression und die erlebnisreaktiven Störungen bei Verfolgung in jugendlichem Alter« seien ein wichtiger Schritt gewesen, wie Staehr meinte. »In dem allgemeinen Dilemma« hätten sie – das galt zumindest für depressive Erscheinungen – »eine Brücke geschlagen«, unterstrich der Medizinalrat, hielt es aber offenbar für ratsam, das damals harsche Aufbegehren einiger Ärzte gegen diese Diagnose nicht in Erinnerung zu rufen. Stattdessen behauptete er, »diese Begriffe« wären in der »gemeinsamen Zusammenarbeit längst eingeführt« worden.[116] Wie Staehr seinen Zuhörern klarzumachen versuchte, war das noch nicht alles: Auch in der Bundesrepublik häuften sich mittlerweile die wissenschaftlichen Arbeiten, erläuterte er, »die zu dem Ergebnis kamen, dass der im Jahre 1926 geprägte Neurose-Begriff in seiner harten Anwendung überholt oder zumindest für die Belange der Entschädigungsmedizin mit den ungewöhnlich schweren Verfolgungstatbeständen nicht mehr vertretbar« sei.[117] Staehr ging es um den Befund der »Persönlichkeitsveränderung«, wie ihn Venzlaff und andere namhafte Psychiater beobachtet hätten. Doch hatte sich ihre Lesart in der deutschen Medizin auch tatsächlich als gültiges Wissen durchgesetzt?

Der Medizinalbeamte konfrontierte sein amerikanisches Publikum mit einer Spaltung in der deutschen Ärzteschaft, die, so legte er nahe, für den Begutachtungssektor jedoch gegenstandslos geworden sei. Die entscheidende Klärung habe das sogenannte »Neurose-Gutachten« gebracht: »Die in den vorgenannten wissenschaftlichen Arbeiten herausgestellten Krankheitsdefinitionen für psychische Dauerveränderungen finden nunmehr erstmalig – ich möchte sagen – eine staatliche Anerkennung«, hieß es in seinem Vortrag.[118] Und Staehr triumphierte weiter: »Das gesamte Gutachten lässt erkennen, dass gewisse Aufweichtendenzen gegenüber dem strengen Begriff der Neurose zum Zuge gekommen sind.«[119] Man sei somit auch in Deutschland zu der Überzeugung gelangt, dass »Neurosen« nicht nur als »Wunsch- und Zweckreaktionen« zu verstehen seien, ja, dass sie selbst als solche Krankheitswert besitzen konnten. Das gelte jedenfalls dann, wenn »überwältigende Bedrohungen« oder auch »langdauernde Todesfurcht und schwerste Misshandlungsformen in KZ- und Straflagern« vorlagen – Staehr erläuterte das im Verlauf seines Vortrags noch ausführlicher. Dabei erwähnte er auch, dass das »Neurose-Gutachten« einschränkend davon sprach, von einer sogenannten »adäquaten erlebnisreaktiven Entwicklung« solle nur in »seltenen Ausnahmen« die Rede sein. Er akzentuierte aber vor allem die Vorteile und den Fortschritt. Insbesondere bei Jugendlichen sei es möglich geworden, auch »eine Neurose als Krankheit anzusehen« und zumindest eine Heilbehandlung durchzusetzen. Und wenn man den Begriff der »Neurose« überhaupt umginge, könne man einen Entschädigungsanspruch im Falle psychischer Folgen erwirken. So appellierte der Medizinalbeamte an die Vertrauensärzte, besser »von ›chronisch-reaktiven Entwurzelungsdepressionen, erlebnisbedingten Persönlichkeitswandlungen, erlebnisreaktiven Sensibilisierungen oder Dauerreaktionen‹ zu sprechen«.[120] Es gab mithin eine Möglichkeit, so offerierte er den amerikanischen Kollegen, den »psychisch schwer geschädigten und in ihrer Lebensentwicklung gestrandeten Verfolgten Gerechtigkeit widerfahren zu lassen«. Staehr zeigte sich optimistisch: Das »Gutachten« habe durch seine neuen Formulierungen die in den USA und der Bundesrepublik bislang gegensätzlichen Auffassungen über die Neurose einander angenähert. In Zukunft werde sich deshalb, versprach er, »manche Ängstlichkeit und Unsicherheit bei der Festsetzung von psychischen Dauerschäden [...] vermeiden lassen.«[121]

Tatsächlich aber hatte das »Neurose-Gutachten« – wie oben erläutert – nur eine Ausnahmeregelung vorgesehen, die auf der Annahme basierte, dass selbst die Mehrheit der NS-Verfolgten keine psychischen Dauerfolgen davongetragen hätte. Auch in der sogenannten Blauen Broschüre, in der die »Göttinger Kommission« für die in- und ausländischen Ärzte die für die Begutachtung maßgeblichen juristischen Richtlinien des BEG erläuterte und den gültigen Stand medizinischen Wissens mit Blick auf die Anerkennungsfähigkeit gesundheitlicher Leiden definierte, konnte man das ausdrücklich nachlesen.[122] Weitere Konflikte mit den deutschen Entschädigungsbehörden waren schon deshalb auch zukünftig vorprogrammiert. Das galt umso mehr, als diese, anders als Staehr vor seinen amerikanischen Kollegen behauptete, keineswegs übereinstimmend dazu übergegangen waren, die neuen wissenschaftlichen Erkenntnisse, wie sie Venzlaff, von Baeyer und andere vorgebracht hatten, »meist zur Grundlage ihrer Entscheidung« zu machen.[123] Mit vielen, vielleicht sogar der Mehrzahl der deutschen Psychiater, die in das Gutachterwesen mit eingespannt war, befand sich die wohl überwiegende Zahl der Prüfärzte damit im Einklang.

Als überaus problematisch und wissenschaftlich gar nicht haltbar erschien vielen der Medizinalbeamten und ihren Kollegen aus dem psychiatrischen Fach jedoch vor allem, dass eine Gruppe von Ärzten – von Baeyer und Venzlaff, Helmut Paul und Hans Joachim Herberg[124] gehörten zu den namhaftesten unter ihnen – bereits wenige Jahre später behaupteten, dass im Falle von psychischen Leiden bei NS-Verfolgten ein Entschädigungsanspruch nicht mehr nur im Ausnahme-, sondern im Regelfall vorliege. So heißt es etwa in einer Veröffentlichung von Ulrich Venzlaff aus dem Jahr 1963: »Es sind dies nicht mehr jene ›Extremfälle‹, die vor Jahren Anstoß gaben, die Auswirkungen der Verfolgungsbelastung in einem anderen Lichte als dem der ›herrschenden Lehre‹ zu sehen und zu beurteilen, sondern jene – wenn man so sagen will – ›Alltagsfälle‹, die zwar nicht für immer aus der Bahn geworfen als menschliche Ruinen die Verfolgung überstanden haben, die aber als dauernd Gezeichnete eine Beeinträchtigung ihres Lebensgesamts erfahren haben, der in der Beurteilung ebenfalls Rechnung getragen werden muß.«[125] Auch der Heidelberger Ordinarius Walter von Baeyer verlangte von der medizinischen Zunft und den Entschädigungsbehörden, zu einer großzügigeren Handhabung in der Begutachtungspraxis überzugehen. Zusammen mit seinen beiden Mitarbeitern, Heinz Häfner und Karl Peter Kisker, forderte er, einer scheinbar längeren Beschwerdefreiheit des Antragstellers skeptischer gegenüberzustehen, möglicherweise hätten nämlich »schwer erkennbare, sozial nicht oder weniger störende Brüche und Labilitäten im Personenganzen« längst vorgelegen, auf die sich das spätere »Versagen und Entgleisen« dann beziehen lasse. Die »entschädigungsrechtliche Konsequenz« sei dann, bekräftigten die drei Psychiater, »zugunsten des Antragstellers« zu ziehen. Doch das Heidelberger Trio ging noch weiter: Dieselbe Haltung sei auch dann einzunehmen, »wo der Anschein für eine mit der Verfolgung nicht mehr unmittelbar verknüpfte Soziogenese oder Individualgenese der Störung spreche.« In der Begründung dafür fassten sie sich kurz, es reichte ihnen ein Argument: »Für kaum einen der ehemals Verfolgten endeten ja Leid und schwere seelische Belastung mit dem Tag der Befreiung.«[126]

Damit ging es explizit nicht mehr allein um die Auseinandersetzung, ob die extreme Belastung während der Verfolgungszeit in der Lage war, psychische Veränderungen von Dauer und Krankheitswert ursächlich hervorzurufen. Vielmehr sollten die seelisch-nervösen Störungen der Verfolgten auch in ihrer Verflechtung mit denjenigen Umständen, denen die Überlebenden seit dem Ende der nationalsozialistischen Verfolgung ausgesetzt waren, gesehen und als entschädigungswürdig anerkannt werden. Den möglichen juristischen Einwänden, die von Baeyer vorhersah, ließ sich immer noch, meinte er, eine medizinische Begründung entgegensetzen: »Wenn die Gesetzgebung traumatisierende Umstände *nach* der

Verfolgung und außerhalb des Individuums, aber in Konsequenz der Verfolgung, z. B. den Verlust von Angehörigen, als unmittelbare Verfolgungsschäden im Gebiete der Gesundheit nicht gelten lässt, so wäre demgegenüber auf die resistenzmindernde Direktwirkung der Verfolgung hinzuweisen.«[127]

Ähnlichkeiten zu der Argumentationsweise der späten 1950er Jahre schienen auf. Auch damals waren die Entwurzelung oder die Schwierigkeiten des Einlebens in einer fremden Welt als direkte Folge der Verfolgung angeführt worden. Doch die Vorträge, die von Baeyer, der am Max-Planck-Institut in München tätige Paul Matussek und der Heidelberger Internist Wolfgang Jacob im Jahre 1961 auf der renommierten »Wanderversammlung Südwestdeutscher Neurologen und Psychiater« in Baden-Baden hielten, deuteten auf eine veränderte Perspektive und ein neues Anliegen hin. Im Kern ging es um Folgendes: Die vorherrschende Annahme, die Entstehung psychischer Störungen ließe sich letztlich darauf zurückführen, dass »das Abnorme [...] in der Persönlichkeit« liege, sollte durch die Einsicht abgelöst werden, dass die psychischen Schäden dem Menschen als einem »geschichtlich-gesellschaftlichen Wesen« von der Gesellschaft zugefügt würden.[128] Damit war auch die Frage der Verantwortung berührt. Folgte man diesem Perspektivwechsel, dann lag sie nicht mehr, wie jahrzehntelang geglaubt, beim Individuum, sie lag bei der Gesellschaft.

In die Wahrnehmungs- und Deutungsweisen der Psychiater hielten demnach soziologische Elemente Einzug – insbesondere der Heidelberger Ordinarius Walter von Baeyer scheute den expliziten Rückgriff auf die Nachbardisziplin nicht.[129] Vor allem die Psychiater Matussek und Jacob machten ihren Zuhörern sehr deutlich, dass damit auch eine Kritik an der bundesrepublikanischen Gesellschaft verbunden war. Hart gingen sie mit ihr ins Gericht, denn für sie wurden die Pein und das psychische Leiden der NS-Verfolgten nach wie vor in erheblichem Maße durch diese Gesellschaft verursacht. »Die KZler sind in gewisser Hinsicht immer noch im KZ«, formulierte Matussek. Um die Belastungen der Verfolgten auszuräumen, »müßte die Gesellschaft anders aussehen als sie tatsächlich ist, d.h. sie müßte bereit sein, die in der Geschichte wohl furchtbarste Anklage auch innerlich zu akzeptieren«.[130] Sein Heidelberger Kollege Jacob fand vor dem psychiatrischen Fachpublikum nicht weniger scharfe Worte: »Es ist doch anscheinend so«, trug er vor, »dass der aus einer pathologischen Gesellschaftsordnung eliminierte Mensch nur dann in der Gesellschaft wieder Lebens- und Entfaltungsmöglichkeiten findet, wenn die Gesellschaft selber sich verändert, sich also grundlegend und neu orientiert.« Er folgerte weiter: »Es wären dann die Schicksale der im Konzentrationslager geschädigten Menschen ein besonders empfindliches Kriterium für das Geschehen einer echten gesellschaftlichen Wandlung!«[131]

Die Vorträge der Sektionsmitglieder, die alle beanspruchten, wissenschaftliches Neuland zu betreten, reizten innerhalb des psychiatrischen Fachs zum Widerspruch. Gegenüber vorherigen und nachfolgenden Kontroversen über den Gültigkeitsanspruch der »herrschenden Lehre« im Hinblick auf die Anerkennungsfähigkeit psychischer Leiden bei Verfolgungsopfern ragte dieser Streit insofern heraus, als Hermann Witter, Psychiater der Universitätsklinik des Saarlandes, eine ansonsten nie angesprochene Problematik anschnitt: den Zusammenhang von »Wissen« und »Werten«.[132] Witter war nämlich davon überzeugt, dass im Hinblick auf die Frage, ob es entschädigungsfähige psychoreaktive Störungen gäbe, von neuen wissenschaftlichen Erkenntnissen keineswegs die Rede sein konnte, wie seine Kollegen behaupteten. Zwar lägen der »herrschenden Lehre« medizinische Befunde zugrunde, die im Zuge des Ersten Weltkrieges gewonnen worden seien, die Problematik von Kausalität und Erwerbsminderung hätte sich jedoch schon damals mit den »Kategorien des medizinischen und empirisch-psychologischen Denkens« gar nicht lösen lassen. Genau genommen handele es sich bei der »herrschenden Lehre« daher um eine »*Bewertungs*regelung«, auch wenn versucht worden sei, »diese Bewertungsregelung als ›wissenschaftliche Erkenntnis‹ zu begründen.« Ähnlich sah er jetzt seine Kollegen verfahren, die eine Revision der »herrschenden Lehre« aufgrund von angeblich neuen medizinischen Erkenntnissen forderten. Was sich geändert habe, sei aber nicht das medizinische Wissen, wie Witter meinte. Was früher die Ausnahme gewesen sei, trete heute durch die Opfer der nationalsozialistischen Verfolgung lediglich häufiger auf (oder sei gar der Regelfall geworden), weshalb »das eingefahrene Bewertungsschema mit all seinen Simplifikationen« nicht mehr befriedigen könne. Witter insistierte: Das »Revisionsbedürfnis« speise sich im Kern schlicht aus dem Verlangen nach einer anderen »Bewertungsregelung«.

Witter wollte sich in seiner Kritik nicht missverstanden wissen. »Ein neues Bewertungsschema speziell für diese Gruppe« befürworte er ausdrücklich, für verwerflich hielt er ein Werturteil keineswegs: »So wie früher verantwortungsbewußte Ärzte ein Werturteil gegen, so sollten sie jetzt auch ein Werturteil für die Entschädigung bestimmter Menschen abgeben dürfen«, erklärte er. Nur seien »Wissen« und »Werten« – und er warf seinen Kollegen vor, dies nicht getan zu haben – streng auseinanderzuhalten.[133] Witter beließ es nicht dabei, er setzte vielmehr zu einem Methodenstreit an. Im Visier hatte er die »anthropologische Psychiatrie« und damit auch Walter von Baeyer, der diesen Ansatz seit Mitte der 1950er in zunehmendem Maße verfolgte, wie man anhand seiner Beiträge zur Anerkennung psychischer Störungen von NS-Verfolgten im Rahmen des BEG verfolgen konnte.[134] Witter entwickelte vor allem zwei Kritikpunkte. Er bemängelte, erstens, dass die anthropologische Psychiatrie, der es methodisch »um die Erforschung, Auslegung und deutende Rekonstruktion der *inneren* Lebensgeschichte« gehe, zwangsläufig dazu neige, »der Intuition und dem subjektiven Deutungsvermögen des Untersuchers einen noch größeren Spielraum zu geben.« Damit nicht genug: »Der sehr breite Einsatz subjektiver Deutungen« berge die Gefahr, so warnte er, »daß das Untersuchungsergebnis mehr durch den Untersucher als durch den Untersuchten bestimmt« werde.[135]

Der Saarbrücker sah noch eine weitere Gefahr nicht ausgeräumt, und darauf zielte sein zweiter Punkt: »Der Anspruch, das *Ganze* des Menschseins als Gegenstand forschender Erkenntnis in die wissenschaftlichen Kategorien der Medizin und Psychoanalyse zu rücken«, müsse entweder »im Unverbindlichen stehen bleiben«,[136] erlauterte er, oder aber – für ihn offenbar das noch größere Übel – »durch die intendierte Totalität einer umfassenden Seinstheorie des Menschen zu einer Art Weltanschauung werden«. Damit aber überschritt die anthropologische Psychiatrie für Witter eine Grenze: Sie ginge über die Kompetenzen der medizinischen Disziplin hinaus und drohe, »mit vermeintlich wissenschaftlichen Begründungen Anspruch auf Gebiete des geistigen und kulturellen Lebens zu erheben, die dem Recht, der Ethik, der Religion« vorbehalten sein sollten. Der Saarbrücker Psychiater lenkte an dieser Stelle auf die Begutachtung der Entschädigungsfälle zurück. Die Verantwortung für die Entscheidung sei nur richterlich zu tragen, insistierte er, kein psychiatrischer Sachverständiger dürfe versuchen, diese Rolle an sich zu ziehen. Witter machte seine Position unmissverständlich: »Ob und wie eine erlebnisbedingte seelische Beeinträchtigung der Opfer der nationalsozialistischen Verfolgung zum Gegenstand von Wiedergutmachungsleistungen gemacht werden soll, ist in erster Linie eine Frage ethischer, rechtlicher, politischer und vielleicht auch ökonomischer Erwägungen – Erwägungen, die ganz außerhalb der Psychiatrie liegen. Ob eine dauernde seelische Beeinträchtigung, die gerade bei den Opfern mehrjähriger rassischer und politischer Verfolgung fast immer zu bejahen sein wird, als ›Gesundheitsschaden‹ bezeichnet, bewertet und entschädigt werden soll, ist eine Frage der Übereinkunft.«[137]

Eine Stellungnahme zu Witters Beitrag ließ nicht lange auf sich warten. Zusammen mit seinen beiden Mitarbeitern Heinz Häfner und Karl Peter Kisker bezog der Heidelberger Ordinarius Walter von Baeyer, der namentlich von seinem Saarbrücker Kollegen attackiert worden war, Position.[138] Die Replik war im Ton unverhohlen gereizt[139] und nicht minder selbstbewusst. Ihren besonderen Expertenstatus stellten die Heidelberger gleich eingangs heraus und suggerierten, im Grunde ließe sich der Beitrag Witters als »eine in der Literatur vereinzelt da stehende Äußerung« ignorieren. Durch ihre kurz vor dem Abschluss stehende Publikation über fünfhundert begutachtete Verfolgte werde sie ohnehin »empirisch widerlegt«.[140] Witter hatte in den Augen von Baeyers und seiner Mitarbeiter schlicht fachlich seine Blößen gezeigt: »Die großen Schwierigkeiten, die Witter mit einer objektiven Bewältigung der psychiatrischen Empirie im Bereich erlebnisreaktiver Nachwirkungen der seelischen Extrembelastungen Verfolgter hat, [...] haben ihren Grund offenbar in einer unzureichenden methodischen Durchdringung und in einer mangelhaften Information über die in der Fachliteratur bereits veröffentlichten Untersuchungen.«[141] Deutlicher hätten die Heidelberger Psychiater kaum formulieren können, dass sie beanspruchten, mit ihren Befunden für eine im Fach bereits anerkannte, neue »herrschende Lehre« zu stehen.

Witters Betrachtungsweise, es handele sich lediglich um eine »Bewertungsregelung«, folgten von Baeyer, Häfner und Kisker ganz und gar nicht, auch nicht – es mag auf den ersten Blick verwundern – im Hinblick auf die überkommene »herrschende Lehre«. Stattdessen argumentierten die Psychiater, »ihre empirisch-wissenschaftliche Substanz« sei ernst zu nehmen. Sie bleibe, betonten sie nachdrücklich, »in der Begutachtung [...] eine *wissenschaftliche* Maxime für die Beurteilung des Einzelfalles«. Von Baeyer und seine Mitarbeiter waren nicht davon abgerückt, der »herrschenden Lehre« – in ihren Augen »nur ein Gesetz der großen Zahl und der vorherrschenden Bedingungen« – den allgemeinen Gültigkeitsanspruch zu bestreiten. Der »›herrschenden‹ Lehre ihre wissenschaftliche Dignität« wieder zurückzugeben war sogar ihr erklärtes Ziel. Denn erst dann »dürfen wir auch die Feststellung Witters, es gebe keinen Grund für ihre Modifikation und keine neuen psychiatrischen Erkenntnisse, in Frage stellen«, erläuterten die Heidelberger.[142] Von Baeyer, Häfner und Kisker war eines ganz klar: Nur wenn sie an der »Wissenschaftlichkeit« auch der überkommenen »herrschenden Lehre« festhielten, ließ sich für ihre psychiatrischen Erkenntnisse auf dem Gebiet der seelischen Dauerschädigungen ein wissenschaftlicher Fortschritt reklamieren. Den Satz, dass »psychopathologische Erkenntnis niemals über [ein] vorwissenschaftliche[s] Stadium hinauskäme«, wie das Witter in ihren Augen nahelegte, teilten sie in keiner Weise. »Wir [würden] in methodologischer Arglosigkeit selbst den Ast absägen, auf dem wir als Psychiater alle sitzen«, so ihr Kommentar.[143]

Die Wissenschaftlichkeit der alten »herrschenden Lehre« erschien von Baeyer und seinen Mitarbeitern schon dadurch erwiesen, dass unmittelbar nach dem Zweiten Weltkrieg auch in deren Rahmen abweichende wissenschaftliche Standpunkte formuliert worden waren, und das selbst von so herausragenden psychiatrischen Kapazitäten wie Karl Bonhoeffer, der nach den Erfahrungen des Ersten Weltkrieges zur Begründung der »herrschenden Lehre« mit beigetragen hatte.[144] 1947 hatte Bonhoeffer die Vermutung geäußert, es gebe möglicherweise doch eine »Grenze der psychischen Tragfähigkeit für das Individuum«, wenn ein »Übermaß künstlich herbeigeführter körperlich quälender, die Persönlichkeit entwürdigender Prozeduren« – er meinte die Folterung – zugefügt werde. Fälle »kurz dauernde[r] Halluzinosen« im Gefolge derartiger Quälereien seien ihm bekannt geworden, hatte Bonhoeffer damals erklärt.[145] Auch Walter Schulte und Hans Werner Kranz waren, wie die Heidelberger nun in Erinnerung riefen, zur damaligen Zeit aufgrund psychiatrischer Beobachtungen zu dem Ergebnis gekommen, dass die psychische Tragfähigkeit nicht absolut sei. Es war eine Art nachholender Traditionsbildung, die von Baeyer und seine Mitarbeiter hier betrieben. Damit blendeten sie aus, dass die deutsche psychiatrische Fachwelt – von Baeyer mit eingeschlossen – diese abweichenden Meinungen über ein Jahrzehnt hinweg überhaupt nicht positiv aufgegriffen hatte, sie mithin für die »herrschende Lehre« völlig belanglos gewesen waren.[146] Aber sie konstruierten für sich eine beinahe notwendige Konsequenz in der wissenschaftlichen Revision, ohne sich im Sinne von Witter diametral gegen die etablierten Kategorien der Wissenschaftlichkeit stellen zu müssen.

Dass die in Baden-Baden vorgetragenen psychiatrischen Erkenntnisse auf dem Feld verfolgungsbedingter seelischer Dauerschädigungen für Wissenschaftlichkeit und wissenschaftlichen Fortschritt standen, unterstrichen von Baeyer, Häfner und Kisker vermutlich jedoch am wirkungsvollsten durch den Hinweis auf die internationale Forschung. Die Heidelberger Psychiater betonten, dass sowohl in den USA als auch in den Niederlanden, in Deutschland, in Frankreich und in Israel zahlreiche Wissenschaftler damit begonnen hätten, den Anteil der NS-Opfer mit »chronische[n], erlebnisreaktive[n] Fehlhaltungen« genauer zu bestimmen und die Bedingungen, unter denen es »zu belangvollen seelischen Dauerschädigungen kommt«, empirisch herauszuarbeiten. Diese Forschungen, die ganz unabhängig voneinander durchgeführt worden seien, hätten »zu bemerkenswert übereinstimmenden Resultaten geführt«.[147] Nur wer die Debatte verfolgte, wusste, dass in dieser Darstellung erhebliche Unterschiede in der Interpretation der sogenannten psychischen Spätfolgen übergangen wurden.[148] Forschungsstrategisch erschien das offenbar günstig. In einer weiteren Publikation, die ebenfalls noch 1963 erschien, argumentierten von Baeyer und seine Mitarbeiter gar, »zahlreiche Untersuchungen an ehemaligen KZ-Lagerhäftlingen in verschiedenen Ländern« hätten belegt, dass »es verschiedene Formen von ›erlebnisbedingtem Persönlichkeitswandel‹ als Dauerfolgen« derartiger Belastungen gebe.[149] In den Worten des Psychiaters Venzlaff noch einfacher ausgedrückt: »Alle meinen und beschreiben dasselbe.«[150]

Das waren fraglos rhetorische Strategien. Derartige Verweise auf eine angeblich international vorhandene Kohärenz und Einheitlichkeit auf dem Gebiet psychischer Spät- und Dauerschäden bei NS-Verfolgten bedeuteten den Fachkollegen in Deutschland unmissverständlich, welche Richtung die deutsche Psychiatrie einzuschlagen hatte, wollte sie sich dem Vorwurf der fachlichen Rückständigkeit nicht ausgesetzt sehen. In der Phalanx von Staaten, auf die sich von Baeyer und andere bezogen, um die Richtigkeit und Wichtigkeit ihrer wissenschaftlichen Vorstöße zu untermauern, war von kommunistischen Staaten niemals die Rede. Die eigentliche Beglaubigungsinstanz war das westliche Ausland, vor allem die USA. Sie verkörperten den wissenschaftlichen Fortschritt, und es war der Anschluss an den Westen, der durch eine Revision der »herrschenden Lehre« von Seiten der deutschen Psychiatrie, so im Grunde das Versprechen, auch vollzogen werden konnte. Tatsächlich sollte die Anerkennung der *scientific community* nicht lange auf sich warten lassen. Wenige Jahre später setzte sie ein sowohl wissenschafts- als auch vergangenheitspolitisch wichtiges Signal: Die Weltvereinigung für Psychiatrie, 1950 in Paris als Reaktion auf die gesundheitlichen Verheerungen durch den Zweiten Weltkrieg ins Leben gerufen, wählte einundzwanzig Jahre nach dem Ende des Nationalsozialismus erstmals wieder einen Deutschen mit an ihre Spitze. Auf ihrem 4. Weltkongress 1966 in Madrid wurde Walter von Baeyer ihr Vizepräsident.[151]

c) Getrenntes Leid: Psychische Leiden von NS-Verfolgten und Heimkehrern im Expertenstreit

Mit der vergangenheitspolitisch begründeten Anerkennung, die die westlichen Kollegen der Position von Baeyers zuteil werden ließen, war die Frage, in welchem Ausmaß die neue Lesart »erlebnisbedingter Persönlichkeitsveränderungen« bei der Beurteilung psychischer Leiden Anwendung finden sollte, jedoch nicht entschieden. Die Gerichte hatten hier ein gewichtiges Wort mitzureden. Das galt für die Verfahren nach dem Bundesentschädigungsgesetz wie dem Bundesversorgungsgesetz gleichermaßen. Nach juristischer Logik hätten im Prinzip, hinsichtlich der psychischen Leiden vergleichbare Sachverhalte auch gleich behandelt werden müssen.[152] Doch die Rechtsprechung zur Beurteilung psychischer Störungen nahm im Bereich der Wiedergutmachung einen etwas anderen Verlauf als im Versorgungsrecht.

Schon in den späten 1950er Jahren hatte sich eine solche Tendenz abgezeichnet; Unterschiede waren häufig mit dem Argument begründet worden, im Entschädigungsrecht, das dem Zivilrecht zugehöre, herrsche ein anderer Kausalitätsbegriff vor als im Versorgungsrecht, das dem Sozialrecht unterstand.[153] Dennoch waren viele Fragen umstritten geblieben, nicht zuletzt weil in der Medizin, wie sich vor allem bei den Entschädigungsfällen zeigte, von einer einheitlichen Beurteilung psychischer Störungen nicht mehr die Rede sein konnte. Aus der Sicht der Juristen stellte sich die Situation im Jahr 1960 folgendermaßen dar: »Bei der Entscheidung der Frage, welche Bedeutung psychisch bedingten Gesundheitsstörungen beizumessen ist und ob und in welchem Umfang ein rechtlicher Zusammenhang zwischen Verfolgung und psychischen Störungen besteht, befinden sich Verwaltungsjuristen und Richter insofern mitunter in schwieriger Lage, als nicht nur psychische Störungen auf den einzelnen Rechtsgebieten unterschiedlich gewertet werden, sondern auch die ärztlichen Auffassungen über Krankheitswert und Ursächlichkeit solcher Störungen mit äußeren Ereignissen ganz erheblich differieren.«[154]

Die richterliche Praxis ließ dieses Dilemma auf vielfältige Weise erkennen. Zwar wird es viele Richter gegeben haben, die nach Einholung eines medizinischen Gutachtens »den Gutachtentext blindlings in das Urteil hinein« abschrieben, wie das Ende der 1960er Jahre ein Kritiker der Wiedergutmachungspraxis behauptete, der sich darüber entrüstete, wie viele Entschädigungsanträge an dem medizinischen Argument scheiterten, das gesundheitliche Leiden sei »anlagebedingt« und nicht verfolgungsbedingt.[155] Doch auf eine ganze Reihe von Juristen traf das augenscheinlich nicht zu. In Anbetracht auseinandertretender Auffassungen in der Entschädigungsmedizin bot das medizinische Urteil nicht mehr unbedingt eine Leitschnur, die von den Richtern als verlässlich betrachtet wurde. In dieser ungeklärten Lage mussten sie nach Wegen suchen, auch gegen das Votum eines medizinischen Sachverständigen eine Entscheidung fällen zu können, die nach Würdigung der vorgelegten Sachverhalte ihren eigenen Regelungsbedürfnissen entsprach.

Die vor der Fachöffentlichkeit reklamierte Grenzziehung zwischen den medizinischen und den juristischen Kompetenzen war dafür signifikant: So beriefen sich Juristen etwa auf Grundsätze des Schadensersatzrechts, das prinzipiell anerkannte, »daß die Frage des ursächlichen Zusammenhangs nicht allein nach der Auffassung des ärztlichen Sachverständigen, sondern selbständig unter Beachtung der hierfür in Betracht kommenden rechtlichen Voraussetzungen zu beantworten« sei.[156] Auch ein BGH-Urteil aus dem Jahr 1958 ließ sich in diesem Sinne zitieren: Gerade weil die Mediziner sich nicht von einem rechtlichen, sondern von einem naturwissenschaftlichen Ursachenbegriff leiten ließen, müsse sich »das Gericht bewußt sein, daß es – natürlich unter Würdigung medizinischer Erkenntnisse – die Frage des Bestehens eines ursächlichen Zusammenhangs nach den Grundsätzen des Rechts in eigener Verantwortung zu entscheiden« habe. Wie der BGH argumentierte, galt es die Gefahr zu vermeiden, dass in Anlehnung an die naturwissenschaftliche Begründung des medizinischen Sachverständigen, »die für das *Recht* maßgebliche Problemstellung nicht richtig erkannt« werde.[157]

Hier wollten sich die Juristen, was die Wiedergutmachung anbelangte, aber nicht missverstanden wissen, wie der Berliner Oberregierungsrat Dr. Brunn 1960 klarstellte. Aus den »im Schadensersatzrecht aufgestellten Grundsätzen folgt für das Entschädigungsrecht«, konstatierte er, »daß die Verfolgung als schuldhaft gesetztes äußeres Ereignis, dessen Auswirkungen rechtlich zu beurteilen sind, nicht unberücksichtigt bleiben darf, wenn ihr neben anderen Ursachen eine mehr als nur unwesentliche Bedeutung zukommt.« Folgte man Brunn, und er stützte sich dabei auf ein soeben verkündetes Urteil des BGH vom 18. Mai 1960, bedeutete das konkret: Verneinte ein Arzt den kausalen Zusammenhang zwischen einer psychischen Gesundheitsstörung und der Verfolgung mit der Begründung, dass die wesentliche Bedingung für dieses Leiden in der Persönlichkeitsstruktur und abnormen Erlebnisverarbeitung liege, so rechtfertigte das aus Sicht des Juristen eine Ablehnung des geltend gemachten Entschädigungsanspruchs noch keineswegs. Relevant für die Entscheidung der Entschädigungsbehörden und Gerichte müsse vielmehr sein, »ob die abnorme Veranlagung nicht vielmehr ›erst dadurch zu einer wirkenden Ursache geworden ist, daß sie durch die Verfolgung manifest gemacht, in Wirksamkeit gesetzt wurde‹«. Weiter insistierte Brunn mit abermaligem Hinweis auf das Urteil des BGH, dass nach dortigen Überlegungen der ursächliche Zusammenhang zu bejahen sei, solange nicht feststehe, »daß die abnorme Anlage auch ohne die Verfolgung wirksam geworden wäre«.[158]

Die damit verbundene Umkehr der Beweislast,[159] die vom Arzt den Nachweis verlangte, dass »das hypothetische Ereignis mit Sicherheit eingetreten wäre«,[160] erlaubte es den Juristen, sich bei der Urteilsfindung über solche ärztlichen Aussagen hinwegzusetzen, die grundsätzlich den Anlagefaktor als eine Conditio sine qua non für das zu erklärende gesundheitliche Leiden erachteten. Zudem hatte das BGH-Urteil mit der Formulierung der »anlagebedingten Leiden im eigentlichen Sinne« eine Begrifflichkeit geschaffen, die der sehr weitgefassten medizinischen Verwendungsweise des »anlagebedingten Leidens« eine strengere juristische Definition gegenüberstellte. Sie ging einschränkend nur von einem Leiden aus, »von dem *feststeht*, daß es auf einer manifest gewordenen krankhaften Anlage beruht«.[161] Damit war eine Handhabe geschaffen, die Debatte darüber, ob eine gesundheitliche Schädigung »anlagebedingt« sei, auf die seltenen »echten Erbkrankheiten« zu begrenzen.[162] In den frühen 1960er Jahren rechnete man dazu in der deutschen Psychiatrie etwa die Schizophrenie, wobei die Ärzte mittlerweile konzedierten, dass im Falle eines sehr engen zeitlichen Zusammenhangs zu einer schweren seelischen Erschütterung auch das äußere Ereignis als auslösender Faktor in Frage kommen könne.[163] Im Streitfall konnte auf das BEG zurückgegriffen werden, das durch § 28 in Verbindung mit § 15 (2) eine sogenannte Beweiserleichterung bereitstellte: Demnach konnte von einer Verfolgungsbedingtheit der gesundheitlichen Störung ausgegangen werden, wenn sie bei dem Verfolgten während oder unmittelbar nach der Deportation aufgetreten war.[164]

Schließlich schien den Juristen für die Bildung ihrer Spruchpraxis, gerade im Fall der »Neurosen«, auch die agnostische Position unbrauchbar, für die Psychiater wie Hermann Witter oder aber auch Kurt Schneider standen. Den Richtern widerstrebte ein Ansatz, der behauptete, die medizinische Auffassung in der Zusammenhangsfrage basiere immer auch auf einem Werturteil. Sie behielten sich selbst vor, allein für die wertende Entscheidung zuständig zu sein, und erwarteten vom ärztlichen Gutachter lediglich die »Aufhellung naturwissenschaftlicher Zusammenhänge«.[165] Deshalb war es letztlich naheliegender, der psychiatrischen Haltung eines von Baeyer zu folgen, der auf der Anwendung seiner streng »wissenschaftlichen Methoden und Erkenntnisse beharrte« und – wissend, dass die Rechtsprechung die Anerkennung psychischer Leiden zunehmend begünstigte – offen bekannte, dass »die ›allgemein menschliche Dimension‹, etwa der moralischen Verpflichtung zur Entschädigung der Verfolgten« selbstverständlich »in der Verantwortung der politischen, legislativen und judikativen Instanzen« liege.[166] Außerdem war es für die Richter, die in Entschädigungsfällen darüber zu befinden hatten, ob der gesundheitlich geschädigte Verfolgte womöglich aufgrund seiner Einstellung in eine psychische Störung abgeglitten war,[167] von Vorteil, wenn die ärztlichen Sachverständigen beanspruchten, die Willensfreiheit des Menschen auch tatsächlich empirisch bestimmen zu können. Nur »Gnostiker«, wie von Baeyer, sahen darin keine unlösbare Aufgabe. Den »Gewißheitsgrad der naturwissenschaftlich-mathematischen Erkenntnis« schlossen sie zwar aus. Zu »einer ›approximativen Erhellung‹ des Psychopathologischen« könne man jedoch, so behaupteten sie, »auf dem Wege des psychologischen Verstehens und Nachempfindens sowie des konstruierten Entwerfens« gelangen. Die Protagonisten dieser methodischen Erweiterung in der Psychiatrie traten damit einen Siegeszug in der Rechtsprechung an, die wiederum umgekehrt ihrer innerwissenschaftlichen Standortverschiebung juristischen Nachdruck verlieh.[168]

Die Notwendigkeit einer möglichst widerspruchsfreien Rechtsprechung machte einen Teil der psychiatrischen Fachkontroverse obsolet und war wahrscheinlich auch der entscheidende Grund für die abschließende Regelung im Bundesentschädigungsschlussgesetz von 1965, in das die sogenannte »KZ-Vermutung« als § 31 (2) aufgenommen wurde. Mit dieser wurde für ehemalige KZ-Häftlinge eine Sonderregelung geschaffen, da, anders als im Falle von Gefängnisinsassen oder Ghettoisierten, zu ihren Gunsten vermutet wurde, dass bei einer Erwerbsminderung von mindestens 25 Prozent die verfolgungsbedingte Minderung der Erwerbsfähigkeit genau diese 25 Prozent betrage. Ein Nachweis war darüber nicht mehr zu führen. Nur bei höheren Erwerbsminderungsgraden musste der kausale Zusammenhang mit der Verfolgung weiterhin nachgewiesen werden.[169] Das »Schlußgesetz« drückte deutlich aus, dass es von einem veränderten psychiatrischen Wissensstand ausging, und ermöglichte ehemaligen KZ-Inhaftierten, deren Entschädigungsanträge abschlägig beschieden worden waren, auf Antrag eine Neuaufnahme des Verfahrens.[170] Im Jahr 1968 schließlich verfügte ein Urteil des BGH, dass die Anerkennung einer erlebnisreaktiven Schädigung nicht einmal mehr zwingend an das Erlebnis von Gewaltmaßnahmen »mit besonderer Schwere und Dauer« gebunden war. Damit hatte die Rechtsprechung nicht nur die oft strittige, aber bis dahin unumgehbare Frage, wann von einer »extremen Erlebniskonstellation« die Rede sein konnte, nachgerade obsolet gemacht. Der BGH hatte zudem zum Ausdruck gebracht, dass die auch nach 1945 verbleibenden Auswirkungen der nationalsozialistischen Verfolgung, die das Leben der Überlebenden zeichneten, als verfolgungsbedingte Leiden zu entschädigen waren.[171]

Mit diesen Regelungen war auch dem Druck aus dem Ausland, der zunehmend vor allem von den US-amerikanischen Psychiatern,[172] den jüdischen Interessensorganisationen und ihren Entschädigungsanwälten ausging, tendenziell Genüge getan. Das bedeutete nicht, dass nicht auch weiterhin Anträge auf Anerkennung psychischer Leiden von den Psychiatern abgelehnt worden oder Proteste gegen diese Praxis ausgeblieben wären. Einer, der sie massiv zu spüren bekam, war der oben bereits erwähnte New Yorker Vertrauensarzt Hans Strauss, der als einer der Ersten auf chronische psychische Beschwerden unter NS-Verfolgten aufmerksam gemacht und sich vehement für eine Anerkennung dieser Leiden als verfolgungsbedingte Störungen eingesetzt hatte. Noch 1974 wandten sich jüdische Verfolgte, die von ihm begutachtet worden waren, mit scharf formulierten Vorwürfen an das Generalkonsulat.[173]

Mit Blick auf die Kriegsheimkehrer, die ja nicht unter das BEG fielen und für die auch die Entscheidungen des BGH nicht bestimmend waren, dachten nun verschiedene Seiten nach, ob die solchermaßen geöffnete »herrschende Lehre« auf das für sie einschlägige Versorgungsrecht übertragbar sei. Das Bundesministerium für Vertriebene, Flüchtlinge und Kriegsgeschädigte (BMVt) hatte bereits 1959 anlässlich der Neuordnung des Bundesversorgungsgesetzes die für die Kriegsopferversorgung zuständige Abteilung im Bundesarbeitsministerium auf die Einführung einer Beweiserleichterung für Heimkehrer angesprochen. Angeblich war diese Forderung ursprünglich vom »Waldheim-Kameradschaftskreis« formuliert worden, der vorschlug, »für das BVG eine ähnliche Regelung [...] wie für das BEG« zu treffen, so dass »alle Gesundheitsstörungen, die in der Gefangenschaft und der Internierung und eine gewisse Zeit danach aufgetreten sind, grundsätzlich Schädigungsfolge sind, wenn das Gegenteil nicht bewiesen werden kann.« Oberregierungsmedizinalrat Dr. Goetz reagierte abwehrend, »eine solche Rechtsvermutung würde«, argumentierte er, »dem kausalen Denken der Kriegsopferversorgung widersprechen«.[174] Er war offenbar nicht der Einzige, der sich diesem Anspruch widersetzte: Weder im »Ersten Neuordnungsgesetz« des Kriegsopferrechts, das 1960 in Kraft trat, noch in einer der nachfolgenden veränderten Versionen entschied der Gesetzgeber, eine solche Beweiserleichterung aufzunehmen.[175]

Auch andere Sonderregelungen im BEG, die bei der Anerkennung gesundheitlicher Leiden ins Gewicht fielen, wurden nicht ins Kriegsopferrecht übernommen. Dazu zählte etwa die »KZ-Vermutung«, für die man im BVG, trotz aller Anstrengungen des Verbandes der Heimkehrer, kein Äquivalent für extreme Fälle von Kriegsgefangenschaft schuf.[176] Ebenso blieb es dabei, dass das Bundessozialgericht den Begriff der »wesentlichen Mitursache« strenger auslegte als der Bundesgerichtshof, der diese für Verfahren nach dem BEG anders gewertet und damit die Anerkennung eines »anlagebedingten Leidens« erleichtert hatte. In der Kriegsopferversorgung hing sie davon ab, ob der Arzt tatsächlich so weit ging, zu behaupten, der Eintritt der als »anlagebedingt« geltenden Störung sei mindestens zur Hälfte auf die körperlichen oder seelischen Belastungen des Krieges beziehungsweise der Gefangenschaft zurückzuführen.[177] Die Reihe der Abweichungen war insgesamt noch um ein Vielfaches länger.[178]

Für die unterschiedliche Entwicklung in der Anerkennung psychischer Beschwerden von NS-Verfolgten und Kriegsgeschädigten, die sich in den 1960er Jahren fortsetzte, gab es offenbar genug Gründe in der verschiedenen Rechtssystematik der Entschädigungs- und der Versorgungsgesetze; teilweise waren sie ja schon in der zweiten Hälfte der 1950er Jahre zum Tragen gekommen.[179] Allerdings wurden durchaus auch Ansätze zu einem Transfer gemacht. Immerhin hatte das Bundessozialgericht Ende der 1950er Jahre eine Reihe von Urteilen erlassen, die letztlich auf eine stärkere Gewichtung seelischer Reaktionsweisen bei der Anerkennung kriegsbedingter Schädigungen abhoben.[180] Auch das Bundesversorgungsgesetz hatte in seiner Fassung von 1956 schon einen dahingehenden Passus aufgenommen; ein neuer § 30 legte in Absatz 1 fest, dass bei der Beurteilung der Minderung der Erwerbsfähigkeit – die allerdings nach »der *körperlichen* Beeinträchtigung im allgemeinen Erwerbsleben« zu beurteilen war – »seelische Begleiterscheinungen und Schmerzen in ihren Auswirkungen« zu berücksichtigen seien.[181] Das Bundessozialgericht ging noch weiter, wobei es einigen Vorstellungen des Bundesarbeitsministeriums explizit widersprach. So heißt es in einer BSG-Entscheidung vom Oktober 1958: »Es darf […] nicht allein darauf abgehoben werden, ob die seelischen Begleiterscheinungen dann, wenn ein genereller Maßstab angelegt wird, nach Art und Ausmaß des Leidens medizinisch begründet sind. Die seelische Reaktion erhält notwendig stets ein subjektives Moment, das deshalb auch nicht nur nach einem als ›normal‹ unterstellten Durchschnittsmaßstab und damit generell, sondern individuell bewertet werden muß.«[182] Im darauffolgenden Jahr wurde das BSG – es ging um einen Fall von »Selbsttötung« – noch deutlicher: »Einen ›Durchschnittsmenschen‹ und damit auch einen Durchschnittsmaßstab gibt es nicht«, konstatierten die Bundesrichter und beharrten abermals darauf, dass der »Mensch immer nur so, wie er individuell beschaffen« sei, »rechtlich beurteilt« werden könne. Im Versorgungsrecht werde das, sofern es um körperliche Reaktionen gehe, auch gar nicht in Zweifel gezogen, vermerkte das BSG. Schließlich werde ein Mensch, der sich infolge des Wehrdienstes ein Herzleiden zugezogen habe, auch nicht danach beurteilt, dass sein »Herz nach einem generalisierenden Maßstab nicht so belastbar gewesen« sei. »Auf psychischem Gebiet kann nichts grundsätzlich anderes gelten« erklärten nun die Bundesrichter, und sie bekräftigten, auch dabei komme es nur darauf an, »wie gerade dieser Mensch nach der Struktur seiner Persönlichkeit hat reagieren können und müssen«.[183]

Eine solche Aufwertung des Individuums und des subjektiven Empfindens im Versorgungsrecht, die sich schon in der Rechtsprechung des Bundesgerichtshofes in Entschädigungsfällen niedergeschlagen hatte,[184] barg die Möglichkeit in sich, auch im Hinblick auf die Kriegsheimkehrer die »herrschende Lehre« der deutschen Psychiatrie über die nachgerade grenzenlose Belastbarkeit der Psyche in ihrem ausnahmslosen Geltungsanspruch einzuschränken. Das Bayerische Landessozialgericht definierte sogar im Jahr 1960 den im Bundesversorgungsgesetz zentralen Begriff der »Gesundheitsschädigung« juristisch dahingehend, dass »auch eine psychisch verursachte leiblich nachweisbare funktionelle Störung« – etwa eine psychogene Lähmung – »eine Gesundheitsstörung oder Gesundheitsschädigung im Sinne der Versorg.gesetze«

darstellen könne. Das Gericht wandte sich damit gegen die restriktive Handhabung des Begriffs, wie er bei den meisten führenden Versorgungsmedizinern und Psychiatern üblich war, die, immer noch dem »alten« psychiatrischen Krankheitsbegriff folgend, davon ausgingen, dass es »Krankheit« nur im Körperlichen gebe, rein seelisch bedingten Störungen mithin kein »Krankheitswert« zugesprochen werden könne.[185] Zweifellos teilten nicht mehr alle Ärzte diese Betrachtungsweise, und das Gericht stützte diesen Perspektivwechsel: Psychisch verursachten, leiblich nachweisbaren funktionellen Störungen konnte ein »Krankheitswert« zugebilligt werden, so bestätigte es, sofern sich diese »unabhängig von ›bewußten‹ Willensvorstellungen entwickelt« hatten »und wenn der davon Betroffene nicht in der Lage« war, »seine seelischen Abnormitäten im Sinne der Selbstkorrektur zu bewältigen«.[186]

Gegenüber der am Bild des Rentenneurotikers orientierten Versorgungsmedizin und den vorherrschenden psychiatrischen Grundsätzen in der Begutachtung der Kriegsheimkehrer war das fraglos eine Öffnung im Hinblick auf die Beurteilung ihrer psychisch bedingten Beschwerden, die in der juristischen Fachdiskussion bislang meist vereinfacht unter dem Begriff »Neurosen« abgehandelt wurden.[187] Doch der stets formulierte Umkehrsatz zog nach wie vor Grenzen: »Wenn ›Neurosen‹ wesentlich die Folge wunschbedingter Vorstellungen sind, wenn es sich bei dem Erscheinungsbild um Wunsch- oder Entschädigungsreaktionen handelt (sog. ›echte Rentenneurosen‹)«, war nach der Rechtsprechung der Sozialgerichte bis zu ihrer höchsten Instanz ein ursächlicher Zusammenhang zu den Ereignissen der Kriegs- und Gefangenschaftszeit »in aller Regel« zu verneinen.[188] Allerdings ließ nur die Einzelfallprüfung eine Entscheidung zu, und die Belastungsfähigkeit der Persönlichkeit durfte dabei – so sah es die Rechtsprechung vor – von den ärztlichen Sachverständigen nicht mehr außer Acht gelassen werden.

Trotz dieser Angleichungstendenz in der zivilrechtlichen und sozialrechtlichen Behandlung der »Neurosen« und trotz der juristischen Forderung nach einer Einzelfallprüfung, auch für Fälle im Rahmen des Bundesversorgungsgesetzes, setzte sich bezüglich der Kriegsheimkehrer im Laufe der nächsten Jahre keine wirklich tiefgreifende Veränderung in der Spruchpraxis durch – und das, obwohl die Rechtsprechung der obersten Sozialgerichte in dieser Frage mit Überlegungen von Vertretern der Psychiatrie zusammentraf. Einige unter ihnen hatten sich, ausgehend von den langanhaltenden psychischen Beschwerden von NS-Verfolgten, generell für die Notwendigkeit einer offeneren psychiatrischen Lesart psychischer Störungen ausgesprochen. Walter von Baeyer gab jedenfalls schon zu einem frühen Zeitpunkt der Debatte zu bedenken: »Man wird [...] nicht vergessen dürfen, daß ähnlich verursachte und strukturierte Schäden wie die jetzt zu besprechenden Verfolgungsschäden auch unter den Kriegsopfern anzutreffen sind. [...] Ich bin persönlich der Ansicht, daß auch bei den psychogen gestörten Kriegsopfern eine differenzierte Betrachtungs- und Beurteilungsweise zu fordern wäre, nämlich die Unterscheidung zwischen nicht entschädigungspflichtigen, zweckreaktiv gesteuerten Neurosen und solchen, sicher viel selteneren psychischen Störungen, bei denen ein Zwang zur Sinnentnahme mit seinen unausweichlichen Konsequenzen biographisch überzeugend darzutun ist.«[189]

Das war kein Zugeständnis an die »Kriegsopfer« insgesamt, sondern nur an diejenigen Menschen, die »unter unmenschlichsten Bedingungen ohne Hoffnung jahrelang in Kriegsgefangenenlagern, Arbeits- und Straflagern leben mußten«, erwähnte von Baeyer in diesem Zusammenhang ausdrücklich.[190] Von den »Spät- und Spätestheimkehrern« aus sowjetischer Gefangenschaft war die Rede. Doch in der öffentlichen Debatte kamen die Psychiater, die für eine Öffnung der psychiatrischen Lesart rein psychischer Störungen zu werben begonnen hatten, nur äußerst selten auf diese Gruppe zu sprechen. Eher zeigten sie sich bemüht, »die völlig andere Ausgangssituation der rassisch und politisch Verfolgten gegenüber den Kriegs- und Versicherungsneurotikern« hervorzuheben,[191] das »Einmalige und Unvergleichbare« in der »Erlebnissituation« der Verfolgten überzeugend darzulegen[192] und das völlig »Neue«, das man in den psychischen Beschwerden der Verfolgten zu Gesicht bekommen habe, gegenüber den Skeptikern zu erläutern.[193] An gleichzeitigen Bekenntnissen zur »herrschenden Lehre« fehlte es deshalb noch keineswegs. So sprach sich Ulrich Venzlaff 1963 zwar vehement für die Einsicht aus, dass der gültige Lehrsatz von der grenzenlosen Belastbarkeit der menschlichen Seele »unter besonderen Voraussetzungen in Frage zu stellen« sei; der Nachweis über die »nachhaltige[n] oder bleibende[n] psychische[n] Störungen von Krankheitswert« infolge der NS-Verfolgung habe das bestätigt. Doch gleichzeitig galt für ihn: »Daß das Erlebnis eines Unfalls, die Teilnahme an kriegerischen Kampfhandlungen, das Erdulden zeitlich begrenzter terroristischer Bedrohungen (Bombenkrieg, Feindbesetzung) zu keinen psychischen Dauerveränderungen führt, kann aufgrund überwältigender ärztlicher Erfahrung wohl kaum angezweifelt werden.«[194] Es waren »Millionen von Menschen«, davon zeigte sich Venzlaff nach wie vor überzeugt, die nach dem Zweiten Weltkrieg abermals den Beweis dafür geliefert hatten.[195]

Ebenso differenzierte auch von Baeyer zwischen den verschiedenen Gruppen. »Trauma [war] nicht gleich Trauma, stress nicht gleich stress«, betonte der Heidelberger Psychiater mit Nachdruck. Er wandte sich gegen jeden Schematismus und betonte stattdessen die Bandbreite an Reaktionsweisen, auch auf »schwere Verluste, akute Lebensbedrohung, leibliche Qual, chronische Mangelsituationen« oder etwa auf die durch Krieg und Flucht verursachten »tiefgreifende[n] Minderungen im ökonomischen und sozialen Status«.[196] Vor allem insistierte von Baeyer darauf, die unterschiedliche Situation von deutschen Kriegsopfern und Verfolgten des nationalsozialistischen Terrors nicht aus dem Blick zu verlieren. Die Entwicklung psychischer Dauerstörungen, die nicht einer »Neurose« in ihrem gebräuchlichen Verständnis gleichzusetzen waren, hing nämlich nach von Baeyer von dem »Wie« der »existenziellen Betroffenheit« ab. Und in diesem Punkt sah er gravierende Unterschiede: »Im allgemeinen [...] verbleiben doch Ausgleichsmöglichkeiten wenigstens für den erwachsenen Menschen«, erläuterte er, »weil bergende und helfende Instanzen da sind, Gemeinschaft erhalten wird, keine totale Entrechtung und Entwürdigung Platz greift, Hoffnung auf bessere Zeiten besteht, nicht alles und jedes sinnlos geworden ist. Das Wie der Traumatisierung durch totalitäre Verfolgungserlebnisse [hingegen] ist für die Mehrzahl der Betroffenen ein anderes. [...] Diese Traumatisierung [ist] darauf angelegt [...], die existenziellen Sicherungen im ganzen zu durchschlagen, weil sie dazu angetan ist, dem Menschen alles zu entziehen, woran er sich halten, worin er noch Sinn und Wert finden könnte.«[197]

Dem von juristischer Seite zum Ausdruck gebrachten Bedürfnis, »endlich die Einheit in der Beurteilung des Neurose-Problems für alle Rechtsgebiete« herzustellen,[198] kamen diejenigen Psychiater, die in ihrer Zunft eigentlich eine neue Lesart spät einsetzender oder fortdauernder psychischer Störungen durchsetzen wollten, also nur sehr bedingt entgegen. Im Gegenteil, so schien es manchmal, sie sparten nicht mit mahnenden Worten. Ulrich Venzlaff versicherte jedenfalls den juristischen Kollegen, dass die bislang strenge medizinische und juristische Praxis im Umgang mit geltend gemachten Versorgungsansprüchen wegen psychischer Beeinträchtigungen nicht nur aus medizinischen Gründen, sondern auch aus Verantwortung gegenüber der Gesellschaft geboten sei. Selbst wo es zunächst den Anschein gehabt haben mochte, als hätte jemand »erlebnisbedingte seelische Schäden« davongetragen, sei »doch letzten Endes eine zweckbedingte Willenseinstellung nicht zu übersehen« gewesen, lautete das Resümee des Psychiaters, der sich in einem Atemzug auf die Erfahrungen der beiden Weltkriege und die reichhaltige Praxis der Unfallbegutachtungen berief. Die »*Flucht in die Krankheit*« sei stets, erklärte er, der eigentliche Hintergrund der beklagten Störung gewesen, entweder um »der Gefahrensituation zu entgehen (Beispiel: Kriegszitterer), als Sozialrentner den Anforderungen des Alltags auszuweichen, seine Lebensuntüchtigkeit hinter einem unschuldig erlittenen Schicksal zu verbergen oder einfach, um aus der Tatsache des Versichertseins materielle Vorteile zu ziehen.«

Insofern gab es für Venzlaff weiterhin keinen Zweifel: »Ohne die rigorose Ablehnung von Ansprüchen wegen solcher Störungen auf der Rechtsgrundlage der Entscheidung des RVA v. 24.9.1926 hätte man [...] mit schwersten Erschütterungen unseres auf der Grundlage der Solidarität aufgebauten Sozialsystems rechnen müssen.« Der Entscheid sei deshalb, so sein Diktum, »auch heute noch grundsätzlich zu bejahen« – wenngleich der Psychiater ihn doch in seiner Formulierung für überholt hielt.[199]

In der Tat lagen die Meinungen, wenn es um die Frage ging, wie die rein psychischen Störungen von Kriegsopfern (oder auch Unfallopfern) im Allgemeinen medizinisch zu beurteilen seien, innerhalb der psychiatrischen Zunft oft sehr viel näher beieinander, als man dies in der hitzigen Diskussion über die Entschädigungsfälle der NS-Verfolgten zu Beginn der 1960er Jahre beobachten konnte. Anders als in den Wiedergutmachungsverfahren befanden sich die Juristen bei den Versorgungsfällen daher in der Regel in einer Situation, in der sie viel weniger auf die permanenten Streitigkeiten zwischen den medizinischen Gutachtern Rücksicht nehmen und nach juristischen Begründungen suchen mussten, um ihre Entscheidungsfähigkeit zu bewahren. Ja, es zeigte sich sogar verschiedentlich, dass Juristen, denen das Bundessozialgericht in einigen Entscheidungen zur Berentung von »Neurotikern« zu weit gegangen war, sogar auf eine stärkere Berücksichtigung der als vorherrschend geltenden psychiatrischen Lehrmeinung drängten, um Ansätze für eine vermeintlich zu offene Rechtsprechung in der Neurose-Frage wieder zu korrigieren. So kritisierte etwa der Berliner Landessozialrichter Günter Hennies an einem Urteil des BSG zur Kriegsopferversorgung vom August 1963, dieses könne verstanden werden, als wäre es im Rahmen der Kriegsopferversorgung sogar leichter, eine Rente für eine »Neurose« zu bekommen als nach dem Entschädigungsgesetz; von Seiten des BSG fehle nämlich »ein klarer Hinweis darauf, daß die erlittene Schädigung ein ungewöhnliches Ausmaß« erreicht haben müsse. Dabei habe auch der Ärztliche Sachverständigenbeirat beim Bundesministerium für Arbeit und Sozialordnung in seinem Neurose-Gutachten das Vorliegen einer solchen Schädigung für die Anerkennung als Versorgungsleiden gefordert, wie Hennies erinnerte. Sich an diese Vorgaben zu halten, sei, so legte er nahe, geradezu ein Muss. Schließlich sollten sich die Gerichte der Sozialgerichtsbarkeit einmal vor Augen halten, was der BGH für das Entschädigungsrecht voraussetze: »Gewaltmaßnahmen von besonderer Schwere und Dauer – mit Massierung von Angst- und Schreckerlebnissen«, die den Mensch »in den tiefen Schichten seiner Persönlichkeit getroffen« hatten. Es musste demnach, so zitierte Hennies, »zu einer ›elementaren Umstrukturierung der Persönlichkeit‹ gekommen sein.«[200]

Das sollte auch die offizielle Grundhaltung der Versorgungsmediziner sein, wie sie in den oben bereits erwähnten »Anhaltspunkten für die ärztliche Gutachtertätigkeit im Versorgungswesen« festgehalten wurde. Zwar erwecken die Formulierungen in der Neuausgabe aus dem Jahr 1965 an einigen Punkten den Eindruck, als hätten sie sich die Vorgaben des Bundessozialgerichts zu eigen gemacht. So hatten sich etwa die Erläuterungen zu der Bestimmung verändert, im Falle einer körperlichen Versehrtheit auch die seelischen Begleiterscheinungen und Schmerzen für die Beurteilung der Erwerbsminderung zu berücksichtigen. In dieser neuen Fassung wiesen die »Anhaltspunkte« ausdrücklich darauf hin, dass der Gesetzgeber die Gutachter dazu verpflichte, »sich mit den Auswirkungen der *Schädigungsfolgen auf die Persönlichkeit und mit dem Einzelschicksal des Beschädigten* (z. B. Beeinträchtigung der Gesellschaftsfähigkeit, Minderung des Lebensgefühles) *besonders zu befassen.*«[201] Das war ein fast juristischer Wortlaut. Doch im Unterschied zu den Richtern des Bundessozialgerichts gingen die Versorgungsmediziner nicht so weit, diese Leitlinien auch auf psychogene Störungen auszuweiten. »Psychogene Reaktionen sind keine seelischen Begleiterscheinungen in diesem Sinne«, stellten die »Anhaltspunkte« dezidiert fest, gestanden an anderer Stelle jedoch zumindest die Gewährung einer Heilbehandlung zu, um die »seelische Fehlhaltung« abzubauen.[202] Insgesamt aber blieben die »Anhaltspunkte« im Hinblick auf die Anerkennung rein seelischer Störungen als kriegsbedingte Leiden eher strikt. Im Fall diagnostizierter »Neurosen« gab es nur eine Ausnahme: Wenn Kindheit und Kriegszeit zusammengefallen waren und sich die »neurotischen Störungen« zu dieser Zeit bereits entwickelt hatten, schlossen die Begutachtungsrichtlinien die Möglichkeit eines ursächlichen Zusammenhangs mit den Kriegseinwirkungen nicht gänzlich aus.[203] Ansonsten sahen die »Anhaltspunkte« allein für den Fall eines »erlebnisbedingten Persönlichkeitswandels« eine solche Anerkennung vor. Zweifellos demonstrierte die Neuaufnahme dieser Diagnose in den Katalog der »Krankheitszustände« jetzt auch im Versorgungswesen, dass die Beurteilung psychischer Leidenszustände in Bewegung geraten war. Der kurze erläuternde Absatz aber spiegelte große Vorsicht wider: »Nach extremen, sehr lange währenden seelischen Belastungen ist in Ausnahmefällen ein irreparabler erlebnisbedingter Persönlichkeitswandel möglich. Seine Feststellung erfordert besonders sorgfältige fachärztliche Untersuchungen.«[204]

So mancher Jurist mochte skeptisch bleiben, inwieweit die Psychiater tatsächlich immer in der Lage waren, die verschiedenen Formen der »Neurose« und obendrein eines »erlebnisbedingten Persönlichkeitswandels« voneinander zu unterscheiden.[205] Mitte der 1960er Jahre verständigten sich jedoch letztlich auch die Richter des Bundessozialgerichts dahingehend, dass »strenge Maßstäbe« anzulegen seien, um den »Verdacht der Täuschung« auszuschließen,[206] und ohnehin »nicht jede seelische Fehlhaltung berentet oder entschädigt werden dürfe«.[207] In diesem Sinne mischte sich im Jahr 1965 auch Friedrich Panse, der wesentlich an dem sogenannten »Neurose-Gutachten« mitgeschrieben hatte, fünf Jahre nach dessen Erscheinen noch einmal bekräftigend in die medizinisch-juristische Debatte ein.[208] Anlässlich einer Fachtagung stellte er die praktischen Folgen einer divergierenden Begutachtung in den USA und der Bundesrepublik gegenüber, um die möglichen Gefahren einer zu weichen Handhabung noch einmal deutlich vor Augen zu führen. Sein oben ebefalls schon einmal erwähnter amerikanischer Fachkollege Lothar Kalinowski war dabei sein Kronzeuge.[209] Er hatte bereits 1950 äußerst kritisch darauf verwiesen, dass etwa 49 Prozent aller Entlassungen aus der amerikanischen Armee aus psychischen Gründen erfolgt seien[210] – mit dramatischen Folgen, wie Panse darlegte. Nicht nur habe ein Großteil dieser 49 Prozent aus »Kriegsneurotikern« bestanden, ein Teil von ihnen stehe sogar jetzt noch – er habe es 1956 selbst gesehen – in klinischer Behandlung der speziellen psychiatrischen Hospitäler der Veteranenverwaltung. »Wie viel Elend steckt doch in dem Schicksal der durch ärztliche Fehlurteile in ihrem subjektiven Krankheitsbewußtsein verharrenden Menschen«, schlussfolgerte Panse und pries eine restriktivere Behandlungsstrategie guten Gewissens noch einmal an: »In der Bundesrepublik, in der bisher die altbewährten Richtlinien in der Neurosebegutachtung allgemein als gültig anerkannt wurden, gibt es noch nicht 2% berentete Kriegsbeschädigte, die die Anerkennung psychiatrischen insbesondere psychogenen Zustandsbildern verdanken.«

Anders als die Fachliteratur bislang nahelegt, können die Regelungen für die deutschen Kriegsopfer keineswegs generell als großzügig bezeichnet werden; es lässt sich auch nicht pauschal behaupten, dass eine verstockte Verweigerungshaltung die Handhabung der Entschädigungsfälle weithin bestimmte.[211] Wie der Expertenstreit zwischen Juristen und Psychiatern über die Anerkennung von seelischen Langzeitschäden im Versorgungs- beziehungsweise Entschädigungsrecht zeigt, war zumindest im Bereich der Wiedergutmachung eher das Gegenteil der Fall. Gewiss, es gab Ärzte, die auf Ähnlichkeiten hinwiesen, die unter bestimmten Bedingungen zwischen den Verhältnissen der Konzentrationslagerhaft und der Kriegsgefangenschaft bestanden hätten, weshalb auch als Folge der Gefangenschaftssituation psychische Spätschäden nicht prinzipiell auszuschließen seien. Diese Argumentation kann jedoch nicht ausschließlich und vorschnell unter dem Blickwinkel einer angestrebten Opfernivellierung betrachtet werden, in der Absicht, die deutschen Kriegsopfer und die NS-Verfolgten in ihrem erlittenen Leid und damit auch in ihren Ansprüchen gegenüber dem Staat grundsätzlich gleichzustellen. Es gab solche Stimmen, das ist richtig.[212] Trotzdem darf man nicht außer Acht lassen, dass solche Ansichten gerade auch unter den »Reformern« zu vernehmen waren, die sich stärker als andere Kollegen aus der »nationalen Klammer« ihres Fachs zu lösen begonnen hatten. Walter von Baeyer und Ulrich Venzlaff, auch Hans-Joachim Herberg und Helmut Paul sind hier an erster Stelle zu nennen. Gerade der Letztgenannte ist ein signifikantes Beispiel. Er war Mitglied des Ärztlich-Wissenschaftlichen Beirats im »Verband der Heimkehrer« und einer von ganz wenigen deutschen Ärzten, die in den 1960er Jahren Untersuchungen zu den psychischen Folgen von Kriegsgefangenschaft durchführten.[213] Gleichzeitig bemühte er sich als einer der ersten deutschen Ärzte überhaupt darum, der deutschen Fachwelt die Ergebnisse der Kollegen aus Ost- und Westeuropa zu übermitteln, die – meist unter der Regie der Internationalen Föderation der Widerstandskämpfer – auf internationalen Ärztekongressen ihre Erkenntnisse über die gesundheitlichen Schädigungen nach Verfolgung, Deportation und Gefangenschaft austauschten.[214] Tatsächlich erregten derartige Vergleiche – bei aller verständlichen Hellhörigkeit gegenüber möglichen Gleichmachereien – in der internationalen wissenschaftlichen Debatte oft gar keinen Anstoß.[215] Auf einer internationalen Tagung im Jahr 1965 über die psychischen Leiden der Verfolgten und der Überlebenden des Atombombenabwurfs in Hiroshima ergriff der Psychiater Henry Krystal in der Diskussion sogar einmal stellvertretend für Ulrich Venzlaff das Wort, als ein amerikanischer Internist die Diskussion auf die deutschen Kriegsgefangenen in der Sowjetunion lenkte und skeptisch die unter den deutschen Ärzten lange vorherrschende Meinung ansprach, dass nach wenigen Jahren grundsätzlich alle psychisch bedingten Symptome wieder abgeklungen seien:[216] »The view that all the veterans became well after a year or two is also familiar to us in our own Veterans Administration, and is so much wishful thinking«, erklärte Krystal vor dem Plenum. Mit Blick auf die deutschen Kriegsgefangenen fügte er noch hinzu: »When we realize that the emotional after-effects are produced by the psychic reality of the people involved, we can anticipate aftereffect syndromes."[217]

Diese Argumentationsweise lag fraglos auf der Linie der deutschen Psychiater, die sich wie Venzlaff oder von Baeyer für eine methodische Wende in ihrem Fach aussprachen. Walter von Baeyer und seine Mitarbeiter Heinz Häfner und Karl Peter Kisker sahen zudem hinreichend Anlass, den Bogen bei einem Vergleich zwischen der Kriegsgefangenschaft und »den Drangsalen der nationalsozialistischen Verfolgung« weit zu spannen. In der »Psychiatrie der Verfolgten« stellten sie eingangs fest: »Zumal in den Gefangenenlagern der Sowjetunion und in denen der Kommunisten in China und Korea ereignete sich vieles, was durchaus vergleichbar war mit den Greueln der KL, wie andererseits auch zahlreiche, polnische, russische und andere Kriegsgefangene in deutschem Gewahrsam während des 2. Weltkrieges einem gegen alle Kriegsbräuche und -gesetze spottenden Lagerterror und massenhaften Vernichtungsreaktionen ausgesetzt waren.«[218] Von Baeyer und seine Kollegen konnten hier auf eine breite Literatur aus dem In- und Ausland verweisen. Eine Studie mit schockierenden Ergebnissen hatte unter anderem eben erst Robert Jay Lifton vorgelegt: Amerikanische Soldaten, die im Koreakrieg in rotchinesische Gefangenschaft gelangten, waren Methoden der »Gehirnwäsche« ausgesetzt gewesen.[219] Die Heidelberger Psychiater sprachen von «Methoden der terroristischen Indoktrination zum Zwecke politischer ›Bekehrung‹ der Gefangenen«, die »im NS-Terror kaum eine Parallele« gefunden hätten.[220] Blickte man demgegenüber Mitte der 1960er Jahre auf das Interesse zurück, das im Ersten Weltkrieg der Psychologie und Psychopathologie der Kriegsgefangenschaft entgegengebracht worden war, schienen die daraus entstandenen Studien nur zu »verhältnismäßig bescheidenen Resultaten« geführt zu haben.[221]

Obwohl die Heidelberger Psychiater sich also überzeugt zeigten, dass die Lebensbedingungen in den Kriegsgefangenenlagern des Zweiten Weltkrieges ungleich härter waren als zuvor und viele Hinweise in der Literatur auf »psychopathologische Normabweichungen« während der Gefangenschaftszeit hindeuteten, präsentierten sie die soweit vorliegenden Ergebnisse über die psychopathologischen Folgen der Kriegsgefangenschaft nur mit Vorsicht. Das Bild schien ihnen unvollständig, an wissenschaftlichen Nachweisen fehlte es. Das galt vor allem für die Frage nach den rein psychischen Dauerfolgen, die, so hoben sie eigens hervor, in dem von ihnen vorgelegten Werk über die Verfolgten eine so zentrale Rolle spielten. In der »Psychiatrie der Gegenwart«, einem der wichtigsten Handbücher der Zunft, konnte das einschlägige Kapitel zur Kriegsgefangenschaft den Heidelberger Psychiatern zu dieser Problematik jedenfalls keine zufriedenstellende Antwort geben: »Die Frage *bleibender* Umstrukturierungen der Persönlichkeit ohne hirnpathologisches Korrelat läßt sich [...] anhand der vorliegenden psychiatrisch-neurologischen Untersuchungen an Kriegsgefangenen nicht klar entscheiden«, lautete ihr Fazit. Damit blieb es auch für sie bei der Feststellung: »Die versorgungsrechtliche Begutachtung stützt sich auch heute noch weitgehend auf die traditionelle Auffassung, daß erlebnisreaktive Dauerschäden nur in Form von Zweckreaktionen vorkommen bzw. Neurosen ohne versorgungsrechtlichen Krankheitswert darstellen.«[222]

Theoretisch war damit die Frage offengelassen, inwieweit seelische Kriegsfolgen in Zukunft anerkannt werden würden. Doch so recht war nicht zu erkennen, dass in der psychiatrischen Wissenschaft daraus ein reges Forschungsinteresse erwachsen würde. Es waren in Deutschland – ironischerweise – vornehmlich die Apologeten der alten »herrschenden Lehre«, die dem möglichen Zugeständnis kriegsbedingter seelischer Beeinträchtigungen bei Kriegsheimkehrern und Zivilopfern mit dem Hinweis auf die Einzigartigkeit der KZ-Erfahrung widersprachen. Im Streit mit den Juristen entgegnete ausgerechnet Hermann Witter den Richtern der Sozialgerichte, »eine Sonderstellung« könne man aus psychiatrischer Sicht nur »denjenigen Entschädigungsansprüchen zuerkennen, die im Rahmen des BEG gestellt werden«. Entscheidend sei »aus medizinisch-psychologischer Sicht«, erläuterte er, »daß nicht nur kurzfristige Gesundheits- und Lebensbedrohungen, sondern jahrelange seelische Belastungen extremster Art als Schädigungsfaktor zur Diskussion stehen.« Jedermann sei evident, so meinte er, dass diese »seelischen Dauerbelastungen« ganz anders zu bewerten seien »als die Schreck- und Angsterlebnisse, wie sie ganz allgemein in der Unfallversicherung und meist auch in der Kriegsopferversorgung zu Diskussion« stünden. »Als ein weiterer Gesichtspunkt tritt bei den Opfern der politischen und rassischen Verfolgung hinzu, daß hier das Verschulden des Schädigers ganz besonders groß war.«[223]

Entsprechend wiesen viele Psychiater und Versorgungsbeamte in Fällen, in denen psychische Leiden von Kriegsopfern thematisiert wurden oder zur Beurteilung anstanden, darauf hin, dass die Situation der Verfolgten während des nationalsozialistischen Terrors unvergleichlich aussichtsloser gewesen und von den Betroffenen zudem auch nicht einmal im Geringsten verschuldet worden sei,[224] womit der geltend gemachte Anspruch auf eine Rente im Rahmen der Kriegsopferversorgung abgelehnt war. Gegen Ende der 1960er Jahre schien zwei jüngeren Psychiatern der Universitätsklinik Bonn die Begutachtungspraxis sogar derart rigide, dass sie es für notwendig erachteten, noch einmal darauf zu insistieren, dass doch zumindest »in besonders schwerwiegend gelagerten Einzelfällen« die Anerkennung psychischer Dauerschädigungen auch im Falle verschleppter Zivilisten und Kriegsgefangener begründet werden könne.[225] Tatsächlich zeigt das Plädoyer der beiden Psychiater deutlich, wie schwer es geworden war, das Thema einer Gleichsetzung des Kriegsopfer- und des Verfolgtenschicksals überhaupt zu umgehen, wollte man das Zugeständnis psychischer Dauerveränderungen auch für die deutschen Kriegsteilnehmer erwirken. Das Argument der Unvergleichbarkeit der Situation und der Belastung hatte sich schnell als ein nützliches Instrument etabliert, um – ob aus finanziellen, moralischen oder auch medizinischen Gründen – geltend gemachte Ansprüche im Rahmen der Kriegsopferversorgung abzulehnen. So begründeten die beiden Psychiater in einem Fall den kriegsbedingten Zusammenhang des psychischen Leidens damit, dass »all jene Faktoren gegeben waren, die bei KZ-Häftlingen als Erklärung für ihre extreme psychische Belastung herangezogen wurden, wie Entwurzelung, Entbehrung, drohende Vernichtung, Verlust von Heimat und Familienangehörigen, völlige Entehrung und Entrechtung usw.« Und auch in einem weiteren Fall bestanden sie auf dem »in fast uniformer Weise« vorliegenden Zustandsbild einer Heimkehrerin, wie man es »von den NS-Verfolgten her« kenne.[226] Das Versorgungsamt hatte sich gegen eine solche Parallele gesperrt. Es wies nach Auskunft der beiden Universitätspsychiater eine Anerkennung zurück, »da hier eine dem Konzentrationslager vergleichbare psychische und physische Belastung nicht angenommen werden könne«. In russischen Zwangsarbeiterlagern sei schließlich »keine gezielte Vernichtung menschlichen Lebens geplant gewesen«, und »Unterernährung und Mißhandlungen« hätten allein »auf dem Unvermögen der Gewahrsamsmacht beruht [...], in den damaligen Jahren hinreichend Nahrungsmittel, Unterkünfte usw. zu beschaffen«.[227]

Das Aufbegehren der beiden Psychiater, auch bei der von ihnen angesprochenen Gruppe von Geschädigten handele es sich um »Opfer des Dritten Reiches, auch wenn sie vielleicht eine Uniform trugen«, erfolgte bereits aus einer höchst defensiven Position, da die politisch-moralische Frage der Anerkennung der nationalsozialistischen Verbrechen und ihrer Zerstörungsgewalt beständig mit der Debatte über die psychischen Leiden verflochten war. »Überlegungen darüber anzustellen, ob der eine oder andere von ihnen sein Schicksal mitverursachte, würde heißen, die Frage von Schuld und Sühne aufzuwerfen«, gaben die Bonner Psychiater den medizinischen Sachverständigen zu Bedenken und appellierten, dieses Problem, so wichtig es auch sein möge, nicht zu einem Kriterium ihrer Entscheidung zu machen.[228]

Der Durchbruch in der Frage der Anerkennung von seelischen Dauer- oder Spätfolgen beschränkte sich demnach nicht nur im internationalen Kontext, sondern auch in der westdeutschen Debatte über die Vergleichbarkeit von psychischen Spätschäden infolge von Gefangenschaft oder KZ-Haft zunehmend auf die Opfergruppe der NS-Verfolgten. Die Kriegsheimkehrer, die zu Anfang der 1950er Jahre als nationale Opfergruppe die Debatte über die Kriegsfolgen noch beherrscht hatten, schienen zunehmend in den Hintergrund getreten zu sein, während den Fällen von Verfolgten, insbesondere aufgrund der wachsenden Anerkennung ihrer fortdauernden psychischen Leiden, eine breitere Aufmerksamkeit zukam. Dies war unter anderem auch eine Folge der öffentlichkeitswirksamen Befassung mit NS-Verbrechen, angefangen vom Ulmer Einsatzgruppenprozess (1958) bis zum Auschwitz-Prozess (1963/1965). Aber auch die inzwischen weitgehend erfolgte Integration der Heimkehrer in die »Wirtschaftswundergesellschaft« fiel vermutlich mit ins Gewicht. In den medizinischen Fachzeitschriften fehlte jedenfalls ab Mitte der 1960er Jahre nahezu jede Auseinandersetzung um die medizinisch begründbaren Rentenansprüche von Heimkehrern. Vor allem ihre psychischen Leiden erregten keine nennenswerte Aufmerksamkeit mehr im Fach, während sich aus der veränderten Wahrnehmung von seelischen Verfolgungsleiden bei NS-Verfolgten sogar ein neuer wissenschaftlicher Fokus für die Grenzen der Belastbarkeit im Menschenbild ergab. Gleichzeitig wurde durch die erleichterte Anerkennung in diesen Fällen der Blick der Öffentlichkeit auf die extreme Gewaltsamkeit und Entmenschlichung des Verfolgungsgeschehens im Nationalsozialismus gelenkt. Deswegen wuchs auch der interessierten Öffentlichkeit jenseits der Fachöffentlichkeit bei der Austarierung der moralischen Herausforderung, die in der Fachdiskussion um die Anerkennungsfrage eine mitlaufende Rolle gespielt hatte, eine immer größere Bedeutung zu.

TEIL III

Psychische Leiden im Wandel der medialen Anerkennung: Öffentliche Verhandlungen

1945–1970

1. Kriegsheimkehrer in der öffentlichen Aufmerksamkeit

Wie die Analyse der Erinnerungsfragmente im ersten Teil des Buches zeigte, gab es in der Nachkriegszeit ein virulentes privates Wissen über den Krieg und seine Zerstörungskraft bis in das Innere der Person hinein, das in den öffentlichen Kriegserzählungen meist nicht vorkam. Weder der Kampf um die »saubere Wehrmacht«, deren man sich in den Veteranenorganisationen gern versicherte, noch die anschwellende Literatur des soldatischen Nationalismus in den Generalsmemoiren der 1950er Jahre ließen dafür einen Raum.[1] Die private Schattenseite der Kriegserinnerung fand oft nur in den familiären Spannungen und Überforderungen sowie in den persönlichen Krisensituationen und Selbstzweifeln ihren Ausdruck. Dass die Betroffenen und ihre Angehörigen Zuflucht in psychiatrischen Gewissheiten suchten, mag sich teilweise daraus erklären. Die aus den psychiatrischen Krankenakten gewonnenen persönlichen Erinnerungsfragmente lassen sich in einer Reihe von Fällen als ein Gegennarrativ zur öffentlichen Erinnerung begreifen. Es ist jedoch eine zentrale Annahme des vorliegenden Buches, dass das professionelle Wissen der Psychiater über die Kriegsfolgen bei der Mediatisierung jenes privaten Wissens in den Sagbarkeitsregeln der öffentlichen Erinnerungskultur eine herausragende Rolle spielte.

Wie im zweiten Teil gezeigt, stand das professionelle Wissen in einem breiten Erwartungskontext, in dem die medizinische Logik, die Handhabbarkeit von Kriegsopferansprüchen und die moralische Herausforderung durch die NS-Verbrechen in Einklang zu bringen waren. Das private Wissen über den Krieg und die Kriegsgefangenschaft in den sowjetischen Lagern war zunächst aber die wichtigste Herausforderung für eine Psychiatrie, die sich nur schwer und am Ende nur für die Gruppe der NS-Verfolgten definitiv von der Annahme lösen konnte, dass psychische Leiden infolge extremer Gewalterfahrungen in der Regel auf eine anlagebedingte Schwäche und nicht auf das Erlebnis selbst zurückzuführen seien.

In gewissem Sinne vollzog somit ein zunächst kleiner, dann allerdings wachsender Teil der Psychiatrie mit seiner Denkfigur der »erlebnisbedingten Persönlichkeitsveränderung« (Venzlaff) eine im privaten Wissen bereits vorgeformte Annahme über die Zerstörungskraft extremer Gewalt wissenschaftlich nach, wenn auch zunächst nur für die aus politisch-moralischen und juristischen Gründen unabweisbare Gruppe der NS-Verfolgten. Die Durchsetzung dieses neuen wissenschaftlichen Deutungsmusters, die erkennbar mit einer öffentlichen Rückwirkung korrellierte, hatte – ohne instrumentelle Absichten unterstellen zu müssen – einen spürbaren Effekt auf die öffentliche Anerkennung des andauernden Leidens der NS-Verfolgten. Damit verschoben sich auch die Grenzen des Sagbaren im Rahmen der allgemeinen Erinnerungskultur. Partiell verwandelte sich die öffentliche Erinnerung an die Gewalthaftigkeit des nationalsozialistischen Vernichtungskrieges, ohne jedoch dem privaten Wissen der ehemaligen Soldaten von den zerstörerischen Folgen der Kriegsgewalt unbedingt und unmittelbar Ausdruck verleihen zu können. Vielmehr entstand ein sekundärer Rückkopplungseffekt, in dem das private Wissen über die psychischen Kriegsfolgen vom professionellen Diskurs überformt und in der öffentlichen Erinnerungskultur nur in dessen Grenzen verfügbar war. So spielte in den Heimkehrererzählungen der 1950er Jahre die Bedrohung der Gefangenschaft zwar eine konstitutive Rolle; langdauernde seelische Beeinträchtigungen der Kriegsheimkehrer selbst, insbesondere durch die Verheerungen des Krieges, blieben jedoch über Jahrzehnte hinweg ausgeblendet.[2]

Die Zweigleisigkeit in der öffentlichen Wahrnehmung und Anerkennung psychischer Folgewirkungen bestätigt sich, wenn man die mediale Repräsentation des Krieges und seiner Auswirkungen auf das Leben in der Nachkriegszeit verfolgt. Richtet man den Blick auf die Filme, stechen in diesem Zusammenhang zunächst vor allem eklatante Unterschiede zwischen den frühen Nachkriegsfilmen, den sogenannten »Trümmerfilmen« der Jahre 1946 bis 1949, und den Filmen des nachfolgenden Jahrzehnts ins Auge, die den Blick von den zuvor thematisierten Verheerungen der Nachkriegsgesellschaft auf den Krieg der Soldaten an der Ostfront zurückverschoben.[3] Die von deutscher Seite begangenen Verbrechen wurden in dieser späteren Phase nahezu vollständig ausgeblendet, ebenso wie die schwierigen Fragen über das Leben nach dem Massentod – ganz anders, als das im frühen Nachkriegsfilm, trotz aller möglichen Verkürzungen, der Fall gewesen war.[4]

In den Thematisierungsregeln der »Trümmerfilme« schien sich eine Wahrnehmung von der Nachkriegsgesellschaft, insbesondere von den heimgekehrten Soldaten, Bahn zu brechen, die vorderhand mit der seinerzeit vorherrschenden psychiatrischen Lehre kaum in Einklang zu bringen ist. Diese schloss, wie oben gezeigt, einen kausalen Zusammenhang zwischen dem Krieg und nachfolgenden psychischen Beschwerden generell aus. In zahlreichen Sequenzen der frühen Nachkriegsfilme bekam das Publikum jedoch andere Bilder zu Gesicht. Die filmischen Narrative erschließen sich allerdings nicht unmittelbar. Es bedarf einer genauen Lektüre ihrer Bild- und Textsequenzen sowie einer angemessenen zeitlichen Kontextualisierung im Rahmen der wissenschaftlichen und politischen Sagbarkeitsregeln, um die gezeigten seelischen Zustände angemessen einordnen zu können.

In Wolfgang Staudtes *Die Mörder sind unter uns* aus dem Jahr 1946 und Gerhard Lamprechts *Irgendwo in Berlin*, der im gleichen Jahr auf die Kinoleinwand kam, sind die psychischen Nöte der Überlebenden besonders augenfällig.[5] In Staudtes Film ist es die männliche Hauptfigur Hans Mertens, ein ehemaliger Offizier, der nach der Rückkehr in das zerstörte Berlin 1945 an seinen furchtbaren Erinnerungen aus dem Krieg zu zerbrechen scheint. Auf seine seelischen Qualen gibt der Film verschiedentlich Hinweise, lange schon, bevor der Zuschauer erfährt, dass es vor allem eine im Osten durchgeführte Massenerschießung von Kindern, Frauen und Männern war, die Mertens zu einem dauernden Alptraum geworden ist. Zu diesen Andeutungen gehört folgende Szene während eines Schachspiels: Als Mertens – er ist, wie so oft, betrunken – seinen Blick auf das Spielfeld richtet, verändert sich plötzlich der Ausdruck in seinen Augen. »Sieht es nicht aus, wie auf einem Schlachtfeld?«, fragt er. Beim nächsten Schachzug seiner Mitspielerin rät er ihr ab, sie würde zwei Bauern opfern, lautet seine Erklärung, die ihrige jedoch, sie würde den König retten. Mertens ist aufgebracht, und so bricht es aus ihm heraus: »Das Feldgeschrei heißt: Rettet den König, Bauern können zum Teufel gehen, wenn nur der König in Sicherheit ist.« Wütend schmeißt er das Spielbrett auf den Boden und schreit: »Ich hasse dieses Spiel!« Mertens macht sich auf, das Zimmer zu verlassen. Nach dem beschwichtigenden Einwurf einer anderen Frau, »es sei doch nur ein Spiel, ein ganz harmloses Spiel«, antwortet er jedoch noch einmal, während er Mantel und Hut anzieht, mit herabgesenkter Stimme: »Vom harmlosen Spiel mit Bleisoldaten führt ein kurzer gefährlicher Weg über das harmlose Luftdruckgewehr zum harmlosen Kleinkalibersport und von da« – Mertens dreht sich in der Tür noch einmal um und hebt sein ernstes Gesicht – »direkt ins Massengrab.«

Die Handlung des Films ist durchzogen mit derartigen Sequenzen. Stets sind es scheinbar nichtige Anlässe – banale Wortwechsel, Vorkommnisse des Alltags, Gegenstände –, die den ehemaligen Offizier auf die ein oder andere Weise aus der Fassung bringen, so etwa, als er mit der Frage konfrontiert wird, ob nicht auch er manchmal daran denke, wieder zu arbeiten, oder als sein Blick auf einen Weihnachtsbaum fällt. Mal erstarrt er vor Entgeisterung, mal braust er auf, wird schlagartig aggressiv. Mertens – im zivilen Beruf Arzt – fühlt sich, so erfährt man bei einer dieser Gelegenheiten, arbeitsunfähig, er sei »ein ganz besonderer Chirurg, einer der kein Blut sehen kann, einer, der das Weinen und Stöhnen seiner gequälten Mitmenschen nicht mehr hören will, und einer, der weiß, dass es sich nicht lohnt, die Menschheit zu kurieren.« Im letzten Teil des Films ist es schließlich die Weihnachtsansprache seines früheren Hauptmanns Brückner vor dem geschmückten Weihnachtsbaum, bei der Mertens erstarrt. Seine Gedanken gehen zurück. Der Erinnerung an das Massaker im Osten, drei Jahre zuvor, kann er sich in diesem Moment nicht erwehren. Bilder vom Weihnachtsabend 1942 tauchen vor seinem inneren Auge auf: Kinder, Frauen, Männer, die auf Anordnung Brückners zusammengetrieben werden, dessen damalige Weihnachtsansprache, die Erschießung der an eine Wand getriebenen Menschen.

Solche Assoziationsketten – häufig mittels filmischer Überblendungen verstärkt –, in denen die Vergangenheit des Krieges bei den Kriegsheimkehrern aufgrund sprachlicher und visueller Reize wiederauflebt, finden sich wohl in keinem anderen deutschen »Trümmerfilm« so häufig wie in Staudtes *Die Mörder sind unter uns*. Doch auch in Lamprechts *Irgendwo in Berlin* fehlen sie nicht. Hier ist es der Heimkehrer Illner, der beim Anblick des Spielzeugpanzers seines Sohnes in Rage gerät. Für einen kurzen Moment ist es lediglich die Miene des Heimkehrers, die sich verfinstert. Dabei hält er das Fundstück zunächst nur ungläubig und entsetzt in der Hand. Doch als Gustav, sein Sohn, ihm stolz erklärt: »Der kann richtig schießen«, verliert der Vater die Beherrschung. Illner donnert den Panzer auf den Boden, stampft mit dem Fuß auf ihn ein. Er zertritt ihn. Seinen zuschauenden Sohn brüllt er an. Für Sekunden stehen jenem Erschrecken und Fassungslosigkeit ins Gesicht geschrieben.

Für die ehemaligen Soldaten war es eine schwierige Rückkehr in die zivile Welt – so zeigen diese »Trümmerfilme«. So mancher Heimkehrer war noch Monate nach dem Ende der Kampfhandlungen und der Entlassung aus der Gefangenschaft ›Gefangener des Krieges‹. Es war ein Krieg, der sich im Innern des Menschen weiter abspielte, und weder Lamprecht noch Staudte scheuten davor zurück, die dabei entstehenden Parallelwelten auch als extreme, tiefgreifende psychische Störungen vor Augen zu führen. So verliert der ehemalige Offizier Mertens in *Die Mörder sind unter uns* scheinbar ohne irgendeinen äußeren Anlass das Bewusstsein, wird so völlig von der Außenwelt abgeschlossen und ist während seiner Halluzinationen nur seiner ihn peinigenden Innenwelt ausgeliefert. Das Ganze spielt sich ab, als Mertens einen Arzt und ehemaligen Kollegen in einer Klinik aufsucht. Während dieser noch redet, senkt Mertens plötzlich die Augenlider. »Was haben Sie denn?«, fragt ihn der Arzt. Doch Mertens ist unansprechbar. Schon in der nächsten Filmsequenz sieht man ihn bewusstlos auf einer Liege. Im Beisein einer Krankenschwester und des Arztes, der gerade im Begriff ist, den Raum wieder zu verlassen, rührt sich Mertens plötzlich, immer noch nicht bei Bewusstsein. Er zittert am ganzen Leib. Erst hört man ihn stammeln, schließlich schreien: »Herr Hauptmann, Herr Hauptmann, können Sie den Befehl zurücknehmen … Hören Sie … Dieses Schreien.« Mertens richtet sich mit dem Oberkörper auf, immer noch bewusstlos, die Augen weit aufgerissen. »Die Kinder, was haben die Kinder denn damit zu tun! Und die Frauen, wie sie schreien … Ich kann, ich kann das nicht!« Nach diesem Satz fällt Mertens wieder auf die Liege zurück. Nach wie vor ist er völlig ohne Bewusstsein, irgendwann, im Laufe des Tages noch, wird er es wiedererlangen.

Der geistig völlig weggetretene ehemalige Soldat Steidel in Lamprechts *Irgendwo in Berlin* lebt auf ganz andere Weise auch weiterhin in der Welt des Krieges. Seine Umgebung nimmt er nicht einmal mehr wahr. Dabei mag es für den Zuschauer im ersten Augenblick zunächst nur wie ein Alptraum aussehen. Man sieht einen Mann auf einem Sofa liegen, er schläft. Plötzlich atmet dieser schwerer, sein Schlaf wird unruhig. Bilder aus dem Krieg tauchen auf, rennende Soldaten, einschlagende Granaten, Rauchschwaden, Geschützfeuer – es ist der Kampf an der Front, der in seinem Traum tobt. Steidel schrickt schließlich aus dem Schlaf, richtet sich zum Sitzen auf. Bereits das Gesicht dieses ehemaligen Soldaten, das in der Nahaufnahme gezeigt wird, vermittelt dem Zuschauer eine Ahnung. Nicht nur das linke Auge dieses Mannes ist verletzt, wahrscheinlich sogar blind; auch das rechte Auge zeigt kein Leben. Dieser ehemalige Soldat ist wie weggetreten. Er befindet sich immer noch im Krieg. Steidel steht auf, knöpft, wie mechanisch, die Jacke seiner Uniform zu, die er immer noch trägt, und setzt den auf dem Tisch liegenden Stahlhelm auf. Immer noch wie abwesend, geht er ein paar Schritte, stellt sich in die offene Balkontür. Er steht kerzengerade, schlägt die Hacken zusammen, grüßt militärisch, mit flacher Hand an den Stahlhelm. Im Verlauf des weiteren Films wird Steidel noch mehrfach in Erscheinung treten – in unveränderter Geistesverfassung.

Diese Bilder spiegeln sich oftmals ganz konkret in den Erinnerungsfragmenten jener Kriegsheimkehrer wider, die in der Psychiatrie aufgrund ihrer Verhaltensauffälligkeiten behandelt wurden.[6] Sie lassen die psychische Verfasstheit eines Teils der Nachkriegsgesellschaft, genauer: ihrer heimgekehrten Soldaten äußerst prekär erscheinen. In nahezu jedem »Trümmerfilm« findet sich dafür ein weiteres Beispiel, man denke nur an den 1947 auf die Leinwand gebrachten Film *Und über uns der Himmel*, in dem ein Kriegsheimkehrer an einer psychogenen Blindheit leidet und ein weiterer, gleichfalls noch sehr junger Heimkehrer namens Walter eher in sich gekehrt und grüblerisch ist. Auch von seiner lebens- und unternehmungslustigen Freundin Mizzi lässt er sich nie mitreißen. Sie wirft ihm seine immerzu »schlechte Laune« vor, er aber erklärt: »Das ist keine schlechte Laune. Sieh mal, Mizzi, zurückgekommen bin ich. Aber ich habe das blödsinnige Gefühl, eine Kugel saust noch hinterher, die saust und saust. Unheimlich ist das, verstehst du? Und eines Tages da hat sie mich.«[7]

Diese filmisch verarbeiteten Gefühlslagen, die offenbar weit verbreitet waren, scheinen zunächst den psychiatrischen Grundannahmen zu widersprechen. Viele der frühen Nachkriegsfilme erwecken den Eindruck, als sei es selbstverständlich, dass das Kriegserlebnis spätere psychische Reaktionen zu erklären in der Lage ist. Bei näherer Betrachtung allerdings verändert sich das Bild. Auch im frühen Nachkriegsfilm überstand die Mehrheit der Menschen die Verheerungen des Krieges, selbst die Erfahrung der Verfolgung, völlig ohne irgendwelche erkennbaren psychischen Beschwerden.[8] Gestalten wie der geistig völlig entrückte Steidel waren Ausnahmen, das legt auch *Irgendwo in Berlin* nahe, und ein unbefangenes Reden über sie war, so suggeriert der Film, nicht unbedingt selbstverständlich. Die Mutter des ehemaligen Soldaten spricht jedenfalls nur zögerlich über ihn und seinen Zustand; die Kinder nennen ihn den »Verrückten«; gelegentlich beschweren sich die Leute, wenn Steidel wieder einmal im Fenster steht. *Irgendwo in Berlin* setzt nicht zu einer umfassenden Kritik derartiger Reaktionen an, auch wenn der Film fraglos darum bemüht ist, einigen Vorurteilen entgegenzuwirken. Steidel ist kein Mensch, vor dem man sich zu fürchten braucht; es ist ein tragisches Schicksal, das diesem Heimkehrer widerfahren ist, so wird dem Zuschauer begreiflich zu machen versucht. Dass jedoch auch Steidels Mutter, die in einem Gespräch bekennt, ihr Leben habe jetzt – anders als nach dem Tod ihres Mannes 1914 in Flandern – keinen Sinn mehr, nicht über eine Deutungsweise dieses Leidens verfügt, die gesellschaftlich akzeptiert wäre, ist kein Problem, auf das der Film anspielen will. Die Mutter scheut selbst davor zurück, den Krankheitszustand beim Namen zu nennen und über ihn zu sprechen. Entsprechend zögert sie auch einen Augenblick, bevor sie den zu Besuch kommenden Heimkehrer Illner in ihr Wohnzimmer führt, in dem er gleich ihren Sohn zu Gesicht bekommen wird. »Von meinem Sohn, das wissen Sie doch?«, fragt sie Illner leise, gleichsam hinter vorgehaltener Hand. In zwei Sätzen schildert sie das seltsame Verhalten ihres Sohnes, eine Erklärung dafür gibt sie aber nicht. Letztlich lässt der Film offen, wie die Geistesverfassung des ehemaligen Soldaten Steidel medizinisch gedeutet werden soll. Als sich der gutmütige Herr Eckmann bei Steidels Mutter, die sich ihm völlig verzagt anvertraut, erkundigt, was denn die Meinung der Ärzte sei und ob denn »gar keine Heilung möglich« wäre, bleibt sie eine Antwort schuldig. Ratlos und niedergeschlagen, zuckt sie mit den Achseln. Einen Anlass für Zuversicht gaben die Ärzte ihr offensichtlich nicht.

In *Die Mörder sind unter uns* bietet der Film ebenfalls keine medizinische Lesart für Mertens' plötzliches geistiges Wegtreten und seine Halluzinationen, die dem in Deutschland etablierten psychiatrischen Wissensstand über die Ursachen derartiger Phänomene widersprochen hätte. Zwar registriert der Arzt während

Mertens' Halluzinationen, dass diese inhaltlich um »irgendein Kriegserlebnis« kreisen. Doch seine weitere Reaktion spricht nicht zwingend dafür, dass er einen kausalen Bezug zu der psychischen Störung herstellen würde. Seine Antwort auf die mitfühlende Bemerkung der Krankenschwester: »Es muss etwas Entsetzliches gewesen sein«, die offenbar eher zu einer solchen Schlussfolgerung neigt, fällt jedenfalls deutlich nüchtern aus: »Krieg ist immer etwas Entsetzliches«, entgegnet er kurz, fast trocken. Mit den Worten: »Selbstverständlich will ich ihn noch sprechen, benachrichtigen Sie mich, wenn er wieder zu sich gekommen ist, es wird nicht allzu lange dauern«, wendet sich der Arzt dann auch umgehend wieder seinem Tagesgeschäft zu.

Führt man sich vor Augen, welche Erwartungen die frühen Filme an die Nachkriegsgesellschaft und ihre aus dem Krieg und der Gefangenschaft heimgekehrten Soldaten formulierten, tritt deutlich zutage, dass die zugrundeliegende Annahme, wie ihr Zustand wieder zu »normalisieren« sei, in hohem Maße in den Bahnen der seinerzeit gängigen psychiatrischen Lehre verlief. So gibt es wohl kaum einen »Trümmerfilm«, in dem sich nicht die Überzeugung wiederfände, dass selbst unter schwierigsten Bedingungen der Wiederaufbau im Kleinen durch Hartnäckigkeit und Willenskraft zu schaffen sei. Es ist gerade das Kennzeichen dieser Filme, dass die Zerstörungen und Verheerungen des Krieges auch durch die Menschen wieder beseitigt und bewältigt werden können. Diese moralische Aufbaubotschaft suggeriert in der Konfrontation mit den seelischen Leiden, die in einer Reihe von Fällen als Kriegsfolgen erscheinen, dass auch die seelische Heilung des Menschen von der Aufbauanstrengung des Einzelnen und seinem Willen abhängt. Im Film lässt sich daher trotz der offenbar alltagsüblichen Bilder von seelischen Ausnahmezuständen eine der psychiatrischen Lehrmeinung ganz ähnliche Vorstellung von der »normalen« Funktionsweise des Menschen erkennen, der in der Lage ist, selbst schwerste Erschütterungen zu überwinden. In diesem Rekurs auf die vermeintlich »normale« Regenerationsfähigkeit trifft sich das filmische Idiom mit der professionellen

Annahme, dass auch schwerste Erlebnisse keine länger dauernden oder erst später auftretenden psychischen Beeinträchtigungen nach sich ziehen können. Denn der psychischen Regenerationskraft stand, so sah es die herrschende psychiatrische Lehre vor, ohne einen körperlichen Befund prinzipiell nichts im Wege.

Das war im Wesentlichen auch die Grundhaltung, die der frühe Nachkriegsfilm transportierte. Im Fall des an psychogener Blindheit erkrankten Kriegsheimkehrers in *Und über uns der Himmel* gab der Film unmissverständlich zu verstehen, dass seine Gesundung auf seinem festen Willen aufbaute, dieses Leiden auch wirklich zu bezwingen. Der Nachkriegsfilm ließ keinen Zweifel daran aufkommen, dass dagegen derjenige, der sich hängenließ und nicht die eigene Kraft mobilisierte, um mit anzupacken, von der Nachkriegsgesellschaft nicht besonders gelitten war. Es fehlt im Film dennoch nicht gänzlich an Mitgefühl, es sind vor allem die liebenden Frauen, die diesen Part übernehmen. »Es gibt Verwundungen, die nicht sichtbar sind, deren Heilung aber viel Einsicht, Geduld und Liebe verlangt«, klärt etwa die KZ-Überlebende Susanne Wallner, die sich in den heruntergekommenen, oft unfreundlichen Mertens verliebt, in *Die Mörder sind unter uns* auf.[9] Und auch in *Irgendwo in Berlin* ist es die Ehefrau des Kriegsheimkehrers Illner, die sich mitfühlend zeigt, als sie die Kleidung ihres Mannes in den Händen hält, die er bei seiner eben erst erfolgten Rückkehr aus der Gefangenschaft trug. »Das sind ja alles bloß noch Lumpen«, spricht sie vor sich hin und stellt, an den Bruder ihres Mannes gewandt, fest: »Er hat so viel durchgemacht. Wir müssen mal sehen, wie wir ihn wieder hochkriegen.« Illners Bruder lächelt sie an, er macht ihr Mut: »Das werden wir schon schaffen.« Einmal mehr signalisiert er seine Unterstützung, wie er sie seiner Schwägerin schon während der vergangenen Jahre wiederholt gewährt hat. Der Film gibt darauf viele Hinweise. Illners Bruder Kalle ist ein freundlicher, zupackender Mensch. Seinen eigenen Handwerksbetrieb hat er schon wieder in Gang gebracht. Auch in diesem Gespräch mit Illners Frau steht ihm die Zuversicht im Gesicht geschrieben.

Von seinem Bruder Kalle sticht die Figur des Heimkehrers Illner deutlich ab. Seine anfängliche Erschöpfung unmittelbar nach der Rückkehr war den Angehörigen noch begreifbar, ebenso seine Kraftlosigkeit, die sich wesentlich aus dem andauernden Hunger des ehemaligen Kriegsgefangenen erklärte. Illner hatte stark an Gewicht verloren, sein ehemaliger Anzug war ihm um etliches zu groß geworden, schon lange hatte er nicht mehr hinreichend zu essen bekommen. Wohl niemandem war in der häufig selbst hungernden Nachkriegsgesellschaft das Bild des ausgezehrten Heimkehrers aus der Gefangenschaft fremd, ob er aus dem Westen oder aus dem Osten zurückkehrte. Wurden psychische Veränderungen beobachtet, bot sich die Mangel- und Unterernährung in einer Vielzahl von Fällen als plausible Erklärung an. Würde sich der Ernährungszustand bessern, verschwänden im »Normalfall« auch die psychischen Beschwerden wieder, so lautete die Prophezeiung der Ärzte.[10] Auch im Film kommt diese Annahme zum Tragen. Doch die Empathie mit den seelisch angeschlagenen Kriegsheimkehrern hatte auch ihre Grenzen, ja, sie musste ihre Grenzen haben, wie die »Trümmerfilme« den Zuschauern ebenfalls suggerierten.[11] Sie drückten deutlich die Erwartung aus, dass der aus Krieg und Gefangenschaft heimgekehrte Mann, gerade wenn er Symptome seelischer Störung zeigte, sich zusammenzureißen hatte. Man konnte, man musste sich überwinden, für die anderen, aber auch zum eigenen seelischen Wiederaufbau – das war die Botschaft, die im frühen Nachkriegsfilm in zahlreichen Variationen wiederholt auftauchte.

Die Arbeit, die tätige Selbstbewährung im Wiederaufbau, ist in diesem Zusammenhang das zentrale Thema. Folgt man den Filmen, ist sie das Zukunfts- und Erneuerungsversprechen für die Gesellschaft, fast könnte man meinen die Verheißung einer neuen kollektiven Identität. Arbeit erscheint auch als ein Weg, auf dem sich die persönliche Heilung vollzieht. Dabei wird die prinzipielle Befähigung zur Arbeit bei jedem nicht körperlich geschädigten Menschen erkennbar vorausgesetzt. Arbeit ist eine Frage der Willenskraft, so kann man den Filmen entnehmen. An der Mobilisierung der Willenskraft scheidet sich die »normale« von der »abnormalen« Verhaltensweise. So kritisiert in *Irgendwo in Berlin* Kalle seinen heimgekehrten Bruder scharf für dessen lethargische Haltung. Mit niedergeschlagener Stimme hatte dieser erklärt, er werde die zerbombten Garagen nicht mehr aufbauen, und begründet: »Ich habe keine Kraft mehr, mir ist alles zuviel. Was soll ich neu anfangen, ganz von vorne wieder? [...] Auf ein bisschen mehr Schutt kommt's nicht an.« Kalle, der in dieser Szene zunächst weiterhin ein Fenster repariert, nimmt sich seinen Bruder geradezu wütend zur Brust: »So? Und dein Junge? An den denkste gar nicht? Der hat so fest an dich geglaubt. Was du Schutt nennst, das hat der bewacht, die ganze Zeit, unermüdlich. Allen Leuten hat er erzählt, wenn du zurückkommst, baust du alles wieder auf. Und jetzt lässt du ihn so im Stich? Darüber kann ich mich wirklich aufregen!« In einer weiteren Szene versucht Illner, sich seinem Bruder erneut zu erklären. Alles wäre »viel einfacher, wenn man nicht mit sich selber so viel zu tun hätte«, rechtfertigt er sich in diesem Gespräch, »die ganzen Jahre draußen, immer im Dreck, dann die Gefangenschaft«. Der Heimkehrer spricht mit monoton-niedergeschlagener Stimme, erläutert, man habe das nur ausgehalten, weil man immer an zu Hause gedacht habe. Alles habe er dabei so vor sich gesehen, wie es aussah, als er hatte weggehen müssen. Alles aber, was man sich so mühsam geschaffen habe, sei nun zerstört, »einfach nicht mehr da«. Illner erklärt: »Das haut einen doch mächtig zusammen«, und gerade wenn er an seine Familie denke, »wie das alles werden soll«. Es sind Gefühle der Ratlosigkeit und der Ausweglosigkeit, die den Kriegsheimkehrer zeichnen, doch sein Bruder Kalle bleibt strikt: »Das hast du ganz allein in deiner Hand.«

Kalle weiß, wovon er spricht, der Zuschauer erfährt es im späteren Teil des Films, in dem sich der Onkel die Sorgen des kleinen Gustav anhört, der über den Tod eines Freundes äußerst niedergeschlagen ist und kraftlos wirkt. Kalle weiß Rat, auch er hatte Leid und Schmerzen zu bewältigen, als er seinen Sohn verlor. Die Suche nach dem Sinn erwies sich dabei als vergeblich und allzu schmerzhaft, erfährt der Zuschauer. »Nur die Arbeit hat mir über alles hinweggeholfen«, vertraut Kalle Gustav an. »Man muss sich eine Aufgabe im Leben suchen, ansonsten wird man mit sich selbst nicht fertig.« Nicht nur er hat es auf diesem Weg geschafft. Auch Gustavs Vater wird letztlich über die Arbeit wieder Mut schöpfen und – das Ende des Films lässt keinen anderen Schluss zu – »gesunden«. Als sich Dutzende von Kindern als regelrechte ›Wiederaufbautruppe‹ vor seinen Garagen einfinden und ihre Mithilfe anbieten, lässt sich auch Illner von dieser Entschlossenheit anstecken. Es war Kalles Plan – und er geht auf. In der letzten Szene holt sein bis dahin so verzagter und fast apathischer Bruder zu einem beherzten, kräftigen Schlag mit der Spitzhacke aus.

In *Die Mörder sind unter uns* kann der Zuschauer einen ähnlichen Vorgang beobachten. In dem Moment, in dem der verbitterte Mertens sich überwindet und sich nicht länger in dem Gefühl seiner Arbeitsunfähigkeit hängenlässt, geht es wieder bergauf mit ihm. Als Mertens plötzlich mit einem Notfall konfrontiert wird, bei dem eine Mutter ihr Kind zu verlieren droht, springt er ein und operiert. Seine völlig veränderte, aufgehellte Stimmung danach macht überaus deutlich, dass mit dem Wiederbeginn der Arbeit der Weg zu seiner Heilung beschritten ist. Er ist erkennbar auf dem Weg der Besserung und dem Leben wieder zugewandt. Mertens verspürt wieder Glück, auch gegenüber Susanne Wallner kann er jetzt ausdrücken, dass er sie liebt.

Sicherlich, der frühe Nachkriegsfilm thematisierte auch, dass nicht jeder Kriegsheimkehrer zu heilen war. Der ehemalige Soldat Steidel ist ein solcher Fall, an seiner psychischen Verfassung ändert sich während des ganzen Filmes nichts, und auch der junge Kriegsheimkehrer Walter, der in *Und über uns der Himmel* unter dem dauernden Gefühl leidet, von einer Kugel verfolgt zu werden, fasst nicht wieder Fuß. Der labile junge Mann hält den Härten der Nachkriegsgesellschaft nicht stand, er nimmt sich das Leben. Ingesamt betrachtet, produzierte der frühe Nachkriegsfilm jedoch die Vorstellung, dass man es schaffen konnte und eine Fixierung der psychischen Veränderungen und Beschwerden zu vermeiden war. Dabei halfen das Verständnis von Freunden und Angehörigen, die dem Kriegsheimkehrer mit der richtigen Mischung aus Geduld und Strenge begegneten, außerdem die professionelle Hilfe des Arztes, eine verbesserte Ernährung, vor allem aber der eigene Wille. Dieses »framing« der erzählbaren Geschichte von psychischen Kriegsfolgen bestätigte die Annahme der Lehrmeinung, dass dauerhafte psychische Auffälligkeiten infolge des Krieges nicht zu befürchten, ja, zu verhindern waren, sofern nicht die »Anlage« des Betroffenen dem im Wege stand, vielleicht sogar eine »Geisteskrankheit« diagnostiziert werden musste, die nach psychiatrischem Wissensstand erblich bedingt war und eigenen Gesetzmäßigkeiten folgte.

Das Bild, das die Nachkriegsgesellschaft von der psychischen Regenerationsfähigkeit der Kriegsheimkehrer über die Presse jener Jahre gewinnen konnte, korrespondierte weitgehend mit dem filmischen Narrativ. Die allgemeine Verfassung der Nachkriegsbevölkerung präsentierte sich gelegentlich in Berichten zwar auf eine Weise, die den vielen Filmszenen mit ihren doch überwiegend unbeschwerten, zupackenden und gesunden Männern, Frauen und Kinder diametral entgegenstand. So titelte etwa die *Süddeutsche Zeitung* im Herbst 1947 »Gedächtnisschwund und schwache Nerven« und behauptete unter dieser Überschrift, zwei herausragende Probleme ausgemacht zu haben, die sich als die »unblutigen Wunden des Krieges« sowohl innerhalb der Familien als auch im öffentlichen Leben allerorten bemerkbar machten.[12] Ob auf der Straße oder in den Straßenbahnen, in den Anstehschlangen oder den Behörden – überall traf man demnach humorlose, überreizte, zum Teil hochgradig nervöse Menschen, und das in zunehmendem Maße. Doch die *Süddeutsche Zeitung*, die einen Experten konsultiert hatte, gab auch Entwarnung: Nach Auskunft eines angeblich »bekannten Münchner Nervenarzt[es] mit typischer ›Volkspraxis‹« waren »›echte‹ Geisteskrankheiten« nach wie vor selten. Der allergrößte Teil seiner Patienten litte an »nervösen Störungen« – ein Ergebnis der erschwerten Lebensbedingungen und der schlechten Ernährungslage, lautete die an die Leser weitergegebene Erklärung. Nach der Erfahrung des angeführten Arztes seien vor allem Frauen betroffen. Allerdings bekäme man häufig, so zitierte ihn die *Süddeutsche,* »auch schwere depressive Zustände bei Patienten mit ungeklärten, verzettelten Spruchkammerverfahren« zu Gesicht.

In den Zeitungen der Nachkriegszeit bekam man äußerst selten einen solchen Hinweis, dass die NS-Vergangenheit, wenn auch nur in vermittelter Form wie hier über die Entnazifizierungsverfahren, den wahrnehmbaren Gemütszustand der Männer veränderte, wofür sich in den privaten Erinnerungsfragmenten jener Zeit dagegen häufig Anhaltspunkte finden.[13] Wie die Auskunft des angeführten Experten bescheinigte, handelte es sich in der Regel um psychische Einbrüche, denen man entgegensteuern konnte. Beruhigung und Zuspruch, ferner die »Erhöhung der seelischen Widerstandskraft gegen die gegebenen Tatsachen«, gegebenenfalls eine »Psychotherapie« gehörten zu den Ratschlägen, die er von nervenärztlicher Seite empfahl. Trotzdem steckte in dem Artikel der *Süddeutschen Zeitung* ein Zweifel darüber, ob derartige Veränderungen der psychischen Verfassung, zumal bei dramatischeren Zustandsbildern, noch als »normale« Verhaltensweisen begriffen werden konnten. »Ein erfahrener alter Geistlicher«, den der Bericht in diesem Zusammenhang zitierte, hatte angeblich von »drei Menschentypen« gesprochen, die aus dem Krieg und der Not hervorgingen, und er nannte sie in folgender Reihung: »Dem Menschen, der trotz höchster seelischer und nervenmäßiger Belastung zielsicher seinen Weg geht, der Gruppe, die aus dem Erleben der Vergangenheit und Gegenwart heraus alle geistigen Werte ablehnt und nur in den Tag hineinlebt, und denen, die durch die Zeit in eine krankhafte Suche nach Mystischem bzw. Okkultem getrieben werden.«[14]

Die grundlegende Annahme des Artikels, dass Krieg und Nachkriegszeit auf die »psychischen Kräfte« der Menschen einen erheblichen Druck ausübten, wurde damit zwar gar nicht negiert, ja, eher sogar noch einmal bekräftigt. Doch in dieser Abfolge der

»Menschentypen« lag eine unverkennbar absteigende Wertung. Ohne weiteres konnte man dieser Sichtweise die Überzeugung entnehmen, dass mit den Menschen etwas nicht stimmte, wenn sie durch die Ereignisse und Lebensumstände dauerhaft aus der Bahn geworfen wurden. Blickt man durch die frühe Nachkriegspresse, kann man in der Tat den Eindruck gewinnen, als sei die Nachkriegsgesellschaft von einer solchen Betrachtungsweise geradezu beseelt gewesen. Zumindest in den ausgehenden 1940er Jahren war das auffällig. Es fehlte zwar nicht an Berichten, die das schwere Schicksal der Kriegsversehrten oder der nach und nach heimkehrenden Soldaten – öfter allerdings wohl noch das der Flüchtlinge und Vertriebenen – thematisierten. Allerdings kreisten diese mehrheitlich erst einmal um die Frage, wie hoch die Zahl der Kriegsgefangenen überhaupt war und in welchen Lagern sich diese befanden.[15] Reportagen über die schlechten, teils verheerenden Lebensbedingungen in den Kriegsgefangenenlagern mischten sich jedoch zunehmend darunter.[16] Sowohl die Fokussierung auf die sowjetischen Lager als auch der anprangernde Gestus entwickelten sich erst ungefähr drei Jahre nach Kriegsende, was auch im Zusammenhang mit der im beginnenden Kalten Krieg virulenten politischen Instrumentalisierung stand.[17] Bis dahin aber strotzten viele Berichte, auch wenn sie Hinweise auf die von den Kriegsheimkehrern durchlittenen Strapazen und ihre akuten Probleme und Sorgen vorausschickten, von hoffnungsfrohen Schilderungen über die Bewältigungskraft, die den ehemaligen Soldaten scheinbar zur Verfügung stand, um das, was sie durchgemacht hatten, hinter sich zu lassen und sich mit Tatkraft und Zuversicht dem zivilen Leben wieder zuzuwenden. So konnte man der *Stuttgarter Zeitung* etwa entnehmen, dass sich die Verfassung der Kriegsheimkehrer, die sich in einem in Süddeutschland gelegenen Genesungsheim befanden, binnen kurzem geändert habe.[18] Anfangs scheinbar »völlig apathisch und niedergeschlagen«, schöpften viele der Aufgenommenen hier rasch wieder Mut; unter anderem sei das der »mütterlichen Fürsorge der Heimleiterin« zuzuschreiben. Der Bericht nannte aber noch eine zweite, gewichtigere Ursache, und dass diese Anlass zu einer regelrechten Erfolgsmeldung gab, konnte wohl niemand bestreiten, der sich die Vielzahl an Kriegsheimkehrern vor Augen führte, die das Genesungsheim seit seiner Gründung im Herbst 1945 durchlaufen hatten. Von dreizehn- bis vierzehntausend war die Rede, die meisten von ihnen arbeitsunfähig, der gesundheitlichen Pflege bedürftig. Aber das sei kein Grund zu verzagen, weder für die Betroffenen noch für ihre Angehörigen, so legte die Nachricht nahe: »Der Arbeitseifer der genesenden Kameraden steckt an: die meisten bitten von sich aus darum, sobald wie möglich eine Arbeit zugewiesen zu bekommen«, freute sich der Autor, der vermutlich einer Information der Heimleitung folgte, die bekannte, das Leben des ganzen Hauses sei »auf dem *Grundsatz der Arbeitstherapie* aufgebaut«, man habe damit »die besten Erfahrungen« gemacht.[19]

In den Zeitungen fand sich somit reihenweise das gleiche Credo wie im Film: Gegen das psychische Leid konnte man sich zur Wehr setzen. Die Mithilfe der Gesellschaft, vor allem der Ärzte, der Familien, der Behörden, war dafür zwar häufig vonnöten; es gab nicht wenige Berichte, die eine solche Unterstützungsleistung von der Gesellschaft regelrecht anmahnten.[20] Waren diese Bedingungen allerdings erfüllt, konnte man allen Schilderungen zufolge davon ausgehen, dass sich selbst bei den gesundheitlich schwer mitgenommenen Kriegsheimkehrern schon nach geraumer Zeit ein Stimmungsumschwung zum Besseren einstellte – den Willen zur Gesundung und zur Arbeit vorausgesetzt. Die Berichterstattung der ersten Nachkriegsjahre war von dieser Annahme jedenfalls geradezu gesättigt, wie ein Band durchzog sie etliche Artikel. So kamen Russlandheimkehrer zu Wort, die vor dem Hintergrund ihrer Lagererfahrung davor warnten, sich »sinken« zu lassen und »weich« zu werden; in ihren Augen steckte dahinter nichts anderes, als – die Psychiater deuteten das in vielen Fällen ebenso – die »Flucht in die Krankheit« anzutreten. Im Bericht der Russlandheimkehrer war das durchaus als generelle Mahnung zu verstehen. Schließlich kannte man dieses Problem auch im Alltagsleben, wie *Die Zeit* 1946 einen ehemaligen Oberstleutnant wiedergab: »Wer innerlich positiv zur Arbeit steht – unabhängig davon, für wen und welchen Zweck er arbeitet –, dessen körperliche Kräfte halten merkwürdigerweise länger vor.«[21] Die seit 1947 zunehmend alarmierenden Nachrichten über den Gesundheitszustand der ausgehungerten Russlandheimkehrer[22] korrespondierten weiterhin mit der Vorstellung, dass diesen Männern innerhalb von drei Monaten »körperlich und seelisch wieder zur vollen Arbeitskraft« verholfen werden könne.[23] Auch die Schilderungen über die Haltung der Kriegsversehrten führten vor Augen, welche Erwartungen man an ihre Willens- und Bewältigungskraft richtete, zumal dann, wenn sie körperlich wieder gesundgepflegt worden waren.[24] »Es ist wirklich so, daß Optimismus und Lebensfreude im Haus der Schwer- und Schwerstkriegsversehrten pulsieren. Kaum einer läßt den Kopf hängen. Kaum einer, der schwarz in die Zukunft sieht. Jeder glaubt, einmal wieder seinen Mann stehen zu können«, schrieb etwa *Die Zeit* ein gutes Jahr nach Kriegsende. Sie zeichnete ein atemberaubendes Bild von der Bewältigungskompetenz der Körperversehrten. »Ohnhänder« und Gelenkverletzte hinterließen mit ihrem Lachen und Johlen beim Sport auf den Verfasser des Artikels den Eindruck, als sei die »Schwere des Unglücks und die Schwere der Zeit« vergessen. Ähnlich hatte es wohl auch der Leiter des Krankenhauses ausgedrückt, der bescheinigte, der Zustand der Verzweiflung sei eine anfängliche, vorübergehende Phase. »Sie hadern mit Gott, fühlen sich hilflos, minderwertig, degradiert und aus dem Kreis der Gesunden ausgestoßen«, erklärte er, versicherte aber umgehend: »In den meisten Fällen genügt jedoch schon das Erlebnis der glücklichen Atmosphäre, die hier herrscht, den Optimismus wieder zu wecken. Die Willenlosen sind selten, die erst zur Einsicht gezwungen werden müssen, daß wir ihr Bestes wollen.«[25]

Mit diesen Schilderungen verband sich sicherlich die Absicht, etwaigen Vorbehalten gegenüber Kriegsversehrten entgegenzuwirken.[26] Dennoch hat man es hier, wie das nach dem Ersten Weltkrieg ebenfalls der Fall war, auch mit einem »Überwindungs- und Normalisierungsdiskurs« zu tun,[27] der in den ersten

Nachkriegsjahren in hohem Maße das Bild einer Realität von der Gesellschaft zeichnete, in der es langandauernde psychische Auswirkungen des Krieges und der Gefangenschaft im Regelfall nicht gab. Zeigten die Kriegsheimkehrer ein anderes Verhalten, konnte man – die Schilderungen drückten es teils implizit, teils explizit aus – »Unwilligkeit« annehmen, möglicherweise war sogar die geistige »Gesundheit« des Betreffenden nicht intakt. Eine solche Zuschreibung bedeutete oft ein Stigma; wenn Autoren etwa auf die »Hirnverletzen« zu sprechen kamen, trat dies deutlich hervor. Obwohl man die Einbuße ihrer Leistungsfähigkeit und die an ihnen oft beobachtete »Wesensveränderung« leicht auf eine körperliche Schädigung zurückführen konnte, lebte offenbar so mancher von ihnen in dem Gefühl, sich gegen die Vermutung zur Wehr setzen zu müssen, ein »Irrer« zu sein.[28]

Im öffentlichen Diskurs der ersten Nachkriegsjahre war der Rahmen für die Interpretation länger dauernder psychischer Auffälligkeiten eng gesteckt. Mehrere Aspekte griffen dabei ineinander: Dazu gehörte eine Psychiatrie, die zwischen Heilung durch Willenskraft und anlagebedingten Dauerbeeinträchtigungen wenig Deutungsoptionen bot, was sich offenbar mit weitverbreiteten Grundannahmen innerhalb der Gesellschaft über die psychische Resistenzkraft eines »normalen« Menschen, selbst im Krieg, deckte. Tiefsitzende Vorbehalte und Ressentiments gegenüber psychisch Kranken blitzten dabei gelegentlich auf. Ein Erneuerungs- und Wiederaufbauauftrag an die wiedergekehrten Männer kam hinzu. Er verlangte Stärke und Leistungswillen, nicht Schwäche und Apathie, die, so ist gerade im Zusammenhang mit zeitgenössischen Debatten über das Geschlechterverhältnis mehrfach dokumentiert, Besorgnis, wenn nicht gar Verachtung auslösten.[29]

Wie dieser letzte Punkt zeigt, schloss das ein Reden über die Kriegsfolgen und die Not der Nachkriegszeit keineswegs aus. Die hitzigen Debatten über die Ursachen einer angeblich steigenden Kriminalität sind ein weiteres Beispiel dafür.[30] Doch um die Gewalterfahrungen der ehemaligen Soldaten im Krieg, zumal im Vernichtungskrieg an der Ostfront, blieb es in der öffentlichen Kommunikation der ersten Nachkriegsjahre weitgehend ruhig. Ganz selten nur finden sich Belege dafür, dass eine Kluft zwischen den öffentlichen Sagbarkeitsregeln und den persönlichen Deutungen der psychischen Bedrückungen und Veränderungen von Kriegsheimkehrern empfunden wurde. Eine Ausgabe der von Eugen Kogon und Walter Dirks herausgegebenen *Frankfurter Hefte* aus dem Jahr 1948 deutet auf eine solche Wahrnehmung hin: »Wenige haben sich darüber Gedanken gemacht, welche Kräfte und Erlebnisse uns geformt haben. Man weiß, daß es ein ›Problem der Dreißigjährigen‹ gibt. Aber damit hat es allzu oft sein Bewenden«, klagten die beiden Verfasser, die, geradezu einem Aufschrei gleich, nachsetzten: »Uns sind Erlebnisse eingebrannt, Erlebnisse, die wir im Kriege hatten.« Man spräche heute kaum davon – »oder nur leise, im Dunkeln, wenn man sich unbelauscht glaubt«, erklärten sie, zu groß sei die Angst, dass das, was sie im Kriege erlebt hätten, »mit Kriegserlebnissen verwechselt werden [könne], mit Frontkämpfergeist, Frontkämpfergeneration, Frontkämpferbund, Stahlhelm, SA und …« Die Autoren unterbrachen ihre Aufzählung an dieser Stelle und bemerkten stattdessen ausdrücklich, dass sie sich von der »Generation« vor ihnen, die den Ersten Weltkrieg erlebt habe, unterschieden. »Was wir sahen, hat bisher noch niemand beschrieben, und es wird noch eine Weile dauern, bis es jemand von uns tut, weil wir noch nicht so recht damit fertig geworden sind.«[31]

Eine Sprache zu finden, in der man die Erfahrungen aus dem Kriege ausdrücken und vermitteln konnte, war nicht leicht, doch es war unverkennbar das Anliegen des Artikels, Zeugnis abzulegen von den schweren inneren Kämpfen, die viele Kriegsheimkehrer aufgrund des erlebten Grauens austrugen, ja, sich überhaupt Gehör zu verschaffen, um mit diesen inneren Qualen und in der eigenen Zerrissenheit wahrgenommen und begriffen zu werden. Die Leser konfrontierten die Verfasser zu diesem Zweck schonungslos mit Schreckensbildern: »Wir haben auch das Brüllen zu Tode Verwundeter gehört, haben Gehirne von Spaten tropfen sehen und haben uns erbrochen«, hieß es an einer Stelle, wenig später: »Manche unserer Gegner von damals, auch sie, haben der Barbarei des Krieges nicht standgehalten. Russen zerschnitten lebendigen Leibes die einen von uns auf der Kreissäge, Franzosen erschlugen bestialisch die anderen oder ließen sie verhungern. Amerikaner befahlen wieder anderen, ausgezogen einen Tag lang auf der Erde liegen zu bleiben, sodaß sie unter der Sonne Georgias fast zu Tode brannten. Auschwitz und Buchenwald. Es gibt keine Aufrechnung. Natürlich nicht. Die Gewichte sind viel zu ungleich. Aber die Tatsachen sind zwei Teile der einen Wahrheit [...]: Hitler in uns.«[32]

Es sollte in der Tat keine »Aufrechnung« sein, keine Nivellierung der Verbrechen. Folgte man den Autoren, ging es um die schmerzliche Einsicht, dass der Nationalsozialismus aus dem »Schlimmste[n], was in uns allen liegt«, ein »System« machen konnte, und es ging, las man weiter, um das schwierige, peinigende, ja, selbstzerfleischende Eingeständnis, im Glauben an Ideale gewesen zu sein – an das Vaterland, »an Ehre, Treue, Tapferkeit, Gehorsam« –, dabei allerdings die »Ehre von Henkern« hochgehalten zu haben. In den Augen der beiden Verfasser war es der Nationalsozialismus, der sie um ihre Ideale betrogen hatte; er hatte sie pervertiert.[33] Zweifellos kann man argumentieren, dass eine solche Betrachtungsweise zu kurz greift. Die Erläuterungen der Autoren bestechen an dieser Stelle dennoch durch ein Bemühen um Aufrichtigkeit, das sich erkennbar aus ihrem Unbehagen an der von ihnen wahrgenommenen Heuchelei und Oberflächlichkeit der öffentlichen Redeweise speiste. Dem setzten die Verfasser ein Bekenntnis entgegen, dem eine gewisse Schonungslosigkeit gegenüber sich selbst nicht abzusprechen ist. Sie erläuterten:

»Es ist keine Kleinigkeit, um Ideale, an die man glaubte, betrogen worden zu sein. Wenn man nicht zynisch wird, trauert man ihnen nicht bloß nach, man klammert sich an sie, insgeheim, noch immer. Und man wird dann – zerrissen zwischen Vergangenheit und Gegenwart – nicht leicht mit einer Wirklichkeit fertig, die nun desillusioniert ist und nichts sonderlich Erhebendes hat. Man wird nicht leicht mit ihr fertig, besonders wenn einem nicht so selten jene begegnen, die kaltschnäuzig sagen, es gebe jene Ideale gar nicht. Das ist nicht wahr. Es ist eine Sache des Frontverlaufes.«[34]

Für viele der ehemaligen Soldaten gab es mit der Heimkehr keinen Neuanfang, das machte der Artikel in den *Frankfurter Heften* nur allzu deutlich. Vielmehr durchdrangen das Grauen des Krieges und das Wissen um die Dimension der Vernichtung einander, wirkten in inneren Bildern und psychischen Veränderungen fort. Hinzu kam die Erfahrung der Massengefangenenlager, ebenso die des Hungers, der, hieß es, »Menschen zu Tieren« werden ließ, wiewohl die Erfahrungen mit den Menschen insgesamt anscheinend so wechselvoll gewesen waren, dass durch alle Nationalitäten hinweg Abstoßendes neben Eindrücklichem stand.[35] Nichts davon war, erfuhr der Leser, auf einen einfachen Nenner zu bringen, geschweige denn, dass das Ausmaß der anhaltenden persönlichen Verstörung, der Erschütterung des Selbstbildes, der Orientierung in der Welt, zu Hause ohne weiteres zu vermitteln gewesen wäre.[36] Die Illusionen über das Wiedersehen und das Leben in der Heimat waren innerhalb kürzester Zeit zerstoben. Doch das war nicht alles, was die Autoren wahrnahmen. Sie glaubten, die von ihnen als abwehrend empfundene Haltung in der Heimat auch politisch erklären zu können:

»Wir hatten andere Bilder als sie. *Wir* suchten sie zu verarbeiten und uns in die Zukunft zu tasten. *Sie*, die Politiker vor allem, suchten dort zu beginnen, wo die Entwicklung einst unterbrochen worden war. Sie hatten Angst vor unseren Kriegserlebnissen und wußten nicht, daß viele von uns nur Erlebnisse im Krieg gehabt hatten. Wenn wir uns der Politik zuwandten, waren sie mißtrauisch, und wenn wir von der ›Linie‹ abwichen, *ihrer* Linie, nannten sie uns nur allzu leicht, ›unerfahren‹, ›gefährlich‹, vielleicht gar, je nach dem Standort, Faschisten und Militaristen und versuchten uns so schnell wie möglich wieder herauszudrängen. Bei ihrer nächsten Runde aber sagten sie: ›Wir müssen die Jugend gewinnen.‹ Wir sind keine Faschisten oder Militaristen, wir sind nicht reaktionär oder verstockt. Wir sind nur anders.«[37]

In dem Artikel wurde ein Bedürfnis nach Anerkennung formuliert, dem die Nachkriegsöffentlichkeit jedoch unmittelbar nach der totalen militärischen und politischen Niederlage – trotz des Subtextes in den »Trümmerfilmen« – nicht nachkam. In Anbetracht der Kenntnis über die Beteiligung der Wehrmacht an den Verbrechen in den besetzten Ostgebieten und an den russischen Soldaten in den deutschen Gefangenenlagern[38] erstaunt diese Zurückhaltung nicht. Eine empathische Form von Aufmerksamkeit und Zugewandtheit war schon aus politisch-moralischen Gründen kaum möglich, vielleicht aber tatsächlich nicht einmal denkbar.[39]

Als sich um 1949 auch in der Presse zunehmend die Verschärfung des Kalten Krieges niederschlug und ein Feind ins Visier geriet, der der alte war, änderte sich das allerdings signifikant. Dabei richtete sich der öffentlich artikulierte Anspruch auf Anerkennung eindimensional auf die Kriegsheimkehrer aus den Lagern der Sowjetunion.[40] Das zeigte sich in einem Bericht, den *Die Zeit* zu Jahresbeginn 1949 unter dem Titel »›Stacheldrahtkrankheit‹ der Gefangenen« veröffentlichte.[41] Der Autor, Walter Hemsing, hatte sich in der Vergangenheit bereits mehrfach als Experte über die seelische Situation der Kriegsgefangenen geäußert – eine Position, die er nicht nur als Fachpsychologe, sondern aufgrund seiner eigenen Gefangenschaftserfahrung in England und seiner Tätigkeit in der Heimkehrerbetreuung für sich reklamierte. Seine Referate und Aufsätze zu diesem Thema glichen sich beträchtlich, über weite Strecken sogar im Wortlaut. Bemerkenswerterweise fand sich eine zentrale Aussage Hemsings in der Veröffentlichung der *Zeit* jedoch nicht mehr wieder. Aufgrund seiner Erfahrungen und infolge einer »Vielzahl von Tatsachenberichten« zu den »psychischen Erscheinungen hinter Stacheldraht« hatte er zuvor immer behauptet, dass die Situation in der Kriegsgefangenschaft in den verschiedenen Ländern zwar »in Einzelheiten« voneinander abweiche, »im wesentlichen« aber der in England gleiche.[42]

Stattdessen leitete *Die Zeit* den Beitrag damit ein, dass immer noch »weit über 300 000 Deutsche in russischer Kriegsgefangenschaft« lebten, womit sie die nachfolgenden Ausführungen über den »seelischen Schock der langen Zeit hinter Stacheldraht«, der von weitaus mehr Soldaten vermutlich immer noch nicht überwunden sei, in einen spezifischen Kontext stellte.[43] Der Artikel konfrontierte den Leser mit einem erschütternden Bild über die seelischen Belastungen in den Gefangenenlagern, wie es wohl kaum eine Zeitung zuvor dargestellt haben dürfte. So war etwa die Rede davon, dass der Kriegsgefangene während seiner Lagerhaft in der ständigen Angst davor gelebt habe, »einmal geisteskrank zu werden«. Schon in der Gefangenschaft seien »schizophrenieähnliche Züge« kaum vermeidbar. Wie man weiter erfahren konnte, verhielt es sich in vielen Fällen nach der Heimkehr kaum anders. Denn nicht nur äußerten sich die »geistig-seelischen Veränderungen« der Kriegsheimkehrer häufig in »Schweigsamkeit, Verschlossenheit, Reserviertheit und ausgesprochene[m] Distanzbedürfnis«, sondern ebenso in »Reizbarkeit, Unwilligkeit, Eigensinn, Pedanterie«. Diese veränderten Verhaltensweisen könnten sogar so stark ausgeprägt sein, dass sie als pathologisch zu bezeichnen seien und sie »in ihren Äußerungen Symptomen der Schizophrenie« ähnelten. Schließlich klärte der Artikel darüber auf, dass »neue schwere seelische Depressionen« nach der Entlassung der Kriegsgefangenen nachgerade vorprogrammiert seien. Die Kriegsheimkehrer stünden, so hieß es, bei ihrer Entlassung in der Angst vor der Verantwortung und der Freiheit; zudem ahnten sie schon im Voraus die Enttäuschung, die ihnen bei ihrer erträumten Heimkehr widerfahren müsse. Der Kriegsheimkehrer sei kurzum »den Anforderungen eines freien, aber auch illusionslosen Lebens […] noch nicht wieder gewachsen.«[44]

Da mit einer solchen Diagnose psychischer Leiden die Schwere der Strapazen, die in der Kriegsgefangenschaft zu ertragen waren, gewissermaßen ärztlich verbrieft war, verwundert es zunächst, dass es an gleichlautenden Schilderungen in der Folgezeit fehlte, zumal es an Berichten über die schlechte und unwürdige Behandlung der Kriegsgefangenen in den sowjetischen Lagern nicht mangelte. Im Gegenteil, die Nachricht von der Verurteilung der noch in sowjetischer Haft befindlichen Kriegsgefangenen als Kriegsverbrecher oder als Strafgefangene, denen damit bis zu fünfund zwanzig Jahre Arbeitslager bevorstanden, heizte die öffentliche Debatte über das Unrecht und die Nöte, denen die deutschen Kriegsgefangenen in den sowjetischen Lagern ausgeliefert seien, an.[45] Nur selten aber stieß man darin auf Passagen, in denen die psychischen Belastungen für die Kriegsgefangenen angesprochen wurden. War dies der Fall, geschah das in anderen Begriffen, als Hemsing sie – von schizophrenieähnlichen Zuständen, auch von »Neurose« sprechend – verwendete. Ein Kriegsheimkehrer skizzierte die Situation in den Gefangenenlagern angeblich mit folgenden Worten: »Bei dem uns dauernd quälenden Hunger, bei der Qual, daß wir uns in dem winzigen Verlies nur abwechselnd schlafen legen konnten, hatten unsere Nerven derart gelitten, daß unser Lebenswille fast erloschen war und eine Kugel für jeden von uns nur eine Gnade bedeutet hätte.«[46]

Auch wenn diese »Tatsachenberichte« möglicherweise fiktiv sind, drückte sich in ihrer Begrifflichkeit eine Diskrepanz in der Interpretation psychischer Leidenszustände aus, wenn man nicht gar von einem schwelenden Deutungskonflikt zwischen den Kriegsheimkehrern auf der einen und den Praktikern der vorherrschenden psychiatrischen Lehre auf der anderen Seite sprechen will. Bei der Rede von den »Nerven«, die sich ebenfalls in den Patientenakten der Nachkriegszeit als eine Sprechweise der ehemaligen Soldaten, auch ihrer Angehörigen, über psychische Beschwerden findet,[47] handelte es sich um einen alltagstauglichen Gegenentwurf zu den üblichen psychiatrischen Erklärungen, die psychische Auffälligkeiten meist den »Anlagen« zuschrieben und als erblich bedingt einstuften. Deshalb hatte auch Hemsing letztlich die Existenz einer »Stacheldrahtkrankheit als solche[r]« verneint. »Es gibt keine krankhafte Persönlichkeitsveränderung, deren alleinige Ursache die Kriegsgefangenschaft ist«, hatte er bekräftigt, es seien die »Anlagen zu krankhaften Zuständen«, die durch die Gefangenschaft nur verstärkt würden. Es waren also auch hier wieder nur die »Anlagen«, die »zur Auswirkung« kamen.[48]

In der öffentlichen Wahrnehmung, die durch die Verhärtung der Fronten im Kalten Krieg und die Länge der Lagerhaft in der Sowjetunion geschärft war, verlangten jedoch die Auswirkungen der Kriegsgefangenschaft selbst nach einem anderen, gesellschaftlich akzeptierten, aber auch medizinisch belastbaren Erklärungsmuster. Den deutschen Kriegsgefangenen in den sowjetischen Lagern kam eine in der Medizin im Umlauf befindliche Lesart zugute, die von unmittelbaren Wechselwirkungen zwischen seelischer und körperlicher Verfassung ausging. Diese Betrachtungsweise der »Psychosomatik« und ihre Fassung der Leib-Seele-Problematik schien den Sorgen der Familien von auffälligen Heimkehrern (oder anderen Kriegsüberlebenden) deutlich näher zu kommen als die vorherrschenden Erklärungsweisen der dominierenden naturwissenschaftlichen Medizin.[49] Dass das Anliegen der »Psychosomatiker«, die Aufmerksamkeit auf den Leib-Seele-Zusammenhang zu richten, dabei auch mit der politischen Nützlichkeit zusammentraf, für die deutschen Gefangenen in der Sowjetunion einen Opferstatus zu reklamieren, fällt in der öffentlichen Debatte der frühen 1950er Jahren dann zunehmend ins Auge.

Die federführenden Vertreter einer psychosomatischen Medizin – unter ihnen Viktor von Weizsäcker, Alexander Mitscherlich und der Internist Arthur Jores, Professor an der Hamburger Universität und zeitweilig ihr Rektor – hatten diese Art politischer Zweckdienlichkeit fraglos nicht intendiert.[50] Vielmehr war der öffentliche Aufmerksamkeitszuwachs, den die psychosomatische Betrachtungsweise in der Nachkriegszeit erfuhr, untrennbar mit dem Nürnberger Ärzteprozess verknüpft. Den Prozessberichten, die den Lesern seit Oktober 1946 eine »unmenschliche Wissenschaft«, »medizinische[n] Massenmord« und die »Krise der Humanität« vorhielten,[51] folgte ein rasch zunehmende Zahl werbender Beiträge für eine psychosomatische Medizin – in der überregionalen Presse flankiert von philosophisch begründeten

Argumenten für eine stärkere Beachtung der Leib-Seele-Einheit.[52] Blickt man auf die großen überregionalen Zeitungen, so scheint es, als ob die Vertreter eines psychosomatischen Ansatzes, die in einem professionellen Konkurrenzkampf mit der dominierenden naturwissenschaftlichen Medizin standen,[53] die Medien auch geschickt zu nutzen verstanden. Alexander Mitscherlich, der Leiter der deutschen Ärztekommission beim Nürnberger Prozess, beklagte zwar nach Veröffentlichung der von ihm und Fred Mielke auf der Grundlage ausgewählter Prozessdokumente verfassten Broschüre »Das Diktat der Menschenverachtung« gegenüber Karl Jaspers die »unfaßliche Unbetroffenheit unserer Zeitgenossen«[54] – auf der öffentlichen Bühne sah das Bild jedoch etwas anders aus: Denn es war gerade das Entsetzen über die von den Ärzten begangenen Verbrechen, dass der psychosomatischen Medizin erheblichen Auftrieb verlieh. Der »Ganzheitsmedizin« schrieb man zu, dass sie, im Unterschied zur naturwissenschaftlichen Medizin im Nationalsozialismus, wieder den ganzen »Menschen« und den Kranken als Person in den Blick nehme und diesem mit der ihm gebührenden Achtung und Verantwortung entgegentrete.[55] Vor allem die Psychiatrie, die aufgrund ihrer Rolle bei den Euthanasie-Morden weit mehr als andere Zweige der Medizin diskreditiert war,[56] schien in dieser Hinsicht im öffentlichen Bewusstsein schon fast mit dem Generalverdacht einer rein technokratischen, gewissenlosen, sich der persönlichen Verantwortung entziehenden Behandlungsweise behaftet zu sein.[57] Als *Die Zeit* im Jahr 1951 die »Krise der Psychiatrie« ausrief,[58] war das nur eine Art, zum Ausdruck zu bringen, was sich in den überregionalen Zeitungen schon längst allenthalben spiegelte: Es war der Versuch, der naturwissenschaftlichen Psychiatrie ihre Deutungsmacht auf dem Feld der psychischen Leiden offen streitig zu machen.[59]

Auch wenn die psychosomatische Sichtweise vorerst noch gar nicht die Kriegsheimkehrer betraf, zeigte sich in den frühen 1950er Jahren, dass psychosomatische Deutungsangebote ein Tor für die Neubewertung ihrer Leiden öffneten – sofern es sich um heimkehrende Gefangene aus den sowjetischen Lagern handelte. Die offenbar auf vielen Seiten empfundene Inkompatibilität zwischen den wahrnehmbaren psychischen Auffälligkeiten dieser Heimkehrer und den bis dahin vorherrschenden öffentlichen Sagbarkeitsregeln konnte mittels der psychosomatischen Sprache in einen Gestus der Anerkennung überführt werden, der davon absehen konnte, ein länger anhaltendes Leiden dieser Kriegsheimkehrer auf erbliche Anlagen zurückzuführen.

Bei keiner Diagnose wird dieser Überschlag so deutlich wie bei der »Dystrophie«, über die im Jahr 1953 plötzlich eine Vielzahl von Zeitungen, ob im überregionalen oder nur im lokalen Raum verbreitet, berichtete.[60] Diese stürzten sich dabei regelrecht auf die von Kurt Gauger verfasste, gerade erst im Vorjahr auf den Markt gekommene Monografie »Die Dystrophie als psychosomatisches Krankheitsbild«, mit der sich der Autor an ein breiteres Publikum wandte.[61] Gauger, der als Arzt und Psychotherapeut vorgestellt wurde, schien mit seiner Lesart der »Dystrophie« in besonderem Maße einen Nerv der Öffentlichkeit getroffen zu haben. Immerhin war in medizinischen Fachkreisen die Rede von der »Dystrophie« nicht ganz neu. Vor allem Internisten, aber auch viele Psychiater fanden seit einigen Jahren schon in dieser Krankheit, die man auf die Hunger- und Fehlernährung zurückführte, eine plausible Erklärung für die verminderte Regenerationsfähigkeit der Kriegsheimkehrer nach den erlittenen Strapazen; die Organe seien, glaubten die Ärzte, weit mehr angegriffen und geschädigt, als oft auf den ersten Blick zu erkennen war.[62] Doch Gauger ging in seiner Interpretation weiter, wie man den Zeitungen entnehmen konnte, die, fast möchte man sagen, begierig dessen Charakterisierung der »Dystrophie« als »körperlich-seelische Krankheit« aufnahmen.[63] In den Augen der Öffentlichkeit hatte Gauger damit einen fatalen Irrtum der Medizin korrigiert, die sich lediglich den organisch bedingten Schädigungen zugewandt und allein auf die körperliche Regenerationsfähigkeit gesetzt habe.[64]

Vor allem die lokalen Zeitungen verliehen einem ausgesprochenen Missmut sowohl gegenüber den Ärzten als auch gegenüber den Versorgungsbehörden Ausdruck, die der vorherrschenden psychiatrischen Lehre folgten und daher nicht gewillt waren, psychisch bedingte Beschwerden als Folge der Strapazen in der Gefangenschaft anzuerkennen. Die Zahl der betroffenen Kriegsheimkehrer musste groß sein, legten die Zeitungen nahe. Immer wieder wiesen sie auf die außerordentlich hartnäckigen gesundheitlichen Beeinträchtigungen hin, mit denen diese Männer zu kämpfen hatten, und zwar auch dann noch, wenn es einen objektiven Befund schon gar nicht mehr gab. Das Leiden etwa an einer Kreislaufstörung, die gar nicht nachgewiesen werden konnte, war ein solches Phänomen, das vielen medizinischen Laien mittlerweile nicht mehr nur vom Hörensagen bekannt war und ihren Alltag mit den heimgekehrten Soldaten erheblich belastete.[65] Auch dass diese Männer sich gehenließen und außerordentlich leicht reizbar waren, sich völlig abschotteten, sich unzugänglich zeigten und zu einer »übersteigerten Ichsucht« neigten, konnte man allenthalben lesen. Wie viele Familien daran zerbrachen? Die Zeitungen, die von anfänglicher Wiedersehensfreude, aber auch ihrem baldigen Schwinden schrieben, zeichneten in dieser Frage allesamt ein recht düsteres Bild.[66]

Die vielen Presseberichte summierten sich geradezu zu einem Stoßseufzer der Gesellschaft über das offenbar schwierige Zusammenleben mit den aus der Gefangenschaft heimgekehrten Männern. Ein Anflug der Erleichterung aber folgte auf dem Fuß angesichts der psychosomatischen Lesart der »Dystrophie«. Zumindest in den lokalen Zeitungen war der Tenor deutlich: Endlich war mit Kurt Gauger ein Experte aufgetreten, auf den man sich berufen konnte, um jenen Ärzten Paroli zu bieten, die den Leidenszustand der Kriegsheimkehrer nur so lange als Krankheit betrachteten, wie auch körperliche Schädigungen nachgewiesen werden konnten. Diese Heimkehrer seien aber krank, »viel kränker wahrscheinlich, als sie selbst und die Ärzte annehmen«, hielt ein Autor entgegen, dessen Artikel den Appellcharakter anderer teilte, doch endlich Einsicht zu haben und die schwerwiegende Bedeutung des seelischen Moments, ja, überhaupt die wechselseitige Einwirkung von Seelischem und Körperlichem zur Kenntnis zu nehmen.[67]

Während die lokale Presse gelegentlich den Eindruck erweckte, dass sich das Drängen auf eine Anerkennung dieser Leiden aus der konkreten Not des familiären Alltags speiste, konnte man dies bei den auflagestärkeren, überregionalen Zeitungen kaum beobachten. Ihr Interesse an der psychosomatischen Dystrophieinterpretation war von den konkreten lebensweltlichen Sorgen nahezu entkoppelt. Zwar sprach auch die nationale Presse den Streit in den Familien an, ihr primäres Interesse aber galt der gesellschaftlichen und moralischen Ordnung in einem weitaus umfassenderen Sinn, da diese angeblich durch das Verhalten unzähliger Kriegsheimkehrer gefährdet war. So berichtete *Der Spiegel* von erheblichen »moralischen Entgleisungen und sittlichen Verfehlungen« seitens jener Gruppe. Gerade unter den Spätheimkehrern sei die Kriminalitätsrate besonders hoch, der Anteil von 41 Prozent Spätheimkehrern unter allen Strafgefangenen in Niedersachsen im Herbst 1949 war nach Auffassung des Magazins ein für sich selbst sprechender Beleg.[68] Für diese dramatisch hohe Zahl gebe es aber nun, so klärte *Der Spiegel* auf, eine bislang nicht in Erwägung gezogene Ursache: Diese Heimkehrer seien nämlich »keine Verbrecher, sondern Kranke«. Wiederum war es Kurt Gauger mit seiner kurz zuvor erschienenen Monografie, der für diese Begründung Pate stand.[69] Auf sie stützte sich auch *Die Zeit*, die eine vergleichbare Perspektive einnahm und sogar noch zuspitzte: »Unwillkürlich fragt man sich nach der Lektüre, ob nicht die Verrohung der Sitten, das Denunziantentum, Ehezerwürfnisse, mangelnde moralische Maßstäbe bei uns durch eine weitverbreitete Dystrophie erklärt werden könnten.«[70]

Wie es scheint, war die Neigung, die psychosomatische Lesart der »Dystrophie« aufzugreifen, angesichts dieser fast schon als krisenhaft beschriebenen Verhältnisse groß. Dafür lassen sich zweierlei Gründe ausmachen. Einerseits gab es das Bedürfnis, sich von dem Erblichkeitsverdacht zu lösen, wie man das ganz ähnlich auch auf der privaten Ebene beobachten kann.[71] Immerhin war die »Dystrophie«, auch wenn sie »krankhafte Veränderungen der Psyche« mit einschloss, im Kern immer noch ursächlich auf den Hunger zurückzuführen, wie man nun auch aus den Printmedien erfahren konnte, womit sich der in vieler Hinsicht offenbar als »unnormal« wahrgenommene Gesellschaftszustand eindeutig nicht aus den erblichen Anlagen weiter Teile seiner Bevölkerung erklärte. Gewiss war es auch kein Zufall, dass die Zeitungen unterstrichen, es handele sich um eine »neue Krankheit«; dass diese »heilbar« sei, wie Gauger unter der Voraussetzung einer »gleichzeitige[n] Einwirkung auf Körper und Seele« zusicherte, ließ sich als eine weitere Bestätigung für ihre exogenen Ursachen lesen. Auch sprachlich drückte sich das aus. Das als ungewöhnlich, vielleicht sogar als hochgradig auffällig wahrgenommene Verhalten mancher Kriegsheimkehrer ließ sich schlicht fassen als eine »seelische Einstellung«, die auch nach dem Abklingen körperlicher Schädigungen immer noch »dystrophisch« war.[72]

Andererseits schien sich die »Dystrophie« auch dafür zu eignen, eine Art von politischer Erzählung zu begründen, in der die deutschen Kriegsheimkehrer aus den sowjetischen Lagern – letztlich auch alle anderen Deutschen wegen der weitreichenden zerstörerischen Folgen für die gesamte Gesellschaft – als die Opfer einer perfiden, vorgeblich über den Mai 1945 hinaus anhaltenden Kriegführung der Sowjets dargestellt werden konnten.[73] Diese hätten die Aushungerung der Gefangenen gleichsam als Waffe eingesetzt, die nicht nur Tausende von Menschen das Leben gekostet habe, die in ihrem ausgezehrten Zustand anderen Krankheiten nicht mehr hätten standhalten können. Vielmehr sei niemand in der Lage, ihrer Zerstörungskraft zu entkommen. Die bürgerliche *Zeit* klärte auf: »Die Überlebenden aber werden dystrophisch: körperlich, seelisch und geistig gebrochen, auf Jahre hinaus gezeichnet. Sie werden zu willenlosen Werkzeugen in der Hand jener Macht, deren Gefangene sie werden. Hier wird sichtbar, daß bereits in den Kriegsgefangenenlagern von 1944 bis 1949 eine neue, sehr wirksame Waffe ausprobiert wurde: die Dystrophisierung von Millionen von Menschen.«[74]

Man ginge fehl, glaubte man, in den Medien fortan mit Reportagen über die psychischen Folgeschäden bei Kriegsheimkehrern überschwemmt zu werden. Zwar rissen die Berichte nicht schlagartig ab, die mahnten, die »seelischen Schäden« infolge der Gefangenschaft nicht zu gering zu schätzen. Das schien auch das Fazit der Debatten, die im Rahmen der seit 1953 stattfindenden Ärztetagungen des Heimkehrerverbandes geführt wurden, jedenfalls waren der Presse fast ausnahmslos die Stellungnahmen der ärztlichen Vertreter zur »Dystrophie« in ihren psychischen Auswirkungen eine Berichterstattung wert.[75] Doch die Welle an Nachrichten zu dieser Problematik schwappte nahezu so schnell, wie sie sich aufgebaut hatte, wieder zurück. Es drängt sich die Annahme auf, es sei vornehmlich dem Kalten Krieg zuzuschreiben, dass die Medien zu diesem Zeitpunkt – aufgeputscht durch den Koreakrieg[76] und das weitere Zögern der sowjetischen Regierung, die letzten deutschen Gefangenen zu entlassen – das Thema der psychischen Beschwerden von Heimkehrern aus den sowjetischen Lagern an die Öffentlichkeit brachten. Zweierlei bestärkt diese Vermutung: Erstens verebbte die Thematik Ende des Jahres 1955, offenbar unter dem Eindruck der erfolgreichen Rückkehrverhandlungen mit der Sowjetunion, gänzlich. Die Medien bezichtigten sie zwar nach wie vor der Willkür gegenüber den Kriegsgefangenen und prangerten dieses Unrecht an, im Allgemeinen waren jetzt aber ganz andere Töne zu hören. So begründete etwa *Die Zeit* ihr Werben für eine besondere Geduld mit den ehemals Siebzehnjährigen, bei ihrer Rückkehr aber nun fast Dreißigjährigen, falls diese in ihrem Bedürfnis nach Amüsement und überzogener Kauflust über die Stränge schlügen, folgendermaßen: »Sie sind physisch völlig gesund; die letzten Jahre im Lager waren, an Kalorien gemessen, so schlecht nicht, und Pakete aus der Heimat halfen, wo die Lagerkost nicht ausreichte. Diese Jungen haben nicht zehn Jahre lang ›gelitten‹, sondern die haben sich zehn Jahre lang gelangweilt – und das kann auch unerträglich sein. Jetzt wollen sie sich nicht mehr langweilen; sie wollen etwas erleben [...], sie wollen – *horribile dictu* – sich amüsieren.«[77]

Die »Spätheimkehrer« waren »Opfer«, aber sie waren auch »Überlebende« und »gewohnt, zuzupacken«, wenn man sie nicht gar als »Auslese der Lebenstüchtigen« bezeichnen wollte, die somit, wie die Zeitungen versprachen, nach einer Phase der Gewöhnung an die »neue Ordnung und die neuen Spielregeln« den weiteren Wiederaufbau der westdeutschen Gesellschaft tatkräftig mit vorantreiben würden.[78] Diese Betrachtungsweise, die sich durch die Medieninszenierung der Heimkehr 1955/1956 hindurchzog, kann man fraglos als vorgeführten Triumph über die Sowjetunion begreifen. Weitet man das Blickfeld, fällt allerdings, und das ist der zweite Punkt, ein weiteres Licht auf diese Darstellungsweise: Denn die Zeitungen hatten – kaum war das Augenmerk auf die »Dystrophie« und die schweren seelischen Folgen der Gefangenschaftsstrapazen gelenkt worden – noch eine andere, hochbrisante Debatte angestoßen, die sich um das Problem vermeintlich ungerechtfertigter Rentenansprüche drehte, womöglich sogar unrechtmäßig bezogener Renten.[79]

In diesem Zusammenhang, den manche in einem eher aufklärerischen Gestus, andere in skandalträchtiger Manier beleuchteten, war keinerlei Rede von einer möglicherweise gebotenen Anerkennung psychisch bedingter Leiden. Im Gegenteil, die *Frankfurter Hefte* beispielsweise zeigten sich überzeugt, dass sich vor dem Hintergrund der wirtschaftlichen Not, der Vertreibung aus der Heimat, überhaupt des Verlustes von Bindungen jedweder Art »das *Streben nach Lebenssicherung* außerordentlich gesteigert« habe, was nun nach sich ziehe, dass selbst im Fall von einfachen Knochenbrüchen eine verlangsamte Wiederherstellung der körperlichen Funktionsfähigkeit vorliege, da das Interesse des Erkrankten an einer Rente eben größer sei als an der Heilung.[80] Aus dem gleichen Grund würden auch später auftretende Leiden, bei denen es sich um gängige Abnutzungserscheinungen handele, fälschlicherweise mit der vorausgegangenen Schädigung in Zusammenhang gebracht. Selbst bei Hirnverletzten hätten viele der körperlichen und psychischen Folgebeeinträchtigungen mit dem eigentlichen »Unfall« gar nichts zu tun; vielmehr stünden sie mit »der allgemeinen Verhaltensweise des Betroffenen« in Zusammenhang, die – so das zentrale Argument – mit der »Persönlichkeit des Erkrankten« zu tun habe. Von ihr hänge es ab, ob der Verletzte sich gehenlasse, »vertrotzt« sei, die öffentliche Fürsorge in Anspruch nehme oder sich etwa einer geregelten Tätigkeit zuwende, in der er Sinn finde und seiner »ungünstige[n] Wesensveränderung« Einhalt gebiete. Aus Sicht der *Frankfurter Hefte* stand allerdings fest: »Für immer mehr Menschen erschöpft sich der Sinn des Daseins in einer möglichst hohen Rente.«[81] In Anlehnung an einen Ausspruch des FDP-Bundesvorsitzenden Thomas Dehler, der als Bundesjustizminister damit 1951 die Organisationen der Rentenbezieher gegen sich aufgebracht hatte, bekräftigte *Die Zeit* sogar: »Ein Drittel aller Renten […] sei ›erschwindelt‹ und werde zu Unrecht bezogen.« Der Kronzeuge dafür war ein in der Presse ungenannter Psychiater. Etwa einem Fünftel aller Rentenbewerber, die in seiner Klinik untersucht worden seien, hatte seiner Aussage zufolge »einwandfrei nichts« gefehlt.[82]

Wie sehr es einerseits angezeigt schien, den Russlandheimkehrern bei ihren Schwierigkeiten Verständnis entgegenzubringen, so schnell konnte offenbar andererseits auch wieder die Meinung die Oberhand gewinnen, dass es sich bei einem Großteil der Leiden gar nicht um Schädigungen handelte, die als eine direkte Folge des Ereignisses selbst angesehen werden könnten und somit auch nicht zum Bezug einer Rente berechtigten. Der Hintergrund dieser Debatte ist nicht schwer zu entziffern: Der Anteil der »Soziallasten« an den Bundesausgaben erschien bedrückend hoch, und selbst die Zahl der jungen Rentenempfänger war in ihrer Tendenz steigend.[83] Darüber hinaus mag es sein, dass die außerordentlich hohe Zahl an Arbeitslosen, die dem kaum zu sättigenden Arbeitskräftebedarf im Zuge des wirtschaftlichen Aufschwungs gegenüberstand, die augenfällige Gereiztheit in puncto Sozialleistungen mit produzierte.[84] Für die Medien war jedenfalls der Zeitpunkt gekommen, nicht nur einige Beispiele für »echte Betrüger« vorzuführen, die sich angeblich eine Kriegsopferrente erschlichen, sondern zudem darüber aufzuklären, dass noch eine sehr viel höhere Zahl an Menschen Leistungen aufgrund von Störungen beziehe, »die sie im Zwielicht von Bewußtsein und Unbewußtsein selbst gestaltet« hätten. Es handele sich mithin, so erklärte *Die Zeit* in einem Artikel aus dem Jahr 1954, bemüht um die richtige medizinische Begrifflich keit, um »›Neurosen‹ oder richtiger und unmißverständlicher [...] ›abnorme Erlebnisreaktionen‹«. Wie der umfassende Bericht, paradigmatisch für andere, zu verstehen gab, war die Erkenntnis, dass für die Gestaltung dieser Leiden »die *Persönlichkeit des Erlebenden*, nicht das ihm begegnete *Ereignis*« ausschlaggebend sei, jedoch nur eine Seite der Medaille. Denn die »Schicksalsfrage für die Sozialversicherung« liege erst in der Beurteilung dieser Zustände, wobei *Die Zeit* als Beleg auf die »Kriegsneurotiker« und »Schüttler« des Ersten Weltkrieges verwies: Mit dem Waffenstillstand seien sie schlagartig gesund geworden, Jahre später hätten sie jedoch die altgewohnten Symptome neu produziert, und nur die Aussicht auf eine Rente habe dafür den Ausschlag gegeben. Hier sei also der Punkt, wo man ansetzen müsse, lautete das Argument – und in diesem Fall scheute sich das liberale Blatt nicht, auf die Erfahrungen der Psychiatrie zurückzugreifen. Von einer »Erkrankung des Arbeitswillens« oder »Erkrankungen der ›Willenskraft‹« könne demnach, anders als von juristischer Seite in zwei von der *Zeit* zitierten Fällen nahegelegt worden war, nicht die Rede sein. Schließlich hätte kürzlich ein Wiener Psychiater noch bestätigt, was »allen Sachkundigen und Psychiatern in zwei Weltkriegen« aufgefallen sei: Was Belastungen angehe, liege die Toleranzgrenze auf dem Gebiet des Psychischen im Unendlichen.[85]

Um der öffentlichen Anerkennung von psychischen Leiden auf die Spur zu kommen, kann man sich also auf eine isolierte Lektüre von Pressemeldungen über die Spätheimkehrer aus russischer Kriegsgefangenschaft nicht verlassen. Man muss vielmehr die eigene Thematisierungslogik der Medien beachten, deren Aufmerksamkeit in dieser Frage vielleicht mehr das Produkt politischer Erwägungen als des fachwissenschaftlichen Diskurses war. Zwar steckte er die äußeren Grenzen ab, in denen sich überhaupt Aussagen über das Thema psychischer Auffälligkeiten machen ließen; doch schien sich die Presse ansonsten, zugespitzt formuliert, ihrem politischen und moralischen Bedarf entsprechend aus dem Spektrum an fachwissenschaftlichen Deutungsmöglichkeiten zu bedienen. Insgesamt betrachtet zeigt sich, dass die über die Zeitungen greifbare öffentliche Beschäftigung mit den psychischen Folgeschäden der Kriegsheimkehrer aus sowjetischer Gefangenschaft nur von kurzer Dauer war – eine schmale Zeitspanne von kaum mehr als zwei Jahren, die 1955/1956 wieder endete. Weder galt das für andere Gruppen von Heimkehrern, noch war das Erlebnis des Kriegsgrauens selbst als mögliche Ursache für langdauernde psychische Veränderungen in den Blick geraten.

In der Filmproduktion der 1950er Jahre lässt sich Ähnliches beobachten. Verglichen mit den frühen »Trümmerfilmen« ist es sogar gerechtfertigt, von einer bisweilen nahezu vollständigen Dethematisierung psychischer Kriegs- und Gefangenschaftsfolgen zu sprechen. So wurden die Zuschauer in *Meines Vaters Pferde*, einem Film unter der Regie Gerhard Lamprechts, zwar mit einem gesundheitlich schwer angeschlagenen Kriegsheimkehrer konfrontiert, der, im Jahr 1950 aus russischer Gefangenschaft entlassen, nicht nur körperlich geschädigt, sondern auch seelisch in hohem Maße mitgenommen erscheint.[86] Doch es sind keine dramatischen Bilder, weder der allgemeinen Zerstörung noch der seelischen Qualen, die der Zuschauer zu Gesicht bekommt – wie das noch in den 1940er Jahren, auch in Lamprechts *Irgendwo in Berlin*, der Fall gewesen war. Der Film zeigt vielmehr den Heimkehrer, einen jungen Offizier namens Jürgen Godeysen, in der Obhut eines Krankenhauses. Das Laken ist weiß und hüllt ihn ein, und ebenso wenig wie der Zuschauer mit dem körperlichen Leiden des Kriegsheimkehrers offen konfrontiert wird, das immerhin der Grund für die bevorstehende Operation ist, erfährt er etwas über dessen Innenwelt. Es werden keine Träume gezeigt, keine Halluzinationen, in denen sich Hinweise auf die Grausamkeiten des Krieges oder der Lagerhaft fänden. Der bettlägerige Heimkehrer wird lediglich als völlig unnahbar dargestellt. Er ist ernst, verschlossen, er spricht kaum.

Wie man seinen anfänglich spärlichen, fast groben Worten entnehmen kann, fehlt ihm jede Lebensfreude, er steht dem Leben nur noch zynisch gegenüber.

Der Film erzählt dennoch keine Leidensgeschichte der Kriegsheimkehrer. An Godeysen soll nicht vorgeführt werden, dass es allen so erging. Schließlich flickt der Professor alle wieder erfolgreich zusammen, ob sie »ihr rechtes Bein auf der Krim gelassen haben oder ihren linken Arm in der Normandie«, wie der Pförtner des Spitals den Zuschauer wissen lässt. Nur mit dem Oberleutnant wolle es einfach nicht besser werden, ein hartnäckiger Fall also und kein unbedingt typischer. Der Zuschauer erfährt das alles nur in relativ kurzen Sequenzen des Films. Ein Erzähler klärt zwischendurch auf, dass Jürgen Godeysen »um seinen Glauben betrogen« worden sei. Doch auch bei seiner Verfassung tiefster Niedergeschlagenheit handelt es sich, so legt der Film nahe, um eine Phase, die vorübergehen kann. Es ist die Zugewandtheit seiner Frau, ihre Durchhaltekraft und ihre Geduld, die hier entscheidend ist – ein Heilungsversprechen, das in den 1950er Jahren allerorten aufscheint[87] und sicherlich auch im Kontext der öffentlichen Verhandlung der Geschlechterordnung zu lesen ist. *Meines Vaters Pferde* ist eines von unzähligen Beispielen für die zu dieser Zeit inszenierte »Remaskulinisierung« der Männer. Indem die junge Frau dem verzagten Oberstleutnant durch das Tagebuch seines Vaters vor Augen führt, dass dieser, trotz mancher Schläge in seinem Leben, nie aufgab, schöpft auch der Sohn wieder Mut. Eine ganze Nacht lang liest sie ihm vor. Am Morgen strahlt der zurückgekehrte Mann wieder Zuversicht aus. Gemeinsam mit dem Arzt macht er Späße und stimmt in dessen Loblied auf die Frauen ein – es bleibt kein Zweifel, dass Godeysen in die Rolle des starken Mannes zurückgefunden hat.[88]

Während die Rahmenhandlung in *Meines Vaters Pferde* immerhin noch das Thema mitführte, dass sich die ehemaligen Soldaten, gezeichnet durch die Ereignisse der letzten Jahre, möglicherweise gar nicht ohne weiteres in ihrer Heimat wieder zurechtfanden und den dortigen Anforderungen gewachsen waren, drehten sich die meisten anderen Filme der 1950er Jahre nicht um die Probleme der Kriegsheimkehrer. Aus den Heimatfilmen waren sie gänzlich ausgespart.[89] Doch auch diejenigen Filme, die auf die eine oder andere Weise den nationalsozialistischen Krieg zum Gegenstand hatten, gingen in andere Richtungen.[90] In dem von Hans Hellmut Kirst geschriebenen und von Paul May auf die Leinwand gebrachten Dreiteiler *08/15*, der sich 1954 zu einem wahren Kassenschlager entwickelte, bekam der Zuschauer vor allem die Schikanen der soldatischen Ausbildung im Dritten Reich zu Gesicht, dazu die Willkür einzelner, nationalsozialistisch verblendeter Offiziere, die sich geradezu menschenverachtend gegenüber ihren Soldaten verhielten.[91] Trotz aller Erniedrigungen aber standen diese ehrenhaft für ihr Vaterland ein – das demonstrierte nicht nur *08/15*, der vornehmlich eine humoristisch gefärbte Kritik am Wehrmachtsdrill darstellte. Auch die sehr viel anspruchsvolleren Kriegsfilme der späten 1950er Jahre, wie der von vielen – allerdings nicht vom Bundesverteidigungsminister[92] – gelobte Kinofilm *Hunde, wollt ihr ewig leben?* von 1958, ließen an der Tapferkeit des einfachen deutschen Soldaten keinen Zweifel.[93] Sicherlich, man sah ihre elende Verfassung, die sie – so der Vorwurf – in erster Linie einigen skrupellosen und verblendeten Offizieren verdankten, die ihnen sinnlose militärische Einsätze abverlangten. Auch »der Führer«, der nicht einmal mehr die Versorgung mit dem nötigen Material und hinreichenden Lebensmitteln sicherstellte, ließ seine Soldaten fallen, lieferte sie dem mörderischen Winter und den barbarischen Schlachten im Osten aus. *Hunde, wollt ihr ewig leben?* führte es vor Augen, ebenso das Gewahrwerden dieses »Verrats«, die völlige Desillusionierung auf Seiten der Soldaten.

Trotzdem brach in aller Regel kein Soldat psychisch zusammen, so legten diese Film nahe, die gerade die Härten des Kriegsgeschehens im Osten, oft in Stalingrad, vor Augen führen wollten.[94] Aber an irgendeiner Stelle streiften sie immer diese Thematik: In *08/15* ist es der sensible, feinsinnige Soldat Vierbein, ein Musiker, und im Gegensatz zu den anderen eher schwächlich. Schon während der Ausbildung bricht er fast zusammen. Als er während des Krieges wieder in eine Kaserne zurückkommt, werden die Gesichter der an ihm vorbeiziehenden jungen Rekruten zu Totenköpfen. »Ein Musiker hat eben keine Hände für Kanonen, und wenn er sie hat, dann hat er keine mehr für die Musik«, so erklärt Vierbein einmal selbst. Anders als seine Kumpane ist er dem Krieg nicht gewachsen. Er überlebt ihn nicht. Zweifellos, auch andere Männer können in der Kriegssituation bisweilen an den Rand ihrer psychischen Kräfte geraten, so zeigt *Hunde, wollt ihr ewig leben?*. Es ist der Wachtmeister Kunowski, der hier, in der Sprache der Soldaten, für einen Moment »durchdreht«. Doch er ist nicht psychisch schwach, »er dreht mal wieder durch vor Hunger«, erfährt der Zuschauer, dem auch vor Augen geführt wird, dass sich selbst Kunowski dennoch zusammenreißen kann. Nein, so zeigt *Hunde, wollt ihr ewig leben?*, man findet unter den Soldaten keine »Drückeberger« und »Feiglinge«, wie der unangenehme Major Linkmann annimmt, der seinen Oberleutnant Wisse losschickt, um die Lazarette nach ihnen zu durchkämmen und eine weitere Kampftruppe aufzustellen. Wisse aber findet in den Lazaretten nur Soldaten, die sich tatsächlich in einem fürchterlichen Zustand befinden; niemand hat sich gedrückt, sie alle sind durch den Krieg körperlich schwer verletzt. Es gibt eine Ausnahme. Es ist der nach Heldenruhm strebende Major Linkmann selbst, der Zuschauer bekommt es in einer der letzten Szenen zu Gesicht. Linkmann, der sich als Feigling entpuppt, wird in einem Keller aufgestöbert, in dem er sich versteckt, während er seine Soldaten wieder einmal in eine unsinnige Schlacht geschickt hat. Linkmann zittern die Hände. Er ist es, der psychische Störungen bekommt. Er ist ein »Kriegszitterer«. Als der Major schließlich sogar seine eigenen Leute verrät und zum Feind überlaufen will, wird er von den deutschen Soldaten – zu Recht und gleichsam anständigerweise, wie der Film nahelegt – erschossen.

Der deutsche Wehrmachtssoldat wurde also einerseits als Opfer falscher Versprechen und einer verantwortungslosen politischen Führung porträtiert, andererseits aber wurden ebenso seine Zähigkeit, sein tapferes Durchhaltevermögen und seine ausgesprochene Leidensfähigkeit herausgestellt. Zweifellos waren das keine spezifischen Charakteristika, die allein der deutsche Film dem deutschen Soldaten zuschrieb. Man muss hier auch genretypische Besonderheiten in Rechnung stellen. Die Kommerzialisierung des Krieges war zudem seit den späten 1940er Jahren ein internationales Phänomen, die beschriebene Soldatenfigur mit ihren heldenhaften Zügen Teil eines übergreifenden Bildmusters, das sich in etlichen zeitgenössischen Kriegsfilmen des In- und Auslands wiederfindet.[95] Umso mehr aber versicherten diese Bilder dem Zuschauer, wie der Soldat im Allgemeinen den Schrecken des Krieges standhielt – sofern er nicht schwächlich oder feige war oder aber, eine letzte Ausnahme, fast noch ein Kind. In Bernhard Wickis mehrfach ausgezeichnetem Film *Die Brücke* aus dem Jahr 1959 bekommt man in den letzten Szenen vor Augen geführt, wie einige der ursprünglich geradezu kriegsversessenen Jungs dem erbarmungslosen Kriegsgrauen psychisch nicht mehr gewachsen sind. Sie schreien, sie weinen – und sie sterben.[96] Die ausgewachsenen Männer aber hielten durch, ebenso die vom Krieg schwer mitgenommenen Frauen, das zeigen auch andere Filme aus dieser Zeit. »Wenn man auch manchmal glaubt, man müsste verrückt werden«, räumt Maria Reiser in *Nacht fiel über Gotenhafen* nach einem Bombenangriff ein, entscheidend ist: Es wurde niemand »verrückt«, weder im Bombenhagel noch auf der Flucht in den Westen, die in diesem Film für die meisten tödlich endet.[97] Schließlich waren selbst die filmischen Darstellungen der Strapazen in russischer Gefangenschaft, die ebenfalls Ende der 1950er Jahre auf die Leinwand kamen, weit davon entfernt, jene öffentliche Anerkennung psychischer Veränderungen fortzuschreiben, wie sie von der Massenpresse vor der Entlassung der letzten »Spätheimkehrer« aus russischer Gefangenschaft kurzzeitig ausgedrückt und geradezu eingefordert worden war. Beispielhaft steht dafür der *Arzt von Stalingrad*, uraufgeführt 1958, in dem psychische Leiden nicht einmal im Ansatz thematisiert werden.[98] Zwar bestätigte der Film, dass es Kranke gab, vor allem klagt er an, dass auch sie von der sowjetischen Lageraufsicht noch drangsaliert wurden, die sie gesundschrieb, um sie zur Arbeit heranziehen zu können.

Doch handelt es sich immer um körperliche Schädigungen, was das wiederholt angesprochene Problem fehlender Medikamente unterstreicht, beispielsweise in einem kurzen Gespräch zwischen dem Lagerarzt Dr. Fritz Böhler und seinem Assistenzarzt Dr. Sellnow. Dieser glaubt fest an Vitaminspritzen, an »Seelentherapie« allerdings nicht, die hier für den Notbehelf steht, den Kranken Placebos zu verabreichen – »die Schweine rücken ja nichts raus«. Allerdings verhehlt der Film nicht, dass Krankheit gelegentlich auch als eine Methode gewählt wurde, um die Aussicht auf die Entlassung aus dem Lager zu erhöhen. Es ist ein geduldetes Simulantentum, immerhin schlagen die Kriegsgefangenen ihren sowjetischen Peinigern damit ein Schnippchen.

Das stille Heldentum und die Selbsterhaltungsstrategien der deutschen Soldaten auf der Leinwand bestätigten im Grunde die Pressekampagne gegen den vermeintlichen Rentenmissbrauch. Was immer der Krieg an Leid über die Männer gebracht haben mochte, der Topos des sich Bewährens in selbst unsinnigen Schlachten schrieb sich fort in dem Glauben, dass solche Männer auch mit den emotionalen Folgen dieses Geschehens im Frieden fertig werden konnten und sollten. Der deutsche Soldat war, ebenso wie der Kriegsheimkehrer aus den russischen Lagern, in der öffentlichen Repräsentation frei von psychischen Beeinträchtigungen durch extreme Gewalt. Während diese Filme auf die Leinwand kamen, begann das Thema der psychischen Dauer- oder Spätfolgen, die sich unabhängig von körperlichen Schädigungen direkt aus dem Erlebnis selbst erklärten, allerdings die Aufmerksamkeit der psychiatrischen Wissenschaft zu wecken. Sie näherte sich diesem Phänomen jedoch vor allem und zunehmend ausschließlich mit Blick auf die Verfolgten des Nationalsozialismus, wie oben bereits gezeigt wurde. Das kann nur vor dem Hintergrund einer sich ändernden, politisch-moralischen Bewusstmachung der NS-Verbrechen verstanden werden, an der die Etablierung eines veränderten psychiatrischen Wissens seit Beginn der 1960er Jahre einen kaum zu überschätzenden Anteil hatte.

2.
Die Wiederkehr der Verfolgten und die Sagbarkeitsregeln der Erinnerungskultur

Auch wenn die Öffentlichkeit in den ersten anderthalb Jahrzehnten nach dem Zusammenbruch des nationalsozialistischen Regimes einen vielstimmigen Chor über die Grausamkeiten, Strapazen und Mühen des Krieges anstimmte, war es insgesamt betrachtet nur eine äußerst kurze Zeitspanne, in der die Rede davon sein kann, dass länger dauernde psychische Veränderungen infolge des Krieges eine ausdrückliche und öffentliche Anerkennung erfuhren. Nach der spontanen Verständnisbereitschaft, die der Zuschauer so manchem »Trümmerfilm« in dieser Frage noch zuschreiben konnte, hoben die Printmedien diese Problematik nur kurzfristig und vorübergehend im Zusammenhang mit der öffentlichen Thematisierung der Spätheimkehrer aus den sowjetischen Lagern ins öffentliche Bewusstsein. Die Kürze dieser Anerkennungskonjunktur ist insofern erstaunlich, als sich in den überregionalen Zeitungen und Zeitschriften gleichzeitig vielfältige Hinweise dafür finden, dass die Deutung persönlicher Befindlichkeiten mit Hilfe des Instrumentariums der Psychosomatik, der Psychotherapie, bisweilen auch der Psychoanalyse weithin Schule machte. So konstatierte *Die Zeit* Mitte der 1950er Jahre: »Psychosomatik und Psychotherapie – das sind heute zwei Schlagworte, die auf Parties und Damenkaffees recht häufig die Gespräche um ›Existenzerhellung‹, ›Dasein‹ und ›Angst‹ abgelöst haben.«[1] Sechs Jahre später brachte Hoimar von Ditfurth diese Entwicklung anlässlich der Besprechung einer neu erschienenen Studie zur Psychosomatik folgendermaßen auf den Punkt: »Interesse und Geschmack des Publikums bringen es mit sich, daß heutzutage all den Büchern eine gewisse Auflagenhöhe von vornherein garantiert ist, deren Titel mit ›Psycho-‹ beginnt.«[2]

Wie sich hier andeutet, blieben spitze Bemerkungen dazu in den Medien nicht aus,[3] doch wird man den tatkräftigen Anteil, den jene selbst, bei aller Ambivalenz, an diesem Prozess hatten, nicht geringschätzen dürfen. Im Gegenteil, in den »großen« Zeitungen und Illustrierten nahm diese Thematik seit den späten 1950er Jahren einen immer breiteren Raum ein. Teilweise setzten sie dabei schlicht ihr Werben für eine Medizin fort, die sie dafür priesen, den Kranken als »Menschen« und nicht als »naturwissenschaftliches Objekt« in den Blick zu nehmen[4] – ein Vorwurf, der bereits seit den Nürnberger Prozessen gegen die rein naturwissenschaftliche und, wie es schien, deshalb gnadenlose Medizin formuliert worden war.[5] Damals hatte man allerorten lesen können, dass dieser Ansatz für die Verbrechen der Ärzte im Nationalsozialismus mitverantwortlich gewesen sei. Diese Debatten klangen in der Folgezeit zwar langsam ab, doch kann man sich des Eindrucks kaum erwehren, dass die gesundheitspolitischen Auseinandersetzungen der späten 1950er Jahre weiterhin in deren Windschatten ausgetragen wurden. Die Printmedien stritten jedenfalls im Zuge der sogenannten zweiten Sozialreform Ende der 1950er Jahre vehement dafür, dass die Krankenkassen die Kosten für eine große Psychotherapie zu übernehmen hätten,[6] und wer auf dem Ideal des »eigentlichen Arztseins« beharrte, sprach mittlerweile meist davon, dass jenseits der Schulmedizin – und ganz im Sinne einer Rehumanisierung der Medizin – stärkere Freiräume in den Behandlungsmethoden zu gewähren seien.[7] Als sich Alexander Mitscherlich 1960 in der *Zeit* für eine generelle Selbstbeteiligung der Patienten an den ärztlichen Behandlungskosten aussprach, hielt er diese nicht nur deshalb für unumgänglich, weil »das Schnellverfahren in der Sprechstunde« den psychosomatischen Erkrankungen nicht gerecht werde; eine »ärztliche Praxis, die auf den Kranken selbst und nicht nur auf den kranken Organismus« ziele, verlange schließlich »einen ›anderen‹ Arzt, […] mehr zeitlichen Spielraum bei entsprechend besserer Honorierung«. Folgte man seiner Argumentation weiter, sah er in der Selbstbeteiligung der Patienten auch die Chance zu einer in seinen Augen notwendigen gesellschaftlichen Therapie. Denn es galt von einer »doktrinär gewordenen Krankheitsauffassung« loszukommen, so erläuterte der Psychosomatiker. Ihr zufolge sei »Krankheit« etwas, »woran vielleicht das Wetter, der Beruf oder die ›Erbmasse‹ schuld ist, womit aber der Kranke, soweit er Person ist – also hoffendes, enttäuschtes, wütendes, angstvolles Wesen – nichts zu tun habe«. Mitscherlich war überzeugt: Der Kranke war selbst involviert, seine Selbstverantwortung war deshalb auch gefragt. In dieser war er zu stärken, wobei Selbstverantwortung, wie Mitscherlich erläuterte, nirgends, nicht einmal im Falle der Krankheit, ohne ein Opfer zu erreichen sei, auch nicht ohne ein ökonomisches. Der Heidelberger Arzt sprach diesem jedoch den Charakter einer »Gegenposition gegen den *Fürsorgestaat* und den auf ihn *genormten Staatsbürger*« zu. In den Augen des Psychosomatikers sah die Alternative, die er den Lesern präsentierte, folgendermaßen aus: entweder als Mensch »mündig« zu sein oder weiterhin »zu einem *Haustier seiner Staatshaltungen* herabgemindert zu werden«.[8]

Mitscherlichs politisches Argument fand vermutlich nur begrenzt Anklang, sofern es um die Idee einer finanziellen Mitbeteiligung der Versicherten ging, die keineswegs populär war.[9] Mit dem Gedanken der Selbstheilungsmöglichkeit sah es hingegen anders aus. Immerhin gab die zugrundeliegende Krankheitskonzeption »dem Menschen mit einem Schlage die Macht über das Kranksein in die Hand«, machte aus dem »Schicksal eine lösbare Aufgabe«.[10] Folgte man Mitscherlich und anderen Mediendarstellungen, war es dringend Zeit, sich dieser Aufgabe anzunehmen. Denn an psychosomatischen Erkrankungen schien eine schon fast erschreckend hohe Zahl an Menschen zu leiden. Mitscherlich selbst sprach von mindestens »fünfzig Prozent seelisch Kranker«, die sich in den Sprechzimmern eines praktischen Arztes aufhielten.[11] Wenige Jahre zuvor hatte der *Stern* die Schreckensnachricht verbreitet, dass über zwei Millionen Kindern »das Damoklesschwert des seelischen und körperlichen Zusammenbruchs« schwebe.[12] Es fehle den Kindern, wie der *Stern* aufgrund von Expertenaussagen zu berichten wusste, an »Nestwärme«.

Immer mehr Mütter gingen arbeiten, brachten ihre Kinder in einen Hort. Wohin das führe, zeigte der *Stern* in seiner Fotoreportage mit kurz skizzierten »Lebensberichten« auf: Jugendkriminalität bis hin zum Mord, sexuelle Freizügigkeit bereits im Jugendalter, Suizid. Der Kriegseinsatz der Mütter hätte das Problem der »Halbstarken« verursacht,[13] wie der *Stern* erläuterte, der die Expertenauskunft weitergab, »die ›seelischen Zeitminen‹, die in den Evakuierungslagern gelegt wurden, explodieren heute.«

Während die Möglichkeit langandauernder oder spät auftretender seelischer Störungen bei der gesundheitspolitischen Versorgung der Flüchtlinge – ganz analog zu den Kriegsheimkehrern – keineswegs in Betracht gezogen worden war,[14] legte die scheinbar moralische Gefährdung der angeblich verwahrlosten Jugend mittlerweile eine psychosomatische Lesart nahe.[15] Im Falle der noch kleineren Kinder ließen sich, wie dem *Stern* zu entnehmen war, sogar schwere Krankheiten in der Zukunft prognostizieren. Die moralische Empörung, die diesen Krankheitsängsten unterlag, machte sich dabei wesentlich an den »Schlüsselkindern« fest, die gleichsam den Beleg für eine kalte, eigennützige, konsumorientierte Wiederaufbaugesellschaft abgaben, in der auch die Mütter lieber arbeiten gingen und ihre Kinder im Stich ließen.[16] So zeigte ein fast einseitiges Foto in der Illustrierten *Stern* einen kleinen Jungen allein auf einer Wiese in der Großstadt, »einsam und verlassen«, wie der Bildkommentar deutlich machte. Dort heißt es zur Situation des kleinen Jungen weiter: »Der leblose Teddybär ist von morgens bis abends sein einziger Vertrauter in dieser trostlosen Umwelt, deren Gefahren er allein hilflos gegenübersteht. Gefahr bedeutet für ihn alles, was ihm noch unbekannt ist. Sein Körper reagiert mit ständiger Abwehrbereitschaft. Seine Nerven werden überbeansprucht. Herzschäden sind die Folge.«[17]

Ob Kinder, Jugendliche oder Erwachsene – sie alle schienen in wachsendem Maße von seelischen Erkrankungen betroffen zu sein. Sprach man von den Ursachen, war vom »Zerfall der alten Ordnungen« die Rede, vom Untergang bislang haltgebender Traditionen, vom schwindenden Einfluss der Kirchen, auch von der »tiefgreifenden Umschichtung der sozialen Strukturen«. Es waren Entwicklungen, die alle dazu geführt zu haben schienen, »die Unsicherheit, die Vereinzelung und die seelische Heimatlosigkeit des Menschen in der Welt« in einem beängstigenden Maße zu steigern.[18] Folgte man der *Zeit*, konnte die Aufmerksamkeit für die leisesten Anzeichen psychischer Störungen gar nicht groß genug sein. Gerade bei den Erwachsenen seien diese nämlich oft weniger auffällig und die Verbindung der Leiden zu ihren »umweltbedingten Ursachen« nicht auf den ersten Blick evident: »Hier klagt ein Kranker über Schlafstörungen oder Konzentrationsschwierigkeiten; dort leidet ein anderer unter Schüchternheit und Kontaktscheu; ein dritter wird von unerklärlichen Ängsten geplagt«, führte *Die Zeit* beispielhaft vor Augen. Der Appell, der damit, wie von anderen Medien auch, an die Leser und insbesondere an die Ärzte und die Politik gerichtet wurde, war nicht schwer zu entziffern: Sie forderten eine größere gesellschaftliche Sensibilität und Verständnisbereitschaft für psychisch bedingte Leiden ein.[19]

Was die gesellschaftliche Aufgeschlossenheit gegenüber psychosomatischen Erkrankungen anging, war die Situation vermutlich aber nicht so verheerend, wie die Printmedien mitunter glauben machten. Dagegen spricht nicht zuletzt, dass die Arzneimittelindustrie – die Presse bemerkte es durchaus – diesen Trend auf ihre Weise zu nutzen verstand und den Markt innerhalb kürzester Zeit mit neuen Medikamenten überflutete, die mehr innere Ausgeglichenheit und Entspannung, besseren Schlaf und gesteigerte Arbeits- und Konzentrationsfähigkeit versprachen.[20] Andererseits lassen sich innerhalb der Ärzteschaft, und gerade unter den Psychiatern, die Widerstände gegen psychosomatische Erklärungsweisen gar nicht übersehen.[21] Vieles spricht deshalb für das Argument, dass es in der zweiten Hälfte der 1950er Jahre ganz wesentlich die Medien waren, die als »ereignisbedingende Strukturen«[22] die Welle der gesellschaftlichen Psychosomatisierung selbst mit produzierten. Allerdings blieb eine früher durchaus als bedroht wahrgenommene Gruppe davon ausgeschlossen:

die Kriegsheimkehrer. Ganz anders, als das etwa bei den Berichten über die vermeintlich psychisch gestörten Kinder der Fall ist, wo man auch eine gewisse Emotionalisierung subjektiver Auffälligkeiten beobachten kann, wird man in den Massenmedien konkrete Bezüge zu den Kriegsheimkehrern jedenfalls vergeblich suchen.

Diese Entkoppelung versteht sich keineswegs von selbst. Ein zentraler Grund liegt darin, dass die seit etwa Mitte der 1950er Jahre in der westdeutschen Öffentlichkeit Einzug haltenden Täterbilder die mediale Thematisierung psychischer Leiden von Spätheimkehrern förmlich blockierten – zumal zeitgleich Bilder der nationalsozialistischen Opfer auftauchten, die aus der öffentlichen Erinnerungskultur im Grunde seit der frühen Besatzungszeit weitgehend ausgeblendet geblieben waren.[23] Angesichts der publizistisch und fotografisch verbreiteten Schreckensbilder über die NS-Verfolgung schienen die öffentlichen Bekenntnisse zu den »tapferen« Soldaten, die vermeintlich »sauber« gekämpft hatten, langsam zu erodieren. Auch wenn es wohl keine Thematisierung der NS-Verbrechen aus dieser Zeit gibt, die nicht – spätestens retrospektiv – der Kritik ausgesetzt wäre, zu kurz zu greifen und zu undifferenziert zu sein, darf nicht übersehen werden, dass in der zweiten Hälfte der 1950er Jahre eine publizistische und kulturelle Konfrontation mit den Gewalttaten der NS-Zeit in Gang kam, welche die Grenzziehungen zu den Tätern zwar weiterhin ermöglichte, den Integrationskonsens der Vorjahre aber auch in wachsendem Maße beschädigte.[24] So fand die Geschichte der *Anne Frank* innerhalb von wenigen Jahren die Aufmerksamkeit von Millionen Lesern und Zuschauern, und unzählige Fotografien in Zeitungen, Illustrierten, Büchern, Bildbänden und Ausstellungen speisten das Grauen der Leichenberge in den Konzentrationslagern, das Leid in den Ghettos und die Kriegsverbrechen in der Sowjetunion in das Bildgedächtnis der westdeutschen Öffentlichkeit ein – oft geschickt arrangiert in einem Nebeneinander von Bildern uniformierter Soldaten oder SS-Angehöriger auf der einen Seite und ausgemergelter KZ-Inhaftierter auf der anderen.[25]

In diesem sich verändernden Feld der öffentlichen Erinnerungskultur konnten auch die Spätheimkehrer aus den sowjetischen Lagern nicht mehr gänzlich dem Verdacht der mörderischen Belastung entkommen, was kleinere Prozesse schon vor der großen Wende in der juristischen Ahndungspraxis belegten.[26] Hinzu kam die »Blutrichter-Kampagne« der DDR mit ihrem Vorwurf der verdeckten Integration von NS-Tätern in den Justizapparat, die zunächst zwar als kommunistische Propaganda zurückgewiesen, schließlich aber doch von der westdeutschen Presse aufgegriffen wurde.[27] Mit skandalträchtigen Enthüllungsgeschichten prangerte sie nun die stille Integration von NS-Tätern in die bundesrepublikanische Gesellschaft an, in der jene sogar oft in ihren alten Berufen als Ärzte oder Juristen weiter tätig waren.[28] Selbst wenn das Allensbach-Institut vermeldete, dass sich in einer Umfrage aus dem Jahr 1958 54 Prozent der Bevölkerung für einen Schlussstrich unter die Vergangenheit ausgesprochen hatten:[29] Die Medien, die, aus unterschiedlichen Motiven, dazu ansetzten, die NS-Verbrechen in das öffentliche Bewusstsein zurückzuholen, konnten sich nicht nur der Empörung weiter Teile der Gesellschaft über die NS-Verbrecher sicher sein, sondern noch viel mehr einer stillen, aber weitverbreiteten Beklemmung darüber, wie groß das Ausmaß der Mittäterschaft tatsächlich war.[30]

Man kann diese erinnerungskulturelle Veränderung Ende der 1950er Jahre nicht aussparen, wenn man erklären will, warum die noch geraume Zeit zuvor umsorgten Spätheimkehrer von Seiten der Medien gleichsam aus der öffentlich ausgedrückten psychosomatischen Verständnisbereitschaft ausgesteuert wurden und diese nun schließlich den zunehmend ins öffentliche Bewusstsein einrückenden Opfern der NS-Verfolgung zugutekommen sollte. Der Prozess gegen Adolf Eichmann, der 1961 in Jerusalem geführt wurde, war für diesen Zusammenhang von erheblicher Bedeutung. Dieser Prozess basierte, anders als das bei dem großen Verfahren in Nürnberg der Fall gewesen war, auf einer Vielzahl von Zeugenaussagen aus dem Kreis der Überlebenden.[31] Insgesamt sollten einhundertelf Personen in den Zeugenstand gerufen werden. Wie der israelische Generalstaatsanwalt Gideon Hausner in seinen Memoiren festhielt, wollte er »ein lebendes und lebendiges Protokoll einer gigantischen menschlichen und nationalen Katastrophe« liefern; die Ereignisse sollten nicht länger das »phantastische, unglaubhafte Gespenst« der Nazi-Dokumente bleiben, Menschen sollten sie übermitteln und damit der ständig drohenden »Entwirklichung« Einhalt gebieten, in Hausners Worten: »einem Phantom die Dimension der Wirklichkeit verleihen«.[32] Er setzte gezielt auf die emotionale Wirkung der Zeugenaussage, und das Fernsehen – erstmals wurden ein NS-Prozess und in diesem Fall auch Überlebende im Fernsehen gezeigt – reagierte prompt: Obwohl das Verfahren von dem amerikanischen Filmemacher Leo Horwitz nahezu vollständig aufgezeichnet wurde, verlangten die Fernsehanstalten aus aller Welt vor allem jene Sequenzen, in denen die Überlebenden Zeugnis ablegten. Der dramatische Moment, in dem einer der Opferzeugen in Ohnmacht fiel, war, soweit sich feststellen lässt, diejenige Szene, die in der Fernsehberichterstattung über den Eichmann-Prozess am häufigsten gesendet wurde.[33]

Hausners Strategie, der die Vertreter der Anklage im zwei Jahre später beginnenden Auschwitz-Prozess folgten,[34] ging, so scheint es, weitgehend auf. Die Opfer der NS-Verfolgung, die als Überlebende ihre Stimme erhoben und das unauslöschliche Leid ihrer Verfolgung bezeugten, emotionalisierten das sensibilisierte Publikum, auf dessen Empathiebereitschaft man – in vielen Fällen erfolgreich – setzte.[35] Peter Weiss' Stück *Die Ermittlung*, das seit Mitte der 1950er Jahre hundertfach inszeniert wurde, war ein Ergebnis davon; es brachte seinerseits die Figur des Opferzeugen auf die Bühne und setzte auf dieselbe Emotionalisierungslogik wie diese Prozesse. Auch wenn die bundesdeutschen Rezensenten das Stück teilweise harsch kritisierten und es nicht an Versuchen fehlte, Weiss als Kommunisten zu diskreditieren – weithin anerkannt war doch, dass die Leiden der NS-Opfer gesellschaftlich thematisiert werden mussten.[36] Der moralische Vorwurf, den die Überlebenden als Zeugen selbst darstellten, war in den Augen vieler unabweisbar geworden.

Es war deshalb kein Zufall, dass die Medien einem psychiatrischen Jahreskongress, der Ende Mai 1961 in Baden-Baden stattfand, zu außergewöhnlicher öffentlicher Aufmerksamkeit verhalfen. Inmitten des Eichmann-Prozesses informierten die Printmedien ihre Leser über die wissenschaftliche Neuentdeckung von »seelische[n] Dauerschäden« bei Verfolgten[37] – ein Befund, um dessen fachinterne Anerkennung eine Reihe von Psychiatern, die in diesem Zusammenhang meist von »erlebnisbedingten Persönlichkeitsveränderungen« sprach, bereits seit einigen Jahren rang.[38] Jetzt erklärte die *Süddeutsche Zeitung* der Öffentlichkeit: Das Gesetz der »herrschenden Lehre«, das davon ausgegangen sei, dass jedes seelische Leiden ohne Narben verheile, sei in dieser strikten Form gefallen. Wie die renommierte Zeitung ihre Leser informierte, hätten die bei ehemaligen KZ-Inhaftierten auftretenden außergewöhnlichen Dauerschäden mit einer rentenneurotischen Einstellung nichts zu tun; das »psychische Trauma«, wie das exogene Ereignis jetzt gelegentlich genannt wurde, hätte vielmehr »irreversible Schäden« verursacht, wobei sich diese offenbar erst zeigten, nachdem die durchgemachte Hungerdystrophie abgeklungen war. Laut dem Bericht äußerten sie sich vor allem in »Angstträumen, krisenhaft anschwellenden Angstvorstellungen und seelischen Überempfindlichkeiten«.[39] In einer umfassenden Reportage zu diesem Thema ließ *Die Zeit* einen überlebenden jüdischen Kaufmann zu Wort kommen: »Die Angst verläßt mich nicht mehr. Ich spüre körperlich, wie sich alles in mir verkrampft.« *Die Zeit* klärte auf, er und seine Frau seien heute beide »kranke Menschen«, obwohl er aus der KZ-Haft keine körperlichen Schäden zurückbehalten habe. Denn die Verfolgungszeit wirke nach, es sei ein anhaltendes seelisches Leid – davon konnten sich die Leser überzeugen, sobald sie der eindringlichen Erzählung des Mannes weiter folgten:

»Es gibt Tage, an denen fühle ich mich so schlecht, daß ich gar nicht aufstehe oder wenigstens nicht vor die Tür gehe, weil mich eine unsagbare Angst lähmt und ich fürchten muß, daß die Beine ihren Dienst versagen. [...] Ich kenne keine Freude mehr.

Woran und worüber soll ich mich freuen? Mit wem soll ich mich freuen? Wir beide sind einsam geworden, die Menschen haben uns ausgestoßen, wir finden nicht zu ihnen zurück, und sie finden nicht mehr zu uns. Was vor diesen Leidensgeschehen lag, ist für uns unwiederbringlich. Mit dem, was jetzt ist, werden wir alle nicht fertig, und eine Zukunft gibt es für uns nicht mehr.«[40]

Wie die Printmedien vor Augen führten, gehörte die menschenverachtende, verbrecherische Verfolgungs- und Vernichtungspolitik der NS-Zeit keineswegs der Vergangenheit an. In der Welt der Überlebenden setzte sie vielmehr tagtäglich ihr Zerstörungswerk fort, kein Winkel des Alltags schien ausgespart zu bleiben: Allein das Klingeln eines Schlüsselbundes konnte bei dem einen schlimmste Panik verursachen,[41] andere wiederum reagierten mit Herzklopfen und Brechreiz auf größere Menschenansammlungen oder konnten sich im Theater, im Kino oder in der Kirche nur auf einen Platz setzen, der sie auch in die Lage versetzte, den Raum schlagartig wieder zu verlassen.[42] Mit wenigen Sätzen von Überlebenden malten die Medien aus, wie man sich deren Leben mehr als anderthalb Jahrzehnte nach der Befreiung der Lager vorzustellen hatte. Dass an dem anhaltenden Leid kein Zweifel sein konnte und die »Schreckenszenen des KZ-Alltags« die ehemaligen KZ-Häftlinge »bei Tag und bei Nacht« verfolgten, bezeugten die jeweilig befragten Experten.[43] Paul Matussek, vom Max-Planck-Institut für Psychiatrie in München, war, wie *Die Zeit* verkündete, sogar der Ansicht, dass sich die ehemaligen Häftlinge »in gewisser Hinsicht noch immer im KZ« befänden.[44]

Das waren medienwirksame Formulierungen. Angesichts der vielen, gerade auch im Zuge der Prozessberichterstattung erneut durch die Medien gehenden Einzelheiten über die Grausamkeiten und Demütigungen in den Lagern konnten sie schreckliche Imaginationen darüber auslösen, wie düster und gequält das Seelenleben der Überlebenden vermutlich aussah. Im Rahmen der breiteren Debatte über die NS-Verbrechen setzte sich in der

Medienöffentlichkeit auf diese Weise ein Wahrnehmungsmuster durch, das psychische Folgen bei NS-Verfolgten, vor allem bei KZ-Inhaftierten, in wachsendem Maße als gegeben annahm. Damit schloss sich ein Kreis: Der fachwissenschaftliche Durchbruch der neuen Diagnose der »erlebnisbedingten Persönlichkeitsveränderung« beeindruckte einerseits die medienöffentliche Wahrnehmung der Opfer als psychologisch dauerhaft Geschädigte, das mediale Sprechen über das Grauen in den Konzentrationslagern verhalf andererseits diesem psychiatrischen »Wissen« – auch gegenüber den Gegnern im eigenen Fach – zu einer außerordentlichen moralischen Autorität.

Diese Rückkoppelungseffekte von fachwissenschaftlicher Expertise und öffentlicher Moral hatten noch eine weitere Konsequenz. Denn die Anerkennung dieser langdauernden, aber weder erblich noch sonstwie individuell zuzuschreibenden psychischen Folgen der NS-Verfolgung warf die Schuld an diesen Leiden auf die gesamte Gesellschaft zurück. Für die *Süddeutsche Zeitung* war der Psychiater Paul Matussek der Stichwortgeber; »Angeklagt ist die Gesellschaft« überschrieb sie ihren Bericht über den psychiatrischen Kongress. »Um die Belastungsfolgen der Entwürdigung der KZler auszuschalten, müßte die Gesellschaft anders aussehen, sie müßte bereit sein, die in der Geschichte wohl furchtbarste Anklage gegen sie innerlich zu akzeptieren«, gab die *Süddeutsche* das Urteil des Arztes wieder, und sie stimmte erkennbar zu.[45] Auch in anderen Zeitungen war der Tenor deutlich: »Wir alle, die Gesellschaft, sind mit dem Schicksal der Unglücklichen aufs Innigste verbunden. Nichts befreit uns aus dieser Verstrickung«, konstatierte *Die Zeit*,[46] die es an anderer Stelle in den Worten des 1933 emigrierten Psychiaters Erwin Straus noch klarer sagte: »Seit es die KZs gab, gibt es die Verfolgten, die Häftlinge. Die anderen sind die Verfolger, alle anderen.«[47]

Die Medien, die den Eindruck erweckten, als stärke die gesamte psychiatrische Wissenschaft ihnen den Rücken, gingen mit der Gesellschaft hart ins Gericht. Weder stehe diese zu ihrer eigenen Schuld, noch verspüre sie, so lautete der offene Vorwurf, irgendeine

Verantwortung gegenüber den überlebenden Opfern der nationalsozialistischen Verbrechenspolitik. Stattdessen beschränke sich das »Mitfühlen« meist darauf, »den Eichmann-Prozeß und die Unmenschlichkeiten der KZ-Schergen mit einer Mischung aus Neugier und Abscheu zu verfolgen«, kritisierte *Die Zeit*:

»Wir machen das sozusagen beim Frühstück ab, zwischen Kaffee und Marmeladenbrötchen, und wenden uns dann bald dem täglichen Einerlei zu: dem neu anzuschaffenden Waschautomaten oder den Vorbereitungen für die nächste Mittelmeerreise. Sind wir aber den Opfern von damals nicht etwas mehr schuldig, als nur festzustellen, zu welch untierhaften Taten Menschen fähig waren? Sind wir nicht alle irgendwie schuldhaft mit dem Grauenhaften verstrickt? Und identifizieren wir uns mit dieser Schuld?«[48]

Obwohl die Berichterstattung während des Eichmann-Prozesses teilweise auch das ältere »Muster der Individualisierung der Tatschuld« fortsetzte, ja, Eichmann gelegentlich geradezu die persönliche Verantwortung für den gesamten Mord an den europäischen Juden zugeschrieben wurde,[49] ist es unverkennbar, dass die publizistische Öffentlichkeit Anfang der 1960er Jahre einen deutlichen Vorstoß unternahm, dem vermuteten gesellschaftlichen Hang zur Selbstentlastung Einhalt zu gebieten. Zu Beginn des Auschwitz-Prozesses nahm dieser neue moralische Ton der Verantwortungsannahme zu. Anders als zuvor blieb es nicht bei der Ermahnung, sich der Erkenntnis zu öffnen, dass alle an den Verbrechen des nationalsozialistischen Regimes eine moralische Mitverantwortung trügen. Vielmehr stieg es nachdrücklich ins öffentliche Bewusstsein, dass auch der unauffällige Bürger von nebenan ein Täter sein konnte. Die eher unscheinbare Gestalt des Bürokraten Eichmann mag diesen Gedanken ebenso genährt haben wie die zunehmende Einsicht, dass es eine vielverzweigte Kooperation brauchte, um den Mord an den europäischen Juden durchzuführen. Der Direktor der Psychosomatischen Klinik der Universität Gießen, Horst Eberhard Richter, stellte als einer unter vielen fest, mehrere der Schuldigen hätten

»nach 1945 anscheinend ein brav bürgerliches Leben geführt«, an Beispielen für eine »relativ unauffällige äußere Anpassung an die Normen der Nachkriegsgesellschaft« fehle es nicht. Richter malte aus: »Geordnete Tätigkeit in oft achtbaren Berufen, Fürsorge für die Familie, keinerlei Straffälligkeit. Vorgesetzte und Nachbarn bescheinigen, die Betreffenden seien mitunter von ihrer Umgebung so wohlgelitten gewesen, daß man ihnen ihre erst jetzt bekanntgewordenen Verbrechen aus der Nazi-Zeit gar nicht zutraue.«[50]

Richters Darstellung steht hier nur exemplarisch für eine Angst, die in der »Renazifizierungsdebatte« der 1950er Jahre schon einmal angeklungen war, während der großen Prozesse der 1960er Jahre allerdings nicht mehr nur von Einzelnen, sondern von einer breiten Medienöffentlichkeit verstärkt thematisiert wurde. Es ging nicht mehr nur um den politischen Skandal, dass ehemalige Mitglieder der NSDAP, der SS und der SA in hochrangige, auch politische Ämter, eingerückt waren. Die wahrgenommene Problematik war breiter gelagert: »Ganz normale Menschen« – man hatte dabei nur Männer im Blick – waren in der Lage, grausamste Verbrechen zu begehen und später wieder mühelos »ganz normale Menschen« zu sein.[51] Dieses Täterbild verlangte nicht nur eine andere Erklärung als der von den Printmedien während der späten 1940er und frühen 1950er Jahre inszenierte pathologische Exzesstäter,[52] vielmehr beförderte es, trotz dessen gelegentlicher Bestärkung auch während des Auschwitz-Prozesses,[53] die Sorge, dass die Täter gleichsam überall sein konnten: unter den Nachbarn, den Freunden, den eng vertrauten Angehörigen.[54] So lautete in einem Interview, das der *Stern* mit dem Hamburger Psychiatrieprofessor Bürger-Prinz während des Auschwitz-Prozesses führte, die Eingangsfrage: »Es gibt zahlreiche, bereits abgeurteilte KZ-Mörder, die jahrelang als scheinbar harmlose Typen unter uns gelebt haben. Halten Sie es für möglich, daß mein netter Friseur um die Ecke einmal Gefallen daran gefunden haben könnte, wehrlose KZ-Häftlinge mit dem Rasiermesser abzuschlachten?«[55]

Größtenteils waren die Berichte, die sich – nun auch vermehrt im Fernsehen[56] – dem Thema der Integration von NS-Tätern annahmen, einem seriöseren Stil verpflichtet; aber bei den Illustrierten kann man sich des Eindrucks nicht erwehren, dass sie darauf setzten, ihre Leserschaft nicht nur mit einer verstohlenen Angst vor Tätern im vertrauten Umkreis, sondern ebenso mit einer heimlichen Skandallust zu fesseln. Auf welche Weise solche Reportagen aber immer auch mit dem Schrecken spielten – sie nährten und bekräftigten ebenfalls die Vorstellung, dass die von deutscher Seite begangenen Verbrechen und Morde nicht auf einzelne »Bestien« abzuwälzen waren. Wie der *Stern* seine mehrteilige Reportage über die Angeklagten des Auschwitz-Prozesses überschrieb, waren die Mörder »wie du und ich«. Sie führten normale Leben, so beispielsweise auch der Angeklagte Viktor Capesius, der seit 1943 die Lagerapotheke in Auschwitz geleitet hatte, zuvor aber ein »amüsanter Charmeur, ein blendender Gesellschafter, ein fabelhafter Tänzer« gewesen, sogar mit einer »Halbjüdin« verheiratet war. Schon wenige Jahre nach dem Krieg führte er wieder ein bürgerliches Leben als erfolgreicher Geschäftsmann im Westen, genoss die Geselligkeit, »alle mochten ihn«. Doch der Begleittext zu einem Foto, das ihn mit seinen drei Kindern im Jahr 1943 zeigte, klärte auf: »Zeugen schwören: ›Ein Jahr später schickte er Geschäftsfreunde und Bekannte in die Gaskammer.‹«[57]

Man kann in vielerlei Hinsicht darüber spekulieren, welche Auswirkungen der Auschwitz-Prozess auf die bundesdeutsche Gesellschaft hatte.[58] Der Reflex »Wir sind nicht wie die«, den nicht nur Martin Walser bei den Deutschen im Sinne einer fortdauernden Selbstentlastung befürchtete,[59] wurde bei manchen vielleicht tatsächlich ausgelöst; andere wurden, wie der Journalist und ehemalige Wehrmachtssoldat Horst Krüger, von vielfältigen quälenden Fragen heimgesucht und von einem schmerzhaften »Selbstprüfungsprozeß« erfasst. Dafür legte Krüger, der dem Prozess selbst für einige Wochen beigewohnt hatte, noch während dieser andauerte, im Rundfunk und in der Zeitschrift *Der Monat* öffentlich ein eindrucksvolles Zeugnis ab.[60] In dem Beitrag – verfasst als ein Wechselspiel zwischen Stimmen, die aus dem Lautsprecher drangen und über fürchterlichste Grausamkeiten berichteten, und Krügers innerer Wahrnehmungs- und Gedankenwelt – nahm er den Leser mit zu seinem ersten Besuch in den Gerichtssaal. Krüger hatte diesen Raum mit einigem Bangen betreten; im Jahr 1941 hatte er einmal, wie man erfuhr, wegen »Vorbereitung zum Hochverrat« in Berlin vor dem Volksgerichtshof gestanden. Mehr als zwanzig Jahre später war er sich im Frankfurter Gerichtssaal plötzlich gar nicht sicher, ob nicht auch er grausamste Befehle ausgeführt hätte, wäre er in die entsprechende Situation gestellt gewesen. Er schrieb:

»Was wäre gewesen, wenn auf meinem Marschbefehl nun zufällig nicht das Wort Smolensk, sondern das unbekannte, nichtssagende Wort Auschwitz gestanden hätte? Natürlich hätte ich meine Verwundeten auch dahin gefahren, natürlich, ein Soldat tut immer, was ihm befohlen wird. Ich hätte sie nach Auschwitz gefahren, und vielleicht hätte ich sie bei dem Häftlingsarzt, der jetzt hier als Zeuge spricht, angeliefert: täglich ein oder zwei Verwundete für die Sanitätsbaracke in Auschwitz. Das ist doch nicht viel. Und dann weiter? Was hätte ich noch getan? Es wäre mir kaum entgangen, daß hier nicht Genesung, sondern Tötung betrieben wurde. Was hätte ich getan? Wahrscheinlich hätte ich wie alle anderen die Augen verschlossen und eine Weile so getan, als merkte ich nichts. […] Ich glaube, ich hätte nicht mitgemordet, ich hätte nicht mittöten, mitverbrennen, mitsortieren können. Das ist eine andere Dimension. Aber hätte ich nicht versucht, mich irgendwie aus der Affäre zu ziehen, mit den vielen kleinen Tricks, die der Soldatentag kennt? Depot oder Schreibstube oder Krankenbaracke? Sicher wäre ich kein Held gewesen. Ich hätte mich entzogen und den Mund gehalten. Aber wer kann sagen, wie lange ich mich entzogen hätte? Auch das Töten kann eine Gewohnheit werden. Alles ist Gewohnheit. Wenn täglich zehntausend Menschen getötet werden, wer sagt, daß ich nach zwei Jahren mich nicht auch daran gewöhnt hätte?«[61]

Es waren beängstigende Fragen, die Krüger sich – und indirekt auch seinen Lesern – im Angesicht des Auschwitz-Prozesses stellte, der den ehemaligen Wehrmachtsangehörigen in hohem Maße in seinen Bann schlug. Zuschauer habe er sein wollen, erklärte er, aber während er wieder einmal der Stimme aus dem Lautsprecher folgte, habe er gespürt, »daß hier niemand Zuschauer bleiben kann. Die Zeitschranken sind verschoben, Vergangenheit ist Gegenwart geworden«, erläuterte er den regelrechten Sog der Erzählungen, dem er nicht entkommen konnte. Denn wie in einer Fotomontage setzten sich im Kopf Bilder, die das Gehörte erzeugte, und Erinnerungsbilder aus dem Krieg neu zusammen. Der »eigene Erinnerungsstoff« habe sich unweigerlich hochgeschoben, erklärte Krüger später einmal im Rückblick auf das von ihm Durchlebte während des Auschwitz-Prozesses.[62] In seinem Buch »Im Labyrinth der Schuld« hatte er es folgendermaßen formuliert: »Der Film des Lebens ist zurückgespult und läuft noch einmal ruckartig an, und warum soll in diesem Film jetzt nicht gleich das Bild kommen, das mich zeigt, mich unter lauter Uniformierten, mich im Feldzug gegen Osten, und was werde ich auf diesem Bild tun? Wer werde ich sein?«[63]

Krüger konfrontierte Mitte der 1960er Jahre die deutsche Gesellschaft mit Fragen, über die andere auf diese Weise, zumal auf die eigene Person bezogen, nicht öffentlich nachdachten. Wie viele ehemalige Wehrmachtssoldaten, angestoßen etwa durch die ausführliche Berichterstattung über die Prozesse, eine ähnliche innere Bilderodyssee durchliefen wie Krüger und sich vielleicht sogar tatsächlich vor ihrem inneren Auge als Zeuge oder Täter eines Verbrechens zuschauten, ist nicht zu ermitteln[64] – und trotz aller Erkenntnisse über das Zusammenspiel von SS, Wehrmacht und Polizei im Rahmen der Verbrechens- und Vernichtungspolitik im besetzten Europa bleibt bis heute im Dunkeln, wie viele Soldaten tatsächlich beteiligt waren.[65] Doch der unheimliche Verdacht, dass man im Grunde überall einem Täter begegnen konnte, drang in der publizistischen

Öffentlichkeit nicht nur immer wieder durch, diese perpetuierte ihn auch. Krüger überkam diese Ahnung sogar im Gerichtssaal, als ihm durch sein verspätetes Dazustoßen zur Gerichtsverhandlung bewusst wurde, dass die Angeklagten physiognomisch von den anderen Anwesenden im Saal nicht zu unterscheiden waren. »Ich suche die Angeklagten im Saal, aber ich finde sie nicht. Ich suche die Zeugenbank, aber ich sehe sie nicht«, beschrieb er seinen vergeblichen Versuch, eine Ordnung zu schaffen: »Da sitzen etwa 120 oder 130 Deutsche in diesem Saal, Bürger unseres Landes, Bundesdeutsche aus dem Jahr 1964, doch ich kann nicht erkennen, wer hier eigentlich die Ankläger und wer die Angeklagten sind.«[66] Erst während einer Verhandlungspause – für Krüger ein verwirrendes, seltsam irreales Zusammentreffen aller im Foyer – klärte ihn ein Journalist auf, für Krüger ein jähes Erwachen:

»Und da begreife ich zum ersten Mal, daß all diese freundlichen Leute vorhin im Saal, die ich für Journalisten oder Anwälte oder Zuschauer hielt, daß sie ja die Angeklagten sind und daß man sie natürlich nicht unterscheiden kann von uns allen. 22 Männer sind hier angeklagt, 8 sind in Haft, 14 gegen Kaution in Freiheit, und alle sehen mit ganz wenigen Ausnahmen natürlich aus wie alle anderen, benehmen sich wie alle anderen, sind wohlgenährte, gut gekleidete Herren in gehobenem Alter: Akademiker, Ärzte, Apotheker, Kaufleute, Handwerker, Hausmeister, Bürger unserer neudeutschen Gesellschaft im Überfluß, freie Bundesbürger, die draußen wie ich ihr Auto vor dem Römer stehen haben und zur Verhandlung kommen wie ich. Da ist nichts zu unterscheiden.«[67]

Trotzdem suchte Krüger die Gesichter der Angeklagten wiederholt nach irgendwelchen Merkmalen ab, die sie als Täter erkennbar machten – und fand sich doch nur immer wieder auf den ebenso ernüchternden wie erschütternden Gedanken der äußeren Unterscheidungslosigkeit zurückgeworfen. Dass er Oswald Kaduk bescheinigen konnte, »eines der wenigen abstoßenden Gesichter« zu besitzen, schien für Krüger, selbst wenn es alle nur erdenklichen grausamen Phantasien über einen »KZ-Schläger« auslöste, beinahe weniger gruselig zu sein, als in der Erscheinung des Angeklagten Breitwieser einen interessant und intelligent wirkenden Mann zu erblicken, »so sympathisch und ruhig, daß ich ihn als Angestellten jederzeit engagieren würde«. (Arthur Breitwieser war angeklagt, an der ersten sogenannten Probevergasung mit Zyklon B im September 1941 beteiligt gewesen zu sein.) Krüger fasste in Worte, was nicht nur ihn quälte: »Irgendwie muß es sie doch drücken, absondern, einsam machen«, rätselte er. Und nicht nur er erwartete die Antwort von den Experten: Was, fragte Krüger, sagten die Ärzte, die Psychologen, die Psychiater dazu, wie »man eigentlich nach Auschwitz wieder ein solcher ziviler und tüchtiger Bundesbürger werden« konnte?[68]

Der Hamburger Psychiater Hans Bürger-Prinz hatte in einem Interview anlässlich des Auschwitz-Prozesses den Lesern des *Stern* zu ebendiesem Phänomen und der damit verbundenen Nachfrage des Journalisten, ob das denn »normal« sei, in der Februar-Ausgabe des Jahres 1964 bereits eine nüchterne Auskunft erteilt: »Ja, das würde ich für absolut normal halten«, zitierte ihn die Illustrierte, »die Menschen sind so. So und nicht anders.« Spreche man vom »Menschlichen«, müsse man »das Unmenschliche immer mitmeinen.« Der Psychiater sah hier keinen Anlass für irgendwelche Illusionen, dass die Täter aufgrund der von ihnen ausgeführten Grausamkeiten psychische Störungen davontrügen: »Ich habe mit vielen Männern zu tun gehabt, die während der Nazi-Zeit […] Verbrechen begangen haben«, schilderte er seine Erfahrungen, »aber nur ein einziger ist mir in Erinnerung, dem man hinterher etwas angemerkt hat. Der hatte einen Knacks weg.«[69] Wie der Journalist für die Leser erfragte, handelte es sich um einen Unteroffizier. Er hatte an dreiundsiebzig Erschießungen in Polen teilgenommen, und er war, Bürger-Prinz ließ die Formulierung seines Gesprächspartners so stehen, daran »zerbrochen«. Doch der Psychiater bekräftigte noch einmal: »Wie gesagt, der einzige, den ich kenne, der daran zerbrochen ist.«[70]

Das psychiatrische Urteil unterstrich daher: Was man in den Gesichtern der vor Gericht stehenden Massenmörder an Unberührtheit entdecken konnte, war kein Irrtum, wie überhaupt auch die ehemaligen Soldaten selbst nach den grausamsten Erlebnissen in diesem verbrecherischen Krieg – von ganz seltenen Ausnahmen abgesehen – keine psychischen Dauerschäden davontrugen. Die Ausweitung des Täterbildes und die mediale Verbreitung einer psychiatrischen Lehrmeinung stützten und verstärkten sich hier wechselseitig. Zumindest in den Medien – die einen guten Teil des öffentlichen Erinnerungsdiskurses ausmachten – war damit das Reden von einem möglichen Opferstatus des Soldaten so gut wie ausgelöscht.

Das Gespräch des *Stern* mit dem Psychiater Bürger-Prinz war auch charakteristisch für die zunehmend breitere Fassung des Täterbildes. Bürger-Prinz sprach gewissermaßen in einem Atemzug von »KZ-Schlächtern«, Soldaten und Mitgliedern der Einsatzgruppen. Dabei gab der Journalist dem Psychiater sogar die Gelegenheit, etwaigen Spekulationen über psychisch bedingte Erkrankungen infolge jeglicher Kriegshandlungen ausdrücklich zu begegnen. Als Beispiel diente der mutmaßlich in dieser Form konstruierte Fall eines Mannes, der angeblich vor einigen Jahren den Anspruch auf eine Kriegsopferrente geltend gemacht habe, weil er sich während des Krieges ein Magengeschwür zugezogen habe. Den Zusammenhang erläuterte der besagte Mann dem Beamten dabei folgendermaßen: Als Angehöriger eines Einsatzkommandos habe er Erschießungen durchgeführt, einmal auch ein zweijähriges Kind erschossen, nun sei er verheiratet, habe selbst eine zweijährige Tochter: »Immer, wenn ich sie ansehe, muß ich an das andere Kind denken, das ich erschossen habe. Und da dreht sich mir der Magen um, und nun habe ich Magengeschwüre.« Der Journalist, der die Geschichte vorbrachte, bezeichnete den Rückschluss des Mannes als eine »naive Reaktion«, der Psychiater stimmte ihm in diesem Urteil zu. Zwar bestehe bei dem Mann offenbar eine »nachklingende Sensitivreaktion«, erklärte Bürger-Prinz, bei dem Magengeschwür handele es sich jedoch um eine

»Neurose«, ein wirklicher, kausaler Zusammenhang mit der Tat bestand in seinen Augen nicht – der vorherrschenden psychiatrischen Lehre ganz entsprechend.[71] Es sei, bekräftigte Bürger-Prinz vor der Öffentlichkeit, »der Versorgungsgedanke«, der bei diesem Mann »so überragend ist, daß er ganz naiv reagiert und sagt: ›Das Magengeschwür habe ich mir im Krieg geholt – folglich möchte ich eine Rente haben.‹« Der Hamburger Psychiater versicherte sogar: »Dabei kommt das Moralische für den Mann überhaupt nicht ins Spiel. Er macht sich nicht einen Vorwurf fürs ganze Leben.«[72]

Bürger-Prinz ließ keine Eventualität gelten: Zwar mochte es sein, wie dieser Fall zeigte, dass ein ehemaliger Soldat nach grausigsten Erlebnissen einen Kriegsopfereffekt reklamierte; nach den Erfahrungen der psychiatrischen Wissenschaft war ein solcher Anspruch jedoch ungerechtfertigt. Der Hamburger Psychiater wiederholte damit tatsächlich nur, was in seinem Fach seit Jahrzehnten unstrittig war: Langanhaltende psychische Leiden seien bei den Soldaten nach deren Heimkehr nicht zu erwarten. Die seit dem Eichmann-Prozess von den Massenmedien veröffentlichten Berichte über die psychiatrische Neuentdeckung psychischer Dauerschädigungen bei NS-Opfern hatten diesen Wissensstand stets miterwähnt. Der vehemente Appell, den die Medien durch die Stimme psychiatrischer Experten an die Öffentlichkeit richteten, sich der Verantwortung für die nationalsozialistischen Verbrechen endlich zu stellen und die anhaltenden seelischen Leiden der Überlebenden als verfolgungsbedingt anzuerkennen, hatte von Beginn an Grenzen zu der Leidensfähigkeit der Kriegsteilnehmer und zu ihren Belastungen gezogen. So sprach sich Walter von Baeyer 1961 in der *Zeit* nachdrücklich dafür aus, sich darüber klarzuwerden,

»in welchem Umfang die NS-Verfolger ihre Opfer terrorisierten und worin sich der damalige Terror von seelischen Belastungen unterscheidet, die durch Unfälle, Kriegsverletzungen, Luftkriegseinwirkungen und dergleichen hervorgerufen werden. […] Den politischen Terror charakterisiert die längere

Dauer, die ununterbrochene Bedrohung an Leib und Leben, die Unabsehbarkeit und Ausweglosigkeit. Im Gegensatz zu den Bombengeschädigten und Frontkämpfern blieb es bei den Opfern dieser absoluten und erbarmungslosen Verfolgung nicht bei relativ isolierten Erlebnissen von Angst, Grauen, Schrecken, körperlichen Verletzungen und Entbehrungen. Sie wurden in der Schreckenszeit niemals wieder in ein bergendes Gehäuse von Sicherheit, Fürsorge oder Wohlwollen zurückversetzt. Sie waren wie gehetztes Wild, ohne Hoffnung, jemals wieder in eine sie akzeptierende Gemeinschaft, in fürsorgliche Institutionen wie Lazarette und Krankenhäuser aufgenommen zu werden, oft den sicheren Tod vor Augen. Dazu kommt die totale Entrechtung und Entwürdigung, der Entzug jeglicher Achtung und durch die Gleichsetzung mit lästigem Ungeziefer eine Diskriminierung, wie es sie in der Weltgeschichte nicht vollständiger, systematischer und unmenschlicher gab.«[73]

In der medialen Offensive für eine gesellschaftliche Anerkennung der psychischen Zerstörungsgewalt der nationalsozialistischen Verfolgungs- und Vernichtungspolitik klang anfänglich noch an, dass der Kreis der Menschen mit fortdauernden psychischen Leiden sich nicht auf die »politisch und rassisch Verfolgten jener Zeit« beschränke. An »mehr oder weniger quälenden ›Isolationsgefühlen‹« litten, mutmaßte jedenfalls Walter von Baeyer in der *Zeit*, wohl auch »Emigranten und Heimatvertriebene«, selbst »mancher Sowjetzonenflüchtling« sei hinzuzuzählen. Es war die Erfahrung der »Entwurzelung«, die hier schwer wog; die Psychiater hatten vor allem ältere Menschen im Blick. Die *Zeit* ließ diese breitere psychiatrische Perspektive jedoch nur kurz aufblitzen, entriss zudem ein längeres Zitat des Psychiaters Venzlaff auf eine Weise aus seinem eigentlichen Argumentationskontext, dass es dem Leser erscheinen musste, als habe der Arzt wiederum die Verfolgten des Nationalsozialismus gemeint.[74]

Die Medien gaben die innerpsychiatrische Debatte aber nur insofern in geringfügiger Verzerrung wieder, als sich die Anstrengung der Psychiater, ein neues psychiatrisches Wissen über psychische Langzeitfolgen in ihrem Fach zu etablieren, tatsächlich primär auf die NS-Verfolgten konzentrierte. Diese waren Grausamkeiten ausgeliefert gewesen, die ihresgleichen nicht kannten, ihre psychischen Folgestörungen waren deshalb auch ein Sonderfall – so spitzte sich das Argument in der innerfachlichen Kontroverse letztlich immer wieder zu. Es war sicherlich nicht zuletzt dieses Alleinstellungsmerkmal, das innerhalb der Psychiatrie einen Akzeptanzrahmen dafür schuf, dass auch Anhänger der als gesichert geltenden psychiatrischen Lehre von der grenzenlosen Belastbarkeit des Menschen einen neuen diagnostischen Ansatz billigten.[75] In der medialen Öffentlichkeit kamen derartige Streitigkeiten aber überhaupt nicht zum Tragen. Im Gegenteil, in der Berichterstattung über psychische Leiden stach in den frühen 1960er Jahren zunehmend hervor, wie die überlebenden NS-Opfer – und immer wieder vor allem die KZ-Inhaftierten – dezidiert von den ehemaligen Soldaten abgegrenzt wurden. Auch die *Frankfurter Allgemeine Zeitung* gab an ihre Leser im Winter 1963 weiter: Die Menschen, die Konzentrationslager und Gefängnis überlebt hätten, seien »im Kern ihrer Persönlichkeit getroffen«, an der Spitze ihrer Leiden stünden »körperliche und seelische Schwäche«. Der Psychiater Venzlaff war es erneut, der in diesem Fall das Hintergrundwissen lieferte. Wie er in einem Vortrag angeblich ausführte, habe es »für ihre Qualen [...] damals kein Motiv gegeben, wie vielleicht bei Soldaten und der Bevölkerung in den bombardierten Städten«. Dass man im Unterschied zu den KZ-Internierten bei den »Spätheimkehrern« festgestellt habe, »daß nur ein geringer Prozentsatz von ihnen körperlich oder seelisch geschädigt sei«, war durch den *FAZ*-Bericht jetzt auch einem breiteren Lesepublikum bekannt.[76]

Unzählige Kriegsheimkehrer sahen das anders. Als ihre Fürsprecher formulierten die Kriegsopferverbände einen umfassenden Protest, den sie in verschiedenen Foren an die politischen Repräsentanten der deutschen Gesellschaft herantrugen. Der Einspruch der ehemaligen deutschen Soldaten passierte aber den Resonanzfilter der Medien nur partiell. In ihrem Streit um eine Erhöhung der Renten aus der Kriegsopferversorgung stand die Medienöffentlichkeit den Kriegsversehrten zwar nicht ohne Verständnis gegenüber. Als im Winter 1963 etwa 20 000 Kriegsheimkehrer nach Bonn reisten, um in der Hauptstadt gegen den Sparkurs der Regierung zu demonstrieren, war ihnen eine ausführliche, im Ganzen auch unterstützende Berichterstattung in den überregionalen Zeitungen sicher. Es sei schon »makaber«, sprang die *Süddeutsche Zeitung* im Dezember 1963 den Kriegsopfern bei, »daß der Verlust von Gliedern in Mark und Pfennig aufgewogen werden muß, um dem Kriegsversehrten das Lebensminimum zu gewährleisten«. Dass die Nachbarländer ihren Kriegsopfern angeblich sogar eine bessere Entschädigung zuteil werden ließen, wie die Kriegsopferverbände behaupteten, rückte die Versorgungspolitik in Deutschland für manche tatsächlich in die Nähe eines Skandals.[77]

Doch in einem anderen Punkt des Aufbegehrens nahmen sich die Medien des Themas in keiner Weise an. Er betraf die von Seiten des Heimkehrerverbandes wiederholt an die Politik herangetragene Forderung, den ehemaligen Kriegsgefangenen aus den sowjetischen Lagern in der Kriegsopferversorgung die gleichen Beweiserleichterungen für die Anerkennung gesundheitlicher Schädigungen zuzugestehen wie den NS-Verfolgten in der Wiedergutmachung.[78] Dabei ging es um diejenigen Leiden, die in der Medizin überwiegend als »anlagebedingt« galten, eine besondere Anerkennung außergewöhnlich großer körperlicher und psychischer Strapazen erfolgte bei den ehemaligen Soldaten nicht.[79] Dagegen protestierte der Verband der Heimkehrer. So brachte er im Jahr 1963, unterstützt durch den Niedersächsischen Sozialminister Kurt Partzsch (SPD) und Staatsekretär Walter Auerbach (SPD), im Bundesratsausschuss für Kriegsopfer- und Heimkehrerfragen das Anliegen ein, dass ein ursächlicher Zusammenhang zwischen einem Leiden und der Gefangenschaft grundsätzlich dann angenommen werden solle, wenn diese mit »extremen Lebensverhältnissen« verbunden gewesen sei. In welchen Kriegsgefangenenlagern solche anzunehmen seien, und »bei welchen Gesundheitsstörungen die Wahrscheinlichkeit eines ursächlichen Zusammenhangs« zu vermuten sei, sollte, so der Antrag, die Bundesregierung rechtsverbindlich festlegen.[80] Die Ländervertreter zogen nicht mit, wie man aus den Rechenschaftsberichten des Heimkehrerverbandes erfahren kann. Einige hätten argumentiert, so hieß es dort, dass es »Spätfolgen nach extremen Lebensverhältnissen« überhaupt nicht mehr gebe; andere wiederum hätten in Abrede gestellt, dass achtzehn Jahre nach Kriegsende dieser Nachweis von dem Einzelnen geführt werden könne, dass er in bestimmten Lagern gewesen sei.[81] Der Verband war, wie zuvor schon einmal,[82] mit seinem Vorstoß gescheitert. Sichtlich verärgert darüber, erklärte die Verbandsspitze im Rechenschaftsbericht den angehörigen Kriegsheimkehrern:

»Es fehlt in letzter Zeit nicht an Versuchen, Unterschiede in den Folgen der Freiheitsberaubung bei zwei großen Personengruppen zu machen, nämlich den KZ-Häftlingen, deren Not 1945 endete, und den Kriegsgefangenen, deren Not 1945 begann. Alle internationalen Forschungen und Vergleiche sprechen gegen diese Tendenz. Es wäre zu wünschen, wenn auch in der Bundesrepublik bei der Beurteilung der Spätschäden aus extremen Lebensverhältnissen mehr menschliche als politische Aspekte zur Geltung kämen.«[83]

Was in den Augen vieler Kriegsheimkehrer ein Skandal sein mochte, war in den 1960er Jahren aus Sicht der Medien keine Schlagzeile wert, geschweige denn für die Inszenierung einer politischen Affäre tauglich. Während des laufenden Auschwitz-Prozesses und im politisch-moralischen Klima dieser Zeit, das die Massenmedien mit kreierten, war es aus Mediensicht offenbar undenkbar geworden, eine öffentliche Anwaltschaft für die Kriegsheimkehrer und ihr Anliegen zu übernehmen, die Gleichheit der Menschen vor grausamer Behandlung gegenüber der Politik einzuklagen. Ein großer Teil der Medienöffentlichkeit wollte anscheinend von derartigen Vergleichen nichts wissen. Dabei drängt sich abermals der Eindruck auf, dass über die Frage der Anerkennung psychisch bedingter Spätfolgen auch festgelegt wurde, wer nach dieser Gewaltapokalypse zu den Tätern und wer zu den Opfern hinzuzuzählen war. Im Gegenzug konnten die Imaginationen über das Ausmaß der jeweils zu erleidenden Gewalt und seiner Folgen für das Leben der Betroffenen davon nicht unberührt bleiben. Dieser Gedanke liegt jedenfalls nahe, da mindestens in den nachfolgenden zwei Jahrzehnten nicht im öffentlichen Bewusstsein stand, der Zweite Weltkrieg könne bei den deutschen Soldaten irgendwelche psychischen Leiden hinterlassen haben. Man könnte einwenden, dass die Diagnose des Post-Traumatic Stress Disorder (PTSD), die im Zuge des Vietnamkrieges entwickelt wurde, auch erst im Jahr 1980 von der »American Psychiatric Association« offiziell anerkannt worden sei. Doch wie ein Blick in die deutschen Illustrierten zeigt, schien das Thema der psychischen Folgen des Vietnamkrieges dort bereits in der zweiten Hälfte der 1960er Jahre auf – jedenfalls sofern es um die Soldaten der amerikanischen Seite ging. »Die Angstträume bleiben«, lautete etwa die Schlagzeile einer Reportage, die der *Stern* Ende des Jahres 1966 über einen US-Leutnant brachte, der mit seiner Maschine abgeschossen und in vietnamesische Gefangenschaft geraten war. Der Bericht war als Heldengeschichte aufgemacht. Doch der amerikanische Leutnant leide, konnte man lesen, an fortdauernden Angstträumen. Des Nachts wache er mehrmals schweißgebadet auf, wenn ihm die bestialischen Taten des vietnamesischen Gegners wieder vor Augen stünden. Die Aufdeckung und Betonung der psychischen Folgen war, so schien es, nachgerade ein Erzählmodus, in dem sich klarstellen ließ, wer die eigentlichen Opfer dieses Krieges waren.[84]

Wie die Grenzen seelischer Belastbarkeit bei Soldaten wahrgenommen wurden, war offenkundig ein selektiver Prozess. Moralische Wertsetzungen und politische Erfordernisse flossen dabei ein und bestimmten mit, welche der zur Verfügung stehenden wissenschaftlichen Lesarten sich die Medienöffentlichkeit zu eigen machte, um psychische Leiden zu deuten, womit sie je spezifische

Vorstellungen des gesamten Geschehens vermittelte. Auch der Siegeszug des PTSD seit den 1980er Jahren lässt sich nicht ohne diese Faktoren erklären.[85] In der zweiten Hälfte der 1960er Jahre führten im deutschen Fall die Rückkoppelungseffekte dazu, dass die am Beispiel amerikanischer Vietnamsoldaten durchaus erörterbare Symptomatik seelischer Folgeschädigungen nicht auf die Kriegsfolgen bei deutschen Soldaten angewendet werden konnte. Einer solchen Übertragung standen die in der deutschen psychiatrischen Wissenschaft immer noch vorherrschende Lehrmeinung über die Belastungsfähigkeit der Menschen im Krieg entgegen und die im Zuge der NS-Prozesse erfolgte mediale Ausweitung des Täterbildes. Gleichzeitig wurde die Anerkennung der (jüdischen) NS-Verfolgten als unvergleichbare Opfer nicht nur des nationalsozialistischen Krieges, sondern aller bisherigen Menschheitsverbrechen zu einer politisch-moralischen Sagbarkeitsregel in der bundesdeutschen Medienöffentlichkeit, die auch auf eine generelle Entscheidung des fachwissenschaftlichen Streits zugunsten der Wiedergutmachung drängte.

Zum Ausdruck kam das zum Beispiel in der zweiteiligen Rundfunksendung »Späte Schäden der Psyche nach politischer Verfolgung«, die der Sender Freies Berlin im Februar 1965 auf seinem dritten Programm ausstrahlte. Die umfangreichen Sendemanuskripte finden sich nicht zufällig im Aktenbestand des Bundesfinanzministeriums wieder, das für die Entschädigungsverfahren der NS-Verfolgten verantwortlich zeichnete.[86] Dort hatte man im Vorjahr versucht, die wissenschaftliche Qualität und Seriosität eines soeben erschienenen Sammelbandes, der sich mit den psychischen Spätschäden nach politischer Verfolgung beschäftigte, herunterzuspielen.[87] Ein handschriftlicher Vermerk des Ministerialrats Zorn am Rand eines Briefes verrät, dass das Buch in seinen Augen insofern eine Gefahr darstellte, »als bereits jetzt die psychischen Folgen bei der Bewertung eines Gesundheitsschadens infolge der NS-Verfolgung vielfach überbewertet« würden.[88] Doch die angegriffenen Psychiater konterten. In zwei Teilsendungen und insgesamt hundertzwanzig Minuten informierte der Sender Freies Berlin seine Hörer – und durch eine Kopie des Sendemanuskripts auch das Ministerium – nicht nur darüber, dass bei den ehemals politisch Verfolgten, vor allem den ehemaligen jüdischen KZ-Häftlingen, schwere psychische Leiden zu beobachten seien, da »der NS-Terror erlebnisreaktive Schädigungen in bisher unbekanntem und unvorstellbarem Ausmaß verursacht« habe. Er schilderte zudem die Widerstände gegen diese Wahrnehmung innerhalb der psychiatrischen Zunft und der Wiedergutmachungsbürokratie, die sich über lange Zeit nur äußerst zögerlich »mit den bis dahin unbekannten Ursachen von Angst und Verfolgung« beschäftigt hätten.[89]

Schon der Beginn der Sendung deutete damit Konflikte an. Der Redakteur des Features ließ eine Vielzahl von Experten aus der psychiatrischen Wissenschaft und Rechtsprechung, Entschädigungsbürokratie und Politik zu Wort kommen, und zwar so geschickt arrangiert, dass am Ende kein Zweifel darüber herrschen konnte, dass Gutachter und Richter, die eine Anerkennung psychischer Leiden bei NS-Verfolgten ablehnten, überwiegend eine sowohl wissenschaftlich als auch moralisch unhaltbare Position einnähmen. Wie die Rundfunksendung behauptete, würden derartige Anträge mittlerweile in aller Regel positiv beschieden, wenn von Seiten der Gutachter nur »sorgfältig geprüft und nach bestem Wissen und Gewissen entschieden« werde.[90] Eine wirkliche Debatte über ein neues psychiatrisches Wissen war demnach gar nicht mehr zu führen, es mochte allenfalls Gutachter geben, die sich dieser Einsicht und dem neuen Wissen weiterhin verweigerten. Auszüge aus Gesprächsprotokollen einer medizinischen Untersuchungssituation und hanebüchene Gutachten, die in dem Feature verlesen wurden, lieferten eindrucksvolles Material für die Absurdität einer solchen Haltung. Der aus Deutschland stammende amerikanische Psychoanalytiker Kurt Eissler hatte deren Aberwitzigkeit bereits in einem Artikel aus dem Jahr 1963 in einer Frage pointiert formuliert, die der Regisseur der Sendung nun an die Hörer weitergab: »Die Ermordung von wie vielen seiner

Kinder muß ein Mensch symptomfrei ertragen können, um eine normale Konstitution zu haben?«[91]

Das Rundfunkfeature des Senders Freies Berlin ließ nicht nur keinen Zweifel daran, wer unter den deutschen Wissenschaftlern und Bürokraten diskreditiert war – gerade auch vor den Augen des internationalen Fachkollegiums. Es informierte die Hörerschaft zudem darüber, dass es schon sehr früh Beobachtungen gegeben habe, die erkennen ließen, »wie einmalig grauenhaft das in den Konzentrationslagern Erduldete gewesen sein musste«.[92] Zahlreiche eingeflochtene Fallgeschichten über meist jüdische Verfolgte, die in den Lagern ihre Angehörigen verloren, in Verstecken, in Ghettos oder KZs selbst grauenvolle Todesängste durchlebt hatten und von den Schreckensbildern dieser Jahre immer noch gepeinigt wurden, erhärteten diesen Eindruck, selbst wenn die Schilderungen aus späteren Jahren kamen.[93] Eine wahre Tour d'Horizon durch die Geschichte des Nationalsozialismus, bei der die psychiatrischen Experten dem Hörer erläuterten, wie sich die Verfolgung, die alltägliche Diskriminierung und die Haft in den Konzentrationslagern bereits zu jener Zeit auf die seelische Befindlichkeit der Betroffenen ausgewirkt habe, unterstrich: Wer weiterhin die Verfolgungsbedingtheit der psychischen Beschwerden von Überlebenden in Abrede stellte, drückte damit gleichzeitig auch seine Verweigerung aus, sich der nationalsozialistischen Vergangenheit wirklich zu stellen. Andeutungen in diese Richtung hatte der Rundfunkbericht eingangs bereits gemacht. Wie der Sprecher die Hörer wissen ließ, passte die nur schleppende Befassung der an der Wiedergutmachung beteiligten Disziplinen »in das Gesamtbild unserer verspäteten Vergangenheitsdurchforschung«. Abschließend brachte er ebenso unmissverständlich zum Ausdruck, dass die »verspätete Aufklärung« der medizinischen Wissenschaft hingegen einen Weg darstelle, das »Verhältnis zu unserer nationalsozialistischen Vergangenheit [zu] klären«.[94] Der Rundfunk konfrontierte seine Zuhörer mit einer klaren Position: Es sei nicht unbedingt notwendig, die Behauptung der verfolgungsbedingten psychischen Beschwerden auch wirklich lückenlos zu beweisen. Denn die moralische Aufgabe sei, so gab der Sprecher zu verstehen, denen, die durch die Verfolgung immer noch von Leiden geplagt würden, Hilfe zu leisten, und zwar »nicht nur die notwendige, sondern jede nur mögliche Hilfe«. Genau das war es, was ihm »weitaus wichtiger« erschien als die »Ausräumung letzter Zweifel bei der Neuentdeckung medizinischer Phänomene«.[95]

In der Medienöffentlichkeit wurden die Leiden von Kriegsheimkehrern und ehemaligen NS-Verfolgten – meist weiterhin konzentriert auf ehemalige jüdische KZ-Häftlinge – fortan außerordentlich unterschiedlich wahrgenommen und als etwas grundsätzlich Verschiedenes interpretiert. Sehr deutlich wird das noch einmal an zwei Artikeln, die *Der Spiegel* im Jahr 1969 veröffentlichte. Der eine befasste sich nochmals mit der Geschichte der Kriegsgefangenen in den sowjetischen Lagern. Er dokumentierte zwar auch vielerlei Nöte und augenfällige seelische Strapazen in den Kriegsgefangenenlagern: der Schock der Gefangennahme, die quälende Ungewissheit, vor allem aber der peinigende Hunger, der fürchterlich war. *Der Spiegel* erinnerte jedoch auch daran, dass die »Sterberate der fünf Millionen Rotarmisten in Nazi-Gewahrsam« mit sechzig Prozent noch um ein Vielfaches höher gewesen sei als diejenige auf deutscher Seite mit fünfunddreißig Prozent. Vor allem aber insistierte das Magazin, gestützt auf die Bilanz des Historikers Kurt W. Böhme, darauf, dass sich »die Version, die Sowjets hätten es darauf angelegt, die Überlebenden der Schlacht um Stalingrad auf ziellosen ›Todesmärschen‹ noch nachträglich zu liquidieren […] ›aufs Ganze und objektiv gesehen‹ nicht aufrechtzuerhalten war«. Auch in den Gefangenenlagern seien die deutschen Soldaten »nach Möglichkeit« ernährt worden – und das hieß, nicht anders als die russischen Zivilisten, die aufgrund der verheerenden Kriegsschäden und Ernteeinbußen ebenso wenig zu essen bekamen wie die deutschen Soldaten, die ihr Land verwüstet hatten.[96]

Der Spiegel ließ, in einer sich neu ausprägenden »erinnerungskulturelle[n] Korrektheit«,[97] keine Missverständnisse darüber aufkommen, wer der Aggressor in diesem Krieg gewesen war und wer allein sich eine systematische Vernichtungsabsicht zuzuschreiben hatte. Darüber hinaus ging aus der Darstellung des *Spiegels* eindeutig hervor, dass die Leiden der Kriegsgefangenen, auch die seelischen, der Vergangenheit angehörten. Sie seien vorbei und längst abgeschlossen – ganz anders eben als die seelischen Erkrankungen, die heute noch das Leben zahlreicher Überlebender aus den Konzentrationslagern erheblich beeinträchtigten, wie *Der Spiegel* in einem weiteren Artikel aus dem Jahr 1969 berichtete. Das »KZ-Schicksal« habe sie gezeichnet, Erfolg im Beruf sei ihnen deshalb häufig versagt, zudem zerrütte es ihr Familienleben, erschwere ihr gesamtes gesellschaftliches Leben. Wie man aus dem Bericht erfahren konnte, schilderten die ehemaligen KZ-Inhaftierten ihre psychischen Beschwerden gegenüber den Ärzten nicht immer. Der Münchener Psychiater und Psychotherapeut Paul Matussek, der laut *Spiegel* besondere Verfahren entwickelt hatte, um psychische Störungen bei ehemaligen Häftlingen zu ermitteln, konnte jedoch Ergebnisse vorlegen, die zeigten, dass diese weitaus häufiger Kontaktstörungen aufwiesen oder Wahnideen und Angstträume durchlebten, als sie das für Entschädigungsverfahren angegeben hätten oder von Gutachtern ermittelt worden seien. Generell ließe sich feststellen, dass rund 88 Prozent der von ihm befragten Verfolgten immer noch an »psychischen Störungen« litten.[98]

Fünfundzwanzig Jahre nach dem Ende des Zweiten Weltkrieges und der Befreiung der Lager sahen das gewiss noch nicht alle so. Doch dass sich in der medialen Öffentlichkeit der 1960er Jahre in diesem Punkt eine deutliche Wahrnehmungsverschiebung gegenüber dem ersten Nachkriegsjahrzehnt abzeichnete, mit der sich die öffentliche Erinnerung an Krieg und Holocaust schließlich auf viele Jahre hinaus zu verändern begann, ist unübersehbar. Die Transformation und Etablierung eines neuen psychiatrischen Wissens, die ihrerseits ohne den politisch-moralischen Druck der 1960er Jahre nicht in dem Maße vorangeschritten wären, wirkten daran erkennbar mit. In den Medien jedenfalls war das Thema der psychischen Folgen des nationalsozialistischen Terrors gesetzt. Lange vor dem amerikanischen Mehrteiler *Holocaust*, der in Westdeutschland 1979 ausgestrahlt wurde und häufig als erinnerungsgeschichtliche Zäsur bezeichnet wird, öffnete sich die bundesrepublikanische Gesellschaft für die Wahrnehmung und Deutung des Leids der NS-Opfer und die Beschäftigung mit ihnen.[99] Auch das Fernsehen hatte daran mitgewirkt. Im Jahr 1972 lief im Zweiten Deutschen Fernsehen sicherlich einer der beeindruckendsten Dokumentarfilme zu diesem Thema. Es war *Mendel Schainfelds zweite Reise nach Deutschland*, entstanden unter der Regie von Hans-Dieter Grabe.[100] Im Drehjahr 1971 hatte er den in Polen geborenen, jetzt in Norwegen lebenden Juden Mendel Szajnfeld auf dessen Zugfahrt von Oslo nach München begleitet. Der damals Neunundvierzigjährige trat diese Reise an, weil das Münchener Entschädigungsamt eine Erhöhung seiner bislang zu kleinen Rente verwehrte, obwohl norwegische Ärzte dem Überlebenden mittlerweile eine fast vollständige Arbeitsunfähigkeit infolge der Torturen in den Arbeits- und Konzentrationslagern bescheinigt hatten. Szajnfeld litt »unter Schlafstörungen, Angstträumen, Schwächeanfällen, Gleichgewichtsstörungen, Depressionen, Kopf- und Rückenschmerzen«, wie ein Sprecher die Zuschauer eingangs aufklärte. Szajnfeld hoffte nun, die Behörden würden einem deutschen Gutachter eher Glauben schenken.

Am Ende des Films erfährt man nicht, wie das Verfahren letztlich ausgehen würde. Die aufgezeichneten Sequenzen, in denen Szajnfeld erzählt, sollten für sich sprechen, so offenbar der Wille der Produzenten. Während des ganzen Films ist nur er zu sehen, in seinem Zugabteil, selten gibt es Kommentare des Sprechers, die Kamera fängt dann die vor dem Fenster vorüberziehenden Landschaften ein. Szajnfeld gehört die ganze Aufmerksamkeit, während er auf Deutsch berichtet, der Sprache, die er von seinem Vater und in den Lagern gelernt hatte. Der Vater habe immer so gut von den Deutschen gesprochen, »von der deutschen Kultur, der deutschen Menschheit, der deutschen Gerechtigkeit« – so bläute er es seinen Kindern ein, Mendel Szajnfeld kann es nicht vergessen. »Kinder, der Deutsche sagt ›Leben und leben lassen‹«, zitiert er seinen Vater, er habe das »sozusagen bis zur letzten Minute« gesagt… Mendel Szajnfeld kann hier nicht weitersprechen. Er habe »nicht das Glück« gehabt, »die guten Deutschen zu treffen«, von denen zu Hause immer die Rede gewesen sei, wie er einfach nicht vergessen könne – und es tue ihm leid, wie er viele Male in diesem Film bekräftigt. Auch anderes kann er nicht vergessen: »die Konzentrationslager und die Ghettos und die Dinge mit den schlechten Leuten, ich möchte sie nicht beim Namen nennen«, sagt Szajnfeld. Durch eine Nachfrage Grabes weiß der Zuschauer, dass Szajnfeld das alles manchmal vor sich sieht. »Ja, leider.« Doch er versuche, »zu jedem Menschen freundlich zu sein und gemütlich.« Es ginge »aber nicht immer«. Er setzt noch einmal nach: »Ich selbst bin überzeugt, dass ich tue, was ich tun kann, um … um lustig zu sein, und, und überhaupt, ich versuche mich mit den Menschen zu unterhalten und so weiter. Es geht aber nicht immer. Manchmal habe ich Zeiten, die furchtbar sind. Am schlimmsten ist es selbstverständlich in der Nacht. Was soll man da weiter machen. Kann man nicht helfen. Ich spreche nicht gerne von diesen Dingen.«

Vergessen aber kann Mendel Szajnfeld nicht: nicht das Kind, das seiner Mutter einfach weggenommen und weggeworfen wurde, nicht die Frau, die zu ihrem Kind wollte und deshalb totgeschlagen wurde, ebenso wie sein Schwager, der bei der Selektion noch einmal zu seinem Kind wollte. Im Konzentrationslager war es vor Mendel Szajnfelds Augen geschehen. Dort erlebte er jeden Tag mit, wie sie »500, 700 Menschen erschossen, das war ganz tagtäglich«. Das Schlimmste aber waren für ihn: die Kindertransporte. »Die haben geschrieen, und ich hab es gesehen, das kann man leider nicht vergessen. Ich habe so viele Jahre versucht, das Bild aus dem Kopf herauszubekommen. Es geht aber nicht. Ich erzähl es nicht gern. Aber das war furchtbar, die Kinder zu sehen …«.

Mendel Szajnfeld sah unendlich viele Grausamkeiten, von denen er nur einige nennt. Er verlor seine ganze Familie. Dass er einem toten »Arbeitskameraden«, der eines Nachts starb, das Brot nahm, kann er nicht nur nicht vergessen. Er habe quälende Schuldgefühle, so bekennt er, bis heute. Dass er Hunger hatte, erbärmlichen Hunger, erleichtert sein Gewissen nicht. »Brot, Brot, Brot waren meine Gedanken. Ein Mal satt zu werden. Und da habe ich das Brot von dem verstorbenen Mann genommen. Leider«, sagt er und meint, er werde vielleicht »deswegen jetzt bestraft«, dass er nicht arbeiten könne. Mendel Szajnfeld wird nach wie vor von vielen Erinnerungen gepeinigt, und dass er es nach seiner Rückkehr in sein polnisches Heimatdorf nicht schaffte, sich das Leben zu nehmen, bedauert er auch fünfundzwanzig Jahre nach seiner Befreiung noch oft, wie er sagt. Im Laufe der Jahre haben sich Mendel Szajnfelds Krankheiten verschlimmert. Vor allem aber vergehen die seelischen peinigenden Erinnerungen nicht:

»Ich habe diese Kriegszeit, das KZ und alles das in meiner eigenen Stube manchmal. Wenn ich richtig lustlos bin, keine Lust zu leben habe, also deprimiert bin, heißt es, glaube ich, da habe ich das KZ und den Herrn Goeth und, und all das, habe ich in meiner eigenen Stube. Und manchmal bin ich so weit, dass ich mir denke, Oh Herrgott, Du bist doch ganz verrückt, lass doch sein … Manchmal gelingt es mir kurze Zeit, diese Dinge zu vergessen. Ich schaff's aber nicht immer. Das ist schlimm, sehr schlimm. Ein Mensch, der nicht arbeiten kann, kann auch nicht glücklich sein. Sagt auch mein Vater.«

Für Mendel Szajnfeld ist die Vergangenheit oft seine Gegenwart. Polizisten zu sehen ist immer noch schlimm für ihn. Bekommt er einen Schäferhund zu Gesicht, läuft er davon. Und Stacheldraht, fragt Grabe? »Macht mich verrückt. Macht mich verrückt. Leider. Das ist ja das Schlimme«, gibt Mendel Szajnfeld zur Antwort. Manchmal denke er sich dann: »Ja, was ist denn ein Draht, ist ein Draht, nicht wahr?« Aber für ihn sei das etwas ganz anderes. Er könne es nicht, also er wisse ganz genau, er sei »verrückt«. »Warum soll ich mir einen Draht nicht ansehen können. Ich schaff's aber nicht.« Zwischendurch bekennt Mendel Szajnfeld etwas, es ist eine kurze Bemerkung, trotz oder vielleicht gerade angesichts der vielen Einblicke, die er in seine schmerzvollen Erinnerungen an die unfassbaren Gräuel gibt, womöglich leicht zu überhören. Es ist ein Gedanke, der dem in der Gesellschaft sich entwickelnden Verlangen nach Erinnerung gänzlich zuwiderlief: Mendel Szajnfeld hatte einmal gehofft, dass »irgendwelche Ärzte« ihm nämlich »gerade in dieser Weise helfen« könnten – nämlich zu »vergessen«.

Ausblick und Schluss

In den 1970er Jahren stand es in der bundesrepublikanischen Öffentlichkeit zunehmend außer Frage: Die Überlebenden der nationalsozialistischen Verfolgungs- und Vernichtungspolitik, insbesondere die jüdischen Überlebenden des Holocaust, waren durch tiefgreifende psychische Leiden für ihr Leben gezeichnet. In der Bundesrepublik wurde damit ein Wahrnehmungswandel hinsichtlich der Auswirkungen dieser menschenverachtenden und grauenhaften Verbrechen in Gang gesetzt, wie man ihn seit dieser Zeit in der gesamten westlichen Welt beobachten konnte. Die in den USA lebende Schriftstellerin Eva Hoffman, die als Angehörige der sogenannten »zweiten Generation« diesen Wandel unmittelbar miterlebte, konstatiert in ihrem 2004 erschienenen Buch: »The survivors of such events, we take it for granted, have been traumatized.«[1] Als sie im Jahr 1959 als Vierzehnjährige mit ihren Eltern, die als polnische Juden den Holocaust überlebt hatten, aus dem Nachkriegspolen nach Kanada emigrierte, war das, so erinnert sie sich, noch gänzlich anders gewesen. Weder der Begriff noch das Konzept des »Traumas« hätten zu jener Zeit – sie spricht sogar von den ersten Jahrzehnten nach Kriegsende – im allgemeinen, nichtmedizinischen Vokabular zur Verfügung gestanden.[2] Nach Hoffman war dafür ausschlaggebend, dass auch die Ärzte damals, entsprechend der seinerzeit vorherrschenden medizinischen Lehre, einen solchen Zusammenhang zurückwiesen.[3] Noch im Rückblick erstaunt es sie, wie sehr selbst diejenigen Psychiater, die Ende der 1950er Jahre begannen, die beobachtbaren psychischen Symptome bei Überlebenden mit dem Holocaust in Zusammenhang zu bringen, über diese Entdeckung verwundert waren. Sie selbst hatte als Kind bei ihren Eltern zwischenzeitlich Verzweiflung oder Furcht registriert. Aber sie weiß auch genau, dass ihre Eltern sich damals nicht als »traumatisiert« wahrnahmen:

»The majority of the survivors [did not] think of themselves as ›traumatized‹ or emotionally damaged in unusual ways. Even if the concept had been abroad early on, I doubt that many would have seen it as applying to them. My parents knew they had suffered terrible things, but so had others. They even knew that what they had gone through was much worse than their non-Jewish neighbors: but they did not know that pain could be parsed in different ways. I think this was true for most survivors. Most of them were not psychologically savvy people. They did not come from a psychologically savvy generation, or from psychologically savvy subcultures. [...] Suffering is suffering, no matter how howlingly extreme. It is something you live with; take on; suffer. And so, many survivors, perhaps most, remained innocent of therapy, and suspicious of it.«[4]

Hoffman konfrontiert den Leser mit dem Grundproblem, das sich prinzipiell bei der historischen Rückprojektion eines Traumas stellt. Wie sie deutlich macht, geht es dabei nicht darum, das Leid der Überlebenden zu relativieren oder die emotionalen Folgen des Holocaust zu leugnen. Sie bezweifelt auch keineswegs, dass in den letzten Jahrzehnten für viele Überlebende therapeutische Hilfen entscheidend gewesen seien, um unerträgliche Qualen erträglicher zu machen. Es erscheint ihr jedoch erforderlich, die subjektive Erfahrungs- und Lebenswelt, wie sie sich für viele ehemalige NS-Verfolgte nach 1945 oder auch schon nach einer früheren Emigration darstellte, vor der Einzwängung in das enge Korsett retrospektiver diagnostischer Zuschreibungen zu bewahren.[5] Hoffman erläutert das anhand ihrer persönlichen Erfahrungen in der eigenen Familie. Nachdem sie nach dem Tod ihrer Eltern in den 1990er Jahren die psychiatrischen Gutachten zu Gesicht bekommen hatte, die im Zuge der Entschädigungsverfahren ihrer Eltern entstanden waren, sei es ihr rückblickend erschienen, als verfügte sie als Familienangehörige einerseits zwar durchaus über ein geringeres, andererseits aber auch über ein größeres Wissen als die Psychiater. Zwischen dem Wissen, das man innerhalb der Familie erwerbe, und dem professionellen Wissen gebe es, so führt sie aus, zwar Überschneidungen, aber auch signifikante Unterschiede:

»I knew that my parents' sadness, although salient, was only a part of their temperamental texture: and that loss, although central, did not entirely define their lives. [...] To me, they were not 'survivors'; they were only people who had undergone extremity and were now living another stage of their lives. Their very human condition did not appear to me as a condition, nor did it seem susceptible to being parsed into diagnostic categories.«[6]

Was Hoffman hier mit Blick auf die eigene Familie anspricht, ist die Gefahr der interpretatorischen Engführung, die überall besteht, wo der Begriff des Traumas rückübertragen wird. Peter Novick hat bereits darauf hingewiesen, dass sich als Folge einer solchen Betrachtungsweise markante Fehlschlüsse über historische Zusammenhänge eingeschlichen haben. So führe es etwa in die Irre, wenn die seit den 1990er Jahren wachsende Bedeutung des Holocaust in der amerikanischen Kultur durch eine vermeintlich allgemeine Traumatisierung der jüdischen und nichtjüdischen Amerikaner infolge des Holocaust erklärt werde. Das vorhergehende langjährige Schweigen über das Thema lasse sich nicht generell, so argumentiert er, als »Verdrängung« im Sinne einer zwangsläufigen Reaktion auf das Ereignis begreifen. Vielmehr zeige eine Reihe von Hinweisen, dass das Schweigen auch »in hohem Maße eine Reaktion auf die ›Marktbedingungen‹« gewesen sei (es war kaum jemand interessiert) wie auch eine Folge auf die vielfach proklamierten Aufforderungen, zu vergessen.[7] Novick, der explizit einräumt, dass es sicherlich amerikanische Juden und womöglich auch Nichtjuden gegeben habe, für die der Holocaust als traumatisches Ereignis gewirkt habe, führt sein Argument noch einen Schritt weiter: Denn »schockiert, entsetzt oder betrübt« zu sein – Reaktionen, die sich in den Quellen wiederfänden – sei etwas anderes als ein Trauma, »jedenfalls nicht hinreichend, um die zwingende Abfolge von Verdrängung und Wiederkehr des Verdrängten in Gang zu setzen«. Durch die automatische Zuschreibung einer »Traumatisierung« werden andere Erfahrungswelten und Handlungsweisen vereinnahmt und im Zirkelschluss falsche Folgerungen gezogen. Novick bringt es auf den Punkt: »Bezeichnenderweise wird schlicht einfach angenommen, daß der Holocaust traumatisch gewesen sein *muß*. Und wenn man nicht über ihn gesprochen hat, so *muß* Verdrängung die Ursache gewesen sein.«[8]

Zweifellos sind aus der mittlerweile intensiven Beschäftigung mit der persönlichen Erinnerung der Überlebenden an den Holocaust und den mentalen Wunden, die dieser hinterlassen hat, zahlreiche aufschlussreiche Arbeiten entstanden, die überaus wichtige Einsichten in die vielfältigen zerstörerischen Folgen dieser spezifischen Gewalterfahrung und die Schwierigkeiten der Kommunizierbarkeit des Erlebten gegeben haben.[9] Es mag sein, dass gerade deshalb auf diesem Feld bereits wieder ein Raum dafür entstanden ist, die Problematik rückwirkender Trauma-Zuschreibungen in den Blick zu nehmen – anders als das in aller Regel noch bei der sehr viel jüngeren Inanspruchnahme des Konzepts für jedwede andere Opfergruppen in der Geschichte der Fall ist. Dabei gilt überwiegend auch hier, was Novick mit Blick auf die Stellung des Holocaust im öffentlichen Diskurs der Amerikaner reklamiert: Die Traumatisierungserklärung ist womöglich gerade deshalb unangefochten, weil sich Historiker nicht systematisch mit der sich wandelnden Wahrnehmung von Leidenserfahrungen beschäftigt haben.

Allein in den Reihen der Psychiatrie stimmen inzwischen einige Ärzte, denen die ubiquitäre Zuschreibung der Posttraumatischen Belastungsstörung (PTSD) zu weit geht, bereits einen Abgesang auf diese Diagnose an. Der Psychiater Klaus Dörner hat die Kritik vor kurzem zugespitzt.[10] Er war in der Bundesrepublik der 1980er Jahre einer von wenigen, die schwerwiegende psychische Dauerfolgen auch bei deutschen Kriegsopfern nicht prinzipiell ausschlossen.[11] Heute rät er dazu, die PTSD-Diagnose lieber völlig zu vermeiden. Es sei nicht gelungen, so argumentiert er, sie von »politischen und historischen Wertungen, von ökonomischen Interessen der Betroffenen und neuerdings auch von ökonomischen Interessen der Helfer zu trennen.« Vor allem aber sei die Verwendungsweise der Diagnose völlig aus dem Ruder gelaufen: »wegen der Unspezifität des Syndroms (wer wäre nicht nach einer Katastrophe unfreiwilligen Erinnerungen ausgeliefert?); wegen der Unspezifität der Traumen (es werden immer neue anspruchsberechtigte Traumen erfunden) und wegen der Gefahr monokausaler Wahrnehmungsaneignung.« Dörner endet, bewusst provokativ, mit folgendem Rat an die Kollegen:

»In einer Zeit, in der wir alle mehr als früher die Opfer so sehr lieben, gehört zu unserer ärztlichen Professionalität auch das Wissen, dass wir solche Patienten auch mit zu viel Liebe, zu vielen Rechtsansprüchen und zu viel Mitleid auf ihre Opferrolle fixieren und somit lebenslänglich schädigen und chronifizieren können. [...] ›Wer ein wirklich schweres Schicksal hat, ist in der Regel stark genug, es zu tragen.‹«[12]

Es gibt sicher gute Gründe, daran zu zweifeln, dass die Geschichte des Posttraumatischen Belastungssyndroms wegen solcher Warnungen zu einem raschen Ende kommen wird.[13] In jedem Fall führen diese Interventionen vor Augen, dass die wissenschaftliche Diskussion über die »Normalität« der menschlichen Verarbeitungsfähigkeit von extremen Belastungen und die Erinnerung an diese nach wie vor im Fluss ist. Erst mit einem größeren zeitlichen Abstand wird man klar erkennen können, auf welche Herausforderungen dieser anhaltendende Prozess der Wissensproduktion reagiert und wie er die gesellschaftlichen Vorstellungen darüber, wie Ereignisse erfahren, ertragen und erinnert werden können, möglicherweise selbst wieder verändert. Die Trauma-Konzepte, die in der westlichen Welt zum vorherrschenden Deutungsinstrument für die persönliche und gesellschaftliche Verarbeitung von als bedrohlich wahrgenommenen Ereignissen geworden sind und mittlerweile auch unsere historische Vorstellungskraft in hohem Maße prägen, haben selbst eine Geschichte, die wiederum ohne die Geschichte der psychiatrischen Wissensproduktion gar nicht angemessen zu verstehen ist.

Das vorliegende Buch hat deshalb den Weg einer konsequenten Historisierung eingeschlagen, um aufzeigen zu können, unter welchen Bedingungen sich in der Bundesrepublik nach dem Zweiten Weltkrieg die fachwissenschaftlichen Deutungen der menschlichen Verarbeitungsfähigkeit von Gewaltereignissen veränderten und dabei den Rahmen für die Erfahrungsverarbeitung im Privaten wie auch für die öffentliche Erinnerung an die Apokalypse von Krieg und Völkermord neu absteckten. Wie im ersten Teil des Buches gezeigt, der persönliche Erinnerungsfragmente aus der unmittelbaren Nachkriegszeit analysiert, kann bei den heimkehrenden deutschen Soldaten von einer Verdrängung des Krieges und der nationalsozialistischen Verbrechen kaum die Rede sein. Eher kann man in diesen Jahren von einer verlängerten Bannzone des Krieges sprechen, die zahlreiche Kriegsteilnehmer unwillentlich gefangen nahm. Der Krieg kehrte in Träumen wieder, die für diesen Moment – und bei vielen über Jahre – jede Flucht vor der Vergangenheit abschnitten. Auch Bilder und Geräusche waren oftmals hinreichend, um den Krieg in der Erinnerung abrupt wiederaufleben zu lassen. Unzählige Kriegsheimkehrer waren, so kann man annehmen, in dieser unmittelbaren Nachkriegszeit Getriebene, verfangen in der Hinterlassenschaft des Krieges, der allerdings für die Betroffenen – daran besteht gar kein Zweifel – aus ganz unterschiedlichen Gründen zu einer Bürde geworden war. Das zeigt sich selbst in den Artikulationsformen der Angst, die sich in einer Häufigkeit finden, dass man beinahe auf eine allgemeine Stimmung der Verängstigung in diesen ersten Nachkriegsjahren schließen kann – ein verzerrter Widerhall verschiedenster Empfindungslagen aus der Kriegs- und Nachkriegszeit. So mancher kämpfte weiterhin mit Ängsten, die ihn bereits während des Krieges heimgesucht hatten. Für andere wiederum war der Krieg erst im Angesicht der sich eindeutig abzeichnenden Niederlage beängstigend geworden. Das Wissen über die begangenen Verbrechen war groß genug, so zeigte sich, um bei vielen eine erhebliche Angst davor auszulösen, für diese auch zur Verantwortung gezogen zu werden. Die Konfrontation mit den Besatzern, insbesondere die Entnazifizierungsverfahren, trugen dazu in vielen Fällen erkennbar bei. Die Angst davor, entdeckt zu werden, und sei es nur wegen kleinerer Unterstützungsleistungen für »Führer« und »Reich«, ging nach der totalen Niederlage im Nachkriegsdeutschland um. Ob der Blick zurück oder derjenige in die Zukunft den größeren Schrecken einflößte, war für viele dabei gar nicht zu entscheiden. Beides kam auch in der im Nachkriegsdeutschland weitverbreiteten Stimmung der Desillusionierung zum Ausdruck, die als ein weiterer Modus der Vergangenheitsbearbeitung zu begreifen ist. Auch hier kam Unterschiedliches zum Tragen. Denn die Gewalt des Krieges hatte auch schon vor der totalen Niederlage idealisierte Selbstbilder demontiert. So erlebte so mancher Soldat unerwartet und voller Erschrecken die eigene Angst und in seinen eigenen Augen damit Feigheit. Andere kämpften mit der verlorengegangenen Illusion der eigenen moralischen Unbescholtenheit. Annahmen über die eigene Persönlichkeit waren angesichts der erlebten Fähigkeit zu töten bisweilen erheblich erschüttert. Der völlige Untergang des nationalsozialistischen Regimes und die Auflösung der eigenen Zukunftsträume, die man mit diesem verknüpft hatte, verstörte wiederum andere in einem solchen Maße, dass tiefe Fassungslosigkeit blieb. Tatsächlich lässt sich aus den Erinnerungsfragmenten der Kriegsheimkehrer oft noch einige Jahre nach Kriegsende entnehmen, wie groß der innere Halt durch den Glauben an den Nationalsozialismus für sie einst gewesen sein musste. Er strahlte immer noch aus. Und doch schloss es nicht aus, dass sich ein und derselbe Mensch im Bewusstein der gesamten Verbrechen kaum mehr selbst in die Augen sehen konnte.

Entgegen dem äußeren Anschein glich somit für viele das Leben in der Nachkriegszeit – das gilt wohl insbesondere für die ersten Jahre nach Kriegsende – einer inneren Zerreißprobe, eine neue innere Balance musste erst einmal gefunden werden. Diese Anstrengung zeitigte das Bemühen, ein anderes oder auch vermeintlich eigentliches Ich zu entwerfen, mit dem es sich, so die Hoffnung, auch im Wissen um diesen verbrecherischen Krieg in Zukunft leben ließ. Das Ziel, durch die Verwandlung der eigenen Biografie der politischen Säuberung entgehen zu können oder die Entnazifizierungsverfahren glimpflich zu überstehen, tritt dabei, kaum überraschend, häufiger hervor. Dieses schlichte Kalkül war jedoch nicht immer der alleinige Motor. Die Verzweiflung über die eigene und die familiäre Lebenssituation sowie eine tatsächliche Bestürzung angesichts der Ungeheuerlichkeit der Massenmorde kamen oftmals als Antrieb hinzu. In den Erzählungen über den Krieg, in denen eine solche Verfertigung eines »anderen« Ichs zu beobachten ist, kommt jedoch vor allem auch ein Bedürfnis nach persönlicher Rehabilitation zum Ausdruck. Nach Beendigung des mörderischen Krieges stellte sich diese bei vielen Soldaten offenbar ganz unabhängig von der politischen Rehabilitation nicht von selbst wieder ein. Die Vorstellung von zwei Seelen in einer Brust, von denen die eine nur unter den besonderen Bedingungen des Krieges zum Tragen käme, war ein Konstrukt, um mit dem Grauen des Krieges weiterleben zu können, wie die Behauptung, während der soldatischen Laufbahn von vielen in dem vermeintlich eigentlichen Ich verkannt worden zu sein. Dieser Suchgang nach einem Selbstbild, mit dem man leben konnte, war in einem außerordentlichen Maße selbstbezüglich; das Leiden der Gegner und Opfer fand dabei kaum eine Erwähnung. Dennoch waren die Opfer der Deutschen gleichsam von einer heimlichen Präsenz. Sie durchwirkten erkennbar die Rationalisierungsversuche des eigenen Verhaltens während des Krieges; in dem Bemühen, sich der Vergangenheit zu entledigen, musste man sich auch die Opfer immer wieder vor Augen führen.

Von einer allgemeinen Selbstviktimisierung oder gar Nivellierung der Leiden der Opfer konnte in dieser Situation, so zeigen diese Ergebnisse, nicht die Rede sein. Überhaupt erfolgte die für viele Soldaten irritierende und aus den verschiedensten Gründen oft auch beschämende Auseinandersetzung mit dem Krieg in der unmittelbaren Nachkriegszeit meist nicht in einem Modus der Opferrhetorik. Einen solchen Blick auf die eigene Rolle in diesem verbrecherischen Krieg schien es in jenen Jahren nicht zu geben. Diese Inkommensurabilität in der biografischen Konstruktion war es auch, die nur eine stille Kommunikation selbst mit den nächsten Familienangehörigen zur Folge hatte. Die Gründe für die oftmals als biografischer Bruch erfahrene Irritation waren unter den Bedingungen der unmittelbar nach dem Krieg sich ändernden politisch-moralischen Sagbarkeitsregeln nur noch schwer kommunizierbar. Die materiellen Trümmer des Krieges spiegelten sich in den sozialen Trümmern der Kriegsüberlebenden, die im Stillen mehr wussten, als sie selbst im engsten Familienkreise zu sagen vermochten. Oft waren es die Frauen, die dieses Schweigen durchsetzten, nicht nur weil sie für die selbst erlebten Grausamkeiten kein Gehör beanspruchen wollten oder konnten, sondern auch, weil sie die gegenwärtige Vergangenheit des Krieges in den Familienbeziehungen oftmals nicht wahrnahmen. In diesem Verstummen beziehungsweise in den unzulänglichen Sprechversuchen drückt sich nicht unbedingt eine Flucht vor dem Grauen des Krieges oder aus der Schuld an den Verbrechen aus; vielmehr manifestiert sich darin eine durch den Krieg entstandene Fremdheit sowohl zwischen den Geschlechtern als auch zwischen den Generationen. Die Enttäuschung des bisherigen Selbstideals und die totale Entwertung des eigenen Lebens belasteten den emotionalen Haushalt auch solcher Menschen, die einen Ausweg aus der sozialen Misere nach dem Krieg im Familienkreis oder mit Nachbarschaftshilfe suchten. Das gegenseitige Verständnis, mit dem solche Schwierigkeiten aufgenommen wurden, stieß dort an seine Grenzen, wo die heimkehrenden Soldaten mit ihrem Verhalten irritierend verändert wirkten oder der seinerzeit eigentlich erwarteten Belastbarkeit von Männern über einen längeren Zeitraum nicht entsprachen. Während der ersten Nachkriegsjahre wurde die Kriegserfahrung selbst von den Angehörigen meist nicht als die dafür ausschlaggebende Ursache betrachtet. In solchen Fällen der verzweifelten, manchmal auch ungeduldigen Ratlosigkeit suchten die Familien professionellen Rat bei den medizinischen Experten.

Wie der zweite Hauptteil des Buches zeigt, schlossen die deutschen Psychiater entsprechend der vorherrschenden Lehrmeinung in ihrem Fach aus, dass länger andauernde psychische Auffälligkeiten von Kriegsheimkehrern ursächlich auf ihre Erfahrungen während des Krieges zurückgeführt werden könnten oder diese gar in der Lage seien, schwere psychische Krankheiten, wie etwa eine Schizophrenie, auszulösen. Diese Betrachtungsweise war kein Produkt des Nationalsozialismus, sie war auch nicht einmal auf die deutsche Psychiatrie beschränkt. Sie geht vielmehr auf fachwissenschaftliche Schlussfolgerungen zurück, die sich in der deutschen Psychiatrie bereits im Verlauf des Ersten Weltkrieges durchgesetzt und auch in anderen europäischen Ländern Fuß gefasst hatten. Entgegen der lange Zeit weit verbreiteten Annahme, dass es sich dabei um ein rein instrumentelles Verständnis des Krankheitsbildes im Sinne der Kriegserfordernisse gehandelt habe, hatten seinerzeit eine Reihe empirischer Beobachtungen und therapeutischer Erfahrungen während des Ersten Weltkrieges die in Teilen der Psychiatrie schon länger verfochtene Annahme erhärtet, dass psychische Störungen nicht durch exogene Belastungen hervorgerufen werden konnten, sofern organische Schädigungen fehlten. Auch für die überwiegend naturwissenschaftlich orientierte Psychiatrie, die sich damit psychoanalytischen Erklärungsansätzen öffnete, war wissenschaftlich überzeugend erklärbar, dass es sich bei den vielfach auftretenden Zitter-, Schüttel- und Lähmungserscheinungen dieses Krieges um »funktionelle Leiden« handelte. Da die Mehrzahl der Soldaten, auch bei größten Belastungen, keinerlei Symptome in dieser Richtung entwickelte, schien zudem eine anlagebedingte Ursache plausibel. Was schließlich die schweren Geisteskrankheiten anging, glaubten die führenden Psychiater aufgrund des Krieges bereits die Schlussfolgerung ziehen zu können, dass die Belastungsfähigkeit des gesunden Gehirns als außerordentlich hoch erachtet werden könne.

An diese Befunde knüpfte auch die Psychiatrie des Zweiten Weltkrieges in ihren diagnostischen Überlegungen und therapeutischen Vorkehrungen an, was sich etwa in der konsequenten Durchführung einer »frontnahen Psychiatrie« manifestierte. Die Früherkennung psychischer Störungen und sofortige Behandlungsmöglichkeiten sollten dadurch ermöglicht und jede für den Soldaten aussichtsreich erscheinende »Flucht in die Krankheit«, die unbewusst eine Entlassung aus dem Wehrdienst anvisierte, verhindert werden. Trotz aller diagnostischen und therapeutischen Schwierigkeiten, die sich den Psychiatern im Verlauf des Krieges, insbesondere an der Ostfront, stellten, blieb in ihrem professionellen Selbstverständnis der Glaube an die Beherrschbarkeit des Phänomens psychogener Störungen erhalten. Dieses hatte zwar mehrfach zu Irritationen unter ihnen geführt, was sich wiederholt in einem hartnäckigen Bemühen um diagnostische Differenzierungen und Präzision niederschlug. Doch an der grundsätzlichen Überzeugung, dass der Krieg als Ursache für die Entstehung langdauernder psychischer Störungen nicht in Frage käme, änderte sich nichts. Alle erprobten Maßnahmen und Therapien bauten auf dieser Annahme auf, und selbst die Anwendung der schärfsten disziplinarischen Mittel schien diese letztlich auch nur wieder zu bestätigen. Selbst wenn es in der Wahl der Methoden unter den Psychiatern Differenzen gab: Dass aus dem Ersten Weltkrieg im Kern die richtigen psychiatrischen Schlussfolgerungen gezogen worden waren, schien sich am Ende des Zweiten Weltkrieges erwiesen zu haben. Auch unter den ausländischen Kollegen war die Zustimmung dafür groß. Weltweit waren sich zahlreiche Ärzte und Wissenschaftler einig: Der gesunde Mensch verfüge sogar unter äußersten Belastungen über eine nahezu grenzenlose Fähigkeit, diese psychisch durchzustehen.

Unter dieser Prämisse nahmen die Psychiater auch die Kriegsheimkehrer wahr. Unzählige von ihnen aber wurden aufgrund ihrer seelischen Verfassung nun doch zu einer Herausforderung für die behandelnden Ärzte. Weder standen die heimkehrenden Soldaten damit allerdings allein, noch wurde ihnen von Seiten der Psychiater zunächst eine besondere Aufmerksamkeit geschenkt. Denn Last und Leid fielen den Ärzten in der Nachkriegsgesellschaft allerorten auf; psychische Auffälligkeiten und Beschwernisse schienen ihnen sogar ein Massenphänomen zu sein. Vor allem die offenbar weithin beobachtbare auffällige Teilnahmslosigkeit und Schweigsamkeit entzündeten vorübergehend eine wissenschaftlichen Debatte darüber, wie dieses Phänomen zu erklären sei, ohne dass damit allerdings von einer Revision der geltenden psychiatrischen Lehrmeinung über die »normalen« Verarbeitungsweisen die Rede hätte sein können. Dem widersprach schon der Anspruch auf »Objektivität« und »Wissenschaftlichkeit«, der vor allem einen Nachweis über die Verallgemeinerbarkeit neuer Befunde verlangte. Eine ungewöhnlich erscheinende Einzelbeobachtung in der konkreten psychiatrischen Behandlungssituation hatte nur wenig Gewicht, jedenfalls zu wenig, um die »herrschende Lehre« ins Wanken zu bringen. Hinzu kam, dass zentrale Grundannahmen der etablierten Lehrmeinung die Deutung der in der Nachkriegsgesellschaft wahrgenommenen Verhaltensauffälligkeiten in einem hohen Maße bestimmten, so dass man geradezu von einer hartnäckigen Selbstperpetuierung des psychiatrischen Ansatzes sprechen kann. Entsprechend wurden viele psychische Leiden von Kriegsheimkehrern als eine Art Ausweichreaktion vor der Realität der »Zusammenbruchsgesellschaft« interpretiert, was im Kern dem Betroffenen selbst und seiner »Anlage« zugeschrieben werden konnte. Allerdings legten die beobachtbaren körperlichen Auszehrungszustände weiter Bevölkerungsteile anfänglich oft die Interpretation nahe, dass psychische Beschwerden auf die körperliche Erschöpfung und den ausgesprochenen Hunger zurückzuführen seien. Auch diese Lesart entsprach dem psychiatrischen Wissensstand, derartige Fälle kannte man bereits seit dem Ersten Weltkrieg. Eine solche Lesart wurde zudem von den Kollegen aus der Inneren Medizin gestützt, die vor allem mit Blick auf dic heimkehrenden

Kriegsgefangenen den Begriff der »Hungerkrankheit« oder auch der »Dystrophie« in die medizinische Fachdiskussion einbrachten. Aus Sicht der Ärzteschaft ließ sich davon ausgehen, dass sich mit der Verbesserung der Ernährungslage der psychische Zustand der Kriegsheimkehrer, wie der Deutschen überhaupt, wieder »normalisieren« müsse.

Das psychiatrische Wissen modifizierte sich also in der Nachkriegszeit nur äußerst langsam. Punktuell deuteten sich zunächst Verschiebungen im psychiatrischen Deutungs- und Klassifikationsgefüge an, die sich aus ganz unterschiedlichen Motiven speisten. In ihrer Gesamtheit bereiteten sie aber den Boden für die Öffnung des psychiatrischen Diskurses gegen Ende der 1950er Jahre. Während des ersten Nachkriegsjahrzehnts wurde die Infragestellung der etablierten psychiatrischen Lehrmeinung noch in ihren eigenen Kategorien ausgetragen. Eine Unzufriedenheit mit dem bestehenden diagnostischen Instrumentarium ergab sich bisweilen aus der Logik der »herrschenden Lehre« selbst, da diese bei einer Vielzahl von Diagnosen ein außerordentliches Gewicht auf den sogenannten Anlagefaktor legte. Doch die diagnostischen und ätiologischen Suchbewegungen waren vorsichtig. Einen besonderen Schub erhielten sie erst, als seit 1949 die sogenannten »Spätheimkehrer« aus den sowjetischen Lagern zurückkehrten. Obwohl diese bei ihrer Ankunft weder körperlich noch psychisch in einer besonders besorgniserregenden Verfassung zu sein schienen, konfrontierten viele von ihnen nach geraumer Zeit die Ärzte mit einer Reihe von hartnäckigen Beschwerden. Äußerst schwer objektivierbare körperliche Leiden und eine vegetative Symptomatik waren hervorstechend und verlangten nach einer Begründung.

Weite Teile der Medizin sahen sich herausgefordert, die Bedeutung endogener und exogener Faktoren für die Entstehung körperlicher und psychischer Beschwerden grundlegend zu überdenken. Die Psychiatrie selbst gehörte dabei nicht zu den Schrittmachern der Entwicklung. Diese Rolle spielten eher Experten aus der Inneren Medizin, die sich gleichfalls den Spätfolgen der Gefangenschaft zuwandten und das »leib-seelische Summationstrauma« als Erklärung ins Spiel brachten. Die Psychiater gingen noch nicht so weit. Sie griffen zwar vermehrt die ebenfalls aus der Inneren Medizin stammende Diagnose der Dystrophie auf, die den Ausgangspunkt für weitere Überlegungen im psychiatrischen Fach bot. Doch eine solche Anerkennung einer während der Gefangenschaft infolge von Fehl- und Mangelernährung durchgemachten Dystrophie blieb mit der herrschenden psychiatrischen Lehre völlig vereinbar. Eine Kausalverbindung von psychischen Beschwerden und vorausgegangenen organischen Schädigungen sah diese durchaus vor. Dennoch bot die Annahme einer Dystrophie für die Psychiater auch die Möglichkeit, den exogenen Faktoren bei der Erklärung psychischer Veränderungen ein größeres Gewicht beizumessen als bislang. Die Zeit der Rekonvaleszenz wurde, so hörte man jetzt auch von Seiten der Psychiater, nicht nur durch die enormen körperlichen Strapazen während der Gefangenschaft verlangsamt, die seelische Belastung sei ebenso mit einzubeziehen, womit diese bei der ätiologischen Klärung der Symptome stärker als bislang Berücksichtigung fand. Aus Sicht der Psychiatrie, die sich in den vorangegangenen Jahren unter anderem stark auf die Hirnforschung konzentriert hatte, schien aber eine andere Frage von sehr viel größerem Interesse zu sein: ob nämlich möglicherweise hungerbedingte Hirnveränderungen festzustellen waren, die ursächlich die oft genannte Wesensveränderung vieler »Spätheimkehrer« begründen konnten. Tatsächlich deuteten Untersuchungsbefunde, auch an Gehirnen verstorbener Patienten, so auffallend in diese Richtung, dass 1953 als gesichert gelten konnte, extreme Unterernährungen seien in der Lage, Hirnschädigungen hervorzurufen.

Auch wenn die Psychiater damit weiterhin im Rahmen ihrer »herrschenden Lehre« argumentierten, hatte diese Verschiebung psychiatrischen Wissens doch einschneidende Auswirkungen auf die soziale Realität einer spezifischen Gruppe von Kriegsheimkehrern, für die sich die Aussicht eröffnete, in der Kriegsopferversorgung eine offizielle Anerkennung psychischer Beschwerden als »kriegsbedingte« Leiden und damit einen offiziellen Kriegsopferstatus zu erwirken. Da die Kriegsopferversorgung dem Krankheitsbegriff folgte, wie er auch in der Psychiatrie bis Ende der 1950er Jahre maßgeblich sein sollte, erkannte sie rein seelische Störungen nicht als »krankhaft« an. Ein als dystrophiebedingt angesehenes psychisches Leiden ging allerdings von ursprünglich vorhandenen organischen Schädigungen aus, es erfüllte mithin die Voraussetzungen, um als Folge der Gefangenschaftsstrapazen akzeptiert zu werden. Auch in diesen Fällen verlangte jedoch das Regelwerk der Kriegsopferversorgung nach administrativ handhabbaren Antworten auf die Frage, wie groß der Zeitraum letztlich sein sollte, in dem ohne konkret nachweisbaren organischen Befund noch von derart »kriegsbedingten« psychischen Schädigungen gesprochen werden konnte. In der Produktion psychiatrischen Wissens kamen damit externe Faktoren zum Tragen, die mit den Erfordernissen des Verwaltungshandelns oder der juristischen Entscheidungslogik darauf einwirkten, was als psychiatrisches Wissen Gültigkeit haben sollte.

Für die Kriegsheimkehrer aus den sowjetischen Lagern schlug sich die in diesem Zusammenhang erfolgte Festschreibung einer »normalen« Rekonvaleszenz nach besonderen Belastungen dergestalt nieder, dass in denjenigen Fällen, in denen die Kriegsgefangenschaft schon mehrere Jahre zurücklag und ein organischer Befund nicht mehr zu erheben war, psychische Leiden nicht mehr in den Begründungszusammenhang der Dystrophie eingeordnet werden konnten. Sie galten damit erneut, wie bei allen anderen Kriegsheimkehrern auch, als anlagebedingte Leiden. Aus der medizinischen Aufwertung der Dystrophie-Diagnose im Übergang zu den 1950er Jahren folgte also keineswegs automatisch, dass psychische Leiden auf die sowjetische Gefangenschaft zurückgeführt wurden. Überhaupt ergibt sich aus der Untersuchung der psychiatrischen Praxis, dass der Verdacht des Psychiaters, vom Patienten bewusst oder unbewusst getäuscht zu werden, ein geradezu konstitutives Moment fast aller Begutachtungssituationen darstellte. Hier kam die bereits seit dem

Ersten Weltkrieg innerhalb der Psychiatrie ausgesprochen weit verbreitete Befürchtung zum Tragen, sogenannten »unechten Krankheitsdemonstrationen« von »Kriegszitterern« oder »Rentenneurotikern« aufzusitzen, die vorgeblich Sicherungswünschen entsprangen und daher häufig dem Ziel geschuldet waren, eine Kriegsopferrente zu erwirken.

Trotzdem musste die Diagnose erst gefunden werden; die Ursache des Leidens war selten auf Anhieb evident. Vielmehr verfertigte sich die Diagnose in einem komplexen Aushandlungsprozess, in dem Deutungszusammenhänge durch die Fragen des Psychiaters angelegt wurden, doch die Verhaltens- und Erzählweisen des Patienten wirkten auf die Diagnosefindung ebenso ein. Auch die Auskünfte der Verwandten und das Urteil anderer Ärzte mussten mit eingelesen werden. In den analysierten Fällen tritt dabei ein Handlungsdilemma der begutachtenden Ärzte zutage. Es bestand darin, dass der Verdacht der Täuschung erst dann ausgeräumt war, wenn sich die Verhaltensweisen des Patienten auf die ärztlichen Maßnahmen einstellten. Blieben Beschwerden bestehen, die außerhalb der akzeptierten Spätfolgen der Dystrophie lagen, konnte Zweifelsfreiheit nicht erlangt werden. Diese aber wurde den Psychiatern durch die Rechtsförmigkeit des Versorgungsanspruches abverlangt. Für die gesamten 1950er Jahre ist festzustellen, dass in derartigen Zweifelsfällen die Annahme einer anlagebedingten Ursache eine klare Rückzugsposition darstellte und problematisch erscheinende Fälle als »Neurotiker« oder »Psychopathen« aus dem Versorgungssystem ausgesteuert wurden. Vor allem seit Mitte der 1950er Jahre stieg die Zahl der Verdachtsäußerungen auf »rentenneurotische Tendenzen« deutlich an.

Wie die in dem vorliegenden Buch analysierten Fälle zeigen, gab es eine Vielzahl an Kriegsheimkehrern und Angehörigen, die sich in der Deutung der Leiden dem Urteil des Experten auch dann geradezu umstandslos anschlossen, wenn diese die psychischen Beschwerden der ehemaligen Soldaten nicht auf den Krieg oder die Gefangenschaft zurückführten. Doch es gab auch Widerspruch, und er war, verglichen mit dem stillen Einverständnis, deutlich vernehmbar, zumal die Betroffenen bei ihrem Protest nicht selten die Kriegsopferverbände einschalteten und den Weg über die juristischen Instanzen einschlugen. Zweifellos resultierte dieses Aufbegehren verschiedentlich aus der Überzeugung, dass tatsächlich nur der Krieg als die eigentliche Ursache für die psychische Veränderung des ehemaligen Soldaten in Frage käme. Doch oft schien dabei auch der Gedanke mitzuspielen, dem Stigma zu entgehen, das länger anhaltende psychische Beschwerden aus der Sicht vieler offenbar bedeuteten, zumal wenn auch noch von ärztlicher Seite ein anlagebedingtes Leiden bescheinigt wurde. Die Begründungen für einen geltend gemachten Anspruch auf eine Kriegsopferrente spiegeln jedenfalls gelegentlich den Wunsch, durch eine offizielle Anerkennung der Beschwerden auch eine Bescheinigung für die eigenen »gesunden« Anlagen in die Hand zu bekommen. Es war ein Versuch der eigenen Ehrenrettung. Er paarte sich so manches Mal mit dem Bedürfnis, auch eine Anerkennung für den eigenen Einsatz im Krieg zu erhalten.

Dieser »Streit um die Erblichkeit« kann als Impuls für die Öffnung des Diskurses über die menschlichen Verarbeitungsweisen extremer Belastungen kaum überschätzt werden. Das gilt umso mehr, als der Psychiatrie die Deutungsmacht über die leib-seelischen Prozesse von einem Teil der Inneren Medizin, der sich gegenüber einem psychosomatischen Ansatz offen zeigte, streitig gemacht wurde. Diese Verfechter einer psychosomatischen Erklärungsweise drängten ihrerseits darauf, in stärkerem Maße die soziale Bedingtheit von »Krankheit« in Rechnung zu stellen, als das ansonsten in der Psychiatrie, aber auch in der Medizin generell mit dem Rückgriff auf das Erblichkeitsargument der Fall war. Tatsächlich zeichneten sich mit der psychosomatischen Betrachtungsweise einige grundlegende methodische Veränderungen ab. Im Wesentlichen gehörte dazu die Aufwertung biografischer Erfahrungen und subjektiver Wahrnehmungsweisen. Für die Kriegsheimkehrer wie für weite Teile der Nachkriegsgesellschaft ließ sich das als eine Anerkennung der von ihnen durchgemachten Strapazen lesen. Es ist daher nicht verwunderlich, dass sie die Verfechter der Psychosomatik häufig unterstützten, und das in einem breiten gesellschaftlichen Verbund mit den Heimkehrerorganisationen. Für die Verfechter der Psychosomatik bedeutete das auch, sich gegenüber einer breiten Front an Widersachern in der gesamten Medizin erst einmal durchsetzen und eine überzeugende Diagnose für ein Phänomen liefern zu müssen, das bisher in der herrschenden psychiatrischen Lehre keinen Namen hatte.

Dieser Streit wurde Mitte der 1950er Jahre nicht nur im Rahmen der deutschen Wissenschaft ausgetragen, das zeigt der komparative Blick auf andere europäische Länder, in denen die Ärzte Antworten auf die Frage suchten, wie die von ihnen bei ehemaligen Widerstandskämpfern und Deportierten beobachtbaren anhaltenden psychischen Beschwerden zu erklären seien. Auch bei diesen Opfergruppen hatte man solche nicht erwartet. Auffallende Parallelen traten nicht nur in den wissenschaftlichen Grundannahmen der verschiedenen europäischen Länder zutage, auch die Interpretationsweise der bislang unbekannten Symptome glich sich teilweise beträchtlich. Am auffallendsten ist das bei der Rolle, die dem Hunger für das spätere Leiden an körperlichen und psychischen Beeinträchtigungen zugeschrieben wurde. Ferner lassen sich Kernprobleme identifizieren, mit denen Ärzte anderer Länder kaum weniger konfrontiert waren als deutsche. Dazu gehörte etwa die Schwierigkeit der exakten kausalen Zuordnung eines Leidens, wenn dieses erst nach einer Phase gesundheitlicher Beschwerdefreiheit aufgetreten war. Ein präziser Nachweis über den Zusammenhang mit den durchgemachten Strapazen und Grausamkeiten, wie ihn auch die anderen nationalen Versorgungssysteme in ihrer offenbar gleichermaßen geteilten Angst vor den »Rentenneurotikern« verlangten, war kaum zu erbringen. Über den Weg der deutschen Entschädigungsbehörden, die seit Mitte der 1950er Jahre zunehmend mit Anträgen aus dem Ausland zur Anerkennung von psychischen Leiden bei NS-Verfolgten konfrontiert wurden, sahen sich die deutschen Ärzte daher nicht nur mir einer moralischen Herausforderung, sondern auch mit der Frage konfrontiert, wie dies mit den Grundsätzen ihrer »herrschenden Lehre« zu vereinbaren war.

Für die Herausbildung und Durchsetzung eines neuen psychiatrischen Wissens über die psychischen Auswirkungen der nationalsozialistischen Verfolgungs- und Vernichtungspolitik in Deutschland war der Druck der auswärtigen Kollegen durchaus erheblich. Doch letztlich war ein ganzes Bedingungsgeflecht ausschlaggebend. So war die fachwissenschaftliche Debatte in der deutschen Medizin über psychische Leiden teilweise bereits in Gang – wenn auch maßgeblich angestoßen durch die zu begutachtenden Leiden der Kriegsgefangenen aus den sowjetischen Lagern. Ein ätiologischer Wandel im Hinblick auf organisch nicht begründbare Leiden lag hier gewissermaßen schon in der Luft. Hinzu kam, dass sich in den Entschädigungsbehörden eine Reihe von Prüfärzten befand, die – anders als die Mehrzahl ihrer Kollegen – nicht nur das Votum der ausländischen Gutachter für eine notwendige Abweichung von der in Deutschland vorherrschenden psychiatrischen Lehre teilten, sondern auch die rechtliche Möglichkeit sahen, zumindest teilweise von der restriktiven Entschädigungspraxis abzugehen. Entscheidend dafür war, dass die Wiedergutmachung, die zum Zivilrecht gehörte, einer weniger strengen Ursachenbegründung bedurfte als die Kriegsopferversorgung, die dem Sozialrecht zugeschlagen war und damit einer anderen Rechtssystematik folgte. Der Klärungsdruck entstand damit nicht in erster Linie in der universitären Wissenschaft. Es waren die Entschädigungsbehörden, die sich in ihrem Regelungsbedarf über die Gültigkeit des psychiatrischen Wissensstandes verständigen mussten. An diesem Klärungsprozess war ein breites Spektrum von Akteuren beteiligt: Neben ausgewählten medizinischen Experten der deutschen universitären Wissenschaft, den Leitenden Ärzten der Entschädigungsbehörden, Juristen und hohen Beamten aus verschiedenen Bundesministerien hatten Ärzte aus dem Ausland, die interessierte Öffentlichkeit (zunächst primär jüdische Interessengruppen) und selbst das Auswärtige Amt an dem komplexen und mehrstufigen, teils hochgradig politisch aufgeladenen Macht- und Aushandlungsprozess teil, in dessen Verlauf ein neues psychiatrisches Wissen in Deutschland etabliert und sein Anwendungsfeld definiert wurde.

Zieht man die außerordentliche Langlebigkeit etablierter medizinischer Deutungsweisen in Betracht, setzte sich in Deutschland (wie auch in einigen anderen Ländern) eine neue psychiatrische Lesart psychischer Leiden innerhalb eines bemerkenswert kurzen Zeitraums durch. Die deutschen Psychiater, so legen vergleichende Seitenblicke in andere westeuropäische Länder nahe, gingen mit ihrer Annahme eines »erlebnisbedingten Persönlichkeitswandels« (Venzlaff), der keinerlei körperliche Schädigung voraussetzte, sogar bereits einen Schritt weiter als viele der auswärtigen Kollegen, die psychische Spätfolgen noch längere Zeit auf Hirnschädigungen zurückführten. Dennoch verlief dieser Prozess alles andere als problemlos. Dabei spielten sehr konkrete finanzielle Befürchtungen der Behördenvertreter eine eminent wichtige Rolle; doch es waren auch unterschiedliche nationale Wissenschaftstraditionen, die einer raschen Einigung auf gemeinsame medizinische Annahmen und Verfahren im Wege standen. Im konkreten Austausch zwischen den medizinischen Vertretern der Entschädigungsbehörden und den Gutachtern im Ausland wurde der Rahmen des Machbaren ausgelotet. Eine Reihe von Indizien sprechen dafür, dass dieses Prozedere in Europa leichter verlief als im Austausch mit den USA, wo sich allerdings das neue psychiatrische Wissen ebenfalls erst noch durchsetzen musste. Das wirft ein Schlaglicht auf den internationalen Austauschprozess, ohne den die in der westlichen Welt zu beobachtende Verwandlung des psychiatrischen Wissens über die menschlichen Verarbeitungsweisen extremer seelischer Belastungen nicht zu begreifen ist. Dennoch waren die Durchsetzung dieses Wissens durch nationale Diskurse und seine soziale Reichweite durch spezifische Konfliktlinien geprägt. In der Bundesrepublik steckten moralische Gesichtspunkte und politische Erwägungen den Interpretations- und Handlungsrahmen der Begutachtungsmedizin in Entschädigungsverfahren wesentlich mit ab. Der politisch prekäre

Status der noch jungen Bundesrepublik im Westbündnis kam hier zweifellos zum Tragen. In der wissenschaftlichen Begründung für eine Anerkennung der psychischen Beschwerden als Verfolgungsleiden wurde das politisch-moralische Argument nur vermittelt eingeräumt; im Bekenntnis zur gesellschaftlichen Verantwortung für die Entschädigung der Verfolgten mit seelischen Leiden kam es jedoch offen zum Ausdruck.

Die Durchsetzung eines neuen psychiatrischen Wissens, die sich nur über die Einführung einer neuen Diagnose bewerkstelligen ließ, musste erst den Widerstand einer breiten Ärztefront überwinden. Dies ist nicht nur politisch zu erklären. Denn die Psychiater, die argumentierten, es handele sich bei einer solchen Annahme entschädigungsfähiger psychoreaktiver Störungen gar nicht um eine neue wissenschaftliche Erkenntnis, welche die »herrschende Lehre« in Frage stelle, sondern im Kern nur um eine neue »Wertung« längst bekannter Phänomene, verteidigten vor allem auch die naturwissenschaftlich orientierte Medizin gegen den wachsenden Einfluss der anthropologischen Psychiatrie, die andere Verfahren verwendete. Hinter der Auseinandersetzung verbarg sich ein handfester Streit um Methoden, die im Ergebnis eben auch tatsächlich zu unterschiedlichen Befunden führten. So maßen die Kritiker der »herrschenden Lehre«, die sich für eine methodische Erweiterung aussprachen, der subjektiven Wahrnehmung des Begutachteten ein sehr viel höheres Gewicht bei der Diagnosefindung bei. Da die »Persönlichkeit« des Menschen in viel stärkerem Maße als sozial bedingt und veränderbar betrachtet wurde, gingen die biografischen Ereignisse in ganz anderer Weise in diese Krankheitsbilder mit ein. Entsprechend favorisierten die Kritiker der »herrschenden Lehre« auch einen anderen Begriff von »Krankheit«, die sich nicht mehr, wie bislang, ausschließlich durch die leibliche Schädigung, sondern auch durch die subjektive Empfindung des »Krankseins« definierte.

Dass sich seit Beginn der 1960er Jahre die Aussichten der ehemals Verfolgten, insbesondere der KZ-Überlebenden, auf eine Anerkennung ihrer psychischen Leiden zunehmend verbesserten, setzte indes keine allgemeine methodische Wende voraus. Es war vielmehr die Rechtsprechung, die durch einige zentrale Änderungen am Bundesentschädigungsgesetz und wichtige Grundsatzurteile nicht nur die nach wie vor restriktive Politik der Entschädigungsbehörden aushebelte, sondern auch die psychiatrische Fachkontroverse in mancher Hinsicht obsolet machte. Trotzdem kann keine Rede davon sein, dass die Anerkennung psychischer Leiden damit zu einer generellen Interpretation, so etwa im Rahmen der Kriegsopferversorgung, geworden wäre. Die Kriegsheimkehrer, vertreten durch ihre Verbände, machten zwar gleiches Recht für sich geltend, und tatsächlich lässt sich in der Obersten Rechtsprechung beobachten, dass diese etwa den Krankheitsbegriff um psychisch verursachte Störungen erweitert wissen wollte. Auch in der juristischen Begründung findet sich dabei das Argument, dass die Individualität des Menschen stärker zu beachten und das subjektive Empfinden mehr zu berücksichtigen sei – was im Übrigen die Vermutung stärkt, dass sich disziplinenübergreifend ein verändertes Wahrnehmungsmuster von der Beschaffenheit des Menschen durchzusetzen begann. Dennoch ließen die Obersten Gerichte die Möglichkeit einer restriktiveren Anerkennungspraxis psychischer Leiden bei den Kriegsheimkehrern bestehen. Aus den Verfahren vor den Sozialgerichten, insbesondere aber schon in der psychiatrischen Begutachtung lässt sich das ablesen. Sowohl unter den Juristen als auch unter den Psychiatern war man sich überwiegend einig, dass strenge Maßstäbe anzulegen seien, um »Wunsch- oder Entschädigungsreaktionen« bei deutschen Kriegsheimkehrern zu vermeiden. Anders als bei der hitzigen Diskussion über die Entschädigungsverfahren von NS-Verfolgten zeigten sich die Psychiater hier überhaupt in ihrem Urteil geschlossener; im Grunde waren sie sich in diesen Fällen sogar weithin einig, dass sich im Hinblick auf die menschliche Verarbeitungsfähigkeit des Kriegsgeschehens die Lehren des Ersten Weltkrieges erneut bestätigt hätten. Medizinische, moralische und juristische Argumentationen flossen zusammen und generierten eine Praxis, in der – entgegen heute noch gängigen

Annahmen – im Falle der Kriegsheimkehrer (und anderer Kriegsopfer) ein Zusammenhang zwischen psychischen Beschwerden und den Erfahrungen in Krieg und Gefangenschaft in aller Regel ausgeschlossen wurde.

Die Transformation des psychiatrischen Wissens blieb für den öffentlichen Erinnerungsdiskurs über den Krieg und die Auswirkungen der nationalsozialistischen Vernichtungspolitik nicht folgenlos. Der mediale Diskurs bewegte sich grundsätzlich ganz im Rahmen der zur Verfügung stehenden wissenschaftlichen Lesarten, deren Annahmen über die Belastbarkeit des Menschen dadurch eine öffentliche Gültigkeit erlangten. Zur Erläuterung dieses Sachverhaltes wurde in der Einleitung der Begriff der »Gedächtnispolitik« eingeführt, um verständlich zu machen, wie wissenschaftliche Deutungsweisen in diesem Feld gleichermaßen als Ermöglichung und als Begrenzung der gesellschaftlichen Wahrnehmung von persönlichen Gewaltfolgen und Leiderfahrungen wirken. Insofern handelt es sich bei der Psychiatrie auch um eine »Gedächtniswissenschaft«, die sich mit ihren Konzeptionen über die Funktionsweise des Menschen und seine Verarbeitungsfähigkeit von Gewalterfahrungen nicht nur auf die medizinische Praxis auswirkt, sondern durch die mediale Vermittlung auch die öffentlichen Sagbarkeitsregeln über Gewaltverarbeitungen bestimmt. Dieser Zusammenhang trat in den hier untersuchten Film- und Printmedien deutlich zutage, wobei sowohl genretypische Logiken als auch politische Erwägungen in einzelnen Fällen zu einer diskursiven Verstärkung wissenschaftlicher Positionen beitrugen.

So zeigte sich, dass nach Kriegsende nur während einer sehr kurzen Zeitspanne, nämlich etwa Mitte der 1950er Jahre, die Rede davon sein kann, dass länger dauernde psychische Leiden von Kriegsheimkehrern in einer breiteren Medienöffentlichkeit ausdrücklich anerkannt wurden. Die »Trümmerfilme« der unmittelbaren Nachkriegszeit thematisierten zwar seelische Qualen und psychische Störungen ehemaliger Soldaten; Träume und Halluzinationen der Heimkehrer waren das filmische Darstellungsmittel, um das fortgesetzte Leiden an den fürchterlichen Gräueln des verbrecherischen Krieges vorzuführen. Für viele Zuschauer drückte sich darin sicherlich eine gewisse Verständnisbereitschaft für die persönliche Verfassung mancher Kriegsheimkehrer aus. Jedoch entsprach gleichzeitig die in diesen Filmen ausgedrückte Erwartung an die Nachkriegsgesellschaft, wie derartige Leidenszustände wieder zu »normalisieren« seien, in hohem Maße der seinerzeit gängigen psychiatrischen Lehre. Wer sich über längere Zeit durch seelisches Leiden in seinem Verhalten verändert und in seinem Lebensalltag beeinträchtigt zeigte, der war jemand, der sich hängenließ, so vermittelten die Filme ihre moralische Aufbaubotschaft. Der Glaube an die menschliche Überwindungskraft war auch hier klar zu erkennen. Dieses filmische Narrativ korrespondierte mit dem Bild, das die Printmedien dieser Zeit von der psychischen Regenerationsfähigkeit der Nachkriegsgesellschaft entwarfen. In beiden medialen Feldern, den Film- wie den Printmedien, schlug sich zudem fast durchweg die Auffassung nieder, dass die Wiederherstellung des Selbstwertgefühls durch Arbeit die bewährte Strategie zur Selbstheilung sei.

Erst im Bemühen um die Heimkehr der letzten noch in der Sowjetunion inhaftierten Kriegsgefangenen entstand um 1953 in lokalen wie überregionalen Medien eine kurze Anerkennungskonjunktur für seelische Folgen der Gefangenschaft, die sich einerseits der Bereitschaft verdankte, psychosomatische Deutungsmuster in der Öffentlichkeit aufzunehmen, andererseits politischen Nützlichkeitserwägungen im Zuge des Kalten Krieges entsprang. Die Diagnose der »Dystrophie« war eine akzeptierte Sprechweise für die wahrgenommenen psychischen Auffälligkeiten dieser Gruppe von Kriegsheimkehrer. Nach der Rückkehr der letzten Gefangenen aus der Sowjetunion 1955/1956 verschwand diese Aufmerksamkeit für psychische Belastungen von Kriegsheimkehrern in der medialen Öffentlichkeit jedoch nahezu umgehend wieder. Weder im Film noch in den überregionalen Printmedien war darüber seit dem Ende der 1950er Jahre noch etwas zu sehen beziehungsweise zu lesen. Blickt man auf die Kriegsfilme, sieht man, dass die Thematisierung psychischer Leiden hier ohnehin kaum eine Rolle spielte. Das entsprach der weiterhin gängigen Annahme, dass selbst schwerste Belastungen durch den Krieg mit persönlicher Anstrengung und glücklicher Fügung zu bewältigen seien. Allerdings wird man gerade im Kriegsfilm, wie der internationale Vergleich unterstreicht, auch das heroische Narrativ dieses Genres berücksichtigen müssen. Im Fall der Printmedien aber, die sich weiterhin psychosomatischer Ansätze in anderen Zusammenhängen bedienten, bedarf es einer anderen Erklärung, um das rasche Verschwinden der Heimkehrer aus diesem Diskurs zu verstehen.

Diese Entkoppelung kann nicht ohne die erinnerungskulturelle Wende begriffen werden, die in der westdeutschen Gesellschaft mit der Wiederaufnahme der NS-Prozesse Ende der 1950er Jahre langsam einsetzte. Anders als in den Nürnberger Prozessen 1945/1946 wurden nun nicht mehr nur die obersten NS-Chargen juristisch zur Verantwortung gezogen. Die sich ändernden Täterbilder wirkten dabei wie eine Thematisierungsblockade im Hinblick auf mögliche seelische Belastungen von Kriegsheimkehrern, zumal zeitgleich furchtbarste Bilder von den NS-Opfern in Umlauf kamen und seit dem Eichmann-Prozess auch die Stimmen der Überlebenden als Zeugen in den Medien gegenwärtig waren. Die insbesondere von Seiten der Presse seit mehr als einem Jahrzehnt mitproduzierte gesellschaftliche Aufmerksamkeitsbereitschaft für tatsächlich oder vermeintlich psychosomatisch erklärbare Leidenszustände richtete sich in der medialen Öffentlichkeit nun nicht mehr auf die Kriegsheimkehrer, sondern in hohem Maße auf die zunehmend ins öffentliche Bewusstsein rückenden Opfer der NS-Verfolgung. Entsprechend inszenierten die großen Printmedien im Rahmen der breiteren Debatte über die NS-Verbrechen auch die jüngsten wissenschaftlichen Erkenntnisse der Psychiatrie über die psychischen Auswirkungen der NS-Verfolgung und bereiteten den Boden für die gesellschaftliche Verankerung eines neuen Wahrnehmungsmusters, mit dem psychische

Auswirkungen bei Überlebenden der NS-Verfolgung, vor allem der Konzentrationslager, zunehmend als gegeben angenommen wurden.

Auf ähnliche Weise stützten und verstärkten sich die Ausweitung des Täterbildes, in dessen Zuge die mögliche Verbrechensbeteiligung jedes »normalen« Mannes ins öffentliche Bewusstsein rückte, und die mediale Verbreitung der neuen psychiatrischen Lehrmeinung. Die von den Medien aufgegriffene psychiatrische Erkenntnis bekräftigte die Annahme, dass bei den ehemaligen deutschen Soldaten psychische Leiden auch dann nicht zu erwarten seien, wenn sie an grausamen Verbrechen beteiligt waren. Die seit dem Eichmann-Prozess von den Massenmedien veröffentlichten Berichte über die psychiatrische Neuentdeckung psychischer Dauerschädigungen bei NS-Opfern hatten dieses Argument stets mitgeführt. Der vehemente Appell, den die Medien über die Stimme psychiatrischer Experten an die Öffentlichkeit richteten, sich der Verantwortung für die nationalsozialistischen Verbrechen endlich zu stellen und damit auch die anhaltenden seelischen Leiden der Überlebenden als verfolgungsbedingt anzuerkennen, zog mehr oder weniger deutliche Grenzen zu dem öffentlich anerkennbaren Leiden der ehemaligen Soldaten. In weiten Teilen der Medienöffentlichkeit – die einen guten Teil des öffentlichen Erinnerungsdiskurses ausmachte – war damit das Reden von einem möglichen Opferstatus der Soldaten so gut wie ausgelöscht. Die Medienanalyse lässt zudem eine geradezu untypische Eindeutigkeit erkennen: Hier kamen die innerfachlichen Auseinandersetzungen der Psychiater über den neuen diagnostischen Ansatz überhaupt nicht zum Tragen. Im Gegenteil, was in der Berichterstattung über psychische Leiden in den frühen 1960er Jahren zunehmend hervorstach, war die dezidierte Abgrenzung der überlebenden NS-Opfer von regulären Kriegsteilnehmern. Es entsteht sogar der Eindruck einer regelrechten medialen Offensive für eine gesellschaftliche Anerkennung der psychischen Zerstörungsgewalt der nationalsozialistischen Verfolgungs- und Vernichtungspolitik, worin sich ein politisch-moralisches Klima ausdrückte, das mutmaßlich auch im innerfachlichen Disput zu einer eindeutigen Stellungnahme zwang.

In der medialen Rückkoppelung zeigt sich, dass die doppelte Lesart von menschlichen Reaktionsweisen auf psychische Belastungssituationen nicht nur eine Frage der innerwissenschaftlichen Plausibilität, sondern auch eine Weichenstellung in der öffentlichen Erinnerungskultur war. So übernahmen die Medien keine öffentliche Anwaltschaft mehr für die Kriegsheimkehrer und ihr Anliegen, die Gleichheit der Menschen vor grausamer Behandlung und schrecklichen Erfahrungen gegenüber der Politik einzuklagen. Tatsächlich wurde über die Frage der Anerkennung von psychischen Leiden öffentlich ausgehandelt, wer von der Gesellschaft als Opfer identifiziert und akzeptiert wurde. In der wenig später einsetzenden Berichterstattung über den Vietnamkrieg bestätigt sich dieses Muster: Erst der Verweis auf die psychischen Folgen etablierte den Erzählmodus, mit dem sich klarstellen ließ, wer als die eigentlichen Opfer eines Krieges zu betrachten waren. Wie die Grenzen seelischer Belastbarkeit bei Soldaten wahrgenommen wurden, war somit ein selektiver Prozess. Moralische Wertsetzungen flossen dabei ebenso ein wie politische Erfordernisse; beide bestimmten mit, welche der zur Verfügung stehenden wissenschaftlichen Lesarten sich die Medienöffentlichkeit zu eigen machte.

Im medialen Feld wird somit erst ersichtlich, dass mit der Deutung des psychischen Leidens auch eine je spezifische Vorstellung des gesamten Geschehens vermittelt wurde. In diesem Punkt zeichnete sich in der medialen Öffentlichkeit der 1960er Jahre eine deutliche Wahrnehmungsverschiebung gegenüber dem ersten Nachkriegsjahrzehnt ab, mit der sich die öffentliche Erinnerung an Krieg und Holocaust schließlich auf viele Jahre hinaus zu verändern begann. Transformation und Etablierung eines neuen psychiatrischen Wissens, die ihrerseits ohne den politisch-moralischen Druck der 1960er Jahre nicht im gleichen Maße vorangeschritten wären, hatten daran erkennbar mitgewirkt. Die Imaginationen über das Ausmaß der jeweils erlittenen oder erlebten Gewalt und ihrer Folgen für das Leben der Betroffenen konnten davon nicht unberührt bleiben. Dieser Gedanke liegt jedenfalls nahe, wenn man berücksichtigt, dass mindestens in den nachfolgenden zwei Jahrzehnten nicht im öffentlichen Bewusstsein stand, der Zweite Weltkrieg könnte bei den deutschen Soldaten irgendwelche psychischen Leiden hinterlassen haben.

Die öffentliche Erinnerung an die Gewalthaftigkeit des nationalsozialistischen Vernichtungskrieges veränderte sich in den 1960er Jahren auf einschneidende Weise. Das private Wissen der ehemaligen Soldaten um die zerstörerischen Folgen der Kriegsgewalt und ihre psychischen Leiden daran fanden in diesen öffentlichen Sagbarkeitsregeln nicht unbedingt Ausdruck. Dennoch gab auch ihnen die Verwandlung des psychiatrischen Wissens die Möglichkeit, ihre divergierenden persönlichen Erinnerungen in die neue Sprache der Psychiatrie einzulesen. Denn insgesamt kündigte sich in dem hier verfolgten psychiatrischen Wissenschaftswandel eine neue Deutungsmöglichkeit von biografischen Verläufen und Erfahrungszusammenhängen an, die trotz offizieller Zurückhaltung individuell niemandem verweigert werden konnte. Dies entsprach der sich verbreitenden gesellschaftlichen Vorstellung, dass der Mensch nicht in seiner erblichen Gebundenheit, sondern eher in seiner sozial verfassten Individualität zu erfassen sei. Hieraus erwuchs auf Dauer eine neue Achtung für die subjektive Erfahrung des Menschen, die sowohl von den Humanwissenschaften als auch von der Öffentlichkeit honoriert werden musste. Erst in diesem Zusammenhang konnten einige der schmerzlichen gegenwärtigen Vergangenheiten des Krieges auch wieder eine öffentliche Sprache finden. Der lange umstrittene Wandel des psychiatrischen Wissens sollte in einer zweiten Konjunktur seit den 1990er Jahren dann auch die Möglichkeit schaffen, die Ausdehnung des Opferstatus auf immer mehr Gruppen sowohl in der Vergangenheit als auch in der Gegenwart zu reklamieren.

Dank

Entgegen aller Konvention soll hier zunächst die Rede von denen sein, die am meisten mit dieser Arbeit zu tun hatten. Deshalb stehen an dieser Stelle vor allen anderen Lukas und Jascha. Sie erlebten deren Frühphase in Bielefeld, ihr weiteres Fortschreiten und die Schreibphase in Bremen, sie nahmen auch den dazwischen geschobenen einjährigen Aufenthalt in Southampton mit auf sich, von dem diese Arbeit sehr profitierte. Die knappe Überarbeitungszeit bis zum Buch, die bereits in Freiburg stattfand, erlebten beide, mittlerweile erwachsen, dann bereits aus der Ferne. Was ich ihnen an dieser Stelle sagen möchte, lässt sich nicht in ein paar Worte fassen. Es ist mehr als ein all umfassender Dank. Denn ihnen gehört meine ganze Bewunderung. Deshalb ist ihnen dieses Buch gewidmet.

Jede Arbeit braucht zunächst eine Idee. Ute Frevert und Hans-Ulrich Wehler gaben mir den nötigen Raum, um diese entwickeln zu können. Wolf Kätzner, der auch die nicht archivierten Quellen in den von Bodelschwinghschen Anstalten kannte, gab mir die entscheidenden Hinweise auf die Patientenakten, die seinerzeit noch in Kartons in den Kellern Bethels lagen. Er vermittelte auch den Kontakt zu den Ärzten, die mir als Historikerin den Zugang zu diesen Quellen auf ungewöhnlich großzügige Weise erlaubten. Beeindruckend unbürokratisch halfen mir auch die Mitarbeiter des Landesversorgungsamtes Münster und des Versorgungsamtes Bielefeld, die alle Anstrengungen unternahmen, mir die Akten noch lebender Empfänger von Kriegsopferrenten zur Verfügung zu stellen. Die Fritz Thyssen Stiftung hat mich im letzten Jahr meiner Bielefelder Zeit finanziert. Ihnen allen sei dafür herzlich gedankt.

Während meiner Assistenzzeit an der Universität Bremen, die ich Doris Kaufmann verdanke, hat diese Arbeit sehr von unserem Austausch über die Wissenschaftsgeschichte profitiert. Doris

Kaufmann unterstützte mich auch in meinem Anliegen, einen Forschungsaufenthalt an der Universität in Southampton wahrzunehmen, der von der Humboldt-Stiftung finanziert worden ist. Den Kollegen und Kolleginnen in England danke ich für eine ebenso spannende wie entspannte Zeit, Neil Gregor besonders für seine Freundschaft. All das hat diese Arbeit bis zu ihrem Abschluss getragen. Schließlich erklärten sich Dorothee Wierling und Ulrich Herbert seinerzeit dankenswerterweise bereit, die Außengutachten für diese Habilitationsschrift zu übernehmen; es ist ihnen darüber hinaus zu verdanken, dass der Habilitationsvortrag zum geplanten Termin überhaupt stattfinden konnte.

Die vertrauensvolle Unterstützung, die ich von Ulrich Herbert bereits in Bremen, erst recht aber in Freiburg erfahren habe, war und ist beeindruckend. Überhaupt traf ich dort auf eine bemerkenswerte Offenheit, intellektuelle Neugier, bereichernde Kritik und eine enorme Hilfsbereitschaft. Das alles hat wesentlich dazu beigetragen, das Buch für den Druck fertigzustellen. Dafür habe ich besonders Catharina Hofmann zu danken, die das vollständige Manuskript aufmerksam gelesen und kommentiert hat, sowie Thomas Zimmer, dessen Hinweise der Einleitung zugutegekommen sind. Agnes Schuler und Anna Piepiorka retteten mich in Zeiten, in denen die Tage eher sechsunddreißig Stunden lang hätten sein müssen, ebenso Onur Erdur, Gesine Hübner und Dennis Niewerth (Bochum), die das Manuskript mit großer Sorgfalt auf Fehler hin überprüften sowie Tina Srowik, Armin Musterle und Christoph Sprich, die das Gleiche, nicht weniger achtsam, noch einmal leisteten, als die Druckfahnen vorlagen. Gabriele Lingelbach zeigte täglich, wie man ein Höchstmaß an Kollegialität, ohne Aufhebens davon zu machen, in die Praxis umsetzt. Diese Danksagung gibt mir die Gelegenheit, ihnen allen noch einmal zu sagen, wie sehr ich ihren Rat und ihre Kritik, ihr Wohlwollen und ihre Hilfe zu schätzen weiß.

Damit ist die Geschichte über das Werden dieses Buches jedoch noch nicht am Ende. Denn im Laufe dieser Zeit kamen ihm wichtige Gespräche sowohl mit Kollegen als auch mit Freunden zugute.

Sie gaben manchmal einen ganz entscheidenden Impuls für die weitere Entwicklung der Arbeit und ihr Zuspruch war für mich wichtiger, als ich sie das bisher wissen lassen konnte. Michael Geyer, Ute Daniel, Alon Confino und Robert G. Moeller möchte ich deshalb an dieser Stelle für ihr Interesse und ihre unterstützende Ermunterung herzlich danken, Nils Goltermann zudem dafür, dass diese Arbeit von seinem juristischen Sachverstand profitieren konnte. Mit Annelie Ramsbrock war jedes Gespräch eine Bereicherung. Auch Christian Geulen schulde ich in diesem Zusammenhang einen Dank, der ein besonderer sein muss: Denn er hat diese Arbeit vor ihrer Abgabe als Habilitationsschrift noch einmal vollständig gelesen und mit mir besprochen, womit er Rückhalt gab in einem Moment, in dem man ihn besonders braucht.

Dass die Arbeit aber zu diesem Buch wurde, verdanke ich der Initiative und dem Engagement von Hanna Leitgeb, die das Manuskript der DVA vorstellte, und Thomas Rathnow, den es überzeugte. Hanna Leitgeb gilt mein Dank für das genaue Lektorat, viele hilfreiche Hinweise sowie für eine gute Arbeitsatmosphäre, die auch Antje Korsmeier und Meike von Boehn schufen. Sie alle trugen neben den vielen anderen, auch Ungenannten, zum Gelingen dieses Buches bei, was ich nach dessen Erscheinen bestimmt nicht vergessen werde.

Svenja Goltermann
Berlin, im August 2009

Anmerkungen

Einleitung

1 Die Geschichte des nachfolgenden Falls basiert insbesondere auf dem Lebenslauf von Hans H., aber auch auf Informationen, die den Gesprächsaufzeichnungen mit seinem behandelnden Arzt entnommen sind. Diese sind enthalten in der Krankenakte von Hans H., die während seines vierwöchigen Aufenthalts in der Psychiatrischen und Neurologischen Abteilung der von Bodelschwinghschen Anstalten Bethel bei Bielefeld angelegt wurde. (Hauptarchiv der von Bodelschwinghschen Anstalten Bethel [= HBAB], Bestand Morija, 4944). Vgl. zu diesem Fall auch Kap. 3 im ersten Teil dieses Buches. Die Namen der Männer und Frauen, die in den Psychiatrischen Krankenakten auftauchen, sind aus archivrechtlichen Gründen nachfolgend grundsätzlich anonymisiert. Alle anderen Personen, die in dieser Arbeit erwähnt werden, sind mit vollständigem Namen genannt, sofern der Vorname ermittelt werden konnte.

2 Statt einer Vielzahl von Einzelstudien vgl. Tony Judt, Geschichte Europas von 1945 bis zur Gegenwart, München 2006, insbes. S. 29–82, u. S. 931–966, Zit. S. 82; Bernd-A. Rusinek (Hg.), Kriegsende 1945. Verbrechen, Katastrophen, Befreiungen in nationaler und internationaler Perspektive, Göttingen 2004, sowie Ulrich Herbert u. Axel Schildt (Hg.), Kriegsende in Europa. Vom Beginn des deutschen Machtzerfalls bis zur Stabilisierung der Nachkriegsordnung 1944–1948, Essen 1998.

3 Vgl. Mark Mazower, Der dunkle Kontinent. Europa im 20. Jahrhundert, Berlin 2000, S. 308; rechnet man die Jahre bis 1948 hinzu, belief sich die Zahl der Getöteten und Vertriebenen in Europa auf etwa 90 Millionen Menschen.

4 Charles S. Maier, Consigning the Twentieth Century to History: Alternative Narratives for the Modern Era, in: The American Historical Review 105 (2002), S. 807–831, reklamiert, sich bewusstzumachen, dass es sich dabei um ein »Western narrative« handelt. Als Plädoyer für eine breitere, vergleichende Perspektive auf die verschiedenen Genozide und »ethnischen Säuberungen« des 20. Jahrhundert vgl. Mark Mazower, Violence and the State in the Twentieth Century, in: The American Historical Review 107 (2002), S. 1158–1178. Als abgewogener Vergleich: Norman Naimark, Fires of Hatred. Ethnic Cleansing in Twentieth-Century Europe, Cambridge 2001.

5 Vgl. als Überblick mit einer Reihe von Fallstudien Richard Ned Lebow u. a. (Hg.), The Politics of Memory in Postwar Europe, Durham 2006; Norbert Frei u. Volkhard Knigge (Hg.), Verbrechen erinnern. Die Auseinandersetzung mit Holocaust und Völkermord, München 2002, sowie

Pieter Lagrou, The Legacy of Nazi Occupation: Patriotic Memory and National Recovery in Western Europe, 1945–1965, Cambridge 2000; Henry Rousso, The Vichy-Syndrome. History and Memory in France since 1944, Harvard 1991; Jan T. Gross, Fear: Anti-Semitism in Poland after Auschwitz, Princeton 2006.

6 Ausgelöst wurde diese kritische Debatte vor allem durch Winfried G. Sebald, Luftkrieg und Literatur, Frankfurt a. M. 2001[5]; Günter Grass, Im Krebsgang, Göttingen 2002, sowie Jörg Friedrich, Der Brand. Deutschland im Bombenkrieg 1940–1945, Berlin 2002[4]. Vgl. zur Kritik u.a. Robert G. Moeller, Sinking Ships, the Lost Heimat and Broken Taboos: Günter Grass and the Politics of Memory in Contemporary Germany, in: Contemporary European History 12 (2003), S. 1–35, sowie Ders., Germans as Victims? Thoughts on a Post-Cold War History of World War II's Legacies, in: History & Memory 17 (2005), S. 147–194.

7 Jörg Friedrich etwa suggeriert eine Gleichstellung von Holocaust und Bombenkrieg durch diverse sprachliche Formulierungen, wie eine ganze Reihe von Rezensenten in Lothar Kettenacker (Hg.), Ein Volk von Opfern? Die neue Debatte um den Bombenkrieg 1940–1945, Reinbek 2003, kritisiert. Weitere Beispiele in Bill Niven, Introduction: German Victimhood at the Turn of the Millennium, in: Ders. (Hg.), Germans as Victims. Remembering the Past in Contemporary Germany, New York 2006, S. 1–25, S. 5ff.

8 Vgl. u.a. ebd., S. 12f. Niven spricht von rückwirkenden Entlastungsstrategien, die beispielsweise entweder darin bestünden, darauf zu verweisen, dass die Bomben »normale Bürger« getroffen hätten, oder aber auch, dass dem alliierten Bombardement Deutsche, Juden und Zwangsarbeiter zum Opfer gefallen seien, womit nachträglich ein Opferkollektiv konstruiert und wesentliche Unterschiede im Opferstatus ausradiert würden. Beispiele dafür sind ihm die Bücher »Echolot« von Walter Kempowski und »Der Junge mit den blutigen Schuhen« von Dieter Fortes. Das Dilemma des Entlastungsvorwurfs formuliert pointiert Reinhart Koselleck, Die Diskontinuität der Erinnerung, in: Deutsche Zeitschrift für Philosophie 47 (1999), S. 213–222, S. 216.

9 Vgl. u.a. Moeller, Germans as Victims?, S. 150ff.

10 Vgl. als konziser Überblick ebd., S. 153ff.

11 Vgl. u.a. Bill Niven, The GDR and the Bombing of Dresden, in: Ders. (Hg.), Germans as Victims. Remembering the Past in Contemporary Germany, New York 2006, S. 109–129, sowie Sabine Behrenbeck, Between Pain and Silence. Remembering the Victims of Violence in Germany after 1949, in: Richard Bessel u. Dirk Schumann (Hg.), Life After Death. Approaches to a Cultural and Social History of Europe During the 1940s and 1950s, Washington, D. C. 2003, S. 37–64, welche die »Erinnerungsstrategien« in der frühen Bundesrepublik und der DDR in den öffentlichen Gedenkfeiern untersucht.

12 Die Unterschiede in der jeweiligen staatlichen Flüchtlingspolitik und der Verbandsagitation werden deutlich bei Pertti Ahonen, After the

Expulsion. West Germany and Eastern Europe 1945–1990, Oxford 2003, u. Philipp Ther, Deutsche und polnische Vertriebene. Gesellschaft und Vertriebenenpolitik in der SBZ/DDR und in Polen 1945–1956, Göttingen 1998. Zu den Kriegsheimkehrern jetzt Frank Biess, Homecomings. Returning POWs and the Legacies of Defeat in Postwar Germany, Princeton 2006, mit eindrucksvollen Beispielen zu den Opferkonstruktionen in Ost- und Westdeutschland, sowie Christina Morina, Instructed Silence, Constructed Memory: The SED and the Return of German Prisoners of War as ›War Criminals‹ from the Soviet Union to East Germany, 1950–1956, in: Contemporary European History 13 (2004), S. 323–343.

13 Robert G. Moeller, War Stories. The Search for a Usable Past in the Federal Republic of Germany, Berkeley 2001, S. 3.

14 Frank Biess, »Pioneers of a New Germany«: Returning POWs from the Soviet Union and the Making of East German Citizens, 1945–1950, in: Central European History 32 (1999), S. 143–180, S. 147ff., sowie Jörg Echternkamp, Arbeit am Mythos. Soldatengenerationen der Wehrmacht im Urteil der west- und ostdeutschen Nachkriegsgesellschaft, in: Klaus Naumann (Hg.), Nachkrieg in Deutschland, Hamburg 2001, S. 421–443.

15 Vgl. Norbert Frei, Vergangenheitspolitik. Die Anfänge der Bundesrepublik und die NS-Vergangenheit, München 1997[2], S. 195ff.

16 Biess, Homecomings, v. a. Kap. 4 u. 5.

17 Vgl. u.a. Wolfgang Benz, Postwar Society and National Socialism: Remembrance, Amnesia, Rejection, in: Tel Aviver Jahrbuch für deutsche Geschichte 19 (1990), S. 1–12.

18 Vgl. dazu im Einzelnen Judt, S. 265ff. (hier unter anderem zum Kinobesuch); zum Wiederaufbau S. 104ff., das Zit. S. 112; zu den ungleich einschneidenderen materiellen Schädigungen in der Sowjetunion S. 197ff.

19 Vgl. u.a. Mazower, Kontinent, S. 318; Konrad H. Jarausch u. Michael Geyer, Zerbrochener Spiegel. Deutsche Geschichte im 20. Jh., München 2003, S. 16ff.; Richard Bessel, »Leben nach dem Tod«. Vom Zweiten Weltkrieg zur zweiten Nachkriegszeit, in: Bernd Wegner (Hg.), Wie Kriege enden. Wege zum Frieden von der Antike bis zur Gegenwart, Paderborn 2002, S. 239–258; Klaus Naumann, Einleitung, in: Ders. (Hg.), Nachkrieg in Deutschland, Hamburg 2001, S. 9–26, S. 24f.

20 Einschlägig in diesem Zusammenhang v. a. Andreas Hilger, Deutsche Kriegsgefangene in der Sowjetunion 1941–1956. Kriegsgefangenschaft, Lageralltag und Erinnerung, Essen 2000; Stefan Karner, Im Archipel GUPVI. Kriegsgefangenschaft und Internierung in der Sowjetunion 1941–1956, München 1995; Matthias Reiß, »Die Schwarzen waren unsere Freunde«. Deutsche Kriegsgefangene in der amerikanischen Gesellschaft 1942–1946, Paderborn 2002.

21 Die Angaben nach Rüdiger Overmans, The Repatriation of Prisoners of War once Hostilities are Over: A Matter of Course?, in: Bob Moore u. Barbara Hately-Broad (Hg.), Prisoners of War, Prisoners of Peace. Captivity, Homecoming and Memory in World War II, Oxford 2005,

S. 11–22, S. 17f., u. Arthur L. Smith, Heimkehr aus dem Zweiten Weltkrieg. Die Entlassung der deutschen Kriegsgefangenen, Stuttgart 1985, S. 11. Weitere Angaben dazu unten in Kap. 2 a, »Wahn und Wirklichkeit«.

22 Zur Kriegsopferpolitik und den Integrationsleistungen der Bundesrepublik vgl. James M. Diehl, The Thanks of the Fatherland: German Veterans after the Second World War, Chapel Hill 1993.

23 Bessel, Leben, S. 240f.

24 Vgl. u. a. Richard Bessel u. Dirk Schumann, Introduction: Violence, Normality, and the Construction of Postwar Europe, in: dies. (Hg.), Life After Death. Approaches to a Cultural and Social History of Europe During the 1940s and 1950s, New York 2003, S. 1–13; Habbo Knoch, Die Tat als Bild. Fotografien des Holocaust in der deutschen Erinnerungskultur, Hamburg 2001, S. 18ff.

25 Vgl. Wulf Kansteiner, Menschheitstrauma, Holocausttrauma, kulturelles Trauma. Eine kritische Genealogie der philosophischen, psychologischen und kulturwissenschaftlichen Traumaforschung seit 1945, in: Friedrich Jaeger u. Jörn Rüsen (Hg.), Handbuch der Kulturwissenschaften, Bd. 3: Themen und Tendenzen, Stuttgart 2004, S. 109–138.

26 Vgl. u. a. Allan Young, The Harmony of Illusions. Inventing Post-Traumatic Stress Disorder, Princeton 1995; Ruth Leys, Trauma. A Genealogy, Chicago 2000; Doris Kaufmann, Neurasthenia in Wilhelmine Germany: Culture, Sexuality, and the Demands of Nature, in: Marijke Gijswijt-Hofstra u. Roy Porter (Hg.), Cultures of Neurasthenia. From Beard to the First World War, Amsterdam 2001, S. 161–176.

27 Vgl. als kurzer Überblick: Kansteiner, Menschheitstrauma. Zur wachsenden Bedeutung der Traumakategorie in jüngster Zeit u. a. Peter Fritzsche, Volkstümliche Erinnerung und deutsche Identität nach dem Zweiten Weltkrieg, in: Konrad H. Jarausch u. Martin Sabrow (Hg.), Verletztes Gedächtnis. Erinnerungskultur und Zeitgeschichte im Konflikt, Frankfurt a. M. 2002, S. 75–97; Andreas Huyssen, Trauma and Memory: A New Imaginary of Temporality, in: Jill Bennett u. Rosanne Kennedy (Hg.), World Memory. Personal Trajectories in Global Time, New York 2003, S. 16–29; Richard McNally, Remembering Trauma, Cambridge, Mass. 2003.

28 So die pointierte Formulierung von Carol Tavris, Just Deal with it, in: Times Literary Supplement, August. 15, 2003, S. 10–11, S. 10, in der Besprechung von McNally.

29 McNally, S. 283, weist in diesem Zusammenhang kritisch darauf hin, dass viele Versuche, Menschen in anderen Teilen der Welt nach Kriegen psychotherapeutische Hilfe zu leisten, auch deshalb fehlschlugen, »because the entire Western framework of diagnosis and psychotherapeutic treatment for trauma is utterly foreign to their cultures«.

30 Vgl. etwa Johannes Fried, Der Schleier der Erinnerung. Grundzüge einer historischen Memorik, München 2004, u. Harald Welzer, Das kommunikative Gedächtnis. Eine Theorie der Erinnerung, München

2002. Mit Lutz Raphael könnte man dies auch als eine spezifische Form einer »Verwissenschaftlichung des Sozialen« begreifen. Lutz Raphael, Die Verwissenschaftlichung des Sozialen als methodische und konzeptionelle Herausforderung für eine Sozialgeschichte des 20. Jahrhunderts, in: Geschichte und Gesellschaft 22 (1996), S. 165–193, S. 166.

31 Zur Entstehungs- und Entwicklungsgeschichte dieser Diagnose im Zuge des Vietnamkrieges u. a. Young, Harmony; Leys; McNally; Paul Lerner u. Mark S. Micale, Trauma, Psychiatry, and History: A Conceptual and Historiographical Introduction, in: Dies. (Hg.), Traumatic Pasts. History, Psychiatry, and Trauma in the Modern Age, 1970–1980, Cambridge 2001, S. 1–27, S. 1 ff., dort auch weitere Literaturangaben.

32 Kritisch demgegenüber auch Wulf Kansteiner, In pursuit of German memory: history, television, and politics after Auschwitz, Athens 2006, insbes. S. 18.

33 Vgl. u. a. Alice Förster u. Birgit Beck, Post-Traumatic Stress Disorder and World War II: Can a Psychiatric Concept Help Us Understand Postwar Society?, in: Richard Bessel u. Dirk Schumann (Hg.), Life After Death. Approaches to a Cultural and Social History of Europe During the 1940s and 1950s, Cambridge 2003, S. 15–38; Niels Birbaumer u. Dieter Langewiesche, Neuropsychologie und Historie – Versuch einer empirischen Annäherung. Posttraumatische Belastungsstörung (PTSD) und Soziopathie in Österreich nach 1945, in: Geschichte und Gesellschaft 32 (2006), S. 153–175; Biess, Homecomings, S. 70–94.

34 Anregend dazu Peter Gray u. Kendrick Oliver, Introduction, in: dies. (Hg.), The Memory of Catastrophe, Manchester 2004, S. 1–18.

35 McNally, S. 283.

36 Catherine Merridale, Night of Stone. Death and Memory in Twentieth-Century Russia, New York 2000, S. 16.

37 Zu diesem Begriff Hacking, Multiple Persönlichkeit, Kap. 14.

38 Vgl. ebd., S. 93.

39 Vgl. dagegen Alice Foerster u. Birgit Beck, Post-Traumatic Stress Disorder and World War II: Can a Psychiatric Concept Help Us Understand Postwar Society?, in: Richard Bessel u. Dirk Schumann (Hg.), Life After Death. Approaches to a Cultural and Social History of Europe During the 1940s and 1950s, Washington D. C. 2003, S. 15–35.

40 Young, Harmony, S. 4.

41 Vgl. Ders., Suffering and the Origins of Traumatic Memory, in: Daedalus 125 (1996), S. 245–260.

42 Es ist zweifellos unmöglich, alle Teilöffentlichkeiten, von denen hier die Rede sein müsste, in den Blick zu nehmen. Das vorliegende Buch beschränkt sich, wie unten weiter erläutert, auf Einblicke in die massenmediale Öffentlichkeit und zieht Rückschlüsse aus der medizinischen, versorgungs- und entschädigungsrechtlichen Praxis, die sehr konkrete soziale Wirklichkeiten schufen.

43 Aus der Vielzahl an Studien zur öffentlichen Erinnerung im Nachkriegsdeutschland und der Bundesrepublik vgl. u. a. Moeller, War Stories; Beh-

renbeck; Peter Reichel, Erfundene Erinnerung. Weltkrieg und Judenmord in Film und Theater, Wien 2004; Ders., Vergangenheitsbewältigung in Deutschland. Die Auseinandersetzung mit der NS-Diktatur von 1945 bis heute, München 2001.

44 Alexander und Margarete Mitscherlich, Die Unfähigkeit zu trauern. Grundlagen kollektiven Verhaltens [1967], München 1998[15], insbes. S. 34f., Zit. S. 19. Aus dem Tod Hitlers und der Niederlage erwuchs, wie die Mitscherlichs argumentierten, vor allem eine narzisstische Kränkung. Als eine Folge sei daraus das Fehlen einer »adäquate[n] Trauerarbeit« um die ermordeten Menschen entstanden (S. 35). Vgl. dazu jetzt Tobias Freimüller, Der Umgang mit der NS-Vergangenheit in der Bundesrepublik Deutschland und die »Unfähigkeit zu trauern«, in: Françoise Lartillot (Hg.), Die Unfähigkeit zu trauern, Nantes 2004, S. 11–26. Eine Kritik an der Interpretation der Mitscherlichs v. a. bei Moeller, War Stories, S. 15f., u. Dagmar Barnouw, Ansichten von Deutschland (1945): Krieg und Gewalt in der zeitgenössischen Photographie, Basel 1997, S. 13f. Vgl. demgegenüber als ein Beispiel für eine explizite Übernahme der Mitscherlich-Interpretation Ernestine Schlant, The Language of Silence. West German Literature and the Holocaust, New York 1999, S. 13ff.

45 Vgl. u.a. Hannah Arendt, Bericht aus Deutschland, in: dies., In der Gegenwart. Übungen im politischen Denken II, München 2000, S. 38–63, S. 40.

46 Ulrich Herbert, Rückkehr in die »Bürgerlichkeit«? NS-Eliten in der Bundesrepublik, in: Bernd Weisbrod (Hg.), Rechtsradikalismus in der politischen Kultur der Nachkriegszeit, Hannover 1995, S. 157–173, Zit. S. 163. Vgl. zur Erfahrung der Entnazifizierung die Kap. im ersten Teil dieser Arbeit, dort auch weitere Literaturangaben zu diesem Thema.

47 In diesem Sinne auch Alon Confino u. Peter Fritzsche, Introduction: Noises of the Past, in: dies. (Hg.), The Work of Memory. New Directions in the Study of German Society and Culture, Urbana 2002, S. 1–21, S. 10.

48 Vgl. hier auch die Kritik von Alon Confino, Narratives of Memory and Culture, in: Ders., Germany as a Culture of Remembrance. Promises and Limits of Writing History, Chapel Hill 2006, S. 188–213, S. 200ff., sowie Ders., Remembering the Second World War, 1945–1965: Narratives of Victimhood and Genocide, in: Cultural Analysis: An Interdisciplinary Forum on Folklore and Popular Culture 4 (2005), S. 47–65.

49 Aus der Vielzahl der erschienenen Studien vgl. hier nur den lesenwerten Überblick von Aleida Assmann, Erinnerungsräume. Formen und Wandlungen des kulturellen Gedächtnisses, München 1999.

50 Grundlegend für diese Differenzierung: Jan Assmann, Das kulturelle Gedächtnis. Schrift, Erinnerung und politische Identität in frühen Hochkulturen, München 1999, S. 15–48. Statt einer Vielzahl an Studien vgl. hier als Überblick mit weiterführender Literatur Hans-Günter Hockerts, Zugänge zur Zeitgeschichte. Primärerfahrung, Erinnerungskultur, Geschichtswissenschaft, in: Konrad H. Jarausch u. Martin Sabrow

(Hg.), Verletztes Gedächtnis. Erinnerungskultur und Zeitgeschichte im Konflikt, Frankfurt a. M. 2002, S. 39–73.

51 Unter diesem Blickwinkel ist im Hinblick auf die politisch-justiziellen »Rahmungen« nach wie vor einschlägig: Frei, Vergangenheitspolitik.

52 Vgl. zu den Kriegserzählungen innerhalb der Familie u. a. Dorothee Wierling, Nationalsozialismus und Krieg in den Lebens-Geschichten der ersten Nachkriegsgeneration der DDR, in: Elisabeth Domansky und Harald Welzer (Hg.), Eine offene Geschichte. Zur kommunikativen Tradierung der nationalsozialistischen Vergangenheit, Tübingen 1999, S. 35–56, u. Harald Welzer u. a., »Opa war kein Nazi«. Nationalsozialismus und Holocaust im Familiengedächtnis, Frankfurt a. M. 2002. Dazu auch die Kontroverse in WerkstattGeschichte 30 (2001), mit den Beiträgen von Harald Welzer, Alexander von Plato und Dorothee Wierling. Reichhaltig das Monumentalwerk von Hans Joachim Schröder, Die gestohlenen Jahre. Erzählgeschichte und Geschichtserzählung im Interview. Der Zweite Weltkrieg aus der Sicht ehemaliger Mannschaftssoldaten, Tübingen 1992. Zu den Veteranenverbänden u. a. Jörg Echternkamp, Mit dem Krieg seinen Frieden schließen – Wehrmacht und Weltkrieg in der Veteranenkultur 1945–1960, in: Thomas Kühne (Hg.), Von der Kriegskultur zur Friedenskultur?, Hamburg 2000, S. 78–93; u. Thomas Kühne, Zwischen Vernichtungskrieg und Freizeitgesellschaft. Die Veteranenkultur der Bundesrepublik (1945–1995), in: Klaus Naumann (Hg.), Nachkrieg in Deutschland, Hamburg 2001, S. 90–113.

53 Vgl. als eine der wenigen Ausnahmen jetzt Stefan-Ludwig Hoffmann, Besiegte, Besatzer, Beobachter. Das Kriegsende im Tagebuch, in: Daniel Fulda u. a. (Hg.), Demokratie im Schatten der Gewalt. Geschichten des Privaten im deutschen Nachkrieg, Göttingen 2008. Aus Anlass des sechzig Jahre zurückliegenden Kriegsendes sind freilich jüngst eine Reihe von Selbstzeugnissen veröffentlicht worden, die Einblick in die subjektive Wahrnehmung des Kriegsendes von Seiten der Sieger wie auch der Besiegten geben. Vgl. u. a. Gerhard Hirschfeld u. Irina Renz (Hg.), »Vormittags die ersten Amerikaner«: Stimmen und Bilder vom Kriegsende 1945, Stuttgart 2005; Anonyma, Eine Frau in Berlin. Tagebuchaufzeichnungen vom 20. April bis 22. Juni 1945, Berlin 2005. Zu den seltenen Ausnahmen einer Beschäftigung mit der unmittelbaren Nachkriegszeit gehören ansonsten: Jörg Hillmann u. John Zimmermann (Hg.), Kriegsende 1945 in Deutschland, München 2002; die Arbeiten zu den sogenannten Trümmerfilmen und der Trümmerliteratur (vgl. dazu die Literatur in Teil I, Kap. 1 a, u. Teil III, Kap. 1) sowie Studien über die frühen Debatten über Schuld und Verantwortung. Vgl. dazu insbes. Jeffrey K. Olick, In the House of the Hangman. The Agonies of German Defeat, 1943–1949, Chicago 2005, u. Jan Friedmann u. Jörg Später, Britische und deutsche Kollektivschuld-Debatte, in: Ulrich Herbert (Hg.), Wandlungsprozesse in Westdeutschland. Belastung, Integration, Liberalisierung 1945–1980, Göttingen 2002, S. 53–90. Als Analyse des Alltagslebens unter Einschluss persönlicher Erzählungen jetzt: Paul Steege,

Black Market, Cold War: Everyday Life in Berlin 1946–1949, Cambridge 2007, sowie die jüngst fertiggestellte Dissertation von Monica Black, The Meaning of Death and the Making of Three Berlins: A History, 1933–1961 (MS).

54 Der Begriff des »Erinnerungsfragments« soll nicht den Eindruck erwecken, als ginge es darum, irgendwelche besonders »authentischen« Erinnerungen zu erfassen; Erinnerungen sind immer das Produkt von Wahrnehmungen und Deutungen, in die auch fremde Erinnerungen einfließen können. Der Begriff wurde hier vielmehr gewählt, weil das (stets) Fragmentarische der Erinnerung in den hier zugrundeliegenden Quellen insofern besonders ausgeprägt ist, als es sich häufig um sehr spontane und abrupte, aus Assoziationsketten entstehende Äußerungen der Patienten handelt. Diese sprachen selten länger über den Krieg, was möglicherweise aber auch von den Ärzten nicht aufgezeichnet wurde.

55 Darüber hinaus sind etwa 250 weitere Krankenakten von Frauen aus den Jahren 1945 bis 1952 ausgewertet worden. Vereinzelt befanden sich unter ihnen »Heimkehrerinnen«, in diesen Fällen in Kriegsgefangenschaft geratene Rot-Kreuz-Schwestern; ein großer Aktenbestand betrifft vergewaltigte Frauen, die den Psychiater wegen eines Schwangerschaftsabbruchs aufsuchen mussten; bei einem weiteren großen Teil handelte es sich um Flüchtlinge. In die vorliegende Arbeit sind diese Fälle nicht mit eingegangen, auch nicht in den zweiten Teil der psychiatrischen Praxis, da von ärztlicher Seite weder bei Frauen noch bei Männern ein kausaler Zusammenhang zwischen länger dauernden psychischen Leiden und ihrer Gewalterfahrung anerkannt wurde, eine geschlechtsspezifische Interpretation auf dieser Ebene also nicht zu erkennen war.

56 Hans Kilian beispielsweise, der eine Arztpraxis in Hamburg besaß, teilte im Rahmen eines Kongresses mit, dass er allein in seiner Praxis zwischen 1954 und September 1956 1200 Kriegsheimkehrer untersucht habe. Hans Kilian, Das Wiedereinleben des Heimkehrers in Familie, Ehe und Beruf, in: Die Sexualität des Heimkehrers: Vorträge gehalten auf dem 4. Kongreß der deutschen Gesellschaft für Sexualforschung in Erlangen, Stuttgart 1957, S. 27–38, hier S. 32.

57 Einen flüchtigen Eindruck davon gibt jetzt auch Biess, Homecomings, S. 70.

58 Assmann, Erinnerungsräume, S. 250.

59 Reinhart Koselleck, ›Erfahrungsraum‹ und ›Erwartungshorizont‹ – zwei historische Kategorien, in: Ders., Vergangene Zukunft. Zur Semantik geschichtlicher Zeiten, Frankfurt a. M. 1992², S. 349–375, S. 354f. Dort heißt es weiter: »Sowohl rationale Verarbeitung wie unbewußte Verhaltensweisen, die nicht oder nicht mehr im Wissen präsent sein müssen, schließen sich in der Erfahrung zusammen.« Koselleck geht zudem davon aus, dass »in der je eigenen Erfahrung, durch Generationen oder Institutionen vermittelt, immer fremde Erfahrung enthalten und aufgehoben« ist.

60 Vgl. u.a. Vera Neumann, Nicht der Rede wert. Die Privatisierung der Kriegsfolgen in der frühen Bundesrepublik, Münster 1999; weitere Literaturangaben dazu in Teil I, Kap. 3.

61 Vgl. u.a. Paul Lerner, Hysterical Men. War, Psychiatry, and the Politics of Trauma in Germany, 1890–1930, Ithaca 2003, u. Doris Kaufmann, Science as Cultural Practice: Psychiatry in the First World War and Weimar Germany, in: Journal of Contemporary History 34 (1999), S. 125–144; Ruth Kloocke u.a., Psychological Injury in the Two World Wars: Changing Concepts and Terms in German Psychiatry, in: History of Psychiatry 16 (2005), S. 43–60. Weitere Literaturangaben in Teil II, Kap. 1 a.

62 Ausdrücklich festgelegt etwa in: Anhaltspunkte für die ärztliche Gutachtertätigkeit im Versorgungswesen in der amtlichen Fassung des Bundesministeriums für Arbeit, hg. vom Reichsbund der Kriegs- und Zivilbeschädigten, Sozialrentner und Hinterbliebenen, Bonn 1952, S. 15. Zur Regelung der Kriegsopferversorgung nach 1945 im Hinblick auf die Ansprüche körperlich versehrter Soldaten Neumann, Nicht der Rede wert, sowie Diehl, Thanks.

63 Eine der wenigen Ausnahmen ist die institutionengeschichtliche Arbeit von Sabine Hanrath, Zwischen »Euthanasie« und Psychiatriereform. Anstaltspsychiatrie in Westfalen und Bandenburg. Ein deutsch-deutscher Vergleich (1945–1964), Paderborn 2002. Vgl. demnächst allerdings die Habilitationsarbeit von Cornelia Brink über Psychiatrie und Öffentlichkeit, 1870–1970. Des weiteren Volker Roelcke, Psychotherapy between Medicine, Psychoanalysis, and Politics: Concepts, Practices, and Institutions in Germany, c. 1945–1992, in: Medical History 48 (2004), S. 473–492. Ruth Kloocke u.a., Psychisches Trauma in deutschsprachigen Lehrbüchern der Nachkriegszeit – die psychiatrische »Lehrmeinung« zwischen 1945 und 2002, in: Psychiatrische Praxis 32 (2005), S. 1–15, geben einen Überblick über die erschienenen Lehrbücher in diesem Zeitraum und zeigen das Spektrum an Diagnosen auf, die Ärzte im Zusammenhang mit psychischen Leiden, wie etwa »Neurose« und »Hysterie«, verwendeten. Einen Sprung in die 1960er Jahre macht der Sammelband von Hans-Werner Kersting (Hg.), Psychiatriereform als Gesellschaftsreform. Die Hypothek des Nationalsozialismus und der Aufbruch der sechziger Jahre, Paderborn 2003.

64 Aus der Vielzahl der mittlerweile sehr differenziert argumentierenden Arbeiten vgl. u.a. Hans Walter Schmuhl, Grenzüberschreitungen. Das Kaiser-Wilhelm-Institut für Anthropologie, menschliche Erblehre und Eugenik 1927–1945, Göttingen 2005; Ders. (Hg.), Rassenforschung an Kaiser-Wilhelm-Instituten vor und nach 1933, Göttingen 2003; einschlägig immer noch Ders., Rassenhygiene, Nationalsozialismus, Euthanasie. Von der Verhütung zur Vernichtung »lebensunwerten Lebens«, 1890–1945, Göttingen 1992; Doris Kaufmann, Eugenische Utopie und wissenschaftliche Praxis im Nationalsozialismus. Zur Wissenschaftsgeschichte der Schizophrenieforschung, in: Wolfgang Hardtwig (Hg.), Utopie und politische Herrschaft im Zeitalter der Zwischenkriegszeit, Mün-

chen 2003, S. 309–325; Volker Roelcke, Psychiatrische Wissenschaft im Kontext nationalsozialistischer Politik und »Euthanasie«, in: Doris Kaufmann (Hg.), Geschichte der Kaiser-Wilhelm-Gesellschaft im Nationalsozialismus. Bestandsaufnahme und Perspektiven der Forschung, Göttingen 2000, Bd. 1, S. 112–150; Ders. u. a., Psychiatrische Wissenschaft, »Euthanasie« und der »Neue Mensch«. Zur Diskussion um anthropologische Prämissen und Wertsetzungen der Medizin im Nationalsozialismus, in: Andreas Frewer u. Clemens Eickhoff (Hg.), »Euthanasie« und die aktuelle Sterbehilfe-Debatte. Die historischen Hintergründe medizinischer Ethik, Frankfurt a. M. 2002, S. 193–217.

65 Christian Pross, Wiedergutmachung. Der Kleinkrieg gegen die Opfer (1988), Berlin 2001 (engl. Paying for the Past: The Struggle Over Reparations for Surviving Victims of the Nazi Terror, Baltimore 1998). Kritisch dazu v. a. Hans-Günter Hockerts, Wiedergutmachung in Deutschland: eine historische Bilanz 1945–2000, in: Vierteljahreshefte für Zeitgeschichte 49 (2001), S. 167–214, S. 199f.; Constantin Goschler, Schuld und Schulden. Die Politik der Wiedergutmachung für NS-Verfolgte seit 1945, Göttingen 2005, S. 18.

66 Vgl. etwa Heiko Scharffenberg, Sieg der Sparsamkeit. Die Wiedergutmachung nationalsozialistischen Unrechts in Schleswig-Holstein, Bielefeld 2004. Weitere Literaturangaben in Teil II, Kap. 3. Zur Entnazifizierung der Wissenschaften und der Elitenkontinuität nach 1945 u. a. Tobias Freimüller, Mediziner: Operation Volkskörper, in: Norbert Frei (Hg.), Hitlers Eliten nach 1945, Frankfurt a. M. 1945, S. 13–65; Carola Sachse, »Persilscheinkultur«. Zum Umgang mit der NS-Vergangenheit in der Kaiser-Wilhelm- bzw. Max-Planck-Gesellschaft, in: Bernd Weisbrod (Hg.), Akademische Vergangenheitspolitik. Beiträge zur Wissenschaftskultur der Nachkriegszeit, Göttingen 2002, S. 217–246; Mitchell G. Ash, Verordnete Umbrüche – Konstruierte Kontinuitäten: Zur Entnazifizierung von Wissenschaftlern und Wissenschaften nach 1945, in: Zeitschrift für Geschichtswissenschaft 43 (1995), S. 903–923.

67 Vgl. u. a. Constantin Goschler, Zwei Wege der Wiedergutmachung? Der Umgang mit NS-Verfolgten in West- und Ostdeutschland im Vergleich, in: Hans-Günter Hockerts u. Christiane Kuller (Hg.), Nach der Verfolgung, Wiedergutmachung nationalsozialistischen Unrechts in Deutschland?, Göttingen 2003, S. 115–137, hier S. 125f.

68 Vgl. u. a. Sabine Kittel, »Places for the Displaced«. Biographische Bewältigungsmuster von weiblichen jüdischen Konzentrationslager-Überlebenden in den USA, Hildesheim 2006, S. 215ff.; Judt, S. 931ff.; Peter Novick, Nach dem Holocaust. Der Umgang mit dem Massenmord, München 2003; Ido de Haan, Paths of Normalization after the Persecution of the Jews. The Netherlands, France, and West Germany in the 1950s, in: Richard Bessel u. Dirk Schumann (Hg.), Life After Death. Approaches to a Cultural and Social History of Europe During the 1940s and 1950s, New York 2003, S. 65–92; Idith Zertal, Nation und Tod. Der Holocaust in der israelischen Öffentlichkeit, Göttingen 2003.

69 Für die Niederlande und Frankreich de Haan; für die USA Leys, S. 223ff. Vgl. jedoch demnächst die Beiträge in Annet Mooij u. Jolande Withuis (Hg.), The Politics of War Trauma. A Comparative European Approach, Amsterdam 2009.

70 Legendär ist in diesem Zusammenhang die Geschichte des Hiroshima-Piloten Claude Eatherly. Nach einem Selbsttötungsversuch im Jahr 1950 und mehreren kleinen kriminellen Delikten wurde er in die Psychiatrie eingeliefert; seine Diagnose lautete Schizophrenie; seine Wahnvorstellungen behandelten die Ärzte mit Insulinschocks. Informationsreich sein Briefwechsel mit Günter Anders, abgedruckt in: Ders., Hiroshima ist überall, München 1982, S. 191–360. Zur englischen und amerikanischen Nachkriegspsychiatrie einige Hinweise bei Joanna Bourke, Postwar Adjustment of British and American Servicemen after the War, in: Richard Bessel u. Dirk Schumann (Hg.), Live After Death. Approaches to a Cultural and Social History of Europe During the 1940s and 1950s, New York 2003, S 149–160, S. 151ff. Zur sowjetischen Psychiatrie nach dem Zweiten Weltkrieg Merridale, S. 282ff.

71 Vgl. Anm. 58.

72 Zu den Kontinuitäten in der Ärzteschaft vgl. beispielsweise Geoffrey Cocks, Psychotherapy in the Third Reich, New Brundswick 1997[2], u. Franz-Werner Kersting, Mediziner zwischen ›Drittem Reich‹ und Bundesrepublik. Die Antaltsärzte des Provinzialverbandes Westfalen, in: ders. u.a. (Hg.), Nach Hadamar. Zur Verhältnis von Psychiatrie und Gesellschaft im 20. Jahrhundert Paderborn, 1993, S. 253–272.

73 Young, Harmony, zeigt das für die Durchsetzung des »Post-Traumatic Stress Disorder«. Vgl. des Weiteren Bernd Gausemeier, Natürliche Ordnungen und politische Allianzen. Biologische und biochemische Forschung an Kaiser-Wilhelm-Instituten 1933–1945, Göttingen 2005.

74 Vgl. als kursorischen Überblick über die Rolle der Experten in den Handlungsfeldern des Sozial- und Rechtsstaats seit dem ausgehenden 19. Jahrhundert Raphael, Verwissenschaftlichung, S. 167ff.

75 Die Komplexität derartiger Aushandlungsprozesse hat Uta Gerhardt, Denken der Demokratie. Die Soziologie im atlantischen Transfer des Besatzungsregimes. Vier Abhandlungen, Stuttgart 2007, für die Soziologie eindrucksvoll vor Augen geführt.

76 Die Arbeit folgt hier dem weiten Verständnis von »Erinnerungskultur« als einem »Sammelbegriff für die Gesamtheit des nicht spezifisch [geschichts]wissenschaftlichen Gebrauchs der Geschichte in der Öffentlichkeit«, wie Hans Günter Hockerts, Zugänge, S. 41, formuliert.

77 Vgl. Frei, Vergangenheitspolitik; Bert-Oliver Manig, Die Politik der Ehre: die Rehabilitierung der Berufssoldaten in der frühen Bundesrepublik, Göttingen 2004.

78 Vgl. dazu neben der eingangs erwähnten Literatur Robert G. Moeller, Deutsche Opfer, Opfer der Deutschen. Kriegsgefangene, Vertriebene, NS-Verfolgte: Opferausgleich als Identitätspolitik, in: Klaus Naumann (Hg.), Nachkrieg in Deutschland, Hamburg 2001, S. 29–58. Frank Bajohr

u. Dieter Pohl, Der Holocaust als offenes Geheimnis. Die Deutschen, die NS-Führung und die Alliierten, München 2006, sprechen in ihrer lesenswerten Arbeit von einer »Aufrechnungsstrategie«, mit der »das eigene schlechte Gewissen, wie auch Gefühle der Scham und Schuld« betäubt werden sollten (S. 78). Ferner dazu auch Norbert Frei, 1945 und wir. Das Dritte Reich im Bewusstsein der Deutschen, München 2005, u. Peter Reichel, Politik mit der Erinnerung. Gedächtnisorte im Streit um die nationalsozialistische Vergangenheit, München 1995.

79 Vgl. Confino, Remembering, S. 51.

80 Cornelia Brink, Ikonen der Vernichtung. Öffentlicher Gebrauch von Fotografien aus nationalsozialistischen Konzentrationslagern nach 1945, Berlin 1998; Knoch, Tat.

81 Vgl. Moeller, War Stories; Ulrike Weckel, The *Mitläufer* in Two German Postwar Films, in: History & Memory 15 (2003), S. 64–93. Weitere Literaturangaben in Teil III.

82 Vgl. Anton Kaes, From Hitler to Heimat: The Return of History as Film, Cambridge, Mass. 1992, S. 196.

83 Aus der Vielzahl an Studien, die in diesem expandierenden Feld in jüngster Zeit erschienenen sind, seien hier genannt: Christina von Hodenberg, Konsens und Krise. Eine Geschichte der westdeutschen Medienöffentlichkeit 1945–1973, Göttingen 2006, sowie Habbo Knoch u. Daniel Morat (Hg.), Kommunikation als Beobachtung. Medienwandel und Gesellschaftsbilder 1880–1960, Paderborn 2003, wo einige Beiträge des Sammelbandes einen Zugang zu den medienspezifischen Wirkungsweisen durch eine Analyse der zeitgenössischen Debatten zu gewinnen versuchen.

84 Zur Bedeutung der visuellen Produktion von Wissen im Sinne einer visuellen – überhaupt sinnlichen – Erfahrung von Wirklichkeit vgl. die Beiträge in Gerhard Paul (Hg.), Visual History. Ein Studienbuch, Göttingen 2006, dort auch ausführliche Literaturangaben.

85 Vgl. Kansteiner, Pursuit, S. 22.

86 Ian Hacking, Memoro-politics, Trauma and the Soul, in: History of the Human Sciences 7 (1994), S. 29–52, S. 32, u. Ders., Multiple Persönlichkeit, Kap. 15.

87 Vgl. auch Ulrike Hoffmann-Richter, Das Verschwinden der Biographie in der Krankengeschichte. Eine biographische Skizze, in: BIOS. Zeitschrift für Biographieforschung und Oral History 8 (1995), S. 204–221, S. 205.

88 Greg Eghigian, Der Kalte Krieg im Kopf. Ein Fall von Schizophrenie und die Geschichte des Selbst in der sowjetischen Besatzungszone, in: Historische Anthropologie 11 (2003), S. 101–122, führt vor, wie man durch die Analyse von Krankenakten einer »Kulturgeschichte des Selbst« nach 1945 näher kommen kann. Innerhalb der Medizingeschichte werden Krankenakten freilich seit längerem als historische Quelle herangezogen, meist in der Absicht, dem Postulat einer Medizingeschichte von »unten« nachzukommen. In diesem Sinne u. a. Karen Nolte, Gelebte Hysterie:

Erfahrung, Eigensinn und psychiatrische Diskurse im Anstaltsalltag um 1900, Frankfurt a. M. 2003. Den Anstoß gab bereits Mitte der 1980er Jahre Roy Porter, The Patient's View: Doing Medical History from Below, in: Theory and Society 14 (1985), S. 175–198. Möglichkeiten einer quantitativen Analyse psychiatrischer Akten reflektieren Marietta Meier u. a. Zwang zur Ordnung. Psychiatrie im Kanton Zürich, 1870–1970, Zürich 2007, S. 89 ff.

89 Assmann, Erinnerungsräume, S. 408.

90 Vgl. dazu u. a. Peter Weingart, Die Wissenschaft der Öffentlichkeit. Essays zum Verhältnis von Wissenschaft, Medien und Öffentlichkeit, Weilerswist 2005, hier S. 11.

Teil I
Das Gedächtnis des Krieges: Private Erinnerungsfragmente, 1945–1949

1. »Sprachräume des Krieges«

1 Die nachfolgende Erzählung, hier in verkürzter Form wiedergegeben, stammt von Dieter Forte, In der Erinnerung, Frankfurt a. M. 2001, S. 38 f. (Hervorh. i. Orig.)

2 Ebd., S. 26 f.

3 Vgl. Werner Durth u. Niels Gutschow, Träume in Trümmern. Planungen zum Wiederaufbau zerstörter Städte im Westen Deutschlands 1940–1950, Bd. 1: Konzepte; Bd. 2: Städte, Braunschweig 1988; als Überblick über die gesamte Zeit des NS: Werner Durth, Architektur und Stadtplanung im Dritten Reich, in: Michael Prinz u. Rainer Zitelmann (Hg.), Nationalsozialismus und Modernisierung, Darmstadt 1994^2, S. 139–171, hier S. 166.

4 Als Überblick über die unterschiedliche Entwicklung in West- und Ostdeutschland vgl. Werner Durth, Kontraste und Parallelen: Architektur und Städtebau in West- und Ostdeutschland, in: Axel Schildt u. Arnold Sywottek (Hg.), Modernisierung im Wiederaufbau. Die westdeutsche Gesellschaft der 50er Jahre, Bonn 1998, S. 596–611; Klaus von Beyme u. a. (Hg.), Neue Städte aus Ruinen. Städtebau der Nachkriegszeit, München 1992. Eine der lesenswertesten Darstellungen in diesem Zusammenhang ist: Gregor Thum, Die fremde Stadt. Breslau 1945, Berlin 2003.

5 Vgl. Dagmar Barnouw, Ansichten von Deutschland (1945). Krieg und Gewalt in der zeitgenössischen Photographie, Basel 1997, hier insbes. Kap. 4: Was sie sahen: Alliierte Photographen in Deutschland; zum politischen Umgang mit der Fotografie in der westdeutschen Nachkriegsgesellschaft: Knoch, Tat, S. 314–323.

6 Vgl. Frank Biess, Vom Opfer zum Überlebenden des Totalitarismus: Westdeutsche Reaktionen auf die Rückkehr der Kriegsgefangenen aus

der Sowjetunion, 1945–1955, in: Günter Bischof u. Rüdiger Overmans (Hg.), Kriegsgefangenschaft im Zweiten Weltkrieg. Eine vergleichende Perspektive, Ternitz-Pottschach 1999, S. 365–389.

7 Aus einer Vielzahl von Studien, die eine solche Ausprägung der bundesrepublikanischen Erinnerung aufzeigen, vgl. hier Moeller, War Stories.

8 Hannah Arendt, Bericht, Zit. S. 39 (Hervorh. SG).

9 Ebd., S. 40.

10 Am pointiertesten Moeller, War Stories. Zur Wirkung dieses Viktimisierungsdiskurses auf die historiografischen Debatten über den Zweiten Weltkrieg u. a. Thomas Kühne, Die Viktimisierungsfalle. Wehrmachtsverbrechen, Geschichtswissenschaft und symbolische Ordnung des Militärs, in: Michael Th. Greven u. Oliver von Wrochem (Hg.), Der Krieg in der Nachkriegszeit. Der Zweite Weltkrieg in Politik und Gesellschaft der Bundesrepublik, Opladen 2000, S. 183–196. In diesen Diskussionskontext fällt auch die Debatte über Jörg Friedrich, Der Brand. Deutschland im Bombenkrieg 1940–1945, Berlin 2002, ausschnittsweise zusammengefasst in Stephan Burgdorff u. Christian Habbe (Hg.), Als Feuer vom Himmel fiel. Der Bombenkrieg in Deutschland, München 2003. Zum Opferdiskurs in der deutschen Thematisierung von Flucht und Vertreibung u. a. Moeller, Sinking Ships, S. 1–35. Als breitgestreuter Überblick jetzt der Sammelband Niven (Hg.), hier auch weitere Literaturangaben.

11 Ein plausibles Beispiel sind etwa die politischen Debatten im frühen Deutschen Bundestag über die Wiedergutmachungsleistungen für die Opfer des Nationalsozialismus einerseits und die Wiedereingliederungsmaßnahmen für die heimgekehrten Kriegsgefangenen, Vertriebenen und Flüchtlinge andererseits. Vgl. dazu Moeller, Deutsche Opfer, S. 29–58.

12 Moeller, War Stories, S. 92, spricht treffend von »prisoners of public memory«, allerdings nur im Hinblick auf die letzten Kriegsgefangenen, die 1955/1956 aus den sowjetischen Lagern in die Bundesrepublik zurückkehrten.

13 Bruno Hampel, Das mit dem Mais, in: Thomas Friedrich (Hg.), Aufräumungsarbeiten. Erzählungen aus Deutschland 1945–1948, Berlin 1983, S. 10–15.

14 Die Mörder sind unter uns, Drehbuch: Wolfgang Staudte, Regie: Ders.; Produktion: 1946. Ausführlicher dazu Teil III, Kap. 1, Die Kriegsheimkehrer im öffentlichen Aufmerksamkeitsregime.

15 Wolfgang Borchert, Draußen vor der Tür (1947), Reinbek 1983.

16 Vgl. etwa den Film »Irgendwo in Berlin«, der 1946 in die Kinos kam. Auch zu diesem ausführlicher Kap. 1 im dritten Teil dieser Arbeit.

17 Peter Reichel, Erfundene Erinnerung. Weltkrieg und Judenmord in Film und Theater, Wien 2004, S. 49, sieht in Borcherts Stück ein »bedeutsame[s] Medium bei der Verwandlung der deutschen ›Volksgemeinschaft‹ in die Opfergemeinschaft« der Nachkriegszeit.

18 Hinweise darauf auch durch die Rezeptionsanalyse von Wolfgang Borcherts, Draußen vor der Tür, die Ulrike Weckel, Spielarten der Vergangenheitsbewältigung – Wolfgang Borcherts Heimkehrer und sein

langer Weg durch die westdeutschen Medien, in: Moshe Zuckermann (Hg.), Medien – Politik – Geschichte (Tel Aviver Jahrbuch für deutsche Geschichte, Bd. 31), Göttingen 2003, S. 125–161, vornimmt.

19 Vgl. Reinhart Koselleck, Terror und Traum. Methodologische Anmerkungen zu Zeiterfahrungen im Dritten Reich, in: Ders., Vergangene Zukunft. Zur Semantik geschichtlicher Zeiten, Frankfurt a. M. 1992[2], S. 278–299.

20 Vgl. v. a. Peter Burke, Die Kulturgeschichte der Träume, in: Ders., Eleganz und Haltung, Berlin 1998, S. 37–62, S. 43, der darauf hinweist, dass die Träume durch die schriftliche Aufzeichnung, die gleichzeitig die einzig mögliche Weise zu ihrem Zugang ist, verändert werden. Nach Koselleck liegt darin aber nicht unbedingt ein Spezifikum des Traums; er argumentiert prinzipieller: »Was wirklich geschieht, ist immer schon überholt, und was davon berichtet wird, trifft nie mehr das, was ›eigentlich‹ geschehen ist« (S. 282).

21 Vgl. Willibald Steinmetz, Träumen im Zeitalter der Extreme. Für eine historische Analyse von Traumprotokollen (unveröffentlichter Vortrag, Bochum 2000), S. 8.

22 Vgl. Koselleck, S. 283; Steinmetz, S. 1. Ähnlich auch schon Maurice Halbwachs, Der Traum und die Erinnerungsbilder, in: Ders., Das Gedächtnis und seine sozialen Bedingungen, Frankfurt a. M. 1985, S. 25–72, insbes. S. 26ff., der sich auf Sigmund Freud, Die Traumdeutung, stützt.

23 Koselleck spricht von einer »unentrinnbaren Faktizität des Fiktiven« (S. 284).

24 Vgl. hier Steinmetz, S.7, und seine Kritik an der Traumsammlung von Charlotte Beradt (Das Dritte Reich des Traums, Frankfurt a. M. 1994), in der nur durch editorische Eingriffe die Doppel- und Mehrdeutigkeit der Träume verlorengegangen sei.

25 Koselleck, Terror, S. 287.

26 Hauptarchiv der von Bodelschwinghschen Anstalten Bethel (= HBAB), Bestand Morija, 3635.

27 Vgl. ebd.

28 Vgl. HBAB, Bestand Morija, 4946. Daraus auch alle weiteren Informationen und Zitate zu diesem Fall.

29 Vgl. u. a. Omer Bartov, Hitlers Wehrmacht. Soldaten, Fanatismus und die Brutalisierung des Krieges, Reinbek 1995, der argumentiert, die Soldaten an der Ostfront hätten in den beiden letzten Kriegsjahren gerade nicht von ihrem Glauben an Hitler und den Endsieg abgelassen, sondern in ihrer Angst vor den Russen und in ihrem enthemmten Kampf gegen diesen Feind nur noch umso verzweifelter an diesem Glauben festgehalten (S. 253). Weiterführend in diesem Zusammenhang: Michael Geyer, Endkampf 1918 and 1945. German Nationalism, Annihilation, and Self-Destruction, in: Alf Lüdtke u. Bernd Weisbrod (Hg.), No Man's Land of Violence. Extreme Wars in the 20th Century, Göttingen 2006, S. 35–67, der den verbissenen Endkampf als Ausdruck eines »katastrophischen Nationalismus« deutete, der nicht nur das Ver-

halten der Deutschen am Ende des Zweiten Weltkrieges gekennzeichnet habe.

30 Vgl. HBAB, Bestand Morija, 4946.

31 Vgl. Koselleck, Terror, S. 284, der diese Formulierung allerdings in einem sehr viel weiteren Sinne gebraucht.

32 Ebd.

33 HBAB, Bestand Morija, 5589.

34 HBAB, Bestand Morija, 5109.

35 Arendt, Bericht.

36 HBAB, Bestand Morija, 4560.

37 Norbert Frei, Von deutscher Erfindungskraft oder: Die Kollektivschuldthese in der Nachkriegszeit, in: Gary Smith (Hg.), Hannah Arendt Revisited: »Eichmann in Jerusalem« und die Folgen, Frankfurt a. M. 2000, S. 163–176, Zit. S. 165.

38 Carl Schüddekopf, Krieg. Erzählungen aus dem Schweigen. Deutsche Soldaten über den Zweiten Weltkrieg, Reinbek bei Hamburg 1998 (Erzählung Bruno Fichte, S. 27–54, Zit. S. 42).

39 Joanna Bourke, The Emotions in War: Fear and the British and American Military, 1914–1945, in: Historical Research 74 (2001), S. 314–330, S. 315.

40 Ebd. Bourke stützt sich hier auf Ergebnisse, die M. Ralph Kaufman, ›Ill Health‹ as an Expression of Anxiety in a Combat Unit, in: Psychosomatic medicine 9 (1947), S. 108, in seiner Studie verwendete. Die von ihm herangezogene Umfrage wurde während des Krieges unter Soldaten durchgeführt, die im Pazifik kämpften. Bourke selbst macht in ihrem Text keine genaueren Angaben, wann, in welchem Land, durch wen und wie diese Befragung durchgeführt wurde.

41 Vgl. dazu ausführlicher Teil II, Kap. 1 a, Die Lehren des Krieges.

42 Eine Ausnahme ist Hans Joachim Schröder, Töten und Todesangst im Krieg, in: Alf Lüdtke u. Thomas Lindenberger (Hg.), Studien zur Geschichte der Neuzeit, Frankfurt a. M. 1995, S. 106–135, sowie Ders., Die gestohlenen Jahre. Erzählgeschichten und Geschichtserzählung im Interview: Der Zweite Weltkrieg aus der Sicht ehemaliger Mannschaftssoldaten, Tübingen 1992, S. 624–670.

43 Vgl. u. a. Frank Bajohr u. Dieter Pohl, Der Holocaust als offenes Geheimnis. Die Deutschen, die NS-Führung und die Alliierten, München 2006; Otto Kulka, »Public Opinion« in Nazi Germany: The Final Solution, in: Michael R. Marrus (Hg.), The Nazi Holocaust. Historical Articles on the Destruction of European Jews, Bd. 5, 1: Public Opinion and Relations to the Jews in Nazi Europe, London 1989, S. 139–150, S. 149; Michael Geyer, Das Stigma der Gewalt und das Problem der nationalen Identität, in: Christian Jansen u. a. (Hg.), Von der Aufgabe der Freiheit. Politische Verantwortung und bürgerliche Gesellschaft im 19. u. 20. Jahrhundert, Berlin 1995, S. 673–98, S. 683; Ian Kershaw, Popular Opinion and Political Dissent in the Third Reich: Bavaria, 1933–1945, Oxford 1983, S. 364 ff.

44 Teilweise resultierte diese Befürchtung aber auch aus einer von der NS-Führung sehr bewusst geschürten Propaganda, die Juden seien für die Bombenangriffe verantwortlich. Vgl. etwa die Beispiele in: Peter Longerich, »Davon haben wir nichts gewusst!« Die Deutschen und die Judenverfolgung 1933–1945, München 2006, S. 284 ff. Irreführend ist in diesem Zusammenhang allerdings der Buchtitel von Gert Ledig, Vergeltung, Frankfurt a. M. 1956, der diese Verbindung zwischen Bombardierungen und Vergeltung nicht zog. In der Literatur wird der Durchhaltewille, der auf Seiten der Deutschen durch die Bombenangriffe ausgelöst worden sei, meist stärker betont als die Angst vor den Angriffen, die selten angesprochen wird. Beides schließt einander natürlich nicht aus. Hinweise auf die Angst der Bevölkerung am deutlichsten noch bei Jörg Friedrich, Der Brand. Deutschland im Bombenkrieg 1940–1945, Berlin 2002[4], S. 493 ff. Als Beispiel für eine andere Akzentuierung u. a. Hans Mommsen, Wie die Bomber Hitler halfen, in: Stefan Burgdorff u. Christian Habbe (Hg.), Als Feuer vom Himmel fiel. Der Bombenkrieg in Deutschland, München 2003, S. 115–121.

45 Vgl. etwa Ian Kershaw, Hitlers Macht. Das Profil der NS-Herrschaft, München 1992, S. 235, u. diverse Beispiele dafür in: Otto Kulka u. Eberhard Jäckel (Hg.), Die Juden in den geheimen NS-Stimmungsberichten 1933–1945, Düsseldorf 2004. Frank Bajohr, Hamburg – der Zerfall der »Volksgemeinschaft«, in: Ulrich Herbert u. Axel Schildt (Hg.), Kriegsende in Europa. Vom Beginn des deutschen Machtzerfalls bis zur Stabilisierung der Nachkriegsordnung 1944–1948, Essen 1998, S. 318–336, hat für Hamburg allerdings deutlich gemacht, dass die Nationalsozialisten selbst registrierten, dass ihre Propaganda über die zu erwartenden Gräueltaten der Russen in dieser Stadt gegen Ende des Krieges erfolglos blieb, da die Hamburger Bevölkerung nicht von einer Besetzung ihrer Stadt durch die Russen ausging (S. 325).

46 Vgl. Atina Grossmann, A Question of Silence: The Rape of German Women by Occupation Soldiers, in: Robert G. Moeller (Hg.), West Germany under Construction. Politics, Society, and Culture in the Adenauer Era, Ann Arbor 1997, S. 33–52, 39 ff.; Regina Mühlhauser, Vergewaltigungen in Deutschland 1945. Nationaler Opferdiskurs und individuelles Erinnern betroffener Frauen, in: Klaus Naumann (Hg.), Nachkrieg in Deutschland, Hamburg 2001, S. 384–408, S. 394 ff.

47 Vgl. Norman Naimark, Die Russen in Deutschland: die sowjetische Besatzungszone 1945–1949, Berlin 1999. Christian Goeschel, Suicide at the End of the Third Reich, in: Journal of Contemporary History 41 (2006), S. 152–173, u. Ursula Baumann, Vom Recht auf den eigenen Tod. Die Geschichte des Suizids vom 18. bis zum 20. Jahrhundert, Weimar 2001, S. 376 ff., machen deutlich, dass die Suizidwelle nicht nur als ein Produkt der Vergeltungsangst oder als eine Verzweiflungstat angesichts des untergehenden Dritten Reiches begriffen werden kann. In Anbetracht der sich abzeichnenden neuen enormen Belastungen wählte mancher den Selbsttod auch aus Mut- und Kraftlosigkeit.

48 Vgl. dazu etwa die Schilderungen in Margret Boveri, Tage des Überlebens. Berlin 1945, München 1970, S. 108f., sowie Jan C. Behrends, Freundschaft, Fremdheit, Gewalt. Ostdeutsche Sowjetunionbilder zwischen Propaganda und Erfahrung, in: Gregor Thum (Hg.), Traumland Osten. Deutsche Bilder vom östlichen Europa im 20. Jahrhundert, Göttingen 2006, S. 157–177, S. 158ff.

49 Michael Geyer, Der Kalte Krieg, die Deutschen und die Angst. Die westdeutsche Opposition gegen Wiederbewaffnung und Kernwaffen, in: Klaus Naumann, Nachkrieg in Deutschland, Hamburg 2001, S. 267–318, Zit. S. 290.

50 Vgl. etwa Hans Joachim Schröder, Töten und Todesangst im Krieg. Erinnerungsberichte über den Zweiten Weltkrieg, in: Alf Lüdtke u. Thomas Lindenberger (Hg.), Physische Gewalt. Studien zur Geschichte der Neuzeit, Frankfurt a. M. 1995, 106–135; Ders., Die gestohlenen Jahre. Erzählgeschichten und Geschichtserzählung im Interview: Der Zweite Weltkrieg aus der Sicht ehemaliger Mannschaftssoldaten, Tübingen 1992, S. 624–670 (Kap: Angst im Krieg); sowie Thomas A. Kohut u. Jürgen Reulecke, »Sterben wie eine Ratte, die der Bauer ertappt«. Letzte Briefe aus Stalingrad, in: Jürgen Förster (Hg.), Stalingrad. Ereignis – Wirkung – Symbol, München 1993², S. 456–471, die allerdings hervorheben, dass es sich hier nur um kurze Einsprengsel während eines Kriegstages handelte. Ein gänzlich unhistorischer Versuch, die Angst zu erfassen: Wolfgang Sofsky, Traktat über die Gewalt, Frankfurt a. M. 1996², S. 65–82 (Kap. 4: Die Gewalt, die Angst und der Schmerz).

51 Zur Temporalität von Gefühlen vgl. Ute Frevert, Angst vor Gefühlen? Die Geschichtsmächtigkeit von Gefühlen im 20. Jahrhundert, in: Paul Nolte u. a. (Hg.), Perspektiven der Gesellschaftsgeschichte, München 2000, S. 95–111, S. 102.

52 Vgl. ebd. Frevert bezieht sich hier nicht nur auf die Angst, vielmehr argumentiert sie generell, dass Gefühle »die eigentlichen Konservatoren der Erinnerung« seien. Die Formulierung ist zitiert nach Aleida Assmann, Funktionsgedächtnis und Speichergedächtnis – Zwei Modi der Erinnerung, in: Kristin Platt u. Mirhan Dabag (Hg.), Generation und Gedächtnis. Erinnerungen und kollektive Identitäten, Opladen 1995, S. 169–185, S. 179.

53 Vgl. HBAB, Bestand Morija, 4474.

54 Vgl. HBAB, Bestand Morija, 5009.

55 Vgl. HBAB, Bestand Morija, 5295.

56 Vgl. demgegenüber jedoch Luc Ciompi, Die emotionalen Grundlagen des Denkens. Entwurf einer fraktalen Affektlogik, Göttingen 1997, S. 67, passim, der auf eine sehr viel größere Variabilität an Ausdrucksformen verweist.

57 Vgl. HBAB, Bestand Morija, 5267.

58 Beispielhaft dafür HBAB, Bestand Morija, 5054.

59 Vgl. HBAB, Bestand Morija, 3712.

60 Vgl. die Schilderung seiner Traumsequenzen in Kap. 1 a. Die nachfolgenden Angaben zu diesem Fall ebenfalls in: HBAB, Bestand Morija, 4560.

61 Beispiele dazu etwa in: Anonyma, Eine Frau in Berlin. Tagebuchaufzeichnungen vom 20. April bis 22. Juni 1945, Frankfurt a. M., S. 212; Carl Schüddekopf, Im Kessel. Erzählungen von Stalingrad, München 2002 (Beispiel: Jakob Vogt), S. 232–285, S.282.

62 Vgl. HBAB, Bestand Morija, 4524. Ausführlicher zu diesem Fall: Svenja Goltermann, Languages of Memory. German POWs and their Violent Pasts in Postwar West Germany, in: Bob Moore u. Barbara Hately-Broad (Hg.), Prisoners of War, Prisoners of Peace: Captivity, Homecoming and Memory in World War II, Oxford 2005, S. 165–173, S. 170f.

63 Vgl. etwa HBAB, Bestand Morija, 3885; HBAB, Bestand Morija, 4473, u. HBAB, Bestand Morija, 4559; Psychiatrische und Neurologische Klinik Heidelberg, Nr. 47/163.

64 Vgl. HBAB, Bestand Morija, 3885. Daraus auch alle nachfolgenden Informationen zu diesem Fall.

65 Vgl. in diesem Kontext auch: Svenja Goltermann, Angst in der Nachkriegszeit. Entnazifizierung und persönliche Desorientierung, in: Martin Sabrow (Hg.), Zeiträume. Potsdamer Almanach 2006, Berlin 2007, S. 29–37.

66 Vgl. HBAB, Bestand Morija, 4189.

67 Vgl. dazu auch in diesem Teil Kap. 3, »Soziale Trümmer«.

68 Vgl. etwa HBAB, Bestand Morija, 4559.

69 Willy Peter Reese, »Mir selber seltsam fremd«. Die Unmenschlichkeit des Krieges, Russland 1941–1944, hg. v. Stefan Schmitz, München 2003, S. 182.

70 Rolf Schörken, Jugend 1945. Politisches Denken und Lebensgeschichte, Frankfurt a. M. 1994, gibt auf der Grundlage autobiografischer Texte zahlreiche Beispiele für das Neben- und Nacheinander solch unterschiedlicher Empfindungen (vgl. hier insbes. S. 27–50); vgl. dazu auch Bernd Weisbrod, Der 8. Mai in der deutschen Erinnerung, in: WerkstattGeschichte 13 (1996), S. 72–81. Als eindrucksvolles Zeugnis: Ruth Andreas-Friedrich, Der Schattenmann. Tagebuchaufzeichnungen 1938–1948, Berlin 2000, S. 295 ff.; ein Sammelsurium verschiedenster Gefühlsäußerungen jener Zeit ist zusammengetragen in Walter Kempowski, Das Echolot. Abgesang '45. Ein kollektives Tagebuch, München 2005.

71 Zit. nach Schörken, S. 29 (Hervorh. im Orig.).

72 Vgl. Dagmar Barnouw, Ansichten von Deutschland (1945), Basel 1997, insbesondere aus amerikanischer und englischer Perspektive. Vgl. demnächst auch die Wahrnehmungsgeschichte von Besatzern und Besetzten im Berlin der Nachkriegszeit von Stefan-Ludwig Hoffmann.

73 So der britische Kriegsreporter Alan Moorhead, zit. nach Barnouw, S. 83.

74 Knoch, Tat als Bild.

75 Das prominenteste Beispiel für diese Sichtweise ist Hannah Arendts oben bereits erwähnter Reisebericht über das Nachkriegsdeutschland (Arendt, Bericht); ihre Interpretation findet sich – oft auch mit explizi-

tem Bezug auf ihre frühe Beobachtung – in zahlreichen neueren Studien wieder.

76 Aus einer Vielzahl von Studien, die sich hier anführen ließen, vgl. Norbert Frei, Vergangenheitspolitik. Die Anfänge der Bundesrepublik und die NS-Vergangenheit, München 1997[2]; Ralph Giordano, Die zweite Schuld oder Von der Last ein Deutscher zu sein, Hamburg 1987.

77 Vgl. Bessel, »Leben nach dem Tod«, S. 240 ff.

78 Ebd., S. 241, dort auch das Zitat.

79 Vgl. u. a. Frank Bajohr, Hamburg – der Zerfall der »Volksgemeinschaft«, in: Ulrich Herbert u. Axel Schildt (Hg.), Kriegsende in Europa. Vom Beginn des deutschen Machtzerfalls bis zur Stabilisierung der Nachkriegsordnung 1944–1948, Essen 1998, S. 318–336. Der Sammelband von Götz Aly (Hg.), Volkes Stimme. Skepsis und Führervertrauen im Nationalsozialismus, Frankfurt a. M. 2006[2], beobachtet verschiedentlich einen Umschlag der gesellschaftlichen Stimmungslage in Skepsis und Angst mit Beginn des Russlandfeldzuges.

80 Vgl. als ein eindrucksvolles Zeugnis dafür das bereits erwähnte Tagebuch von Willy Peter Reese. Zur Brutalisierung der Kriegführung im Osten immer noch grundlegend: Bartov, Hitlers Wehrmacht.

81 Vgl. u. a. Karin Orth, Das System der nationalsozialistischen Konzentrationslager. Eine politische Organisationsgeschichte, Hamburg 1999, S. 222 ff.

82 Vgl. Andreas-Friedrich, S. 324; der Eintrag stammt vom 17. Mai 1945. Demnach kamen täglich Dutzende zu ihr und ihren Freunden, um sie um die Ausstellung von Leumundszeugnissen zu bitten.

83 Vgl. Kap. 1 b, »Das Echo der Angst«.

84 Vgl. HBAB, Bestand Morija, 4051. Dieser Fall auch in Kap. 3, »Soziale Trümmer«.

85 Vgl. HBAB, Bestand Morija, 4559. Aufgegriffen wird dieser »Fall« auch im nachfolgenden Kap. 2 a, »Wahn und Wirklichkeit«.

86 Vgl. Kap. 2 a, »Wahn und Wirklichkeit«.

87 Vgl. dazu Teil II, Kap. 2 a u. 2 b.

88 Vgl. u. a. Thomas Kühne, Kameradschaft – »das Beste im Leben eines Mannes«. Die deutschen Soldaten des Zweiten Weltkriegs in erfahrungs- und geschlechtergeschichtlicher Perspektive, in: GG 22 (1996), S. 504–529, S. 529; Echternkamp, Arbeit, S. 430 ff.

89 Vgl. HBAB, Bestand Morija, 4466.

90 Vgl. zu dieser Selbstbeobachtung insbesondere das Tagebuch von Reese.

91 Vgl. ebd., S. 130.

92 Vgl. HBAB, Bestand Morija, 4387. Zu diesem Fall auch Kap. 3, »Soziale Trümmer«.

93 So die Charakterisierung des Krieges von Thomas Kühne, Der Soldat, in: Ute Frevert u. Heinz Gerhard Haupt (Hg.), Der Mensch im 20. Jahrhundert, Frankfurt a. M. 1999, S. 344–72, S. 356.

94 Dieser ist bislang keineswegs hinreichend ausgeleuchtet worden. Vgl. dazu jedoch: Claudia Koonz, The Nazi Conscience, Cambridge, Mass. 2003.

95 Ausführlicher dazu Thomas Kühne, Kameradschaft. Die deutschen Soldaten des nationalsozialistischen Krieges und das 20. Jahrhundert, Göttingen 2006; Ders., Gruppenkohäsion und Kameradschaftsmythos in der Wehrmacht, in: Rolf-Dieter Müller u. Hans-Erich Volkmann (Hg.), Die Wehrmacht. Mythos und Realität, München 1999, S. 534–549.

96 Vgl. HBAB, Bestand Morija, 5054.

97 Vgl. HBAB, Bestand Morija, 5288.

98 Thomas Kühne, Kameradschaft, hier das Zitat aus der Gedenkrede für die Gefallenen (S. 525).

99 Vgl. ebd.

100 Vgl. v. a. Moeller, War Stories; Klaus Latzel, Töten und Schweigen – Wehrmachtssoldaten, Opferdiskurs und die Perspektive des Leidens, in: Peter Gleichmann u. Thomas Kühne (Hg.), Massenhaftes Töten. Kriege und Genozide im 20. Jh., Essen 2004, S. 320–338, 331 ff.; Thomas Kühne, Zwischen Vernichtungskrieg und Freizeitgesellschaft, S. 99 ff.

101 Vgl. u. a. HBAB, Bestand Morija, 5242; sowie HBAB, Bestand Morija, 7584.

102 Irving N. Berlin, Guilt as an etiologic factor in war neuroses, in: The Journal of Nervous and Mental Disease, 111, 1950, S. 239–245. Berlin verweist hier auch kurz auf den instrumentellen Einsatz von Schuld, um die Bereitschaft der Soldaten zum Kampf zu erhalten (S. 240). Einen direkten ursächlichen Zusammenhang dieser Schuldgefühle mit dem Krieg sahen die amerikanischen Psychiater freilich ebenso wenig wie ihre deutschen Kollegen. Berlin führte – und er folgte darin der Interpretation anderer amerikanischer Psychiater – drei Ursachen für diese Schuldgefühle an: den eigenen Todeswunsch, eine unbewusste und unterdrückte Feindseligkeit gegenüber dem Verstorbenen sowie eine latente Homosexualität.

103 Vgl. u. a. Kühne, Viktimisierungsfalle, S. 183–96, S.186.

104 Paradigmatisch für diese Argumentation ist etwa: HBAB, Bestand Morija, 4749 (Franz F., s. dazu Kap. 2 b, »Das andere Ich«).

105 Vgl. jetzt Arnold, Wehrmacht. Ein eindrucksvolles Zeugnis aus der Kriegszeit ist: Wilm Hosenfeld, Ich versuche jeden zu retten. Das Leben eines deutschen Offiziers in Briefen und Tagebüchern, München 2005.

106 Vgl. als eine der wenigen Ausnahmen: HBAB, Bestand Morija, 4333 (Werner N.; s. dazu Kap. 2 a, »Wahn und Wirklichkeit«), u. HBAB, Bestand Morija, 4949 (Kurt T.; s. dazu Kap. 2 b, »Das andere Ich«).

107 Vgl. HBAB, Bestand Morija, 3916.

108 Ebd. (Hervorh. i. Orig.).

109 Vgl. HBAB, Bestand Morija, 5660. Weiteres zu diesem Fall im nachfolgenden Kap. 2 b, »Das andere Ich«.

2. Gestörte Heimkehr

1 Andreas-Friedrich, S. 359 (Eintragung vom 22. Juni 1945).

2 Die nachfolgenden Angaben nach: Hans-Ulrich Wehler, Deutsche Gesellschaftsgeschichte, Bd. 4: Vom Beginn des Ersten Weltkriegs bis zur Gründung der beiden deutschen Staaten 1914–1949, München 2003[2], S. 942ff.

3 Vgl. hierzu Arthur L. Smith, Die »vermisste Million«. Zum Schicksal deutscher Kriegsgefangener nach dem Zweiten Weltkrieg, München 1992; sowie Rüdiger Overmans, Die Rheinwiesenlager 1945: »Ein untergeordneter Eintrag im Leidensbuch der jüngeren Geschichte?«, in: Günter Bischof u. Rüdiger Overmans (Hg.), Kriegsgefangenschaft im Zweiten Weltkrieg. Eine vergleichende Perspektive, Ternitz-Pottschach 1999, S. 233–264.

4 Die genaue Anzahl der deutschen Soldaten in sowjetischer Kriegsgefangenschaft wird man ebenso wenig präzise ermitteln können wie die Zahl der dort Verstorbenen. Die sowjetische Kriegsgefangenenverwaltung registrierte fast 2,4 Millionen deutsche Kriegsgefangene, von denen 356687 verstorben sein sollen. Vgl. Hilger, S. 71, passim. Angeblich führten die Sowjets bis 1946 allerdings keine Statistik über die Sterbezahl der Deutschen in den Lagern. Vgl. Smith, Die »vermisste Million«, S. 78.

5 Die Landesarbeitsgemeinschaft für Kriegsgefangenenfragen errechnete im Jahr 1952 eine Zahl von 1300000 vermissten Soldaten. Vgl. Smith, Die »vermisste Million«, S. 81. James Bacque, Der geplante Tod. Deutsche Kriegsgefangene in amerikanischen und französischen Lagern 1945–1946, Frankfurt a. M. 1989, hatte angenommen, die in der Nachkriegszeit vermisste Million ehemaliger deutscher Soldaten sei vor allem in amerikanischer Kriegsgefangenschaft ums Leben gekommen.

6 Vgl. hierzu Neil Gregor, ›Is he still alive, or long since dead?‹: Loss, Absence and Remembrance in Nuremberg, 1945–1956, in: German History 21 (2003), S. 183–203.

7 Vgl. Smith, Heimkehr, S. 16ff.

8 Vgl. als Überblick über das Ausmaß der Zerstörung in Deutschland und Gesamteuropa Judt; u. Klaus J. Bade, Europa in Bewegung. Migration vom späten 18. Jh. bis in die Gegenwart, München 2000, S. 299.

9 Mazower, Kontinent, S. 311f.

10 Etliche Tausende entlassener Kriegsgefangener erhielten bei der Rückkehr keine »Zuzugsgenehmigung« – der Schlüssel für die Erlaubnis zur Suche von Wohnung und Arbeit – für den Ort, an dem sie sich eine neue Existenz aufbauen wollten, weshalb sie nach kurzem Aufenthalt weiterreisen mussten. Nötig war der Nachweis, dass sie vor ihrer Inhaftierung an diesem Ort gelebt hatten oder nahe Verwandte besaßen. Schwierigkeiten ergaben sich vor allem für Kriegsheimkehrer, die ihr ehemaliges Zuhause aufgrund eines Bombenangriffs verloren hatten und keine nahen Verwandten an diesem Ort mehr ausmachen konnten. Probleme

entstanden etwa auch dann, wenn die Heimkehrer nicht mehr an ihren ehemaligen Wohnort, der nun in der SBZ lag, zurückkehren, sondern allein oder mit ihrer Familie in einer der westlichen Besatzungszonen eine neue Existenz aufbauen wollten. Vgl. Smith, Heimkehr, S. 115ff.

11 Andreas-Friedrich, S. 132 (Eintragung vom 11. September 1946).

12 Dazu eine Reihe von Beispielen in der Briefsammlung der Bibliothek für Zeitgeschichte, Sammlung Sterz; Nachkriegszeit 1945–1953 (u. a. die Briefe v. 22.12.1945, 24.3.1946, 19.4.1946).

13 Vgl. Günter J. Trittel, Hunger und Politik. Die Ernährungskrise in der Bizone (1945–1949), Frankfurt a. M. 1990; Rainer Gries, Die Rationen-Gesellschaft. Versorgungskampf und Vergleichsmentalität: Leipzig, München und Köln nach dem Kriege, Münster 1990; Robert G. Moeller, Geschützte Mütter. Frauen und Familien in der westdeutschen Nachkriegspolitik, München 1997, S. 23–68; als kurzen Überblick Michael Wildt, Vom kleinen Wohlstand. Eine Konsumgeschichte der fünfziger Jahre, Frankfurt a. M. 1996, S. 26ff. Malte Zierenberg, Von Schiebern und Schwarzen Märkten. Zur Geschichte des Berliner Schwarzhandels im Übergang vom Zweiten Weltkrieg zur Nachkriegszeit, Göttingen 2008.

14 Bericht, angefertigt von Rita Ostermann, v. 4.6.1947, zit. nach Moeller, Geschützte Mütter, S. 30.

15 Vgl. als Überblick Cornelia Rauh-Kühne, Die Entnazifizierung und die deutsche Gesellschaft, in: Archiv für Sozialgeschichte 35 (1995), S. 35–70.

16 Die Angaben zur SBZ nach Alexander von Plato u. Almut Leh, »Ein unglaublicher Frühling«. Erfahrene Geschichte im Nachkriegsdeutschland 1945–1948, Bonn 1997, S. 97; zur amerikan. Besatzungszone nach Wehler, Deutsche Gesellschaftsgeschichte, Bd. 4, S. 957; hier auch die Angaben zur Britischen und Französischen Zone, wo die Zahl der Internierten mit rund 65 000 bzw. 18 870 Personen deutlich niedriger lag.

17 Vgl. Smith, Heimkehr, S. 129. Seit der Jugendamnestie vom August 1946 traf das auf Männer ab Geburtsjahrgänge 1919 nicht mehr unbedingt zu; die sogenannte Weihnachtsamnestie begünstigte darüber hinaus körperlich Versehrte.

18 Für viele Flüchtlinge auf dem Land brachte die Währungsreform jedoch erst einmal eine Verschlechterung, da viele von ihnen ihre Beschäftigung verloren, wenn diese nicht weiter mit Naturalien vergütet werden konnte. Vgl. Rainer Schulze, Unruhige Zeiten. Erlebnisberichte aus dem Landkreis Celle 1945–1949, München 1991[2].

19 Smith, Heimkehr, S. 130f.

20 *Die Zeit*, 22.7.48, zit. nach Smith, Heimkehr, S. 122.

21 Zum politischen Bewusstsein ehemaliger Kriegsgefangener, Frankfurt a. M. 1957, S. 3, zit. nach Smith, Heimkehr, S. 33.

22 Vgl. u. a. Judt, S. 304.

23 Von einer »Krise in Europa« im Jahr 1947 spricht Judt, S. 110ff., allerdings auch allgemeiner mit Blick auf die west- und mitteleuropäischen Länder, in denen weithin ein Zustand der Enttäuschung über die weiterhin aus-

stehende »›Normalisierung‹ ihrer Lebensverhältnisse«, der Hoffnungslosigkeit, auch der Zukunftsangst vorgeherrscht habe. Amerikanische Beobachter konstatierten nach den ersten Wiederaufbauanstrengungen eine einsetzende »große Erschöpfung physischer und geistiger Kräfte«, die einer der wichtigsten Gründe für diesen – aus amerikanischer Sicht durchaus politisch gefährlichen – Stimmungsumschwung sei.

24 Vgl. dazu in diesem Teil Kap. 3.

25 Das galt auch für die große Zahl an »Volksdeutschen«. Doris L. Bergen, The »Volksdeutschen« of Eastern Europe, World War II, and the Holocaust: Constructed Ethnicity, Real Genocide, in: Keith Bullivant, Geoffrey Giles u. Walter Pape (Hg.), Germany and Eastern Europe: Cultural Identities and Cultural Differences (Yearbook of European Studies 13), Amsterdam 1999, S. 70–93.

26 HBAB, Bestand Morija, 4473. Daraus auch die weiteren Angaben und Zitate in den nachfolgenden Absätzen zu diesem Fall.

27 HBAB, Bestand Morija, 4560. Zu seinen Träumen vgl. auch Kap. 1 a, »Den Krieg träumen«.

28 HBAB, Bestand Morija, 4185.

29 Vgl. Kap. 1 a in diesem Teil. Die nachfolgenden Informationen zu diesem Fall aus HBAB, Bestand Morija, 4946.

30 HBAB, Bestand Morija, 4559. Daraus auch die Informationen, die den Ausführungen in den nachfolgenden Absätzen zugrunde liegen.

31 Vgl. dazu auch die Interpretation dieses Falls in Kap. 1 c, »Im Angesicht des Untergangs«.

32 In anderen Fällen litten ehemalige Soldaten unter dem Eindruck, von den Besatzern, manchmal auch von anderen Deutschen dauernd merkwürdig angeblickt zu werden. Phantasien, dass die eigenen Gedanken von anderen Menschen gelesen werden könnten, finden sich bei einer Reihe von Kriegsheimkehrern, die sich daraufhin den Besatzern stellten. Vgl. etwa den Fall eines ehemaligen SS-Angehörigen in: Psychiatrische und Neurologische Klinik Heidelberg, Nr. 47/163.

33 Rolf Schörken, Jugend 1945. Politisches Denken und Lebensgeschichte, Frankfurt a. M. 1995, S. 51.

34 Sein Sohn litt an Morbus Little, einer infantilen Hirnschädigung, bei der Störungen der Motorik im Vordergrund stehen. Vgl. HBAB, Bestand Morija, 4559.

35 Heinrich Böll, Der Engel schwieg, München 1997, S. 14, S. 221.

36 Vgl. zusammenfassend Irmtrud Wojak, Eichmanns Memoiren. Ein kritischer Essay, Frankfurt a. M. 2001, S. 19 ff.

37 Vgl. Ernst Klee, Was sie taten – was sie wurden. Ärzte, Juristen und andere Beteiligte am Kranken- oder Judenmord, Frankfurt a. M. 1995, S. 15 ff.; dort auch zahlreiche andere Beispiele.

38 Vgl. Norbert Frei, Identitätswechsel. Die »Illegalen« in der Nachkriegszeit, in: Helmut König u. a. (Hg.), Vertuschte Vergangenheit. Der Fall Schwerte und die NS-Vergangenheit der deutschen Hochschulen, München 1997, S. 207–222, S. 218.

39 So die Begründung für den eingebrachten Zusatzparagraphen zur Gesetzesvorlage für das Straffreiheitsgesetz, zit. nach Frei, Vergangenheitspolitik, S. 37f. Zum Ablauf der Debatte, S. 36ff.
40 Vgl. ebd., S. 51.
41 Klaus Barbie war unter anderem Leiter der Gestapo beim Kommandeur der Sicherheitspolizei in Lyon. Er trug die Verantwortung für zahllose Deportationen und Hinrichtungen und war bekannt für seine grausamen Methoden, die ihm seinen Beinamen einbrachten. Barbie wurde in den 1960er Jahren in Bolivien unter dem Namen Klaus Altmann entdeckt, aber erst 1983 ausgeliefert. Vgl. Hermann Weiß, Biographisches Lexikon zum Dritten Reich, Frankfurt a. M. 2002, S. 30.
42 Vgl. dazu beispielsweise die Beiträge von Michael Wildt, Klaus-Michael Mallmann u. Konrad Kwiet in Klaus-Michael Mallmann u. Gerhard Paul (Hg.), Karrieren der Gewalt. Nationalsozialistische Täterbiographien, Darmstadt 2004; Smith, Heimkehr, S. 122f. Ein Beamter sprach von etwa zwei Millionen ehemaligen Kriegsgefangenen, die sich angeblich mit falschen Papieren in der amerikanischen und englischen Zone aufhielten und sich auf dem Schwarzmarkt betätigten.
43 Auch Adolf Eichmann kam über das italienische Rote Kreuz zu gefälschten Papieren. Vgl. Wojak, S. 20.
44 Karl Wilhelm Böttcher, Menschen unter falschem Namen, in: Frankfurter Hefte 4 (1949), S. 492–511, zit. nach Frei, Identitätswechsel, S. 215f. u. S. 222.
45 Vgl. Andreas-Friedrich, S. 305 (Eintragung vom 1. Mai 1945).
46 Vgl. Smith, Heimkehr, S. 123, weist auf eine zur damaligen Zeit offenbar verbreitete Betrugspraxis hin, bei der Kriegsheimkehrer gezielt die Familien eines vermissten Soldaten aufsuchten und dort unter Vorspiegelung einer erfundenen Geschichte über den Verbleib des Verschollenen den Angehörigen ihre Hilfe anboten, um etwa Waren in das betreffende Kriegsgefangenenlager zu schmuggeln oder sogar an der Entlassung des Kriegsgefangenen mitzuwirken. Sie bereicherten sich auf diese Weise mit Kleidung, Nahrungsmitteln, Geld etc.
47 HBAB, Bethelkanzlei, Patientenakten, 2593II. Daraus auch alle weiteren Informationen zu diesem Fall in den nachfolgenden Absätzen.
48 Moeller, War Stories.
49 Vgl. dazu die Ausführungen zur psychiatrischen Lehrmeinung im zweiten Teil dieser Arbeit.
50 So die Formulierung von Carl Schmitt, der sich nach seiner Rückkehr von den Verhören in Nürnberg in eine solche zurückziehen wollte. Dirk van Laak, Gespräche in der Sicherheit des Schweigens. Carl Schmitt in der politischen Geistesgeschichte der frühen Bundesrepublik, Berlin 2002[2].
51 Vgl. HBAB, Bestand Morija, 3916.
52 Vgl. HBAB, Bestand Morija, 4189. Mehr über diesen Fall in Teil I, Kap. 1 b, »Das Echo der Angst«.
53 Vgl. hierzu auch die anregende Studie von Valentin Groebner, Der Schein der Person, München 2004.

54 Der Fall Schwerte/Schneider spricht eher für die Annahme, dass das Wissen um diese Doppelung nie gänzlich verschwand, auch wenn der ehemalige Mitarbeiter des SS-Ahnenerbes, Hans Ernst Schneider, und spätere Rektor der Technischen Hochschule Aachen, Hans Schwerte, einen anderen Eindruck erwecken wollte. Auf den Vorwurf, er habe ein Doppelleben geführt, entgegnete er zwar: »Ich habe ein Leben und dann ein neues Leben geführt«, doch entschloss er sich gleichwohl im Alter von fünfundachtzig Jahren zu einer Selbstanzeige, um seine Identität offenzulegen. Zur Person Schwerte/Schneider vgl. die Beiträge von Gjalt R. Zondergeld, Ludwig Jäger u. Klaus Weimar im Sammelband von Helmut König u. a. (Hg.), sowie Frei, Identitätswechsel; dort auch das Zitat (S. 208).

55 Auch bei Angehörigen aus den höheren Chargen des NS-Regimes lässt sich das beobachten. So mischten sich in dem Verhalten, das Werner Best vor seinem Prozessbeginn an den Tag legte, »Berechnung und Verzweiflung« sowie »autoritär-geduckte[s] Gehabe und dominierende[s] Selbstmitleid«. Vgl. Ulrich Herbert, Best. Biographische Studien über Radikalismus, Weltanschauung und Vernunft 1903–1989, Bonn 2006², S. 425.

56 Vgl. HBAB, Bestand Morija, 4387. Weitere Angaben zu diesem Fall auch in Kap. 1 c, »Im Angesicht des Untergangs«.

57 Vgl. HBAB, Bestand Morija, 4749.

58 Vgl. Thomas Kühne u. Benjamin Ziemann, Militärgeschichte in der Erweiterung. Konjunkturen, Interpretationen, Konzepte, in: dies. (Hg.), Was ist Militärgeschichte?, Paderborn 2000, S. 9–48, S. 27ff.

59 Vgl. HBAB, Bestand Morija, 4949. Daraus auch die nachfolgenden Informationen und Zitate zu diesem Fall.

60 Vgl. dazu u. a. Ulrike Jureit, Ein Traum in Braun. Über die Erfindung des Unpolitischen, in: Christian Geulen u. Karoline Tschuggnall (Hg.), Aus einem deutschen Leben. Lesarten eines biographischen Interviews, Tübingen 2000, S. 17–36, hier S. 22.

61 Ebd., S. 23.

62 Erhard Schütz, Von Lageropfern und Helden der Flucht. Kriegsgefangenschaft Deutscher – Popularisierungsmuster in der Bundesrepublik, in: Wolfgang Hardtwig u. Erhard Schütz (Hg.), Geschichte für Leser: Populäre Geschichtsschreibung in Deutschland im 20. Jahrhundert, Stuttgart 2005, S. 181–204.

63 Vgl. u. a. Echternkamp, Arbeit.

64 Ebd. Dieses Argument findet sich auch in unzähligen öffentlichen Aufrufen in der Nachkriegszeit wieder, in denen die Freilassung der deutschen Kriegsgefangenen aus den sowjetischen Lagern gefordert wird. Paradigmatisch dafür: »Das deutsche Volk für seine Kriegsgefangenen, Kriegsvermissten, Kriegsverschleppten und Kriegsinternierten« [1949], in: HBAB, 2/12 - 197, mit der weitverbreiteten Begründung, die Verfahren des Nürnberger Prozesses hätten gezeigt, wer die Schuldigen seien.

65 Diverse Beispiele dafür finden sich etwa in den Erzählinterviews in Hans Joachim Schröder, Die gestohlenen Jahre. Erzählgeschichten und Geschichtserzählung im Interview: Der Zweite Weltkrieg aus der Sicht ehemaliger Mannschaftssoldaten, Tübingen 1992.

66 Vgl. Barnouw, S. 13 f.

67 Vgl. HBAB, Bestand Morija, 5660. Daraus auch die nachfolgenden Informationen und Zitate zu diesem Fall. Weiteres dazu in Kap. 1 c, »Im Angesicht des Untergangs«, sowie in Kap. 3, »Soziale Trümmer«.

68 Die Planung für seine Verwendung in der Generalstabslaufbahn ist in dem schriftlichen »Entwicklungsgang«, den Reinhard G. anfertigte, nicht erwähnt; er sprach sie während eines Gesprächs mit dem behandelnden Psychiater an, wie aus der Aufnahmeexploration hervorgeht.

3. Soziale Trümmer

1 Andreas-Friedrich, S. 376 (Eintrag am 30.7.1945).

2 Vgl. in diesem Kontext auch Dagmar Herzog, Die Politisierung der Lust. Sexualität in der deutschen Geschichte des 20. Jahrhunderts, München 2005, S. 108 ff. u. 127 ff.; Sybille Buske, »Fräulein Mutter« vor dem Richterstuhl. Der Wandel der öffentlichen Wahrnehmung und rechtlichen Stellung lediger Mütter in der Bundesrepublik 1948 bis 1970, in: WerkstattGeschichte 27 (2000), S. 48–68; Elizabeth D. Heineman, What Difference does a Husband Make? Women and Marital Status in Nazi and Postwar Germany, Berkeley 1999.

3 Helmut Schelsky, Wandlungen der deutschen Familie in der Gegenwart. Darstellung und Deutung einer empirisch-soziologischen Tatbestandsaufnahme, Dortmund 1953, S. 13 (Hervorh. im Orig.).

4 Vgl. Moeller, Geschützte Mütter, S. 188 ff; Franka Schneider, »Einigkeit im Unglück«? Berliner Eheberatungsstellen zwischen Ehekrise und Wiederaufbau, in: Klaus Naumann (Hg.), Nachkrieg in Deutschland, Hamburg 2001, S. 206–226, S. 206 ff; Ute Frevert, Frauen-Geschichte. Zwischen bürgerlicher Verbesserung und neuer Weiblichkeit, Frankfurt a. M. 1986, S. 253 f.

5 Schelsky, v. a. S. 63–72, 87 f.

6 Ebd.

7 Vgl. ebd., S. 91.

8 Vgl. Neumann, Nicht der Rede wert.

9 Im Jahr 1952 wies die offizielle Statistik zur Versorgung der Kriegsopfer in der Bundesrepublik immerhin noch 745.135 Schwerkriegsbeschädigte auf (d. h. eine Minderung der Erwerbstätigkeit von fünfzig Prozent und höher). Die Kriegsopferrente war in der Regel nicht hinreichend – und das war politisch auch so gewollt –, um den Lebensunterhalt zu sichern. Vgl. ebd., S. 144 f., 158.

10 Vgl. ebd., S. 158; u. dies., Kampf um Anerkennung. Die westdeutsche

Kriegsfolgengesellschaft im Spiegel der Versorgungsämter, in: Klaus Naumann (Hg.), Nachkrieg in Deutschland, Hamburg 2001, S. 364–383.

11 Vgl. Heineman, Difference, S. 116; Robert G. Moeller, »The Last Soldiers of the Great War« and Tales of Family Reunions in the Federal Republic of Germany, in: Signs 24 (1998), S. 129–145. «Spätestheimkehrer« ist der gängige zeitgenössische Begriff für die Kriegsgefangenen aus der Sowjetunion, die erst nach 1952/1953 nach Hause entlassen wurden.

12 Vgl. Merith Niehuss, Kontinuität und Wandel der Familie in den 50er Jahren, in: Axel Schildt u. Arnold Sywottek (Hg.), Modernisierung im Wiederaufbau. Die westdeutsche Gesellschaft der 50er Jahre, Bonn 1998, S. 316–334, hier S. 322, bzw. Neumann, Nicht der Rede wert, S. 159.

13 Vgl. Hans-Ulrich Wehler, Deutsche Gesellschaftsgeschichte, Bd. 4, S. 961.

14 Zahlreiche Briefe dieser Art finden sich etwa in: Anatoly Golovchansky u. a. (Hg.), »Ich will raus aus diesem Wahnsinn«. Deutsche Briefe von der Ostfront 1941–1945. Aus sowjetischen Archiven, Reinbek 1993.

15 Vgl. Heineman, Difference; Ulrike Jureit, Zwischen Ehe und Männerbund. Emotionale und sexuelle Beziehungsmuster im Zweiten Weltkrieg, in: WerkstattGeschichte 22 (1999), S. 61–74.

16 Eine Vielzahl solcher Briefe in: Bundesarchiv-Militärarchiv Freiburg, B 205 v. 40 (Briefsammlung von Eugen Weller). Vgl. des Weiteren: Andreas Hilger, Deutsche Kriegsgefangene in der Sowjetunion, 1941–1956. Kriegsgefangenenpolitik, Lageralltag und Erinnerung, Essen 2000, S. 308f.

17 Vgl. u.a. Lutz Niethammer, Privat-Wirtschaft. Erinnerungsfragmente einer anderen Umerziehung, in: ders. (Hg.), »Hinterher merkt man, daβ es richtig war, daβ es schiefgegangen ist.« Nachkriegserfahrungen im Ruhrgebiet (Lebensgeschichte und Sozialkultur im Ruhrgebiet 1930 bis 1960, Bd. 2), Berlin 1983, S. 17–105, S. 46ff.; Sibylle Meyer u. Eva Schulze, »Als wir wieder zusammen waren, ging der Krieg im Kleinen weiter.« Frauen, Männer und Familien im Berlin der 40er Jahre, in: Lutz Niethammer (Hg.), »Wir kriegen jetzt andere Zeiten«. Auf der Suche nach der Erfahrung des Volkes in nachfaschistischen Ländern (Lebensgeschichte und Sozialkultur im Ruhrgebiet 1930 bis 1960, Bd. 3), Berlin 1985, S. 305–326, S. 309ff.; Hanna Schissler, »Normalization« as Project: Some Thoughts on Gender Relations in West Germany During the 1950s, in: dies. (Hg.), The Miracle Years. A Cultural History in West Germany, 1949–1968, Princeton 2001, S. 359–375.

18 Vgl. HBAB, Bestand Morija, 4099. Daraus auch die nachfolgenden Informationen und Zitate zu diesem Fall.

19 Vgl. u.a. Heinemann, Difference; Meyer u. Schulze, »Als wir wieder zusammen waren«; dies., Von Liebe sprach damals keiner. Familienalltag in der Nachkriegszeit, München 1985; Moeller, Geschützte Mütter, S. 55f.

20 Zum Folgenden weiter HBAB, Bestand Morija, 4099.

21 Wie man einem Schreiben der Kanzlei der Evangelischen Kirche in Deutschland entnehmen kann, handelte es sich um eine ausgesprochen

verbreitete Problemlage, auf die allerdings auch die kirchlichen Hilfsorganisationen allem Anschein nach nicht hinreichend vorbereitet waren. In einem Brief vom 9. Juli 1947, den die Kanzlei unter anderem an die Landeskirchenregierungen und die Lagerpfarrer in den Kriegsgefangenenlagern des Auslands verschickte, informierte sie über eine »Hilflosigkeit mancher kirchlichen Stellen den Heimkehrern gegenüber« und wies nachdrücklich darauf hin, dass die Themen »Zukunft, Ehe, Denazifizierung« als wesentliche Anknüpfungspunkte der Seelsorge an den Heimkehrern zu betrachten seien. Landeskirchliches Archiv Bielefeld, C 11 - 04, Bd. 1.

22 Ein weiteres Beispiel aus der unmittelbaren Nachkriegszeit vom Herbst 1945 ist: HBAB, Bestand Morija, 3742.

23 Vgl. dazu Kap. 2 im zweiten Teil dieser Arbeit.

24 Vgl. HBAB, Bestand Morija, 4710.

25 Vgl. HBAB, Bestand Morija, 4466. Vgl. zu diesem Fall bereits Kap. 1 c, »Im Angesicht des Untergangs«.

26 Vgl. HBAB, Bestand Morija, 4320.

27 Vgl. dazu etwa Harald Welzer u. a., »Opa war kein Nazi«. Nationalsozialismus und Holocaust im Familiengedächtnis, Frankfurt a. M. 2002. Sven-Oliver Müller, Die deutschen Soldaten und ihre Feinde. Nationalismus in der kriegführenden Wehrmacht, 1941–1944, Frankfurt a. M. 2007, enthält eine Reihe von Feldpostbriefen, die auf Ausnahmen während des Krieges verweisen.

28 Vgl. etwa HBAB, Bestand Morija, 3959.

29 Vgl. etwa HBAB, Bestand Morija, 5510.

30 Vgl. HBAB, Bestand Morija, 4329.

31 Vgl. HBAB, Bestand Morija, 3959.

32 Ausgedrückt auch in dem Gedicht »Künftige Heimkehr«, verfasst von Walter Bauer während seiner Kriegsgefangenschaft, in: BA-MA Freiburg, B 205 v. 1368, S. 48–49.

33 Vgl. HBAB, Bestand Morija, 4944. Vgl. dazu auch die Schilderung dieses »Falls« in der Einleitung.

34 Vgl. u. a. Norbert Frei (Hg.), Hitlers Eliten nach 1945, München 2003; Wilfried Loth u. Bernd-A. Rusinek (Hg.), Verwandlungspolitik. NS-Eliten in der westdeutschen Nachkriegsgesellschaft, Frankfurt a. M. 1998; Michael Wildt, Generation des Unbedingten. Das Führungskorps des Reichssicherheitshauptamtes, Hamburg 2003, S. 767 ff. Berechtigte Skepsis gegenüber dem Ansatz einer »allgemeinen Kontinuitätsforschung« formuliert Ulrich Herbert, Rückkehr in die Bürgerlichkeit? NS-Eliten in der Bundesrepublik, in: Bernd Weisbrod (Hg.), Rechtsradikalismus in der politischen Kultur der Bundesrepublik, Hannover 1995, S. 157–173, S. 159 f., der für einen differenzierteren Ansatz insofern plädiert, »als im Sinne konzentrischer Kreise die Nähe zu und Verantwortung für die Terror- und Vernichtungspolitik des Regimes als Maßstab für die Beurteilung der Zugehörigkeit zu den NS-Eliten« gelten soll (Zit. S. 159).

35 Vgl. als eine der wenigen Studien, in denen das nicht übergangen wird: Hartmut Berghoff u. Cornelia Rauh-Kühne, Fritz K. Ein deutsches Leben im 20. Jahrhundert, München 2000, S. 224ff.; s. auch Konrad Jarausch, Die Umkehr. Deutsche Wandlungen 1945–1995, München 2004, S. 66ff.; ähnlich im Tenor bereits Herbert, Rückkehr, S. 162.

36 Hinweise darauf u.a. bei Tim Schanetzky, Unternehmer: Profiteure des Unrechts, in: Frei (Hg.), Hitlers Eliten, S. 69–113, S. 84, der argumentiert, es sei die fehlende fachliche Kompetenz gewesen, die denjenigen, die allein über die Parteischiene in der Wirtschaft Karriere gemacht hätten, das Ende ihres beruflichen Erfolgs beschert habe; Norbert Frei, Hitlers Eliten nach 1945 – eine Bilanz, in: ders. (Hg.), Hitlers Eliten, S. 269–299, S. 280, weist zudem auf den Umstand hin, dass zu einer Zeit, »da jeder auf Distanz zum Regime gewesen sein wollte«, für derartige Quereinsteiger über die NSDAP kein Platz mehr gewesen sei.

37 Zur Verabschiedung des »131er«-Gesetzes, mit dem die Rehabilitierung und Versorgung des größten Teils der nach Kriegsende entlassenen Angehörigen des Öffentlichen Dienstes bewerkstelligt wurde, vgl. Frei, Vergangenheitspolitik, S. 69ff.

38 Brief an Johann de Boer, v. 2.6.1948, in: Nachlass Johann de Boer, Privatbesitz.

39 Brief an Johann de Boer, v. 12.1.1948, in: ebd. Die Furcht vor einer »Proletarisierung« ist vor allem aus dem Kontext der zum damaligen Zeitpunkt wahrgenommenen Integrationsprobleme von Flüchtlingen und Vertriebenen bekannt. Vgl. in diesem Zusammenhang auch Paul Nolte, Die Ordnung der deutschen Gesellschaft. Selbstentwurf und Selbstbeschreibung im 20. Jahrhundert, München 2000, S. 227f.

40 Die Literatur hat die Frage, wie Frauen in der Nachkriegszeit mit der sozialen Deklassierung umgingen, bislang nicht gestellt.

41 Vgl. HBAB, Bestand Morija, 4102.

42 Anstelle vieler Einzelnachweise sei hier nur genannt Rauh-Kühne, Entnazifizierung, S. 35–70.

43 In diese Richtung argumentiert auch Frei, Hitlers Eliten, S. 273f. u. 281.

44 Vgl. HBAB, Bestand Morija, 4410.

45 Das war die Gruppe der sogenannten »Minderbelasteten«. In der Regel erwartete die Betroffenen eine Geldstrafe.

46 Ähnlich auch das Fazit von Frei, Hitlers Eliten, S. 274f.

47 Vgl. HBAB, Bestand Morija, 4139.

48 Ähnlich im Tenor HBAB, Bestand Morija, 4051 (Gustav B.; zu diesem Fall auch Kap. 1 c, »Im Angesicht des Untergangs«).

49 Vgl. HBAB, Bestand Morija, 4944, zum Folgenden siehe auch S. 140 sowie die Schilderungen in der Einleitung.

50 Vgl. außer dem bereits genannten Fall von Hans H. etwa auch HBAB, Bestand Morija, 4095; u. HBAB, Bestand Morija, 3885 (Herbert I., s. zu diesem Fall auch Kap. 1 b, »Das Echo der Angst«).

51 Vgl. dazu etwa Werner Abelshauser, Deutsche Wirtschaftsgeschichte seit 1945, München 2004; dort auch weitere Literaturangaben.

52 Vgl. HBAB, Bestand Morija, 5109; zu diesem Fall auch Kap. 1 a, »Den Krieg träumen«.
53 Vgl. HBAB, Bestand Morija, 4387. Ausführlich zu diesem Fall Kap. 1 c, »Im Angesicht des Untergangs«.
54 Zum nachfolgenden Fall vgl. HBAB, Bestand Morija, 4765.
55 Gelegentlich klingt das in der Literatur immer noch an, vgl. etwa Neumann, Nicht der Rede wert, S. 76.
56 Vgl. jüngst noch einmal Wehler, Deutsche Gesellschaftsgeschichte, Bd. 4, S. 684 ff.
57 Vgl. Wildt, Vom kleinen Wohlstand, S. 209–227.
58 Vgl. Neumann, Nicht der Rede wert, S. 144 f. Die Zahlen basieren auf den Angaben der jeweils für die Kriegsbeschädigten zuständigen Länderministerien.
59 Vgl. Anhaltspunkte für die ärztliche Gutachtertätigkeit im Versorgungswesen in der amtlichen Fassung des Bundesministeriums für Arbeit, hg. v. Reichsbund der Kriegs- und Zivilbeschädigten, Sozialrentner und Hinterbliebenen, o. O. 1952, S. 31 ff. (Tabelle der Sätze der MdE). Verzerrt ist die festgestellte Gesamtzahl auch deshalb, weil der Nachweis einer kriegsbedingten Schädigung in vielen Fällen nicht leicht war. Das gilt insbesondere für innere Erkrankungen, aber auch für psychische Probleme. Vgl. dazu die eingehenderen Ausführungen im zweiten Teil dieser Arbeit.
60 Vgl. Anhaltspunkte (1952), S. 30.
61 Vgl. zum nachfolgenden Fall: HBAB, Bestand Morija, 4109.
62 Die Verbitterung vieler Schwerkriegsbeschädigter wird vom Müttergenesungswerk als ein Grund für die Mehrfachbelastung genannt, der die Ehefrauen bei der Pflege ihrer Männer ausgesetzt seien. Vgl. Neumann, S. 123.
63 Zahlreiche Beispiele dafür in: Sammlungen von Entscheidungen aus dem Gebiete der Sozialversicherung und Versorgung 42 (1953) und nachfolgende Jahrgänge (seit 1955 unter dem Titel: Sammlungen von Entscheidungen aus dem Gebiete der Sozialversicherung, Versorgung und Arbeitslosenversicherung). Zur Problematik der Zusammenhangsfrage siehe v. a. Teil II, Kap. 2 a, zur wachsenden Kritik am Erblichkeitsparadigma Teil II, Kap. 2 b.
64 Vgl. zum nachfolgenden Fall: HBAB, Bestand Morija, 4540.
65 Vgl. Neumann, Kampf, S. 375.

Teil II
Die Produktion des psychiatrischen Wissens: Professionelle Verwandlungen, 1945–1970

1. Die »herrschende Lehre«

1 Friedrich Nietzsche, Zur Genealogie der Moral, in: Sämtliche Werke. Kritische Studienausgabe, Bd. 5, hg. v. Giorgio Colli u. Mazzino Montinari, München 1993[3], S. 245–412, Zit. S. 376.

2 Seinen endgültigen Aufenthaltsort, die USA, erreichte Kalinowski erst im Jahre 1940, nachdem er zunächst nach Italien (Rom) emigriert war, das er im Jahre 1939 jedoch wieder verließ, um nach Frankreich (Paris), dann nach England überzusiedeln. Vgl. Edward Shorter, Geschichte der Psychiatrie, Berlin 1999, S. 330f. Zu Kalinowskis Reise nach Deutschland vgl. auch Ben Shephard, A War of Nerves. Soldiers and Psychiatrists 1914–1994, London 2000, S. 299f.

3 Vgl. Hans Walter Schmuhl, Hirnforschung und Krankenmord. Das Kaiser-Wilhelm-Institut für Hirnforschung 1937–1945, in: Vierteljahreshefte für Zeitgeschichte 50 (2002), S. 559–609. Leo Alexander interviewte neben dem Hirnforscher Julius Hallervorden nachweislich auch den Psychiater Oswald Bumke (vgl. Shephard, S. 309).

4 Lothar B. Kalinowski, in: Ludwig J. Pongratz (Hg.), Psychiatrie in Selbstdarstellungen, Bern 1977, S. 147–164, S. 159.

5 Vgl. dazu u. a. den Sammelband von Angelika Ebbinghaus u. Klaus Dörner (Hg.), Vernichten und Heilen. Der Nürnberger Ärzteprozeß und seine Folgen, Berlin 2001; darin vor allem Hans-Walter Schmuhl, Die Patientenmorde, S. 295–328.

6 Vgl. Lothar B. Kalinowski, Problems of War Neuroses in the Light of Experiences in Other Countries, in: American Journal of Psychiatry 107 (1950), S. 340–346, S. 340. Eine Statistik über psychiatrische Behandlungsfälle in der deutschen Armee lag nicht vor, die deutschen psychiatrischen Experten sprachen aber von einem Bruchteil an Kriegsneurotikern verglichen mit dem Ersten Weltkrieg, und nur Einzelfälle hätten sich als gänzlich »therapieresistent« erwiesen (vgl. dazu weiter unten). Demgegenüber sprach der amerikanische Psychiater Appel von etwa einer Million neuropsychiatrischer Aufnahmen amerikanischer Soldaten während des Zweiten Weltkrieges, bei dreiundsechzig Prozent der Fälle habe es sich um eine »Psychoneurose« gehandelt (die Angaben nach: Joachim Ernst Meyer, Die abnormen Erlebnisreaktionen im Kriege bei Truppe und Zivilbevölkerung, in: Psychiatrie der Gegenwart, Bd. 3: Soziale und angewandte Psychiatrie, Berlin 1961, S. 574–619, S. 594). Nach Shephard, S. 326, gingen allein den amerikanischen Bodentruppen 504000 Soldaten aus psychiatrischen Gründen verloren, genug Männer, um fünfzig Divisionen auszustatten.

7 Kalinowski, in: Pongratz (Hg.), S. 159.

8 Ebd., S. 340ff.

9 Ebd., S. 343 f.
10 Klaus-Jürgen Neumärker, Karl Bonhoeffer: Leben und Werk eines deutschen Psychiaters und Neurologen in seiner Zeit, Berlin 1990.
11 Karl Bonhoeffer, Vergleichende psychopathologische Erfahrungen aus den beiden Weltkriegen, in: Der Nervenarzt 18 (1947), S. 1–4, S. 2.
12 Ebd., S. 2–4.
13 Zum psychiatrischen Umgang mit den sogenannten Kriegsneurotikern oder auch »Kriegshysterikern« im deutschsprachigen Europa vgl. insbes. Lerner, Hysterical Men; Kaufmann, Science; dies., »Widerstandsfähige Gehirne« und »kampfunlustige Seelen«. Zur Mentalitäts- und Wissenschaftsgeschichte des Ersten Weltkriegs, in: Michael Hagner (Hg.), Ecce Cortex. Beiträge zur Geschichte des modernen Gehirns, Göttingen 1999, S. 206–223; Hans-Georg Hofer, Nervenschwäche und Krieg. Modernitätskritik und Krisenbewältigung in der österreichischen Psychiatrie (1880–1920), Wien 2004; Martin Lengwiler, Zwischen Klinik und Kaserne. Die Geschichte der Militärpsychiatrie in Deutschland und in der Schweiz 1870–1914, Zürich 2000. Zur britischen und US-amerikanischen Psychiatrie v. a. Shephard, S. 21–169; Peter Leese, Shell Shock: Traumatic Neurosis and the British Soldiers of the First World War, London 2002; zu Frankreich: Marc Rodebush, A Battle of Nerves: Hysteria and Its Treatment in France During World War I, in: Mark Micale u. Paul Lerner (Hg.), Traumatic Pasts: History, Psychiatry, and Trauma in the Modern Age, 1870–1930, S. 253–279; zu Italien: Bruna Bianchi, Psychiatrists, Soldiers, and Officers in Italy during the Great War, in: ebd., S. 222–252.
14 Shephard, S. 97 ff.; Lerner, Hysterical Men, S. 61 ff.; Jay Winter, Shellshock and the Cultural History of the Great War, in: Journal of Contemporary History 35 (2000), S. 7–11.
15 Wie weite Teile des wilhelminischen Bürgertums auch glaubten die Psychiater an die heilende Kraft des Krieges und nahmen an, dass dieser das »nervöse Zeitalter« beenden werde. Zur Psychiatrie vgl. ausführlicher Lerner, Hysterical Men, S. 45ff. Allgemein Jeffrey Verhey, The Spirit of 1914. Militarism, Myth, and Mobilization in Germany, Cambridge 2000; Wolfgang J. Mommsen (Hg.), Kultur und Krieg. Die Rolle der Intellektuellen, Künstler und Schriftsteller im Ersten Weltkrieg, München 1996.
16 Darauf weist explizit Kaufmann, »Widerstandsfähige Gehirne«, S. 213 f., hin. In den obengenannten europäischen Ländern seien Soldaten weitaus seltener auf psychische Erkrankungen hin untersucht, sondern stattdessen »weit umstandsloser vor die Kriegsgerichte gestellt« worden, die, so zeigt das englische Beispiel, auch bei ihrer Urteilsfindung – anders als die deutschen Kriegsgerichte – keine psychiatrischen Gutachten mit einbezogen. Shephard, S. 101, spricht davon, dass deutsche Kriegsgerichte 150 Soldaten zum Tode verurteilten (48 von ihnen wurden vollstreckt), während britische Kriegsgerichte 3080 Todesurteile fällten (von denen 307 durchgeführt wurden); in Frankreich handelte es sich um etwa 2000 Todesurteile und ungefähr 700 Vollstreckungen.

17 Der Londoner Chirurg John Eric Erichsen war der Erste, der in den 1860er Jahren Schädigungen von Eisenbahnunfällen untersuchte, wobei er von feinsten Verletzungen des Rückenmarks aufgrund der Unfallerschütterungen ausging. Vgl. u. a. Ralph Harrington, The Railway Accident: Trains, Trauma, and Technological Crises in Nineteenth Century Britain, in: Mark Micale u. Paul Lerner (Hg.), Traumatic Pasts: History, Psychiatry, and Trauma in the Modern Age, 1870–1930, S. 31–56.

18 Ausführlich dazu Lerner, Hysterical Men, S. 27ff.; Ders., From Traumatic Neurosis to Male Hysteria: The Decline and Fall of Hermann Oppenheim, 1889–1919, in: Mark Micale u. Paul Lerner (Hg.), Traumatic Pasts: History, Psychiatry, and Trauma in the Modern Age, 1870–1930, S. 140–171; Greg Eghigian, The German Welfare State as a Discourse of Trauma, in: ebd., S. 92–112.

19 Der Leipziger Internist und Neurologe Adolf Strümpell prägte diesen Begriff im Jahr 1895. Vgl. Lerner, Hysterical Men, S. 34.

20 Vgl. ebd., S. 36ff. Zur Debatte in England, bei der sich schließlich die Protagonisten der Diagnose »Hysterie« durchsetzten, vgl. Shephard, S. 98.

21 Zum Deutungswandel der Diagnose Hysterie vgl. insbes. Mark Micale, On the Disappearance of Hysteria: The Clinical Deconstruction of a Diagnosis, in: Isis 84 (1993), S. 496–526.

22 Vgl. Paul Lerner, »Ein Sieg deutschen Willens«. Wille und Gemeinschaft in der deutschen Kriegspsychiatrie, in: Wolfgang u. Eckardt u. Christoph Gradmann (Hg.), Die Medizin und der Erste Weltkrieg, Pfaffenweiler 1996, S. 85–107, S. 98. Derselbe Tenor findet sich auch bei Emil Kraepelin, der das »Hysterische« als »eine persönliche Reaktionsart ohne scharfe Grenzen zur Gesundheitsbreite« bezeichnete. Zit. nach Kaufmann, »Widerstandsfähige Gehirne«, S. 211; vgl. dazu auch dies., Science, S. 130f.

23 Vgl. Lerner, Traumatic Neurosis, S. 153.

24 So etwa Karl Bonhoeffer, Erfahrungen aus dem Kriege über die Ätiologie psychopathologischer Zustände mit besonderer Berücksichtigung der Erschöpfung und Emotion, in: Allgemeine Zeitschrift für Psychiatrie und psychisch-gerichtliche Medizin 73 (1917), S. 76–95, Zit. S. 77. Derartige Äußerungen gibt es zuhauf, vgl. die Vielzahl an Beispielen bei Lerner, Hysterical Men, S. 43ff.

25 Vgl. Bonhoeffer, Vergleichende psychopathologische Erfahrungen, S. 2. Vgl. auch Kaufmann, Science, S. 134.

26 Vgl. Bonhoeffer, Erfahrungen, S. 78.

27 Shephard, S. 99, sieht die deutsche Psychiatrie damit gewissermaßen in die gleiche Richtung wie die französische und englische Psychiatrie einlenken, die zum weitaus überwiegenden Teil bereits davon ausgegangen sei, dass es sich bei den Krankheitssymptomen der Soldaten um »funktionelle Störungen« handele.

28 Vgl. Lerner, Hysterical Men, S. 6.

29 Zur Debatte vgl. Oswald Bumke, Kriegsneurosen. Allgemeine Ergebnisse, in: Ders. u. O. Foerster (Hg.), Handbuch der Neurologie, Berlin

1924, S. 54–71, Zit. S. 55. Eine konzise Zusammenfassung der Argumente bei Kaufmann, Science, S. 134f.; ausführlicher Lerner, Hysterical Men, S. 67ff.

30 So Karl Bonhoeffer in dem 1922 erschienenen Handbuch der ärztlichen Erfahrungen im Weltkriege 1914/1918, hg. v. Otto Schjerning. Bd. 4: Geistes- und Nervenkrankheiten, hg. v. Karl Bonhoeffer, Leipzig. Zit. nach Kaufmann, »Widerstandsfähige Gehirne«, S. 216. In der Stoßrichtung argumentierte Bonhoeffer 1916 allerdings schon sehr ähnlich. Vgl. Bonhoeffer, Erfahrungen, S. 94.

31 Vgl. hierzu vor allem Kaufmann, »Widerstandsfähige Gehirne«, S. 218, u. Karl-Heinz Roth, Die Modernisierung der Folter in beiden Weltkriegen: Der Konflikt der Psychotherapeuten und Schulpsychiater um die deutschen »Kriegsneurotiker« 1915–1945, in: 1999 3 (1987), S. 8–75, 17ff.

32 Ernst Simmel, Kriegsneurosen und »Psychisches Trauma«, Leipzig 1918, S. 31, zit. nach Roth, S. 21.

33 Kurze Hinweise dazu bereits bei Carl Schneider, »Der Psychopath« in heutiger Sicht, in: Fortschritte der Neurologie, Psychiatrie und ihrer Grenzgebiete 26 (1958), S. 1–9; sowie bei Georg Berger, Die Beratenden Psychiater des deutschen Heeres 1939 bis 1945, Frankfurt a. M. 1998, S. 135f. Das schließt nicht aus, dass Psychiater, wie etwa Robert Gaupp im Jahr 1940, darauf hinwiesen, dass der Begriff »psychopathische Minderwertigkeit« rein biologisch und nicht moralisch zu verstehen sei. Vgl. Robert Gaupp, Die psychischen und nervösen Erkrankungen des Heeres im Weltkrieg, in: Der Deutsche Militärarzt 5 (1940), S. 358–368, Zit. S. 367.

34 Emil Kraepelin, der die Lehre von den psychopathischen Persönlichkeiten begründete, hatte diesen die »Haltlosen«, die »Gesellschaftsfeinde«, die »Streitsüchtigen« zugeordnet. Vgl. Carl Schneider, »Der Psychopath«, S. 2. Allgemein zum Stellenwert der Psychopathie in Kraepelins Krankheitslehre: Paul Hoff, Emil Kraepelin und die Psychiatrie als klinische Wissenschaft, Berlin 1994. S, 144ff.

35 Schneider, »Der Psychopath«, S. 2.

36 Vgl. Hofer, S. 351ff., hier S. 353.

37 Kaufmann, »Widerstandsfähige Gehirne«, S. 218.

38 Hinweise bei Paul Lerner u. Mark Micale, Trauma, Psychiatry, and History: A Conceptual and Historiographical Introduction, in: Dies. (Hg.), Traumatic Pasts: History, Psychiatry, and Trauma in the Modern Age, 1870–1930, S. 1–27, S. 19; Hofer, S. 350ff. Zur Degenerationslehre in der Psychiatrie vor 1914 vgl. Volker Roelcke, Krankheit und Kulturkritik. Psychiatrische Gesellschaftsdeutungen im bürgerlichen Zeitalter (1790–1914), Frankfurt a. M. 1999, S. 80ff.; Paul Weindling, Health, Race and German Politics between National Unification and Nazism, 1870–1935, Cambridge 1993.

39 Vgl. Bumke, Kriegsneurosen, S. 57. Robert Gaupp schlug zu Beginn des Zweiten Weltkrieges allerdings einen etwas behutsameren Ton an. Es sei

»doch Vorsicht geboten«, schrieb er im Jahr 1940, und argumentierte, »wer es einmal an sich selbst erlebt« habe, wie leicht man etwa nach einer schmerzhaften Gelenkverletzung länger als nötig eine Schonungshaltung beibehalte und sich daran gewöhne, werde der Meinung von Paul Julius Möbius und Alfred Hoche »ein gewisses Recht zugestehen, dass *jeder Mensch ›ein wenig hysterisch‹ oder wenigstens hysteriefähig ist*«. Ein »schwer defektes Gesundheitsgewissen« sei nicht zwingend. Sobald man sich der Mechanismen bewusst würde und über einen hinreichenden »Willen zu Gesundheit und Leistung« verfüge, wäre es meist leicht, die Schonungshaltungen wieder zu beseitigen. Vgl. Gaupp, Die psychischen und nervösen Erkrankungen des Heeres, Zit. S. 366 (Hervorh. i. Orig.).

40 Bonhoeffer, Erfahrungen, S. 87ff. Er selbst bezweifelte, dass der Intellekt während dieser Zustände weiterhin völlig intakt sei. Er sah deutliche Hinweise – etwa aus der Fachliteratur wie auch aus Erzählungen von Soldaten, die ihm selbst vorlagen –, die auf eine gleichzeitige Störung der Wahrnehmungsebene hindeuteten.

41 Ebd., S. 95. Bonhoeffer reflektierte 1941 darüber, wie diese Erkenntnis auch die therapeutischen Eingriffe bei der Behandlung von Psychosen verändert habe. Vgl. dazu Kaufmann, »Widerstandsfähige Gehirne«, S. 217, Anm. 35.

42 Ebd., S. 94.

43 Vgl. Peter Riedesser u. Axel Verderber (Hg.), »Maschinengewehre hinter der Front«. Zur Geschichte der deutschen Militärpsychiatrie, Frankfurt a. M. 1996, S. 71ff.

44 Kurt Schneider, Einige psychiatrische Erfahrungen als Truppenarzt, in: Zeitschrift für die gesamte Neurologie und Psychiatrie 39 (1918), S. 307–314, hier S. 311. So argumentiert auch Gaupp, Die psychischen und nervösen Erkrankungen, S. 367.

45 Vgl. Shephard, S. 165f.

46 Gaupp, Die psychischen und nervösen Erkrankungen, S. 367; ebenso Max Nonne, Therapeutische Erfahrungen an den Kriegsneurosen, in: Karl Bonhoeffer (Hg.), Handbuch der ärztlichen Erfahrungen im Weltkriege 1914/1918, Bd. 4: Geistes- und Nervenkrankheiten, Leipzig 1922, S. 102–121. Weitere Beispiele in Riedesser u. Verderber (Hg.), »Maschinengewehre hinter der Front«, S. 80ff.

47 Vgl. Kaufmann, »Widerstandsfähige Gehirne«, S. 219, dort auch das Zitat von Max Nonne; in diese Richtung auch Karl Bonhoeffer, Psychopathologische Erfahrungen und Lehren des Weltkriegs, in: Münchener Medizinische Wochenschrift 81 (1934), S. 1212–1215, S. 1215. Auch unter Psychoanalytikern bahnte sich während des Ersten Weltkrieges ein derartiger Missmut offenbar an, wie Hinweise bei Roth, S. 21, zeigen, die allerdings eugenische Denkmuster noch nicht erkennen lassen. Als Teil des eugenischen Diskurses findet sich nach Kriegsende die Kritik an den »kontraselektorischen« Auswirkungen der modernen Medizin – ebenso wie etwa an der Sozialpolitik – auch in den Reihen der Soziologie und Anthropologie. Zur Herausbildung des Wissensfeldes Eugenik

vgl. Doris Kaufmann, Eugenik – Rassenhygiene – Humangenetik. Zur lebenswissenschaftlichen Neuordnung der Wirklichkeit in der ersten Hälfte des 20. Jahrhunderts, in: Richard van Dülmen (Hg.), Erfindung des Menschen. Schöpfungsträume und Körperbilder 1500–2000, Wien 2000, S. 347–365.

48 Gaupp, Die psychischen und nervösen Erkrankungen, S. 358 (Hervorh. i. Orig.). Bonhoeffers angeblich im Jahr 1916 geäußerte Befürchtung, »daß das, was uns als ein sicherer Besitz wissenschaftlicher Erkenntnis« erscheint, »vielleicht in längstens 30 Jahren überwunden sein werde«, habe sich damit, wie Gaupp erleichtert hervorhob, nicht bestätigt. Der Bezug zu den wissenschaftlichen Erfahrungen des Ersten Weltkrieges findet sich in der psychiatrischen Fachliteratur der späten 1930er und frühen 1940er Jahre allerorten. Einige Beispiele dafür sind: Adolf Heidenhain, Die Psychiatrie im Dienste der Wehrmacht, Leipzig 1938, S. 17, S. 29, passim; F. W. A. Weber, Wie sollen wir uns in einem zukünftigen Kriege den Kriegsneurotikern stellen? in: Münchener Medizinische Wochenschrift 86 (1939), S. 1305–1306; Werner Villinger, Psychiatrie und Wehrmacht, in: Münchener Medizinische Wochenschrift 88 (1941), S. 432–443; Gustav Störring, Die Verschiedenheiten der psychopathologischen Erfahrungen im Weltkriege und im jetzigen Krieg und ihre Ursachen, in: Münchener Medizinische Wochenschrift 89 (1942), S. 25–30.

49 Zur Organisation des Sanitätsdienstes im Feldheer und zum Aufgabenbereich der Beratenden Ärzte beziehungsweise Psychiater vgl. Berger, S. 25–56. Eine offizielle Liste aus dem Jahr 1938 (Berger, S. 247) weist einundzwanzig Beratende Psychiater auf, in der »Reserve« werden zehn weitere genannt; während des Krieges gegen Russland soll die Zahl der Beratenden Psychiater nach Berger, S. 44, auf sechzig erhöht worden sein.

50 Zit. nach Riedesser u. Verderber, »Maschinengewehre hinter der Front«, S. 108. Des Weiteren Berger, S. 41 ff.

51 Vgl. ebd. sowie Berger, S. 41–43 u. S. 80–83. Zum Aufgabengebiet der Beratenden Psychiater gehörten ferner insbesondere die Erstellung von Gutachten für die Kriegsgerichte sowie die fachliche Beratung in den Hirnverletztenabteilungen. Beratende Psychiater konnten auch ein Freistellungsgesuch einreichen, um ihre Forschungsvorhaben auszuführen, wobei eine Bewilligung wesentlich davon abhing, dass eine militärmedizinische Relevanz erkennbar war (vgl. ebd., S. 52).

52 Gaupp, Die psychischen und nervösen Erkrankungen, S. 367 (Hervorh. i. Orig.).

53 Ebd., S. 367 f.

54 Ebd., S. 368 (Hervorh. i. Orig.).

55 Zu diesen Verfahren gehörte u. a. die Anwendung von Strom in der sogenannten »Kaufmann-Kur«, benannt nach einem Verfahren des in Ludwigsburg praktizierenden österreichischen Arztes Fritz Kaufmann. Gaupp hatte während des Ersten Weltkrieges zwar auf die Schmerzhaf-

tigkeit dieser Behandlungsmethode hingewiesen, lobte aber dennoch die »Humanität« Kaufmanns, da die Therapie in kürzester Zeit die Beschwerden heile. Vgl. dazu insbes. Lerner, Hysterical Men, S. 102–113, S. 113.

56 Dass es sich bei Wuths Interventionen keineswegs um eine grundsätzliche Nachsichtigkeit handelte, zeigt sich verschiedentlich. Denn auch er sprach sich durchaus – im Gegensatz zu manch anderen Kollegen – für einen harten Umgang mit »Psychopathen« aus, so etwa wenn vor den Militärgerichten über die Anwendung der §§ 51 Abs. 1 StGB bzw. Abs. 2 StGB, mithin über die Frage der Zurechnungsfähigkeit entschieden werden musste. Vgl. dazu Berger, S. 84ff., sowie Riedesser u. Verderber, »Maschinengewehre hinter der Front«, S. 130ff.

57 Als Gründe für diesen Zwiespalt führt Roth, S. 60, an, dass die erbitterten Reaktionen von Soldaten des Ersten Weltkrieges über die rigorosen Methoden der Psychiater der NS-Führung sehr präsent waren. Denn wer garantierte, dass dies nicht auch zu einer Destabilisierung des NS-Regimes beitragen würde? Zudem habe die Befürchtung bestanden, dass möglicherweise auch verdiente Parteimitglieder den äußerst schmerzhaften Verfahrensweisen der Psychiater ausgesetzt sein könnten.

58 Johannes Heinrich Schulz entwickelte das Verfahren des autogenen Trainings in den 1920er Jahren. Er war Angehöriger des Göring-Instituts und Psychotherapeut bei der Luftwaffe. Geoffrey Cocks, Psychotherapy in the Third Reich. The Göring Institute, New Brundswick 1997[2], S. 227.

59 Dazu insbes. Cocks, S. 310ff.; Roth, S. 35ff.; sowie Thomas Müller, Zur Etablierung der Psychoanalyse in Berlin, in: Ders. (Hg.), Psychotherapie und Körperarbeit. Praktiken der Etablierung – das Beispiel Berlin, Husum 2004, S. 53–95. Deutliche Hinweise für diese Konkurrenzsituation bei Berger, S. 73f.

60 Riedesser u. Verderber, »Maschinengewehre hinter der Front«, S. 135, u. Berger, S. 124, heben den Aspekt der familiären Verbindung besonders hervor.

61 Zur Präsenz und zum Einfluss der Psychotherapeuten der Luftwaffe bei dieser Tagung, vgl. Roth, S. 53ff.

62 Riedesser u. Verderber, »Maschinengewehre hinter der Front«, S. 128, 130, sowie Roth, S. 50ff.

63 Panse wurde 1947 verhaftet und wegen Beihilfe zum Mord und Verbrechen gegen die Menschlichkeit vor dem Schwurgericht Düsseldorf angeklagt. Er wurde freigesprochen. 1955 erhielt er den Lehrstuhl für Psychiatrie an der Universität Düsseldorf, den er bis 1967 innehatte. Vgl. Uwe Heyll, Friedrich Panse und die psychiatrische Erbforschung, in: Die Medizinische Akademie Düsseldorf im Nationalsozialismus, Essen 1997, S. 318–340. Im Auftrag des Bundesarbeitsministeriums verfasste Panse im Jahr 1960 Grundsätze über die Entstehungsbedingungen von Neurosen. Diese Richtlinien waren zentral für die Frage der möglichen Entschädigungsansprüche von NS-Verfolgten bzw. der Rentenansprüche aufgrund von kriegsbedingten Leiden. Vgl. dazu Teil II, Kap. 3 c.

64 Bei dem von Panse und seinem Assistenten Elsässer entwickelten Verfahren handelte es sich um eine Variante der bereits erwähnten »Kaufmann-Kur«. Diese veränderte Behandlungsweise sollte bei therapierefraktären Fällen eingesetzt werden. Die als »Pansen« bekannt gewordene Methode bezeichnete Wuth in einem Schreiben an die Heeressanitätsinspektion zwar als die wirksamste Therapie, aber auch als die brutalste. Vgl. Roth, S. 42ff.; Berger, S. 116. In der zweiten Kriegshälfte setzte sich die Behandlung mit galvanischen Strömen dann durch, wie weiter unten gezeigt wird.

65 Riedesser u. Verderber, »Maschinengewehre hinter der Front«, S. 129.

66 So die Formulierung bei Riedesser u. Verderber, »Maschinengewehre hinter der Front«, S. 144, die, wie auch bei Roth, als Grundannahme ihre gesamte Analyse und Darstellung prägt.

67 Roth, S. 33f.; Riedesser u. Verderber, »Maschinengewehre hinter der Front«, S. 116f.

68 Kurt Schneider, Die Psychopathenfrage beim Feldheer, in: Bericht über die 1. Arbeitstagung Ost der beratenden Fachärzte am 18. und 19. Mai 1942 in der Militärärztlichen Akademie Berlin, o. O. o. J., S. 158–167, S. 160.

69 Vgl. Berger, S. 104. Schneider behauptete dies in einer Aussprachebemerkung auf derselben Arbeitstagung. In dem gedruckten Bericht ist diese nicht enthalten. Tatsächlich überstieg die Zahl der Hirnschussverletzungen und schweren Gehirnerschütterungen sowie insbesondere auch die Anzahl der Nervenschussverletzungen diejenige der diagnostizierten Psychopathien und psychogenen Reaktionen deutlich, wie Berger, S. 100ff., zeigt. Seine Ergebnisse beruhen auf der Auswertung sämtlicher Tagebücher und Erfahrungsberichte, die von den Beratenden Psychiatern in regelmäßigen Abständen an die Heeressanitätsinspektion geschickt werden mussten.

70 Vgl. dazu u. a. die Ausführungen von Omer Bartov über die »entmodernisierte Front« in seiner Monographie »Hitlers Wehrmacht«, S. 27–50.

71 Ebd., S. 31 (die Angabe für die Heeresstärke bezieht sich auf den Zeitpunkt des Überfalls auf die Sowjetunion im Juni 1941) u. S. 44. Hier auch ein Hinweis von Bartov, dass im Januar 1942 zwei Drittel der Ausfälle – insgesamt 214 000 – Folge von Krankheiten oder Erfrierungen, nicht aber von Feindeinwirkung gewesen seien.

72 Kurt Kolle, Beratender Psychiater beim Armeearzt 11 der Heeresgruppe Süd, erwähnte in einem der »Erfahrungsberichte« einen starken Anstieg der psychiatrisch-neurologischen Fälle zwischen Dezember 1941 und Ende Juli 1942, wobei etwa vierzig Prozent der 1700 behandelten Soldaten in diesem Zeitraum als »abnorme Persönlichkeiten« – ein Äquivalent für die Diagnose »Psychopathie« – oder als »abnorme Reaktionen« diagnostiziert worden seien. Vgl. dazu Berger, S. 127. Kurt Schneider, Die Psychopathenfrage beim Feldheer, S. 159, deutete in seinem Vortrag nur an, dass er von einer Zunahme an »Psychopathen« während eines Stellungskrieges ausgeht.

73 Über die Häufigkeit an Selbsttötungen sprachen die Psychiater im Zusammenhang mit ihren Ausführungen über die beobachteten »psychogenen Reaktionen« in aller Regel nicht. Auch wenn die Zahl der in der Wehrmacht begangenen Suizide – nachträgliche Berechnungen ergeben eine Anzahl von rund siebentausend bis Mitte 1943 – bereits in der ersten Kriegshälfte höher lag als während des Ersten Weltkrieges, handelte es sich aus Sicht der Psychiater in Anbetracht eines Millionenheeres vermutlich um keine dramatische Entwicklung. Der Heeressanitätsinspekteur sprach jedenfalls davon, dass die Zahl derart gering sei, dass sie kaum eine militärische Bedeutung besäße. Er errechnete – vermutlich mit etwas niedrigeren Zahlen, dafür aber einschließlich der Suizidversuche – ein monatliches Vorkommen von 0,02 Promille im Ersatzheer und 0,05 Promille im Feldheer. Die Angaben des Heeressanitätsinspekteurs nach Berger, S. 166. Zum Suizid in der Wehrmacht: Angelika Ebbinghaus, Soldatenselbstmord im Urteil des Psychiaters Hans Bürger-Prinz, in: dies. u. Karsten Linne (Hg.), Kein abgeschlossenes Kapitel: Hamburg im »Dritten Reich«, Hamburg 1997, S. 487–531, hier auch die Berechnungen zu den durchgeführten Selbsttötungen (S. 518). Vgl. des weiteren: Ursula Baumann, Vom Recht auf den eigenen Tod. Die Geschichte des Suizids vom 18. bis zum 20. Jh., Weimar 2001, S. 357–368, hier vor allem auch zu den im Militär und in der Psychiatrie geführten Debatten über die Anerkennung des Suizids als Wehrdienstbeschädigung.

74 Schneiders Fachkollege Max Mikorey, seit Herbst 1940 als Beratender Psychiater bei der 1. Armee an der Ostfront, betonte in seinem Referat auf der 2. Arbeitstagung Ost im Herbst 1942 die Vorzüge der »Frühbehandlung im Armeebereich«, die etwa für den weiteren Verlauf »hysterischer Reaktionen« entscheidend sei. Max Mikorey, Hysterische Reaktionen im Feldheer, in: Bericht über die 2. Arbeitstagung Ost der beratenden Fachärzte in der Militärärztlichen Akademie Berlin, Berlin 1942/1943, S. 141.

75 Schneider, Die Psychopathenfrage beim Feldheer, S. 163 u. 167.

76 In der Resolution, die von den Anwesenden nach dem zweiten, von Carl Schneider gehaltenen Hauptvortrag beschlossen wurde, finden sich diese Punkte wieder. Wie aus dem Vorwort des Gesamtberichts hervorgeht, wurde die Niederschrift der Arbeitstagung an die Gesamtheit der Beratenden Ärzte und Leitenden Sanitätsoffiziere verschickt. Vgl. Bericht über die 1. Arbeitstagung Ost, S. 3; die Resolution auf S. 171.

77 Vgl. Berger, S. 286f. Schneider behielt seinen Direktorenposten in München bis 1945, doch war er insgesamt fünf Jahre lang an der Front eingesetzt. Nach dem Ende des Krieges übernahm er das Ordinariat an der Universität Heidelberg. Für die bundesrepublikanische Psychiatrie war er bis in die 1960er Jahre hinein eine prägende Figur. Vgl. dazu auch Teil II, Kap. 1 b.

78 Ebenso wenig kann man umgekehrt von eher »weichen« therapeutischen Methoden auf eine politische Distanz zum Nationalsozialismus

schließen, wie man an einigen Mitgliedern des oben erwähnten Göring-Instituts sehen kann.

79 Klar erkennbar etwa in den Diskussionsbeiträgen von Stabsarzt Doz. Büssow und dem Psychiatrieprofessor Friedrich Panse auf der 2. Arbeitstagung Ost im Herbst 1942, in: Bericht über die 2. Arbeitstagung Ost, S. 141 f. Auch Roth, S. 36 ff., deutet Spannungen zwischen Psychiatern und Internisten an. Die Sanitätsspitze der Wehrmacht delegierte an Letztere den Auftrag, eine Entscheidung über die erfolgreichste Behandlungsweise der psychosomatisch Erkrankten zu treffen. Dazu gehörten ab 1941/1942 die sogenannten »Magenbataillone«. Bei Berger, S. 113, u. Cocks, S. 317, findet sich der Hinweis, dass die zugeordneten Soldaten hier mit einer speziellen Kost versorgt worden seien und unter »regelmäßiger ärztlicher Kontrolle« gestanden hätten. An der unmittelbaren Front seien diese Einheiten nicht eingesetzt worden, sie hätten Wachaufgaben im rückwärtigen Gebiet gehabt. In vornehmlich disziplinierender Absicht wurden die »Magenbataillone« dann etwa seit Sommer 1943 eingesetzt. Auch in der Nachkriegszeit sprachen Psychiater häufig von einem »Gestaltwandel« der Kriegsneurosen, der sich vom Ersten zum Zweiten Weltkrieg vollzogen habe. Vgl. hier nur als ein Beispiel unter vielen: Gerhard Schmidt, Gestaltwandel von Massenreaktionen auf Kriegs- und Nachkriegsüberlastung, in: Fortschritte der Neurologie, Psychiatrie und ihrer Grenzgebiete 22 (1954), S. 125–129, der von »Organhypochondern« im Gegensatz zu den »aktiven, ostentativen Krankheitsdemonstrationen des Kaiserreiches« spricht (S. 126). Weiter dazu im nachfolgenden Kapitel.

80 Auf der 3. Arbeitstagung Ost vom Mai 1943 sprach der Psychiatrieprofessor Werner Villinger dieses Problem klar an, mit deutlichem Ärger darüber, dass die Nervenärzte in diesen Fällen viel zu wenig konsultiert würden. Bericht über die 3. Arbeitstagung Ost der Beratenden Fachärzte vom 24.–26. Mai 1943 in der Militärärztlichen Akademie Berlin, Berlin 1943, S. 218.

81 Schneider, Die Psychopathenfrage beim Feldheer, S. 158.

82 Vgl. dazu Berger, S. 120 ff. das Zit. von Scharfetter S. 121. Dieser drängte in diesem Zusammenhang darauf, die jungen Ärzte müssten beständig auf die »peinliche Möglichkeit« hingewiesen werden, dass sie eventuell organische Krankheiten übersehen könnten. Berger führt mit Aussagen von Ernst Kretschmer und Heinrich von Kogerer weitere Beispiele für diese Alarmiertheit unter den Beratenden Psychiatern an.

83 Im Gegensatz zur schizophrenen Psychose, bei der ein schicksalhaftes Auftreten, also unabhängig vom Ereignis, angenommen wird, steht die symptomatische Psychose in direkter Verbindung zu einer schweren Verletzung oder Krankheit, tritt spätestens nach einem kurzen Intervall auf und klingt nach einigen Tagen oder Wochen wieder vollständig ab.

84 Berger, S. 162.

85 Vgl. Schneider, Die Psychopathenfrage beim Feldheer, S. 162 f. Schneider ergänzte, dass die Diagnose schließlich auch deshalb erschwert würde,

da die »Bilder« aufgrund von Spritzen und anderen Medikamenten »toxisch verwaschen« seien. Diese Maßnahmen seien jedoch zwingend, da man »diese für ein Lazarett sehr störenden Kranken« ruhigstellen müsse (S. 163).

86 Schneider, Die Psychopathenfrage beim Feldheer, S. 162f.

87 Nach Berger, S. 157, kritisierten die Beratenden Psychiater in jedem zweiten Bericht, dass eine Schizophrenie zu häufig diagnostiziert werde.

88 So etwa im Jahr 1934 noch einmal explizit Bonhoeffer, Psychopathologische Erfahrungen, S. 1212. Allein im Hinblick auf die manisch-depressiven Erkrankungen erwogen Psychiater gelegentlich, dass »Strapazen« bei der Auslösung der Krankheit eine Rolle spielen könnten. Beispiele für diese Diskussion innerhalb der Wehrpsychiatrie bei Berger, S. 156f. Generell galt allerdings, dass Soldaten mit der Diagnose »Schizophrenie« aus der Wehrmacht zu entlassen waren, sie galten als »wehruntauglich«. Für die Psychiater gab es hier, war die Diagnose einmal gestellt, keine Entscheidungsspielräume, auch wenn einige von ihnen die Grundsätzlichkeit dieser Regelung bedauern mochten. So soll nach Berger, S. 161, Friedrich Meggendorfer, Ordinarius in Erlangen und seit März 1944 Beratender Psychiater im Ersatzheer (Wehrkreis XIII), versucht haben, die Entlassung der Soldaten zu umgehen, indem er bei einmaligen Schüben nicht eine Schizophrenie, sondern eine »schizoide Reaktion« diagnostizierte. Hans Bürger-Prinz soll im Februar 1945 bei Maximinian de Crinis – er hatte Wuth als Beratender Psychiater in der Heeressanitätsinspektion abgelöst – nachgefragt haben, ob tatsächlich »alle manisch-depressiven Soldaten« zu entlassen seien, schließlich handele es sich mitunter »um sehr hochwertiges Menschenmaterial«. De Crinis habe kategorisch abgelehnt. Berger schließt bei Meggendorfer wie auch bei Bürger-Prinz auf rein militärische Erwägungen. Aus den angeführten Quellenpassagen ergibt sich das allerdings nicht zwingend.

89 Schneider, Die Psychopathenfrage beim Feldheer, S. 159.

90 Während des Zweiten Weltkrieges sprachen die Psychiater von »Schreckreaktionen«; diese psychischen Auffälligkeiten, die anscheinend vor allem an der Ostfront diagnostiziert wurden, sahen die Psychiater in aller Regel nicht als Ausdruck einer »Minderwertigkeit« an. Vgl. Berger, S. 122ff.

91 Schneider, Die Psychopathenfrage beim Feldheer, S. 160.

92 Vgl. Berger, S. 126f.

93 Richtlinien für die Beurteilung psychogener Reaktionen, in: Bericht über die 1. Arbeitstagung Ost, S. 170f. Eine Sonderstellung billigte man allerdings den jüngsten Soldaten im Alter zwischen siebzehn und zwanzig Jahren wegen ihrer »verminderte[n] Widerstandsfähigkeit«, den ältesten wegen ihrer »Verbrauchtheit« zu. Ebd., S. 173, sowie noch einmal bekräftigt in den im Spätherbst 1942 verabschiedeten Richtlinien für die Beurteilung von Soldaten mit seelisch-nervösen Abartigkeiten (»Psychopathen«) und seelisch-nervösen Reaktionen, in: Bericht über die 2. Arbeitstagung Ost, S. 143.

94 Schneider, Die Psychopathenfrage beim Feldheer, S. 166.

95 Das sei vor allem auch deshalb der Fall, argumentierte Carl Schneider, da diese Verhaltensweisen zur Nachahmung verleiteten. Carl Schneider, Die strafrechtliche Verfolgung der Neurotiker, in: Bericht über die 4. Arbeitstagung der Beratenden Ärzte vom 16. bis 18. Mai 1944 im SS-Lazarett Hohenlychen, o. O., o. J., S. 273–274, Zit. S. 273.

96 Vgl. Riedesser u. Verderber, »Maschinengewehre hinter der Front«, S. 146, u. Roth, S. 61.

97 Berger, S. 118, nennt die Wehrkreise IV, VII, XII, IIXX und XXI (die römischen Ziffern entsprachen nicht der Zahl der Wehrkreise), denen als Dienstorte zugehörten: Leipzig, München, Heidelberg, Innsbruck und Posen. Berger ist hier präziser und im Urteil vorsichtiger als Roth, S. 64, der behauptet, die meisten Beratenden Psychiater hätten die Behandlung mit galvanischen Strömen übernommen.

98 Vgl. dazu Roth, S. 63–65, Zit. S. 63. Angaben darüber, wie häufig diese Methode eingesetzt wurde, wären reine Spekulation. Im Reservelazarett Ensen soll es sich angeblich bis Kriegsende um insgesamt 1400 behandlungsresistente Fälle gehandelt haben, an denen das Verfahren erprobt wurde. Vgl. Günter Elsässer, Erfahrungen an 1400 Kriegsneurosen (Aus einem neurologisch-psychiatrischen Reserve-Lazarett des 2. Weltkriegs), in: Psychiatrie der Gegenwart, S. 623–630.

99 Beispiele dafür bei Roth, S. 63ff., sowie bei Riedesser u. Verderber, »Maschinengewehre hinter der Front«, S. 148f. Andere Psychiater verkündeten Erfolge mit Elektroschockverfahren. So empfahl beispielsweise Werner Villinger auf der 3. Arbeitstagung Ost den Elektroschock in Kombination mit anschließender Hypnose, was sich »auch bei therapeutisch resistenten Fällen sehr gut« bewähre. Vgl. Bericht über die 3. Arbeitstagung Ost, S. 219.

100 Friedrich Panse, Hysterie, Simulation, unter besonderer Berücksichtigung der psychogenen Überlagerung bei organischen Schädigungen, in: Bericht über die 3. Arbeitstagung Ost der Beratenden Fachärzte vom 24.–26. Mai 1943 in der Militärärztlichen Akademie Berlin, Berlin 1943, S. 217–218, Zit. S. 217.

101 Richtlinien. Hysterie, Simulation, unter besonderer Berücksichtigung der psychogenen Überlagerungen bei organischen Schädigungen (Ergänzung zu den Richtlinien in H. Dv. 209/2, Blatt 126), in: Bericht über die 3. Arbeitstagung Ost, S. 219. Max Mikorey, seit Herbst 1940 zunächst Beratender Psychiater im Wehrkreis VII in München, dann bei der 1. Armee an der Ostfront, hatte sich schon 1942 dafür ausgesprochen, Fälle schwerer »hysterischer Reaktionen«, die sich therapeutisch als nicht beeinflussbar erwiesen, für die Kriegsdauer in öffentlichen Heilanstalten zu internieren. Oswald Bumke, ebenfalls Beratender Psychiater im Wehrkreis VII, argumentierte nahezu gleichlautend, plädierte allerdings prinzipiell dafür, »ungeeignete Leute, wenn irgend möglich, erst gar nicht einzustellen«. Vgl. Max Mikorey, Hysterische Reaktionen im Feldheer, in: Bericht über die Arbeitstagung Ost der beratenden

Fachärzte in der Militärärztlichen Akademie Berlin, Berlin 1942/1943, S. 141; Oswald Bumke, Hysterische Reaktionen im Ersatzheer, in: ebd., S. 142.

102 So die Richtlinien für die Beurteilung von Soldaten mit seelisch-nervösen Abartigkeiten (»Psychopathen«) und seelisch-nervösen Reaktionen in der Fassung vom 21. Juli 1943, angeführt in Riedesser u. Verderber, »Maschinengewehre hinter der Front«, S. 155f.

103 Dazu gehörte beispielsweise Wilhelm S., der 1944 mit der Diagnose »Psychopathie« aus dem Heeresdienst entlassen wurde (HBAB, Bestand Morija, 3887); Walter M. berichtete dem Psychiater nach Kriegsende, sein Bruder, ein junger Offizier, sei 1944 aufgrund von »nervöser Erschöpfung« als dienstunfähig entlassen worden (HBAB, Bestand Morija, 4523). Im Fall des Obergefreiten Reinhard K. diagnostizierten die Psychiater im Jahr 1944 eine »allgemeine schwere Neurasthenie und Psychasthenie mit nervös-spastischen Darmbeschwerden«; Reinhard K. war bereits seit fast zwei Jahren in psychiatrischer Behandlung, ohne dass die Therapien gegen seine nervösen Leiden und seine Alpträume anschlugen. Der behandelnde Psychiater im Reservelazarett bat schließlich um K.s Entlassung im »Fernverfahren«, um nicht Gefahr zu laufen, dass K. nachts erneut »Ausnahmezustände« bekäme, die »sofort wieder seine Einlieferung in ein Fachlazarett oder [eine] Heil- und Pflegeanstalt notwendig machten«. Der Entlassung aus der Wehrmacht wurde für ein Jahr stattgegeben. HBAB, Bestand Morija, 3635. Zu Reinhard K. vgl. auch Teil I, Kap. 1 a, »Den Krieg träumen«.

104 Kurt Schneider, Neurosen vom Standpunkt der klinischen Psychiatrie, in: Bericht über die 4. Arbeitstagung, S. 270–271, Zit. S. 270 (Hervorh. im Orig.).

105 Aus einer solchen »Verantwortlichkeit des Neurotikers für seine Neurose« leitete Carl Schneider auf der 4. Arbeitstagung auch ab, dass »das Widerstreben gegen ärztliche Therapie« und mangelnder »Gesundungswillen« unter Strafe gestellt werden könnten und sollten. Er plädierte für die Versetzung in ein Feldsonderbataillon nach Gerichtsbeschluss oder für die Unterbringung in einem Konzentrationslager auf unbestimmte Zeit zum Zweck der Besserung. Carl Schneider, Die strafrechtliche Verantwortung der Neurotiker, in: ebd., S. 273–274, Zit. S. 273.

106 Der ehemalige leitende Psychiater des Distrikts Alexandrien, Dr. Bruno Lewin, machte in einer Studie deutlich, dass man als einen Grund für die auffallende Seltenheit psychogener Erkrankungen bei deutschen Kriegsgefangenen im Vergleich zu britischen Gefangenen auch die Angst bei deutschen Soldaten in Erwägung ziehen müsse, »vor ein Erbgericht zu kommen und sterilisiert zu werden, wenn man sich wegen der Nerven krank meldete«. Das war offenbar ein Ergebnis einiger späterer Explorationen, die er als Psychiater durchführte. Vgl. Bruno Lewin, Neurologisch-psychiatrische Untersuchungen und Beobachtungen an deutschen Kriegsgefangenen in Ägypten 1941–1947, in: Psychiatrie, Neurologie und Medizinische Psychologie 1 (1949), S. 230–236, S. 231.

107 Erkennbar noch in G. Elsässer, Erfahrungen an 1400 Kriegsneurosen (Aus einem neurologisch-psychiatrischen Reserve-Lazarett des 2. Weltkriegs), in: Psychiatrie der Gegenwart. Forschung und Praxis, Bd. 3: Soziale und angewandte Psychiatrie, Berlin 1961, S. 623–630.

108 Vgl. Shephard, S. 306.

109 Vgl. ebd., S. 309.

110 Nach dem Sieg der Alliierten über das nationalsozialistische Regime war das Erscheinen der Fachzeitschriften vorübergehend eingestellt worden. Die »Ärztliche Wochenschrift« wurde zwar bereits im Jahr 1946 aus der Taufe gehoben; insgesamt aber waren die Möglichkeiten fachwissenschaftlicher Kommunikation äußerst reduziert. Das zentrale psychiatrische Fachorgan »Der Nervenarzt« erschien erstmals wieder im Jahr 1947; die »Fortschritte der Neurologie, Psychiatrie und ihrer Grenzgebiete« folgten erst im Jahr 1949; auch die »Allgemeine Zeitschrift für Psychiatrie und ihre Grenzgebiete« erschien erstmals wieder – und gleichzeitig auch zum letzten Mal – in diesem Jahr. In der SBZ war das Jahr 1949 der Auftakt für die Fachzeitschrift »Psychiatrie, Neurologie und Medizinische Psychologie«. Eine strikte Grenzziehung zwischen west- und ostdeutscher psychiatrischer Wissenschaft gab es zunächst allerdings nicht, wie auch die Zusammensetzung der erweiterten Herausgeberschaft dieser Zeitschrift zeigt. Ihr gehörten unter anderem Gottfried Ewald, Ordinarius in Göttingen, sowie der bereits mehrfach erwähnte Kurt Schneider, seit 1945 Ordinarius in Heidelberg, an.

111 Walter von Baeyer, geb. 1904, gehörte zu den herausragenden Figuren der deutschen Nachkriegspsychiatrie. Während des Krieges hatte er als Oberstabsarzt den Beratenden Psychiatern angehört. Seine Karriere war während des Nationalsozialismus jedoch ins Stocken geraten, da seine Habilitation – obwohl von Ernst Rüdin, dann von Oswald Bumke gutgeheißen – zweimal durch Intervention des NS-Studentenbundes vereitelt worden war. Grund dafür war eine christlich-jüdische Mischehe in der Familie zu Beginn des 18. Jahrhunderts. Von Baeyer habilitierte sich nach dem Krieg bei Friedrich Meggendorfer in Erlangen, der während des Krieges, wie oben angedeutet, eine äußerst scharfe Position gegenüber den therapeutisch unzugänglichen »Psychopathen« bezogen hatte. Die biografischen Angaben zu Walter von Baeyer aus: Walter Ritter von Baeyer, in: Pongratz (Hg.), S. 9–34, S. 17ff. Siehe zu von Baeyer v. a. auch Teil II, Kap. 3, sowie Teil III, Kap. 1.

112 Walter von Baeyer, Zur Statistik und Form der abnormen Erlebnisreaktionen in der Gegenwart, in: Der Nervenarzt 19 (1948), S. 402–408, Zit. S. 404. Ein Verweis darauf beispielsweise auch in dem Referat des Psychiaters Dr. Steinkopff (Oberarzt der Nervenklinik Sudenburg), Psychopathologie der Nachkriegszeit, vom 3. Dezember 1947, in einer Zusammenfassung abgedruckt in: Das deutsche Gesundheitswesen 3 (1948), S. 379–380, S. 380.

113 Vgl. ebd.

114 Vgl. ebd.

115 Beispielhaft dafür: Jürg Zutt, Über den seelischen Gesundheitszustand der Berliner Bevölkerung in den vergangenen Jahren und heute, in: Ärztliche Wochenschrift 1 (1946), S. 248–250, Zit. S. 250.
116 Arendt, Nachwirkungen, S. 39, hielt fest, es falle überall auf, dass »es keine Reaktionen auf das Geschehene« gäbe, und sie sprach dabei nicht nur von den verübten Verbrechen, sondern ebenso von der »Gleichgültigkeit« beziehungsweise »Apathie«, mit der die Deutschen nach ihrem Eindruck auf die Zerstörung ihrer Städte und auf das Schicksal der Flüchtlinge reagierten.
117 Das geht u. a. hervor aus von Baeyer, Statistik, S. 408; sowie Zutt, S. 250.
118 Hans-Werner Janz, Psychopathologische Reaktionen der Kriegs- und Nachkriegszeit, in: Fortschritte der Neurologie, Psychiatrie und ihrer Grenzgebiete 17 (1949), S. 264–293, Zit. S. 267 (Hervorh. im Orig.).
119 Diese Beschreibungen bei Zutt, S. 250.
120 Janz, S. 266. Ähnlich argumentierte der Schweizer Psychiater Gustav Bally, Zur Anthropologie der Kriegszeit, in: Schweizer Archiv für Neurologie und Psychiatrie, 61 (1948), S. 22–40.
121 Eine ausführliche Begründung dazu bei Janz, S. 266f.
122 Ebd., S. 267.
123 Jürg Zutt (1893–1980) war ein Schüler Karl Bonhoeffers und sein ehemaliger Oberarzt. Zwischen 1945 und 1949 leitete er zusammen mit Heinrich Roggenbau, ebenfalls ein Bonhoeffer-Schüler und während des Krieges Beratender Psychiater, die psychiatrische Abteilung der Charité. Vgl. Neumärker, S. 204.
124 Zutt, S. 248.
125 Vgl. ebd., Anm. 1.
126 Zutt gilt als einer der bekanntesten Vertreter der anthropologischen Psychiatrie. Diesen Ruf erwarb er sich vor allem nach seinem Wechsel an die Frankfurter Nervenklinik, die er als Direktor zwischen 1950 und 1962 leitete. Auch Walter von Baeyer öffnete sich, nach eigenen Aussagen durchaus angestoßen von Zutt, einer phänomenologisch-anthropologischen Betrachtungsweise und der Daseinsanalyse, wobei er vor allem an Martin Heidegger (»Sein und Zeit«), später auch an Sartre anknüpfte. Das schlug sich gegen Ende der 1950er Jahre in der Art und Weise nieder, wie von Baeyer psychotische und neurotische Phänomene interpretierte (vgl. Walter Ritter von Baeyer, in: Pongratz (Hg.), S. 24; sowie Kap. 3 b in diesem Teil). Daseinsanalyse und Anthropologie erlebten nach dem Zweiten Weltkrieg auch in der Philosophie noch einmal einen vorübergehenden Aufschwung. Eine Wissenschaftsgeschichte der Philosophie nach 1945 ist allerdings noch ein Desiderat.
127 Ebd., S. 250. Zutt zitiert hier aus Goethes Schauspiel »Torquato Tasso«.
128 Steinkopff, S. 380.
129 Von Baeyer, Statistik, S. 403.
130 Ebd; ebenso Heinrich Kranz, Zeitbedingte abnorme Erlebnisreaktionen. Versuch einer Übersicht, in: Allgemeine Zeitschrift für Psychiatrie und ihre Grenzgebiete 124 (1949), S. 336–357, S. 337.

131 Walter Schulte, Äußere Einflüsse auf neurologisch-psychiatrische Krankheiten, ein Vergleich mit den ersten Weltkriegserfahrungen, in: Ärztliche Wochenschrift 1 (1947), S. 550–563, ist hier als eine der seltenen Ausnahmen zu nennen.

132 Exemplarisch dafür Ernst Kröber, Über Haftpsychosen (Anlage- und exogene Faktoren bei der Entstehung von Haftreaktionen. Erfahrungen an Internierten), in: Der Nervenarzt 19 (1948), S. 408–413, vor allem auch in seiner Auseinandersetzung mit Schulte, Äußere Einflüsse.

133 Wilhelm Gerstacker, Vorüberlegungen zur allgemeinen Psychologie und Psychopathologie des Krieges, in: Archiv für Psychiatrie und Nervenkrankheiten 182 (1949), S. 32–50, Zit. S. 32.

134 Vgl. beispielhaft Janz, Zit. S. 265. So auch das Ergebnis psychiatrischer Studien der frühen Nachkriegszeit über die psychischen Folgen von Flucht und Vertreibung, wie Volker Ackermann, Das Schweigen der Flüchtlingskinder – Psychische Folgen von Krieg, Flucht und Vertreibung bei den Deutschen nach 1945, in: GG 30 (2004), S. 434–464, S. 452f., zeigt.

135 Vgl. u. a. Kurt Beringer, Über hysterische Reaktionen bei Fliegerangriffen, in: Heinrich Kranz (Hg.), Arbeiten zur Psychiatrie, Neurologie und ihren Grenzgebieten. FS für Kurt Schneider, Heidelberg 1947, S. 131–138; Janz, S. 266; von Baeyer, Statistik, S. 406. Der in Dresden praktizierende Psychiater Henßge hob allerdings hervor, er habe in seiner Erfurter Praxis nur wenige Totalausgebombte gesehen, weitaus mehr hingegen in seiner Dresdener Praxis, die er, so geht aus seinem Artikel hervor, seit dem 1. Januar 1946 führte. Dort machten die Totalausgebombten mit 5,17 Prozent (= 62 Fälle) den größten Anteil der 1200 Patienten aus, die er dort während der ersten sieben Monate behandelte. Es folgten mit weiteren 1,5 Prozent (= 18 Fälle) Hinterbliebene von Gefallenen. Siehe E. Henßge, Reaktive psychische Erkrankungen der Nachkriegszeit, in: Psychiatrie, Neurologie und Medizinische Psychologie 1 (1949), S. 133–137.

136 Janz, S. 268f.

137 Beringer, S. 135; von Baeyer, Statistik, S. 406.

138 Vgl. Beringer, S. 135f., Zit., S. 136; sowie u. a. Bonhoeffer, Vergleichende psychopathologische Erfahrungen, S. 3; Janz, S. 277; Schulte, Äußere Einflüsse, S. 265.

139 Vgl. Bonhoeffer, Vergleichende psychopathologische Erfahrungen, S. 4; ähnliche Darstellungen finden sich auch bei Zutt, S. 249; von Baeyer, Statistik, S. 405; Schulte, Äußere Einflüsse, S. 562; sowie Manfred in der Beeck, Psychische und charakterliche Veränderungen bei Hungerzuständen (Beobachtungen in Gefangenschaft 1945/46 und Heimat 1947/48), in: Hippokrates 20 (1949), S. 44–47, S. 46f.

140 Bonhoeffer, Vergleichende psychopathologische Erfahrungen, S. 4.

141 Zutt, S. 249.

142 Bonhoeffer, Vergleichende Psychopathologische Erfahrungen, S. 4.

143 Laut einer Meldung im »Volksecho« vom 20.9.1946 soll der Gewichtsverlust durchschnittlich bei 41 Pfund gelegen haben. Diese Angabe nach

von Plato u. Leh, S. 36. Die amtlich festgesetzte Kalorienzahl pro Person, die durch die Verteilung von Lebensmittelkarten pro Tag garantiert werden sollte (oft aber nicht konnte), betrug im Jahr 1946 in der französischen Besatzungszone 900 Kalorien, 1050 in der britischen, 1083 in der sowjetischen und 1330 in der amerikanischen. Vgl. ebd., S. 35. Zur Ernährungssituation und den Ernährungsschäden im Nachkriegsdeutschland s. auch Willi A. Boelcke, Der Schwarz-Markt 1945–1948. Vom Überleben nach dem Kriege, Braunschweig 1986, S. 33–71; Wildt, Vom kleinen Wohlstand, S. 26ff.

144 In der Beeck, Psychische und charakterliche Veränderungen, S. 46, drückte seine Verwunderung darüber aus, wie viele Patienten sich bei dieser Diagnose erstaunt zeigten und dem Arzt entgegenhielten, ausreichend zu essen gehabt zu haben.

145 Bonhoeffer, S. 4.; Zutt, S. 249.

146 In der Beeck, Psychische und charakterliche Veränderungen, Zit., S. 47. In der Beeck nahm 1947 an der Behandlung von »abnormen Erlebnisreaktionen« jüdischer Flüchtlinge teil, die sich auf dem »Exodus-Schiff« befunden hatten. In den 1960er Jahren zählte In der Beeck zusammen mit Walter von Baeyer, Heinz Häfner, Walter Schulte und anderen zu einer Gruppe von Reformern innerhalb der Psychiatrie. Vgl. Franz-Werner Kersting, Anstaltsärzte zwischen Kaiserreich und Bundesrepublik. Das Beispiel Westfalen, Paderborn 1996, S. 357ff.; sowie Ders., Vor Klee. Die Hypothek der NS-Medizinverbrechen als Reformimpuls, in: Ders. (Hg.), Psychiatriereform als Gesellschaftsreform. Die Hypothek des Nationalsozialismus und der Aufbruch der 60er Jahre, Paderborn 2003, S. 63–80.

147 Zutt, S. 250.

148 Von Baeyer, Statistik, S. 407.

149 Hans Malten, Heimkehrer, in: Medizinische Klinik 41 (1946), S. 593–600, Zit. S. 597.

150 Malten, S. 597; von Baeyer, S. 407.

151 Malten, S. 598.

152 Ebd., S. 593–599.

153 Von Baeyer, Statistik, S. 407. Der wissenschaftliche Begriff für Mangelfettsucht war Lipophile Dystrophie. Anders als bei Biess, Opfer, S. 367, und in vielen Zeitungen der frühen 1950er Jahre zu lesen ist (vgl. v. a. *Der Spiegel*, 7.10.1953, S. 26–27), stammt der Begriff der Dystrophie weder aus dem Russischen, noch war er in der medizinischen Literatur vor dem Zweiten Weltkrieg unbekannt. Forschungen über die Dystrophie als Ernährungsmangelstörung und Ödemkrankheit erschienen etwa im Gefolge des Ersten Weltkrieges, und auch in den einschlägigen medizinischen Lexika der Zwischenkriegszeit hatte die Dystrophie ihren festen Platz. Vgl. etwa Klinisches Wörterbuch. Die Kunstausdrücke der Medizin, begründet von Otto Dornblüth, neubearbeitet von Willibald Pschyrembel, Berlin 1937, S. 133f. Allerdings folgten die deutschen Mediziner nach dem Zweiten Weltkrieg insofern der russischen Nomen-

klatur, als der Entlassungsgrund für unzählige Kriegsgefangene aus der Sowjetunion während der ersten beiden Nachkriegsjahre tatsächlich »Dystrophie« lautete. Die Behauptung, es handele sich um eine von russischen Ärzten überhaupt erst eingeführte Bezeichnung, wie etwa *Der Spiegel* 1953 schrieb, muss vermutlich vor dem Hintergrund des Kalten Krieges gesehen werden. Vgl. dazu Teil III, Kap. 1, »Die Kriegsheimkehrer im öffentlichen Aufmerksamkeitsregime«.

154 Ulrike Thoms, Die »Hunger-Generation« als Ernährungswissenschaftler 1933–1964 zwischen soziokulturellen Gemeinsamkeiten und der Instrumentalisierung von Erfahrung, in: Matthias Middell u. a. (Hg.), Verräumlichung, Vergleich, Generationalität. Dimensionen der Wissenschaftsgeschichte, Leipzig 2004, S. 133–153, S. 140 ff.

155 In seinem Referat vor der Arbeitsgemeinschaft für die kulturelle Betreuung der Kriegsgefangenen und Heimkehrer vom 11. Juni 1948 argumentierte beispielsweise auch der Arzt Walter Hemsing, der selbst zwei Jahre in englischer Gefangenschaft gewesen war, er wisse durch seine Tätigkeit in der Heimkehrerbetreuung sowie aus einer »Vielzahl von Tatsachenberichten«, dass »die Situation in der Kriegsgefangenschaft anderer Länder in *Einzelheiten* zwar von der in England abweicht, im *wesentlichen* aber ihr gleicht.« Walter Hemsing, Die seelische Situation des Kriegsgefangenen und die innere Gesundung des Heimkehrers, S. 1, in: Bundesarchiv Koblenz, BA 150, 339 (Heft 1) (Hervorh. im Orig.). Differenzierter ist In der Beeck, Psychologie, S. 136.

156 Hans Malten, Heimkehrer, in: Medizinische Klinik 41 (1946), S. 593–600, Zit. S. 593. Diese Zusammengruppierung findet man beispielsweise auch bei Gerstacker, S. 38.

157 In diese Richtung argumentiert Biess, Opfer, S. 368.

158 So unter anderem von Kranz, S. 346.

159 Ebd.

160 Vgl. ebd., S. 346 ff., Zit. S. 347.

161 Vgl. Malten, S. 24 f., Zit. S. 25. Der Internist sprach deshalb bei der »Heimkehrerneurose« auch von einer »für nervöse Störungen ganz ungewöhnliche[n] Heilungstendenz« (S. 24). Von Baeyer, Statistik, S. 407, prognostizierte dasselbe unter expliziter Berufung auf Maltens Diktum.

162 Vgl. Gerhard Schmidt, Gestaltwandel von Massenreaktionen auf Kriegs- und Nachkriegsüberlastung, in: Fortschritte der Neurologie, Psychiatrie und ihrer Grenzgebiete 22 (1954), S. 125–129, S. 128.

163 Nach W. Marx, Über Dystrophie-Dauerschäden, in: Deutsche medizinische Rundschau 3 (1949), S. 1272–1274, handelte es sich bei den Dauerschäden hauptsächlich um Lungentuberkulose, Innenohrschwerhörigkeit und Herzmuskelschäden. Vgl. des Weiteren Hans Wilhelm Bansi, Das Hungerödem, Stuttgart 1949.

164 Bundesarchiv Koblenz, B 150, 339 (Heft 1).

165 Heinz Meyeringh, Über Folgeerscheinungen der Dystrophie, in: Ärztliche Wochenschrift 5 (1950), S. 889–893, Zit. S. 889.

166 Vgl. Johann Gottschick, Neuropsychiatrische Erkrankungen bei deutschen Kriegsgefangenen in den USA im Lichte statistischer Betrachtungen, in: Archiv für Psychiatrie und Nervenkrankheiten 185 (1950), S. 491–510, S. 491. Gottschick war im August 1944 in Gefangenschaft geraten.

167 Willi Schmitz, Kriegsgefangenschaft und Heimkehr in ihren Beziehungen zu psychischen Krankheitsbildern, in: Der Nervenarzt 20 (1949), S. 303–310, S. 303 (Hervorh., SG.).

168 Schulte war während des Krieges zunächst als Assistenzarzt, dann als Oberarzt (1941) und schließlich als Stabsarzt (1942) in Kriegs- und Reservelazaretten tätig. Zwischen 1947 und 1954 war er Oberarzt an den von Bodelschwinghschen Anstalten in Bielefeld/Bethel, übernahm anschließend die Leitung der Heil- und Pflegeanstalt Gütersloh, bis er im Jahr 1960 einen Ruf nach Tübingen annahm, wo er als Nachfolger von Ernst Kretschmer als Direktor der Universitäts-Nervenklinik tätig war. Die biografischen Angaben aus: Hauptarchiv Bethel, Bestand 2/33–470, sowie Walter Schulte, Über das Problem der seelischen Entstehungsbedingungen von Krankheiten, Stuttgart 1966, S. 22.

169 Schulte, Äußere Einflüsse, S. 550.

170 Siehe dazu weiter Teil II, Kap. 2 a, »Versorgungsanspruch unter Verdacht«.

171 Schulte, Äußere Einflüsse, S. 561.

172 Schulte schloss sich hier einer Vermutung Bonhoeffers an, der zu bedenken gegeben hatte, dass es bei Opfern von Folterungen – er dachte vor allem an KZ-Insassen – möglicherweise doch »Grenzen der psychischen Tragfähigkeit« gäbe (Bonhoeffer, Vergleichende psychopathologische Erfahrungen, S. 3). Im psychiatrischen Fach stieß er damit, wie sein jüngerer Kollege Schulte auch, über Jahre hinaus auf erhebliche Skepsis.

173 Schulte, Äußere Einflüsse, S. 561.

174 Ebd.

175 Ebd., S. 563.

176 Vgl. Schulte, Äußere Einflüsse, S. 561. Der Psychiater fügte hinzu, dass nach den vorliegenden Ergebnissen zudem auch mit »einer sehr weiten Verbreitung der Veranlagung« gerechnet werden müsse: »Jeder fünfte Mensch muß als Träger von schizophrenen Teilanlagen angesehen werden«, stellte er fest. Konnte es da verwunderlich sein, fragte er geschickt, »daß nach Kriegseinflüssen hier und da einmal schizophrene oder schizophren gefärbte Psychosen ausgelöst, provoziert, in ihrem Manifestationstermin vorverlegt, pathoplastisch gefärbt oder unter Umständen auch im Sinne einer wesentlichen Teilursache verursacht werden?« (Ebd.) Wie aus den Gutachten hervorgeht, die Schulte geraume Zeit später als Oberarzt der von Bodelschwinghschen Anstalten in Bethel anfertigte, stützte er sich bei seinem Argument auf die Ergebnisse der erbpsychiatrischen Schizophrenieforschung von Hans Luxenburger. Zu dieser ausführlicher: Doris Kaufmann, Eugenische Utopie und wissenschaftliche Praxis im Nationalsozialismus. Zur Wissenschaftsgeschichte

der Schizophrenieforschung, in: Wolfgang Hardtwig (Hg.), Utopie und politische Herrschaft im Europa der Zwischenkriegszeit, München 2003, S. 309–325. Zur Problematik der gutachterlichen Praxis s. Teil II, Kap. 2 a, »Der Streit um die Erblichkeit«.

177 Besonders deutlich formuliert von Kröber, Über Haftpsychosen, S. 413. Folgt man dem Forschungsüberblick, den der Schweizer Psychiater Manfred Bleuler im Jahr 1951 zur Schizophrenieproblematik verfasste, gewinnt man den Eindruck, als sei auch die psychiatrische Wissenschaft in anderen europäischen Ländern, der Sowjetunion und auch der USA mehrheitlich weit davon entfernt gewesen, die Entstehung einer Schizophrenie mit den Belastungen des Krieges im weitesten Sinne in Zusammenhang zu bringen. So heißt es bei Bleuler mit Verweis auf jüngere Forschungsergebnisse der Kriegs- und Nachkriegszeit, es herrsche »im großen ganzen« Einigkeit darüber, dass »dem Militärdienst sowohl unter Friedens- wie Kriegsverhältnissen keine wesentliche ursächliche Bedeutung zugeschrieben werden« könne. Allerdings werde von verschiedenen Autoren eine »auslösende Wirkung« des Dienstes vermutet, da »kurzdauernde schizophrene Reaktionen im Militärdienst« beobachtet worden seien. Vgl. Manfred Bleuler, Forschungen und Begriffswandlungen in der Schizophrenielehre 1941–1950, in: Fortschritte der Neurologie, Psychiatrie und ihrer Grenzgebiete 19 (1951), S. 385–452, S. 414.

178 Vgl. ebd.

179 Siehe hierzu ausführlich Teil II, Kap. 3, »Die moralische Herausforderung«.

180 Kurt Schneider, Selbstmord als Dienstbeschädigung – Schizophrenie als Dienstbeschädigung, in: Der Nervenarzt 21 (1950), S. 480–483, Zit. S. 480.

181 Siehe dazu ausführlicher Teil II, Kap. 2 a, »Versorgungsanspruch unter Verdacht«.

182 Vgl. zum Folgenden Johann Gottschick, Kriegsgefangenschaft und Psychosen, in: Der Nervenarzt 21 (1950), S. 129–132.

183 Ebd., S. 130.

184 Ebd.

185 Gottschick erläuterte an anderer Stelle, dass die diagnostische Einstellung deutscher und US-amerikanischer Ärzte hinsichtlich der Schizophrenie wohl unterschiedlich sei. Er kam zu dieser Vermutung, nachdem er zwei Statistiken, eine amerikanische aus dem Jahr 1923 und eine deutsche aus dem Jahr 1935, miteinander verglichen hatte. Demnach hätte es in der amerikanischen Zivilbevölkerung dreiunddreißig Prozent mehr Schizophrene gegeben – ein Unterschied, der nicht aus der Differenz der zwölf Jahre zu erklären war. Vgl. Gottschick, Neuropsychiatrische Erkrankungen, S. 500 f.

186 Ders., Kriegsgefangenschaft, S. 130.

187 Ders., Neuropsychiatrische Erkrankungen, S. 501.

188 Vgl. ebd., S. 508 f., Zit. S. 509.

189 Cuno Peter, Psychologische und psychiatrisch-neurologische Beobachtungen und Erfahrungen aus 29monatiger Gefangenschaft, in: Der Nervenarzt 20 (1949), S. 202–206.
190 Die Beschreibungen Cuno Peters legen die Vermutung nahe, dass er hier nicht von sogenannten katatonen Erregungszuständen, sondern eher vom katatonen Stupor sprach, der sich durch Zustände auszeichnet, in denen die Betroffenen gleichsam erstarrt und kontaktlos sind.
191 Ebd., S. 204 (Hervorh. im Orig.).
192 Vgl. Gert Sedlmayr, Wandlungen im Krankheitsbild der Ostheimkehrer, in: Medizinische Klinik 44 (1949), S. 1223–1225, Zit. S. 1223. Wie man aus dem Protokoll der Arbeitstagung schließen kann, die von der Arbeitsgemeinschaft für die kulturelle Betreuung der Kriegsgefangenen und Heimkehrer beim Länderrat im Juni 1948 abgehalten wurde, hatte Sedlmayr auch die dort Anwesenden entsprechend informiert. Vgl. Die Notstände der Heimkehrer. Bericht über die Tagung auf der Comburg bei Schwäb. Hall vom 9. bis. 12. Juni 1948, in: Bundesarchiv Koblenz, B 150, 339 (Heft 1).
193 Ebd. Nach Ankunft von über achttausend Russlandheimkehrern im März 1949 im Heimkehrerlager Ulm-Donau hatte Sedlmayr den Eindruck, dass bei ungefähr achtzig Prozent von ihnen »der Ernährungszustand mäßig bis ausreichend, mitunter sogar gut« sei (ebd.). Demgegenüber hieß es noch in dem Erfahrungsbericht eines Arztes über die Russlandheimkehrer im Durchgangslager Ulm-Kienlesberg vom 29. Juli 1947, dass »rund 95 % der Heimkehrer dringend ärztlicher Behandlung bedürfen«. Vgl. dazu: Kurzer Erfahrungsbericht über Russlandheimkehrer, in: BA-MA Freiburg B205/v. 699. Die spätere Verbesserung des Ernährungszustandes der Kriegsheimkehrer verdankte sich der mittlerweile stabilisierten Versorgungslage in der Sowjetunion. Vgl. dazu Andreas Hilger, Deutsche Kriegsgefangene in der Sowjetunion, 1941–1956, Essen 2000, S. 135 ff.
194 Sedlmayr, S. 1223.
195 Prononciert zusammengefasst in: K. Franke, Katamnese der Heimkehrer, in: Deutsche medizinische Rundschau, Jg. 3, 1949, S. 1278; u. Hans Kilian, Zur Psychopathologie der Heimkehrer, in: ebd., S. 1278.
196 Schmitz, Kriegsgefangenschaft, S. 303.
197 Siehe Teil II, Kap. 1 a, »Die Lehren des Krieges«.
198 Schmitz, Kriegsgefangenschaft, S. 303.
199 Ebd., S. 304. Schmitz spricht von einem besonders schönen Beispiel »psychasthenischen Versagens«, das, folgt man der Schilderung des Psychiaters, im schließlich begangenen Selbstmord Beckmanns gänzlich evident wird. Schmitz erläuterte: »Er ist das typische Beispiel des Heimkehrers, der den Weg ins Neuland der Not nicht mehr nach dem langen Leid der Vergangenheit geradlinig verfolgen kann. Stets finden wir ihn ›am Rande‹ des Versagens, bis ihn ein letzter Schicksalsschlag aus dieser Randsituation befreit und seine neurotische Charakterstruktur im Versagen klar offenbar wird.«

200 Ebd., S. 303.
201 Ebd., S. 305.
202 Vgl. etwa Hilmar Haag, Gefangenschaftsschäden, in: Kriegsopferversorgung 3 (1954), S. 75–78, S. 76.
203 Vgl. u. a. Fritz Hansen, Kriegsgefangenschaft als ärztliches Erlebnis, in: Münchener Medizinische Wochenschrift 93 (1951), S. 538–541, 606–613, 690–696. Zu den öffentlichen Erzählweisen über die Kriegsgefangenschaft in der Sowjetunion vgl. Moeller, War Stories; Biess, Homecomings.
204 Vgl. etwa Manfred Baldermann, Wesen und Beurteilung der Heimkehrerdystrophien, in: Münchener Medizinische Wochenschrift 93 (1951), S. 118–123; Ders., Die psychischen Grundlagen der Heimkehrerdystrophien und ihre Behandlung, in: Münchener Medizinische Wochenschrift 93 (1951), S. 1285–1290. Aus psychiatrischer Sicht bestätigt diese Entwicklung u. a. Heinz-Harro Rauschelbach, Zur Klinik der Spätfolgezustände nach Hungerdystrophie, in: Forschritte der Neurologie, Psychiatrie und ihrer Grenzgebiete 22 (1954), S. 214–226.
205 Kreislaufstörungen beim Spätheimkehrer. Vortrag, gehalten von Prof. Dr. M. Hochrein auf der Tagung des Ärztlichen Sachverständigenbeirats für Fragen der Kriegsopferversorgung, 1956, S. 26, in: BA Koblenz, B 149, 1955.
206 Beispielhaft dafür die Diskussionsbeiträge und Vorträge auf der Tagung des Ärztlichen Sachverständigenbeirats für Fragen der Kriegsopferversorgung, 1956, in: BA Koblenz, B 149, 1955. Siehe dazu weiter Teil II, Kap. 2 a, »Der Streit um die Erblichkeit«.
207 Hans Wilhelm Bansi, Jg. 1899, war schon seit seiner Zeit als Assistenzarzt in Berlin bei Hermann Zindek mit Forschungen über die Auswirkung des Hungers beschäftigt. Während des Krieges gehörte Bansi zu den Beratenden Internisten der Wehrmacht, wo er mit klinischen Hungererscheinungen konfrontiert war, sich aber angeblich auch wegen seines entschiedenen Kampfes gegen Simulanten auszeichnete. Vgl. Thoms, S. 140 ff.
208 Vgl. Spätschäden nach Dystrophie in der Sicht des internmedizinischen Gutachtens. Vortrag, gehalten von Prof. Bansi auf der Tagung des Ärztlichen Sachverständigenbeirats für Fragen der Kriegsopferversorgung, 1956, S. 50, in: BA Koblenz, B 149, 1955. Bansi bezog sich hier auf eine Bemerkung, die er als Referent vor der Nordwestdeutschen Gesellschaft der Psychiater in Lübeck gemacht hatte.
209 Vgl. dazu auch den Forschungsüberblick von Heinz-Harro Rauschelbach, Zur Klinik der Spätfolge nach Hungerdystrophie, in: Fortschritte der Psychiatrie, Neurologie und ihrer Grenzgebiete 22 (1954), S. 214–226.
210 Vgl. Walter Schulte, Hirnorganische Dauerschäden nach Dystrophie: Wesensänderungen, Epilepsien und Apoplexien, in: Medizinische Klinik 46 (1951), S. 1356–1359.
211 Dazu gehören etwa die Untersuchungen von G. Wilke, Zur Frage der Hirnödeme bei Unterernährung, in: Deutsche Medizinische Wochen-

schrift, 1950, S. 172–176; u. Hansen, Kriegsgefangenschaft. Besondere Hervorhebungen u. a. bei Rauschelbach, Klinik, S. 215; Clemens Faust, Organische Hirnschäden nach Hungerdystrophie, in: Fortschritte der Medizin 21 (1953), S. 71–72, sowie Ders., Hungerdystrophie als ausschließliche oder Teilursache von organischen Hirnschäden, Vortrag von Dozent Dr. Faust, auf der Tagung des Ärztlichen Sachverständigenbeirats für Fragen der Kriegsopferversorgung, 1956, S. 118–120, in: BA Koblenz, B 149, 1955.

212 Walter Schulte, Cerebrale Defektsyndrome nach schwerer Hungerdystrophie und Möglichkeiten ihrer Kompensierung mit dem Blick auf Heimkehrerdepression und forensische Komplikationen, in: Der Nervenarzt 24 (1953), S. 415–419, Zit. 416.

213 Walter Schulte, Gibt es eine Hirnversehrtheit infolge schwerer Dystrophien?, in: Ärztliche Wochenschrift 8 (1953), S. 233–236, Zit. S. 233.

214 Schulte, Hirnversehrtheit, S. 234.

215 Siehe dazu weiter Teil II, Kap. 2 a, »Versorgungsanspruch unter Verdacht«.

216 Schulte, Hirnversehrtheit, S. 233.

217 Ebd.

218 Dazu ausführlich Teil II, Kap. 3.

2. Die strittige Praxis

1 Vgl. dazu im Einzelnen, Neumann, Nicht der Rede wert; S. 132ff.; Diehl, German Veterans, S. 109ff.

2 Vgl. u. a. Greg A. Eghigian, The German Welfare State as a Discourse of Trauma, in: Mark Micale u. Paul Lerner (Hg.), Traumatic Pasts. History, Psychiatry, and Trauma in the Modern Age, 1870–1930, Cambridge 2001, S. 92–114, 108ff.

3 Vgl. Kurt Schneider, Zum Krankheitsbegriff in der Psychiatrie, in: Deutsche Medizinische Wochenschrift 17 (1946), S. 306–307, Zit. S. 306 (Hervorh. im Orig.).

4 Vgl. Hemmo Müller-Suur, Abgrenzung neurotischer Erkrankungen gegenüber der Norm, in: Handbuch für Neurosenlehre und Psychotherapie, Bd. 1, Berlin 1959, S. 250–262.

5 Vgl. dazu die entsprechenden Abschnitte über die Dystrophie, in: Anhaltspunkte für die ärztliche Gutachtertätigkeit, Bonn 1952, S. 45, 1954, S. 78, 1958, S. 120–122.

6 Vgl. die 1965 erschienene Auflage der »Anhaltspunkte«, S. 152–154, S. 153 (Hervorh. im Orig.).

7 Ebd., S. 152.

8 Vgl. Anhaltspunkte, 1958, S. 121.

9 Vgl. dazu auch die Ausführungen im vorangegangenen Kapitel.

10 HBAB, Bestand Morija, 3725, daraus auch die nachfolgenden Angaben zu diesem Fall.

11 Vgl. Teil II, Kap. 1 a, »Die Lehren des Krieges«.

12 Vgl. zu diesem Fall auch Kap. 1 c, »Im Angesicht des Untergangs«, Kap. 2 b, »Das andere Ich«, sowie Kap. 3, »Soziale Trümmer« im ersten Teil dieser Arbeit.

13 Dafür sprechen eine Vielzahl anderer Fälle, in denen nachträglich noch einmal Auskunft über die Ursachen des diagnostizierten Leidens eingeholt wurde.

14 HBAB, Bestand Morija, 9045. Daraus auch alle nachfolgenden Informationen zu diesem Fall.

15 Faust, Hungerdystrophie, S. 134, in: BA Koblenz, B 149, 1955. Walter Schellworth, Neurosenfrage, Ursachenbegriff und Rechtsprechung, Stuttgart 1953, galt in der Begutachtungsmedizin lange Zeit als das einschlägige Werk.

16 HBAB, Bestand Morija, 9002.

17 Dieses Votum findet sich in einer ganzen Reihe von Referaten, die von Internisten und Psychiatern bei der Zusammenkunft des ärztlichen Sachverständigenbeirats für Fragen der Kriegsopferversorgung im Jahr 1956 gehalten wurden. Vgl. etwa Hochrein, Kreislaufstörungen, S. 45 ff., in: BA Koblenz, B 149, 1955; Bansi, Spätschäden, S. 72, in: ebd.; Faust, Hungerdystrophie, S. 135, in: ebd.

18 Hochrein, Kreislaufstörungen, S. 45 ff., das Zit. S. 45, in: ebd.; in diesem Sinne auch Faust, Hungerdystrophie, S. 135, in: ebd. Vgl. dazu auch das folgende Kapitel.

19 HBAB, Bestand Morija, 9002. Daraus auch die nachfolgenden Informationen zu diesem Fall.

20 Nervenärztliches Gutachten, 17.8.1956, S. 16, in: ebd.

21 Ebd., S. 8.

22 Ebd., S. 12.

23 Ebd., S. 13. Hier auch die beiden nachfolgenden Zitate.

24 Ebd., S. 14.

25 Ebd. Hier auch die nachfolgenden Zitate.

26 Ebd., S. 14 f. (Hervorh. im Orig.).

27 Max Hochrein, Kreislaufstörungen beim Spätheimkehrer. Vortrag auf der Tagung des Ärztlichen Sachverständigenbeirats für Fragen der Kriegsopferversorgung, 1956, S. 28, in: BA Koblenz, B 149, 1955; auch Bansi, Spätschäden, S. 50 ff., in: ebd.

28 Hochrein, Kreislaufstörungen, S. 33, in: BA Koblenz, B 149, 1955. Vgl. dazu auch die Ausführungen im folgenden Kapitel.

29 Ebd., S. 29, in: BA Koblenz, B 149, 1955.

30 Dazu gehören etwa folgende Fälle: HBAB, Bestand Morija, 8879, 9039, 9079, 9112, 9163.

31 Walter von Baeyer, Die Freiheitsfrage in der forensischen Psychiatrie mit besonderer Berücksichtigung der Entschädigungsneurosen, in: Der Nervenarzt 28 (1957), S. 337–343, Zit. S. 342.

32 Die »Neurose«. Ihre Versorgungs- und sozialmedizinische Betreuung, hg. v. Bundesminister für Arbeit und Soziales (Schriftenreihe des Bundesversorgungsblattes, Heft 1), Bonn 1960, S. 5.

33 Vgl. dazu Teil II, Kap. 3 a, »Die ›Persönlichkeitsveränderung‹ bei NS-Verfolgten«.
34 Vgl. Ulrich Venzlaff, Die psychoreaktiven Störungen nach entschädigungspflichtigen Ereignissen, Göttingen 1958.
35 Ebd., S. 43.
36 Ebd., S. 42.
37 Ebd., S. 64.
38 Ebd., S. 29f.
39 Ebd., S. 30 (Hervorh. im Orig.).
40 HBAB, Bestand Morija, 3937. Daraus auch die nachfolgenden Informationen zu diesem Fall.
41 Brief vom 7.8.1958, in: ebd.
42 Brief vom 14.12.1960, in: ebd.
43 HBAB, Bestand Morija, 4559. Ausführlich zu diesem Fall auch die Kap. 1 c, »Im Angesicht des Untergangs«, sowie 2 a, »Wahn und Wirklichkeit«, im ersten Teil des Buchs.
44 HBAB, Bestand Morija, 3887.
45 HBAB, Bestand Morija, 5510.
46 HBAB, Bestand Morija, 5764.
47 HBAB, Bestand Morija, 3712. Daraus auch alle nachfolgenden Informationen zu diesem Fall. Ausführlich zu diesem auch Teil I, Kap. 2 a, »Das Echo der Angst«.
48 Kurt Schneider, Kraepelin und die gegenwärtige Psychiatrie, in: Fortschritte der Neurologie, Psychiatrie und ihrer Grenzgebiete 24 (1956), S. 1–7, Zit. S. 4 (Hervorh. im Orig.).
49 Ebd. Tatsächlich erlebte die in den 1920er Jahren entstandene Daseinsanalyse, die etwa mit den Namen Ludwig Binswanger und Viktor von Weizsäcker verknüpft ist, in der Bundesrepublik vor allem in der zweiten Hälfte der 1950er Jahre einen langsamen Aufschwung. Auch der Kurt Schneider in Heidelberg nachfolgende Direktor der Psychiatrischen Universitätsklinik, Walter von Baeyer, öffnete sich in den späten 1950er Jahren der Daseinsanalyse und der anthropologischen Psychiatrie. Vgl. dazu bereits die Hinweise in Teil II, Kap. 1 b, »Die Psychiatrie der Heimkehrer«.
50 HBAB, Bestand Morija, 4329. Darin auch der Brief vom 14.9.1948.
51 Brief vom 18.11.1948, in: ebd.
52 Schneider, Selbstmord, S. 482.
53 HBAB, Bestand Morija, 5764.
54 Dazu etwa auch der anerkennende Brief eines Kollegen in: HBAB, Bestand Morija, 5007.
55 Vgl. dazu die obigen Ausführungen in Teil II, Kap. 1 b, »Die Lehren des Krieges«.
56 Vgl. das Gutachten in: HBAB, Bestand Morija, 5764. Ähnlich etwa HBAB, Bestand Morija, 5811, mit einem Gutachten aus dem Jahr 1951.
57 Vgl. HBAB, Bestand Morija, 4379.
58 Brief vom 8.6.1951, in: ebd.

59 Vgl. HBAB, Bestand Morija, 4329, die Zitate in den Briefen vom 14.9.1948 u. 7.11.1948.

60 HBAB, Bestand Morija, 5644.

61 Brief vom 11.9.1950, in: ebd.

62 HBAB, Bestand Morija, 5644. Daraus auch die nachfolgenden Angaben und Zitate.

63 Brief vom 11.9.1950, in: ebd. Dort ebenso die nachfolgenden Informationen und Zitate aus diesem Schreiben.

64 Brief vom 5.10.1949, in: ebd.

65 Nervenärztliches Gutachten vom 25.10.1950, S. 10 u. 12f., in: HBAB, Bestand Morija, 5644.

66 Protokoll über die Tagung des Ärztlichen Sachverständigenbeirats für Fragen der Kriegsopferversorgung am 7., 8. und 9. November 1955 im Großen Sitzungssaal des Bundesministeriums für Arbeit Bonn – Duisdorf, S. 179, in: BA Koblenz, B 149, 1954. Auf dieser Tagung des Sachverständigenbeirats war der »Verband der Heimkehrer« durch einen abgeordneten Vertreter präsent.

67 Brief vom 14.6.1956, in: BA Koblenz, B 149, 2353, Bd. 1 (Hervorh. im Orig.)

68 Es handelte sich dabei um die §§ 3 und 4 der zweiten Durchführungsverordnung des Bundesergänzungsgesetzes vom 24.12.1954, die auch nach der Verabschiedung des Bundesentschädigungsgesetzes im Jahr 1956 Gültigkeit behielten. Vgl. dazu ausführlich Teil II, Kap. 3 a, »Die Persönlichkeitsveränderung bei den NS-Verfolgten«.

69 Genaue Zahlen sind kaum zu ermitteln. Pross, S. 341, stützt sich auf Angaben, die der Internist Hans-Joachim Herberg 1967 machte. Demnach betrug die Anzahl der abgewickelten Anträge wegen Schadens an Körper und Gesundheit bis zum 31.12.1960 überhaupt erst 176 897 und damit 46 Prozent der bis dahin in dieser Angelegenheit gestellten Anträge. In 80 317 Fällen (45,5 Prozent der erledigten Anträge) waren Zusprüche erfolgt. Aufschlüsselungen über die geltend gemachten Gesundheitsleiden und deren Einordnung durch die Ärzte als verfolgungsbedingt oder »anlagebedingt« liegen allerdings nicht vor. Schon zehn Jahre zuvor, am 31.3.1950, belief sich demgegenüber die Zahl der versorgungsberechtigten Kriegsbeschädigten bereits auf etwa 1 440 000, zwei Jahre später, am 31.1.1952, betrug ihre Zahl etwa 1 537 000, wie Neumann, Nicht der Rede wert, S. 144f., angibt. Nach den statistischen Angaben für das Jahr 1950 fielen demnach zehn Prozent unter die Rubrik »Nerven- und Geisteskrankheiten«. Damit sind keineswegs nur Beschwerden bezeichnet, die im weitesten Sinne als psychisch bedingt bezeichnet werden könnten; denn auch Nervenverletzungen infolge von Schussverletzungen fielen unter diese Kategorie ebenso wie diejenigen Beschwerden infolge vorausgegangener Gehirnerschütterungen. Zur Begutachtung von NS-Verfolgten und der Etablierung neuer wissenschaftlicher Deutungsmuster vgl. die nachfolgenden Kapitel. Dort auch weitere Literaturangaben.

70 Im Rechenschaftsbericht des VdH aus dem Jahr 1953 weist der Verband auf die zum Teil offenbar harsche Kritik seitens der hauptamtlichen Gutachter hin, die den Verbandsärzten vorwarfen, Gutachten zu erstellen, »um auf alle Fälle eine Rente herauszuschlagen, selbst wenn kein Grund für eine Rente vorhanden wäre«. Nachweislich seien derartige Vorwürfe in München, Köln und Düsseldorf erhoben worden. Auch elf Jahre später noch, im Jahr 1964, sah sich der Verbandstag dazu veranlasst, seinem Präsidium den Auftrag zu erteilen, über den Bundesminister für Arbeit und Sozialordnung darauf hinzuwirken, dass die Versorgungsverwaltung von offizieller Seite dazu aufgefordert werde, die Gutachten von Heimkehrerärzten »mehr als bisher zu beachten und zu berücksichtigen«. Archiv des Verbandes der Heimkehrer, Bonn: Verband der Heimkehrer, Kriegsgefangenen und Vermißtenangehörigen Deutschlands e.V., Ein Rechenschaftsbericht. Berichtszeit September 1951 bis September 1953 (Schriftenreihe des VdH, Nr. 7), Bonn 1953, S. 86, sowie Wir bleiben uns treu. Ergebnisbericht über den 8. ordentlichen Verbandstag des Verbandes der Heimkehrer, Kriegsgefangenen und Vermißtenangehörigen Deutschlands e. V., o. O. o. J. [1964], S. 25.

71 Die Ergebnisse der Ärztekongresse von 1953, 1955 u. 1957 etwa wurden zusammen veröffentlicht in: Extreme Lebensverhältnisse und ihre Folgen (Schriftenreihe des Ärztlich-wissenschaftlichen Beirates des Verbandes der Heimkehrer Deutschlands e. V., B. 7) hg. v. Verband der Heimkehrer, Kriegsgefangenen und Vermißtenangehörigen Deutschlands, Bad Godesberg 1959. Unter dem gleichnamigen Titel «Extreme Lebensverhältnisse und ihre Folgen« erschien auch das mehrbändige Handbuch der ärztlichen Erfahrungen aus der Gefangenschaft, bearb. v. Ernst G. Schenck u. Wolfgang von Nathusius, Bad Godesberg 1958ff. Die Angaben zum ärztlichen Dienst nach Christiane Winkler, Männlichkeit und Gesundheit der deutschen Kriegsheimkehrer im Spiegel der Ärztekongresse des »Verbands der Heimkehrer«, in: Martin Dinges (Hg.), Männlichkeit und Gesundheit im historischen Wandel ca. 1800 – ca. 2000, Stuttgart 2007.

72 Hinweise darauf bei Anne Harrington, Die Suche nach Ganzheit. Die Geschichte biologisch-psychologischer Ganzheitslehren: Vom Kaiserreich bis zur New-Age-Bewegung, Reinbek bei Hamburg 2002, S. 356ff. Vgl. außerdem Teil III, Kap. 1, »Die Kriegsheimkehrer in der öffentlichen Aufmerksamkeit«.

73 Friedrich Panse, Angst und Schreck in klinisch-psychologischer und sozialmedizinischer Sicht. Dargestellt an Hand von Erlebnisberichten aus dem Luftkrieg, Stuttgart 1952, S. 162.

74 Vgl. ebd., S. 162ff., die Zitate S. 162 u. 164 (Hervorh. im Orig.).

75 Vgl. dazu auch die beiden ersten Kapitel in diesem Teil.

76 So etwa der Internist Max Hochrein in seinem Vortrag »Kreislaufstörungen beim Spätheimkehrer«, gehalten auf der Tagung des Ärztlichen Sachverständigenbeirats für Fragen der Kriegsopferversorgung, 1956. BA Koblenz, B 149, 1955.

77 Harrington, Suche nach Ganzheit, S. 356ff., hebt in diesem Zusammenhang vor allem die »moralische Autorität« hervor, die der ganzheitlichen Medizin und Wissenschaft nach dem Zweiten Weltkrieg zugesprochen worden sei, da ihre Vertreter, wie etwa Viktor von Weizsäcker, vom Nationalsozialismus unbelastet gewesen zu sein schienen.

78 Zu den Verfechtern einer psychosomatischen Medizin gehörte vor allem auch Kurt Gauger, der nach seinem Studium in den Fächern Psychologie, Philosophie und Pädagogik schon in den 1920er Jahren zur Psychosomatik publiziert hatte. Gauger, der 1926 mit der Psychotherapie in Verbindung kam, war während des Nationalsozialismus u. a. stellvertretender Direktor des Instituts für Psychologische Forschung und Psychotherapie, das 1936 von Matthias Göring gegründet wurde. Zu Gaugers Karriere v. a. Geoffrey Cocks, Psychotherapy in the Third Reich. The Göring Institute, New Brunswick 1997[2], S. 125ff., passim. Zu seinen Veröffentlichungen nach dem Krieg zählt v. a. Kurt Gauger, Die Dystrophie als psychosomatisches Krankheitsbild, München 1952.

79 Vgl. Hochrein, Kreislaufstörungen, S. 26, in: BA Koblenz, B 149, 1955, sowie Ders., Diagnostik und Therapie der vegetativen Dystonie, in: Extreme Lebensverhältnisse und ihre Folgen, Bd. 7, S. 125–159, S. 127f.

80 Hochrein, Kreislaufstörungen, S. 29, in: BA Koblenz, B 149, 1955.

81 Vgl. ebd., S. 28. Hochrein selbst stand dem nicht ohne Skepsis gegenüber, doch hielt auch er es für eine »Tatsache«, dass sich der »moderne Mensch durch das von ihm geschaffene Lebensklima [...] in einer Zerreißprobe von ganz besonderer Dramatik« befinde, »deren vorläufiges Ergebnis das ist, was man vorläufig die ›Manager‹- oder Unternehmerkrankheit« bezeichne.

82 Ebd., S. 33.

83 Die nachfolgenden Angaben und Zitate zu diesem »Fall« stammen alle aus dem von Hochrein in seinem Vortrag aufgeführten Brief, in: Hochrein, Kreislaufstörungen, S. 34f., in: BA Koblenz, B 149, 1955.

84 Nach dem angeführten Brief erkannte das Versorgungsamt für die ersten drei Monate eine Minderung der Erwerbsfähigkeit (MdE) von siebzig Prozent zu, für die nachfolgendenden anderthalb Jahre belief sich die anerkannte MdE auf dreißig Prozent.

85 Reserveoffiziersbewerber

86 Hochrein, Kreislaufstörungen, S. 35, in: BA Koblenz, B 149, 1955.

87 Ebd., S. 27, in: BA Koblenz, B 149, 1955.

88 Bansi, Spätschäden, S. 49, in: BA Koblenz, B 149, 1955.

89 Ebd., S. 61f., in: BA Koblenz, B 149, 1955 (Hervorh. im Orig.).

90 Hochrein, Kreislaufstörungen, in: BA Koblenz, B 149, 1955, markierte dies nicht nur durch den in seinen Vortrag eingeflochtenen Brief des Kriegsheimkehrers. Auch Bezüge auf den Heimkehrerverband setzten hier Signale. Dieser habe angegeben, »dass 15% der Spätheimkehrer zwar zurückkamen, aber nicht ›heimgekehrt‹ sind, da sie sich in unserem Alltag nicht mehr zurechtfinden« – ein Hinweis, der sie sehr zum Nachdenken angeregt habe, so der Internist. Dass er die Probleme der

Heimkehrer äußerst ernst nahm, unterstrich er vor den Zuhörer überaus deutlich, und das umso mehr, als er die Aussagefähigkeit der Prozentzahlen auch noch in Frage stellte. Als Grund dafür nannte er das Beispiel eines Kriegsheimkehrers, der, obwohl »unauffällig und ruhig«, den »einsamen Tod« gewählt habe (S. 36).

91 Ebd., S. 47f.

92 Vgl. ebd., S. 37, in: BA Koblenz, B 149, 1955.

93 Hochrein, Diagnostik, S. 125.

94 Bansi, Spätschäden, S. 65f., in: BA Koblenz, B 149, 1955, berief sich in seinem Referat auf eine Untersuchung Hans Hoffs die gezeigt habe, dass von 71.967 in einer Nervenpoliklinik registrierten Kranken 28314 mit der Diagnose »vegetative Dystonie« eingeliefert worden seien. Angaben zum Zeitraum wurden von Bansi nicht gemacht.

95 Ebd., S. 67, in: BA Koblenz, B 149, 1955. Bansi stützte sich in diesem Zusammenhang auf die erst kurz zuvor publizierten Ergebnisse der »Kopenhagener Konferenz«, auf der überwiegend nicht-deutsche Kollegen ihre jüngsten Beobachtungen über die gesundheitlichen Spätfolgen von Deportation und Gefangenschaft austauschten, die auch für die Ärzte im europäischen Ausland neu waren. Anschließend an dortige Überlegungen bekräftigte auch Bansi, man werde »wohl zugeben müssen, dass bei den KZ-Deportierten die psychische Traumatisierung noch größer gewesen« sei als bei den Kriegsgefangenen (S. 68). Die Beiträge der Konferenz alle in Max Michel (Hg.), Gesundheitsschäden durch Verfolgung und Gefangenschaft und ihre Spätfolgen, Frankfurt a. M. 1955. Dazu ausführlicher im nachfolgenden Kapitel.

96 Diskussionsbemerkung Prof. Bodechtel, München, in: BA Koblenz, B 149, 1955; ebenso Diskussionsbemerkung Prof. Hoff, Frankfurt, in: ebd.

97 Diskussionsbemerkung Prof. Bodechtel, München, in: BA Koblenz, B 149, 1955.

98 Vgl. dazu das nachfolgende Kapitel. Dort auch die entsprechenden Literaturangaben.

99 Schlusswort Prof. Dr. Hochrein, in: BA Koblenz, B 149, 1955.

100 Diskussionsbemerkung Prof. Bürger-Prinz, Hamburg, in: BA Koblenz, B 149, 1955.

101 Diskussionsbemerkung Prof. Rüsken, Berlin, in: BA Koblenz, B 149, 1955.

102 Ebd.

103 Schon zu Beginn der 1950er Jahre blieb diese Haltung vieler Kriegsheimkehrer unter den Versorgungsbeamten nicht unkommentiert. Der Begriff der Anlage sei unter den Beschädigten und ihren Vertretern »in Misskredit geraten«, hieß es in dem Organ »Der Versorgungsbeamte«, das sich daraufhin veranlasst sah, die Anwendung des Konstitutionsbegriffs zu rechtfertigen. Anlagebedingt, in: Der Versorgungsbeamte 3 (1952), S. 85–87, Zit. S. 85.

104 Nach dem Eindruck des Regierungsmedizinaldirektors Dubitscher, den er 1968 im Zentralorgan der Versorgungsbürokratie mitteilte, praktizier-

ten die Hausärzte ein ähnliches Entgegenkommen, indem sie Begriffe wie »Simulation« oder »Neurose« in ihren Attesten vermieden und sich schlicht darauf beschränkten, subjektive Beschwerden zu schildern. Stellungnahmen zur Minderung der Erwerbsfähigkeit würden dabei vermieden. Dubitscher begründete das damit, dass der Kranke seine eigenen Vorstellungen von seiner Krankheit habe und der Hausarzt es sich gar nicht leisten könne, in seiner Stellungnahme von der Bewertung des »Leidens« durch den Patienten nennenswert abzuweichen, da er ansonsten auf den »Kassenschein« des Betroffenen, womöglich auch seiner Angehörigen und seiner Hausgemeinschaft in der Folgezeit würde verzichten müssen. Vgl. Der behandelnde Arzt und der ärztliche Gutachter, in: Der Versorgungsbeamte 19 (1968), S. 1–2.

105 Brief vom 10.8.1959; der Leitende Arzt Landesversorgungsamt Berlin an den Herrn Oberregierungsmedizinalrat Dr. Goetz – Bundesministerium für Arbeit und Sozialordnung, in: BA Koblenz, B 149, 2354.

3. Die moralische Herausfordeung

1 Leys, S. 223 ff. Davon abweichend allerdings die psychoanalytisch orientierten Ärzte in den USA. Sie argumentierten, dass die Disposition für »neurotische Symptome«, die sie verschiedentlich nach dem Ende des Krieges bei ihren Patienten beobachteten, in frühkindlichen Störungen oder Erlebnissen begründet seien. Vgl. u. a. Paul Friedman, Some aspects of concentration camp psychology, in: American Journal of Psychiatry 105 (1949), S. 601–605, S. 603. Allgemein zum Vordringen der Psychoanalyse in der amerikanischen Psychiatrie seit dem Ende der 1940er Jahre vgl. Shorter, S. 261 ff. Walter von Baeyer trat schon wenige Jahre nach Kriegsende eine Reise in die USA an, um sich über die amerikanische Psychiatrie zu informieren. Seine Einsichten veröffentlichte er in einem sehr differenzierten Bericht, der sich zum großen Teil den verschiedenen analytischen Zugängen und therapeutischen Ansätzen in der amerikanischen Psychiatrie widmet und deren Ähnlichkeiten und Unterschiede, Vorzüge und Nachteile gegenüber der deutschen Psychiatrie abzuwägen versucht. Walter von Baeyer, Gegenwärtige Psychiatrie in den Vereinigten Staaten, in: Der Nervenarzt 21 (1950), S. 2–9.

2 Shephard, S. 327 ff.; Hinweise darauf auch bei de Haan, S. 65–92.

3 H. H. Fleischhacker, Healing the Wounds, in: AJR Information, 11 (1956), S. 6. Lucie Adelsberger, selbst fast zwei Jahre lang Häftling im Konzentrationslager Birkenau, sprach davon, dass sich bereits während der Haft die »Krankheitsbereitschaft« der Lagerinsassen von Birkenau verändert habe, was sie darauf zurückführte, dass »alle Energien« darauf gerichtet gewesen seien, »dieses erbärmliche Leben durchzuhalten«. So sei das »Krankheitsgeschehen« von schweren Infektionskrankheiten, von Schädigungen durch Hunger, Kälte und Hitze, schließlich auch von Verletzungen durch den Feind bestimmt gewesen. Alle Krankheiten der

»Zivilisation«, wie Rheuma und Gelenkerkrankungen, aber auch Neuralgien und Magengeschwüre, allergische Erkrankungen und Neurosen, seien aber kaum vorgekommen. Der »Wille zum Leben« erschien ihr dafür einer der ausschlaggebendsten Faktoren. Lucie Adelsberger, Psychologische Beobachtungen im Konzentrationslager Auschwitz, in: Schweizerische Zeitschrift für Psychologie 6 (1947), S. 124–131, hier S. 127f.

4 Vgl. Jacques Tas, Psychical Disorders among Inmates of Concentration Camps and Repatriates, in: Psychiatric Quarterly 25 (1951), S. 679–690, S. 683f. Sein Bericht, 1946 zum ersten Mal veröffentlicht, gründete vor allem auf Beobachtungen in Bergen-Belsen, wo er als Arzt tätig gewesen war.

5 Viktor E. Frankl, Psychologie und Psychiatrie des Konzentrationslagers, in: Psychiatrie der Gegenwart, Bd. 3, S. 743–759, Zit. S. 752.

6 Vgl. u.a. F. M. Lipscomb, Medical Aspects of Belsen Concentration Camp, in: The Lancet, 8. Sept. 1945, S. 313–315.

7 Paul Thygesen, Allgemeines über die Spätfolgen, in: Max Michel (Hg.), Gesundheitsschäden durch Verfolgung und Gefangenschaft und ihre Spätfolgen, Frankfurt a. M. 1955, S. 21–29; Knud Hermann, Die psychischen Symptome des KZ-Syndroms, in: ebd., S. 40–47; Ders., Das Syndrom der Konzentrationslager. Zehn Jahre nach der Befreiung, in: ebd., S. 59–72; Per Helweg-Larsen u.a., Die Hungerkrankheit in den deutschen Konzentrationslagern, in: ebd., S. 148–171. René Targowla, Die neuropsychischen Folgen der Deportation in den deutschen Konzentrationslagern. Syndrom der Asthenie der Deportierten, in: ebd., S. 30–40.

8 Thygesen, Allgemeines, S. 24.

9 Vgl. Teil II, Kap. 1b, »Die Psychiatrie der Heimkehrer«, u. Kap. 2a, »Versorgungsanspruch unter Verdacht«.

10 Thygesen, Allgemeines, S. 25. Ähnlich auch Per Helweg-Larsen u.a., Die sozialen Folgeerscheinungen der Deportation, in: Max Michel (Hg.), Gesundheitsschäden durch Verfolgung und Gefangenschaft und ihre Spätfolgen, Frankfurt a. M. 1955, S. 256–267, S. 262.

11 Hermann, Psychische Symptome, S. 44f.

12 Vgl. Targowla, Die neuropsychischen Folgen, S. 39. Zum »Summationstrauma« siehe auch Teil II, Kap. 1b, »Die Psychiatrie der Heimkehrer«.

13 Der Bezug auf die nationalen Versorgungssysteme war dem Umstand geschuldet, dass dem deutschen Bundesentschädigungsgesetz ein sogenanntes Territorialprinzip zugrunde lag. Demnach konnten nur diejenigen NS-Verfolgten gegenüber Deutschland einen Entschädigungsanspruch geltend machen, die in der Bundesrepublik lebten oder »ihren letzten Wohnsitz oder dauernden Aufenthalt in Gebieten gehabt« hatten, die am 31. Dezember 1937 zum »Deutschen Reich« gehörten. Bundesentschädigungsgesetz zur Entschädigung für Opfer der nationalsozialistischen Verfolgung, in der Fassung vom 29. Juni 1956, in: Bundesentschädigungsgesetze, Kommentar von Georg Blessin u.a., München 19572, S. 5–76, Zit. S. 6f. Zur Regelung der Anspru-

che ausländischer Verfolgter vgl. Hans Günter Hockerts, Wiedergutmachung. Ein umstrittener Begriff und ein weites Feld, in: Ders. u. Christiane Kuller (Hg.), Nach der Verfolgung. Wiedergutmachung nationalsozialistischen Unrechts in Deutschland?, Göttingen 2003, S. 7–33, S. 16ff.; u. Ulrich Herbert, Nicht entschädigungsfähig? Die Wiedergutmachungsansprüche der Ausländer, in: Ludolf Herbst u. Constantin Goschler (Hg.), Wiedergutmachung in der Bundesrepublik Deutschland, München 1989, S. 273–302. Im Einzelnen dazu Hans-Günter Hockerts (Hg.), Grenzen der Wiedergutmachung. Die Entschädigung für NS-Verfolgte in West- und Osteuropa 1945–2000, Göttingen 2006. Tatsächlich war die in den jeweiligen nationalen Versorgungssystemen weit verbreitete Deutung von psychischen und körperlichen Leiden als »Rentenneurose« auf der Kopenhagener Konferenz ein Dauerthema. In Dänemark war versicherungsmäßig zwar entschieden worden, dass die Deportation in ein deutsches Konzentrationslager an sich die Betroffenen bis zu fünfzehn Prozent »invalidiert« habe. Laufende Rentenfortzahlungen sicherte jedoch auch dieser Beschluss nicht, da trotzdem die gleichen Annahmen wie bei der »Rentenneurose« oder den »traumatischen Neurosen« zugrunde gelegt wurden. Das bedeutete, dass prinzipiell davon ausgegangen wurde, dass die Betroffenen ihre Arbeitsfähigkeit unterschätzten. Als sinnvoller Anstoß zur Wiederaufnahme der Arbeit galten deshalb Rentenzahlungen von kurzer Dauer, auch kleine, einmalige Kapitalentschädigungen. Vgl. dazu Thygesen, Allgemeines, S. 26; aber auch: Targowla, Die neuropsychischen Folgen, S. 31; Hermann, Die psychischen Symptome, S. 44f.; Max Michel, Spätschäden und Summationsschäden, in: Ders. (Hg.), Gesundheitsschäden durch Verfolgung und Gefangenschaft und ihre Spätfolgen, Frankfurt a. M. 1955, S. 48–51. Studien über die Problematik der Anerkennung gesundheitlicher Schädigungen von Nazi-Opfern im Rahmen der jeweiligen nationalen Versorgungssysteme sind nach wie vor ein Desiderat.

14 Vgl. etwa Paul Thygesen u. a., Die psychischen Symptome der Heimkehrer, in: Max Michel (Hg.), Gesundheitsschäden durch Verfolgung und Gefangenschaft und ihre Spätfolgen, Frankfurt a. M. 1955, S. 52–58, S. 54f.; auch René Targowla, Bericht zur Ausarbeitung einer neuen Rententabelle für ehemalige Verfolgte, Internierte und Deportierte, in: ebd., S. 274–280, S. 276. Auch im Falle von körperlichen Erkrankungen, wie etwa im Fall einer erst nach Jahren auftretenden Tuberkulose, sträubten sich viele ärztliche Gutachter, einen kausalen Zusammenhang zur Deportation anzuerkennen, wie ein Luxemburger Arzt auf der Kopenhagener Konferenz in der Diskussion deutlich machte, vgl. Max Michel (Hg.), S. 334.

15 Diese Problematik schien nach dem Zweiten Weltkrieg nachgerade in allen europäischen Ländern auf. Zahlreiche Hinweise darauf in dem Konferenzband zum Internationalen Medizinischen Kongreß, der 1964 in Bukarest abgehalten wurde. Vgl. etwa für die ČSSR: Frantisek Blaha, Folgen des Krieges für die menschliche Gesundheit (Schlußbericht über

das Forschungsproblem des Gesundheitsministeriums für die Jahre 1960–1963), in: Ätio-Pathogenese und Therapie der Erschöpfung und Vorzeitigen Vergreisung (IV. Internationaler Medizinischer Kongreß, Bukarest, 22. –27. Juni 1964), 2 Bde., o. O., o. J., S. 121–198, S. 140ff., passim; Ders., Die Folgen des Krieges für die menschliche Gesundheit nach 20 Jahren, in: ebd., S. 241–244; R. Bures, Beurteilung der Folgen des Krieges und der faschistischen Verfolgung, in: ebd., S. 199–240: Für Belgien: W. Deveen, Fachgutachten und Pensionen, in: ebd., S. 579–581.

16 Hermann, Syndrom, S. 62.

17 Eigel Hess Thysen u. Jörn Hess Thaysen, Medizinische Probleme bei früheren, in deutsche Konzentrationslager Deportierten, in: Max Michel (Hg.), Gesundheitsschäden durch Verfolgung und Gefangenschaft und ihre Spätfolgen, Frankfurt a. M. 1955, S. 172–180, S. 180. Zu den Ergebnissen der deutschen Hirnforschung vgl. Teil II, Kap. 1b, »Die Psychiatrie der Heimkehrer«.

18 Ludwig Popper, Ärztliche Erfahrungen bei Untersuchungen nach dem Österreichischen Opferfürsorgegesetz, in: Max Michel (Hg.), Gesundheitsschäden durch Verfolgung und Gefangenschaft und ihre Spätfolgen, Frankfurt a. M. 1955, S. 281–287, Zit. S. 287; ähnlich Bures, S. 580.

19 Lagrou, Legacy.

20 Thygesen, Allgemeines, S. 29 (Hervorh. im Orig.).

21 Vgl. u. a. Der Senator für Inneres an den Niedersächsischen Minister des Innern, Berlin 8.11.1957, in: BA Koblenz, B 126, 9903, Band 1 (Medizinische Hauptkonferenzen).

22 Einen sehr guten Überblick bietet Hans Günter Hockerts, Wiedergutmachung in Deutschland: eine historische Bilanz 1945–2000, in: Vierteljahreshefte für Zeitgeschichte 49 (2001), S. 167–214. Einschlägig für die frühe Phase der Planung und Umsetzung ist Constantin Goschler, Wiedergutmachung. Westdeutschland und die Verfolgten des Nationalsozialismus (1945–1954), München 1992.

23 Vgl. Teil II, Kap. 2 a, »Versorgungsanspruch unter Verdacht«.

24 Vgl. u. a. Bansi, der in seinem Vortrag über Spätschäden nach Dystrophie auf der Tagung des Ärztlichen Sachverständigenbeirats für Fragen der Kriegsopferversorgung im Jahr 1956 explizit auf einige Vorträge der Kopenhagener Konferenz verwies (S. 68ff.). BA Koblenz, B 149, 1955.

25 Zweite Verordnung zur Durchführung des Bundesentschädigungsgesetzen (2. DV-BEG), in: Bundesentschädigungsgesetze, S. 1239–1245, Zit. S. 1240.

26 Der Schriftwechsel in: BA Koblenz B 126, 9838.

27 Der Bundesminister für Arbeit an den Herrn Bundesminister der Finanzen, 26.4.1957, in: BA Koblenz B 126, 9838.

28 Der Innenminister des Landes Nordrhein-Westfalen, Abteilung V, an den Herrn Bundesminister der Finanzen in Bonn, 3. Sept. 1957, in: BA Koblenz B 126, 9838 (Hervorh. im Orig.).

29 Ebd.

30 Der Bundesminister für Arbeit an den Herrn Bundesminister der Finanzen, 23.9.1957, in: BA Koblenz, B 126, 9838.

31 Der Innenminister des Landes Nordrhein-Westfalen, Abteilung V, an den Herrn Bundesminister der Finanzen in Bonn, 3.9.1957, in: BA Koblenz, B 126, 9838.

32 Der Niedersächsische Minister des Innern an den Herrn Bundesminister der Finanzen in Bonn, 1.11.1957, in: BA Koblenz, B 126, 9838. Bei dem angesprochenen »Merkblatt« handelte es sich um ein »Merkblatt zum Gutachtenformular«, das ebenfalls von der ärztlichen Abteilung des Bundesministers für Arbeit erstellt worden war und den Vertrauensärzten Bewertungsrichtsätze anempfahl. Der Ärztliche Dienst wies darauf hin, dass auch diese aufgrund der Verschiedenheit von BVG und BEG für die Entschädigungsmediziner an Bedeutung verlören.

33 Der Innenminister des Landes Nordrhein-Westfalen, Abteilung V, an den Herrn Bundesminister der Finanzen, Bonn, 3. 9.1957.

34 Bei den sogenannten Vertrauensärzten im Ausland handelte es sich um ortsansässige Ärzte, die von den diplomatischen Vertretungen der Bundesrepublik benannt wurden. Sie nahmen die Begutachtungen der NS-Opfer vor, die wegen gesundheitlicher Leiden Ansprüche auf eine Entschädigung geltend machten.

35 Besonderheiten der nicht-psychotischen seelischen Störungen bei Opfern der nationalsozialistischen Verfolgung und ihre Bedeutung bei der Begutachtung von Dr. med. Hans Strauss (Abschrift), S. 1, in: BA Koblenz, B 126, 9903, Bd. 1. Der Text von Strauss wurde etwa zeitgleich im selben Wortlaut veröffentlich in: Der Nervenarzt 28 (1957), S. 344–350.

36 Hermann Ammermüller u. Hans Wilden, Gesundheitliche Schäden in der Wiedergutmachung: ärztliche und rechtliche Beurteilung, Stuttgart 1953.

37 Besonderheiten, S. 3.

38 Ebd., S. 5.

39 Ebd., S. 8.

40 Ebd., S. 5 (Hervorh. im Orig.).

41 Ebd., S. 7f. (Hervorh. im Orig.).

42 Der Innenminister Schleswig-Holsteins an den Bundesminister der Finanzen, Abt. V, Wiedergutmachung, 24.9.1957, in: BA Koblenz, B 126, 9903, Bd. 1.

43 Ministerial Dr. med. Heigl an das Landesentschädigungsamt Schleswig-Holstein, 9.9.1957 (Abschrift), in: BA Koblenz, B 126, 9903, Bd. 1. Daraus auch die in diesem Absatz nachfolgenden Zitate.

44 Vgl. ebd. Empfohlen wurde, den Tübinger Ordinarius Ernst Kretschmer um ein Gutachten zu bitten. Er war dafür bekannt, dass er strikt an der wissenschaftlichen Position festhielt, dass es keine langdauernden psychischen Störungen ohne organische Schädigungen geben könne.

45 Anwesend waren auch Vertreter des Bundesfinanzministeriums, des Bundesjustizministeriums, des Bundesarbeitsministeriums und des

Auswärtigen Amtes. Vgl. Niederschrift über die medizinische Hauptkonferenz in München am 23. u. 24. April 1958, in: BA Koblenz, B 126, 9903, Bd. 1. Eine erste Vorbesprechung der Konferenz und ihrer Themen hatte bereits am 13. u. 14. Januar 1958 in Göttingen stattgefunden. Daraus ging die »Göttinger Kommission« hervor, deren Aufgabe es vor allem sein sollte, Überlegungen anzustellen, wie eine Verbesserung der als unzulänglich empfundenen ausländischen Gutachten zu erreichen sei.

46 Dokumentiert sind diese Konferenzen in den Akten der Medizinischen Hauptkonferenz im BA Koblenz, B 126, 9903, Bde. 1–3, B 126, 42530, u. B 126, 42531.

47 Gegebenenfalls wollte man nach dessen Sichtung »Abschriften oder auch nur Auszüge an die ausländischen Vertrauensärzte weiterleiten«, wie es im Protokoll hieß. Vgl. Niederschrift über die medizinische Hauptkonferenz in München am 23. und 24. April 1958, S. 16, in: BA Koblenz, B 126, 9903, Bd. 1.

48 Vgl. ebd. Das Referat von Erich Kluge ist der »Niederschrift« als Anhang IV beigefügt. Dort auch das Zit., S. 7. Kluge publizierte diesen Vortrag im Wortlaut unter dem Titel »Über die Folgen schwerer Haftzeiten«, in: Der Nervenarzt 29 (1958), S. 462–465.

49 Zu den Störungen auf »konstitutioneller Basis« zählte Kluge im Übrigen auch die »vegetative Dystonie«, die er deshalb ebenfalls als verfolgungsunabhängig einstufte. Die Vorgutachter hätten hier »wohl nicht mit Recht Verfolgungsbedingtheit angenommen«, kritisierte er, und »außerdem den Schädigungsgrad weit überschätzt.« Vgl. ebd., Anhang IV, S. 4 (dort eine Aufstellung seiner Diagnosen) u. S. 8f.

50 Vgl. ebd., Anhang IV, S. 7. Kluge erwähnte hier besonders die Studien von Wilke, der bei der Obduktion eines Kriegsgefangenen aus sowjetischer Haft ein Hirnödem festgestellt hatte, sowie die Arbeiten von Faust, die zu Einsichten über den Zusammenhang zwischen Hirnveränderungen und der Eiweißmangelkrankheit geführt hätten. Vgl. dazu auch Teil II, Kap. 1 b, »Die Psychiatrie der Heimkehrer«.

51 Vgl. ebd., Anhang IV, S. 4. Kluge spielte auf das griechische Wort cholé (dt. Galle) an; in der antiken »Viersäfteleere« wurde die »melancholia« auf einen Überschuss an schwarzer Galle zurückgeführt.

52 Die ausländischen, vor allem die amerikanischen Gutachter dächten offenbar gar nicht »an die schweren somatischen Noxen«, klagte der Mainzer Privatdozent, der in seinem Vortrag weiter darüber Beschwerde führte, dass die Zusammenhangsfrage von den ausländischen Kollegen viel zu wenig erörtert werde, wenn überhaupt, ginge es lediglich um psychologische Zusammenhänge. Vgl. ebd., Anhang IV, S. 6.

53 Ebd., Anhang IV, S. 9.

54 Vgl. ebd., Anhang I (Dr. med Meywald, Der Ursachenbegriff des BEG), S. 8f., u. Anhang II (Referat Dr. med. Didden), S. 1ff.

55 Ebd., Anhang I, S. 8f.

56 Vgl. ebd., Anhang II, S. 1.

57 Vgl. ebd. Didden verwies vor allem auf die Ergebnisse des Dänen Hermann und die von ihm geprägte Bezeichnung des KZ-Syndroms und stellte sich darüber hinaus erkennbar hinter den New Yorker Vertrauensarzt Strauss.

58 Vgl. ebd., S. 2 (dort auch die Zitate; Hervorh. im Orig.).

59 Vgl. ebd., 2f.

60 Niederschrift über die medizinische Hauptkonferenz in München am 23. und 24. April 1958, S. 10, in: BA Koblenz, B 126, 9903, Bd. 1.

61 Gedankenaustausch zwischen den Vertrauensärzten in den USA und Ärzten der Entschädigungsbehörden (Brief des Bundesministeriums für Arbeit und Sozialordnung, v. 15.9.1958), in BA Koblenz, B 126, 9903.

62 Vgl. Niederschrift über die medizinische Hauptkonferenz in München am 23. und 24. April 1958, S. 11, in: BA Koblenz, B 126, 9903, Bd. 1. Das Protokoll des ersten Treffens der »Göttinger Kommission« im November 1958 bekräftigte dieses Missfallen. Die Auslandsgutachten seien weder anamnestisch noch diagnostisch so erstellt, hieß es dort, dass sie medizinisch als hinreichend für die abschließende Begutachtung angesehen werden konnten. Vgl. Niederschrift über die Zusammenkunft der »Göttinger Kommission« in Düsseldorf am 6. und 7. November 1958, S. 3, in: BA Koblenz, B 126, 4253, Bd. 1.

63 Angestoßen wurde diese Debatte 1957 in der Zeitschrift »Der Nervenarzt«. Ein Beitrag von Walter v. Baeyer, Die Freiheitsfrage in der forensischen Psychiatrie mit besonderer Berücksichtigung der Entschädigungsneurosen, in: Der Nervenarzt 28 (1957), S. 337–343, bildete den Auftakt; es folgten Strauss, Besonderheiten; Kurt Kolle, Die Opfer der nationalsozialistischen Verfolgung in psychiatrischer Sicht, in: ebd. 29 (1958), S. 148–158, sowie Kluge, Folgen. Vgl. zu diesem Perspektivwechsel auch Pross, S. 154ff.

64 Ulrich Venzlaff, Die psychoreaktiven Störungen nach entschädigungspflichtigen Ereignissen (die sogenannten Unfallneurosen), Berlin 1958. Venzlaff hatte sich 1956 mit dieser Arbeit in Göttingen habilitiert. Vgl. zu seinen Positionen auch Kap. 2 a, »Versorgungsanspruch unter Verdacht«, in diesem Teil des Buches.

65 Ebd., S. 69. Im Einzelnen entfaltet in den jeweiligen Kapiteln über »Die Wunschreaktionen«, »Die psychopathischen Reaktionen« u. »Die Neurosen im eigentlichen Sinne« (S. 28–67).

66 Vgl. ebd., S. 70.

67 Vgl. ebd., S. 67ff., Zit. S. 69. Als Protagonist des gängigen psychiatrischen Krankheitsbegriffs, der naturwissenschaftlichen Grundsätzen folgte, zitierte Venzlaff den ehemaligen Heidelberger Ordinarius Kurt Schneider: »Krankheit selbst gibt es nur im Leiblichen, und ›krankhaft‹ heißen wir seelisch Abnormes dann, wenn es auf krankhafte Organprozesse zurückzuführen ist.« Schneiders Definition aus dem Jahr 1946 war immer noch leitend für das psychiatrische Fach. Venzlaff ergänzte diesen durch den Begriff des »Krankseins«, den er in Anlehnung an

Hemmo Müller-Suur als »leidvolles Erleben einer Not in der Dimension des Seelisch-Geistigen« definierte.

68 Vgl. ebd., S. 74 (Hervorh. im Orig.).
69 Vgl. ebd., S. 75ff., Zit. S. 75 (Hervorh. im Orig.).
70 Ebd., S. 77.
71 Vgl. ebd., S. 82 (Hervorh. im Orig.).
72 Ebd., S. 83f. (Hervorh. im Orig.).
73 Zu diesem Fall erstmals Pross, S. 156.
74 Das geht hervor aus dem Gerichtsprotokoll zum Beweistermin am 24. Oktober 1955 im Rahmen der Entschädigungsklage, hier S. 4 u. 6, in: BA Koblenz, BA 149, 2353.
75 Pross, S. 156. Allerdings reagierte auch das für die Kriegsopferversorgung zuständige Bundesministerium für Arbeit, vermutlich weil Kretschmer in seinem Gutachten auch noch einmal dezidiert darauf verwiesen hatte, dass es auch bei Soldaten keine kriegsbedingten psychischen Schädigungen gebe, wenn nicht organische Schädigungen vorlägen. Das Bundesarbeitsministerium – verantwortlich zeichnete Regierungsmedizinalrat Dr. Goetz – erstellte jedenfalls eine gekürzte Fassung des Protokolls aus dem Entschädigungsverfahren, fertigte zweihundert Abzüge an und verschickte diese unter anderem an die zuständigen Behörden auf Länderebene sowie die Bundesversicherungsanstalt für Angestellte. Das Kurzgutachten und der Verteiler sind enthalten in dem Brief des RMR Goetz, vom 18.8.1956, in: BA Koblenz, B 149, 2353.
76 Entwurf des Protokolls der medizinischen Hauptkonferenz am 23. und 24.4.1958 für die ausländischen Vertrauensärzte, S. 2 (Anlage des Briefes vom Bayer. Staatsministerium der Finanzen an den Niedersächsischen Minister des Innern, 26.1.1959), in: BA Koblenz, B 126, 9903, Bd. 2. Zu den genannten Publikationen gehörten lediglich die im »Nervenarzt« seit 1957 erschienenen Beiträge von Strauss, von Baeyer, Kluge und Kolle.
77 Ebd., S. 4.
78 Ebd., Zit. S. 1 u. 2.
79 Ebd., S. 3. Zu dieser Problematik auch: Bericht über die häufigsten Fehler in den Probegutachten der neuen Vertrauensärzte bei der Botschaft in Paris, in: BA Koblenz, B 126, 42530, Bd. 1. Der Bericht geht zurück auf eine Reise zweier Regierungsmedizinalräte nach Paris mit dem Zweck, die dortigen Vertrauensärzte mit den Anforderungen des deutschen Gutachtenwesens vertraut zu machen. Bericht über die Dienstreise zur Deutschen Botschaft in Paris zur Unterrichtung und Auswahl von Vertrauensärzten, in: ebd.
80 Die »Neurose«. Ihre Versorgungs- und Sozialmedizinische Beurteilung, hg. v. Bundesminister für Arbeit und Sozialordnung, in: Schriftenreihe des Bundesversorgungsblatts, Heft 1, Bonn 1960.
81 Unterzeichnet hatten das Gutachten: Prof. Dr. Sr. G. Bodechtel (Direktor der II. Med. Klinik der Universität München), Prof. Dr. F. Panse (Direktor der Psychiatr. Klinik Düsseldorf), Prof. Dr. Störring (Direktor

der Psychiatr. Klinik Kiel), Oberregierungsmedizinalrat Dr. Dubitscher (Landesversorgungsamt Nordrhein) sowie Regierungsmedizinaldirektor Dr. Hirt (Landesversorgungsamt Bayern). Vgl. ebd., S. 11.

82 Ebd., S. 5. Panse plädierte darüber hinaus für eine etwaige Anerkennung im Falle von schweren Entstellungen vor allem des Gesichts, die das Selbstwertempfinden dauerhaft belasteten.

83 Ebd., S. 10.

84 Pross; Stefanie Baumann, Opfer von Menschenversuchen als Sonderfall der Wiedergutmachung, in: Hans Günter Hockerts u. a. (Hg.), Grenzen der Wiedergutmachung. Die Entschädigung für NS-Verfolgte in West- und Osteuropa 1945–2000, Göttingen 2006, S. 147–194, S. 154f.

85 Vgl. dazu das vorangehende Kapitel.

86 Vgl. dazu Svenja Goltermann, Negotiating Victimhood in East and West Germany, in: Jolande Withuis u. a. (Hg.), The Politics of War Trauma. Comparitives European Approaches, Amsterdam 2009. Zur Nachkriegsentwicklung in Polen Gross; Adam Krzeminski, Polen, in: Norbert Frei u. Volkhard Knigge (Hg.), Verbrechen erinnern. Die Auseinandersetzung mit Holocaust und Völkermord, München 2002, S. 262–271.

87 Das geht aus einem Schreiben des Auswärtigen Amtes an das Bayerische Staatsministerium der Finanzen vom 17.2.1960 hervor. In: BA Koblenz, B 126, 9856, Bd 1.

88 Der Inhalt des Schreibens nach Pross, S. 133, hier auch die Zitate.

89 Weitere Protestfälle sind dokumentiert in: BA Koblenz, B 126, 9856, u. 47169 (Frankreich), sowie ebd., B 126, 42511 (England).

90 Pross, S. 133.

91 Zusammenfassend dazu Ulrich Brochhagen, Nach Nürnberg. Vergangenheitsbewältigung und Westintegration in der Ära Adenauer, Berlin 1999, S. 319ff. Gestützt auf das Weißbuch der Bundesregierung aus dem Jahr 1960, spricht Brochhagen von 470 registrierten Vorfällen bis zum 28. Januar 1960 (S. 320).

92 Ebd., S. 334ff.

93 Auswärtiges Amt an das Bayerische Staatsministerium der Finanzen, 17.2.1960, in: BA Koblenz, B 126, 9856, Bd. 1.

94 Schnellbrief, Auswärtiges Amt an den Herrn Bundesminister der Finanzen, z. Hd. von Herrn Min. Rat. Dr. Blessin, 2.8.1960, in: BA Koblenz, B 126, 9856, Bd. 1.

95 Dienstreise nach Paris vom 22.2.1960 - 3.3.1960, S. 11, in: BA Koblenz, B 126, 9856, Bd. 1.

96 Bericht über die häufigsten Fehler in den Probegutachten der neuen Vertrauensärzte bei der Botschaft in Paris, S. 5f., in: BA Koblenz, B 126 42530, Bd. 1.

97 Minderung der Erwerbsfähigkeit.

98 Ebd., S. 7.

99 Ebd. Einige französische Ärzte formulierten die Auffassung, dass »bei gewissen Voraussetzungen *nicht* medizinischer Art *automatisch* eine 25%ige MdE als verfolgungsbedingt zu bezeichnen sei«, anscheinend

während der zweiten Zusammenkunft der deutschen und französischen Ärzte in Paris. Siehe Dienstreise nach Paris vom 22.2.1960–3.3.1960, S. 3, in: BA Koblenz, B 126, 9856, Bd. 1 (Hervorh. im Orig.).

100 Dienstreise nach Paris vom 22.2.1960–3.3.1960, S. 10, in: BA Koblenz, B 126, 9856, Bd. 1.

101 Drittes Gesetz zur Änderung des Bundesergänzungsgesetzes, in: Bundesentschädigungsgesetze, S. 15f.

102 Übersetzung aus dem Französischen. Ärzte, Probleme und Komplexe, von I. Weinberg, in: BA Koblenz, B 126, 9856, Bd. 1.

103 Dienstreise nach Paris vom 22.2.1960–3.3.1960, S. 13, in: BA Koblenz, B 126, 9856, Bd. 1.

104 Ebd., S. 14.

105 Ebd. Dort auch alle nachfolgenden Zitate in diesem Absatz.

106 Auch der Besuch deutscher Ärzte in Israel im Jahr 1961, der anscheinend erst einmal der persönlichen Kontaktaufnahme mit den israelischen Vertrauensärzten und dem »Medical Board« diente, brachte nach dem Dafürhalten der entsandten Medizinalbeamten keine schwerwiegenden Komplikationen auf medizinischem Gebiet mit sich. Als Problem wurden die psychiatrischen Gutachten zwar angesprochen, doch bestünden die Schwierigkeiten vor allem darin, dass psychiatrische Fachgutachter »nur in geringer Zahl vorhanden [seien], so dass viele Gutachten erst nach langer Zahl erstellt werden könnten«. Ausgesprochen positiv berichtete die Ärztedelegation über die Tätigkeit des »Medical Board«, das sich offenbar darum bemühte, »die Leistungen der einzelnen Vertrauensärzte im ganzen zu prüfen und zu beurteilen«. Auch werde »auf eine exakte und korrekte Bearbeitung« der Anträge Wert gelegt. Eine vergleichbare Institution findet in den Berichten über die anderen Länder keine Erwähnung. Protokoll über die Medizinische Hauptkonferenz am 23./24. Mai 1962 in Hannover, S. 7f., in: BA Koblenz, B 126, 42531, Bd. 5.

107 Vgl. dazu den gesamten Bestand in: BA Koblenz, B 126, 42511. Das Verfahren, das sich zu einer Streitsache zwischen der deutschen Botschaft in London, dem Vertrauensarzt, der nordrhein-westfälischen Entschädigungsbehörde, dem Finanzministerium und dem Auswärtigen Amt auswuchs, zog sich über mehrere Jahre hin, bis es vor Gericht im Jahre 1965 entschieden wurde. Dieses erklärte das Ablehnungsgesuch der Botschaft für unbegründet. Damit hatten sich die deutschen Wiedergutmachungsbehörden zwar durchgesetzt, allerdings lässt die Besprechung der Behördenvertreter auf der Medizinischen Hauptkonferenz von 1962 vermuten, dass die deutschen Botschaften, das politische Ansehen der Bundesrepublik im Ausland im Sinn, verschiedentlich die Beauftragung der Vertrauensärzte steuerten und damit Einfluss auf die Gutachterpraxis nahmen. So heißt es im Protokoll der Konferenz: »Allgemein besteht der Eindruck, dass die deutschen Auslandsvertretungen bei der Beurteilung einzelner Vertrauensärzte dazu neigen, den Wünschen der Verfolgtenverbände eher Rechnung zu tragen als den Hinweisen und Einwänden

der Entschädigungsbehörden. Das Auswärtige Amt wird gebeten, die Auslandsvertretungen hiervon in Kenntnis zu setzen und sie anzuhalten, den sachlichen Argumenten der Behörden für oder gegen die weitere Heranziehung eines Vertrauensarztes in stärkerem Maße als bisher Rechnung zu tragen.« Protokoll über die Medizinische Hauptkonferenz am 23./24. Mai 1962 in Hannover, S. 6f., in: BA Koblenz, B 126, 42531, Bd. 5.

108 Bericht über die Dienstreise nach New York in der Zeit vom 4. Oktober bis 7. November 1960, S. 7f., in: BA Koblenz, B 126, 9856, Bd. 1.

109 Die Wiedergutmachung, 14.10.1960, S. 1, in: BA Koblenz, B 126, 9856, Bd. 1.

110 Protokoll über die Medizinische Hauptkonferenz am 23./24. Mai 1962 in Hannover, S. 4, in: BA Koblenz, B 126, 42531, Bd. 5.

111 Bericht über die Dienstreise nach New York in der Zeit vom 4. Oktober bis 7. November 1960, S. 10, in: BA Koblenz, B 126, 9856, Bd. 1.

112 Generalkonsulat der Bundesrepublik Deutschland an das Auswärtige Amt, 23.2.1961, S. 1, in: BA Koblenz, B 126, 9856, Bd. 2.

113 Niederschrift über das wesentliche Ergebnis einer Besprechung zwischen Vertretern der Conference on Jewish Material Claims against Germany, Inc. (Claims Conference) und der United Restitution Organisation (URO) mit den Vertretern einiger deutscher Generalkonsulate und Konsulate in den USA sowie mit den von den Entschädigungsbehörden der Länder nach New York entsandten Ärzten am 12. Mai 1961 in New York, S. 4, in: BA Koblenz, B 126, 9856, Bd. 1.

114 Ebd., S. 4f.

115 Neues zum Neurose-Begriff aus der Sicht des Entschädigungsmediziners, v. Reg. Med. Rat. Dr. Staehr, 13.4.1961, S. 1, in: BA Koblenz, B 126, 9856, Bd. 2.

116 Ebd., S. 2. Zu den Reaktionen in den Entschädigungsbehörden auf Strauss' Arbeiten vgl. Teil II, Kap. 3 a, »Die ›Persönlichkeitsveränderung‹ bei den NS-Verfolgten«.

117 Neues zum Neurose-Begriff aus der Sicht des Entschädigungsmediziners, v. Reg. Med. Rat. Dr. Staehr, 13.4.1961, S. 3, in: BA Koblenz, B 126, 9856, Bd. 2.

118 Ebd., S. 4. Vgl. zum »Gutachten« auch Teil II, Kap. 3 a, »Die ›Persönlichkeitsveränderung‹ bei den NS-Verfolgten«.

119 Neues zum Neurose-Begriff aus der Sicht des Entschädigungsmediziners, v. Reg. Med. Rat. Dr. Staehr, 13.4.1961, S. 6, in: BA Koblenz, B 126, 9856, Bd. 2.

120 Ebd., S. 7.

121 Ebd., S. 8.

122 Erlebnisreaktive psychische Störungen durch und nach nationalsozialistischer Verfolgung (Manuskript, beiliegend zur Niederschrift über die Sitzung der Göttinger Kommission am 19. September 1963 in Bad Salzdetfurth), in: BA Koblenz, B. 126, 42530, Bd. 1.

123 Neues zum Neurose-Begriff aus der Sicht des Entschädigungsmediziners, v. Reg. Med. Rat. Dr. Staehr, 13.4.1961, S. 3, in: BA Koblenz, B 126, 9856, Bd. 2.

124 Regierungsmedizinalrat Helmut Paul war zum damaligen Zeitpunkt im Bundesgesundheitsministerium, Oberregierungsmedizinalrat Hans-Joachim Herberg als Internist in der Versorgungsärztlichen Untersuchungsstelle Köln tätig. Beide zeigten großes Interesse sowohl an der Erforschung der »Spätschäden« von Kriegsheimkehrern aus der Sowjetunion als auch von NS-Verfolgten. In Entschädigungsverfahren agierte Herberg mehrfach als Privatgutachter für die Verfolgten. Zudem gründete er 1964, zum Leidwesen des nordrhein-westfälischen Innenministeriums, in Köln das Dokumentationszentrum für Gesundheitsschäden nach Gefangenschaft und Verfolgung. Während die Obersten Entschädigungsbehörden der Länder dem Dokumentationszentrum anscheinend jede inhaltliche Berechtigung absprachen und finanzielle Unterstützung verwehrten, sprang das Bundesgesundheitsministerium verschiedentlich fördernd ein. Vgl. dazu u. a. den Aktenbestand B 126, 61073. Zum Engagement von Herberg und Paul im Rahmen der Wiedergutmachung und den Kontroversen über ihre Tätigkeit vgl. auch Pross, Kleinkrieg, S. 172ff., passim. Auch im Rahmen der Kriegsopferversorgung kam es offenbar vor, dass die Versorgungsbürokratie versuchte, Herberg als Gutachter auszuschalten, wenn er für die Anerkennung psychischer Schädigungen optierte. Das geht hervor aus einer mehrbändigen Akte des Versorgungsamts Bielefeld. Der Antragsteller stritt, wie in einer Vielzahl von Gutachten seit 1979 dokumentiert ist, für die Anerkennung psychischer Beschwerden als kriegsbedingte Leiden. Im Jahr 1990 entschied das Landessozialgericht nach einem langjährigen Gutachter- und Rechtsstreit auf Anerkennung. Versorgungsamt Bielefeld, 143913, Bd. 1 u. 2; Handakte I a des Landesversorgungsamtes Nordrhein-Westfalen.

125 Ulrich Venzlaff, Gutachten zur Frage des Zusammenwirkens erlebnisreaktiver, vegetativer und hormonaler Faktoren bei Verfolgungsschäden, in: Helmut Paul u. Hans-Joachim Herberg (Hg.), Psychische Spätschäden nach politischer Verfolgung, Basel 1963, S. 111–124, S. 111f. Vgl. ferner Walter von Baeyer, Erlebnisbedingte Verfolgungsschäden, in: Der Nervenarzt 32 (1961), S. 534–538, der, anders als noch drei Jahre zuvor, betonte, Untersuchungen hätten ergeben, dass »chronische, womöglich dauernde und irreversible Veränderungen des Erlebens und Verhaltens« bei ehemaligen NS-Verfolgten »keine Seltenheit« seien (S. 535).

126 Walter v. Baeyer u. a., Zur Frage des »symptomfreien Intervalles« bei erlebnisreaktiven Störungen Verfolgter, in: Helmut Paul u. Hans-Joachim Herberg (Hg.), Psychische Spätschäden, S. 125–153, S. 149.

127 Ders., Erlebnisbedingte Verfolgungsschäden, in: Der Nervenarzt 32 (1961), S. 534–538, S. 535 u. 538.

128 Paul Matussek, Die Konzentrationslagerhaft als Belastungssituation, in: Der Nervenarzt 32 (1961), S. 538–542, Zit. S. 539; von Baeyer, Verfolgungsschäden, Zit. S. 538; sowie Wolfgang Jacob, Gesellschaftliche Voraussetzungen zur Überwindung der KZ-Schäden, in: Der Nervenarzt 32 (1961), S. 542–545, insbes. S. 543.

129 Von Baeyer, Verfolgungsschäden, S. 538, hier ein Verweis auf Alfred Schütz. Deutlich erkennbar beispielsweise auch bei Walter Mende, Gutachterliche Probleme bei der Beurteilung erlebnisreaktiver Schädigungen, in: Helmut Paul u. Hans-Joachim Herberg (Hg.), Psychische Spätschäden, S. 281–292, S. 283 ff.
130 Matussek, Konzentrationslagerhaft, S. 542.
131 Jacob, S. 544.
132 Hermann Witter, Erlebnisbedingte Schädigung durch Verfolgung, in: Der Nervenarzt 33 (1962), S. 509–510, S. 509. Eine Darstellung der Witterschen Position auch bei Pross, Kleinkrieg, S. 168, mit etwas anderem Akzent.
133 Ebd.
134 Vgl. die Ausführungen dazu im Kapitel 1 b, »Die Psychiatrie der Heimkehrer«, in diesem Teil des Buches. Als maßgebliche Studie aus den 1950er Jahren gilt Walter von Baeyer, Der Begriff der Begegnung in der Psychiatrie, in: Der Nervenarzt 26 (1955), S. 369–376. Deutlicher als in seinen Publikationen der 1950er Jahre aber kommt seine Hinwendung zur anthropologischen Psychiatrie in den frühen 1960er Jahren zum Ausdruck, so etwa in: von Baeyer, Verfolgungsschäden, S. 536. Einen Einblick in den Kreis der Verfechter einer anthropologischen Psychiatrie und die persönlichen Kontakte gibt: Marion Grimm, Alfred Storch (1888–1962): Daseinsanalyse und anthropologische Psychiatrie, Gießen 2004.
135 Witter, Schädigung, S. 510 (Hervorh. im Orig.).
136 Ebd. (Hervorh. im Orig.). Witter beklagte, dieses Problem stelle sich in der »phänomenologisch-anthropologischen Diktion mit der Betonung des Vorläufigen« sehr oft.
137 Ebd.
138 Walter von Baeyer u. a., »Wissenschaftliche Erkenntnis« oder »menschliche Wertung« der erlebnisreaktiven Schäden Verfolgter?, in: Der Nervenarzt 34 (1963), S. 120–123, S. 121.
139 Witters Behauptung, die Baden-Badener Tagungsbeiträge seien weniger als »wissenschaftliche[r] Erfahrungsaustausch« denn als »*Kundgebung* im aktuellen Zeitgeschehen« zu betrachten, war zweifellos eine von mehreren Bemerkungen, die dazu anstachelten. Witter, Schädigung, S. 509 (Hervorh. im Orig.); von Baeyer u. a., S. 120.
140 Im darauffolgenden Jahr erschien: Walter von Baeyer u. a., Psychiatrie der Verfolgten. Psychopathologische und gutachtliche Erfahrungen an Opfern der nationalsozialistischen Verfolgung und vergleichbarer Extrembelastungen, Berlin 1964. Die Verfasser sprachen darin von siebenhundert Begutachtungen im Rahmen von Entschädigungsverfahren, von denen sie 535 statistisch analysiert hätten (S. V).
141 Von Baeyer u. a., »Wissenschaftliche Erkenntnis«, S. 121.
142 Ebd., S. 122.
143 Ebd., S. 121.
144 Ebd., S. 122. Vgl. dazu auch Teil II, Kap. 1 a, »Die herrschende Lehre«.

145 Bonhoeffer, Vergleichende psychopathologische Erfahrungen, S. 3. Bonhoeffer hatte deshalb dafür plädiert, »KZ-Insassen, die Folterungen durchgemacht haben, in diese Richtung zu befragen«, es sei »wissenschaftlich erwünscht«. Als erwiesen sah Bonhoeffer den Zusammenhang zwischen diesen Quälereien und den psychotischen Zuständen gleichwohl noch nicht an. Er schrieb: »Man muß natürlich auch daran denken, daß toxische Mittel hemmungslösender und sprachanregender Art gegeben wurden, sodaß die Frage zu klären bliebe, ob wirklich lediglich das Übermaß der psychischen und körperlichen Quälereien die Halluzinose hervorrief.« Von den »Schreck- und Ermattungserlebnissen« des »allgemeinen Kriegsgeschehen[s]« grenzte Bonhoeffer diese Fälle entschieden ab.

146 Vgl. Teil II, Kap. 1 b, »Die Psychiatrie der Heimkehrer«.

147 Walter von Baeyer u. a., »Wissenschaftliche Erkenntnis«, S. 122.

148 Wenige werden die wissenschaftlichen Debatten über die psychischen »Spätschäden« von NS-Opfern in den verschiedenen Ländern verfolgt haben. Einen differenzierten Überblick über die internationale Forschung, der auch auf nationale Unterschiede einging, legte 1963 allerdings Helmut Paul, Internationale Erfahrungen mit psychischen Spätschäden, in: Ders. u. Hans-Joachim Herberg (Hg.), Psychische Spätschäden, S. 37–84, vor.

149 Walter v. Baeyer u. a., Zur Frage des »symptomfreien Intervalles« bei erlebnisreaktiven Störungen Verfolgter, in: Helmut Paul u. Hans-Joachim Herberg (Hg.), Psychische Spätschäden, S. 125–153, S. 146. Die Autoren schlossen in der Aufzählung sogar die Arbeiten der Dänen mit ein, die von Baeyer an anderer Stelle als unhaltbar bezeichnet hatte, da sie von organischen Schädigungen als Ursache der spät auftretenden psychischen Symptome ausgingen. Vgl. Teil II, Kap 3 a, »Die »Persönlichkeitsveränderung« bei NS-Verfolgten«.

150 Ulrich Venzlaff, Erlebnishintergrund und Dynamik seelischer Verfolgungsschäden, in: ebd., S. 95–109, Zit. S. 104. Venzlaff wusste es freilich besser: »Die Erklärungsversuche reichen von dem einen Pol einer überwiegend ›somatischen Interpretation‹ durch zentralnervöse Hungerdystrophieschäden« – Venzlaff verwies beispielhaft auf Leo Eitinger –, »die, durch interessante Befunde gestützt wurden, bis hin zu jenem anderen einer überwiegend psychoanalytischen Deutung, um die dieser Fragenkomplex speziell in den USA durch die Arbeiten von Byschowski, Eissler, Engel, Hoppe, Krystal und Niederland u.a. bereichert wurde«. Ulrich Venzlaff, Die Begutachtung psychischer Störungen Verfolgter, in: Rechtsprechung zum Wiedergutmachungsrecht (RzW) 17 (1966), S. 196–200, Zit. S. 196.

151 Walter von Baeyer, Walter Ritter von Baeyer, in: Pongratz (Hg.), S. 9–34, S. 29.

152 Angesprochen wird diese Problematik u. a. bei Ulrich Venzlaff, Das Problem des mitwirkenden Verschuldens (BGB § 254) in der Neurosenbeurteilung, in: Rechtsprechung zum Wiedergutmachungsrecht (= RzW) 14 (1963), S. 193–198, S. 193f.

153 Vgl. Teil II, Kap. 3 a, »Die ›Persönlichkeitsveränderung‹ bei den NS-Verfolgten«.

154 W. Brunn, Die entschädigungsrechtliche Problematik psychischer Störungen, in: Rechtsprechung zum Wiedergutmachungsrecht 11 (1960), S. 481–484, S. 481.

155 U. Kessler, Kritisches zur Praxis der Entschädigungsverfahren, in: Spätschäden nach Extrembelastungen. Referate der II. Internationalen Medizinisch-Juristischen Konferenz in Düsseldorf 1969, hg. v. Hans-Joachim Herberg, Herford 1971, S. 322–325, Zit. S. 325. Kessler stellte sich auf der Tagung als Assistent des Bundestagsabgeordneten Martin Hirsch vor, für den er stellvertretend spreche.

156 Brunn, S. 482.

157 Ebd. Der Autor bezieht sich auf das Urteil des BGH vom 10.6.1958 (Hervorh. SG).

158 Brunn, S. 482. Der Oberregierungsrat stützte sich hier auf folgenden Leitsatz des BGH-Urteils: »Besteht ein durch Verfolgungsmaßnahmen verursachtes Leiden nach einer gewissen Zeit seit der Verfolgung nur deshalb fort, weil eine bei dem Geschädigten vorhandene abnorme seelische Veranlagung die Ausheilung seines Gesundheitszustandes verhindert, so ist der fortbestehende Leidenszustand nicht anlage-, sondern verfolgungsbedingt, wenn feststeht, daß die abnorme Anlage durch die Verfolgung wirksam (manifest) geworden ist, und nicht feststeht, daß sie auch ohne die Verfolgung wirksam geworden wäre. Diese Voraussetzungen sind bereits als gegeben anzusehen, wenn sie wahrscheinlich sind.« BGH-Urteil v. 18.5.1960, in: RzW 11 (1960), S. 453–456, hier S. 453.

159 Bereits festgestellt durch einen Beschluss des BGH vom 8.4.1959. RzW 10 (1959), S. 333.

160 BGH-Urteil v. 18.5.1960, in: RzW 11 (1960), S. 455.

161 Ebd. (Hervorh. im Orig.). Außerdem sollte – ein zweites Kriterium – feststehen, dass das Leiden »auch ohne die Verfolgung aufgrund dieser Anlage schicksalhaft […] ausgebrochen wäre«.

162 G. Hand, Zur Definition der anlagebedingten Leiden im Sinne des § 4 der 2. DV-BEG, in: RzW 12 (1961), S. 103–105, S. 104; Ders., Zu den Begriffen: »Anlage, wesentliche Mitverursachung, Manifestation und Krankheit«, in: ebd. 14 (1963), S. 154–156. Auf der Medizinischen Hauptkonferenz vom 7.2.1963 in München lag dieser Text als Diskussionsbeitrag der Erörterung zugrunde, die sich den Konsequenzen der BGH-Urteilen zuwandte. In: BA Koblenz, B 126, 42531, Bd. 5. Die juristische Definition des »anlagebedingten Leidens« war für die Zusammenhangsfrage bei einer Vielzahl gesundheitlicher Leiden relevant. So ließen sich beispielsweise auch diejenigen Leiden abgrenzen, die von den Ärzten als »altersbedingt« eingestuft wurden; bislang waren auch sie als »anlagebedingt« bezeichnet worden. Vgl. auch: Wolfgang Jacob, Die entschädigungsrechtliche Beurteilung der Anlagebedingtheit innerer Erkrankungen nach den Gesichtspunkten naturwissenschaftlich-medizinischer Grundlagenforschung, in: ebd.

Ernst Goetz, Regierungsmedizinalbeamter in Bonn und im Arbeitsministerium für die Kriegsopferversorgung zuständig, kritisierte die Vorgehensweise des BGH, ein »anlagebedingtes Leiden im eigentlichen Sinn« juristisch zu definieren und ihm dadurch einen Inhalt zu geben, den es medizinisch nicht besitze. Vgl. Ernst Goetz, Das »anlagebedingte Leiden« im Recht der Entschädigung für Opfer nationalsozialistischer Verfolgung, in: RzW 12 (1961), S. 246–248.

163 Vgl. Ulrich Venzlaff, Schizophrenie und Verfolgung, in: RzW 12 (1961), S. 193–196. Venzlaff neigte wenige Jahre später angeblich einer offeneren Position zu, fand damit aber bei den Medizinischen Hauptkonferenzen keine Zustimmung. In jedem Fall konstatierten von Baeyer, Häfner und Kisker in der 1964 erschienenen »Psychiatrie der Verfolgten«, auch für die früher als »reine Erbkrankheiten« angesehenen endogenen Psychosen gelte, dass sie aus einer »oft schwer durchschaubaren Verflechtung aus verschiedenen Ursachenfeldern« entstünden. »Ursachenforschung in der Psychiatrie« sei »stärker im Fluß denn je« (S. 110). In diesem Sinne auch Walter Schulte, Über das Problem der seelischen Entstehungsbedingungen von Krankheiten, Tübingen 1966, S. 10f.

164 Bundesentschädigungsgesetze, S. 11, 15. Die Vermutung des Zusammenhangs konnte allerdings auch widerlegt werden, wobei der Nachweis, die gesundheitliche Störung sei rein »anlagebedingt« aufgetreten, aus oben genannten Gründen immer schwieriger wurde.

165 Brunn, S. 483, Anm. 24, machte »vom juristischen Standpunkt [...] erhebliche Bedenken« gegen eine medizinische Auffassung geltend, die ein Werturteil mit einschließe.

166 Walter von Baeyer u. a., Wissenschaftliche Erkenntnis, S. 123.

167 Nach § 254 BGB war in einem zivilrechtlichen Schadensersatzverfahren das sogenannte »mitwirkende Verschulden« des Anspruchsberechtigten zu überprüfen. Vgl. dazu u. a. Ulrich Venzlaff, Das Problem des mitwirkenden Verschuldens (BGB § 254) in der Neurosenbeurteilung, in: RzW 14 (1963), S. 193–198; demgegenüber kritisch: Karl Heinz Heuer, Mitwirkendes Verschulden bei Neurose-Schäden?, in: ebd. 15 (1964), S. 429–432.

168 Adolf Pentz, Richter und Sachverständiger auf dem Gebiet der Neurosen, in: RzW 17 (1966), S. 49–54, Zit. S. 50. Der damalige Oberlandesgerichtsrat in Frankfurt wörtlich: »Wenn ein Agnostiker auch im Entschädigungsrecht [...] bei dem es auf einen Freiheits- oder Unfreiheitszustand allgemein [ankommt], diese Frage nicht nur im speziellen Fall, sondern grundsätzlich nicht beantworten zu können glaubt, wird er als Sachverständiger ungeeignet sein. Auch dem von ihm erhobenen Befund könnte der Richter nicht folgen, weil dieser bereits von seinen Grundanschauungen beeinflußt sein kann, er auf eine bis ins letzte gehende Persönlichkeitsanalyse verzichtet haben kann, weil seiner Meinung nach der wirkliche Sachverhalt doch unerforschlich ist. Wie sich im Strafrecht der Gnostizismus durchzusetzen scheint, wird daher auch der Zivilrichter auf dem Gebiet der Neurosen dem Gnostizismus den

Vorzug geben.« Darüber hinaus bezeichnete Pentz es als »rechtsfehlerhaft«, einen »Sachverständigen zu bestellen, der den zu beurteilenden Erscheinungen von vornherein jeden Krankheitswert abspricht, wenn organische Schädigungen nicht feststellbar sind.« (S. 51).

169 Das BEG-Schlußgesetz ging von einer mindestens einjährigen Konzentrationslagerhaft aus. Vgl. Bundesentschädigungsgesetz, München 1966[14], S. 23.

170 § 31 (2) legte eine rückwirkende Gültigkeit der Regelung seit dem 1.10.1953 fest. Auch § 171, der die Gewährung eines Härteausgleichs regelte, wurde als Reaktion auf Veränderungen im medizinischen Wissensstand erweitert. Dessen Absatz 2 a verfügte – allerdings erst mit Wirkung vom 18.9.1965 –, dass ein Härteausgleich auch dann gewährt werden könne, »wenn die Wahrscheinlichkeit des ursächlichen Zusammenhangs zwischen einem Schaden an Körper und Gesundheit und der Verfolgung nur deshalb nicht festzustellen« sei, »weil über die Ursache des Leidens in der ärztlichen Wissenschaft Ungewißheit« bestehe. Vgl. Bundesentschädigungsgesetz, S. 23 u. 115, hier auch das Zitat.

171 Eberhard Schubert, Die derzeitige höchstrichterliche Rechtsprechung zum Neurosen-Problem im Wiedergutmachungsrecht, im Versorgungsrecht und in der gesetzlichen Unfallversicherung, in: RzW 19 (1968), S. 481–490, S. 485.

172 Seit den frühen 1960er Jahren zählten dazu vor allem William Niederland und Kurt Eissler. Vgl. dazu Eissler; sowie die gut zwei Jahrzehnte später veröffentlichte Gutachtensammlung von William Niederland, Folgen der Verfolgten: Das Überlebenden-Syndrom Seelenmord, Frankfurt a. M. 1980. Gelegentlich aufschlussreich Wenda Focke, William G. Niederland. Psychiater der Verfolgten. Seine Zeit – sein Leben – sein Werk. Ein Porträt, Würzburg 1992.

173 Die Unterzeichner warfen Strauss vor, »jüdischen Flüchtlingen gegenüber feindselig eingestellt« zu sein und »derartig grob und ungehörig« vorzugehen, dass er »mehr einem ›Peiniger‹ im Konzentrationslager als einem wohlmeinenden ärztlichen Sachverständigen« entspreche. Vgl. Pross, Kleinkrieg, S. 178, dort auch das Zitat.

174 Das geht hervor aus einem Schreiben des ORMR Goetz (UnterabteilungV b) an Unterabteilung V a, vom 17. Februar 1959, in: BA Koblenz, BA 149, 2353, Bd. 2. Auf dem 4. ordentlichen Verbandstag des Verbandes der Heimkehrer im Juni 1957 hatten die Anwesenden bereits einstimmig den Antrag angenommen, dass der Verband bei den Bundesbehörden darauf hinwirken möge, dass an Wehrdienstbeschädigte und Verfolgte des Naziregimes hinsichtlich der Nachweispflicht des Kausalzusammenhangs die gleichen Anforderungen zu stellen seien. Die Rede war hier nur von Körperbeschädigungen. Der Verband argumentierte allerdings auch in diesen Fällen, dass Wehrdienstbeschädigten vielfach eine Anerkennung des Leidens verwehrt werde, da es angeblich anlagebedingt sei, während bei Verfolgten eben auch anlagebedingte Leiden anerkannt würden. Der Verband der Heimkehrer pochte darauf, dass hiermit eine

ungleiche Behandlung vorläge, die den »Grundsatz der Gleichheit aller Staatsbürger« verletze. Archiv des Verbandes der Heimkehrer, Bonn: Beschlüsse des 4. ordentlichen Verbandstages des Verbandes der Heimkehrer, Kriegsgefangenen und Vermißtenangehörigen Deutschlands e. V., o. O. o. J. [1957], S. 9.

175 Vgl. Gesetz zur Änderung und Ergänzung des Kriegsopferrechts (Erstes Neuordnungsgesetz) vom 27. Juni 1960, in: Bundesgesetzblatt I, Nr. 32, 1960, S. 453 ff.; BVG. Gesetz über die Versorgung der Opfer des Krieges (Bundesversorgungsgesetz), München 1965; sowie Bundesversorgungsgesetz in der Fassung des Dritten Gesetzes zur Änderung und Ergänzung des Kriegsopferrechts, hg. v. Reichsbund der Kriegs- und Zivilbeschädigten, Sozialrentner und Hinterbliebenen e. V., Bonn 1967.

176 Der Verband der Heimkehrer hatte im Vorfeld des Zweiten Neuordnungsgesetzes zum BVG, das 1964 in Kraft trat, unter anderem folgenden Formulierungsvorschlag unterbreitet: »Soweit eine Kriegsgefangenschaft [...] mit extremen Lebensverhältnissen verbunden war, wird die Wahrscheinlichkeit des ursächlichen Zusammenhangs vermutet.« Durch Rechtsverordnung sollte bestimmt werden, »in welchen Kriegsgefangenenlagern und für welche Zeiträume extreme Lebensverhältnisse anzunehmen sind«. In der Referentenbesprechung des Bundesratsausschusses für Arbeit und Sozialpolitik argumentierten anscheinend einzelne Ländervertreter, dass es Spätfolgen nach extremen Lebensverhältnissen überhaupt nicht mehr gebe und es dem Einzelnen nach so langer Zeit ohnehin auch nicht möglich sei zu beweisen, dass er in bestimmten Lagern zu bestimmten Zeiten gewesen sei. Der Verband der Heimkehrer setzte sich mit seinem Vorschlag nicht durch. Archiv des Verbandes der Heimkehrer, Bonn: Wir bleiben uns treu. Ergebnisbericht, S. 28–30, Zit. S. 29.

177 Das BEG verlangte diese annähernde Gleichwertigkeit der Faktoren nicht. Bei Wiedergutmachungsfällen lag der Anteil, den der Arzt der Verfolgung als »exogenem Faktor« für die Entstehung des Leidens zusprechen musste, wie oben dargelegt, bei einem Viertel. Vgl. u. a. Heinz-Harro Rauschelbach, Unterschiede und Gemeinsamkeiten in der Begutachtung nach dem Bundesentschädigungs- und Bundesversorgungsgesetz, in: Der Medizinische Sachverständige 65 (1969), S. 248–251.

178 So wurden etwa auch sogenannte »richtunggebende Verschlimmerungen« unterschiedlich bemessen: Kam ein Arzt bei einem Entschädigungsfall zu dem Schluss, dass ein schon früher bestehendes Leiden durch die Verfolgung »richtunggebend« verschlimmert worden sei, galt die gesundheitliche Schädigung in vollem Umfang als Verfolgungsschaden. Nach dem BVG war in einem vergleichbaren Fall die Anerkennung des gesamten Leidens als »kriegsbedingt« nicht möglich; die Minderung der Erwerbsfähigkeit durfte sich nur auf den »Verschlimmerungsanteil« beziehen. Vgl. ebd., S. 249, sowie mit weiteren Beispielen auch Schubert, Rechtsprechung.

179 Vgl. Teil II, Kap. 3 a, »Die »Persönlichkeitsveränderung« bei den NS-Verfolgten«.

180 Vgl. etwa: BSG, Urteil vom 29.10.1958, in: Sammlung von Entscheidungen der Sozialversicherung, Versorgung und Arbeitslosenversicherung, begründet von Hermann Breithaupt, 48 (1959), S. 152–154 (= Breithaupt); BSG, Urteil vom 28.7.1959, in: ebd., S. 1108–1110; sowie BSG, Urteil vom 11.11.1959, in: ebd. 49 (1960), S. 146–149.

181 Gesetz über die Versorgung der Opfer des Krieges (Bundesversorgungsgesetz) in der Fassung vom 6. Juni 1956, in: Bundesgesetzblatt I, Jg. 1956, S. 475 (Hervorh. SG). Neumann, Nicht der Rede wert, S. 158, geht irrtümlicherweise davon aus, der Passus sei erst 1960 in das »Neuordnungsgesetz« eingefügt worden. Der Abschnitt aus dem Gesetz von 1956 findet sich dort im Wortlaut.

182 BSG, Urteil vom 29.10.1958, in: Breithaupt 48 (1959), S. 153. Die Anhaltspunkte für die ärztliche Gutachtertätigkeit im Versorgungswesen, Bonn 1958, S. 28, hatten festgelegt, Beurteilungsmaßstab müsse ein Beschädigter mit einer »normalen seelischen Reaktionslage« sein. In der überarbeiteten Neuausgabe der Anhaltspunkte für die ärztliche Gutachtertätigkeit im Versorgungswesen, Bonn 1965, S. 23, entfiel der entsprechende Satz.

183 BSG, Urteil vom 11.11.1959, in: Breithaupt 49 (1960), S. 148.

184 Seitenblicke auf die Urteile des BGH, auf dessen Argumentationsweise man sich positiv bezog, finden sich in den Entscheidungen des BSG immer wieder, so etwa in dem Urteil vom 29.10.1958, in: Breithaupt 48 (1959), S. 153.

185 Entscheidung des Bayer. Landessozialgerichts, 14.11.1960, in: Breithaupt 50 (1961), S. 151–155, S. 151, 153. Das Gericht verwies im Hinblick auf den medizinischen Krankheitsbegriff auf das Standardwerk von Georg Schöneberg (Hg.), Die ärztliche Beurteilung Beschädigter, Darmstadt 1955[2].

186 Entscheidung des Bayer. Landessozialgerichts, 14.11.1960, in: Breithaupt 50 (1961), S. 153; ebenso etwa: Entscheidung des Landessozialgerichts Rheinland-Pfalz, 12.5.1964, in: Breithaupt 53 (1964), S. 687–690, S. 689.

187 Exemplarisch dafür Eberhard Schubert, Die Neurose. Ihr Wesen und ihre Bedeutung in der Sozialversicherung, in: Die Sozialgerichtsbarkeit 10 (1963), S. 321–327, sowie Max Kerschbaumer, Die Neurose in der Unfallversicherung und Kriegsopferversorgung, in: Der Medizinische Sachverständige 61 (1965), S. 134–142, v. a. S. 135 f., hier mit dem Hinweis, einer für den »juristische[n] Sprachgebrauch bislang ausreichende[n] Begriffsbestimmung, wonach die Neurose als eine seelische Fehlhaltung bzw. Fehlentwicklung zu verstehen ist, die sich in seelischen, körperlichen oder in seelischen und körperlichen Leidenszuständen äußert, welchen eine objektive Grundlage fehlt.«

188 Vgl. etwa das Urteil des Bundessozialgerichts vom 20.8.1963, hier zit. nach: Günter Hennies, Kriegsopferversorgung, in: Der Medizinische Sachverständige 60 (1964), S. 71–72, Zit. S. 71.

189 Walter von Baeyer, Erlebnisreaktive Störungen und ihre Bedeutung für die Begutachtung, in: Deutsche Medizinische Wochenschrift 83 (1958), S. 2317–2322, Zit. S. 2319.

190 Ebd., S. 2319.
191 Ulrich Venzlaff, Grundsätzliche Betrachtungen über die Begutachtung erlebnisbedingter seelischer Störungen nach rassischer und politischer Verfolgung, in: RzW 10 (1959), S. 289–292.
192 Ders., Erlebnishintergrund, S. 97.
193 Walter von Baeyer u. a., Psychiatrie der Verfolgten. Psychopathologische und gutachtliche Erfahrungen an Opfern der nationalsozialistischen Verfolgung und vergleichbarer Extrembelastungen, Berlin 1964, S. III.
194 Venzlaff, Erlebnishintergrund, S. 95.
195 Ders., Grundsätzliche Betrachtungen über die Begutachtung erlebnisbedingter seelischer Störungen nach rassischer und politischer Verfolgung, in: RzW 10 (1959), S. 289–292, Zit. S. 289 u. 290.
196 Von Baeyer, Verfolgungsschäden, S. 536. Die »individuelle, lebensgeschichtliche Bedeutsamkeit« variiere, hielt der Heidelberger hier fest.
197 Ebd., S. 536.
198 A. Köhler, Die Neurose. Ihr Wesen und ihre Bedeutung in der Sozialversicherung, in: Der Medizinische Sachverständige 60 (1964), S. 165, zitiert an dieser Stelle den Bundesrichter Eberhard Schubert. In diesem Sinne auch Günter Hennies, Zum Neurose-Problem. BGH-Beschluß vom 13. Juli 1963, in: Der Medizinische Sachverständige 60 (1964), S. 119–120, S. 120.
199 Ulrich Venzlaff, Grundsätzliche Betrachtungen über die Begutachtung erlebnisbedingter seelischer Störungen nach rassischer und politischer Verfolgung, in: RzW 10 (1959), S. 289–292, Zit. S. 289 f. (Hervorh. im Orig.).
200 Hennies, Neurose-Problem, S. 120.
201 Anhaltspunkte für die ärztliche Gutachtertätigkeit im Versorgungswesen, Bonn 1965, S. 23 (Hervorh. im Orig.).
202 Um Befürchtungen seitens der Ärzte entgegenzutreten, die argumentierten, der »Neurotiker« werde im Falle einer Rentengewährung nur in seiner Vorstellung bestärkt, krank zu sein, betonte das Bundessozialgericht in einem Urteil vom 7.4.1964, dass »Maßnahmen zur Erhaltung, Besserung und Wiederherstellung der Erwerbsfähigkeit« der Vorrang vor einer Rente eingeräumt werde. Vgl. dazu die Passagen des Urteils in: Günter Hennies, Neurose und Leistungen aus der Rentenversicherung, in: Der Medizinische Sachverständige 55 (1964), S. 169–175, S. 171. Auch Hennies bekräftigte unter Berufung auf die medizinische Erfahrung: »Soweit notwendig und erfolgversprechend, zuerst und möglichst früh ärztliche Hilfe, dann unter Umständen Berufsberatung und Arbeitsvermittlung, niemals aber Rente! […] Dem Neurotiker wird mit der Rente nicht geholfen, sondern die Heilung wird erschwert, wenn nicht ganz unmöglich gemacht« (S. 172).
203 Ebd., S. 124. Diese Regelung wirkte sich möglicherweise eher auf die Begutachtung ehemaliger Flüchtlingskinder aus als auf die Antragsverfahren derjenigen Männer, die noch kurz vor Kriegsende als erst

Sechzehn- oder Siebzehnjährige zum »Volkssturm« eingezogen worden waren.

204 Ebd.

205 Dazu etwa Karl Leonhard, Lassen sich in der Begutachtung von Neurosen keine schärferen Gesichtspunkte gewinnen?, in: Der Medizinische Sachverständige 62 (1966), S. 201–210.

206 Zit. nach Hennies, Neurose, S. 171.

207 Köhler, Die Neurose, S. 165, referiert hier den Richter des Bundessozialgerichts Eberhard Schubert.

208 Vgl. Friedrich Panse, Der Krankheitswert der Neurose, in: Der Medizinische Sachverständige 61 (1965), S. 114–120.

209 Vgl. Teil II, Kap. 1 a, »Die Lehren des Krieges«.

210 Panse, S. 119, ergänzte, 38 Prozent der Rekruten seien sogar schon im Vorfeld aufgrund von neuropsychiatrischen Indikationen ausgemustert worden, womit die Brisanz der hohen Entlassungszahl noch schärfer hervortreten sollte.

211 Vgl. v. a. Pross, Kleinkrieg.

212 Vgl. jüngst: Winkler; Biess; Moeller.

213 Helmut Paul widmete sich in den späten 1950er Jahren zunächst noch ausschließlich den (psychischen) »Spätfolgen« nach Dystrophie (vgl. hierzu u. a. Die Psyche des Hungernden und des Dystrophikers, in: Extreme Lebensverhältnisse und ihre Folgen, Bd. 5, Bad Godesberg 1961, S. 5–127). 1962 begann er dann ein Forschungsprojekt, das, finanziert vom Verband der Heimkehrer, die psychischen Folgen aller Kriegsheimkehrer (auch ohne Gefangenschaftszeit) in den Blick nahm. Die Publikation der Studie erfolgte erst nach dem Tod Helmut Pauls im Jahr 1983. Zwei Mitarbeiter des Psychiatrischen Landeskrankenhauses Zwiefalten überarbeiteten drei Jahre später im Auftrag der Heimkehrerstiftung die existierende »vorläufige Rohfassung« zur Veröffentlichung. Was die »seelischen Störungen« anbelangte, kam Paul nach Auswertung seiner Ergebnisse offenbar zu dem Befund, dass diese bei ehemaligen Soldaten ohne Gefangenschaft sogar häufiger auftraten als bei Kriegsheimkehrern mit Gefangenschaftszeit. Dem entsprach auch die Stoßrichtung des abschließenden Ergebnisses, dass »einzelne erlittene Belastungen wie lange Gefangenschaft, Dystrophie oder Hirnschädigung verschiedener Art zu Leistungseinbußen führen können«, während – für Paul überraschend – »besonders starke Belastungen durch die Kombination mehrerer dieser Faktoren« sogar Leistungsverbesserung nach sich zogen. Als mögliche Erklärung erwog Paul, dass besonders geschädigte Personen entweder frühzeitig verstorben oder früher entlassen worden seien, während nur die »Leistungsfähigsten und Intelligentesten« lange und harte Jahre in der Gefangenschaft überhaupt überstanden hätten. Auch nach der Entlassung seien diese dann wiederum »zu einer Integration in die inzwischen veränderten Verhältnisse in der Heimat in der Lage« gewesen. Vgl. Helmut A. Paul, Einflüsse extremer Belastungen auf die psychischen und psychosozialen Verhältnisse ehemaliger Kriegsgefan-

gener (Extreme Lebensverhältnisse als Risikofaktoren, Bd. 8), Stuttgart 1986, S. 37ff. u. S. 89, passim.

214 Vgl. etwa Helmut Paul, Erforschung der Spätfolgen von Gefangenschaft und Deportierung, in: Ärztliche Praxis 13 (1961), S. 1565–1566. Nach Pross, Kleinkrieg, S. 176, wagten es nur wenige deutsche Ärzte, unter ihnen Venzlaff und Kluge, auf den Kongressen der Internationalen Föderation der Widerstandskämpfer aufzutreten.

215 Das bedeutet nicht, dass es nicht auch in der wissenschaftlichen Debatte vielfältige Bemühungen gegeben hätte, eine unterschiedliche psychische Belastung der einzelnen Opfergruppen zu begründen, wobei keineswegs nur zwischen deutschen Kriegsgefangenen und NS-Verfolgten differenziert wurde. So wurde gelegentlich behauptet – wie oben bereits angedeutet –, Widerstandskämpfer hätten den NS-Terror, selbst im Lager, besser verkraftet als »rassisch« Verfolgte. Andere wiederum mutmaßten, Verfolgung und Lagerhaft hätten sich auf die deutschen Juden stärker ausgewirkt als auf die polnischen oder russischen Juden, da letztere immer nur ein Leben in der Isolation und Verfolgung gekannt hätten. Vgl. etwa den Diskussionsbeitrag des Psychiaters und Psychoanalytikers Robert Gronner in: Henry Krystal (Hg.), Massive Psychic Trauma, New York 1968, S. 197.

216 Vgl. Krystal (Hg.), S. 194f. (Diskussionsbeitrag Wulf Grobin).

217 Ebd., S. 195 (Diskussionsbeitrag Henry Krystal).

218 Walter von Baeyer u. a., Psychiatrie der Verfolgten, Berlin 1964, S. 41.

219 Robert Jay Lifton, Thought Reform and the Psychology of Totalitarianism: A Study of Brainwashing in China, New York 1961.

220 Von Baeyer u. a., Psychiatrie der Verfolgten, S. 43.

221 Ebd., S. 41.

222 Ebd., S. 46f. (Hervorh. im Orig.). Die Autoren stützten sich hier auf Hans H. Kornhuber, Psychologie und Psychiatrie der Kriegsgefangenschaft, in: Psychiatrie der Gegenwart. Forschung und Praxis, Bd. 3: Soziale und angewandte Psychiatrie, Berlin 1961, S. 631–742.

223 Hermann Witter, Zur Kausalität bei sogenannten Neurosen, in: Der Medizinische Sachverständige 61 (1965), S. 143–148, S.147.

224 Vgl. etwa Kolle, S. 152; Kluge, Folgen, S. 463; sowie das Argument eines Gutachters in: Versorgungsamt Bielefeld, 143913, Bd. 1 u. 2; Handakte I a des Landesversorgungsamtes Nordrhein-Westfalen.

225 Vgl. Eberhard Lungershausen u. H. Matiar-Vahar, Erlebnisreaktive psychische Dauerschädigungen nach Kriegsgefangenschaft und Deportation, in: Der Nervenarzt 39 (1968), S. 123–126, Zit. S. 123.

226 Ebd., S. 124.

227 Ebd.

228 Ebd., S. 125.

Teil III
Psychische Leiden im Wandel der medialen Anerkennung: Öffentliche Verhandlungen, 1945–1970

1. Kriegsheimkehrer in der öffentlichen Aufmerksamkeit

1 Manig; Kühne, Vernichtungskrieg, S. 90–113; Jay Lockenour, Soldiers as Citizens: Former Wehrmacht Officers in the Federal Republic of Germany, 1945–1955, Lincoln, Nebr. 2001.

2 Albrecht Lehmann, Gefangenschaft und Heimkehr. Deutsche Kriegsgefangene in der Sowjetunion, München 1986; ebenso die Beiträge in: Anette Kaminsky (Hg.), Heimkehr 1948. Geschichte und Schicksale deutscher Kriegsgefangener, München 1998; sowie Andreas Hilger, Deutsche Kriegsgefangene in der Sowjetunion 1941–1956. Kriegsgefangenschaft, Lageralltag und Erinnerung, Essen 2000.

3 Andreas Etges, Der Deutungswandel des Zweiten Weltkriegs in US-amerikanischen Filmen am Beispiel von »The Best Years of our Lives« und »Saving Private Ryan«, in: Bernhard Chiari u. a. (Hg.), Krieg und Militär im Film des 20. Jahrhunderts, München 2003, S. 163–178, weist im Grunde auf eine ähnliche Verschiebung in den USA hin. Während der 1946 erschienene Spielfilm »The Best Years of our Lives« die außerordentlichen Anpassungsschwierigkeiten der körperlich versehrten und auch psychisch durch den Krieg belasteten Heimkehrer in der unmittelbaren Nachkriegszeit offen thematisierte und demnach für eine Phase stand, in der man den Zweiten Weltkrieg nicht »nur als gute[n] Krieg« erinnerte, wurde diese schwierige Thematik schon nach wenigen Jahren aus den Filmen ausgeklammert und von Darstellungen heldenhafter Soldaten abgelöst.

4 Zu den »Trümmerfilmen« vgl. u. a. Robert R. Shandley, Rubble Films: German Cinema in the Shadow of the Third Reich, Philadelphia 2001; Ulrike Weckel, The *Mitläufer* in Two German Postwar Films, in: History & Memory, Jg. 15, 2003, S. 64–93; Thomas Brandlmeier, Von Hitler zu Adenauer: Deutsche Trümmerfilme, in: Hilmar Hoffmann u. Walter Schobert (Hg.), Zwischen Gestern und Morgen: Westdeutscher Nachkriegsfilm 1946–1962, Frankfurt a. M. 1989, S. 33–59. Mit Blick auf die Kriegsgefangenen und Kriegsheimkehrer im Nachkriegsfilm der 1950er Jahre: Robert G. Moeller, War Stories, Berkeley, S. 2001, S. 123 ff. Allgemein zur Geschichte des deutschen Nachkriegsfilms vgl. v. a. Peter Reichel, Erfundene Erinnerung. Weltkrieg und Judenmord in Film und Theater, Wien 2004; Frank Stern, Film in the 1950s. Passing Images of Guilt and Responsibility, in: Hanna Schissler (Hg.), S. 266–280; Heide Fehrenbach, Cinema in Democratizing Germany. Reconstructing National Identity after Hitler, Chapel Hill 1995; Irmgard Wilharm, Bewegte Spuren. Studien zur Zeitgeschichte im Film, Hannover 2006, insbes. S. 95 ff.

5 Die Mörder sind unter uns, Drehbuch: Wolfgang Staudte, Regie: Ders.; Produktion: 1946; Irgendwo in Berlin, Drehbuch: Gerhard Lamprecht,

Regie: Ders., Produktion: 1946. Die nachfolgenden wörtlichen Zitate stammen immer aus dem Tonträgermaterial.

6 Brandlmeier, S. 34, ist insofern durchaus zu widersprechen, als er behauptet, die »Trümmerfilme« hätten mit der Alltagsrealität der Nachkriegsgesellschaft wenig zu tun.

7 Und über uns der Himmel, Drehbuch: Gerhard Grindel, Regie: Josef von Baky, Produktion 1947. In diese Reihe gehört auch der Film *Liebe 47*, dem Wolfgang Borcherts »Draußen vor der Tür« zugrunde liegt (Drehbuch: Wolfgang Liebeneiner, Regie: Ders., Produktion 1949). Hier ist es der ehemalige Unteroffizier und Russlandheimkehrer Beckmann, der an seinen Schuldgefühlen wegen des Tods von elf Soldaten nahezu zerbricht. Des Nachts suchen ihn in seinen Alpträumen die Angehörigen dieser Soldaten heim. Eine Analyse der unterschiedlichen Inszenierungen von Borcherts Stück in der Hörspiel-, Bühnen- und Filmfassung bei Weckel, Spielarten.

8 Exemplarisch dafür die zweite Hauptfigur in *Die Mörder sind unter uns*, Susanne Wallner (Hildegard Knef), die aus dem Konzentrationslager nach Berlin zurückkehrt, wo sie Mertens in ihrer bombengeschädigten Wohnung auffindet, ihn aber nicht hinauswirft, sondern sich mit ihm dort arrangiert. Anders als Mertens ist Wallner zupackend und vorwärtsschauend, fängt gleich wieder an zu arbeiten. Vgl. hierzu auch Ulrike Weckel, Die Mörder sind unter uns oder: Vom Verschwinden der Opfer, in: Werkstatt Geschichte 25 (2000), S. 105–115.

9 Überlegungen zur ›Ausblendung‹ der Neuordnung der Geschlechterverhältnisse in der Nachkriegszeit in ebendiesem Film: Weckel, *Die Mörder sind unter uns*, S. 107 ff. Zur diskursiven Verschiebung der Geschlechteridentität in den frühen Nachkriegsjahren im Medium des Films auch: Massimo Perinelli, Liebe 47 – Gesellschaft 49. Geschlechterverhältnisse in der deutschen Nachkriegszeit. Eine Analyse des Films *Liebe 47*, Münster 1999.

10 Vgl. ausführlich dazu Teil II, Kap. 1 b, »Die Psychiatrie der Heimkehrer«.

11 Die schon zu den späteren Trümmerfilmen zu rechnende *Berliner Ballade* (Drehbuch: Günter Neumann, Regie: Robert A. Stemmle, Produktion: 1948), eine Nachkriegssatire, zeichnet bereits das Bild einer Gesellschaft, die den Kriegsheimkehrern gar keine große Aufmerksamkeit mehr schenkt, ja, sogar regelrecht genervt von ihnen ist. Diese Ballade des Heimkehrers »Otto Normalverbraucher«, der den Traum hat, sich einmal wieder so richtig satt zu essen, wird rückblickend aus dem Jahr 2048 erzählt. Als der Kriegsheimkehrer ins Bild tritt, kommentiert die Erzählstimme die mutmaßliche Reaktion der Zuschauer von 1948 in eben jenem genervt-gelangweilt-überdrüssigen Ton, der die damalige Stimmung einfangen soll: »›Ei je‹, werden die Kinobesucher damals gesagt haben, als sie diese Bilder sahen, ›ach, schon wieder ein Heimkehrerfilm‹. Denn solche Aufnahmen sah man damals alle Tage.« Spätere Szenen unterstreichen die Ignoranz und die Abfälligkeit, mit der

eine bereits wieder zu Wohlstand gekommene Gesellschaft den Kriegsheimkehrern begegnet.

12 Gedächtnisschwund und schwache Nerven. Psychische Folgen des Zusammenbruchs – Was sagt der Nervenarzt?, in: *Süddeutsche Zeitung*, 30.9.1947, S. 3. Häufiger noch finden sich sehr viel allgemeiner formulierte Klagen darüber, dass die sichtbare Zertrümmerung der Bauten nur einen Teil der Verwüstungen abbilde, die der Krieg hinterlassen habe, da auch die »seelischen Kräfte« zerschlagen worden seien. So etwa: Stunde der Prüfung, in: *Die Zeit*, 28.2.1946, S. 1. Unter dem Titel »Überwindung seelischer Depression« konstatierte die Bremer Lokalzeitung *Weser-Kurier* in ihrer Ausgabe vom 11.9.1948, S. 4, dass »die psychische Belastung der Gegenwart« nach Hilfen verlange, »die eine nachhaltige Heilung all den Unglücklichen bringen könnten, die ihr seelisches Gleichgewicht verloren« hätten. Zu diesem Zweck habe sich in Bremen die »Gesellschaft für praktische Psychologie« gegründet. Eine Reihe »aufklärender Vorträge«, gehalten von Seelsorgern und Ärzten, wurde in diesem Rahmen ins Leben gerufen. In der Bevölkerung war dies angeblich auf starkes Interesse gestoßen.

13 Vgl. dazu die zahlreichen Beispiele im ersten Teil dieser Arbeit, vor allem in Kap. 1 b, »Das Echo der Angst«, Kap. 2 a, »Wahn und Wirklichkeit«, sowie Kap. 3, »Soziale Trümmer«.

14 Gedächtnisschwund und schwache Nerven, in: *Süddeutsche Zeitung*, 30.9.1947, S. 3.

15 Wie man etwa aus der Stuttgarter Zeitung vom 9.8.1947, S. 3, erfahren konnte, lagen zu diesem Zeitpunkt erstmals Zahlen aus dem Innenministerium über das »vorläufige Ergebnis der amtlichen Registrierung von Kriegsgefangenen und Vermißten der ehemaligen Wehrmacht in Württemberg-Baden« vor. Als weitere Beispiele: Deutsche Kriegsgefangene in Rußland, in: Frankfurter Hefte 2 (1947), S. 331–332; u. Weser-Kurier, 2.10.1948, S. 2. Die Art der Berichterstattung spiegelt deutlich, dass es in hohem Maße darum ging, erst einmal Klarheit darüber zu gewinnen, wie viele Soldaten überhaupt überlebt hatten und als Heimkehrer zu erwarten waren. Diese Problemlage heben auch hervor Gregor, ›Is he still alive or long since dead?‹, u. Kühne, Vernichtungskrieg, S. 91, mit Beispielen für ein Veteranentreffen 1952. Vgl. zudem Teil I, Kap. 2 a, »Wahn und Wirklichkeit«, dort auch weitere Literaturangaben.

16 Vgl. als sehr frühe Beispiele sowohl zur französischen als auch zur russischen Kriegsgefangenschaft: Deutsche Kriegsgefangene, in: Stuttgarter Zeitung, 31.10.1945, S. 1; u. Die Heimkehrer berichten. Erlebnisse aus russischen Kriegsgefangenen-Lagern, in: *Die Zeit*, 29.8.1946, S. 2. Zur ›Verstärkerrolle‹ der christlichen Kirchen vgl. Biess, Homecomings, S. 56ff. Vgl. a. Michael Borchard, Die deutschen Kriegsgefangenen in der Sowjetunion. Zur politischen Bedeutung der Kriegsgefangenenfrage 1949–1955, Düsseldorf 2000.

17 Diese Verschiebung wird häufig gar nicht registriert. Tatsächlich ist das anfängliche Bemühen um eine rein sachliche Bekanntgabe von Daten

und Hinweisen auf die Tätigkeiten, zu denen die Kriegsgefangenen in den sowjetischen Lagern herangezogen wurden, in vielen Fällen auffallend. Dass sich der Ton deutlich veränderte, erklärt sich vermutlich aus einem Bündel an Ursachen: Dazu muss der sich bereits verschärfende Kalte Krieg ebenso gerechnet werden wie die in der Bundesrepublik schon bald einsetzenden Amnestierungen; ferner der im Vergleich mit den Heimkehrern aus den westlichen Lagern häufig erheblich schlechtere Gesundheitszustand der Kriegsgefangenen aus der Sowjetunion, schließlich der Umstand, dass die Kriegsgefangenen aus westlichem Gewahrsam bis 1948/1949 fast ausnahmslos entlassen worden waren.

18 Vgl. Erholungsbedürftige Heimkehrer finden gute Unterkunft, in: Stuttgarter Zeitung, 10.12.1947.

19 Ebd. (Hervorh. im Orig.).

20 Dieser Appell richtete sich in erster Linie an Familien und Behörden. Vgl. etwa Ehen in der Krise, in: Weser-Kurier, 13.10.1945, S. 3; Kriegsgefangene in ärztlicher Behandlung, in: Stuttgarter Zeitung, 19.11.1947; Heimkehrer ohne Heimkehr, in: *Die Zeit*, 22.7.1948; Heimkehrer ohne Heim, in: ebd., 30.9.1948, S. 1. Vgl. des Weiteren u. a. Franka Schneider, »Einigkeit im Unglück«? Berliner Eheberatungsstellen zwischen Ehekrise und Wiederaufbau, in: Naumann (Hg.), Nachkrieg in Deutschland, Hamburg 2001, S. 206–226.

21 Die Heimkehrer berichten, in: *Die Zeit*, 29.8.1946, S. 2.

22 Typisch etwa: Mehr Kalorien für Rußlandheimkehrer, in: Stuttgarter Zeitung, 9.8.1947, sowie Kriegsgefangene in ärztlicher Behandlung, in: Stuttgarter Zeitung, 19.11.1947.

23 Paradigmatisch: Ein Heimkehrer-Sanatorium in Adelheide, in: Weser-Kurier, 2.4.1949.

24 Tatsächlich schien den Kriegsversehrten in den ersten Nachkriegsjahren ein besonderer Platz in den Spalten der Zeitungen eingeräumt zu werden. Eine besondere Verpflichtung gegenüber den Kriegsversehrten ergab sich, wie *Die Zeit* ein Jahr nach Kriegsende erläuterte, dadurch, dass die Kriegsbeschädigten »ihr Bestes, nämlich ihre Gesundheit geopfert« hätten, ein Beweis der »Pflichterfüllung bis zum letzten«, hieß es zum Abschluss des Artikels. Kriegsbeschädigte, in: *Die Zeit*, 16.5.1946, S. 7. Zum Versehrten als Vorbild vgl. etwa auch: Ist der Amputierte ein Krüppel? Der Appell eines Kriegsverletzten, in: Weser-Kurier, 14.8.1946, S. 3.

25 Das Tor der guten Hoffnung. Besuch im Hospital der Kriegsversehrten, in: *Die Zeit*, 11.7.1946, S. 2. Deutlich weniger euphemistisch die beiden später erscheinenden Artikel: Die Sorge für die Kriegsbeschädigten, in: Frankfurter Hefte 5 (1950), S. 124–125, sowie Versehrtsein als Schicksal, in: ebd. 8 (1953), S. 751–756.

26 Deutlich etwa in: Ist der Amputierte ein Krüppel? Der Appell eines Kriegsverletzten, in: Weser-Kurier, 14.8.1946, S. 3. Auch nach dem Ersten Weltkrieg hatte man eine solche Tendenz beobachten können, sobald nach der Demobilisierung wieder genug Arbeitskräfte zur Verfügung

standen. Das Arbeitsministerium hatte damals versucht, mit Hilfe des Gesetzes über die Beschäftigung Schwerbeschädigter vom 6.4.1920 einzugreifen. In Betrieben ab fünfundzwanzig Beschäftigten sollten zwei Prozent der Arbeitsplätze mit einem anerkannten Schwerbeschädigten besetzt werden. Nach dem Ende des Zweiten Weltkrieges kam es erst mit der Verabschiedung des Schwerbeschädigtengesetzes vom 16.6.1953 wieder zu einer bundesweit einheitlichen Rechtslösung. Die Schwerbeschädigtenquote war nun bei Betrieben mit mehr als sieben Beschäftigten auf sechs Prozent, in der öffentlichen Verwaltung auf zehn Prozent festgelegt worden. Für jeden nicht belegten Pflichtplatz war eine Ausgleichsabgabe von 50,– DM zu bezahlen. Vgl. Deborah Cohen, The War Come Home. Disabled Veterans in Britain and Germany, 1914–1939, Berkeley 2001, S. 157, sowie Neumann, Nicht der Rede wert, S. 146 f., u. Uta Krukowska, Kriegsversehrte. Allgemeine Lebensbedingungen und medizinische Versorgung deutscher Versehrter nach dem Zweiten Weltkrieg in der britischen Besatzungszone Deutschlands – dargestellt am Beispiel der Stadt Hamburg, Hamburg 2006, S. 109 ff.

27 Sabine Kienitz, Körper-Beschädigungen. Kriegsinvalidität und Männlichkeitskonstruktionen in der Weimarer Republik, in: Karen Hagemann u. Stefanie Schüler-Springorum (Hg.), Heimat-Front. Militär und Geschlechterverhältnisse im Zeitalter der Weltkriege, Frankfurt a. M. 2002, S. 188–207, insbes. S. 198 ff. Beate Fieseler, Der Kriegsinvalide in sowjetischen Spielfilmen der Kriegs- und Nachkriegszeit (1944 bis 1964), in: Bernhard Chiari u. a., Krieg und Militär im Film des 20. Jahrhunderts, München 2003, S. 199–222, macht ähnliche Beobachtungen im Hinblick auf die öffentliche Darstellung von Kriegsversehrten in der Sowjetunion.

28 Vgl. Versehrtsein als Schicksal, in: Frankfurter Hefte 8 (1953), S. 751–756, S. 753. Als Beispiel für eine explizite Abgrenzung der Amputierten von den Hirnverletzen in deutlich stigmatisierendem Tenor: Ist der Amputierte ein Krüppel? Der Appell eines Kriegsverletzten, in: Weser-Kurier, 14.8.1946, S. 3.

29 Das lässt sich vor allem dort beobachten, wo über die Geschlechterordnung und die »Krise der Ehe« debattiert wurde. Vgl. u. a. Schneider, »Einigkeit im Unglück«?, S. 214; Uta Poiger, Krise der Männlichkeit. Remaskulinisierung in beiden deutschen Staaten, in: Naumann (Hg.), S. 227–263, S. 228 f.

30 Detlef Briesen u. Klaus Weinhauer (Hg.), Jugend, Delinquenz und gesellschaftlicher Wandel. Bundesrepublik Deutschland und USA nach dem Zweiten Weltkrieg, Essen 2006; Imanuel Baumann, Dem Verbrechen auf der Spur. Eine Geschichte der Kriminologie und Kriminalpolitik in Deutschland, 1880 bis 1980, Göttingen 2006.

31 Rüdiger Proske u. Walter Weymann-Weyhe, Wir aus dem Kriege. Der Weg der jüngeren Generation, in: Frankfurter Hefte, Jg. 3, H. 9, 1948, S. 792–803, Zit. S. 792.

32 Ebd., S. 793 f. Die Autoren spielten hier an auf das Buch von Max Picard, Hitler in uns selbst, Erlenbach-Zürich 1946.

33 Proske u. Weymann-Weyhe, Wir aus dem Kriege, S. 794.
34 Ebd.
35 Ebd., S. 795f., Zit. S. 796.
36 Vgl. dazu Svenja Goltermann, Gestörte Beziehungen. Das Kriegserlebnis als familiärer Deutungskonflikt in der Nachkriegszeit, in: Daniel Fulda u. Till van Rahden (Hg.), Demokratie im Schatten der Gewalt. Geschichten des Privaten im deutschen Nachkrieg 1945–2005, Göttingen 2008. Zahlreiche Beispiele dafür auch in Teil I, Kap. 3, »Soziale Trümmer«.
37 Proske u. Weymann-Weyhe, Wir aus dem Kriege, S. 797 (Hervorh. im Orig.).
38 Vgl. dazu ausführlich: Jörg Echternkamp, Wut auf die Wehrmacht? Vom Bild der deutschen Soldaten in der unmittelbaren Nachkriegszeit, in: Rolf-Dieter Müller und Hans-Erich Volkmann (Hg.), Die Wehrmacht. Mythos und Realität, München 1999, S. 1058–1080, v. a. S. 1060ff.
39 Man denke in diesem Zusammenhang auch an den politisch-moralischen Erziehungsauftrag der Lizenzpresse, die sich bisweilen einen dezidierten »Antimilitarismus« auf ihre Fahnen geschrieben hatte. Vgl. u. a. Echternkamp, Wut, S. 1060.
40 Vgl. Biess, Homecomings; Moeller, War Stories; Michael Borchard, Die deutschen Kriegsgefangenen in der Sowjetunion. Zur politischen Bedeutung der Kriegsgefangenenfrage 1949–1955, Düsseldorf 2000.
41 »Stacheldrahtkrankheit« der Gefangenen, in: *Die Zeit*, 20.1.1949, S. 10.
42 Die seelische Situation der Kriegsgefangenen und die innere Gesundung des Heimkehrers. Referat, gehalten von Herrn Dr. Walter Hemsing bei der Tagung der Arbeitsgemeinschaft für die kulturelle Betreuung der Kriegsgefangenen und Heimkehrer auf dem Comburg (Schwäbisch Hall) am 31. Juni 1948, in: BA Koblenz, B 150, 339 (Heft 1). Ähnlich in der Stoßrichtung: Walter Hemsing, Seelische Not hinter Stacheldraht, in: Caritas 49 (1948), S. 6–10, S. 6f.
43 »Stacheldrahtkrankheit« der Gefangenen, in: *Die Zeit*, 20.1.1949, S. 10.
44 Ebd. Gestützt auf offizielle Berichte der englischen Besatzer aus dem Jahr 1945 über die Lebenssituation im Nachkriegsdeutschland erwähnt Diehl, Thanks, S. 69, es sei von Beispielen berichtet worden, in denen Kriegsheimkehrer, die ihre Häuser zerstört oder ihre Angehörigen nicht mehr lebend vorgefunden hätten, in ihr Kriegsgefangenenlager zurückgekehrt seien.
45 Ein Beispiel dafür ist die Serie: Was sie in Sowjetrußland erlebten. Berichte deutscher Kriegsgefangener (Teil 1: Alte Tyrannei und neues Unrecht; Teil 2: Das Gebot der Kopfzahl; Teil 3: Das Geheimnis der östlichen Mentalität), in: *Die Zeit*, 24.8.1950, S. 9; 31.8.1950, S. 9; 7.9.1950, S. 9.
46 Was sie in Sowjetrußland erlebten, Teil 1, in: *Die Zeit*, 24.8.1950, S. 9. »Seelenqual in Kriegsgefangenschaft« lautete wiederum die Überschrift eines Artikels im Weser-Kurier vom 18.10.1949, S. 2, in dem es allerdings in keiner weiteren Zeile darum ging, ob die Kriegsgefangenen der andauernden Lagerhaft psychisch standhielten. Der Begriff der »Seelen-

qual« markierte vielmehr das Ausmaß des Unrechts, das den Kriegsgefangenen widerfahre, die weiterhin in den Lagern östlich der Bundesrepublik zurückgehalten würden. Der Artikel ließ keinen Zweifel, dass man sich in dieser Frage auch der Unterstützung der USA sicher sein könne: Aus »Washingtoner Kreisen« sei laut geworden, hieß es, dass es sich bei der sowjetischen Kriegsgefangenenpolitik um »eine ungerechtfertigte und jeder Menschlichkeit hohnsprechende Quälerei deutscher Menschen« handele.

47 Das gilt in besonderem Maße für die Patientenakten aus den ersten fünf Nachkriegsjahren. Aus den herangezogenen Fällen im ersten Teil der Arbeit seien hier nur genannt: HBAB Morija (3959), hier spricht die Mutter von Rudolf R. 1946 von einem »Nervenzusammenbruch« ihres Sohnes; in (4379) schreibt der Vater von Friedrich H. in einem Brief aus dem Jahr 1947 von einem vermutlich stattgefundenen »Nervenzusammenbruch« seines Sohnes nach der Rückkehr aus der Gefangenschaft; in (4946) erklärt Rudolf B. im Jahr 1949, er sei seit seiner Verwundung mit den »Nerven« so herunter; im Verlauf seiner psychiatrischen Behandlung fasst er den Entschluss, Antrag auf Erhöhung seiner Kriegsrente zu stellen, da er überzeugt ist, dass sein »Nervenzusammenbruch« Folge der erlittenen Schädigung während des Wehrdienstes ist. Die offizielle Diagnose des Arztes lautet demgegenüber »psychopathische Reaktion«.

48 »Stacheldrahtkrankheit« der Gefangenen, in: *Die Zeit*, 20.1.1949, S. 10.

49 Angeblich ließ sich generell ein wachsender Zustrom zu »Wunderdoktoren«, aber auch zu »praktizierenden Heilern«, darunter viele approbierte Ärzte, beobachten, deren Methoden denen der »Wunderdoktoren« ähnlich seien. Diese Tendenz wurde als alarmierend empfunden, aber auch als zeitspezifisches Symptom, in dem sich ein verstärktes Bedürfnis ausdrücke, den kranken Menschen auf andere Weise in den Blick zu nehmen. Vor der psychosomatischen Forschung wurde hingegen explizit nicht gewarnt, sie stelle vielmehr einen der vielversprechenden Ansätze dar. Vgl. Ein Psychologe zum Fall Gröning, in: *Süddeutsche Zeitung*, 16.7.1949, S. 6, und die Ausführungen in Teil II, Kap. 2 b, »Der Streit um die Erblichkeit«.

50 Vgl. dazu allgemein Harrington; sowie jetzt auch Martin Dehli, Leben als Konflikt. Zur Biografie Alexander Mitscherlichs, Göttingen 2007; demnächst außerdem Tobias Freimüller, Alexander Mitscherlich. Biographie und Wirkungsgeschichte eines kritischen Intellektuellen (Diss. Jena 2006). Idealisierend: Günter Goldbach, Der ganze Mensch im Blickfeld. Aus der Geschichte der psychosomatischen Medizin in Deutschland, Baden-Baden 2006.

51 Beispielhaft dafür: Medizinischer Massenmord, in: *Süddeutsche Zeitung*, 12.12.1946, S. 1; Das ärztliche Experiment, in: ebd., S. 2; Sühne für ungezählte Verbrechen, in: ebd., 21.12.1946, S. 2; Unmenschliche Wissenschaft, in: Weser-Kurier, 30.10.1946, S. 2.; Sterilisierung als Waffe. Erschütternde Zeugenaussagen im Nürnberger Ärzteprozeß, in: ebd., 18.12.1946, S. 2; Krise der Humanität, in: *Die Zeit*, 13.2.1947, S. 3.

52 Vgl. u. a. Vom Arzt, vom Kranken und von der Gesundheit. Gedanken zum Nürnberger Ärzteprozeß, in: *Süddeutsche Zeitung*, 8.3.1947, S. 5; Hedwig Conrad-Martius, Wie hängen Leib und Seele zusammen, in: ebd., 4.9.1948, S. 5.

53 Bezogen auf die Nachkriegszeit vgl. dazu auch Teil II, Kap. 1 a, »Die Psychiatrie der Heimkehrer«, u. Kap. 2 b, »Der Streit um die Erblichkeit«. Hinweise darauf auch bei Ackermann, mit explizitem Bezug auf Mitscherlich, der »im Jahre 1947 seine Wissenschaft als Schlüssel für die ›Erneuerung‹ Deutschlands und sogar für das ›Glück‹ seiner Jugend« empfohlen habe, S. 440.

54 Zit. nach Jürgen Peter, Unmittelbare Reaktionen auf den Prozeß, in: Ebbinghaus u. Dörner (Hg.), S. 452–475, S. 459. Alexander Mitscherlich u. Fred Mielke, Das Diktat der Menschenverachtung. Der Nürnberger Ärzteprozeß und seine Quellen, Heidelberg 1947. Wie Peter herausarbeitet, waren Mitscherlichs Beurteilungen seinerzeit ausgesprochen widersprüchlich, an anderer Stelle zeigte er sich äußerst zufrieden, da die Veröffentlichung »im In- und Ausland große Beachtung« fände. In Mitscherlichs Autobiografie (Ein Leben für die Psychoanalyse. Anmerkungen zu meiner Zeit, Frankfurt a. M. 1984) bleibt allein ein negatives Urteil (vgl. Peter, S. 458 f., Zit. S. 458).

55 Vgl. etwa: Vom Arzt, vom Kranken und von der Gesundheit. Gedanken zum Nürnberger Ärzteprozeß, in: *Süddeutsche Zeitung*, 8.3.1947, S. 5, hier vor allem auch mit Bezug auf Mitscherlichs Schriften.

56 Da sowohl im Zuge des Nürnberger Ärzteprozesses als auch in später folgenden Prozessen gegen Ärzte davon berichtet wurde, dass die Krankenmorde auch »Alte, Sieche und Erholungsbedürftige ohne jede ›Beurteilung ihres Zustandes‹« mit einschlossen, wie es beispielsweise *Der Spiegel* 1950 berichtete, war die Erschütterung innerhalb der Gesellschaft vermutlich besonders groß. Listen mit roten Kreuzen, in: *Der Spiegel*, 18.5.1950, S. 8–9, Zit. S. 8. Grundlegend zur Euthanasie immer noch: Hans-Walter Schmuhl, Rassenhygiene, Nationalsozialismus, Euthanasie. Von der Verhütung zur Vernichtung lebensunwerten Lebens, Göttingen 1992[2]. Statt einer Vielzahl von Einzelstudien über verschiedene Tötungsanstalten vgl. den breiter gefassten Überblick von Winfried Süß, Der »Volkskörper« im Krieg. Gesundheitspolitik, Gesundheitsverhältnisse und Krankenmord im nationalsozialistischen Deutschland, 1939–1945, München 2003, dort auch umfassende Literaturangaben.

57 Vgl. u. a. Zehntausende in den Gaskammern von Grafeneck. »Grauenhaft sachliches« Prozeßmaterial im Rittersaal – Euthanasie-Befehl und ärztliches Gewissen, in: *Süddeutsche Zeitung*, 2.7.1949. Aufschlussreich ist in diesem Zusammenhang auch die Berichterstattung über den Prozess gegen den Psychiater Dr. Corten, auf dem der Verdacht lastete, dreimal die Einweisung seiner Frau in eine psychiatrische Anstalt erwirkt zu haben, um sich ihrer zu entledigen. Der Fall machte in der Öffentlichkeit Furore und führte das angespannte Verhältnis zur Psychiatrie – in einem Leserbrief war auch von einem gänzlich verschwundenen »Ver-

trauensverhältnis« die Rede – deutlich vor Augen. Vgl. dazu die Berichterstattung in *Die Zeit* ab November 1950; insbesondere der Leserbrief in *Die Zeit*, 4.1.1951. Zum »Fall« Corten ausführlicher: Cornelia Brink, Zwangseinweisungen in die Psychiatrie, in: Ulrich Herbert (Hg.), Wandlungsprozesse in Westdeutschland. Belastung, Integration, Liberalisierung 1945–1980, Göttingen 2002, S. 467–507, S. 469ff., sowie Thorsten Noack, Über Kaninchen und Giftschlangen – Psychiatrie und Öffentlichkeit in der frühen Bundesrepublik, in: Heiner Fangerau u. Karen Nolte (Hg.), »Moderne« Anstaltspsychiatrie im 19. und 20. Jahrhundert. Legitimation und Kritik, Stuttgart 2006, S. 311–340.

58 Vgl. Immer neue Methoden der Psychoanalyse, in: *Die Zeit*, 11.1.1951, S. 11. Ein Bild der Willkür in den psychiatrischen Anstalten zeichnet: »Ich war im Irrenhaus.« Nachhaltige Eindrücke und der Protest eines geistig Normalen, in: FAZ, 2.11.1949, S. 10.

59 Vgl. etwa: Krankheit bedeutet häufig Krise. Über die psychosomatische Medizin – Eine Wissenschaft am Anfang, in: *Die Zeit*, 5.5.1949; Über den Sinn der Krankheit. Umschaltung der Medizin vom Patienten auf den Menschen – Thesen aus der Hamburger Rektoratsrede von Arthur Jores, in: ebd., 23.11.1950, S. 4.

60 Beispiele dafür sind: Heimkehrer, die keine sind, in: *Die Zeit*, 14.5.1953; Dystrophie. Die Krankheit der Heimkehrer, in: *Der Spiegel*, 7.10.1953, S. 26–27. HStA Stuttgart EA/8002, Bü 13: Die Heimkehrer-Krankheit. Das Schreckgespenst der Dystrophie, in: Badische Rundschau, 21./22.11.1953. HStA Stuttgart EA/8002, Bü 14: Die Heimkehrer-Krankheit. Stoffwechselentgleisung und Kontaktschwierigkeiten hängen zusammen, in: Deutsche Zeitung, 28.10.1953, S. 12; Wie geht es unseren Kriegsgefangenen? Erste Ärztetagung des Heimkehrerverbandes – Späte Schäden schwer zu heilen, in: Stuttgarter Zeitung, 20.4.1953, S. 6; Heimkehrer in seelischer Not. Reihenuntersuchungen nach Jahren notwendig, in: Deutsches Volksblatt, 16.12.1953, S. 3. Vgl. auch die Ausführungen zur Dystrophie in Teil II, Kap. 1 b, »Die Psychiatrie der Heimkehrer«.

61 Gauger, Dystrophie. Zur Person Kurt Gauger vgl. die Hinweise in Teil II, Kap. 2 b, »Der Streit um die Erblichkeit«. Aufgegriffen und weiterempfohlen wurde das Buch Gaugers auch von der Evangelischen Kirche. Die Kirchenkanzlei, die vor allem durch die Auswirken dystrophischer Erkrankungen, auch in Gestalt psychischer Schädigungen, auf die Ehe besorgt war, wies in einem Schreiben vom 4. November 1953 an alle deutschen evangelischen Landeskirchen in Westdeutschland auf dieses Buch ausdrücklich hin. Landeskirchliches Archiv Bielefeld, C 11–04, Bd. 4.

62 Ausführlicher dazu Teil II, Kap. 1 b, Die Psychiatrie der Heimkehrer.

63 Dystrophie. Die Krankheit der Heimkehrer, in: *Der Spiegel*, 7.10.1953, S. 26.

64 Die Heimkehrer-Krankheit. Stoffwechselentgleisung und Kontaktschwierigkeiten hängen zusammen, in: Deutsche Zeitung, 28.10.1953, S. 12 (HStA Stuttgart, EA/8002, Bü 14).

65 Vgl. u.a. ebd.
66 Beispiele sind: Heimkehrer, die keine sind, in: *Die Zeit*, 14.5.1953, S. 6, u. Heimkehrer in seelischer Not. Reihenuntersuchungen nach Jahren notwendig, in: Deutsches Volksblatt, 16.12.1953, S. 3 (HStA Stuttgart, EA/8002, Bü 13). Vgl. auch Moeller, Last Soldiers.
67 Vgl. etwa: Die Heimkehrer-Krankheit. Stoffwechselentgleisung und Kontaktschwierigkeiten hängen zusammen, in: Deutsche Zeitung, 28.10.1953, S. 12 (HStA Stuttgart, EA/8002, Bü 14), hier auch das Zitat.
68 Dystrophie. Die Krankheit der Heimkehrer, in: *Der Spiegel*, 7.10.1953, S. 26.
69 Ebd.
70 Heimkehrer, die keine sind, in: *Die Zeit*, 14.5.1953, S. 6.
71 Vgl. v. a. die Kapitel im zweiten Teil dieser Arbeit, hier insbes. Kap. 2 b, »Der Streit um die Erblichkeit«.
72 Dystrophie. Die Krankheit der Heimkehrer, in: *Der Spiegel*, 7.10.1953, S. 26f.
73 Eine solche Rhetorik der Viktimisierung betonen vor allem Moeller, War Stories, u. Biess, Homecomings.
74 Heimkehrer, die keine sind, in: *Die Zeit*, 14.5.1953, S. 6. Der gleiche Tenor ist zu finden in: Dystrophie. Die Krankheit der Heimkehrer, in: *Der Spiegel*, 7.10.1953; er sprach – und zitierte Gauger – von einer »systematischen Dystrophisierung von Millionen« (S. 27).
75 Beispiele dafür sind: Wie geht es unseren Kriegsgefangenen? Erste Ärztetagung des Heimkehrerverbandes – Späte Schäden schwer zu heilen, in: Stuttgarter Zeitung, 20.4.1953, S. 6, u. Die Folgen der Dystrophie. Ärzte fordern ein Forschungsinstitut für die Gesundheitsschäden der Heimkehrer, in: Schwäbisches Tageblatt, 23.10.1953, S. 3 (beide aus: HStA Stuttgart, EA/8002, Bü 14).
76 Ein kurzer Abriss über die durch den Koreakrieg beschleunigte Bündnisbildung und Westintegration der Bundesrepublik bei Bernd Stöver, Der Kalte Krieg, München 2007, S. 35ff.
77 Viele sagen: Heimkehren ist schwerer als Weggehen, in: *Die Zeit*, 15.12.1955, S. 3 (Hervorh. im Orig.).
78 Besonders prägnant formuliert in: Der Freiheit entwöhnt. Heimkehrer brauchen zur Umstellung viel Zeit und Geduld, in: Deutsche Zeitung, 17.12.1955, S. 3 (HStA Stuttgart, EA/8002, Bü 13). Zahlreiche weitere Beispiele in: Moeller, War Stories, S. 88ff., sowie Biess, Männer, S. 352f.
79 Beispiele dafür sind: Franz Petrasch, Lebenskonflikt und Krankheit, in: Frankfurter Hefte, 8 (1953), S. 681–687, u. Die Renten-Neurose. Das Recht auf Krankheit und die Pflicht zur Gesundheit, in: *Die Zeit*, 6.5.1954, S. 1.
80 Franz Petrasch, Lebenskonflikt und Krankheit, in: Frankfurter Hefte, 8 (1953), S. 683 (Hervorh. im Orig.). Dort auch die nachfolgenden Zitate.
81 Ebd., S. 684.
82 Die Renten-Neurose. Das Recht auf Krankheit und die Pflicht zur Gesundheit, in: *Die Zeit*, 6.5.1954, S. 1. Der Reichsbund der Kriegs- und

Zivilbeschädigten, Sozialrentner und Hinterbliebenen hatte gegen Dehlers Äußerung scharf protestiert. Der Justizminister hatte dem Reichsbund daraufhin schlicht das Recht bestritten, »für die Opfer des Krieges und der Arbeit zu sprechen«, und klargestellt: »Was die Gemeinschaft ihnen schuldet, leistet der Staat von sich aus. Er braucht keinen Mahner.« Vgl. dazu den Schriftwechsel in: BA Koblenz, B 149, 1919, darin auch: Dr. Thomas Dehler an den Reichsbund der Kriegs- und Zivilbeschädigten, Sozialrentner und Hinterbliebenen, 24.12.1951 (hier das Zit.). Wie aus dem Schriftwechsel hervorgeht, handelte es sich bei dem Arzt um Karsten Jaspersen, Chefarzt des Psychiatriebereichs der Anstalt Sarepta, Bethel. Zum politischen Wirken Dehlers vgl. Udo Wengst, Thomas Dehler 1897–1967. Eine politische Biographie, München 1997.

83 *Die Zeit*, 6.5.1954, S. 1, sprach davon, dass im Haushaltsjahr 1951/1952 etwa 39 Prozent der Bundesausgaben für »Soziallasten« verwendet worden seien.

84 Im Jahr 1948 belief sich die Zahl der Arbeitslosen in Westdeutschland auf etwa 442 000 Arbeitslose, schon im Januar 1949 hatte sie sich mit 937 000 nahezu verdoppelt, 1950 zählte man 1 868 505 Arbeitslose. Ihre Zahl verringerte sich in den folgenden Jahren zwar wieder, 1955 belief sie sich aber immer noch auf über eine Million. Der drastische Rückgang zur Vollbeschäftigung setzte erst in der zweiten Hälfte der 1950er Jahre ein. Die Angaben nach: Manfred Görtemaker, Geschichte der Bundesrepublik Deutschland. Von der Gründung bis zur Gegenwart, München 1999, S. 157 f., u. Bernhard Schäfers, Gesellschaftlicher Wandel in Deutschland, Stuttgart 1995[6], S. 227.

85 Die Renten-Neurose. Das Recht auf Krankheit und die Pflicht zur Gesundheit, in: *Die Zeit*, 6.5.1954, S. 1 (Hervorh. im Orig.).

86 *Meines Vaters Pferde*, Drehbuch: Horst Budjuhn, Regie: Gerhard Lamprecht, Produktion: 1953/1954.

87 Hinweise dafür auch in Biess, Männer, S. 355.

88 Zur Debatte über die konservative Familienpolitik und die Geschlechterordnung der 1950er Jahre, die »Remaskulinisierung«, aber auch »Zivilisierung« der Männer in dieser Zeit vgl. u. a. Robert G. Moeller, The »Remasculinization« of Germany in the 1950s: Introduction, in: Signs 24 (1998), S. 101–106; Ders., Last Soldiers; Ders., The Homosexual Man is a »Man«, the Homosexual Woman Is a »Woman«: Sex, Society and the Law in Postwar West Germany, in: Ders. (Hg.), West Germany under Construction. Politics, Society, and Culture in the Adenauer Era, Ann Arbor 1997, S. 251–284; Dagmar Herzog, Sex and Marriage in the Wake of the War, in: Bessel u. Schumann (Hg.), S. 161–192, insbes. S. 185 ff.; Elizabeth Heineman, Complete Families, Half Families, No Families at All: Female-Headed Househoulds and the Reconstruction of the Familiy in the Early Federal Republic, in: Central European History 29 (1996), S. 19–60; Thomas Kühne, Kameradschaft. Die Soldaten des nationalsozialistischen Krieges und das 20. Jahrhundert, Göttingen 2006; Ders., Vernichtungskrieg, S. 108 f., Uta Poiger; A New »Western«

Hero? Reconstructing German Masculinity in the 1950s, in: Signs 24 (1998), S. 147–162.

89 Als differenzierte Analyse des Heimatfilms vgl. Fehrenbach, Cinema, S. 148 ff.

90 Zum augenfälligen Anstieg der Kriegsthematisierung in den Medien, der in den ausgehenden 1950er Jahren seinen Höhepunkt erreichte, zusammenfassend, Knoch, Tat, S. 437 ff.

91 *08/15*, Drehbuch: Hans Hellmut Kirst, Regie: Paul May; Produktion: 1954/1955. Zum Film und seiner Rezeption in Presse und Politik vgl. v. a. Reichel, Erfundene Erinnerung, S. 101 ff., sowie Knut Hickethier, Militär und Krieg: 08/15 (1954), in: Werner Faulstich u. Helmut Korte (Hg.), Fischer Filmgeschichte, Bd. 3: Auf der Suche nach Werten. 1945–1960, Frankfurt a. M. 1990, S. 222–251. Ders., Der Zweite Weltkrieg und der Holocaust im Fernsehen der Bundesrepublik der fünfziger und frühen sechziger Jahre, in: Michael Th. Greven u. Oliver Wrochem (Hg.), S. 93–112. Dem Typus des ideologisch verblendeten Offiziers ist im Film der 1950er Jahre der anständige Offizier gegenübergestellt, der auch zu Hitler auf Distanz geht. In *Canaris*, der 1954 unter der Regie von Alfred Weidenmann entstand, sowie dem ein Jahr später auf die Leinwand kommenden Film *Des Teufels General*, unter der Regie Helmut Käutners, wurden Offiziere bereits zu Gegnern des NS-Systems stilisiert.

92 Reichel, Erfundene Erinnerung, S. 95.

93 *Hunde, wollt ihr ewig leben?*, Drehbuch: Frank Wisbar u. a., Regie: Ders., Produktion: 1958. Zu diesem Film u. a. Robert G. Moeller, »In a Thousand Years, Every German Will Speak of this Battle«. Celluloid Memories of Stalingrad, in: Omer Bartov u. a. (Hg.), Crimes of War. Guilt and Denial in the Twentieth Century, New York 2002, S. 161–190.

94 Dem entsprach auch das Landserbild in den Illustrierten jener Zeit. Zusammenfassend Knoch, Tat, S. 451 ff. Seit Mitte der 1950er Jahre findet der Krieg in unzähligen Erzählungen in »Stalingrad« statt, das damit, zugespitzt formuliert, gleichsam zum Stellvertreterort für das gesamte Kriegsgeschehen avanciert und die Vorstellungswelt darüber wesentlich mitbestimmt. Aus der Vielzahl an Arbeiten zum Thema »Stalingrad« vgl. Jürgen Förster (Hg.), Stalingrad. Ereignis, Wirkung, Symbol, München 1993[2], für den hier angesprochenen Zusammenhang Rolf Günter Renner, Hirn und Herz. Stalingrad als Gegenstand ideologischer und literarischer Diskurse, in: Jürgen Förster (Hg.), S. 472–492, sowie, mit breiterer Perspektive, Peter Jahn, Stalingrad erinnern. Stalingrad im deutschen und russischen Gedächtnis, Berlin 2003.

95 Knoch, Tat, S. 438; Etges.

96 *Die Brücke*, Drehbuch: Bernhard Wicki, Regie: Ders., Produktion: 1959.

97 *Nacht fiel über Gotenhafen*, Drehbuch: Frank Wisbar, Regie: Ders., Produktion 1959.

98 Der Arzt von Stalingrad, Drehbuch: Werner P. Zibaso, Regie: Géza von Radvanyi, Produktion: 1957/1958.

2. Die Wiederkehr der Verfolgten und die Sagbarkeitsregeln der Erinnerungskultur

1 Erinnerungen eines großen Arztes, in: *Die Zeit*, 17.2.1955, S. 8.

2 Was ist Krankheit?, in: *Die Zeit*, 3.2.1961, S. 10.

3 Vgl. ebd. Hoimar von Ditfurth, habilitierter Psychiater und Neurologe, insistierte vor allem darauf, dass die Psychoanalyse keinen Anspruch auf Wissenschaftlichkeit stellen könne. Er erläuterte: »Die eigentliche Wurzel aller psychoanalytischen Bemühungen ist nicht wissenschaftlicher Natur, sie ist das dem Menschen eigene Bedürfnis nach einer Sinndeutung dessen, was ihm widerfährt«, heißt es in seinem Artikel. Ditfurth konzedierte, dass dieses Bedürfnis von der naturwissenschaftlichen Medizin nicht befriedigt werden könne; auch sei für die Menschen häufig nicht annehmbar, dass Krankheit ein Zufall sein könne, ein »blindes Geschick«. Ditfurth brach hier nicht unbedingt eine Lanze für die Schulmedizin, warnte aber vor dem Kurzschluss, dass in Fällen, in denen diese keine Heilung erzielen könne, »der ursächliche Faktor nur psychoanalytisch gefunden und beeinflußt werden könne«.

4 Beispielhaft dafür sind die Elogen auf den Schweizer Psychiater Ludwig Binswanger, der als Begründer der Daseinsanalyse gilt. Der Mensch in der Psychiatrie, in: *Süddeutsche Zeitung*, 3./4.8.1957, S. 44 (hier auch das Zit.), sowie: Ein Psychiater paktiert mit Heidegger. Selbst der Kranke hat noch die Freiheit der Entscheidung – meint Ludwig Binswanger, in: *Die Zeit*, 15.5.1958, S. 6.

5 Vgl. dazu die Ausführungen im vorhergehenden Kapitel.

6 Vgl. u.a.: Wer krank ist, bestimmen die Krankenkassen. Die große Psychotherapie darf nicht länger als Luxus für reiche Privatpatienten betrachtet werden, in: *Die Zeit*, 15.8.1957, S. 4.

7 Frieder Naschold, Kassenärzte und Krankenversicherungsreform. Zu einer Theorie der Statuspolitik, Freiburg 1967, S. 103ff.

8 Alexander Mitscherlich, Der »genormte« Patient, in: *Die Zeit*, 4.3.1960.

9 Der unter der Ägide von Bundesarbeitsminister Theodor Blank (CDU) eingebrachte Entwurf zur Krankenversicherungsreform scheiterte 1961. Vor allem die vorgesehene Selbstbeteiligung der Versicherten, die damit begründet worden war, dass ihr Anspruchsdenken die Kosten für die Krankenversicherung in die Höhe treibe und die Eigenverantwortung der Versicherten zu stärken sei, stieß auf heftige Kritik seitens der Ärzteverbände, der Gewerkschaften, der SPD und im Arbeitnehmerflügel der CDU. Vgl. Ministerausschuß für die Sozialreform 1955–1960. Das Krankenversicherungs-Neuregelungsgesetz (KVNG), in: Die Kabinettsprotokolle der Bundesregierung (http://www.bundesarchiv.de/kabinettsprotokolle/web/index.jsp), sowie Ursula Reucher, Reform und Reformversuche in der gesetzlichen Krankenversicherung (1956–1965), Düsseldorf 1999.

10 Was ist Krankheit, in: *Die Zeit*, 3.2.1961, S. 10. Ditfurth, einer der ganz wenigen Ärzte, die sich seit dem Ende des Zweiten Weltkrieges in den

Massenmedien auch kritisch zum psychosomatischen Trend äußerten, kommentierte: »Es ist nicht mehr bloße Wissenschaft, es ist die Faszination durch die prometheische Kühnheit einer solchen Konzeption, was [sic!] den psychoanalytischen Arzt erfüllt und seinen missionarischen Eifer begreiflich macht.« Die Idee eines außerordentlichen Selbstheilungspotentials des Kranken war freilich nicht ganz neu. In Gestalt eines Appells an die Willensstärke, auch die heilende Wirkung von Arbeit, kam sie beispielsweise auch in den »Trümmerfilmen« zum Ausdruck, in denen sich damit Elemente der vorherrschenden psychiatrischen Lehre und Wiederaufbaurhetorik vermengten.

11 Alexander Mitscherlich, Der »genormte« Patient, in: *Die Zeit*, 4.3.1960.

12 Unsere Kinder brauchen ihre Mütter wieder, in: Stern, 23.7.1956, S. 8.

13 Zur Jugendkultur der 1950er Jahre und den gesellschaftlichen Reaktionen vgl. v. a. Uta G. Poiger, Jazz, rock, and rebels: cold war politics and American culture in a divided Germany. Berkeley 2000; Thomas Grotum, Die Halbstarken: zur Geschichte einer Jugendkultur der 50er Jahre, Frankfurt a. M. 1994; Kaspar Maase, Bravo Amerika: Erkundungen zur Jugendkultur der Bundesrepublik in den fünfziger Jahren, Hamburg 1992.

14 Andrea Riecken, Migration und Gesundheitspolitik. Flüchtlinge und Vertriebene in Niedersachen 1945–1953, Göttingen 2006.

15 Sowohl in England als auch in den USA hatte, wie es scheint, eine ganz ähnliche Betrachtungsweise nach dem Krieg Konjunktur, die von den dortigen psychoanalytischen Schulen um die Zeitschrift »The Psychoanalytic Study of the Child« (1945 in London und New York gegründet) Impulse bekam. Bezüge auf Artikel dieser Zeitschrift lassen sich seit Ende der 1940er Jahre häufiger feststellen, wenn über die Gefahren mütterlicher Berufstätigkeit für Kinder geschrieben wurde. Eli Zaretsky, Freuds Jahrhundert. Die Geschichte der Psychoanalyse, Wien 2006, S. 380ff., hier S. 384f., misst der psychoanalytischen Kultur der Nachkriegszeit sogar eine nicht unerhebliche Bedeutung dafür bei, das »Bild der Vollzeitmutter und Hausfrau [...] als Ideal des kommenden Wohlfahrts- oder Sozialstaats festzuschreiben«. (Zit. S. 385).

16 Vgl. dazu auch die soziologische Studie von Elisabeth Pfeil, Die Berufstätigkeit von Müttern. Eine empirisch-soziologische Erhebung an 900 Müttern, Tübingen 1961, S. 324ff.

17 Unsere Kinder brauchen ihre Mütter wieder, in: Stern, 23.7.1956, S. 9.

18 Paradigmatisch für diesen Rundumschlag: Wer krank ist, bestimmen die Krankenkassen, in: *Die Zeit*, 15.8.1957, S. 4.

19 Exemplarisch ebd., dort auch das vorangehende Zitat.

20 Ebd.

21 Vgl. dazu die Ausführungen im zweiten Teil dieser Arbeit, vor allem Kap. 1 b, »Die Psychiatrie der Heimkehrer«, sowie Kap. 2 a, »Versorgungsanspruch unter Verdacht«, und 2 b, »Der Streit um die Erblichkeit«.

22 Willibald Steinmetz, Ungewollte Politisierung durch die Medien? Die Contergan-Affäre, in: Bernd Weisbrod (Hg.), Die Politik der Öffent-

lichkeit – Die Öffentlichkeit der Politik. Politische Medialisierung in der Geschichte der Bundesrepublik, Göttingen 2003, S. 195–228, S. 197.

23 Viele Facetten dieser Entwicklung bei Knoch, Tat, S. 468ff.

24 Ebd., S. 585ff.

25 Ein Beispiel dafür ist Bernhard Schnabel, Macht ohne Moral. Eine Dokumentation über die SS, Frankfurt a. M. 1956. Insgesamt spielte *Die Tat,* das Organ der Vereinigung der Verfolgten des Naziregimes (VVN), bei diesen, den Integrationskonsens aufstörenden visuellen Tabubrüchen eine Vorreiterrolle. Zu den bekanntesten Bildbänden gehört Gerhard Schönberner, Der gelbe Stern. Die Judenverfolgung in Europa 1933–1945, Hamburg 1960. Vgl. dazu Knoch, Tat; Brink, Ikonen; dies., »Auschwitz in der Paulskirche«. Erinnerungspolitik in Fotoausstellungen der sechziger Jahre, Marburg 2000. Eine untergeordnete Rolle spielte bis zu Beginn der 1960er Jahre das Fernsehen. Die wenigen fiktionalen Filme kreisten vor allem um das Problem des Verschweigens der Täterschaft und der Verbrechen, die nichtfiktionalen Filme um die Struktur des Terrorapparates. Vgl. Christoph Classen, Bilder der Vergangenheit. Die Zeit des Nationalsozialismus im Fernsehen der Bundesrepublik Deutschland 1955–1965, Köln 1999, S. 86ff.

26 Entscheidend dafür war die Einrichtung einer zentralen Ermittlungsbehörde der Landesjustizverwaltungen in Ludwigsburg im Jahr 1958; bereits im darauffolgenden Jahr stieg die Zahl der Beschuldigten an. Vgl. als konzisen Überblick Bernd Weisbrod, Nachkriegsprozesse und »Vergangenheitsbewältigung«. Gerichtskultur und Medienwirkung, in: Eva Schumann (Hg.), Kontinuität und Zäsuren – Rechtswissenschaft und Justiz im »Dritten Reich« und in der Nachkriegszeit, Göttingen 2007.

27 Vgl. dazu u.a. Marc von Miquel, Ahnden oder amnestieren? Westdeutsche Justiz und Vergangenheitspolitik in den 60er Jahren, Göttingen 2004; Annette Weinke, Die Verfolgung von NS-Tätern im geteilten Deutschland: Vergangenheitsbewältigung 1949–1969 oder: eine deutsch-deutsche Beziehungsgeschichte im Kalten Krieg, Paderborn 2002.

28 Beispielhaft dafür: Denn sie mußten wissen, was sie tun. Im Arnsberger Schwurgerichtssaal wird eine schreckliche Vergangenheit lebendig, in: Stern, 8.2.1958, S. 14; Hände, die töteten, statt zu heilen. Sollen ehemalige KZ-Ärzte wieder praktizieren dürfen?, in: *Die Zeit*, 27.2.1958, S. 2; »Schweigen wird bei uns Psychiatern sehr groß geschrieben«, Kollegen Heydes vor dem Kieler Untersuchungsausschuß, in: FAZ, 1./2.5.1961, S. 6.

29 Brochhagen, S. 293.

30 1958 unterlegte der *Stern* seine Reportage über den Prozess in Arnsberg, bei dem sich eine Reihe von SS-Mitgliedern und Angehörige der Wehrmacht dafür verantworten mussten, auf Befehl eines SS-Generals 129 russische Arbeiter, 77 Frauen und zwei Kinder erschossen zu haben, mit der Zeile: »Ab 1945 waren die ›Mörder‹ Menschen wie Du und ich.«

31 Dazu Annette Wieviorka, The Era of the Witness, Ithaca, NY 2006.

32 Gideon Hausner, Gerechtigkeit in Jerusalem, München 1967, S. 444 u. 445f., zit. nach: Annette Wieviorka, Die Entstehung des Zeugen, in: Gary Smith (Hg.), Hannah Arendt Revisited: »Eichmann in Jerusalem« und die Folgen, Frankfurt a. M. 2000, S. 136–159, S. 142 u. 143. Der Hinweis auf die Anzahl an Zeugen ebd., S. 150.

33 Wieviorka, Entstehung, S. 148f. Im bundesdeutschen Fernsehen wurde in den Nachrichten regelmäßig über den Prozess berichtet, zusätzlich wurden während des Prozesses zweimal wöchentlich zwanzigminütige Sendungen im Anschluss an die Abendnachrichten ausgestrahlt. Angeblich folgten diesen Reportagen zunächst sechzig Prozent, dann fünfzig Prozent des Fernsehpublikums. Zudem berichteten alle deutschen Rundfunksender seit Beginn des Prozesses täglich. Vgl. Peter Krause, Der Eichmann-Prozess in der deutschen Presse, Frankfurt a. M. 2002, S. 91.

34 Die Zahl der Opferzeugen im Auschwitz-Prozess war mit 211 Überlebenden fast doppelt so hoch wie im Eichmann-Prozess. Annette Weinke, Überreste eines »unerwünschten Prozesses«. Die Edition der Tonbandmitschnitte zum ersten Frankfurter Auschwitz-Prozess (1963–1965), in: Zeithistorische Forschungen/Studies in Contemporary History, Online-Ausgabe, 2 (2005), H. 2, URL: <http://www.zeithistorische-forschungen.de/16126041–Weinke-2-2005>, S. 1, spricht davon, dass allein dieser Sachverhalt dem Prozess eine weltweite Medienöffentlichkeit garantiert habe.

35 Eine solche Bereitschaft zur Empathie findet sich beispielsweise in der Sammelrezension »Neurosen«, in: Frankfurter Hefte 16 (1961), S. 868–869. So wird an dem insgesamt sehr positiv besprochenen Sammelband von Hans March (Hg.), Verfolgung und Angst in ihren leib-seelischen Auswirkungen, Stuttgart 1960, bei dem es sich im Wesentlichen um eine Dokumentensammlung von Gutachten aus Entschädigungsverfahren handelt, kritisiert, dass das Material »originalgetreu in der streng wissenschaftlichen und amtlichen Form« wiedergegeben sei, was es für die meisten Menschen schwermache, durch den »Panzer der Fachausdrücke« hindurchzudringen. Das Material noch einmal »als lebendiges Quellenbuch für den Laien« herauszugeben war deshalb der dringende Wunsch der Rezensentin.

36 Peter Weiss, Die Ermittlung: Oratorium in 11 Gesängen, Frankfurt a. M. 1965. Zur zeitgenössischen Debatte über das Stück u. a. Reichel, Erinnerung, S. 228ff., S. 237; u. Stephan Braese, »In einer deutschen Angelegenheit« – Der Frankfurter Auschwitz-Prozess in der westdeutschen Nachkriegsliteratur, in: Fritz Bauer Institut (Hg.), »Gerichtstag halten über uns selbst…« Geschichte und Wirkung des ersten Frankfurter Auschwitz-Prozesses, Frankfurt a. M. 2001, S. 217–244. Zum Auschwitz-Prozess als konziser Überblick Peter Reichel, Vergangenheitsbewältigung in Deutschland. Die Auseinandersetzung mit der NS-Diktatur von 1945 bis heute, München 2001, S. 158–181.

37 Vgl. etwa: Angeklagt ist die Gesellschaft, in: *Süddeutsche Zeitung*, 30.5./1.6.1961, S. 19; Das Dilemma der Seelenärzte. Ein Kongreß wie alle

anderen wurde in die Wirklichkeit zurückgestoßen, in: *Die Zeit*, 2.6.1961, S. 12; Im tiefsten Schatten der Vergangenheit, in: *Die Zeit*, 11.8.1961, S. 29.

38 Vgl. dazu die Ausführungen in Teil II, Kap. 3, »Die moralische Herausforderung«. Der Psychiater Ulrich Venzlaff, der in seiner 1958 publizierten Habilitationsschrift die Diagnose »erlebnisbedingte Persönlichkeitsveränderung« vorgeschlagen hatte, reagierte auf einen Artikel in der *Zeit*, die offenbar unautorisiert ganze Passagen aus seinem Buch übernommen hatte, in einem Leserbrief mit dem etwas spitzen Hinweis, dass 1957 »ein großer medizinischer Verlag« die Publikation seines Manuskriptes abgelehnt habe mit der Begründung, »daß für die Veröffentlichung derartiger Untersuchungen kein Bedarf bestehe« und seine »Ergebnisse auch nicht der herrschenden psychiatrischen Lehrmeinung entsprächen«. *Die Zeit*, 25.8.1961, S. 15.

39 Angeklagt ist die Gesellschaft, in: *Süddeutsche Zeitung*, 30.5./1.6.1961, S. 19.

40 Im tiefsten Schatten der Vergangenheit, in: *Die Zeit*, 11.8.1961, S. 29.

41 KZ-Syndrom. Quälende Träume, in: *Der Spiegel*, Jg. 18, H. 10, 1964, S. 96–98.

42 Im tiefsten Schatten der Vergangenheit, in: *Die Zeit*, 11.8.1961, S. 29.

43 Beispielhaft dafür: KZ-Syndrom. Quälende Träume, in: *Der Spiegel*, Jg. 18, H. 10, 1964, S. 96–98, S. 96.

44 Im tiefsten Schatten der Vergangenheit, in: *Die Zeit*, 11.8.1961, S. 29.

45 Angeklagt ist die Gesellschaft, in: *Süddeutsche Zeitung*, 30.5./1.6.1961, S. 19.

46 Im tiefsten Schatten der Vergangenheit, in: *Die Zeit*, 11.8.1961, S. 29.

47 Das Dilemma der Seelenärzte. Ein Kongreß wie alle anderen wurde in die Wirklichkeit zurückgerufen, in: *Die Zeit*, 2.6.1961, S. 12.

48 Im tiefsten Schatten der Vergangenheit, in: *Die Zeit*, 11.8.1961, S. 29.

49 Beispiele dafür in Knoch, Tat, S. 656ff., Zit. S. 656.

50 Mörder aus Ordnungssinn. Warum viele NS-Verbrecher so schnell zu braven Kleinbürgern wurden, in: *Die Zeit*, 19.7.1963, S. 3.

51 Beispielhaft dafür »Weil ich Treue geschworen hatte …«, in: *Die Zeit*, 21.7.1961 (hier auch das Zit.); Wir könnten alle Mörder sein, in: Stern, 9.2.1964, S. 56–60, sowie die gesamte Artikelserie: Die Mörder sind wie Du und ich, in: *Stern* 2.7.1965, S. 58–66 und nachfolgenden Ausgaben.

52 Beispiele dafür in: Knoch, Tat, S. 297ff. Inge Marszolek, The Coverage of the Bergen-Belsen Trial and the Auschwitz Trial in the NWDR/NDR. The Reports of Axel Eggebrecht (Ms.), zeigt anhand der Radioberichterstattung von Eggebrecht auf, dass auch das frühe Täterbild in den Medien nicht einheitlich war (MS, S. 9 f).

53 Stärker gewichtet das Marc von Miquel, NS-Prozesse und politische Öffentlichkeit in den 60er Jahren, in: Fritz Bauer Institut (Hg.), »Gerichtstag halten über uns selbst …« Geschichte und Wirkung des ersten Frankfurter Auschwitz-Prozesses, Frankfurt a. M. 2001, S. 97–116.

54 Anders argumentiert hier Rebecca Wittmann, Beyond Justice: The Auschwitz Trial, Cambridge 2005, S. 247, die diesen Zusammenhang

nicht sieht. Abwägender im Urteil Devin O. Pendas, The Frankfurt Auschwitz Trial 1963–65: Genocide, History and the Limits of the Law, New York 2006.

55 Wir könnten alle Mörder sein, in: *Stern*, 9.2.1964, S. 56.

56 Das Magazin »Panorama« berichtete zwischen Juli 1961 und dem Jahresende 1964 allein zehnmal zum Thema der Integration von NS-Tätern; ebenso viele Beiträge handelten von »versteckten nationalsozialistischen Dispositionen« bei den Bundesbürgern, womit das Thema »NS-Vergangenheit« zu einem der großen thematischen Schwerpunkte dieser Sendung gehörte. Von Hodenberg, S. 306f.

57 Die Mörder sind wie Du und ich, in: *Stern*, 2.7.1965, Zit., S. 58 u. 61. Zu Capesius Tätigkeit in Auschwitz, der Beweisaufnahme und dem Urteil Irmtrud Wojak (Hg.), Auschwitz-Prozess 4 Ks 2/63 Frankfurt a. M., Köln 2004, S. 338ff.

58 Norbert Frei, Die Wiederkehr des Rechts, in: Ders., 1945 und wir. Das Dritte Reich im Bewusstsein der Deutschen, München 2005, S. 63–82, S. 77f.

59 Vgl. u. a. Martin Walser, Unser Auschwitz, in: Kursbuch 1 (1965), S. 189–200, u. Horst Krüger, Im Labyrinth der Schuld, in: Der Monat 16 (1964), S. 19–29.

60 Horst Krügers »Im Labyrinth der Schuld« wurde am 29. April 1964 auch in einer Radiosendung des Südwestfunks ausgestrahlt. Eine erweiterte Fassung des ursprünglichen Textes dann in Horst Krüger, Das zerbrochene Haus. Eine Jugend in Deutschland [1966], München 19883, S. 148–179. Die nachfolgenden Zitate aus Krügers Text stammen aus der 1964 unter dem Titel »Im Labyrinth der Schuld« veröffentlichten Fassung in *Der Monat*. Ausführlicher zur Berichterstattung über den Auschwitz-Prozess im Rundfunk René Wolf, ›Mass Deception without Deceivers‹? The Holocaust on East and West German Radio in the 1960s, in: Journal of Contemporary History 41 (2006), S. 741–755.

61 Krüger, Labyrinth, S. 23.

62 Ders., Das zerbrochene Haus, S. 182.

63 Ders., Labyrinth. S. 24.

64 Im Nachwort zu seiner autobiografischen Schrift »Das zerbrochene Haus«, in dem Krüger das Zustandekommen der einzelnen Buchkapitel zu verschiedenen Phasen seiner Lebenszeit erläuterte, räumte auch er ein: »Ein weiteres Kapitel, das meine Kriegserlebnisse als deutscher Obergefreiter zwischen 1941 und 1945 beschreiben sollte und das sinngemäß zwischen ›Die Verhaftung‹ und ›45, Stunde Null‹ gehört hätte, ist mir immer wieder mißlungen. Militärzeit und Krieg fanden gewissermaßen außerhalb meiner Ich-Erfahrungen statt. Ich habe sie mir, jedenfalls bis heute, nicht wirklich zu eigen machen können. Dem kritischen Leser muß hier eine Lücke klaffen, zu der ich mich bekenne.« Krüger, Das Zerbrochene Haus, S. 183.

65 Aus einer Vielzahl an Studien zu diesem Thema seien hier nur genannt: Saul Friedländer, Das Dritte Reich und die Juden 2: Die Jahre der Ver-

nichtung 1939–1945, München 2006; Christian Hartmann u.a. (Hg.), Verbrechen der Wehrmacht – Bilanz einer Debatte, München 2005; Klaus Jochen Arnold, Die Wehrmacht und die Besatzungspolitik in den besetzten Gebieten der Sowjetunion. Kriegführung und Radikalisierung im »Unternehmen Barbarossa«, Berlin 2004; Christian Gerlach, Kalkulierte Morde. Die deutsche Wirtschafts- und Vernichtungspolitik in Weißrussland 1941–1944, Hamburg 2000; Christopher Browning, Ganz normale Männer. Das Reserve-Polizeibataillon 101 und die »Endlösung« in Polen, Reinbek 1993[3]; Hannes Heer u. Klaus Naumann (Hg.), Vernichtungskrieg. Verbrechen der Wehrmacht 1941–1944, Hamburg 1995.

66 Krüger, Labyrinth, S. 21.

67 Ebd., S. 24.

68 Ebd., S. 25 u. 26.

69 Wir könnten alle Mörder sein, in: *Stern*, 9.2.1964, S. 56 u. 57.

70 Ebd., S. 57.

71 Ausführlich dazu der zweite Teil dieser Arbeit.

72 Wir könnten alle Mörder sein, in: *Stern*, 9.2.1964, S. 57.

73 Im tiefsten Schatten der Vergangenheit, in: *Die Zeit*, 11.8.1961, S. 29. Vgl. ausführlicher dazu auch Teil II, Kap. 3, »Die moralische Herausforderung«.

74 *Die Zeit* zitierte Venzlaff hier wörtlich mit einer längeren Passage aus seiner 1958 publizierten Habilitationsschrift, in der er über ältere Flüchtlingsfrauen geschrieben hatte, was aus dem *Zeit*-Artikel allerdings nicht mehr hervorging. Dieser war so montiert worden, dass er unmittelbar auf den Fall des polnischen Schriftstellers Tadeusz Nowakowski überleitete, der mehrere Jahre in Konzentrationslagern inhaftiert gewesen war. Vgl. Venzlaff, Die psychoreaktiven Störungen, S. 76, u. Im tiefsten Schatten der Vergangenheit, in: *Die Zeit*, 11.8.1961, S. 29.

75 Eine ausführliche Diskussion dazu im zweiten Teil dieser Arbeit, vor allem in Kap. 3, »Die moralische Herausforderung«.

76 »Neurosen der Ächtung«, in: *FAZ*, 3.12.1963, S. 6.

77 Billiger Dank, in: *Süddeutsche Zeitung*, 3.12. 1963, S. 1; u. Hat man die Kriegsopfer vergessen?, in: *Süddeutsche Zeitung*, 30.11./1.12.1963, S. 4. Vor allem Frankreich wurde hier als Beispiel angeführt. Hier glaubte man einen zuverlässigen Vergleichsmaßstab zu haben, da die Kriegsopferversorgung im Saarland erst im Jahr 1959 an die Bundesrepublik überging. Finanzielle Einbußen bei den anerkannten Kriegsopfern des Bundeslandes waren anscheinend die Folge gewesen.

78 Vgl. Wir bleiben uns treu. Rechenschaftsbericht des Verbandes der Heimkehrer, Kriegsgefangenen und Vermisstenangehörigen Deutschlands e. V. für die Zeit vom Juli 1962 bis Juni 1964, gegeben aus Anlaß des 8. ordentlichen Verbandstages vom 23. bis 25. Oktober 1964 in Bad Godesberg, S. 28f.; Rechenschaftsbericht des Verbandes der Heimkehrer, Kriegsgefangenen und Vermißtenangehörigen Deutschlands e. V. für die Zeit von Juli 1964 bis Juni 1966 (VdH-Sammelinformationen, 71, Jan.–Sept. 1966), S. 38, beide Schriften im Archiv des Verbandes der Heimkehrer, Bonn.

79 Vgl. dazu wiederum den gesamten zweiten Teil dieser Arbeit.

80 Wir bleiben uns treu. Rechenschaftsbericht, S. 29, sowie: Wir bleiben uns treu. Ergebnisbericht über den 8. ordentlichen Verbandstag des Verbandes der Heimkehrer, Kriegsgefangenen und Vermißtenangehörigen Deutschlands e.V., 23.–25. Oktober 1964 Stadthalle Bad Godesberg, S. 10, in: Archiv des Verbandes der Heimkehrer, Bonn. Auerbach war 1933 aufgrund seiner politischen Tätigkeiten in der SPD und der Gewerkschaft von den Nationalsozialisten verhaftet worden. Noch im gleichen Jahr emigrierte er nach Amsterdam, sechs Jahre später nach Großbritannien, wo er während des Krieges lebte. Zu Auerbachs Tätigkeit im Exil: Stefanie Averbeck, The post-1933 emigration of communication researchers from Germany. The lost works of the Weimar Generation, in: European Journal of Communication 16 (2001), S. 451–475.

81 Wir bleiben uns treu. Ergebnisbericht über den 8. ordentlichen Verbandstag des Verbandes der Heimkehrer, Kriegsgefangenen und Vermißtenangehörigen Deutschlands e.V., 23.–25. Oktober 1964 Stadthalle Bad Godesberg, S. 10, in: Archiv des Verbandes der Heimkehrer, Bonn.

82 Im Deutschen Bundestag war der Vorschlag, bei einem engen zeitlichen Zusammenhang zwischen Leiden und Kriegsdienst die Beweislast auf den Staat zu übertragen – der FDP-Abgeordnete Rutschke hatte sich vehement dafür ausgesprochen –, im Jahr 1960 schon einmal verhandelt worden. Der SPD-Abgeordnete Pohle hatte damals dazu erklärt, die SPD habe zuvor in einem eigenen Antrag dasselbe Anliegen formuliert, sei nun aber nach ausführlicher Diskussion im Kriegsopferausschuss davon abgekommen. Denn nach Anhörung einer Vielzahl von Sachverständigen sei man zu der Erkenntnis gekommen, »daß wir vielleicht nicht ganz richtig liegen und das Tor für einen Zustrom öffnen würden, den wir nicht beabsichtigen«. Der Antrag war daraufhin von den anwesenden Bundestagsmitgliedern abgelehnt worden. Verhandlungen des deutschen Bundestages, 3. Wahlperiode, Stenographische Berichte, Bd. 46, Bonn 1960, S. 6492f.

83 Wir bleiben uns treu. Ergebnisbericht, S. 11; teilweise im Wortlaut auch in: Wir bleiben uns treu. Rechenschaftsbericht, S. 37f. (beide Archiv des Verbandes der Heimkehrer, Bonn), hier allerdings etwa mit dem zusätzlichen Hinweis, dass es »Unterschiede in der Zahlenverteilung der organischen und psychischen Folgen« gebe und ebenso »Gradunterschiede«, die sich »nach Art und Dauer der auslösenden Ursache einstufen« ließen. Die seelischen und nervösen Veränderungen böten aber insgesamt das gleiche Bild.

84 Vgl. u.a. Die Angstträume bleiben, in: *Stern*, 11.12.1966, S. 112–117; sowie auch: Mama, ich werde nie mehr derselbe sein. Feldpostbriefe amerikanischer Soldaten in Vietnam, in: *Stern*, 30.4.1967, S. 194–199. Auch in der späteren Traumaforschung lässt sich vielfach beobachten, dass die Zuschreibung von Traumata die gleichzeitige Akzeptanz des Opferstatus mit bedingt. Ein Beispiel dafür ist die Traumakonzeption, wie sie etwa Judith Herman verwendet. Ein »psychisches Trauma«, schrieb sie

in den frühen 1990er Jahren, »ist das Leid der Ohnmächtigen«, und mit Blick auf die Entstehungsbedingungen eines Traumas ergänzte sie: »Das Trauma entsteht in einem Augenblick, wo das Opfer von seiner überwältigenden Macht hilflos gemacht wird.« In dieser Formulierung beinhaltet das »Trauma« nicht nur eine Aussage über die Machtrelation; sie figuriert zudem den Blick auf die beteiligten Akteure auf eine ganz spezifische Weise. Judith Herman, Die Narben der Gewalt, München 1993, S. 54.

85 Vgl. insbes. Young, Harmony, u. McNally.

86 Das vollständige Sendemanuskript in: BA Koblenz, B 126, 61073.

87 Es ging um den Sammelband von Helmut Paul u. Hans-Joachim Herberg (Hg.), Psychische Spätschäden nach politischer Verfolgung, Basel 1963.

88 Handschriftliche Notiz am Rande eines Briefes vom Bundesminister der Finanzen an das Auswärtige Amt, 17.3.1964, in: BA Koblenz, B 126, 61073. Darin auch das Manuskript eines anonymen Referats, in dem der Sammelband besprochen wurde, und das, wie aus den Akten hervorgeht, als Anlage der Niederschrift über die 8. Medizinische Hauptkonferenz den entsprechenden Vertretern der Länder zugestellt wurde. Diese Buchbesprechung wurde nachfolgend abgedruckt in: Rechtsprechung zur Wiedergutmachung 15 (1964), S. 349–351, Oberregierungsmedizinalrat Helmuth Lotz war als Verfasser angegeben. Im Bundesministerium für Gesundheitswesen hatte man sich in die Kampagne der Kollegen aus dem Finanzministerium eingeschaltet und für die angegriffenen Ärzte Partei ergriffen. Die Intervention zeigt deutlich, dass man die Bundesrepublik unter politischem Druck wähnte, dem man gerecht zu werden hatte. So riet man im Bundesgesundheitsministerium von einer Publikation des anonymen Referates ab, nicht nur weil der sachliche Gehalt des Buches von anderen Experten anders eingeschätzt würde, sondern eine solche Veröffentlichung »international einen sehr ungünstigen Eindruck in bezug auf die Haltung der Bundesregierung zur Wiedergutmachungsfrage auslösen« werde. Der gesamte Schriftwechsel in: BA Koblenz, B 126, 61073.

89 Späte Schäden der Psyche nach politischer Verfolgung, Teil 1, Zit. S. 2, in: BA Koblenz, B 126, 61073.

90 Ebd., Teil 2, S. 22.

91 Ebd., u. a. S. 7 f. u. 12, dort auch das Zit. von Eissler nach dessen gleichnamigem Aufsatz, in: Psyche 17 (1963), S. 241–291.

92 Späte Schäden der Psyche nach politischer Verfolgung, Teil 1, S. 3, in: BA Koblenz, B 126, 61073.

93 Späte Schäden der Psyche nach politischer Verfolgung, Teil 1, S. 21 f.

94 Ebd., S. 2, u. Teil 2, S. 26.

95 Ebd., Teil 1, S. 37, u. wiederholt in Teil 2, S. 1.

96 Kriegsgefangene. Skoro domoi, in: *Der Spiegel* 23 (1969), Heft 16, S. 84. *Der Spiegel* zitierte in diesem Zusammenhang auch den Heidelberger Historiker Erich Maschke, den Leiter der gleichnamigen Kommission

für die Geschichte der deutschen Kriegsgefangenen. Sie arbeitete seit 1957 an einer vollständigen Geschichte der deutschen Kriegsgefangenen, die das Bundesministerium für Vertriebene, Flüchtlinge und Kriegsgeschädigte in Auftrag gegeben hatte und mit mehr als drei Millionen DM unterstützte. Als sich Anfang der 1960er Jahre abzeichnete, dass die ersten Bände bald fertig würden, hielt das Bundesministerium angesichts der laufenden NS-Prozesse eine Veröffentlichung für abträglich; eine Dokumentation des Leids, das den Deutschen im Zusammenhang mit diesem Krieg widerfahren sei, laufe nur Gefahr, fehlinterpretiert zu werden. Die veränderte Ostpolitik unter Willy Brandt verstärkte mutmaßlich diese zögerliche Haltung. Ende der 1960er Jahre entschied das Ministerium jedenfalls, die gesamte Reihe (Erich Maschke [Hg.], Zur Geschichte der deutschen Kriegsheimkehrer nach dem Zweiten Weltkrieg, 22 Bde., München 1962–1974) nur in einer extrem limitierten Auflage zu veröffentlichen, so dass die Universitätsbibliotheken über Exemplare verfügten; die Erwerbsmöglichkeit für ein breiteres Publikum sollte aber ausgeschlossen sein. Vgl. Moeller, War Stories, S. 179f.

97 Knoch, Tat, S. 921.

98 Vgl. Kriegsgefangene. Skoro domoi, in: *Der Spiegel* 23 (1969), Heft 16, S. 68–88, u. KZ-Schäden. Etiketten verteilt, in: *Der Spiegel* 23 (1969), Heft 51, S. 162.

99 Zur filmischen Repräsentation des Holocaust vgl. u.a. Frank Bösch, Film, NS-Vergangenheit und Geschichtswissenschaft. Von »Holocaust« zu »Der Untergang«, in: Vierteljahreshefte für Zeitgeschichte 55 (2007), S. 1–32; Wulf Kansteiner, Ein Völkermord ohne Täter? Die Darstellung der »Endlösung« in den Sendungen des Zweiten Deutschen Fernsehens, in: Moshe Zuckermann (Hg.), Medien – Politik – Geschichte, Göttingen 2003, S. 253–286.

100 *Mendel Schainfelds zweite Reise nach Deutschland*; Regie: Hans-Dieter Grabe, Produktion 1971.

Ausblick und Schluss

1 Eva Hoffman, After Such Knowledge. Memory, History, and the Legacy of the Holocaust, New York 2004, S. 34.

2 Hoffman, S. 34f.

3 In diesem Sinne auch die Erzählung von Ruth Klüger, Weiter leben. Eine Jugend, München 1998[7], S. 240ff., die ihr Zusammentreffen als Heranwachsende mit einem ehemaligen Wiener, nun in den USA praktizierenden Psychoanalytiker schildert.

4 Ebd., S. 51f.

5 Ebd., S. 55ff.

6 Ebd., S. 57.

7 Novick, S. 12f. u. S. 113ff., das Zitat S. 114. Novick führt hier Beispiele

aus den Vereinigten Staaten und aus Israel an. Vgl. dazu u.a. auch Klüger, S. 225 ff., hier bes. S. 229 f.

8 Ebd., S. 14 (Hervorh. im Orig.).

9 Aus der Vielzahl an Studien sei hier nur genannt Lawrence Langer, Holocaust Testimonies: The Ruins of Memory, New Haven 1991. Auch wenn Langer in der Zwischenzeit für sein Konzept des »deep memory« kritisiert wird, da es ein zu statisches Bild sei, gehört seine Studie immer noch zu den innovativsten und interpretatorisch umsichtigsten in diesem Feld. Als kritische Auseinandersetzung mit Langers Ansatz vgl. den gleichfalls anregenden Text von Steven T. Ostovich, Epilogue: Dangerous Memories, in: Confino u. Fritzsche (Hg.), S. 239–256, bes. S. 246 ff.

10 Klaus Dörner, Posttraumatische Belastungsstörungen – Neues Fass im Gesundheitsmarkt, in: Trauma und Berufskrankheit 6, Supplement 3 (2004), S. 327–328.

11 Vgl. etwas das Gutachten vom 10.6.1985 im Rahmen eines mehrjährigen Prozessverfahrens anlässlich der strittigen Frage, ob im Falle der Klägerin, die nach dem Einmarsch der Russen in Ostpreußen unter anderem mehrfach vergewaltigt worden war, psychische Dauerfolgen als kriegsbedingt anzuerkennen seien. Versorgungsamt Bielefeld, 16234, Bd. 1, u. Handakte I, Ia u. Ib.

12 Dörner, S. 327 f., zitiert im letzten Satz den Psychotherapeuten Bert Hellinger, der sich im November 2000 entsprechend in der *Zeit* geäußert hatte.

13 Vgl. dazu Lorraine Daston (Hg.), Biographies of Scientific Objects, Chicago 2000, wo die Entstehung und das Verschwinden wissenschaftlicher Gegenstände an einer Reihe von Beispielen vorgeführt wird.

Quellen- und Literaturverzeichnis

I. Quellen

Archive, Bibliotheken

Archiv des Verbandes der Heimkehrer, Bonn

Bibliothek für Zeitgeschichte, Stuttgart
Sammlung Sterz, Nachkriegszeit 1945–1953

Bundesarchiv Koblenz
B 126, 9838; 9856; 9860; 9903; 42530; 42531; 42511; 47169; 61073
B 149, 1919; 1920; 1954; 1955; 2350; 2353; 2354; 7190; 11859
B 150, 357, 339

Bundesarchiv-Militärarchiv Freiburg
B 205 v. 1368

Hauptarchiv der von Bodelschwinghschen Anstalten Bethel
Bestand Morija (Aufn. 1945–1960)
Bethelkanzlei, Patientenakten (Aufn. 1945–1956)
2/33–470; 2/33–670; 2/12–197; 2/12–202

Hauptstaatsarchiv Stuttgart
Arbeitsministerium Baden-Württemberg, EA/8002, Bü 13; EA/8002, Bü 14.

Historisches Archiv der Stadt Köln
Acc 627, Nr. 2; Acc 627, Nr. 3; Acc 627, Nr. 4; Acc 627, Nr. 5; Acc 627, Nr. 6; Acc 627, Nr. 7; Acc 627, Nr. 9; Acc 627, Nr. 10; Acc 627, Nr. 11.

Landeskirchliches Archiv Bielefeld
C 11–04, Bd. 1–5

Psychiatrische und Neurologische Klinik Heidelberg
Patientenakten (Aufn. 1945–1949)

Sarepta Archiv
1676: Lazarette, Seelsorge, 1939–45; Sar1/545a

Universitätsarchiv Heidelberg
Re. 63 Nachlass Walter Ritter von Baeyer

Versorgungsamt Bielefeld
Ausgewählte Akten der Kriegsopferversorgung (Laufzeit bis ins Jahr 2000)

Wiener Library, London

Zeitungen, Zeitschriften, Periodika

AJR Information
Allgemeine Zeitschrift für Psychiatrie und ihre Grenzgebiete (1949)
Aufbau
Bundesgesetzblatt
Bundesversorgungsblatt
Der Medizinische Sachverständige (1954–1974)
Der Nervenarzt (1939–1944) (1947–1970)
Der Versorgungsbeamte. Fachzeitschrift für die Kriegsopferversorgung und die angrenzenden Fachgebiete (1952–1970)
Deutsche Medizinische Wochenschrift (1946–1958)
Die Zeit (1946–1963)
Fortschritte der Neurologie, Psychiatrie und ihrer Grenzgebiete (1949–1960)
Frankfurter Allgemeine Zeitung (1949–1956) (1961–1964)
Frankfurter Hefte (1946–1970)
Münchener Medizinische Wochenschrift (1939–1944) (1950–1970)
Psyche
Psychiatrie, Neurologie und medizinische Psychologie (1949–1958)
Rechtsprechung zum Wiedergutmachungsrecht (1950–1970)
Sammlung von Entscheidungen aus dem Gebiete der Sozialversicherung und Versorgung
Sammlung von Entscheidungen der Sozialversicherung, Versorgung und Arbeitslosenversicherung
Stern (1948–1970)
Stuttgarter Zeitung (1945–1947)
Süddeutsche Zeitung (1945–1953) (1956–1964)
Weser-Kurier (1945–1949)

Gedruckte Quellen

Adelsberger, Lucie, Psychologische Beobachtungen im Konzentrationslager Auschwitz, in: Schweizerische Zeitschrift für Psychologie 6 (1947), S. 124–131.

Ammermüller, Hermann, u. Hans Wilden, Gesundheitliche Schäden in der Wiedergutmachung: ärztliche und rechtliche Beurteilung, Stuttgart 1953.

Anders, Günther, Hiroshima ist überall, München 1982, S. 191–360.

Andreas-Friedrich, Ruth, Der Schattenmann. Tagebuchaufzeichnungen, 1938–1948, Frankfurt a. M. 2000.

Anhaltspunkte für die ärztliche Gutachtertätigkeit im Versorgungswesen, Bonn 1958.

Anhaltspunkte für die ärztliche Gutachtertätigkeit im Versorgungswesen, Bonn 1965.

Anhaltspunkte für die ärztliche Gutachtertätigkeit, Bonn 1952.

Anonyma, Eine Frau in Berlin. Tagebuchaufzeichnungen vom 20. April bis 22. Juni 1945, Frankfurt a. M. 2003.

Arendt, Hannah, Die Nachwirkungen des Naziregimes – Bericht aus Deutschland, in: dies., In der Gegenwart. Übungen im politischen Denken II, München 2000, S. 38–63.

Ätio-Pathogenese und Therapie der Erschöpfung und Vorzeitigen Vergreisung (IV. Internationaler Medizinischer Kongreß, Bukarest, 22.–27. Juni 1964), 2 Bde., o. O., o. J.

Baldermann, Manfred, Die psychischen Grundlagen der Heimkehrerdystrophien und ihre Behandlung, in: Münchener Medizinische Wochenschrift 93 (1951), S. 1285–1290.

Baldermann, Manfred, Wesen und Beurteilung der Heimkehrerdystrophien, in: Münchner Medizinische Wochenschrift 93 (1951), S. 118–123.

Bally, Gustav, Zur Anthropologie der Kriegszeit, in: Schweizer Archiv für Neurologie und Psychiatrie, 61 (1948), S. 22–40.

Bansi, H. W., Das Hungerödem, Stuttgart 1949.

Bericht über die 3. Arbeitstagung Ost der Beratenden Fachärzte vom 24.–26. Mai 1943 in der Militärärztlichen Akademie Berlin, Berlin 1943.

Beringer, Kurt, Über hysterische Reaktionen bei Fliegerangriffen, in: Heinrich Kranz (Hg.), Arbeiten zur Psychiatrie, Neurologie und ihre Grenzgebieten. FS für Kurt Schneider, Heidelberg 1947, S. 131–138.

Berlin, Irving N., Guilt as an etiologic factor in war neuroses, in: The Journal of Nervous and Mental Disease, 111, 1950, S. 239–245.

Bláha, František, Die Folgen des Krieges für die menschliche Gesundheit nach 20 Jahren, in: Ätio-Pathogenese, S. 241–244.

Bláha, František, Folgen des Krieges für die menschliche Gesundheit (Schlussbericht über das Forschungsproblem des Gesundheitsministeriums für die Jahre 1960–1963), in: Ätio-Pathogenese und Therapie der Erschöpfung und Vorzeitigen Vergreisung (IV. Internationaler Medizinischer Kongreß, Bukarest, 22.–27. Juni 1964), 2 Bde., o. O., o. J., S. 121–198.

Bleuler, Manfred, Forschungen und Begriffswandlungen in der Schizophrenielehre 1941–1950, in: Fortschritte der Neurologie, Psychiatrie und ihrer Grenzgebiete 19 (1951), S. 385–452.
Böll, Heinrich, Der Engel schwieg, München 1997.
Bonhoeffer, Karl, Erfahrungen aus dem Kriege über die Ätiologie psychopathologischer Zustände mit besonderer Berücksichtigung der Erschöpfung und Emotion, in: Allgemeine Zeitschrift für Psychiatrie und psychisch-gerichtliche Medizin 73 (1917), S. 76–95.
Bonhoeffer, Karl, Psychopathologische Erfahrungen und Lehren des Weltkriegs, in: Münchener Medizinische Wochenschrift 81 (1934), S. 1212–1215.
Bonhoeffer, Karl, Vergleichende psychopathologische Erfahrungen aus den beiden Weltkriegen, in: Der Nervenarzt 18 (1947), S. 1–4.
Borchert, Wolfgang, Draußen vor der Tür (1947), Reinbek 1983.
Böttcher, Karl Wilhelm, Menschen unter falschem Namen, in: Frankfurter Hefte 4 (1949), S. 492–511.
Boveri, Margret, Tage des Überlebens. Berlin 1945, München 1970.
Brunn, W., Die entschädigungsrechtliche Problematik psychischer Störungen, in: Rechtsprechung zum Wiedergutmachungsrecht 11 (1960), S. 481–484.
Bumke, Oswald, Hysterische Reaktionen im Ersatzheer, in: Bericht über die Arbeitstagung Ost der beratenden Fachärzte in der Militärärztlichen Akademie Berlin, Berlin 1942/1943, S. 141.
Bumke, Oswald, Kriegsneurosen. Allgemeine Ergebnisse, in: ders. u. Otfried Foerster (Hg.), Handbuch der Neurologie, Berlin 1924, S. 54–71.
Bundesentschädigungsgesetz, München 196614, S. 23.
Bundesentschädigungsgesetze, Kommentar von Georg Blessin u. a., München 19572, S. 5–76.
Bundesversorgungsgesetz in der Fassung des Dritten Gesetzes zur Änderung und Ergänzung des Kriegsopferrechts, hg. v. Reichsbund der Kriegs- und Zivilbeschädigten, Sozialrentner und Hinterbliebenen e.V., Bonn 1967.
Bures, R., Beurteilung der Folgen des Krieges und der faschistischen Verfolgung, in: Ätio-Pathogenese, S. 199–240.
BVG. Gesetz über die Versorgung der Opfer des Krieges (Bundesversorgungsgesetz), München 1965.
Deveen, W., Fachgutachten und Pensionen, in: Ätio-Pathogense, S. 579–581.
Die Kabinettsprotokolle der Bundesregierung, http://www.bundesarchiv.de.
Die »Neurose«. Ihre Versorgungs- und Sozialmedizinische Beurteilung, hg. v. Bundesminister für Arbeit und Sozialordnung, in: Schriftenreihe des Bundesversorgungsblatts, Heft 1, Bonn 1960.
Eissler, Kurt, Die Ermordung von wie vielen seiner Kinder muss ein Mensch symptomfrei ertragen können, um eine normale Konstitution zu haben?, in: Psyche 17 (1963), S. 241–291.
Elsässer, Günter, Erfahrungen an 1400 Kriegsneurosen (Aus einem neurologisch-psychiatrischen Reserve-Lazarett des 2. Weltkriegs), in: Psychiatrie der Gegenwart, S. 623–630.
Extreme Lebensverhältnisse und ihre Folgen (Schriftenreihe des Ärztlich-wissenschaftlichen Beirates des Verbandes der Heimkehrer Deutschlands e. V.,

B. 7) hg. v. Verband der Heimkehrer, Kriegsgefangenen und Vermisstenangehörigen Deutschlands, Bad Godesberg 1959.

Extreme Lebensverhältnisse und ihre Folgen. Handbuch der ärztlichen Erfahrungen aus der Gefangenschaft, bearb. v. Ernst G. Schenck u. Wolfgang von Nathusius, Bad Godesberg 1958 ff.

Faust, Clemens, Organische Hirnschäden nach Hungerdystrophie, in: Fortschritte der Medizin 21 (1953), S. 71–72.

Fleischhacker, H. H., Healing the Wounds, in: AJR Information, 11 (1956), S. 6.

Forte, Dieter, In der Erinnerung, Frankfurt a. M. 2001.

Franke, K., Katamnese der Heimkehrer, in: Deutsche medizinische Rundschau 3 (1949), S. 1278.

Frankl, Viktor E., Psychologie und Psychiatrie des Konzentrationslagers, in: Psychiatrie der Gegenwart, Bd. 3, S. 743–759.

Friedman, Paul, Some aspects of concentration camp psychology, in: American Journal of Psychiatry 105 (1949), S. 601–605.

Gauger, Kurt, Die Dystrophie als psychosomatisches Krankheitsbild, München 1952.

Gaupp, Robert, Die psychischen und nervösen Erkrankungen des Heeres im Weltkrieg, in: Der Deutsche Militärarzt 5 (1940), S. 358–368.

Gerstacker, Wilhelm, Vorüberlegungen zur allgemeinen Psychologie und Psychopathologie des Krieges, in: Archiv für Psychiatrie und Nervenkrankheiten 182 (1949), S. 32–50.

Gesetz über die Versorgung der Opfer des Krieges (Bundesversorgungsgesetz) in der Fassung vom 6. Juni 1956, in: Bundesgesetzblatt, Teil 1, Jg. 1956, S. 475.

Gesetz zur Änderung und Ergänzung des Kriegsopferrechts (Erstes Neuordnungsgesetz) vom 27. Juni 1960, in: Bundesgesetzblatt; Nr. 32, 1960, S. 453 ff.

Goetz, Ernst, Das »anlagebedingte Leiden« im Recht der Entschädigung für Opfer nationalsozialistischer Verfolgung, in: Rechtsprechung zum Wiedergutmachungsrecht 12 (1961), S. 246–248.

Golovchansky, Anatoly u. a. (Hg.), »Ich will raus aus diesem Wahnsinn«. Deutsche Briefe von der Ostfront 1941–1945. Aus sowjetischen Archiven, Reinbek 1993.

Gottschick, Johann, Kriegsgefangenschaft und Psychosen, in: Der Nervenarzt 21 (1950), S. 129–132.

Gottschick, Johann, Neuropsychiatrische Erkrankungen bei deutschen Kriegsgefangenen in den USA im Lichte statistischer Betrachtungen, in: Archiv für Psychiatrie und Nervenkrankheiten 185 (1950), S. 491–510.

Grass, Günter, Im Krebsgang, Göttingen 2002.

Haag, Hilmar, Gefangenschaftsschäden, in: Kriegsopferversorgung 3 (1954), S. 75–78.

Hampel, Bruno, Das mit dem Mais, in: Thomas Friedrich (Hg.), Aufräumungsarbeiten. Erzählungen aus Deutschland 1945–1948, Berlin 1983, S. 10–15.

Hand, G., Zu den Begriffen: »Anlage, wesentliche Mitverursachung, Manifestation und Krankheit«, in: Rechtsprechung zum Wiedergutmachungsrecht 14 (1963), S. 154–156.
Hand, G., Zur Definition der anlagebedingten Leiden im Sinne des § 4 der 2. DV-BEG, in: Rechtsprechung zum Wiedergutmachungsrecht 12 (1961), S. 103–105.
Handbuch der ärztlichen Erfahrungen im Weltkriege 1914/1918, hg. v. Otto Schjerning. Bd. 4: Geistes- und Nervenkrankheiten, hg. v. Karl Bonhoeffer, Leipzig 1922.
Hansen, Fritz, Kriegsgefangenschaft als ärztliches Erlebnis, in: Münchener Medizinische Wochenschrift 93 (1951), S. 538–541.
Heidenhain, Adolf, Die Psychiatrie im Dienste der Wehrmacht, Leipzig 1938.
Helweg-Larsen, Per, u. a., Die Hungerkrankheit in den deutschen Konzentrationslagern, in: Max Michel (Hg.), S. 148–171.
Helweg-Larsen, Per, u. a., Die sozialen Folgeerscheinungen der Deportation, in: Max Michel (Hg.), S. 256–267.
Hemsing, Walter, Die seelische Situation des Kriegsgefangenen und die innere Gesundung des Heimkehrers, in: Bremer Ärzteblatt 1 (1948), S. 48–53.
Hemsing, Walter, Seelische Not hinter Stacheldraht, in: Caritas 49 (1948), S. 6–10.
Hennies, Günter, Kriegsopferversorgung, in: Der Medizinische Sachverständige 60 (1964), S. 71–72.
Hennies, Günter, Neurose und Leistungen aus der Rentenversicherung, in: Der Medizinische Sachverständige 55 (1964), S. 169–175.
Hennies, Günter, Zum Neurose-Problem. BGH-Beschluss vom 13. Juli 1963, in: der Medizinische Sachverständige 60 (1964), S. 119–120.
Henßge, E., Reaktive psychische Erkrankungen der Nachkriegszeit, in: Psychiatrie, Neurologie und Medizinische Psychologie 1 (1949), S. 133–137.
Hermann, Knud, Das Syndrom der Konzentrationslager. Zehn Jahre nach der Befreiung, in: Max Michel (Hg.), S. 59–72.
Hermann, Knud, Die psychischen Symptome des KZ-Syndroms, in: Max Michel (Hg.), S. 40–47.
Heuer, Karl Heinz, Mitwirkendes Verschulden bei Neurose-Schäden?, in: Rechtsprechung zum Wiedergutmachungsrecht 15 (1964), S. 429–432.
Hirschfeld, Gerhard, u. Irina Renz (Hg.), »Vormittags die ersten Amerikaner«: Stimmen und Bilder vom Kriegsende 1945, Stuttgart 2005.
Hochrein, Max, Diagnostik und Therapie der vegetativen Dystonie, in: Extreme Lebensverhältnisse und ihre Folgen, Bd. 7, S. 125–159.
Hosenfeld, Wilm, Ich versuche jeden zu retten. Das Leben eines deutschen Offiziers in Briefen und Tagebüchern, München 2005.
In der Beeck, Manfred, Psychische und charakterliche Veränderungen bei Hungerzuständen (Beobachtungen in Gefangenschaft 1945/46 und Heimat 1947/48), in: Hippokrates 20 (1949), S. 44–47.
Jacob, Wolfgang, Gesellschaftliche Voraussetzungen zur Überwindung der KZ-Schäden, in: Der Nervenarzt 32 (1961), S. 542–545.
Kalinowski, Lothar B., Problems of War Neuroses in the Light of Experi-

ences in Other Countries, in: American Journal of Psychiatry 107 (1950), S. 340–346.
Kalinowski, Lothar B. in: Ludwig J. Pongratz (Hg.), Psychiatrie in Selbstdarstellungen, Bern 1977.
Kaufman, M. R., Ill Health' as an expression of anxiety in a combat unit, in: Psychosomatic medicine 9 (1947), S. 108.
Kempowski, Walter, Das Echolot. Abgesang '45. Ein kollektives Tagebuch, München 2005.
Kerschbaumer, Max, Die Neurose in der Unfallversicherung und Kriegsopferversorgung, in: Der Medizinische Sachverständige 61 (1965), S. 134–142.
Kessler, U., Kritisches zur Praxis der Entschädigungsverfahren, in: Spätschäden nach Extrembelastungen. Referate der II. Internationalen Medizinisch-Juristischen Konferenz in Düsseldorf 1969, hg. v. Hans-Joachim Herberg, Herford 1971, S. 322–325.
Kilian, Hans, Zur Psychopathologie der Heimkehrer, in: Deutsche medizinische Rundschau 3 (1949), S. 1278.
Klinisches Wörterbuch. Die Kunstausdrücke der Medizin, begründet von Otto Dornblüth, neubearbeitet von Willibald Pschyrembel, Berlin 1937.
Kluge, Erich, Über die Folgen schwerer Haftzeiten, in: Der Nervenarzt 29 (1958), S. 462–465.
Köhler, A., Die Neurose. Ihr Wesen und ihre Bedeutung in der Sozialversicherung, in: Der Medizinische Sachverständige 60 (1964), S. 165.
Kolle, Kurt, Die Opfer der nationalsozialistischen Verfolgung in psychiatrischer Sicht, in: ebd. 29 (1958), S. 148–158.
Kornhuber, Hans H., Psychologie und Psychiatrie der Kriegsgefangenschaft, in: Psychiatrie der Gegenwart. Forschung und Praxis, Bd. 3: Soziale und angewandte Psychiatrie, Berlin 1961, S. 631–742.
Kranz, Heinrich, Zeitbedingte abnorme Erlebnisreaktionen. Versuch einer Übersicht, in: Allgemeine Zeitschrift für Psychiatrie und ihre Grenzgebiete 124 (1949), S. 336–357.
Kröber, Ernst, Über Haftpsychosen (Anlage- und exogene Faktoren bei der Entstehung von Haftreaktionen. Erfahrungen an Internierten), in: Der Nervenarzt 19 (1948), S. 408–413.
Krüger, Horst, Das zerbrochene Haus. Eine Jugend in Deutschland [1966], München 1988[3].
Krüger, Horst, Im Labyrinth der Schuld, in: Der Monat 16 (1964), S. 19–29.
Krystal, Henry (Hg.), Massive Psychic Trauma, New York 1968.
Ledig, Gert, Vergeltung, Frankfurt a. M. 1956.
Leonhard, Karl, Lassen sich in der Begutachtung von Neurosen keine schärferen Gesichtspunkte gewinnen?, in: Der Medizinische Sachverständige 62 (1966), S. 201–210.
Lewin, Bruno, Neurologisch-psychiatrische Untersuchungen und Beobachtungen an deutschen Kriegsgefangenen in Ägypten 1941–1947, in: Psychiatrie, Neurologie und Medizinische Psychologie 1 (1949), S. 230–236.
Lifton, Robert Jay, Thought Reform and the Psychology of Totalitarianism: A Study of Brainwashing in China, New York 1961.

Lipscomb, F. M., Medical Aspects of Belsen Concentration Camp, in: The Lancet, 8. Sept. 1945, S. 313–315.
Lungershausen, Eberhard, u. H. Matiar-Vahar, Erlebnisreaktive psychische Dauerschädigungen nach Kriegsgefangenschaft und Deportation, in: Der Nervenarzt 39 (1968), S. 123–126.
Malten, Hans, Heimkehrer, in: Medizinische Klinik 41 (1946), S. 593–600.
March, Hans (Hg.), Verfolgung und Angst in ihren leib-seelischen Auswirkungen, Stuttgart 1960.
Marx, W., Über Dystrophie-Dauerschäden, in: Deutsche medizinische Rundschau 3 (1949), S. 1272–1274.
Matussek, Paul, Die Konzentrationslagerhaft als Belastungssituation, in: Der Nervenarzt 32 (1961), S. 538–542.
Max Mikorey, Hysterische Reaktionen im Feldheer, in: Bericht über die 2. Arbeitstagung Ost der beratenden Fachärzte in der Militärärztlichen Akademie Berlin, Berlin 1942/1943, S. 141.
Mende, Walter, Gutachterliche Probleme bei der Beurteilung erlebnisreaktiver Schädigungen, in: Helmut Paul u. Hans-Joachim Herberg (Hg.), Psychische Spätschäden, S. 281–292.
Meyer, Joachim Ernst, Die abnormen Erlebnisreaktionen im Kriege bei Truppe und Zivilbevölkerung, in: Psychiatrie der Gegenwart, Bd. 3: Soziale und angewandte Psychiatrie, Berlin 1961, S. 574–619.
Meyeringh, Heinz, Über Folgeerscheinungen der Dystrophie, in: Ärztliche Wochenschrift 5 (1950), S. 889–893.
Michel, Max (Hg.), Gesundheitsschäden durch Verfolgung und Gefangenschaft und ihre Spätfolgen, Frankfurt a. M. 1955.
Michel, Max, Spätschäden und Summationsschäden, in: ders. (Hg.), S. 48–51.
Mitscherlich, Alexander, Ein Leben für die Psychoanalyse. Anmerkungen zu meiner Zeit, Frankfurt a. M. 1984.
Mitscherlich, Alexander, u. Fred Mielke, Das Diktat der Menschenverachtung. Der Nürnberger Ärzteprozess und seine Quellen, Heidelberg 1947.
Mitscherlich, Alexander, und Margarete Mitscherlich, Die Unfähigkeit zu trauern. Grundlagen kollektiven Verhaltens, München 1998[15] (1. Aufl. 1967).
Müller-Suur, Hemmo, Abgrenzung neurotischer Erkrankungen gegenüber der Norm, in: Handbuch für Neurosenlehre und Psychotherapie, Bd. 1, Berlin 1959, S. 250–262.
Niederland, William, Folgen der Verfolgung: Das Überlebenden-Syndrom Seelenmord, Frankfurt a. M. 1980.
Nonne, Max, Therapeutische Erfahrungen an den Kriegsneurosen, in: Karl Bonhoeffer (Hg.), Handbuch der ärztlichen Erfahrungen im Weltkriege 1914/1918, Bd. 4: Geistes- und Nervenkrankheiten, Leipzig 1922, S. 102–121.
Panse, Friedrich, Angst und Schreck in klinisch-psychologischer und sozialmedizinischer Sicht. Dargestellt an Hand von Erlebnisberichten aus dem Luftkrieg, Stuttgart 1952.

Panse, Friedrich, Der Krankheitswert der Neurose, in: Der Medizinische Sachverständige 61 (1965), S. 114–120.
Panse, Friedrich, Hysterie, Simulation, unter besonderer Berücksichtigung der psychogenen Überlagerung bei organischen Schädigungen, in: Bericht über die 3. Arbeitstagung Ost der Beratenden Fachärzte vom 24.–26. Mai 1943 in der Militärärztlichen Akademie Berlin, Berlin 1943, S. 217–218.
Paul, Helmut, Die Psyche des Hungernden und des Dystrophikers, in: Extreme Lebensverhältnisse und ihre Folgen, Bd. 5, Bad Godesberg 1961, S. 5–127.
Paul, Helmut, Einflüsse extremer Belastungen auf die psychischen und psychosozialen Verhältnisse ehemaliger Kriegsgefangener (Extreme Lebensverhältnisse als Risikofaktoren, Bd. 8), Stuttgart 1986.
Paul, Helmut, Erforschung der Spätfolgen von Gefangenschaft und Deportierung, in: Ärztliche Praxis 13 (1961), S. 1565–1566.
Paul, Helmut, Internationale Erfahrungen mit psychischen Spätschäden, in: ders. u. Hans-Joachim Herberg (Hg.), Psychische Spätschäden, S. 37–84.
Paul, Helmut, u. Hans-Joachim Herberg (Hg.), Psychische Spätschäden nach politischer Verfolgung, Basel 1963.
Pentz, Adolf, Richter und Sachverständiger auf dem Gebiet der Neurosen, in: Rechtsprechung zum Wiedergutmachungsrecht 17 (1966), S. 49–54.
Peter, Cuno, Psychologische und psychiatrisch-neurologische Beobachtungen und Erfahrungen aus 29monatiger Gefangenschaft, in: Der Nervenarzt 20 (1949), S. 202–206.
Picard, Max, Hitler in uns selbst, Erlenbach-Zürich 1946.
Pongratz, Ludwig J. (Hg.), Psychiatrie in Selbstdarstellungen, Bern 1977.
Popper, Ludwig, Ärztliche Erfahrungen bei Untersuchungen nach dem Österreichischen Opferfürsorgegesetz, in: Max Michel (Hg.), S. 281–287.
Proske, Rüdiger u. Walter Weymann-Weyhe, Wir aus dem Kriege. Der Weg der jüngeren Generation, in: Frankfurter Hefte 3 (1948), S. 792–803.
Psychiatrie der Gegenwart. Forschung und Praxis, Bd. 3: Soziale und angewandte Psychiatrie, Berlin 1961.
Rauschelbach, Heinz-Harro, Unterschiede und Gemeinsamkeiten in der Begutachtung nach dem Bundesentschädigungs- und Bundesversorgungsgesetz, in: Der Medizinische Sachverständige 65 (1969), S. 248–251.
Rauschelbach, Heinz-Harro, Zur Klinik der Spätfolgezustände nach Hungerdystrophie, in: Forschritte der Neurologie, Psychiatrie und ihrer Grenzgebiete 22 (1954), S. 214–226.
Reese, Willy Peter, »Mir selber seltsam fremd«. Die Unmenschlichkeit des Krieges, Russland 1941–1944, hg. v. Stefan Schmitz, München 2003.
Schellworth, Walter, Neurosenfrage, Ursachenbegriff und Rechtssprechung, Stuttgart 1953.
Schelsky, Helmut, Wandlungen der deutschen Familie in der Gegenwart. Darstellung und Deutung einer empirisch-soziologischen Tatbestandsaufnahme, Dortmund 1953.
Schmidt, Gerhard, Gestaltwandel von Massenreaktionen auf Kriegs- und

Nachkriegsüberlastung, in: Fortschritte der Neurologie, Psychiatrie und ihrer Grenzgebiete 22 (1954), S. 125–129.
Schmitz, Willi, Kriegsgefangenschaft und Heimkehr in ihren Beziehungen zu psychischen Krankheitsbildern, in: Der Nervenarzt 20 (1949), S. 303–310.
Schnabel, Bernhard, Macht ohne Moral. Eine Dokumentation über die SS, Frankfurt a. M. 1956.
Schneider, Carl, Die strafrechtliche Verfolgung der Neurotiker, in: Bericht über die 4. Arbeitstagung der Beratenden Ärzte vom 16. bis 18. Mai 1944 im SS-Lazarett Hohenlychen, o. O., o. J., S. 273–274.
Schneider, Kurt, »Der Psychopath« in heutiger Sicht, in: Fortschritte der Neurologie, Psychiatrie und ihrer Grenzgebiete 26 (1958), S. 1–9.
Ders., Die Psychopathenfrage beim Feldheer, in: Bericht über die 1. Arbeitstagung Ost der beratenden Fachärzte am 18. und 19. Mai 1942 in der Militärärztlichen Akademie Berlin, o. O., o. J., S. 158–167.
Ders., Einige psychiatrische Erfahrungen als Truppenarzt, in: Zeitschrift für die gesamte Neurologie und Psychiatrie 39 (1918), S. 307–314.
Ders., Kraepelin und die gegenwärtige Psychiatrie, in: Fortschritte der Neurologie, Psychiatrie und ihrer Grenzgebiete 24 (1956), S. 1–7.
Ders., Neurosen vom Standpunkt der klinischen Psychiatrie, in: Bericht über die 4. Arbeitstagung, S. 270–271.
Ders., Selbstmord als Dienstbeschädigung – Schizophrenie als Dienstbeschädigung, in: Der Nervenarzt 21 (1950), S. 480–483.
Ders., Zum Krankheitsbegriff in der Psychiatrie, in: Deutsche Medizinische Wochenschrift 17 (1946), S. 306–307.
Schönberner, Gerhard, Der gelbe Stern. Die Judenverfolgung in Europa 1933–1945, Hamburg 1960.
Schöneberg, Georg (Hg.), Die ärztliche Beurteilung Beschädigter, Darmstadt 1955[2].
Schubert, Eberhard, Die derzeitige höchstrichterliche Rechtsprechung zum Neurosen-Problem im Wiedergutmachungsrecht, im Versorgungsrecht und in der gesetzlichen Unfallversicherung, in: Rechtsprechung zum Wiedergutmachungsrecht 19 (1968), S. 481–490.
Schubert, Eberhard, Die Neurose. Ihr Wesen und ihre Bedeutung in der Sozialversicherung, in: Die Sozialgerichtsbarkeit 10 (1963), S. 321–327.
Schüddekopf, Carl, Im Kessel. Erzählungen von Stalingrad, München 2002.
Schulte, Walter, Äußere Einflüsse auf neurologisch-psychiatrische Krankheiten, ein Vergleich mit den ersten Weltkriegserfahrungen, in: Ärztliche Wochenschrift 1 (1947), S. 550–563.
Schulte, Walter, Cerebrale Defektsyndrome nach schwerer Hungerdystrophie und Möglichkeiten ihrer Kompensierung mit dem Blick auf Heimkehrerdepression und forensische Komplikationen, in: Der Nervenarzt 24 (1953), S. 415–419.
Schulte, Walter, Gibt es eine Hirnversehrtheit infolge schwerer Dystrophien?, in: Ärztliche Wochenschrift 8 (1953), S. 233–236.
Schulte, Walter, Hirnorganische Dauerschäden nach Dystrophie: Wesens-

änderungen, Epilepsien und Apoplexien, in: Medizinische Klinik 46 (1951), S. 1356–1359.
Schulte, Walter, Über das Problem der seelischen Entstehungsbedingungen von Krankheiten, Stuttgart 1966.
Sebald, Winfried G., Luftkrieg und Literatur, Frankfurt a. M. 2001[5].
Sedlmayr, Gert, Wandlungen im Krankheitsbild der Ostheimkehrer, in: Medizinische Klinik 44 (1949), S. 1223–1225.
Störring, Gustav, Die Verschiedenheiten der psycho-pathologischen Erfahrungen im Weltkriege und im jetzigen Krieg und ihre Ursachen, in: Münchener Medizinische Wochenschrift 89 (1942), S. 25–30.
Targowla, René, Die neuropsychischen Folgen der Deportation in den deutschen Konzentrationslagern. Syndrom der Asthenie der Deportierten, in: Max Michel (Hg.), S. 30–40.
Targowla, René, Bericht zur Ausarbeitung einer neuen Rententabelle für ehemalige Verfolgte, Internierte und Deportierte, in: Max Michel (Hg.), S. 274–280.
Tas, Jacques, Psychical Disorders among Inmates of Concentration Camps and Repatriates, in: Psychiatric Quarterly 25 (1951), S. 679–690.
Thurnwald, Hilde, Gegenwartsprobleme Berliner Familien. Eine soziologische Untersuchung an 498 Familien, Berlin 1948, S. 172–180.
Thygesen, Paul, u. a., Die psychischen Symptome der Heimkehrer, in: Max Michel (Hg.), S. 52–58.
Thygesen, Paul, Allgemeines über die Spätfolgen, in: Max Michel (Hg.), Gesundheitsschäden durch Verfolgung und Gefangenschaft und ihre Spätfolgen, Frankfurt a. M. 1955, S. 21–29
Thysen, Eigel Hess, u. Jörn Hess Thaysen, Medizinische Probleme bei früheren, in deutsche Konzentrationslager Deportierten, in: Max Michel (Hg.), S. 172–180.
Venzlaff, Ulrich, Das Problem des mitwirkenden Verschuldens (BGB § 254) in der Neurosenbeurteilung, in: Rechtsprechung zum Wiedergutmachungsrecht 14 (1963), S. 193–198.
Venzlaff, Ulrich, Die Begutachtung psychischer Störungen Verfolgter, in: Rechtsprechung zum Wiedergutmachungsrecht 17 (1966), S. 196–200.
Venzlaff, Ulrich, Die psychoreaktiven Störungen nach entschädigungspflichtigen Ereignissen (die sogenannten Unfallneurosen), Berlin 1958.
Venzlaff, Ulrich, Erlebnishintergrund und Dynamik seelischer Verfolgungsschäden, in: Helmut Paul u. Hans-Joachim Herberg (Hg.), Psychische Spätschäden, S. 95–109.
Venzlaff, Ulrich, Grundsätzliche Betrachtungen über die Begutachtung erlebnisbedingter seelischer Störungen nach rassischer und politischer Verfolgung, in: Rechtsprechung zum Wiedergutmachungsrecht 10 (1959), S. 289–292.
Venzlaff, Ulrich, Gutachten zur Frage des Zusammenwirkens erlebnisreaktiver, vegetativer und hormonaler Faktoren bei Verfolgungsschäden, in: Helmut Paul u. Hans-Joachim Herberg (Hg.), Psychische Spätschäden nach politischer Verfolgung, Basel 1963, S. 111–124.

Venzlaff, Ulrich, Das Problem des mitwirkenden Verschuldens (BGB § 254) in der Neurosenbeurteilung, in: Rechtsprechung zum Wiedergutmachungsrecht 14 (1963), S. 193–198.
Venzlaff, Ulrich, Schizophrenie und Verfolgung, in: Rechtsprechung zur Wiedergutmachung 12 (1961), S. 193–196.
Verhandlungen des deutschen Bundestages 3. Wahlperiode, Stenographische Berichte, Bd. 44–46, Bonn 1960.
Villinger, Werner, Psychiatrie und Wehrmacht, in: Münchener Medizinische Wochenschrift 88 (1941), S. 432–443.
von Baeyer, Walter, Der Begriff der Begegnung in der Psychiatrie, in: Der Nervenarzt 26 (1955), S. 369–376.
von Baeyer, Walter, Die Freiheitsfrage in der forensischen Psychiatrie mit besonderer Berücksichtigung der Entschädigungsneurosen, in: Der Nervenarzt 28 (1957), S. 337–343.
von Baeyer, Walter, Erlebnisbedingte Verfolgungsschäden, in: Der Nervenarzt 32 (1961), S. 534–538.
von Baeyer, Walter, Erlebnisreaktive Störungen und ihre Bedeutung für die Begutachtung, in: Deutsche Medizinische Wochenschrift 83 (1958), S. 2317–2122.
von Baeyer, Walter, Gegenwärtige Psychiatrie in den Vereinigten Staaten, in: der Nervenarzt 21 (1950), S. 2–9.
von Baeyer, Walter, Walter Ritter von Baeyer, in: Pongratz (Hg.), S. 9–34.
von Baeyer, Walter, Zur Statistik und Form der abnormen Erlebnisreaktionen in der Gegenwart, in: Der Nervenarzt 19 (1948), S. 402–408.
von Baeyer, Walter in: Pongratz (Hg.), S. 9–34.
von Baeyer, Walter u. a., »Wissenschaftliche Erkenntnis« oder »menschliche Wertung« der erlebnisreaktiven Schäden Verfolgter?, in: Der Nervenarzt 34 (1963), S. 120–123.
von Baeyer, Walter, u. a., Psychiatrie der Verfolgten. Psychopathologische und gutachtliche Erfahrungen an Opfern der nationalsozialistischen Verfolgung und vergleichbarer Extrembelastungen, Berlin 1964.
von Baeyer, Walter, u. a., Zur Frage des »symptomfreien Intervalles« bei erlebnisreaktiven Störungen Verfolgter, in: Helmut Paul u. Hans-Joachim Herberg (Hg.), Psychische Spätschäden, S. 125–153.
Walser, Martin, Unser Auschwitz, in: Kursbuch 1 (1965), S. 189–200.
Weber, F. W. A., Wie sollen wir uns in einem zukünftigen Kriege den Kriegsneurotikern stellen? in: Münchener Medizinische Wochenschrift 86 (1939), S. 1305–1306.
Wilke, G., Zur Frage der Hirnödeme bei Unterernährung, in: Deutsche Medizinische Wochenschrift, 1950, S. 172–176.
Witter, Hermann, Erlebnisbedingte Schädigung durch Verfolgung, in: Der Nervenarzt 33 (1962), S. 509–510.
Witter, Hermann, Zur Kausalität bei sogenannten Neurosen, in: Der Medizinische Sachverständige 61 (1965), S. 143–148.
Zum politischen Bewußtsein ehemaliger Kriegsgefangener, Frankfurt a. M. 1957.

Zutt, Jürg, Über den seelischen Gesundheitszustand der Berliner Bevölkerung in den vergangenen Jahren und heute, in: Ärztliche Wochenschrift 1 (1946), S. 248–250.

Zweite Verordnung zur Durchführung des Bundesentschädigungsgesetzes (2. DV-BEG), in: Bundesentschädigungsgesetze, S. 1239–1245.

II. Literatur

Abelshauser, Werner, Deutsche Wirtschaftsgeschichte seit 1945, München 2004.

Ackermann, Volker, Das Schweigen der Flüchtlingskinder – Psychische Folgen von Krieg, Flucht und Vertreibung bei den Deutschen nach 1945, in: Geschichte und Gesellschaft 30 (2004), S. 434–464.

Ahonen, Pertti, After the Expulsion. West Germany and Eastern Europe 1945–1990, Oxford 2003.

Aly, Götz (Hg.), Volkes Stimme. Skepsis und Führervertrauen im Nationalsozialismus, Frankfurt a. M. 20062.

Arnold, Klaus Jochen, Die Wehrmacht und die Besatzungspolitik in den besetzten Gebieten der Sowjetunion. Kriegführung und Radikalisierung im »Unternehmen Barbarossa«, Berlin 2004.

Ash, Mitchell G., Verordnete Umbrüche – Konstruierte Kontinuitäten: Zur Entnazifizierung von Wissenschaftlern und Wissenschaften nach 1945, in: Zeitschrift für Geschichtswissenschaft 43 (1995), S. 903–923.

Assmann, Aleida, Erinnerungsräume. Formen und Wandlungen des kulturellen Gedächtnisses, München 1999.

Dies., Funktionsgedächtnis und Speichergedächtnis – Zwei Modi der Erinnerung, in: Kristin Platt u. Mihran Dabag (Hg.), Generation und Gedächtnis. Erinnerungen und kollektive Identitäten, Opladen 1995, S. 169–185.

Assmann, Jan, Das kulturelle Gedächtnis. Schrift, Erinnerung und politische Identität in frühen Hochkulturen, München 1999.

Averbeck, Stefanie, The post-1933 emigration of communication researchers from Germany. The lost works of the Weimar Generation, in: European Journal of Communication 16 (2001), S. 451–475.

Bacque, James, Der geplante Tod. Deutsche Kriegsgefangene in amerikanischen und französischen Lagern 1945–1946, Frankfurt a. M. 1989.

Bade, Klaus J., Europa in Bewegung. Migration vom späten 18. Jh. bis in die Gegenwart, München 2000.

Bajohr, Frank, Hamburg – der Zerfall der »Volksgemeinschaft«, in: Herbert u. Schildt (Hg.), S. 318–336.

Ders. u. Dieter Pohl, Der Holocaust als offenes Geheimnis. Die Deutschen, die NS-Führung und die Alliierten, München 2006.

Barnouw, Dagmar, Ansichten von Deutschland (1945): Krieg und Gewalt in der zeitgenössischen Photographie, Basel 1997.

Bartov, Omar, Hitlers Wehrmacht. Soldaten, Fanatismus und die Brutalisierung des Krieges, Reinbek 1995.
Baumann, Imanuel, Dem Verbrechen auf der Spur. Eine Geschichte der Kriminologie und Kriminalpolitik in Deutschland, 1880 bis 1980, Göttingen 2006.
Baumann, Stefanie, Opfer von Menschenversuchen als Sonderfall der Wiedergutmachung, in: Hockerts u. a. (Hg.), Grenzen, S. 147–194.
Baumann, Ursula, Vom Recht auf den eigenen Tod. Die Geschichte des Suizids vom 18. bis zum 20. Jahrhundert, Weimar 2001.
Behrenbeck, Sabine, Between Pain and Silence. Remembering the Victims of Violence in Germany after 1949, in: Bessel u. Schumann (Hg.), S. 37–64.
Behrends, Jan C., Freundschaft, Fremdheit, Gewalt. Ostdeutsche Sowjetunionbilder zwischen Propaganda und Erfahrung, in: Gregor Thum (Hg.), Traumland Osten. Deutsche Bilder vom östlichen Europa im 20. Jahrhundert, Göttingen 2006, S. 157–177.
Benz, Wolfgang, Postwar Society and National Socialism: Remembrance, Amnesia, Rejection, in: Tel Aviver Jahrbuch für deutsche Geschichte 19 (1990), S. 1–12.
Beradt, Charlotte, Das Dritte Reich im Traum, Frankfurt a. M. 1994.
Bergen, Doris L., The »Volksdeutschen« of Eastern Europe, World War II, and the Holocaust: Constructed Ethnicity, Real Genocide, in: Keith Bullivant u. a. (Hg.), Germany and Eastern Europe: Cultural Identities and Cultural Differences, Amsterdam 1999, S. 70–93.
Berger, Georg, Die Beratenden Psychiater des deutschen Heeres 1939 bis 1945, Frankfurt a. M. 1998.
Berghoff, Hartmut, u. Cornelia Rauh-Kühne, Fritz K. Ein deutsches Leben im 20. Jahrhundert, München 2000.
Bessel, Richard, »Leben nach dem Tod«. Vom Zweiten Weltkrieg zur zweiten Nachkriegszeit, in: Bernd Wegner (Hg.), Wie Kriege enden. Wege zum Frieden von der Antike bis zur Gegenwart, Paderborn 2002, S. 239–258.
Ders., The War to End all Wars. The Shock of Violence in 1945 and Its Aftermath in Germany, in: Lüdtke u. Weisbrod (Hg.), S. 69–99.
Ders. u. Dirk Schumann, Introduction: Violence, Normality, and the Construction of Postwar Europe, in: ders. u. Schumann (Hg.), S. 1–13.
Ders. u. Dirk Schumann (Hg.), Life After Death. Approaches to a Cultural and Social History of Europe During the 1940s and 1950s, New York 2003.
Bianchi, Bruna, Psychiatrists, Soldiers, and Officers in Italy during the Great War, in: Micale u. Lerner (Hg.), S. 222–252.
Biess, Frank, Homecomings. Returning POWs and the Legacies of Defeat in Postwar Germany, Princeton 2006.
Ders., »Pioneers of a New Germany«: Returning POWs from the Soviet Union and the Making of East German Citizens, 1945–1950, in: Central European History 32 (1999), S. 143–180.
Ders., Vom Opfer zum Überlebenden des Totalitarismus: Westdeutsche Reaktionen auf die Rückkehr der Kriegsgefangenen aus der Sowjetunion, 1945–1955, in: Bischof u. Overmans (Hg.), S. 365–389.

Birbaumer, Niels, u. Dieter Langewiesche, Neuropsychologie und Historie – Versuch einer empirischen Annäherung. Posttraumatische Belastungsstörung (PTSD) und Soziopathie in Österreich nach 1945, in: Geschichte und Gesellschaft 32 (2006), S. 153–175.

Bischof, Günter, u. Rüdiger Overmans (Hg.) Kriegsgefangenschaft im Zweiten Weltkrieg. Eine vergleichende Perspektive, Ternitz-Pottschach 1999.

Black, Monica, The Meaning of Death and the Making of Three Berlins: A History, 1933–1961 (Diss. University of Virginia, MS).

Boelcke, Willi A., Der Schwarz-Markt 1945–1948. Vom Überleben nach dem Kriege, Braunschweig 1986.

Bösch, Frank, Film, NS-Vergangenheit und Geschichtswissenschaft. Von »Holocaust« zu »Der Untergang«, in: Vierteljahreshefte für Zeitgeschichte 55 (2007), S. 1–32.

Borchard, Michael, Die deutschen Kriegsgefangenen in der Sowjetunion. Zur politischen Bedeutung der Kriegsgefangenenfrage 1949–1955, Düsseldorf 2000.

Bourke, Joanna, The emotions in war: fear and the British and American military, 1914–1945, in: Historical Research 74 (2001), S. 314–330.

Dies., Postwar Adjustment of British and American Servicemen after the War, in: Bessel u. Schumann (Hg.), S. 149–160.

Braese, Stephan, »In einer deutschen Angelegenheit« – Der Frankfurter Auschwitz-Prozess in der westdeutschen Nachkriegsliteratur, in: Fritz Bauer Institut (Hg.), S. 217–244.

Brandlmeier, Thomas, Von Hitler zu Adenauer: Deutsche Trümmerfilme, in: Hilmar Hoffmann u. Walter Schobert (Hg.), Zwischen Gestern und Morgen: Westdeutscher Nachkriegsfilm 1946–1962, Frankfurt a. M. 1989, S. 33–59.

Briesen Detlef, u. Klaus Weinhauer (Hg.), Jugend, Delinquenz und gesellschaftlicher Wandel. Bundesrepublik Deutschland und USA nach dem Zweiten Weltkrieg, Essen 2006.

Brink, Cornelia, »Auschwitz in der Paulskirche«. Erinnerungspolitik in Fotoausstellungen der sechziger Jahre, Marburg 2000.

Dies., Ikonen der Vernichtung. Öffentlicher Gebrauch von Fotografien aus nationalsozialistischen Konzentrationslagern nach 1945, Berlin 1998.

Dies., »Keine Angst vor dem Psychiater«. Psychiatrie, Psychiatriekritik und Öffentlichkeit in der Bundesrepublik Deutschland (1960–1980), in: Fangerau u. Nolte (Hg.), S. 341–360.

Dies., Zwangseinweisungen in die Psychiatrie, in: Herbert (Hg.), Wandlungsprozesse, S. 467–507.

Brochhagen, Ulrich, Nach Nürnberg. Vergangenheitsbewältigung und Westintegration in der Ära Adenauer, Berlin 1999.

Browning, Christopher, Ganz normale Männer. Das Reserve-Polizeibataillon 101 und die »Endlösung« in Polen, Reinbek 1999[3].

Burke, Peter, Die Kulturgeschichte der Träume, in: ders., Eleganz und Haltung, Berlin 1998, S. 37–62.

Burgdorff, Stephan, u. Christian Habbe (Hg.), Als Feuer vom Himmel fiel. Der Bombenkrieg in Deutschland, München 2003.

Buske, Sybille, »Fräulein Mutter« vor den Richterstuhl. Der Wandel der öffentlichen Wahrnehmung und rechtlichen Stellung lediger Mütter in der Bundesrepublik 1948 bis 1970, in: WerkstattGeschichte 27 (2000), S. 48–68.

Chiari, Bernhard u. a., Krieg und Militär im Film des 20. Jahrhundert, München 2003.

Ciompi, Luc, Die emotionalen Grundlagen des Denkens. Entwurf einer fraktalen Affektlogik, Göttingen 1997.

Classen, Christoph, Bilder der Vergangenheit. Die Zeit des Nationalsozialismus im Fernsehen der Bundesrepublik Deutschland 1955–1965, Köln 1999.

Cocks, Geoffrey, Psychotherapy in the Third Reich. The Göring Institute, New Brunswick 19972.

Cohen, Deborah, The War Come Home. Disabled Veterans in Britain and Germany, 1914–1939, Berkeley 2001.

Confino, Alon, Narratives of Memory and Culture, in: ders., Germany as a Culture of Remembrance. Promises and Limits of Writing History, Chapel Hill 2006, S. 188–213.

Ders., Remembering the Second World War, 1945–1965: Narratives of Victimhood and Genocide, in: Cultural Analysis: An Interdisciplinary Forum on Folklore and Popular Culture 4 (2005), S. 47–65.

Ders. u. Peter Fritzsche, Introduction: Noises of the Past, in: dies. (Hg.), The Work of Memory. New Directions in the Study of German Society and Culture, Urbana 2002, S. 1–21.

Daston, Lorraine (Hg.), Biographies of Scientific Objects, Chicago 2000.

de Haan, Ido, Paths of Normalization after the Persecution of the Jews. The Netherlands, France, and West Germany in the 1950s, in: Bessel u. Schumann (Hg.), S. 65–92.

Dehli, Martin, Leben als Konflikt. Zur Biographie Alexander Mitscherlichs, Göttingen 2007.

Diehl, James M., The Thanks of the Fatherland. German Veterans After the Second World War, Chapel Hill 1993.

Dörner, Klaus, Posttraumatische Belastungsstörungen – Neues Fass im Gesundheitsmarkt, in: Trauma und Berufskrankheit 6, Supplement 3 (2004), S. 327–328.

Douglas, Lawrence, The Memory of Judgement. Making Law and History in the Trials of the Holocaust, New Haven 2001.

Durth, Werner, Architektur und Stadtplanung im Dritten Reich, in: Michael Prinz u. Rainer Zitelmann (Hg.), Nationalsozialismus und Modernisierung, Darmstadt 1994, S. 139–171.

Ders., Kontraste und Parallelen: Architektur und Städtebau in West- und Ostdeutschland, in: Schildt u. Sywottek (Hg.), S. 596–611.

Ders. u. Niels Gutschow, Träume in Trümmern. Planungen zum Wiederaufbau zerstörter Städte im Westen Deutschlands 1940–1950, Bd. 1: Konzepte; Bd. 2: Städte, Braunschweig 1988.

Ebbinghaus, Angelika, Soldatenselbstmord im Urteil des Psychiaters Hans Bürger-Prinz, in: dies. u. Karsten Linne (Hg.), Kein abgeschlossenes Kapitel: Hamburg im »Dritten Reich«, Hamburg 1997, S. 487–531.

Dies. u. Klaus Dörner (Hg.), Vernichten und Heilen. Der Nürnberger Ärzteprozeß und seine Folgen, Berlin 2001
Echternkamp, Jörg, Arbeit am Mythos. Soldatengenerationen der Wehrmacht im Urteil der west- und ostdeutschen Nachkriegsgesellschaft, in: Naumann (Hg.), S. 421–443.
Ders., Wut auf die Wehrmacht? Vom Bild der deutschen Soldaten in der unmittelbaren Nachkriegszeit, in: Müller u. Volkmann (Hg.), S. 1058–1080.
Eghigian, Greg, Der Kalte Krieg im Kopf. Ein Fall von Schizophrenie und die Geschichte des Selbst in der sowjetischen Besatzungszone, in: Historische Anthropologie 11 (2003), S. 101–122.
Ders., The German Welfare State as a Discourse of Trauma, in: Micale u. Lerner (Hg.), S. 92–112.
Etges, Andreas, Der Deutungswandel des Zweiten Weltkriegs in US-amerikanischen Filmen am Beispiel von »The Best Years of our Lives« und »Saving Private Ryan«, in: Chiari u. a. (Hg.), S. 163–178.
Fangerau, Heiner, u. Karen Nolte (Hg.), »Moderne« Anstaltspsychiatrie im 19. und 20. Jahrhundert. Legitimation und Kritik, Stuttgart 2006.
Fehrenbach, Heide, Cinema in Democratizing Germany. Reconstructing National Identity after Hitler, Chapel Hill 1995.
Fieseler, Beate, Der Kriegsinvalide in sowjetischen Spielfilmen der Kriegs- und Nachkriegszeit (1944 bis 1964), in: Chiari u. a., S. 199–222.
Focke, Wenda, William G. Niederland. Psychiater der Verfolgten. Seine Zeit – sein Leben – sein Werk. Ein Porträt, Würzburg 1992.
Förster, Alice, u. Birgit Beck, Post-Traumatic Stress Disorder and World War II: Can a Psychiatric Concept Help Us Understand Postwar Society?, in: Bessel u. Schumann (Hg.), S. 15–38.
Förster, Jürgen (Hg.), Stalingrad. Ereignis, Wirkung, Symbol, München 1993².
Frei, Norbert, Von deutscher Erfindungskraft oder: Die Kollektivschuldthese in der Nachkriegszeit, in: Smith (Hg.), 163–176.
Ders., Hitlers Eliten nach 1945 – eine Bilanz, in: ders. (Hg.), Hitlers Eliten, S. 269–299.
Ders., Identitätswechsel. Die »Illegalen« in der Nachkriegszeit, in: Helmut König u. a. (Hg.), Vertuschte Vergangenheit. Der Fall Schwerte und die NS-Vergangenheit der deutschen Hochschulen, München 1997, S. 207–222.
Ders., Vergangenheitspolitik. Die Anfänge der Bundesrepublik und die NS-Vergangenheit, München 1997².
Ders., Die Wiederkehr des Rechts, in: ders., 1945 und wir. Das Dritte Reich im Bewusstsein der Deutschen, München 2005, S. 63–82.
Ders. (Hg.), Hitlers Eliten nach 1945, München 2003.
Ders. u. Volkhard Knigge (Hg.), Verbrechen erinnern. Die Auseinandersetzung mit Holocaust und Völkermord, München 2002.
Freimüller, Tobias, Mediziner: Operation Volkskörper, in: Frei (Hg.), Hitlers Eliten, S. 13–65.
Ders., Der Umgang mit der NS-Vergangenheit in der Bundesrepublik Deutschland und die »Unfähigkeit zu trauern«, in: Françoise Lartillot (Hg.), Die Unfähigkeit zu trauern, Nantes 2004, S. 11–26.

Ders., Alexander Mitscherlich. Biographie und Wirkungsgeschichte eines kritischen Intellektuellen (Diss. Jena 2006).
Frevert, Ute, Angst vor Gefühlen? Die Geschichtsmächtigkeit von Gefühlen im 20. Jahrhundert, in: Paul Nolte u. a. (Hg.), Perspektiven der Gesellschaftsgeschichte, München 2000, S. 95–111.
Dies., Frauen-Geschichte. Zwischen bürgerlicher Verbesserung und neuer Weiblichkeit, Frankfurt a. M. 1986.
Fried, Johannes, Der Schleier der Erinnerung. Grundzüge einer historischen Memorik, München 2004.
Friedländer, Saul, Das Dritte Reich und die Juden 2: Die Jahre der Vernichtung 1939–1945, München 2006.
Friedmann, Jan, u. Jörg Später, Britische und deutsche Kollektivschuld-Debatte, in: Herbert (Hg.), Wandlungsprozesse, S. 53–90.
Friedrich, Jörg, Der Brand. Deutschland im Bombenkrieg 1940–1945, Berlin 2002[4].
Fritz Bauer Institut (Hg.), »Gerichtstag halten wir über uns selbst …« Geschichte und Wirkung des ersten Frankfurter Auschwitz-Prozesses, Frankfurt a. M. 2001.
Fritzsche, Peter, Volkstümliche Erinnerung und deutsche Identität nach dem Zweiten Weltkrieg, in: Jarausch u. Sabrow (Hg.), S. 75–97.
Gausemeier, Bernd, Natürliche Ordnungen und politische Allianzen. Biologische und biochemische Forschung an Kaiser-Wilhelm-Instituten 1933–1945, Göttingen 2005.
Gerhardt, Uta, Denken der Demokratie. Die Soziologie im atlantischen Transfer des Besatzungsregimes. Vier Abhandlungen, Stuttgart 2007.
Gerlach, Christian, Kalkulierte Morde. Die deutsche Wirtschafts- und Vernichtungspolitik in Weißrussland 1941–1944, Hamburg 2000.
Geyer, Michael, Das Stigma der Gewalt und das Problem der nationalen Identität, in: Christian Jansen u. a. (Hg.), Von der Aufgabe der Freiheit. Politische Verantwortung und bürgerliche Gesellschaft im 19. u. 20. Jahrhundert, Berlin 1995, S. 673–698.
Ders., Der Kalte Krieg, die Deutschen und die Angst. Die westdeutsche Opposition gegen Wiederbewaffnung und Kernwaffen, in: Naumann (Hg.), S. 267–318.
Ders., Endkampf 1918 and 1945. German Nationalism, Annihilation, and Self-Destruction, in: Lüdtke u. Weisbrod (Hg.), S. 35–67.
Giordano, Ralph, Die zweite Schuld oder Von der Last ein Deutscher zu sein, Hamburg 1987.
Goeschel, Christian, Suicide at the end of the Third Reich, in: Journal of Contemporary History 41 (2006), S. 152–173.
Goltermann, Svenja, Angst in der Nachkriegszeit. Entnazifizierung und persönliche Desorientierung, in: Martin Sabrow (Hg.), Zeiträume. Potsdamer Almanach 2006, Berlin 2007, S. 29–37.
Dies., Languages of Memory. German POWs and their Violent Pasts in Postwar West Germany, in: Moore u. Hately-Broad (Hg.), S. 165–173.
Dies., Negotiating Victimhood in East and West Germany, in: Jolande Withuis u. a. (Hg.).

Görtemaker, Manfred, Geschichte der Bundesrepublik Deutschland. Von der Gründung bis zur Gegenwart, München 1999.

Goschler, Constantin, Schuld und Schulden. Die Politik der Wiedergutmachung für NS-Verfolgte seit 1945, Göttingen 2005.

Ders., Wiedergutmachung. Westdeutschland und die Verfolgten des Nationalsozialismus (1945–1954), München 1992.

Ders., Zwei Wege der Wiedergutmachung? Der Umgang mit NS-Verfolgten in West- und Ostdeutschland im Vergleich, in: Hockerts u. Kuller (Hg.), S. 115–137.

Gray, Peter, u. Kendrick Oliver, Introduction, in: dies. (Hg.), The Memory of Catastrophe, Manchester 2004, S. 1–18.

Gregor, Neil, ›Is he still alive, or long since dead?‹: Loss, Absence and Remembrance in Nuremberg, 1945–1956, in: German History 21 (2003), S. 183–203.

Greven, Michael Th., u. Oliver Wrochem (Hg.), Der Krieg in der Nachkriegszeit. Der Zweite Weltkrieg in Politik und Gesellschaft der Bundesrepublik, Opladen 2000.

Gries, Rainer, Die Rationen-Gesellschaft. Versorgungskampf und Vergleichsmentalität: Leipzig, München und Köln nach dem Kriege, Münster 1990.

Grimm, Marion, Alfred Storch (1888–1962), Daseinsanalyse und anthropologische Psychiatrie, Gießen 2004.

Groebner, Valentin, Der Schein der Person, München 2004.

Gross, Jan T. Fear: Anti-Semitism in Poland after Auschwitz, Princeton 2006.

Grossmann, Atina, A Question of Silence: The Rape of German Women by Occupation Soldiers, in: Moeller (Hg.), S. 33–52.

Grotum, Thomas, Die Halbstarken: zur Geschichte einer Jugendkultur der 50er Jahre. Frankfurt a. M. 1994.

Hacking, Ian, Memoro-politics, Trauma and the Soul, in: History of the Human Sciences 7 (1994), S. 29–52.

Ders., Multiple Persönlichkeit. Zur Geschichte der Seele in der Moderne, München 1996.

Halbwachs, Maurice, Der Traum und die Erinnerungsbilder, in: ders., Das Gedächtnis und seine sozialen Bedingungen, Frankfurt a. M. 1985, S. 25–72.

Hanrath, Sabine, Zwischen »Euthanasie« und Psychiatriereform. Anstaltspsychiatrie in Westfalen und Bandenburg. Ein deutsch-deutscher Vergleich (1945–1964), Paderborn 2002.

Harrington, Anne, Die Suche nach Ganzheit. Die Geschichte biologisch-psychologischer Ganzheitslehren: Vom Kaiserreich bis zur New-Age-Bewegung, Reinbek bei Hamburg 2002.

Harrington, Ralph, The Railway Accident: Trains, Trauma, and Technological Crises in Nineteenth Century Britain, in: Micale u. Lerner (Hg.), S. 31–56.

Hartmann, Christian u. a. (Hg.), Verbrechen der Wehrmacht – Bilanz einer Debatte, München 2005.

Heer, Hannes, u. Klaus Naumann (Hg.), Vernichtungskrieg. Verbrechen der Wehrmacht 1941–1944, Hamburg 1995.

Heineman, Elizabeth, Complete Families, Half Families, No Families at All: Female-Headed Househoulds and the Reconstruction of the Familiy in the Early Federal Republic, in: Central European History 29 (1996), S. 19–60.

Dies., What Difference does a Husband Make? Women and Marital Status in Nazi and Postwar Germany, Berkeley 1999.

Herbert, Ulrich, Best. Biographische Studien über Radikalismus, Weltanschauung und Vernunft 1903–1989, Bonn 2006[2].

Ders., Nicht entschädigungsfähig? Die Wiedergutmachungsansprüche der Ausländer, in: Ludolf Herbst u. Constantin Goschler (Hg.), Wiedergutmachung in der Bundesrepublik Deutschland, München 1989, S. 273–302.

Ders., Rückkehr in die Bürgerlichkeit? NS-Eliten in der Bundesrepublik, in: Bernd Weisbrod (Hg.), Rechtsradikalismus in der politischen Kultur der Bundesrepublik, Hannover 1995, S. 157–173.

Ders. (Hg.), Wandlungsprozesse in Westdeutschland. Belastung, Integration, Liberalisierung 1945–1980, Göttingen 2002.

Ders. u. Axel Schildt (Hg.), Kriegsende in Europa. Vom Beginn des deutschen Machtszerfalls bis zur Stabilisierung der Nachkriegsordnung 1944–1948, Essen 1998.

Herman, Judith, Die Narben der Gewalt, München 1993.

Herzog, Dagmar, Die Politisierung der Lust. Sexualität in der deutschen Geschichte des zwanzigsten Jahrhunderts, München 2005.

Herzog, Dagmar, Sex and Marriage in the Wake of the War, in: Bessel u. Schumann (Hg.), S. 161–192.

Heyll, Uwe, Friedrich Panse und die psychiatrische Erbforschung, in: Die Medizinische Akademie Düsseldorf im Nationalsozialismus, Essen 1997, S. 318–340.

Hickethier, Knut, Der Zweite Weltkrieg und der Holocaust im Fernsehen der Bundesrepublik der fünfziger und frühen sechziger Jahre, in: Greven u. Wrochem (Hg.), S. 93–112.

Ders., Militär und Krieg: 08/15 (1954), in: Werner Faulstich u. Helmut Korte (Hg.), Fischer Filmgeschichte, Bd. 3: Auf der Suche nach Werten. 1945–1960, Frankfurt a. M. 1990, S. 222–251.

Hilger, Andreas, Deutsche Kriegsgefangene in der Sowjetunion 1941–1956. Kriegsgefangenschaft, Lageralltag und Erinnerung, Essen 2000.

Hillmann, Jörg, u. John Zimmermann (Hg.), Kriegsende 1945 in Deutschland, München 2002.

Hockerts, Hans Günter, Wiedergutmachung. Ein umstrittener Begriff und ein weites Feld, in: ders. u. Kuller (Hg.), S. 7–33.

Ders., Wiedergutmachung in Deutschland: eine historische Bilanz 1945–2000, in: Vierteljahreshefte für Zeitgeschichte 49 (2001), S. 167–214.

Ders., Zugänge zur Zeitgeschichte, in: Primärerfahrung, Erinnerungskultur, Geschichtswissenschaft, in: Jarausch u. Sabrow (Hg.), S. 39–73.

Ders. u. a. (Hg.), Grenzen der Wiedergutmachung. Die Entschädigung für NS-Verfolgte in West- und Osteuropa 1945–2000, Göttingen 2006.

Ders. u. Christiane Kuller (Hg.), Nach der Verfolgung. Wiedergutmachung nationalsozialistischen Unrechts in Deutschland?, Göttingen 2003.

Hofer, Hans-Georg, Nervenschwäche und Krieg. Modernitätskritik und Krisenbewältigung in der österreichischen Psychiatrie (1880–1920), Wien 2004.
Hoff, Paul, Emil Kraepelin und die Psychiatrie als klinische Wissenschaft, Berlin 1994.
Hoffman, Eva, After Such Knowledge. Memory, History, and the Legacy of the Holocaust, New York 2004.
Hoffmann, Stefan-Ludwig, Besiegte, Besatzer, Beobachter. Das Kriegsende im Tagebuch, in: Daniel Fulda u. a. (Hg.), Demokratie im Schatten der Gewalt. Geschichten des Privaten im deutschen Nachkrieg, Göttingen 2009.
Hoffmann-Richter, Ulrike, Das Verschwinden der Biographie in der Krankengeschichte. Eine biographische Skizze, in: BIOS. Zeitschrift für Biographieforschung und Oral History 8 (1995), S. 204–221.
Huyssen, Andreas, Trauma and Memory: A New Imaginary of Temporality, in: Jill Bennett u. Rosanne Kennedy (Hg.), World Memory. Personal Trajectories in Global Time, New York 2003, S. 16–29.
Jäger, Ludwig, Germanistik – eine deutsche Wissenschaft. Das Kapitel Hans Ernst Schneider, in: König u. a. (Hg.), S. 31–45.
Jahn, Peter, Stalingrad erinnern. Stalingrad im deutschen und russischen Gedächtnis, Berlin 2003.
Jarausch, Konrad, Die Umkehr. Deutsche Wandlungen 1945–1995, Bonn 2004.
Ders. u. Michael Geyer, Zerbrochener Spiegel. Deutsche Geschichte im 20. Jh., München 2003.
Ders. u. Martin Sabrow (Hg.), Verletztes Gedächtnis. Erinnerungskultur und Zeitgeschichte im Konflikt, Frankfurt a. M. 2002.
Judt, Tony, Geschichte Europas von 1945 bis zur Gegenwart, München 2006.
Jureit, Ulrike, Ein Traum in Braun. Über die Erfindung des Unpolitischen, in: Christian Geulen u. Karoline Tschuggnall (Hg.), Aus einem deutschen Leben. Lesarten eines biographischen Interviews, Tübingen 2000, S. 17–36.
Dies., Zwischen Ehe und Männerbund. Emotionale und sexuelle Beziehungsmuster im Zweiten Weltkrieg, in: WerkstattGeschichte 22 (1999), S. 61–74.
Kaes, Anton, From Hitler to Heimat: The Return of History as Film, Cambridge, Mass. 1992.
Kaminsky, Anette (Hg.), Heimkehr 1948. Geschichte und Schicksale deutscher Kriegsgefangener, München 1998.
Kansteiner, Wulf, Menschheitstrauma, Holocausttrauma, kulturelles Trauma. Eine kritische Genealogie der philosophischen, psychologischen und kulturwissenschaftlichen Traumaforschung seit 1945, in: Friedrich Jaeger u. Jörn Rüsen (Hg.), Handbuch der Kulturwissenschaften, Bd. 3: Themen und Tendenzen, Stuttgart 2004, S. 109–138.
Ders., In pursuit of German memory: history, television, and politics after Auschwitz, Athens 2006.
Ders., Ein Völkermord ohne Täter? Die Darstellung der »Endlösung« in den Sendungen des Zweiten Deutschen Fernesehens, in: Zuckermann (Hg.), S. 253–286.
Karner, Stefan, Im Archipel GUPVI. Kriegsgefangenschaft und Internierung in der Sowjetunion 1941–1956, München 1995.

Kaufmann, Doris, Eugenik – Rassenhygiene – Humangenetik. Zur lebenswissenschaftlichen Neuordnung der Wirklichkeit in der ersten Hälfte des 20. Jahrhunderts, in: Richard van Dülmen (Hg.), Die Erfindung des Menschen. Schöpfungsträume und Körperbilder 1500–2000, Wien 2000, S. 347–365.

Dies., Eugenische Utopie und wissenschaftliche Praxis im Nationalsozialismus. Zur Wissenschaftsgeschichte der Schizophrenieforschung, in: Wolfgang Hardtwig (Hg.), Utopie und politische Herrschaft im Europa der Zwischenkriegszeit, München 2003, S. 309–325.

Dies., Science as Cultural Practice: Psychiatry in the First World War and Weimar Germany, in: Journal of Contemporary History 34 (1999), S. 125–144.

Dies., »Widerstandsfähige Gehirne« und »kampfunlustige Seelen«. Zur Mentalitäts- und Wissenschaftsgeschichte des Ersten Weltkriegs, in: Michael Hagner (Hg.), Ecce Cortex. Beiträge zur Geschichte des Modernen Gehirns, Göttingen 1999, S. 206–223.

Kershaw, Ian, Hitlers Macht. Das Profil der NS-Herrschaft, München 1992.

Ders., Popular opinion and political dissent in the Third Reich: Bavaria, 1933–1945, Oxford 1983.

Kersting, Franz-Werner, Anstaltsärzte zwischen Kaiserreich und Bundesrepublik. Das Beispiel Westfalen, Paderborn 1996.

Ders., Vor Ernst Klee. Die Hypothek der NS-Medizinverbrechen als Reformimpuls, in: ders. (Hg.), Psychiatriereform als Gesellschaftsreform. Die Hypothek des Nationalsozialismus und der Aufbruch der 60er Jahre, Paderborn 2003, S. 63–80.

Kettenacker, Lothar (Hg.), Ein Volk von Opfern? Die neue Debatte um den Bombenkrieg 1940–1945, Reinbek 2003.

Kienitz, Sabine, Körper-Beschädigungen. Kriegsinvalidität und Männlichkeitskonstruktionen in der Weimarer Republik, in: Karen Hagemann u. Stefanie Schüler-Springorum (Hg.), Heimat-Front. Militär und Geschlechterverhältnisse im Zeitalter der Weltkriege, Frankfurt a. M. 2002, S. 188–207.

Kittel, Sabine, »Places for the Displaced«. Biographische Bewältigungsmuster von weiblichen jüdischen Konzentrationslager-Überlebenden in den USA, Hildesheim 2006.

Klee, Ernst, Was sie taten – was sie wurden. Ärzte, Juristen und andere Beteiligte am Kranken- oder Judenmord, Frankfurt a. M. 1998[12].

Kloocke, Ruth, u. a., Psychisches Trauma in deutschsprachigen Lehrbüchern der Nachkriegszeit – die psychiatrische »Lehrmeinung« zwischen 1945 und 2002, in: Psychiatrische Praxis 32 (2005), S. 1–15.

Dies. u. a., Psychological Injury in the Two World Wars: Changing Concepts and Terms in German Psychiatry, in: History of Psychiatry 16 (2005), S. 43–60.

Knoch, Habbo, Die Tat als Bild. Fotografien des Holocaust in der deutschen Erinnerungskultur, Hamburg 2001.

Ders. u. Daniel Morat (Hg.), Kommunikation als Beobachtung. Medienwandel und Gesellschaftsbilder 1880–1960, Paderborn 2003.

Kohut, Thomas A., u. Jürgen Reulecke, »Sterben wie eine Ratte, die der Bauer ertappt«. Letzte Briefe aus Stalingrad, in: Jürgen Förster (Hg.), Stalingrad. Ereignis – Wirkung – Symbol, München 19932, S. 456–471.

König, Helmut u. a. (Hg.), Vertuschte Vergangenheit. Der Fall Schwerte und die NS-Vergangenheit der deutschen Hochschulen, München 1997.

Koonz, Claudia, The Nazi Conscience, Harvard 2003.

Koselleck, Reinhart, Der Einfluß der beiden Weltkriege auf das soziale Bewusstsein, in: Wolfram Wette (Hg.), Der Krieg des kleinen Mannes. Eine Militärgeschichte von unten, München 1995[2], S. 324–343.

Ders., ›Erfahrungsraum‹ und ›Erwartungshorizont‹ – zwei historische Kategorien, in: ders., Vergangene Zukunft. Zur Semantik geschichtlicher Zeiten, Frankfurt a. M. 19922, S. 349–375.

Ders., Terror und Traum. Methodologische Anmerkungen zu Zeiterfahrungen im Dritten Reich, in: ders., Vergangene Zukunft. Zur Semantik geschichtlicher Zeiten, Frankfurt a. M. 1992[2], S. 278–299.

Krause, Peter, Der Eichmann-Prozess in der deutschen Presse, Frankfurt a. M. 2002.

Krukowska, Uta, Kriegsversehrte. Allgemeine Lebensbedingungen und medizinische Versorgung deutscher Versehrter nach dem Zweiten Weltkrieg in der Britischen Besatzungszone Deutschlands – dargestellt am Beispiel der Stadt Hamburg, Hamburg 2006.

Krzeminski, Adam, Polen, in: Frei u. Knigge (Hg.), S. 262–271.

Kühne, Thomas, Der Soldat, in: Ute Frevert u. Heinz Gerhard Haupt (Hg.), Der Mensch im 20. Jahrhundert, Frankfurt a. M. 1999, S. 344–372.

Ders., Die Viktimisierungsfalle. Wehrmachtsverbrechen, Geschichtswissenschaft und symbolische Ordnung des Militärs, in: Greven u. von Wrochem (Hg.), S. 183–196.

Ders., Gruppenkohäsion und Kameradschaftsmythos in der Wehrmacht, in: Müller u. Volkmann (Hg.), S. 534–549.

Ders., Kameradschaft – »das Beste im Leben eines Mannes«. Die deutschen Soldaten des Zweiten Weltkriegs in erfahrungs- und geschlechtergeschichtlicher Perspektive, in: Geschichte und Gesellschaft 22 (1996), S. 504–529.

Ders., Kameradschaft. Die deutschen Soldaten des nationalsozialistischen Krieges und das 20. Jahrhundert, Göttingen 2006.

Ders., Zwischen Vernichtungskrieg und Freizeitgesellschaft. Die Veteranenkultur der Bundesrepublik (1943–1995), in: Naumann (Hg.), S. 90–113.

Ders. u. Benjamin Ziemann, Militärgeschichte in der Erweiterung. Konjunkturen, Interpretationen, Konzepte, in: dies. (Hg.), Was ist Militärgeschichte?, Paderborn 2000, S. 9–48.

Kulka, Otto, »Public Opinion« in Nazi Germany: The Final Solution, in: Michael R. Marrus (Hg.), The Nazi Holocaust. Historical Articles on the Destruction of European Jews, Bd. 5, 1: Public Opinion and Relations to the Jews in Nazi Europe, London 1989, S. 139–150.

Ders. u. Eberhard Jäckel (Hg.), Die Juden in den geheimen NS-Stimmungsberichten 1933–1945, Düsseldorf 2004.

Laak, Dirk van, Gespräche in der Sicherheit des Schweigens. Carl Schmitt in der politischen Geistesgeschichte der frühen Bundesrepublik, Berlin 2002[2].

Lagrou, Pieter, The legacy of Nazi occupation: patriotic memory and national recovery in Western Europe, 1945–1965, Cambridge 2000.

Langer, Lawrence, Holocaust Testimonies: The Ruins of Memory, New Haven 1991.

Latzel, Klaus, Töten und Schweigen – Wehrmachtssoldaten, Opferdiskurs und die Perspektive des Leidens, in: Peter Gleichmann u. Thomas Kühne (Hg.), Massenhaftes Töten. Kriege und Genozide im 20. Jh., Essen 2004, S. 320–338.
Leese, Peter, Shell Shock: Traumatic Neurosis and the British Soldiers of the First World War, London 2002.
Lehmann, Albrecht, Gefangenschaft und Heimkehr. Deutsche Kriegsgefangene in der Sowjetunion, München 1986.
Lengwiler, Martin, Zwischen Klinik und Kaserne. Die Geschichte der Militärpsychiatrie in Deutschland und in der Schweiz 1870–1914, Zürich 2000.
Lerner, Paul, »Ein Sieg deutschen Willens«. Wille und Gemeinschaft in der deutschen Kriegspsychiatrie, in: Wolfgang U. Eckardt u. Christoph Gradmann (Hg.), Die Medizin und der Erste Weltkrieg, Pfaffenweiler 1996, S. 85–107.
Ders., From Traumatic Neurosis to Male Hysteria: The Decline and Fall of Hermann Oppenheim, 1889–1919, in: Micale u. Lerner (Hg.), S. 140–171.
Ders., Hysterical Men. War, Psychiatry, and the Politics of Trauma in Germany, 1890–1930, Ithaca 2003.
Ders. u. Mark S. Micale, Trauma, Psychiatry, and History: A Conceptual and Historiographical Introduction, in: Micale u. Lerner (Hg.), S. 1–27.
Leys, Ruth, Trauma. A Genealogy, Chicago 2000.
Lockenour, Jay, Soldiers as Citizens: former Wehrmacht officers in the Federal Republic of Germany, 1945–1955, Lincoln, Nebr. 2001.
Longerich, Peter, »Davon haben wir nichts gewusst!« Die Deutschen und die Judenverfolgung 1933–1945, München 2006.
Loth, Wilfried, u. Bernd-A. Rusinek (Hg.), Verwandlungspolitik. NS-Eliten in der westdeutschen Nachkriegsgesellschaft, Frankfurt 1998.
Lüdtke, Alf, u. Bernd Weisbrod (Hg.), No Man's Land of Violence. Extreme Wars in the 20th Century, Göttingen 2006.
Maase, Kaspar, Bravo Amerika: Erkundungen zur Jugendkultur der Bundesrepublik in den fünfziger Jahren. Hamburg 1992.
Maier, Charles S., Consigning the Zwentieth Century to History: Alternative Narratives for the Modern Eva, in: The American Historical Review 105 (2002), S. 807–831.
Mallmann, Klaus-Michael u. Gerhard Paul (Hg.), Karrieren der Gewalt. Nationalsozialistische Täterbiographien, Darmstadt 2004.
Manig, Bert-Oliver, Die Politik der Ehre: die Rehabilitierung der Berufssoldaten in der frühen Bundesrepublik, Göttingen 2004.
Marszolek, Inge, The Coverage of the Bergen-Belsen Trial and the Auschwitz Trial in the NWDR/NDR. The Reports of Axel Eggebrecht (Ms.).
Maschke, Erich (Hg.), Zur Geschichte der deutschen Kriegsheimkehrer nach dem Zweiten Weltkrieg, 22 Bde., München 1962–1974.
Mazower, Mark, Der dunkle Kontinent. Europa im 20. Jahrhundert, Berlin 2000.
Ders., Violence and the State in the Twentieth Century, in: American Historical Review 107 (2002), S. 1158–1178.
McNally, Richard J., Remembering Trauma, Cambridge 2003.

Meier, Marietta, u. a., Zwang zur Ordnung. Psychiatrie im Kanton Zürich, 1870–1970, Zürich 2007.
Merridale, Catherine, Night of Stone. Death and Memory in Twentieth-Century Russia, New York 2000.
Merritt, Anna J., u. Richard L. Merritt (Hg.), Public Opinion in Occupied Germany: The OMGUS Surveys, 1945–1949, Urbana, Ill. 1970.
Meyer, Sibylle, u. Eva Schulze, »Als wir wieder zusammen waren, ging der Krieg im Kleinen weiter.« Frauen, Männer und Familien im Berlin der 40er Jahre, in: Niethammer u. von Plato (Hg.), »Wir kriegen jetzt andere Zeiten«, S. 305–326.
Dies. u. Eva Schulze, Von Liebe sprach damals keiner. Familienalltag in der Nachkriegszeit, München 1985.
Micale, Mark, On the Disappearance of Hysteria: The Clinical Deconstruction of a Diagnosis, in: Isis 84 (1993), S. 496–526.
Ders. u. Paul Lerner (Hg.), Traumatic Pasts. History, Psychiatry, and Trauma in the Modern Age, 1970–1980, Cambridge 2001.
Moeller, Robert G., Deutsche Opfer, Opfer der Deutschen. Kriegsgefangene, Vertriebene, NS-Verfolgte: Opferausgleich als Identitätspolitik, in: Naumann (Hg.), S. 29–58.
Ders., Germans as Victims? Thoughts on a Post-Cold War History of World War II's Legacies, in: History & Memory 17 (2005), S. 147–194.
Ders., Geschützte Mütter. Frauen und Familien in der westdeutschen Nachkriegspolitik, München 1997.
Ders., »In a Thousand Years, Every German Will Speak of this Battle«. Celluloid Memories of Stalingrad, in: Omer Bartov u. a. (Hg.), Crimes of War. Guilt and Denial in the Twentieth Century, New York 2002, S. 161–190.
Ders., Deutsche Opfer, Opfer der Deutschen. Kriegsgefangene, Vertriebene, NS-Verfolgte: Opferausgleich als Identitätspolitik, in: Naumann (Hg.), S. 29–58.
Ders., Sinking Ships, the Lost Heimat and Broken Taboos: Günter Grass and the Politics of Memory in Contemporary Germany, in: Contemporary European History 12 (2003), S. 1–35.
Ders., The Homosexual Man is a »Man«, the Homosexual Womas Is a »Woman«: Sex, Society and the Law, in Postwar West Germany, in: ders. (Hg.), West Germany under Construction. Politics, Society, and Culture in the Adenauer Era, Ann Arbor 1997, S. 251–284.
Ders., »The Last Soldiers of the Great War« and Tales of Family Reunions in the Federal Republic of Germany, in: Signs 24 (1998), S. 126–146.
Ders., The »Remasculinization« of Germany in the 1950s: Introduction, in: Signs 24 (1998), S. 101–106.
Ders., War Stories. The Search for a Usable Past in the Federal Republic of Germany, Berkeley 2001.
Ders. (Hg.), Germany under Construction. Politics, Society, and Culture in the Adenauer Era, Ann Arbor 1997.
Mommsen, Hans, Wie die Bomber Hitler halfen, in: Stefan Burgdorff u. Christian Habbe (Hg.), Als Feuer vom Himmel fiel. Der Bombenkrieg in Deutschland, München 2003, S. 115–121.

Mommsen, Wolfgang J. (Hg.), Kultur und Krieg. Die Rolle der Intellektuellen, Künstler und Schriftsteller im Ersten Weltkrieg, München 1996.
Moore, Bob, u. Barbara Hately-Broad (Hg.), Prisoners of War, Prisoners of Peace: Captivity, Homecoming and Memory in World War II, Oxford 2005.
Morina, Christina, Instructed Silence, Constructed Memory: The SED and the Return of German Prisoners of War as ›War Criminals‹ from the Soviet Union to East Germany, 1950–1956, in: Contemporary European History 13 (2004), S. 323–343.
Mühlhauser, Regina, Vergewaltigungen in Deutschland 1945. Nationaler Opferdiskurs und individuellen Erinnern betroffener Frauen, in: Naumann (Hg.), S. 384–408.
Müller, Rolf-Dieter, u. Hans-Erich Volkmann (Hg.), Die Wehrmacht. Mythos und Realität, München 1999.
Müller, Sven-Oliver, Die deutschen Soldaten und ihre Feinde. Nationalismus in der kriegführenden Wehrmacht, 1941–1944, Frankfurt a. M. 2007.
Müller, Thomas, Zur Etablierung der Psychoanalyse in Berlin, in: ders. (Hg.), Psychotherapie und Körperarbeit. Praktiken der Etablierung – das Beispiel Berlin, Husum 2004, S. 53–95.
Naimark, Norman M., Die Russen in Deutschland: die sowjetische Besatzungszone 1945 bis 1949, Berlin 1999.
Ders., Fires of Hatred. Ethnic Cleansing in Twentieth-Century Europe, Cambridge 2001.
Ned Lebow, Richard, u. a. (Hg.), The Politics of Memory in Postwar Europe, Durham 2006.
Naumann, Klaus, Einleitung, in: ders. (Hg.), S. 9–26.
Ders. (Hg.), Nachkrieg in Deutschland, Hamburg 2001.
Neumann, Vera, Kampf um Anerkennung. Die westdeutsche Kriegsfolgengesellschaft im Spiegel der Versorgungsämter, in: Naumann (Hg.), S. 364–383.
Dies., Nicht der Rede wert. Die Privatisierung der Kriegsfolgen in der frühen Bundesrepublik, Münster 1999.
Neumärker, Klaus-Jürgen, Karl Bonhoeffer: Leben und Werk eines deutschen Psychiaters und Neurologen in seiner Zeit, Berlin 1990.
Niehuss, Merith, Kontinuität und Wandel der Familie in den 50er Jahren, in: Schildt u. Sywottek (Hg.), S. 316–334.
Niethammer, Lutz, Fragen – Antworten – Fragen. Methodische Erfahrungen und Erwägungen zur Oral History, in: ders. u. v. Plato (Hg.), »Wir kriegen jetzt andere Zeiten«, S. 392–445.
Ders., Privat-Wirtschaft. Erinnerungsfragmente einer anderen Umerziehung, in: ders. (Hg.), »Hinterher merkt man, daβ es richtig war, daß es schiefgegangen ist.« Nachkriegserfahrungen im Ruhrgebiet (Lebensgeschichte und Sozialkultur im Ruhrgebiet 1930 bis 1960, Bd. 2), Berlin 1983, S. 17–105.
Ders. u. Alexander v. Plato (Hg.), »Wir kriegen jetzt andere Zeiten.« Auf der Suche nach der Erfahrung des Volkes in nachfaschistischen Ländern (Lebensgeschichte und Sozialkultur im Ruhrgebiet 1930 bis 1960, Bd. 3), Berlin 1985.
Niven, Bill, Introduction: German Victimhood at the Turn of the Millenium, in: ders. (Hg.), S. 1–25.

Ders. (Hg.), Germans as Victims. Remembering the Past in Contemporary Germany, New York 2006.
Noack, Thorsten, Über Kaninchen und Giftschlangen – Psychiatrie und Öffentlichkeit in der frühen Bundesrepublik, in: Fangerau u. Nolte (Hg.), S. 311–340.
Nolte, Karen, Gelebte Hysterie: Erfahrung, Eigensinn und psychiatrische Diskurse im Anstaltsalltag um 1900, Frankfurt a. M. 2003.
Nolte, Paul, Die Ordnung der deutschen Gesellschaft. Selbstentwurf und Selbstbeschreibung im 20. Jahrhundert, München 2000.
Novick, Peter, Nach dem Holocaust. Der Umgang mit dem Massenmord, München 2003.
Olick, Jeffrey K., In the House of the Hangman. The Agonies of German Defeat, 1943–1949, Chicago 2005.
Orth, Karin, Das System der nationalsozialistischen Konzentrationslager. Eine politische Organisationsgeschichte, Hamburg 1999.
Ostovich, Steven T., Epilogue: Dangerous Memories, in: Confino u. Fritzsche (Hg.), S. 239–256.
Overmans, Rüdiger, Die Rheinwiesenlager 1945: »Ein untergeordneter Eintrag im Leidensbuch der jüngeren Geschichte«?, in: Bischof u. Overmans (Hg.), S. 233–264.
Ders., The Repatriation of Prisoners of War once Hostilities are Over: A Matter of Course?, in: Moore u. Hately-Broad (Hg.), S. 11–22.
Paul, Gerhard (Hg.), Visual History. Ein Studienbuch, Göttingen 2006.
Pendas, Devin O., The Frankfurt Auschwitz Trial 1963–65: Genocide, History and the Limits of the Law, New York 2006.
Perinelli, Massimo, Liebe 47 – Gesellschaft 49. Geschlechterverhältnisse in der deutschen Nachkriegszeit. Eine Analyse des Films *Liebe 47*, Münster 1999.
Peter, Jürgen, Unmittelbare Reaktionen auf den Prozess, in: Ebbinghaus u. Dörner (Hg.), S. 452–475.
Pick, Daniel, Faces of Degeneration: A European Disorder, 1848–1918, Cambridge 1993.
Plato, Alexander von, Wo sind die ungläubigen Kinder geblieben? Kritik einiger Thesen des Projekts »Tradierung von Geschichtsbewusstsein, in: WerkstattGeschichte 30 (2001), S. 64–72.
Poiger, Uta, A New »Western« Hero? Reconstructing German Masculinity in the 1950s, in: Signs 24 (1998), S. 147–162.
Dies., Jazz, rock, and rebels: cold war politics and American culture in a divided Germany, Berkeley 2000.
Dies., Krise der Männlichkeit. Remaskulinisierung in beiden deutschen Staaten, in: Naumann (Hg.), S. 227–263.
Porter, Roy, The Patient's View: Doing Medical History from Below, in: Theory and Society 14 (1985), S. 175–198.
Pross, Christian, Wiedergutmachung. Der Kleinkrieg gegen die Opfer, Berlin 2001.
Raphael, Lutz, Die Verwissenschaftlichung des Sozialen als methodische und konzeptionelle Herausforderung für eine Sozialgeschichte des 20. Jahrhunderts, in: Geschichte und Gesellschaft 22 (1996), S. 165–193.

Rauh-Kühne, Cornelia, Die Entnazifizierung und die deutsche Gesellschaft, in: Archiv für Sozialgeschichte 35 (1995), S. 35–70.
Reichel, Peter, Erfundene Erinnerung. Weltkrieg und Judenmord in Film und Theater, Wien 2004.
Ders., Vergangenheitsbewältigung in Deutschland. Die Auseinandersetzung mit der NS-Diktatur von 1945 bis heute, München 2001.
Reiß, Matthias, »Die Schwarzen waren unsere Freunde«. Deutsche Kriegsgefangene in der amerikanischen Gesellschaft 1942–1946, Paderborn 2002.
Renner, Rolf Günter, Hirn und Herz. Stalingrad als Gegenstand ideologischer und literarischer Diskurse, in: Förster (Hg.), S. 472–492.
Reucher, Ursula, Reform und Reformversuche in der gesetzlichen Krankenversicherung (1956–1965), Düsseldorf 1999.
Riedesser, Peter, u. Axel Verderber (Hg.), »Maschinengewehre hinter der Front«. Zur Geschichte der deutschen Militärpsychiatrie, Frankfurt a. M. 1996.
Rodebush, Marc, A Battle of Nerves: Hysteria and Its Treatment in France During World War I, in: Micale u. Lerner (Hg.), S. 253–279.
Roelcke, Volker, Krankheit und Kulturkritik. Psychiatrische Gesellschaftsdeutungen im bürgerlichen Zeitalter (1790–1914), Frankfurt a. M. 1999.
Ders., Psychiatrische Wissenschaft im Kontext nationalsozialistischer Politik und »Euthanasie«, in: Doris Kaufmann (Hg.), Geschichte der Kaiser-Wilhelm-Gesellschaft im Nationalsozialismus. Bestandsaufnahme und Perspektiven der Forschung, Göttingen 2000, Bd. 1, S. 112–150.
Ders., Psychotherapy between Medicine, Psychoanalysis, and Politics: Concepts, Practices, and Institutions in Germany, c. 1945–1992, in: Medical History 48 (2004), S. 473–492.
Ders. u. a., Psychiatrische Wissenschaft, »Euthanasie« und der »Neue Mensch«. Zur Diskussion um anthropologische Prämissen und Wertsetzungen der Medizin im Nationalsozialismus, in: Andreas Frewer u. Clemens Eickhoff (Hg.), »Euthanasie« und die aktuelle Sterbehilfe-Debatte. Die historischen Hintergründe medizinischer Ethik, Frankfurt a. M. 2002, S. 193–217.
Roth, Karl-Heinz, Die Modernisierung der Folter in beiden Weltkriegen: Der Konflikt der Psychotherapeuten und Schulpsychiater um die deutschen »Kriegsneurotiker« 1915–1945, in: 1999 3 (1987), S. 8–75.
Rousso, Henry, The Vichy-Syndrome. History and Memory in France since 1944, Harvard 1991.
Rusinek, Bernd-A. (Hg.), Kriegsende 1945. Verbrechen, Katastrophen, Befreiungen in nationaler und internationaler Perspektive, Göttingen 2004.
Sachse, Carola, »Persilscheinkultur«. Zum Umgang mit der NS-Vergangenheit in der Kaiser-Wilhelm/Max-Planck-Gesellschaft, in: Bernd Weisbrod (Hg.), Akademische Vergangenheitspolitik. Beiträge zur Wissenschaftskultur der Nachkriegszeit, Göttingen 2002, S. 217–246.
Schäfers, Bernhard, Gesellschaftlicher Wandel in Deutschland, Stuttgart 1995[6].
Schanetzky, Tim, Unternehmer: Profiteure des Unrechts, in: Frei (Hg.), Hitlers Eliten, S. 69–113.
Scharffenberg, Heiko, Sieg der Sparsamkeit. Die Wiedergutmachung nationalsozialistischen Unrechts in Schleswig-Holstein, Bielefeld 2004.

Schildt, Axel, u. Arnold Sywottek (Hg.), Modernisierung im Wiederaufbau. Die westdeutsche Gesellschaft der 50er Jahre, Bonn 1998.

Schissler, Hanna, »Normalization« as Project: Some Thoughts on Gender Relations in West Germany During the 1950s, in: dies. (Hg.), S. 359–375.

Dies. (Hg.), The Miracle Years. A Cultural History in West Germany, 1949–1968, Princeton 2001.

Schlant, Ernestine, The Language of Silence. West German Literature and the Holocaust, New York 1999.

Schmuhl, Hans-Walter, Rassenhygiene, Nationalsozialismus, Euthanasie. Von der Verhütung zur Vernichtung lebensunwerten Lebens, Göttingen 1992[2].

Ders., Hirnforschung und Krankenmord. Das Kaiser-Wilhelm-Institut für Hirnforschung 1937–1945, in: Vierteljahreshefte für Zeitgeschichte 50 (2002), S. 559–609.

Ders.,Die Patientenmorde, in: Ebbinghaus u. Dörner (Hg.), S. 295–328.

Ders., Grenzüberschreitungen. Das Kaiser-Wilhelm-Institut für Anthropologie, menschliche Erblehre und Eugenik 1927–1945, Göttingen 2005.

Ders. (Hg.), Rassenforschung an Kaiser-Wilhelm-Instituten vor und nach 1933, Göttingen 2003.

Schneider, Franka, »Einigkeit im Unglück«? Berliner Eheberatungsstellen zwischen Ehekrise und Wiederaufbau, in: Naumann (Hg.), S. 206–226.

Schörken, Rolf, Jugend 1945. Politisches Denken und Lebensgeschichte, Frankfurt a. M. 1995.

Schröder, Hans Joachim, Die gestohlenen Jahre. Erzählgeschichten und Geschichtserzählung im Interview: Der Zweite Weltkrieg aus der Sicht ehemaliger Mannschaftssoldaten, Tübingen 1992.

Ders., Töten und Todesangst im Krieg, in: Alf Lüdtke u. Thomas Lindenberger (Hg.), Physische Gewalt. Studien zur Geschichte der Neuzeit, Frankfurt a. M. 1995, S. 106–135.

Schulze, Rainer (Hg.), Unruhige Zeiten: Erlebnisberichte aus dem Landkreis Celle 1945–1949, München 19912.

Schütz, Erhard, Von Lageropfern und Helden der Flucht. Kriegsgefangenschaft Deutscher – Popularisierungsmuster in der Bundesrepublik, in: Wolfgang Hardtwig u. Erhard Schütz (Hg.), Geschichte für Leser: Populäre Geschichtsschreibung in Deutschland im 20. Jahrhundert, Stuttgart 2005, S. 181–204.

Shandley, Robert R., Rubble Films: German Cinema in the Shadow of the Third Reich, Philadelphia 2001.

Shephard, Ben, A War of Nerves. Soldiers and Psychiatrists 1914–1994, London 2000.

Shorter, Edward, Geschichte der Psychiatrie, Berlin 1999.

Smith, Arthur L., Die »vermisste Million«. Zum Schicksal deutscher Kriegsgefangener nach dem Zweiten Weltkrieg, München 1992.

Ders., Heimkehr aus dem Zweiten Weltkrieg. Die Entlassung der deutschen Kriegsgefangenen, Stuttgart 1985.

Smith, Gary (Hg.), Hannah Arendt Revisited: »Eichmann in Jerusalem« und die Folgen, Frankfurt 2000.

Sofsky, Wolfgang, Traktat über die Gewalt, Frankfurt a. M. 1996[2].

Steege, Paul, Black Market, Cold War: Everyday Life in Berlin 1946–1949, Cambridge 2007.
Steinmetz, Willibald, Träumen im Zeitalter der Extreme. Für eine historische Analyse von Traumprotokollen (unveröffentlichter Vortrag, Bochum 2000).
Ders., Ungewollte Politisierung durch die Medien? Die Contergan-Affäre, in: Bernd Weisbrod (Hg.), Politik, S. 195–228.
Stern, Frank, Film in the 1950s. Passing Images of Guilt and Responsibility, in: Schissler (Hg.), S. 266–280.
Stöver, Bernd, Der Kalte Krieg, München 2007.
Süß, Winfried, Der »Volkskörper« im Krieg. Gesundheitspolitik, Gesundheitsverhältnisse und Krankenmord im nationalsozialistischen Deutschland, 1939–1945, München 2003.
Szodrzynski, Joachim, Das Ende der Volksgemeinschaft? Die Hamburger Bevölkerung in der »Trümmergesellschaft« ab 1943, in: Frank Bajohr u. Joachim Szodrzynski (Hg.), Hamburg in der NS-Zeit. Ergebnisse neuerer Forschungen, Hamburg 1995, S. 281–305.
Tavris, Carol, Just Deal with it, in: Times Literary Supplement, August. 15, 2003, S. 10–11.
Ther, Philipp, Deutsche und polnische Vertriebene. Gesellschaft und Vertriebenenpolitik in der SBZ/DDR und in Polen 1945–1956, Göttingen 1998.
Thoms, Ulrike, Die »Hunger-Generation« als Ernährungswissenschaftler 1933–1964 zwischen soziokulturellen Gemeinsamkeiten und der Instrumentalisierung von Erfahrung, in: Matthias Middell u. a. (Hg.), Verräumlichung, Vergleich, Generationalität. Dimensionen der Wissenschaftsgeschichte, Leipzig 2004, S. 133–153.
Thum, Gregor, Die fremde Stadt. Breslau 1945, Berlin 2003.
Trittel, Günter J., Hunger und Politik. Die Ernährungskrise in der Bizone (1945–1949), Frankfurt a. M. 1990.
Ulrich, Bernd, Die Augenzeugen. Deutsche Feldpostbriefe in Kriegs- und Nachkriegszeit 1914–1933, Essen 1997.
van Laak, Dirk, Gespräche in der Sicherheit des Schweigens. Carl Schmitt in der politischen Geistesgeschichte der frühen Bundesrepublik, Berlin, 2002[2].
Verhey, Jeffrey, The Spirit of 1914. Militarism, Myth, and Mobilization in Germany, Cambridge 2000.
von Beyme, Klaus u. a. (Hg.), Neue Städte aus Ruinen. Städtebau der Nachkriegszeit, München 1992.
von Hodenberg, Christina, Konsens und Krise. Eine Geschichte der westdeutschen Medienöffentlichkeit 1945–1973, Göttingen 2006.
von Miquel, Marc, Ahnden oder amnestieren? Westdeutsche Justiz und Vergangenheitspolitik in den 60er Jahren, Göttingen 2004.
Ders., »Wir müssen mit den Mördern zusammenleben!« NS-Prozesse und politische Öffentlichkeit in den 60er Jahren, in: Fritz Bauer Institut (Hg.), S. 97–116.
von Plato, Alexander, Wo sind die ungläubigen Kinder geblieben? Kritik einiger Thesen des Projekts »Tradierung von Geschichtsbewusstsein«, in: WerkstattGeschichte 30 (2001), S. 64–72.

Ders. u. Almut Leh, »Ein unglaublicher Frühling«. Erfahrene Geschichte im Nachkriegsdeutschland 1945–1948, Bonn 1997.

Weckel, Ulrike, Die Mörder sind unter uns oder: Vom Verschwinden der Opfer, in: WerkstattGeschichte 25 (2000), S. 105–115.

Dies., The *Mitläufer* in Two German Postwar Films, in: History & Memory 15 (2003), S. 64–93.

Dies., Spielarten der Vergangenheitsbewältigung – Wolfgang Borcherts Heimkehrer und sein langer Weg durch die westdeutschen Medien, in: Moshe Zuckermann (Hg.), S. 125–161.

Wehler, Hans-Ulrich, Deutsche Gesellschaftsgeschichte, Bd. 4: Vom Beginn des Ersten Weltkriegs bis zur Gründung der beiden deutschen Staaten 1914–1949, München 20032.

Weimar, Klaus, Der Germanist Hans Schwerte, in: König u. a. (Hg.), S. 46–59.

Weindling, Paul, From Medical War Crimes to Compensation: the Plight of the Victims of Human Experiments, in: Wolfgang U. Eckardt (Hg.), Man, Medicine and the State, Stuttgart 2006, S. 237–249.

Ders., Health, Race and German Politics between National Unification and Nazism, 1970–1935, Cambridge 1993.

Weingart, Peter, Die Wissenschaft der Öffentlichkeit. Essays zum Verhältnis von Wissenschaft, Medien und Öffentlichkeit, Weilerswist 2005.

Weinke, Annette, Die Verfolgung von NS-Tätern im geteilten Deutschland: Vergangenheitsbewältigung 1949–1969 oder: eine deutsch-deutsche Beziehungsgeschichte im Kalten Krieg, Paderborn 2002.

Dies., Überreste eines »unerwünschten Prozesses«. Die Edition der Tonbandmitschnitte zum ersten Frankfurter Auschwitz Prozess (1963–1965), in: Zeithistorische Forschungen/Studies in Contemporary History, Online-Ausgabe, 2 (2005), H. 2, URL:<http://www.zeithistorische-forschungen.de/16126041-Weinke-2-2005.

Weisbrod, Bernd, Der 8. Mai in der deutschen Erinnerung, in: WerkstattGeschichte 13 (1996), S. 72–81.

Ders., Nachkriegsprozesse und »Vergangenheitsbewältigung«. Gerichtskultur und Medienwirkung, in: Eva Schumann (Hg.), Kontinuität und Zäsuren – Rechtswissenschaft und Justiz im »Dritten Reich« und in der Nachkriegszeit, Göttingen 2007.

Ders. (Hg.), Die Politik der Öffentlichkeit – Die Öffentlichkeit der Politik. Politische Medialisierung in der Geschichte der Bundesrepublik, Göttingen 2003.

Weiβ, Hermann, Biographisches Lexikon zum Dritten Reich, Frankfurt 2002.

Welzer, Harald, Das kommunikative Gedächtnis. Eine Theorie der Erinnerung, München 2002.

Ders., Familiengedächtnis. Über die Weitergabe der deutschen Vergangenheit im intergenerationellen Gespräch, in: WerkstattGeschichte 30 (2001), S. 61–64.

Ders. u. a., »Opa war kein Nazi«. Nationalsozialismus und Holocaust im Familiengedächtnis, Frankfurt a. M. 2002.

Wengst, Udo, Thomas Dehler 1897–1967. Eine politische Biographie, München 1997.

Wierling, Dorothee, Erzählungen im Widerspruch? Der Nationalsozialismus und die erste Nachkriegsgeneration der DDR, in: WerkstattGeschichte 30 (2001), S. 17–31.
Dies., Geboren im Jahr eins. Der Jahrgang 1949 in der DDR. Versuch einer Kollektivbiographie, Berlin 2002.
Dies., Nationalsozialismus und Krieg in den Lebens-Geschichten der ersten Nachkriegsgeneration der DDR, in: Elisabeth Domansky u. Harald Welzer (Hg.), Eine offene Geschichte. Zur kommunikativen Tradierung der nationalsozialistischen Vergangenheit, Tübingen 1999, S, 35–56.
Wieviorka, Anette, Die Entstehung des Zeugen, in: Smith (Hg.), S. 136–159.
Dies., The Era of the Witness, Ithaca, NY 2006.
Wildt, Michael, Generation des Unbedingten. Das Führungskorps des Reichssicherheitshauptamtes, Hamburg 2003.
Ders., Vom kleinen Wohlstand. Eine Konsumgeschichte der fünfziger Jahre, Frankfurt a. M. 1996.
Wilharm, Irmgard, Bewegte Spuren. Studien zur Zeitgeschichte im Film, Hannover 2006.
Winkler, Christiane, Männlichkeit und Gesundheit der deutschen Kriegsheimkehrer im Spiegel der Ärztekongresse des »Verbands der Heimkehrer«, in: Martin Dinges (Hg.), Männlichkeit und Gesundheit im historischen Wandel ca.1800 – ca. 2000, Stuttgart 2007.
Winter, Jay, Shell-shock and the Cultural History of the Great War, in: Journal of Contemporary History 35 (2000), S. 7–11.
Withuis, Jolande u. a. (Hg.), The Politics of War Trauma. A Comparative European Approach, Amsterdam, 2009.
Wittmann, Rebecca, Beyond Justice: The Auschwitz Trial, Cambridge 2005.
Wojak, Irmtrud, Eichmanns Memoiren. Ein kritischer Essay, Frankfurt a. M. 2001.
Dies. (Hg.), Auschwitz-Prozess 4 Ks 2/63, Frankfurt a. M., Köln 2004.
Wolf, René, »Mass Deception without Deceivers«? The Holocaust on East and West German Radio in the 1960s, in: Journal of Contemporary History 41 (2006), S. 741–755.
Young, Allan, The Harmony of Illusions. Inventing Post-Traumatic Stress Disorder, Princeton 1995.
Ders., Suffering and the Origins of Traumatic Memory, in: Daedalus 125 (1996), S. 245–260.
Zaretsky, Eli, Freuds Jahrhundert. Die Geschichte der Psychoanalyse, Wien 2006.
Zertal, Idith, Nation und Tod. Der Holocaust in der israelischen Öffentlichkeit, Göttingen 2003.
Zierenberg, Malte, Von Schiebern und Schwarzen Märkten. Zur Geschichte des Berliner Schwarzhandels im Übergang vom Zweiten Weltkrieg zur Nachkriegszeit, Göttingen 2008.
Zondergeld, Gjalt R., Hans Ernst Schneider und seine Bedeutung für das SS-Ahnenerbe, in: Helmut König u. a. (Hg.), S. 14–30.
Zuckermann, Moshe (Hg.), Medien – Politik – Geschichte (Tel Aviver Jahrbuch für deutsche Geschichte, Bd. 31), Göttingen 2003.

Register

Registereinträge, die auf den Anmerkungsteil verweisen, sind kursiviert.